应对百年变局

全球治理视野下的新发展理念

孙铁成 著

中国法制出版社
CHINA LEGAL PUBLISHING HOUSE

序 言

2021年是中国共产党建党100周年。在100年波澜壮阔的历史进程中，中国共产党从最初的50多名党员，发展成拥有9500多万名党员的世界第一大执政党。习近平总书记指出："中国共产党是世界上最大的政党。大就要有大的样子。"[①]大党之"大"绝不只是人数规模之大，而是信仰之伟大，是力量之强大，是创造和拥有开天辟地的伟大实践及由此而来的丰功伟绩，是胸怀和肩负改天换地的雄心壮志及由此而来的使命担当。

中国共产党成立100周年，是矢志践行初心使命的100年，是筚路蓝缕奠基立业的100年，是创造辉煌开辟未来的100年，是不忘初心、牢记使命、接续奋斗的100年，是解放思想、实事求是、与时俱进的100年，是开创历史、奠定基业、开辟未来的100年。百年征程波澜壮阔，百年大党风华正茂。

放眼世界，世界百年未有之大变局加速演变，以中国为代表的新兴市场国家和发展中国家群体性崛起，从根本上改变了国际力量对比，国际格局深刻调整，国际环境更趋复杂。习近平总书记指出"努力在危机中育新机、于变局中开新局"[②]。《中华人民共和国国民经济和社会发展第十四个五年规划和2035年远景目标

---

① 习近平：《新时代要有新气象更要有新作为中国人民生活一定会一年更比一年好》，载《人民日报》2017年10月26日，第2版。

② 习近平：《坚持用全面辩证长远眼光分析经济形势　努力在危机中育新机于变局中开新局》，载《人民日报》2020年5月24日，第1版。

纲要》指出，“必须统筹中华民族伟大复兴战略全局和世界百年未有之大变局，深刻认识我国社会主要矛盾变化带来的新特征新要求”。运用辩证思维把握国内国际发展形势，既要坚持胸怀“两个大局”的两点论，又要坚持实现中华民族伟大复兴的重点论。从世界格局变化角度探究世界发展的新趋势，从科学技术革命角度把握中国发展的新机遇，从人类发展出路角度评估人类社会发展的新去向。

笔者在中宣部“学习强国”学习平台发表了125篇文章，发表时间为2020年6月—2021年11月，历时近一年半。本书选取了其中的34篇，以“百年变局应对挑战”为主线，多维视角深度解析热点问题，献计献策，深入解读新发展理念。现集结成册，以飨读者。

孙铁成

2022年4月

目　录

第一部分　全球治理

第二部分　“一带一路”

第三部分　数字金融

第四部分　金融新优势

第五部分　RCEP 与自贸区

第六部分 扩大开放

第七部分 “双碳”目标

第八部分 科技创新

第九部分　智能网联汽车

第十部分　中国贡献

第一部分

全球治理

01 “天人合一”是全球治理的永恒法则

“天人合一”就是人类社会与自然世界之间的协调统一关系，视天地万物人为一体的思想。“天人合一”的思想观念最早是道家思想家庄子发展为天人合一的哲学思想体系。人和自然在本质上是相通的，故一切人事均应顺乎自然规律，达到人与自然和谐。老子说：“人法地，地法天，天法道，道法自然。”这句话深刻地揭示了“回归自然、天人合一”的自然大道。老子把自然法则看成宇宙万物和人类世界的最高法则，自然法则不可违，人道必须顺应天道。

“天人合一”是中华文明的精髓，是天道内涵的展示。一般来说，道作为一个整体，分为天道、地道、人道。《周易·系辞》中的：“立天之道曰阴与阳，立地之道曰柔与刚，立人之道曰仁与义”，讲的就是这三道。“天人合一”，说的是天道与人道的一致性。效法自然，就是天道；效法天道，就是人道；天之道，是万物运行的规则，人之道，是人类社会的规律；人道对应了天道，人道与天道合一，就是天人合一，符合了发展大道。

从治国理政的角度讲，古人认为，天道与人事相对应，且相互感应。当政者唯有顺应天道的变化，与天道合一，方可得天时、地利、人和，百业兴旺，国泰民安。世界面临百年未有之大变局，全球治理应遵循“天人合一”的永恒法则，秉持和谐共生、美人之美、美美与共的全球治理观，以建设持久和平、普遍安全、共同繁荣、开放包容、清洁美丽的世界，推动构建人类命运共同体。

本文2020年6月20日发表于“学习强国”。

天人合一、和谐共生

只有人类与大自然天人合一、和谐共生，才能实现人与自然的和谐共赢，才能让自然万物源远流长，才能让人类不断繁衍进步。乃大道、容万物、求共赢、天人合一、和谐共生！

“天人合一”包含如下几方面内涵。

第一，人与自然是统一体，人是自然的一部分。在中华民族文化中，关于天地、宇宙、人生独特而系统的观念是天、地、人三者相应，相互组成一个活的机体。这就是“三才”思想。《吕氏春秋·情欲》曰“人与天地同”。《周易》将天、地与人并称三才，认为自然界是一大天地，人是一小天地。即所谓“天地一大生命，人身一小天地”。天人之间，在生理、心理的诸多方面存在内在联系，推天道以明人事，这就是“天人一理”（《史记·乐书》）。中国古人很早就认识到自身与自然界的一致性，反对将人类和自然对立起来。

第二，人应与自然和谐相处、共生共赢。中国古代哲学多提倡“中和”，少提倡“斗争”与“征服”。《周易》“尚中正”，以“中”或“中正”为事物的最佳状态。《中庸》则系统地阐述了“中和”的理论体系。在人与自然的关系上，提倡和谐相处，顺应自然，反对与自然为敌。周文王指出如不爱惜自然资源将“力尽而敝之”，告诫周武王“我所保与我所守，传之子孙”，要求“山林非时不以斤斧，以成草木之长；川泽非时不入网罟，以成鱼鳖之长”，明确提出了保护资源环境，实现持续发展的要求。

第三，自然是有机体；人应当尊重自然，师法自然。中国古人直接把自然界看作与人相似的生命体，是活生生的有机体。人与自然是小生命与大生命的关系。“天地是个大宇宙，人身是个小宇宙。”自然有生命的特征。万物处于永恒的生死变化之中，“天行健”，“生生不息”，周而复始。人类应当尊重其他的生物同伴，而且也应以同样的态度尊重大地社会。不仅如此，人类还应当师法自然，向自然学习。张载说：“天地之塞，吾其体；天地之帅，吾其性。民吾其胞，物吾与也。”这种以人民为我的同胞兄弟，以万物为我的朋友伴侣的“民胞物与”的境界，表现出张载这位思想家广大而深厚的宇宙情怀。这种境界意味着人已经贯通、超越了“天—人”“物—我”的界限，真正实现了“天人合一”。

“天人合一”推动全球生态文明建设

“天人合一、道法自然”是中华优秀传统生态理念，开创了生态文明之先河、可持续发展之先驱。在当今，这些绵延数千年的生态理念依然是我国生态文明建设的思想指引。生态文明建设秉承了天人合一、顺应自然的中华优秀传统文化理念。我们应该遵循天人合一、道法自然的理念，寻求永续发展之路。

“天”代表“道”“真理”“法则”，“天人合一”就是与先天本性相合，回归大道，归根复命。天人合一不仅仅是一种思想，还是一种状态，是探索宇宙最直接的钥匙。宇宙自然是大天地，人则是小天地。人和自然在本质上是相通的，故一切人事均应顺乎自然规律，达到人与自然和谐。

生态文明是关系到人与自然和谐相处，关系到人类长远发展的永恒主题。无论是儒家“天人合一”的生态道德观，还是道家“道生万物”的自然论，抑或是墨家“仁民爱物”的惜生理念，都体现出从古代哲人开始就已经十分看重人与自然的和谐统一。生态文明是全球最公平的公共产品，是全球最普惠的民生福祉。

明朝王守仁在《〈大学〉问》中说：“大人者，以天地万物为一体者也。”就是说，人与万物，天地和谐，天人合一就是整个大道与自然。因此，必须始终坚守和谐共生的人与自然之道，要自始至终都认为“自然就是自己”，持续构筑尊崇自然、绿色发展的生态体系，才有可能实现世界的可持续发展和人的全面发展。

坚持绿色低碳，建设一个清洁美丽的世界。我们应该遵循“天人合一、道法自然”的理念，寻求永续发展之路。要倡导绿色、低碳、循环、可持续的生产生活方式，平衡推进2030年可持续发展议程，不断开拓生产发展、生活富裕、生态良好的文明发展道路。各方要共同推动《巴黎协定》实施，不能让这一成果付诸东流。中国将继续采取行动应对气候变化，百分之百承担自己的义务。2013年2月，联合国环境规划署第27次理事会通过了推广中国生态文明理念的决定草案，标志着中国生态文明的理论与实践在国际社会得到认同与支持。生态文明建设已成为全球共识。

“天人合一”构建人类命运共同体

中华民族历来追求和睦、爱好和平、倡导和谐，“亲仁善邻”“协和万邦”，数千年文明史造就了独树一帜的“和合文化”。“和合文化”蕴含了天人合一的宇宙观、协和万邦的国际观、和而不同的社会观、人心和善的道德观。

近代思想家王阳明主张“天下一家”，“圣人之心，以天地万物为一体，其视天下之人，无外内远近。……天下之人，皆相视如一家之亲”。这些优秀传统文化，是中华文明得以传承和繁荣的精神支柱，也是构建人类命运共同体的思想渊源。

世界命运应该由各国共同掌握，国际规则应该由各国共同书写，全球事务应该由各国共同治理，发展成果应该由各国共同分享。构建人类命运共同体，关键在行动。必须坚持对话协商，建设一个持久和平的世界；坚持共建共享，建设一个普遍安全的世界；坚持合作共赢，建设一个共同繁荣的世界；坚持交流互鉴，建设一个开放包容的世界；坚持绿色低碳，建设一个清洁美丽的世界。

人类命运共同体，首先是生命共同体，生态共同体。日益严重的气候变暖和环境污染等问题警示我们，地球生态危机问题越来越严重，地球已达其能承受人类过度消费和浪费的极限，生态一旦崩溃，任何国家都不能幸免。尽管中国承载着巨大的发展压力，但是仍主动承担责任，将“绿色”列为“五大发展理念”的基本内容，作为经济社会发展的根本指南；同时推动经济结构转型升级、创新绿色科技，积极落实《巴黎协定》等国际合作项目。

人类命运共同体思想是中国为全球治理贡献的重要国际公共产品，体现了中国梦与世界梦的有机结合，展示了中国致力于建设美好世界的大国担当。

02 “西方与东方”和谐共生

阴阳是中国古代哲学思想，是中国古代文明中对蕴藏在自然规律背后的、推动自然规律发展变化的根本因素的描述，是各种事物孕育、发展、成熟、衰退直至消亡的原动力，是奠定中华文明逻辑思维基础的核心要素，它具有统一、对立和互化这三个特点。阴阳有阴阳互体、阴阳化育、阴阳对立、阴阳同根、阴阳共生五对关系。万事万物皆有阴阳。阴阳力是维持力，可转化，可变化，并且是永不停歇的运动，具有绝对的运动特性。

阴阳对立，即指世间一切事物或现象都存在相互对立的阴阳两个方面，如上与下、天与地、动与静、升与降等，其中上为阳、下为阴，天为阳、地为阴，动为阳、静为阴，升为阳、降为阴。而对立的阴阳双方又是互相依存的，任何一方都不能脱离另一方而单独存在。如上为阳、下为阴，而没有上也就无所谓下；热为阳、冷为阴，而没有冷同样也就无所谓热。也可以说，阳依存于阴，阴依存于阳，每一方都以其相对的另一方的存在为自己存在的条件，这就是阴阳互感。

中国古代哲学家认为，阴阳“二气交感，化生万物”（宋代周敦颐《太极图说》），万物的化身源于阴阳之间的相互作用，这一哲学思想始自先秦诸家，如《荀子·礼记》说：“天地和而万物生，阴阳接而变化起。”又说：“天地感而为万物化生。”这两句话指出阴阳交感是万物化生的变化和根本条件，其中的“合”“接”“感应”等都具有相互作用，相互影响之意。故又可以说天地阴阳之间的相互作用乃是万物生成和变化的肇始。

乾坤之阴阳互体关系，这里的互体是指双方因为对方的存在而存在。通俗地

本文2020年6月20日发表于“学习强国”。

讲，就是有了地的概念才相对有了地之上的天的概念。反过来讲，天是指地上的天，没有了这个天，也就没有了与之对应的地。天是因为地的存在而存在，地是因为天的存在而存在。

西方与东方文化的阴阳属性

宇宙间任一事物都具有其整体性、相互依存性和相对独立性。自然界的任何事物不但具有以上特性，同时又始终存在至少三个方面的因素：东方文化认为是阴、阳、中，而西方文化认为是负、正、零。中和零既是一个事物的诞生地，也是一个事物完成一次循环发展过程的终结地。在人类目前所能认识的自然界中，无论是宏观的还是微观的事物，无不遵循着这一自然法则。

人类文化作为一个宏观的整体，同样遵循着这样的自然法则。我们发现，人类文化的产生和发展，始终包含了无数个大大小小不同层次的阴（负）、阳（正）、中（零），客观遵循着“无阴（负）无阳（正），无阳（正）无阴（负），无中（零）无源，孤阴（负）不长，孤阳（正）不生”的法则，自觉地完成由低层次阴（负）、阳（正）、中（零）文化的融合、重铸，升华为更高层次的阴（负）、阳（正）、中（零）文化这一过程。在这样一些规律和法则的启迪下，我们认为，今天人类的文化——东方文化、西方文化，必定产生和存在其自身的阴（负）、阳（正）、中（零）属性。

东西方文化虽然各自经历着相同的发展模式，但其文化类型的内涵与外延都是截然不同的，就好像从文化诞生的中心，朝着相对背离的两个方向发展，一阴一阳，一正一负。这样的演变，纯粹源于客观规律，源于宇宙法则，源于大自然的赐予。

第一，自然环境的不同造就了民族性格属性的不同。因为，自然环境和条件对人类早期文化的产生起着至关重要的作用，特别是对社会心理、民族性格的作用。自然条件的巨大差异，其结果无疑地反映在文化形成的胚胎中，并始终伴随着整个文化的发展。就东方文化而言，东方文化起源于黄河流域，当时的自然条件十分恶劣，山高路险、野兽猖獗、水患频繁、气候恶劣，加之土地贫瘠，人民生活十分困难，中华民族的祖先正是在这块土地上生存发展着，在这样的环境条件下生存的人们自然而然地造就了吃苦耐劳、勇敢顽强的秉性。为了战胜恶劣的自然环境和条件，人们就要团结起来，以整体的力量、集体的智慧去战胜困难，进而形成了注重群体的民族性格。与此同时，恶劣的自然环境很容易对人的心理形成潜在的压力，进而也造就了整个民族温文尔雅、相对内向的民族性格。

就西方文化而言，西方文化发源于地中海地区的古希腊、古罗马，整个地中海地区气候湿润、土地肥沃，希腊三面临海，交通便利，人民生活富裕，西方文化正是孕育在这片肥沃的土地上。在这样的自然环境条件下，逐渐形成了西方民族特有的自由、任性、开放、广阔、放荡不羁、注重个体的民族性格，在以个人为中心的心理因素影响下，自然造就了西方民族善于冒险、勇于开拓创新的民族风格。

第二，产业的不同造就了文化属性的不同。在东方文化中，由于自然条件的限制，中华民族的祖先主要以农业为主，习惯地形成了以重视农业、重视天时地候物候的自然平衡、重视安居乐业、重视稳重长久的“农业社会文化”。而在西方文化中，由于欧洲大陆海阔天空，交通十分便利，因而造就了工商业的异常繁荣，并使之演化成为独特的“商业社会文化”。就农业与商业的文化属性而言，从严格意义上讲，商业本身并不能为社会增加财富，因此中国社会长期以来把商业视之为末，而农业才是根本。

第三，文化的组成不同决定了文化的属性偏向。在东方文化中，构成其文化主体的是三元文化，即儒教、道教、佛教文化。儒教崇尚礼乐，道教崇尚自然，佛教崇尚积善存德。可以看出，三教的宗旨几乎都趋向于道德精神的修养，追求道德、崇尚和谐、崇尚德治，追求教化修养，追求精、气、神的三合一。因此，注重道德精神始终是东方文化的主旋律。而在西方文化中，组成其文化的是两元文化，也就是古希腊、古罗马文化与犹太基督教文化的融合。在这些文化中，古希腊、古罗马文化富有科学精神和法律精神，基督教文化富有道德思想，二者融合后，整个文化特征始终偏向于崇尚科技、崇尚法律、崇尚物质文化的属性特征。

第四，东西方的价值取向不同，同样影响着文化属性的不同。在东方文化中，人们习惯于慎终追远，发思古之悠情，注重实际，循序渐进，追求和谐，追求稳定有序。在此基础上，东方文化的实用主义精神得以充分体现。在中国古代，中国的医学、物候学、农学、兵法、天文、文化、艺术都堪称世界之最，长期处于世界领先地位，四大发明更是耀眼夺目，光照世界，这些都是追求实用主义精神的结果。而西方文化，则注重于抽象幻想，注重逻辑性，具有高度的抽象思辨和严密的公理化演绎体系。

在东方文化中，人们十分注重群体的思想，即所谓“天下之本在于国，国之本在于家，家之本在于身”。因此要求社会的每一个成员都必须通过“修身齐家”，进而才能参与社会，即“治国平天下”。从整体上要求个人牺牲自己，克制自己，为群体的利益服务。而西方文化则崇尚个人，认为个人是独立的整体，可以不依赖任何人而存在，因此强调个人的重要性，个人的人权不容侵犯。人与人之间，人与社会之间，人与国家之间只不过是一种社会“契约”。

在东方文化中，人们十分注重“合”，即所谓“天时不如地利，地利不如人和”。人需要和蔼，家需要和睦，国家需要合并，管理需要统一。在此思想的指导下，成功地实施了“道德、政治、宗教”三合一的管理体制，道德就是政治，就是法律，“三纲五常”“天、地、君、亲、师”就是修身、立家、治国的法宝和标准。

第五，东西方文化对待自然的态度不同，其属性也就不同。在东方文化中，人们认为，人与自然应该共同协调发展，因为天、地、人是一个整体，是一个系统，它们之间具有相互依存、相互制约、相互发展的必然联系。天地是一大宇宙，人就是一小宇宙，破坏自然就相当于摧残人类自己。因此，人类只有集天地之灵气，自然之精华，才能得到升华和发展，天地人的融合才是人类的终极目的。而在西方文化中，人们认为，人是上帝的产物，自然物质是上帝为了人的存在而造就的，一切事物都是以人为中心的，因此，人类向自然索取丰富的物质财富是自然而然的事，再加之西方文化中本身就具有崇尚物质的特性，所以，片面地掠夺自然、改造自然为人类服务就成了西方文化的特点。

综上所述，无论是东方文化还是西方文化，它们之间都存在各自不同的阴阳特征，也就是说，它们之间是阴中有阳，阳中有阴，阴阳共存的。

同住地球村，东西方应携手构建人类命运共同体

世界是你中有我、我中有你的地球村，各国面临共同危机和挑战，彼此命运休戚与共，一荣俱荣，一损俱损。从顺应历史潮流、增进人类福祉出发，呼吁全世界人民同心协力、携手前行，构建人类命运共同体，共创和平、安宁、繁荣、开放、美丽的地球家园。

“构建人类命运共同体”，是习近平主席提出的“中国方案”，是解决当今世界各种难题、消弭全球各种乱象的“中国钥匙”。未来世界的发展何去何从，取

决于我们共同的选择。面对百年未有之大变局，习近平主席着眼全人类发展进步，从中国人民和世界各国人民根本和共同利益出发，倡导构建人类命运共同体的重要理念。构建人类命运共同体为世界未来发展指明了正确方向，需要世界各国携手合作，共担时代使命、共尽历史责任。

人类命运共同体思想是中国为全球治理贡献的重要国际公共产品，体现了中国梦与世界梦的有机结合，展示了中国致力于建设美好世界的大国担当。可以预见的是，越来越多的国家和人民将加入构建人类命运共同体的历史洪流，成为全球治理共商共建共享的“行动队”，携手在构建人类命运共同体的道路上砥砺前行。

构建人类命运共同体，用习近平主席的话来高度概括，就是“五个世界”：坚持对话协商，建设一个持久和平的世界；坚持共建共享，建设一个普遍安全的世界；坚持合作共赢，建设一个共同繁荣的世界；坚持交流互鉴，建设一个开放包容的世界；坚持绿色低碳，建设一个清洁美丽的世界。[①]携手构建人类命运共同体，建设美丽地球家园，是世界人民对美好生活的共同向往与追求，已达成全球共识。

---

① 习近平：《共同构建人类命运共同体》，载《求是》2021年第1期。

03 东西方文明交流互鉴美美与共

当前，世界多极化、经济全球化、文化多样化、社会信息化深入发展，人类社会充满希望。同时，国际形势的不稳定性不确定性更加突出，人类面临的全球性挑战更加严峻，需要世界各国齐心协力、共同应对。应对共同挑战、迈向美好未来，既需要经济科技力量，也需要文化文明力量。

文明是人类进步的阶梯，不同文明凝聚着不同民族的智慧和贡献，世界因各种文明的汇聚而绚丽多彩。2019年5月15日，亚洲文明对话大会在北京国家会议中心开幕。中国国家主席习近平在亚洲文明对话大会上提出四点主张：坚持相互尊重、平等相待；坚持美人之美、美美与共；坚持开放包容、互学互鉴；坚持与时俱进、创新发展。

2021年3月7日下午3时，国务委员兼外交部部长王毅就“中国的外交政策和对外关系”回答中外记者提问时强调，当今世界已无法承担分裂后果，制度差异不应成为对立对抗的理由。中国文化中，和而不同是君子之德；西方文化中，尊重别人是君子风度。各国应相互尊重、彼此包容。我们在这个星球上，各美其美，美美与共。①

今日之中国，不仅是中国之中国，而且是世界之中国。未来之中国，必将以更加开放的姿态拥抱世界，以更有活力的文明成就贡献世界。亲仁善邻、协和万邦是中华文明一贯的处世之道，惠民利民、安民富民是中华文明鲜明的价值导

本文2021年5月25日发表于“学习强国”。

① 王毅：《制度差异不应成为对立对抗的理由》，载新华网，http://www.xinhuanet.com/video/2021-03/08/c_1211055714.htm，2022年1月25日访问。

向，革故鼎新、与时俱进是中华文明永恒的精神气质，道法自然、天人合一是中华文明内在的发展理念。

文明因多样而交流，因交流而互鉴

每一种文明都扎根于自己的生存土壤，凝聚着一个国家、一个民族的非凡智慧和精神追求，都有自己存在的价值。人类只有肤色语言之别，文明只有姹紫嫣红之别，绝无高低优劣之分。认为自己的人种和文明高人一等，执意改造甚至取代其他文明，在认识上是愚蠢的，在做法上是灾难性的！如果人类文明变得只有一个色调、一个模式了，那这个世界就太单调了，也太无趣了！应该秉持平等和尊重，摒弃傲慢和偏见，加深对自身文明和其他文明差异性的认知，推动不同文明交流对话、和谐共生。

一切生命有机体都需要新陈代谢，否则生命就会停止。文明也是一样，如果长期自我封闭，必将走向衰落。只有同其他文明交流互鉴、取长补短，才能保持旺盛的生命活力。文明交流互鉴应该是对等的、平等的，应该是多元的、多向的，而不应该是强制的、强迫的，不应该是单一的、单向的。

长期以来，美国等西方国家的一些人仍抱持“文明优越论”，在国际关系中表现为对不同文明、不同意识形态充满无知和偏见。习近平主席指出：“历史反复证明，任何想用强制手段来解决文明差异的做法都不会成功，反而会给世界文明带来灾难。”①党的十八大以来，习近平总书记从推动人类文明进步和世界和平发展、推动构建人类命运共同体的高度，对推动文明交流互鉴作出了一系列重要论述，提出了一系列新理念、新思想、新论断。

随着经济全球化和文化多样化的持续发展，各国之间相互依存、休戚与共的关系更加紧密，和平发展、合作共赢的时代潮流更为强劲。但世界经济增长乏力，局部冲突时有发生，霸权主义和强权政治阴魂不散，单边主义和保护主义频频抬头，恐怖主义、资源短缺、生态恶化、粮食不足等问题持续蔓延，当今世界的发展仍面临着日益增多的风险与层出不穷的挑战。

文明永续发展，既需要薪火相传、代代守护，更需要顺时应势、推陈出新。

---

① 《习近平在纪念孔子诞辰2565周年国际学术研讨会暨国际儒学联合会第五届会员大会开幕会上的讲话》，载《人民日报》2014年9月25日，第2版。

世界文明历史揭示了一个规律：任何一种文明都要与时偕行，不断吸纳时代精华。激发人们创新创造活力，最直接的方法莫过于走入不同文明，发现别人的优长，启发自己的思维。

推动构建人类命运共同体，要摒弃文明优越论，摆脱文明等级观念，冲破征服型的文明心态，秉持平等、客观、包容的态度对待文明多样性。历史和现实都表明，傲慢和偏见是文明交流互鉴的最大障碍。推动构建人类命运共同体，要充分尊重各国文明多样性、发展道路多元化，秉持求同存异、兼收并蓄的精神，建构和而不同、包容互鉴的文明观，充分发挥文明交流互鉴的纽带作用，加强各国之间的思想文化交流，逐渐拉近各国之间的心理距离，消除前进道路中的障碍，共同推动人类文明进步。

开放包容带来文明的进步，封闭对立只能摧毁人类共有的地球家园。人类社会的进步和世界的稳定发展最终离不开文明的支撑，共建美美与共的世界文明家园既是现实的要求，也是发展的需要。在这方面，我们可以继承中华优秀传统文化中“和而不同”“理一分殊”“万物并育而不相害，道并行而不相悖”等理念，培养各美其美、美人之美、美美与共，天下大同的思维方式和世界眼光，形成美人之美、美美与共的现代人格。

美美与共要求我们从自身做起，坚持以和为贵，秉承平等对待、和睦相处、互相学习、互助合作的大局观，拒绝自以为是、自私自利、短视封闭、单边对立的狭隘观，构建“你中有我、我中有你”的地球和谐花园，它可以令人与人、民族与民族、国家与国家之间放宽心胸，互相尊重，彼此包容，求同存异，实现天下一家亲的理想，并为构建人类命运共同体携手努力，让世界文明这个大花园因百花齐放而姹紫嫣红、美不胜收！

“一带一路”各国文明和谐共生

“一带一路”倡议推进发展至今，已经得到了来自世界多个国家和国际组织的积极参与和大力支持。习近平主席指出，“‘一带一路’建设要以文明交流超越文明隔阂、文明互鉴超越文明冲突、文明共存超越文明优越，推动各国相互理解、相互尊重、相互信任”，并强调，“我们要乘势而上、顺势而为，将‘一带一路’建成和平之路、繁荣之路、开放之路、创新之路、文明之路，推动‘一带一路’建设行稳致远，迈向更加美好的未来”。[①]

中华文明是中华民族智慧的结晶

中华文明是中华民族文化血脉、精神品质、人格力量的表征，是中华民族认同感不断增强的动力，积淀着中华民族独特的价值追求，给予中华民族丰厚的文化滋养。

中华文明是和平的。自古以来，中华文明就有许多诸如“以和为贵”“协和万邦”“天下大同”“化干戈为玉帛”“国虽大，好战必亡”等关于和平理念的箴言，并世代相传。在中华文明5000多年的历史长河中，和平已经融入中华民族的血脉，已经刻进中华民族的文化基因。习近平主席指出：“我们坚持走和平发展道路，是对几千年来中华民族热爱和平的文化传统的继承和发扬。”[②]

中华文明是开放的。中华文明立足中国、面向世界，以中华优秀传统文化为母体，以辩证取舍、兼收并蓄、博采众长的文明理念，不断发展现实文化，并合理吸收一切外来文明中的积极思想，逐步形成了中华文明的开放体系。

中华文明是世界的。中国愿同世界各国一道推进保护文化遗产的工作，为传承文明贡献更大的力量；愿同世界各国一道打造展示和传播文明之美的交流互鉴平台，加深不同文明间的相互理解与欣赏；愿同世界各国一道加强各领域的深入交流，通过创新合作模式实现更高层次的合作共赢；愿同世界各国一道实施旅游促进计划，为拉动经济增长、增进世界人民友谊提供必要支撑。

中华文明的创新发展

创新是民族进步的灵魂，是文明发展的不竭动力。中华文明作为人类文明史上唯一没有中断过的悠久文明，不只是停留在古籍里的文字，也不只是陈列在广袤大地上的文物和遗产，而是在中华民族博大精深的传统文化与不同发展阶段实际相适应、相协调的过程中逐步形成的文明积淀。

---

① 《携手推进“一带一路”建设》，载《人民日报》2017年5月15日，第3版。

② 《习近平在德国发表重要演讲：中国坚定不移走和平发展道路》，载《人民日报》2014年3月30日，第1版。

习近平主席指出："每一种文明都延续着一个国家和民族的精神血脉，既需要薪火相传、代代守护，更需要与时俱进、勇于创新。"[①]我们应该用创新增添文明发展动力、激活文明进步的源头活水，不断创造出跨越时空、富有永恒魅力的文明成果，要善于把握中华文明的发展规律，适应时代变革与实践发展的新要求，创造性地将中华传统文明与新时代的文化特征紧密结合，革故鼎新、与时偕行，不断激活中华文明强大的内生力，形成强大的生生不息的发展动力，推动中华文明焕发新时代的生机，闪耀新时代的光辉，展现新时代的魅力。"以古人之规矩，开自己之生面"，不断推动中华文明的创新性发展。

传承中华文明，首先要尊重中华传统文化。传统文化是联系历史与现实的桥梁，中华传统文化与现代文明之间是血脉相连、薪火相传的，二者在尊重与融合中不断发展，而尊重是融合的前提和基础，那种全盘否定中华传统文化的文化虚无主义是错误的文明价值取向。传承中华文明，其次要坚持"一分为二"。习近平总书记强调，对中华传统文化要"有鉴别地加以对待，有扬弃地予以继承"[②]，意指要对中华传统文化科学分析，坚持去粗取精、去伪存真，取其精华、去其糟粕。

中国共产党人始终是中华优秀传统文化的忠实继承者和弘扬者，发展中华文明，要立足社会现实，不断赋予其新的时代内涵。那种故步自封的极端保守主义是错误的文明价值取向，我们要结合当代中国的发展实际，以能否回答和解决当今社会的现实问题作为重要标准和衡量尺度，不断对中华文明进行发展创新，丰富其内涵，拓展其外延，使之符合现代社会要求。

发展中华文明，要改造其表达形式，推动其不断与时俱进。找准中华文明与新时代的对接点及与人民群众的共鸣点，将中华传统文化与时代精神相融相通，创造性地将其转换为现代人们喜闻乐见的话语表达形式，提升其时代感召力，充分发挥其当代价值。

世界文明和而不同，交流互鉴

"万物并育而不相害，道并行而不相悖。"习近平主席强调指出，文明是平等

① 《习近平在联合国教科文组织总部的演讲》，载《人民日报》2014年3月28日，第3版。

② 习近平：《汇聚起全面深化改革的强大正能量》，载《人民日报》2013年11月29日，第1版。

的、多彩的、包容的，要坚持世界文明和而不同、交流互鉴的准则。“世界上不存在十全十美的文明，也不存在一无是处的文明，文明没有高低、优劣之分。”[①]要秉持平等的态度尊重每一种文明，以谦虚、诚恳的态度学习借鉴其他文明，真正实现世界文明之间互尊互鉴。每一种文明都扎根于自己的生存土壤，凝聚着一个国家、一个民族的非凡智慧和精神追求，都有自己存在的价值。

因而，文明是多彩的，每一种文明都是一个国家和民族的精神瑰宝，每一种文明都独具特色，每一种文明都展现着其独特魅力。但这里需要明确的是，文明的独特性并不代表其具有排他性。“和羹之美，在于合异。”文明是包容的，一切文明成果都值得被尊重、珍惜和继承，只有秉持包容的精神对待异质文明，才能避免各色各样的偏见，才能消除文明排斥和文明冲突，才能实现文明和谐。

世界文明和而不同，只有坚持对等的、平等的、多元的、多向的交流互鉴，方能求同存异、取长补短、兼收并蓄，方能超越文明隔阂、文明冲突和文明优越，方能绘就“各美其美，美人之美，美美与共，天下大同”的美好画卷，方能使文明真正成为推动人类进步的强大动力、真正成为维护世界和平发展的重要纽带。

世界文明各美其美、美美与共

人类只有一个地球，却有着多样的文明。世界各个国家和地区的不同民族在千百年来的历史长河中创造了五彩缤纷的文明，共同推动了整个人类社会的繁荣和进步。世界因多彩文明而生机勃勃，文明因交流互鉴而美美与共。

思维方式与话语内涵

如何看待不同文明之间的关系以及如何实现不同文明之间的和谐相处，是当今世界面临的一个日新又新的重要话题和现象。近二三百年来，西方话语依托其背后的强势力量，塑造了西方至上主义的文明观，把其他国家和民族的文明不是视为低人一等，就是视为洪水猛兽。随着时代的进步和不同文明之间的深入交流融合，人们愈加认识到阐释不同文明之间关系的话语是丰富多彩的，以往那种概念化的和抽象刻板的思维方式已经陈旧不堪，取而代之的则是更为多元和立体的

① 《习近平在联合国教科文组织总部的演讲》，载《人民日报》2014年3月28日，第3版。

话语表述。

美美与共是基于中华文明内在精神的话语表达，折射的是中国人一以贯之的整体思维方式，通常表述为十六个字：各美其美，美人之美，美美与共，天下大同。其蕴藏的话语内涵在于，我们在欣赏本民族创造的灿烂文明的同时，也应该去欣赏其他民族的文明，将其他文明视为目的而不是手段，在互相欣赏的过程中促进不同的文明达到一种和谐，并呈现为持久而稳定的“和而不同”。

美美与共的本质是和而不同。早在西周末期，史伯就指出，“夫和实生物，同则不继。以他平他谓之和，故能丰长而物归之，若以同裨同，尽乃弃矣。故先王以土与金、木、水、火杂，以成百物”。在中国人看来，不同事物都有其特殊性，也都有其价值性，从来不会以此生彼灭、此存彼亡的单向思维来看待问题。五色不同，交织而成章；五音各异，交响而成乐。世界文明亦如是。每种文明都有其自我思维的方式和自我表达的话语，它正是民族多样性和世界多样化本身的一种映射，美美与共的文明观正是对此多样性的承认与描绘。

文化传统与叙事逻辑

任何一个现代文明都有着久远的历史起源和发展脉络，也形成了自己独特的文化传统和叙事逻辑，并通过特定的话语传达出不同的精神气质和风貌。文明的内核是相通的，文明的表征则多种多样。正如古人所说，“横看成岭侧成峰，远近高低各不同”，不同文明之间的差异作为一种客观存在的现实，折射出的是欣赏者从不同角度发现的各具特色的美，不能粗率地以高低优劣来判断，更不能以对立竞争的心态来对待。

美美与共理念的提出，得益于中国深厚的文化传统底蕴和独特的叙事逻辑，展现了中国话语在讲述中国故事、展现中国形象方面的能力。中华民族在数千年的历史实践中创造和延续的中华文明，一直以来都富有一种“天下”情怀。无论是儒家的“大道之行，天下为公”的理想，还是法家的“以天下之财，利天下之人”的主张，以及道家追求的“藏天下于天下”的境界，无不契合着古人一以贯之的“天下一家”的叙事逻辑，从小处而言要追求家和万事兴，从大处来讲则要追求协和万邦。正是在“天下一家”理念的一贯影响下，中华文明形成了和而不同、以和为贵、天下大同的文化传统。

天下一家，意味着要融合而不要冲突，要协调而不要对立，要互鉴而不要敌视。随着全球化的日益深入，世界各国和民族之间的交往也日益密切，不同文明形成了同呼吸共命运的多元一体格局，因此必须以更加包容和开放的心态来面对。习近平主席在谈到如何看待世界文明时强调，要“理性处理本国文明与其他文明的差异，认识到每一个国家和民族的文明都是独特的，坚持求同存异、取长补短，不攻击、不贬损其他文明”[①]。倡导文明之间要美人之美，美美与共，正是对西方长久以来持有的非此即彼理念的彻底纠正和解构，真正契合了人类文明发展的规律。

大国情怀与世界眼光

中国的和平崛起是当今世界的一个奇迹，伴随这个奇迹而来的还有中华文明的日渐复兴。从来没有一个经受重重灾难的民族能在如此短的时间内改变自己的命运，实现从站起来到富起来再到强起来的伟大转变。秉持着天下一家的文化传统和叙事逻辑，新时代的中国以更加坚定、自信、负责任的大国情怀和博大、宽广的世界眼光，努力践行着推己及人的古老智慧，不仅让有着5000多年悠久历史的中华文明在新时代焕发出新的魅力，也给世界文明的多样性发展提供了可资借鉴和依循的中国方案和路径。

世界文明多样性共存和发展的格局早已经越来越明朗，尽管不时还有文明冲突、文明优越论等旧调重弹的现象出现，但事实证明，这种西方的文明叙事是一个极其浅薄而又充满偏见的分析范式，世界范围内很多国家已经开始反思甚至扭转西方奉行的文明策略和话语范式。古人说，“君子有成人之美”。美美与共的文明观体现了中国将自身古老文明和世界文明相统一的大国情怀和世界胸襟，真正是从世界格局出发而作出的合乎不同国家和民族实情的倡议，为破解世界文明发展难题提供了中国方案，在世界范围内赢得了普遍共鸣。

国家主席习近平在出席纪念孔子诞辰2565周年国际学术研讨会时指出：“文明特别是思想文化是一个国家、一个民族的灵魂。无论哪一个国家、哪一个民族，如果不珍惜自己的思想文化，丢掉了思想文化这个灵魂，这个国家、这个民族是立不起来的。”[②]世界文明的百花园中，从来不是也不会只有一种文明。每一种文

---

① 《习近平在纪念孔子诞辰2565周年国际学术研讨会暨国际儒学联合会第五届会员大会开幕会上的讲话》，载《人民日报》2014年9月25日，第2版。

② 《习近平在纪念孔子诞辰2565周年国际学术研讨会暨国际儒学联合会第五届会员大会开幕会上的讲话》，载《人民日报》2014年9月25日，第2版。

明都在漫长的人类历史中先后扮演了重要的角色，作出了独特的贡献，因而也就必然拥有传承自己文明之美的权利。

中国人历来主张“世界大同，天下一家”。中国人民不仅希望自己过得好，也希望各国人民过得好。推而广之，我们不仅希望古老的中华文明能在新时代通过创造性转化和创新性发展得到继承和弘扬，也希望世界各国各民族的古老文明都能得到继承和弘扬。“万物并育而不相害，道并行而不相悖”，文明的出路不止一条，文明的发展也不限一隅，只有大家笃守包容精神，秉持世界文明一家亲的理念，才能共筑美美与共的世界文明家园，才能把世界各国文明经由我们这一代之手，以更加绚烂和美好的姿态传递给未来的人们。

和平、发展、公平、正义、民主、自由的全人类共同价值

新冠肺炎疫情暴发后，各国人民守望相助，展现出人类在重大灾难面前的勇气、决心、关爱，照亮了至暗时刻，世界百年未有之大变局加速演进，但和平与发展的时代主题没有变，合作共赢、共同发展的历史大势没有变。应当相信，只要各国摒弃意识形态偏见，尊重文明多样性，坚守和平、发展、公平、正义、民主、自由的全人类共同价值，人类就能够真正携起手来，共同创造世界更加美好的未来。

携手守护全人类共同价值是人类文明发展的必然选择。20世纪上半叶，两次世界大战导致生灵涂炭，人类文明遭受巨大浩劫。在反思历史教训的基础上，联合国应运而生，《联合国宪章》开篇即阐明捍卫全人类共同价值的远大目标——“欲免后世再遭今代人类两度身历惨不堪言之战祸，重申基本人权，人格尊严与价值，以及男女与大小各国平等权利之信念，创造适当环境，俾克维持正义，尊重由条约与国际法其他渊源而起之义务，久而弗懈，促成大自由中之社会进步及较善之民生”①。《联合国宪章》确立的主权平等、不干涉内政、和平解决国际争端等国际关系基本准则，集中反映了国际社会谋求持久和平、维护公平正义的崇高理想。自联合国成立以来，世界和平与发展的力量极大增强，但在实践中也一再出现违背《联合国宪章》宗旨和原则、损害全人类共同价值的做法。西方一些国

① 参见《联合国宪章》，载联合国网站，https://www.un.org/zh/about-us/un-charter/preamble，2022年1月25日访问。

家长期抱持“文明优越论”，屡屡将“价值观”作为处理同他国关系的武器，热衷于挥舞“价值观”大棒，对别国内政横加干涉。必须警惕，这是影响当今世界和平发展的主要风险之一。

站在人类命运共同体的高度，和平、发展、公平、正义、民主、自由应是各国人民共同珍视的价值目标，在追求这些价值目标的道路上，各个国家和民族都是平等的，也是自主的。国际社会广泛认同和支持人类命运共同体理念，普遍认为这是反映了世界上绝大多数国家共同诉求的重要理念。

“大道之行也，天下为公。”早在2015年，国家主席习近平在出席第七十届联合国大会一般性辩论时就明确指出，“和平、发展、公平、正义、民主、自由，是全人类的共同价值”①。此后，习近平总书记在多个场合多次提及全人类共同价值的内涵和外延。2020年，在纪念中国人民志愿军抗美援朝出国作战70周年大会上的讲话中，习近平总书记再次强调：“作为负责任大国，中国坚守和平、发展、公平、正义、民主、自由的全人类共同价值，坚持共商共建共享的全球治理观，坚定不移走和平发展、开放发展、合作发展、共同发展道路。”②这一重要论述启示我们，全人类共同价值为全球治理提供了观念基础，为人类文明发展提供了价值支撑。

全人类共同价值实现了中华优秀传统文化与革命文化、社会主义先进文化的融合创新。例如，中华优秀传统文化中“和而不同”“天下为公”等价值理念，是人类文明发展的璀璨明珠，即使在经济全球化的当今时代仍然有着重要意义；在当代中国，社会主义核心价值观的提出，集中体现了当代中国精神，凝结着全体人民共同的价值追求，是充分反映中国特色、民族特性、时代特征的价值体系，是对全人类共同价值的吸纳和发展。全人类共同价值的提出，是中国价值立场的鲜明表达。

全人类共同价值符合世界各国人民的共同追求，顺应人类社会发展进步的时代潮流。人类文明的优秀成果是在历史演进中不断积累形成的，这些优秀成果中蕴含着一些经久不衰、历久弥新的良善价值。中华民族是一个兼容并蓄、海纳百川的民族，在漫长历史进程中，不断学习他人的好东西，把他人的好东西转化成自己的东西。我们始终坚持平等、互鉴、对话、包容的文明观，并运用马克思主

---

① 《携手构建合作共赢新伙伴 同心打造人类命运共同体》，载《人民日报》2015年9月29日，第2版。

② 《携手构建合作共赢新伙伴 同心打造人类命运共同体》，载《人民日报》2015年9月29日，第2版。

义立场观点方法，科学看待和借鉴其他国家和民族文明中那些关乎人类前途命运的价值理念，在融会贯通的基础上提出全人类共同价值。全人类共同价值不仅是传统文化与现代文明的结合，更是人类文明交流互鉴的结晶，它不是哪个国家、哪个民族的价值，而是人类价值理念在不同时期、不同民族、不同国家之间形成的最大公约数。

秉持共商共建共享的全球治理观，积极参与和引领全球治理体系改革和建设。党的十八大以来，以习近平同志为核心的党中央提出和重申一系列具有鲜明中国特色的全球治理理念。例如，和平发展道路、合作共赢理念、新型大国关系、正确义利观、发展观、合作观、安全观等，特别是提出共建“一带一路”倡议等，在国际上引起广泛反响。这些重要理念和举措，是对全人类共同价值的坚守和践行。在国际环境日趋复杂、不稳定性不确定性明显增加的背景下，中国敏锐判断出和平与发展仍然是时代主题，坚持共商共建共享，促使关于全球治理体系变革的主张转化为各方共识、形成一致行动。实践证明，坚守全人类共同价值，与世界各国携手建设相互尊重、公平正义、合作共赢的新型国际关系，是中国对百年未有之大变局的理性思考与现实回应。

坚定不移走和平发展、开放发展、合作发展、共同发展道路，为人类社会健康发展提供中国方案。中华民族对发展的理解和实践独具特色。改革开放以来，中国人民通过艰苦卓绝的奋斗，实现了人类历史上空前的飞跃，取得了世所罕见的经济快速发展奇迹和社会长期稳定奇迹。这“两大奇迹”所蕴含的发展价值，本身就体现着中国精神、中国智慧和中国方案。世界各个国家、各个民族对于发展都有着自己的理解和方案，而在所有方案中，最经得起历史考验、能够实现较快较好发展的，当属和平发展、开放发展、合作发展、共同发展的方案。为了自身发展，不惜对别的国家发动战争，最终只能损人害己；关起门来搞建设，难以实现长久发展。只有坚持和平发展、开放发展、合作发展、共同发展，才能建设一个持久和平、普遍安全、共同繁荣、开放包容、清洁美丽的世界。

和而不同是构建人类命运共同体的文化底蕴

习近平主席2017年1月18日在联合国日内瓦总部的演讲，揭示了中国致力构建人类命运共同体的文化基因和文化底蕴，即“和而不同”。他指出：“中华文明历来崇尚‘以和邦国’、‘和而不同’、‘以和为贵’。中国《孙子兵法》是一部著名兵书，但其第一句话就讲：‘兵者，国之大事，死生之地，存亡之道，不可不察也’，其要义是慎战、不战。几千年来，和平融入了中华民族的血脉中，刻进了中国人民的基因里。数百年前，即使中国强盛到国内生产总值占世界30%的时候，也从未对外侵略扩张……中国从一个积贫积弱的国家发展成为世界第二大经济体，靠的不是对外军事扩张和殖民掠夺，而是人民勤劳、维护和平。中国将始终不渝走和平发展道路。无论中国发展到哪一步，中国永不称霸、永不扩张、永不谋求势力范围。历史已经并将继续证明这一点。”①其内涵，睿智深刻；其展开，境界多重。

“和而不同”中的“不同”

著名学者王中江先生曾引用《庄子·则阳》中关于“同异关系”的讨论，指出事物的多样性具有创造力，差异性和多样性就是造就整体性和共同性的力量。同时提出，融合多样性的东西能够产生出新的东西；将不同的东西加以调和并使之平衡，就叫作“和”。在这里似可将调和平衡理解为“中”，持中或求中。如果说将不同和差异的东西统合起来就是“共同”，那么“共同”与“同”的内涵就是有区别的，即“共同”是多因素的“和”，而“同”只是单一性质的事物，于是就有了“和而不同”这个深刻的哲学概念。

“君子和而不同，小人同而不和。”君子可以与其周围的人保持和谐融洽的关系，绝不这边搭台、那边拆台，而是相互补台、好戏连台；小人则没有自己独立的见解，只求与别人完全一致，不讲求原则，并不能与别人保持融洽友好的关系。“君子周而不比，小人比而不周。”古写的篆文“比”字，象形两个人完全一样，只跟自己要好的人做朋友，什么事都以“我”为中心、为标准。这就是典型的小人，不是君子。中华文化是君子文化，提倡“君子坦荡荡”；“天行健，君子以自强不息；地势坤，君子以厚德载物”。

现代化呼唤的时代精神要在传统文化的深厚积淀中重铸。这种重铸既应该突出主导、主流，也应该强调和谐、合作，即应该“和而不同”，避免“同则不继”；应该“去粗取精、去伪存真”，但孰去孰留不能简单化。现实往往是“江南三月，杂花树生”，并非谁最美，谁就居于“至善至美”之不二法门；谁最“精”，其他

---

① 习近平：《共同构建人类命运共同体》，载《人民日报》2017年1月20日，第2版。

的就皆在“去粗”之列；谁要存，就必争夺主位、排斥异端；谁有影响，就不断膨胀，甚至走向极端。因此，我们既要有对中华文化根的尊重和扬弃、对中华文化魂的坚守和创新，也要有对外国文化包括宗教文化的包容和借鉴。

“和而不同”意在“和”

《国语·郑语》有载：“夫和实生物，同则不继……声一无听，物一无文，味一无果，物一不讲。”意思是，和谐确实能够产生新事物，但一味求同并不能够持续发展。只是一种声音就谈不上动听，只是一种颜色就谈不上美丽，只是一种味道就不能成为美味，只是一种事物就无法进行衡量。因而，只有“和而不同”，才能最广泛地凝聚和发挥一切智慧和力量，调动一切可以调动的积极因素，使劳动、知识、技术、管理和资本的活力竞相迸发，让一切创造社会财富的源泉充分涌流，为经济、社会又好又快地发展凝聚用之不竭的巨大活力、提供取之不尽的强大动力。

“和而不同”意在求“和”。那么，何为“和而不同”之“和”？“和”的精神是一种承认、一种尊重、一种感恩、一种圆融。“和”的特质是和而不同、互相包容、求同存异、共生共长。“和”的途径是以对话求理解，和睦相处；以共识求团结，和衷共济；以包容求和谐，和谐发展。“和”的方式是一分为二基础上的合二为一，和而不同基础上的求同存异，良性竞争基础上的奋进创新，我为人人基础上的人人为我。“和”的哲学是“会通”，既有包容，更有择优；既有融合，更有贯通；既有继承，更有创新；是一以贯之、食而化之、从善如流、美而趋之。“和”的佳境是各美其美，美人之美，美美与共，天下大同。

“和而不同”是构建人类命运共同体的文化基因

讲“和而不同”的多重境界，不能不关注、聚焦到现实：新冠肺炎疫情冲击下的世界经济持续下滑，经济复苏步履维艰；逆全球化浪潮逐渐蔓延，甚至出现上涨趋势。那么，“和而不同”还管用吗？

事实上，人类从来没有像今天这样强烈地感受到共同威胁、共同挑战，因此必然会理性地看到，新一轮全球化还会到来，“和而不同”是必然的选择。当今世界正在经历百年未有之大变局，突如其来的新冠肺炎疫情再次表明，人类是休戚与共的命运共同体。面对各种复杂严峻的挑战，人类比以往任何时候都更加需要加强合作、共克时艰、和而不同，携手前行。正如习近平主席指出的，“宇宙只有一个地球，人类共有一个家园。霍金先生提出关于‘平行宇宙’的猜想，希望在地球之外找到第二个人类得以安身立命的星球。这个愿望什么时候才能实现还是个未知数。到目前为止，地球是人类唯一赖以生存的家园，珍爱和呵护地球是人类的唯一选择。瑞士联邦大厦穹顶上刻着拉丁文铭文‘人人为我，我为人人’。我们要为当代人着想，还要为子孙后代负责”[①]。因此，“和而不同”是构建人类命运共同体的文化底蕴，是在这同一个地球、同一个家园中以“和”求“同”、求同存异的唯一选择和不二法门。

人类命运共同体的文明交融

如果说文化在样态形式上需要求异，那么文明在价值理念层面则需要“求同”。文明因包容而交融，“求同”的前提是尊重差异性，而不是武断的整齐划一。今天，人类命运共同体的积极构建，为人类文明交融确立了一个坚实的价值基础——在经济全球化发展环境下没有文化孤岛，必须破除两极对立的零和思维，秉持共同发展的理念，努力守望相助，达到合作共赢。

文明交融的文化世界需要双向互动，彼此借鉴，相互欣赏。一种文明交融的理想性追求，就在于以承认每个民族文化发展的正当性为出发点，确立交互性文化价值观的新视角，将文化冲突背后的价值观冲突给当代人类和平秩序所造成的威胁降到最低，实现真正的文明共存。纵观人类文化的发展历史，世界各民族文化的相互传播、彼此融汇一直是主旋律。世界各地的文化从来都不是孤立发展的，例如远古时期世界各地的彩陶在造型、质地、文饰上有着惊人的相似性。在今天，各地区各民族的文化联系变得更加频繁和紧密。各种文化只有在相互关联中才能发展，文明在交往中才能成长。对“他者文化”的尊重和包容是一个民族文化自信的应有之义，这就需要将每个国家民族视为独立、平等的文明主体，尝试进行有效的文化和文明对话，并以包容的胸怀和欣赏者的眼光去对待其文化智慧与文化成就，在学习借鉴中丰富完善自身文化。

要以文化创新为驱动力，积极参与当今世界的文明交融。文化既需要“守正”即维护自身文化的独特性，更需要“创新”即面向未来展示其发展的活力。以文

① 习近平：《共同构建人类命运共同体》，载《人民日报》2017年1月20日，第2版。

化创新来驱动民族文化的未来发展，这是时代的选择。唯有创新，才能够赢得主动参与文明交融的机遇。文化创新是一个民族进步的灵魂，是一个国家兴旺发达的持续动力，更是文化保持其生命活力的重要源泉，每个民族都有义务为人类命运共同体的光明未来贡献文明智慧。因此，我们要自觉树立文化使命感，用全球视野来看待本民族文化的历史、现状和未来，肩负起文化创新的历史责任。

多样文明推动构建人类命运共同体

习近平主席在亚洲文明对话大会开幕式上强调："文明因多样而交流，因交流而互鉴，因互鉴而发展。我们要加强世界上不同国家、不同民族、不同文化的交流互鉴，夯实共建亚洲命运共同体、人类命运共同体的人文基础。"①文明是多彩的，人类文明因多样才有交流互鉴的价值。不同文明只有交流互鉴、取长补短、共同进步，才能为人类文明进步、世界和平发展提供强大动力。那么，在伸张文明多样性、构建人类命运共同体的过程中，中国应发挥什么作用？我们应如何对待自己、对待其他国家和其他文明？

坚持和平发展，合作共赢。看当今世界，和平与发展是世界各国人民的共同心声。冷战思维、零和博弈越发陈旧落伍，妄自尊大或独善其身只能四处碰壁。只有坚持和平发展、携手合作，才能真正实现共赢、多赢。中华民族爱好和平，自古以来就懂得"国虽大，好战必亡"的道理。在来之不易的和平环境中，我们珍惜发展的机遇，也愿意以中国的发展促进世界的和平。我们要秉持和平、主权、普惠、共治原则，与其他国家、其他民族一起化解纷争和矛盾、消弭战乱和冲突，共同捍卫世界和平。

坚持共同发展，共生共荣。人类发展到现在，已经结成不可分割的利益共同体。一荣俱荣、一损俱损，这是中国人古老的智慧。如今，任何国家、任何民族都不可能脱离其他国家、其他民族而单独发展自己，更不可能靠损人利己单独发展。各国要同舟共济，而不是以邻为壑。改革开放40多年来，中国取得了令人瞩目的经济成就，我们愿和世界人民共享发展的红利，让世界各国搭乘中国发展的便车。

① 习近平：《深化文明交流互鉴 共建亚洲命运共同体》，载《人民日报》2019年5月16日，第2版。

坚持平等待人，永不称霸。中华文明历来崇尚“以和邦国”“和而不同”“以和为贵”，几千年来，和平融入了中华民族的血脉中，刻进了中国人民的基因里。如今，中国从一个积贫积弱的国家发展成为世界第二大经济体，靠的不是对外军事扩张和殖民掠夺，而是人民勤劳、维护和平。中国人从来就不接受“国强必霸”的逻辑，而是提倡国家不分大小、强弱、贫富，都是国际社会平等成员，都有平等参与国际事务的权利。

尊重世界各国人民，尊重世界各种文明。“和羹之美，在于合异。”人类文明多样性是世界的基本特征，也是人类进步的源泉。文明差异不应该成为世界冲突的根源，而应该成为人类文明进步的动力。万紫千红才是春。各种文明只有和各民族的历史需要相结合，和时代的变化相适应，文明的长处才能得到充分发挥。因此，我们将美人之美、美美与共，反对任何形式的“文明优越论”，反对把自己的制度强加于人。

秉持开放心态，学人所长，补己之短。文明的繁盛、人类的进步，离不开求同存异、开放包容，离不开文明交流、互学互鉴。历史呼唤着人类文明同放异彩，不同文明应该和谐共生、相得益彰，共同为人类发展提供精神力量。他山之石，可以攻玉。中华文明自身的成长，就是融合多种文明、向其他民族学习的过程。在今天这个世界，我们树立世界眼光，积极学习借鉴世界各国人民创造的文明成果，并结合中国实际加以运用，意义更加重大。

当今的世界已结成一个休戚与共的命运共同体，全世界人民同舟共济，共同发展，这是不可逆转的时代潮流。我们应该坚持世界是丰富多彩的、文明是多样的理念，让人类创造的各种文明交相辉映，编织出斑斓绚丽的图画，共同消除现实生活中的文化壁垒，共同抵制妨碍人类心灵互动的观念纰缪，共同打破阻碍人类交往的精神隔阂，让多样的文明在现代世界交流互鉴、同生共长，共同创造世界的美好未来！

第二部分

“一带一路”

04 畅通“一带一路”国际大循环推动全球经济增长

当今世界正处于百年未有之大变局与新冠肺炎疫情全球蔓延叠加时期，不稳定不确定经济下滑风险正在加大。“一带一路”倡议秉持共商共建共享理念，给世界经济的繁荣稳定带来了新的历史机遇。“一带一路”虽源于中国，但属于世界，已成为开放包容的国际合作平台和广受欢迎的全球公共产品。它不仅承载着古丝绸之路的光荣与梦想，为中华民族的伟大复兴提供动力，还为世界各国应对不确定性挑战、实现各自经济发展贡献着积极力量。

2020年11月15日，《区域全面经济伙伴关系协定》（RCEP）签订，覆盖了亚太15国；2020年12月30日，中欧领导人共同宣布如期完成中欧投资协定谈判，畅通横跨欧亚投资循环圈，这就构建了“一带一路”国际贸易投资大循环圈，践行了多边主义与合作共赢理念。“一带一路”的互联互通建设与欧洲班列交通运输大动脉形成的“六廊六路多国多港”加速推进，形成了“一带一路”的主体框架。六大经济走廊将相关60多个发展中国家和地区列为中国对外交往的优先和重点对象，有利于打造中国与“一带一路”相关国家和地区互利共赢新格局。可见，“一带一路”正在推动全球经济的复苏与增长，是各国携手构建人类命运共同体的伟大实践。

“一带一路”践行多边主义与合作共赢理念

“一带一路”建设，就是为了使各国经济联系更加紧密、相互合作更加深入、

本文2021年1月13日发表于“学习强国”。

发展空间更加广阔，逐步形成区域大合作，在此基础上，完善跨境交通基础设施，逐步形成链接六大经济走廊的交通运输网络，为沿线各国经济发展和人员往来提供便利。

当今世界，经济全球化的总趋势没有改变，但遭遇了波折，保护主义、单边主义抬头，自由贸易和多边体制受到冲击。开放还是封闭，合作共赢还是以邻为壑？中国愿同各国一道，在开放中创造机遇，在合作中破解难题，携手创造人类更加美好的明天。尽管受到疫情影响，2020年开放的步伐仍在加快。中国将秉持开放、合作、团结、共赢的信念，坚定不移全面扩大开放，将更有效率地实现内外市场联通、要素资源共享，让中国市场成为世界的市场、共享的市场、大家的市场，为国际社会注入更多正能量。党的十九届五中全会通过的《中共中央关于制定国民经济和社会发展第十四个五年规划和二〇三五年远景目标的建议》，明确提出"坚持实施更大范围、更宽领域、更深层次对外开放"。

疫情暴发后，中国始终坚持生命至上、人民至上，尊重科学、担当尽责，以实际行动践行人类命运共同体理念。中国第一时间采取有力措施，迅速控制了国内疫情。我们积极参与和推动国际合作，发起新中国历史上规模最大的紧急人道主义行动，向34个国家派出36支医疗专家组，向150多个国家和国际组织提供抗疫援助。我们同国际社会建立起人员往来"快捷通道"、物资流通"绿色通道"、粮食运输"生命通道"，确保产业链供应链稳定畅通，助力世界经济尽快复苏。中国经受住了疫情考验，向世界交上了一份中国答卷，希望能给世界带来信心和力量。①

习近平主席在联合国成立75周年系列高级别会议上，纵览国际风云，旗帜鲜明地表达了中国将坚定奉行多边主义、坚定走和平发展道路、坚定推动构建人类命运共同体等原则立场，提出了应对全球性挑战、促进世界共同发展等一系列重大主张和举措。

践行共商共建共享是基本原则。国家无论大小、贫富、强弱，都是国际社会平等成员，都有平等发展权利、追求美好生活权利、参与国际事务权利。全球治理体系要由大家一起建设，不能沉迷本国优先，也不能唯我独尊，要提高发展中国家的发言权和代表性，推动各国权利平等、机会平等、规则平等，让不同国

① 王毅：《中国经受住了疫情考验，向世界交上一份中国答卷》，载光明网，https://m.gmw.cn/baijia/2020-11/07/1301772813.html，2022年1月26日访问。

家、阶层、人群共享全球治理红利。

维护国际法则秩序是重要基石。国际关系绝不能退回到“丛林法则”时代，各国关系和利益只能以制度和规则加以协调。构建有序的全球治理格局，要恪守主权平等、不干涉内政、和平解决争端等国际关系基本准则，反对霸权主义和强权政治，抵制单边制裁和长臂管辖，共同维护国际公平正义。

坚持开放融通是正确方向。人类历史和实践表明，开放带来进步，封闭必然落后，经济全球化是不可阻挡的时代潮流。破解全球经济治理困局，要反对一切形式的保护主义，维护以世贸组织为基石的多边贸易体系，促进贸易投资自由化便利化，在开放融通中谋求互利共赢。

树立共同体意识是必由之路。人类只有一个星球，各国不可分割、命运与共，需要同舟共济，精诚合作。我们要摒弃意识形态的偏见，跨越民族文化的分歧，坚守和平、发展、公平、正义、民主、自由的全人类共同价值，共同呵护和建设我们的地球家园。

中国将继续坚定捍卫多边主义。中国践行多边主义不搞选择性，而是坚持原则性，这个原则就是维护以联合国为核心的国际体系，维护以国际法为基础的国际秩序，维护联合国在国际事务中的核心作用。我们将积极参与建设更包容的全球治理、更有效的多边机制，满足应对全球性挑战的现实需要。

中国将继续维护世界和平稳定。中国将坚定不移地走和平发展道路，在和平共处五项原则基础上同各国开展友好合作、发展伙伴关系。中方将继续倡导共同、综合、合作、可持续的新安全观，在热点问题上尽力劝和促谈，积极应对气候变化、网络安全、恐怖主义等非传统安全威胁，致力于使国际关系民主化和维护国际公平正义。

中国已决定加快构建以国内大循环为主体、国内国际双循环相互促进的新发展格局，这是中国经济发展到以内需为主动力新阶段的必然选择，也体现了世界上主要经济体发展壮大的客观规律。在构建新发展格局过程中，中国的市场规模和容量必将不断扩大，从而为世界各国进入中国市场、分享中国机遇创造更广阔空间。国内循环带动国际循环，国际循环又深化国内循环，双方相互开放、相互促进，将为中国经济和世界经济不断注入新的动力。

经济全球化时代，各国间客观上已经形成了“你中有我，我中有你”的命运共同体。“逆全球化”本身就是原有全球治理体系失效的后果，因此，坚持多边主义，推进全球治理体系转型才是纠正“逆全球化”的良方。

第一，推进全球治理转型，首先需要解决治理主体多元化诉求。当前全球治理呈现出“两难”状况，欧美发达国家由于自身实力的衰落，一方面，参与全球治理的意愿减弱，不愿意继续提供公共产品，甚至退出多边主义的制度框架。另一方面，却又不愿看到新兴经济体在全球治理中获得更大的话语权，这直接导致多边主义受阻和全球治理失效。全球治理体系转型必须体现世界权力结构的变革，广大新兴经济体和发展中国家需要更多地参与到全球治理中来。无论大国小国、强国弱国、富国穷国，都可以平等地在多边主义框架下协商合作。

第二，推进全球治理体系转型，需要坚守多边主义精神，解决制度改革、创新和法治化诉求。多边主义制度体系是全球治理的基石，没有制度体系的改革和创新，全球治理体系转型便无从谈起。

全球治理制度的改革不仅需要体现权力结构的变革，同样需要寻求最大多数国家利益的最大公约数，实现互利共赢。同时，在原有全球治理制度设计的盲区，积极推进制度体系的创新和创设。

第三，推进全球治理转型，需要以多维化全球治理价值体系为支撑。首先，要强化改革和丰富全球治理体系的治理理念。任何形式的全球治理理念，实质上都是主导国国家治理经验在全球层面的投射。比较更多国家成功的治理经验，兴利除弊，尊重不同国家不同发展治理模式的选择，强调不同价值诉求之间的包容性和互联性，才是正道。其次，强调公平正义的全球治理价值，推进实现西方发达国家与新兴经济体、广大发展中国家之间的公平正义，彼此间平等地参与到全球治理进程中来，尊重新兴经济体和广大发展中国家对全球治理的合理诉求。

总而言之，中国始终是世界和平的建设者、全球发展的贡献者、国际秩序的维护者和多边主义的践行者。

RCEP覆盖亚太15国，构建全球人口最多经贸规模最大的自贸区

2020年11月15日，《区域全面经济伙伴关系协定》（RCEP）第四次领导人会议通过视频方式举行，中国国务院总理李克强出席会议。会上，在15国领导人共同见证下，各国贸易部长签署了RCEP。原商务部部长钟山代表中国政府签署协定。这标志着当前世界上人口最多、经贸规模最大、最具发展潜力的自由贸易区正式启航。李克强总理表示，这不仅仅是东亚区域合作极具标志性意义的成果，更是多边主义和自由贸易的胜利，必将为促进地区的发展繁荣增添新动能，为世

界经济实现恢复性增长贡献新力量。当前国际形势下，RCEP经过8年谈判得以签署，让人们在阴霾中看到光明和希望，表明多边主义和自由贸易是大道、正道，仍然代表着世界经济和人类前进的正确方向。

RCEP由东盟于2012年发起，历经8年、31轮正式谈判，特别是2020年以来，RCEP各成员克服新冠肺炎疫情带来的巨大困难，全面完成市场准入谈判，并完成1.4万多页文本法律审核工作，最终在本次领导人会议期间如期签署协定。这是东亚经济一体化建设近20年来最重要的成果。

RCEP是区域内经贸规则的“整合器”。RCEP整合了东盟与中国、日本、韩国、澳大利亚、新西兰多个“10+1”自贸协定以及中、日、韩、澳、新西兰5国之间已有的多对自贸伙伴关系，还在中日和日韩间建立了新的自贸伙伴关系。RCEP采用区域累积的原产地规则，深化了域内产业链价值链；利用新技术推动海关便利化，促进了新型跨境物流发展；采用负面清单推进投资自由化，提升了投资政策透明度。这些都将促进区域内经贸规则的优化和整合。

RCEP对中国意义非凡。RCEP的签署意味着中国和日本首次达成了双边关税减让安排，实现了历史性突破。RCEP的达成必将推动中日韩自贸区谈判走上快车道。届时，如果世界第二大经济体中国、第三大经济体日本，加上韩国这一全球第六大经济体能够达成一个高标准的自贸协定，必将极大地提振世界经济。

此外，RCEP的签署对于推动共建“一带一路”也有着重要意义。中国要实现“一带一路”倡议，也有重新构建全球贸易体系的必要。RCEP将成为重要的基础，为中国制定贸易规则争取主动权。RCEP的达成将为中国企业开拓全球市场提供一个巨大的机遇，并将成为中国建设“一带一路”的重要着力点。一方面，作为全球最大的自贸区，RCEP为中国企业提供了足够的市场容量，而这些市场与中国经济高度互补；另一方面，这一自贸区就在家门口，也与中国“一带一路”倡议的方向高度重叠。随着RCEP的签署，东盟方面普遍期待进一步分享中国发展和开放的红利，地区国家也期盼加强共建“一带一路”合作，促进区域互联互通，释放经RCEP整合后的东亚市场的潜力。

RCEP对标国际高标准自贸规则。RCEP拓展了原有“10+1”自贸协定的规则涵盖领域，既对标国际高标准自贸规则，纳入了知识产权、电子商务、竞争、政府采购等议题，又在中小企业、经济技术合作等领域作出加强合作等规定。在知识产权领域，RCEP涵盖著作权、商标、地理标志、专利、外观设计、遗传资源、传统知识和民间文艺等广泛内容，在兼顾各国不同发展水平的同时，显著提高了区域知识产权保护水平。

RCEP贸易便利化水平超过世贸，发展新型跨境物流。RCEP的贸易便利化措施主要包括海关程序和贸易便利化措施、卫生和植物卫生措施以及标准、技术法规和合格评定程序方面的措施。在海关程序和贸易便利化方面，RCEP简化了海关通关手续，采取预裁定、抵达前处理、信息技术运用等促进海关程序的高效管理手段，在可能情况下，对快运货物、易腐货物等争取实现货物抵达后6小时内放行，促进了快递等新型跨境物流的发展，推动了果蔬和肉、蛋、奶制品等生鲜产品的快速通关和贸易增长。整体水平超过了世贸组织《贸易便利化协定》。在卫生和植物卫生措施方面，为保护人类、动物或植物的生命或健康制定了一系列措施，并确保这些措施尽可能不对贸易造成限制，不对其他RCEP成员构成不合理歧视。在世贸组织《卫生与植物卫生措施协定》的基础上，RCEP还加强了风险分析、审核、认证、进口检查，以及紧急措施等规则的执行。

RCEP服务贸易章节：中国金融领域最高承诺水平。服务贸易章节除市场开放及相关规则外，还包含了金融服务、电信服务和专业服务三个附件，在金融、电信等领域作出了更全面和高水平的承诺，对专业资质互认作出了合作安排。金融服务附件代表了我国金融领域的最高承诺水平。首次引入了新金融服务、自律组织、金融信息转移和处理等规则，就金融监管透明度作出了高水平承诺，在预留监管空间维护金融体系稳定、防范金融风险的前提下，为各方金融服务提供者创造了更加公平、开放、稳定和透明的竞争环境。这些规则将不仅有助于我国金融企业更好地拓展海外市场，还将吸引更多境外金融机构来华经营，为国内金融市场注入活力。

RCEP将助力我国形成国内国际双循环新发展格局。RCEP将促进我国各产业更充分地参与市场竞争，提升在国际国内两个市场配置资源的能力。这将有利于我国以扩大开放带动国内创新、推动改革、促进发展，不断实现产业转型升级，巩固我国在区域产业链供应链中的地位，为国民经济良性循环提供有效支撑，加快形成国际经济竞争合作新优势，推动经济高质量发展。RCEP将显著提升我国自由贸易区网络“含金量”。

RCEP签署后，我国对外签署的自贸协定将达到19个，自贸伙伴将达到26个。通过RCEP，我国与日本建立了自贸关系，这是我国首次与世界前十的经济体签署自贸协定，是我国实施自由贸易区战略取得的重大突破，使我国与自贸伙伴贸易覆盖率增加至35%左右，大大提升了我国自贸区网络的“含金量”。

中欧投资协定畅通横跨欧亚投资循环圈

2020年12月30日晚，国家主席习近平在北京同德国总理默克尔、法国总统马克龙、欧洲理事会主席米歇尔、欧盟委员会主席冯德莱恩举行视频会晤。中欧领导人共同宣布如期完成中欧投资协定谈判。

习近平主席强调，中欧投资协定展现了中方推进高水平对外开放的决心和信心，将为中欧相互投资提供更大的市场准入、更高水平的营商环境、更有力的制度保障、更光明的合作前景。中欧投资协定将有力拉动后疫情时期世界经济复苏，促进全球贸易和投资自由化便利化，增强国际社会对经济全球化和自由贸易的信心，为构建开放型世界经济作出中欧两大市场的重要贡献。

习近平主席强调，中欧作为全球两大力量、两大市场、两大文明，应该展现担当，积极作为，加强对话，增进互信，深化合作，妥处分歧，携手育新机、开新局。协调抗疫行动，共促经济复苏，对接发展战略，加快绿色发展，推动多边合作。中国致力于构建新发展格局，将为欧洲和世界提供更多市场机遇、创造更大合作空间。希望欧方坚持自由贸易和多边主义，为中国投资者提供开放、公平、非歧视的营商环境。

欧方领导人表示，尽管受到新冠肺炎疫情影响，2020年欧中保持密切高层沟通，在地理标志协定等一系列问题上取得重要进展。我们举行会晤，共同宣布结束欧中投资协定谈判，这对欧中关系发展具有重要里程碑意义，也将有利于推动世界经济复苏增长。这再次向世界表明，尽管欧中在有些问题上存在分歧，但双方都有政治意愿在相互尊重的基础上加强对话，深化合作，实现互利共赢。

欧中投资协定是高水平的，欧方赞赏中方进一步扩大开放，积极促进贸易自由化、投资便利化。欧中都支持多边主义，一个强有力的欧中关系有益于解决当今世界面临的全球性挑战。欧方赞赏中方就应对气候变化以及帮助非洲抗击疫情等方面采取的重大举措，希望就全球抗疫、气候变化、生物多样性保护、可持续发展、世贸组织改革等问题继续同中方密切协调合作。

中欧投资协定是中国与欧盟签订的首份全面投资协定。与传统的投资协定相比，中欧投资协定谈判的主要差异是引入了准入前国民待遇和负面清单的管理体制，关注国有企业的“竞争中性”，推动高端服务业更高层次的开放。

从战略上来说，中欧合作意味着欧亚大陆东西两端形成了全球化的重心，也是对自由贸易、开放合作的坚持，中欧关系的稳定无疑也会给整个欧亚大陆带来信心，有利于构建开放的经济秩序。中欧磋商高水平投资协定是对全球自由贸易的刺激，也是对以WTO为代表的多边贸易体系的升级。中欧双边投资协定并不仅是双边的合作，而是欧盟各成员国与中国的合作，也是传统经济强国与新兴经济国家携手推动全球化的切实举措。

中欧投资协定致力于制度型开放，协定的一个主要方面就是市场准入的承诺，通过市场准入的承诺，将为中欧双方企业带来更多的投资机会。此外协定还包括公平竞争规则，可以为双方企业提供更好的营商环境。其中，在市场准入方面，中欧投资协定采取的是准入前国民待遇加负面清单的模式，而且中方首次在包括服务业和非服务业在内的所有行业以负面清单的形式作出了开放的承诺。欧方也在协定中对中方承诺了较高的市场准入水平。双方的市场准入承诺也不仅限于准入前国民待遇和负面清单。为了促进和便利投资，协定中还有专门的条款允许与投资有关的外汇转移，并且对与投资有关人员的入境也作了规定和承诺。

在公平竞争规则方面，协定立足于营造法治化的营商环境，双方在协定中就企业补贴、透明度、技术转让、标准制定、行政执法、金融监管等与企业运营密切相关的议题达成了共识。总之，协定将会为中欧企业带来更多的投资机会，为企业提供更好的营商环境。

中欧投资协定对标国际高水平经贸规则，着眼于制度型开放，是一项全面、平衡和高水平的协定。“全面”主要体现在，协定涉及领域远远超越传统双边投资协定，谈判成果涵盖市场准入承诺、公平竞争规则、可持续发展和争端解决。“平衡”主要体现在，首先，双方都拿出了高水平和互惠的市场准入承诺，所有的规则也都是双向适用的；其次，双方作出开放承诺的同时还十分注重保留必要的监管权；最后，双方既注重促进双边投资合作，也强调投资需有利于可持续发展。“高水平”主要体现在，双方致力于促进投资自由化、便利化，为中欧企业打造公平竞争环境，在市场准入、公平竞争规则等方面达成了高水平的谈判成果，将惠及中欧双方企业乃至全球企业。

中国新基建落地在“一带一路”沿线国家

“一带一路”沿线国家需要中国新基建。2018年12月，中央经济工作会议首次正式提出了新基建的概念。2020年4月，国家发展改革委首次明确了新基建的三大领域：信息基础设施、融合基础设施、创新基础设施。新基建有三个层面。

第一个层面，所谓“新”是区别于传统基建，即以新一代信息技术为主的基础设施，包括5G网络、卫星网络、大型数据中心、超算中心、云计算平台、边缘计算以及工业互联网，等等。第二个层面，深度融合、赋能传统行业的基础设施建设，也就是新一代信息基础设施与道路、桥梁这种交通传统行业，以及其他行业的深度融合和重构。第三个层面，是指更底层的研发创新型的基础设施。

目前我们正面临一个科技大变革的时代，所以研究院类型的更基础的创新也属于新基建的范畴。建设新一代的信息基础设施不仅是中国在解决核心技术突破、实现经济转型升级的关键一招，也是全球的一个发展主题。对“一带一路”沿线国家来说，自然也具有重大和核心的意义，信息基础设施建设肯定要在“一带一路”沿线国家大力发展和推广。实际上，现在我们与有关国家在这方面的合作已经在探索之中。比如我们帮助当地建设新型的通信网络、通信设施、大数据平台等，这些合作已经初步落地。

“新基建”是中国国内的一个提法，它包括了从政策到投入，再到产业推动，甚至资本化运作，是一盘棋的模式。但是否能用一盘棋的形式直接在“一带一路”沿线国家和其他主权国家进行推广，以及它在“一带一路”沿线国家真正的落地模式，还需要进一步探索和研究。大力推进新型基础设施建设，同时用新的信息化基础设施来带领社会治理和经济发展模式的提升和升级，这是大势所趋，只是需要因地制宜。①

现在网络空间已经是与国家主权、企业产权和个人隐私紧密结合的“第二空间”，信息技术和实体经济深度融合，互联网进入工业互联网、产业互联网阶段。现在大家在这方面的意识越来越强烈了。越来越多的国家认识到互联网技术、信息技术对国家的经济发展和治理能力所起到的重要作用。但是很多国家受到自身条件的限制，在这方面的技术积累、资金和资源调度的能力不足，需要在发展网络空间方面进行合作。虽然很多国家的需求很强烈，但同时也有顾虑。其顾虑主要表现在以下两个方面。

第一，一些国家担心主权受到损害。新基建是咱们自己国内的建设，我们可以做一盘棋的统筹设计，它不涉及主权的问题。但如果你去别的国家推进，帮助别的国家或者联合别的国家去推进，其中就会涉及网络空间的主权问题。

---

① 沈寓实:《中国新基建如何在“一带一路”沿线国家落地》，载公众号“中国一带一路网”，2021年1月9日。

第二，可能会有来自美国等国家施加的压力。我们需要针对此问题进行深度探讨。网络空间具体应该怎么合作，这个问题本身有很多可以探索和发挥的空间，也有很多要避免的潜在陷阱。对此，中国提出了“网络空间命运共同体”的概念，要建立网络空间的共享共治共赢的机制，反对网络霸权。而“一带一路”沿线国家是一个集体实践场所，是最好的实践基地。新的事物没有现成的直接经验可以借鉴，但首先在理念上和认识上，中国提出了高瞻远瞩的网络空间命运共同体的理念。

为“一带一路”插上数字翅膀。2017年5月，中国国家主席习近平在第二届“一带一路”国际合作高峰论坛开幕式上发表演讲，提出了建设“数字丝绸之路”的概念，强调要顺应第四次工业革命发展趋势同把握数字化、网络化、智能化发展趋势，共同探索新技术、新业态、新模式。

“一带一路”之前更多强调的是传统合作，比如贸易、金融投资。建设数字丝绸之路其实是看到了信息基础设施，看到了信息流对传统的贸易流、金融流、物质流的相辅相成甚至是反控这种重大的作用而提出的，就是用数字流来引领这些传统合作的发展。数字化建设本身对提升效率、打通壁垒、跨界融合，都起到了传统模式无法实现的重大推动作用，甚至是质的提升作用。将数字基础设施这个概念和这方面的实践融入“一带一路”建设中，等于是为“一带一路”建设加上了数字的翅膀，如虎添翼。

建设数字丝绸之路，主要可以从基础设施、贸易、金融、民心、政策这五个切入点进行。其中，基础设施是最重要的一个方面，是后续一切发展的基础。建设数字丝绸之路，我们要以积极开放的态度，以及可持续发展的理念，与其他国家达成广泛的合作共识。同时我们还需要具有前瞻性，准备好接受新技术、新经济形态的出现，并且提前部署。此外我们还要有深入发展的决心，依托“一带一路”探索新的经济形态。目前，国内的新基建浪潮滚滚而来，“一带一路”建设应积极吸取国内新基建的宝贵经验，进一步推动“一带一路”沿线国家的信息基础设施建设，与国内形成联动之势。尤其是在工业互联网方面，应该助力沿线国家共享互联网发展红利，推动传统产业信息化和智能化的升级。

“一带一路”合作发力，稳定全球供应链

“一带一路”具有强大生命力，疫情并没有撼动各方携手共建“一带一路”

的决心，后疫情时期更需要“一带一路”为世界提供发展动力。中国正在积极构建以国内大循环为主体、国内国际双循环相互促进的新发展格局，这将有助于推动中国经济实现高质量发展，也将为共建“一带一路”提供更强动力、更大空间、更优路径。中国愿同各方一道，结合各国战胜疫情和经济复苏的现实需要，推动“一带一路”同各国发展战略深度对接，助力互联互通和复工复产，挖掘生命健康、数字经济、绿色发展等经济新动能，推动共建“一带一路”向更高质量迈进。

目前，中国已经同138个国家和31个国际组织签署了201份共建“一带一路”合作文件，共同开展了超过2000个合作项目。[①]中国已经是“一带一路”倡议25个参与国的最大贸易伙伴。即使是在受疫情影响的2020年，前10个月中国与“一带一路”相关国家外贸进出口总额合计7.58万亿元，同比增长1.4%，在中国外贸中的占比提升至29.2%；我国在“一带一路”沿线国家新签承包工程合同额和完成营业额的占比分别提升到了55.5%和58.5%。[②]

交通运输互联互通加速

中欧班列2020年全年开行1.24万列。2020年，国铁集团党组带领全路各级组织和广大干部职工聚焦交通强国、铁路先行，坚持强基达标、提质增效，着力节支降耗、改革创新，有力有效应对各种风险挑战，尤其是新冠肺炎疫情对铁路工作造成的冲击和影响，全面实现了年度工作目标任务，推动铁路高质量发展取得新成效。2020年全年开行中欧班列1.24万列、发送113.5万标箱，同比分别增长50%、56%，开行西部陆海新通道班列3600列、发送19万标箱，同比分别增长73%、80%。[③]

2020年12月15日，印度尼西亚历史上第一条高速铁路——连接雅加达和万隆的雅万高铁1号隧道顺利贯通。作为中国高速铁路从技术标准、勘察设计、工程施工、沿线综合开发等全方位整体“走出去”的第一单，雅万高铁有众多的

① 《我国已与138个国家、31个国际组织签署201份共建一带一路合作文件》，载《人民日报》2020年11月18日，第2版。

② 《“一带一路”合作及时发力 稳定全球供应链》，载公众号“央广网”，2020年12月22日。

③ 《国铁集团：2021年铁路预计投产新线约3700公里》，载公众号“人民网”，2021年1月5日。

“第一”。这条高铁应该是我们国家在海外建设的第一条高速铁路，中国标准、中国施工、中国装备，在东南亚这是第一次。

在非洲大草原上，第一条由中国全产业链建设的铁路——亚吉铁路，已经成为埃塞俄比亚和吉布提两国重大的大宗货物运输大动脉。亚吉铁路埃塞俄比亚运输主管比尔哈内称：“今年在疫情的困难时期，亚吉铁路帮了我们大忙，特别是在服务民生方面的运量不降反升。2020年前10个月，亚吉铁路累计发送货物120万吨，相当于去年全年的运量。”①

加强合作，打造健康丝路

风雨无阻，优势独特。在全球抗疫的危急时刻，一列列驰骋的中欧班列，为“一带一路”沿线国家和地区民众带去宝贵的防疫及生产生活物资，成为沿线国家和地区携手抗击疫情的“生命通道”“命运纽带”。截至11月初，中欧班列累计开行超万列，运送集装箱92.7万标箱，同比增长54%，通达欧洲21国。其中，运送医疗物资近800万件、6万多吨。②

守望相助，命运与共。面对疫情挑战，“一带一路”朋友圈聚焦全球公共卫生合作，分享抗疫信息和技术创新成果，进一步丰富高质量共建“一带一路”内涵。“中方愿同意方一道，为抗击疫情国际合作、打造‘健康丝绸之路’作出贡献”③；“为克服疫情带来的冲击，我们要加强共建‘一带一路’合作，加快落实中非合作论坛北京峰会成果，并将合作重点向健康卫生、复工复产、改善民生领域倾斜”④；“我们愿同合作伙伴一道，把‘一带一路’打造成团结应对挑战的合作之路、维护人民健康安全的健康之路、促进经济社会恢复的复苏之路、释放发展潜力的增长之路”⑤……关键时刻，习近平主席发出一系列重要倡议，传递与合作伙伴高质量共建“一带一路”的坚定决心，为增强各国抗疫信心、加强协调合作发挥了重要引领作用。

① 《“一带一路”合作及时发力 稳定全球供应链》，载公众号“央广网”，2020年12月22日。
② 《今年以来企业债券未发生违约情况》，载《中国青年报》2020年11月18日。
③ 《书写共建人类命运共同体的战“疫”篇章》，载《人民日报》2020年4月6日，第1版。
④ 《团结抗疫　共克时艰》，载《人民日报》2020年6月18日，第2版。
⑤ 《习近平向“一带一路”国际合作高级别视频会议发表书面致辞》，载《人民日报》2020年6月19日，第1版。

推进项目，助力复工复产

疫情在全球持续蔓延，国际物流不畅，贸易大幅萎缩，世界经济的不稳定性不确定性明显增强。以互联互通为主线、构建紧密伙伴关系的共建“一带一路”国际合作，积极破解难题。在严格防控前提下，众多重大项目坚持运行，一批新项目启动实施，有效促进了当地抗击疫情、复工复产、民众就业，为维护全球产业链供应链稳定畅通提供了有力支撑。

作为共建“一带一路”重要先行先试项目，中巴经济走廊建设在疫情防控期间“不裁员、不撤人、不停工”，取得许多新进展：默蒂亚里—拉合尔输电线路全线贯通，进一步提升巴方电力供应水平；拉合尔轨道交通橙线项目开通运营，巴基斯坦驶入“地铁时代”；最大交通基础设施项目白沙瓦—卡拉奇高速公路苏库尔至木尔坦段正式交付，两地通车时间从11个小时压缩至4个小时左右；瓜达尔港创造多个第一，首次系统性开展阿富汗货物中转业务、首次开展液化石油气业务、首次实现商业化运营……巴基斯坦中巴经济走廊事务局主席阿西姆·巴杰瓦表示，走廊建设及时推进，不仅能帮助南亚国家从疫情中快速恢复，更能帮助本地区摆脱贫困，促进区域内互联互通，实现地区持久和平。

中老铁路全线隧道贯通、中泰铁路一期线上工程合同达成一致、印度尼西亚雅万高铁建设实现节点目标、埃及新行政首都中央商务区项目稳步推进……困难时刻，海外中国建设者坚守岗位，与当地各方共同抗疫、复工复产，用辛勤的汗水浇灌发展的“希望之花”，用过硬技术和责任担当擦亮共建“一带一路”的金字招牌。

在乌干达境内横跨尼罗河两岸的帕拉大桥施工现场，因尼罗河乌干达流域遭受60年一遇的洪水，施工段水位一度创下历史新高。水流湍急，设备装机难度倍增。一群80后、90后的中国年轻人凭借丰富经验，重新调整方案，将洪水对施工的影响降至最小。团队每天要做的第一件事，就是对桥梁进行一次“体检”，检查各环节的安全和可靠性。

当今世界，各国经济彼此依存，利益交融前所未有，以诚相待、普惠共享是根本之计。面对疫情冲击，共建“一带一路”书写了一份份亮丽答卷，进一步凸显各方对开放合作、互利共赢的现实需求，彰显中国携手各国打造全球公共产品的大国担当。2020年前三季度，中国与沿线国家贸易进出口总额达9634.2亿美元，增速比全国整体水平高0.8个百分点，对“一带一路”沿线国家非金融类直接投资达130.2亿美元，同比增长29.7%，高出全国整体增速32.3个百分点。[①]共建“一带一路”为盘活地区经济循环、促进全球经济复苏提供重要平台，注入强劲动力。

“欧洲企业看好中欧班列发展前景，对参与共建‘一带一路’、共享发展机遇展现浓厚兴趣。”[②]国际铁路货运新闻网总编辑玛约维·范莱恩对中欧共建“一带一路”充满信心。2020年，匈塞铁路匈牙利段项目EPC主承包合同正式生效；中国公司和波兰合作方组成联营体，签署波兰铁路修复合同；中国与塞尔维亚政府签署“诺维萨德—鲁马”快速路项目设计和建设商务合同……共建“一带一路”顺应时代潮流，造福各国人民，持续展现蓬勃生命力。

互利共赢，高质量发展

习近平总书记指出：“无论是应对疫情，还是恢复经济，都要走团结合作之路，都应坚持多边主义。促进互联互通、坚持开放包容，是应对全球性危机和实现长远发展的必由之路，共建‘一带一路’国际合作可以发挥重要作用。”[③]中国主张，赢得国际社会广泛认同。

高质量共建“一带一路”，为沿线国家和地区带来沉甸甸的民生实惠。巴西美丽山二期供电工程，将亚马孙河流域的清洁水电输送到里约热内卢，满足2200万居民的用电需求；尼日利亚卡诺灌溉项目让清澈的河水缓缓流入田间，使农田获得丰收，极大地缓解了当地粮食短缺问题；在阿根廷胡胡伊省安第斯山区，伏电站项目让附近的村庄重现热闹场景，吸引外出打工的年轻人回乡。当地员工冈萨雷斯自豪地说：“我和同事们打了15万根钢桩。这些光伏板看起来就像大地上的一片蓝天。建设电站让阳光变成财富，中企帮我们点亮幸福生活。”[④]

高质量共建“一带一路”，绿色发展的底色更足。在克罗地亚佩列沙茨跨海大桥建设中，为了将对环境的影响降到最低，施工方在打桩阶段使用先进的气泡

---

① 《前三季度我国对“一带一路”沿线国家非金融类直接投资增29.7%》，载公众号“中国发展网”，2020年11月17日。

② 《中欧班列发挥了不可替代的重要作用》，载《人民日报》2020年11月30日，第3版。

③ 《习近平向“一带一路”国际合作高级别视频会议发表书面致辞》，载《人民日报》2020年6月19日，第1版。

④ 《持续推进高质量共建一带一路（2020·年终专稿）》，载公众号“中国日报网”，2020年12月27日。

幕降噪技术，施工船舶配备污水箱，陆上办公和住宿区实行严格垃圾分类。施工水域内，海豚旁若无人、跳跃嬉戏的视频，收获多方点赞。从绿色发展中寻找机遇和动力，建设“绿色丝绸之路”必将进一步聚合各方智慧和力量，推动共建“一带一路”行稳致远。

高质量共建“一带一路”，更多合作亮点正在拓展。大数据、云计算、区块链、人工智能等前沿技术为加强疫情联防联控、优化公共卫生体系发挥重要作用。推进“数字丝绸之路”将进一步释放全球发展潜力，助力“一带一路”沿线国家和地区在后疫情时代不断挖掘经济新增长点，提升民生福祉。疫情防控期间，中方与比利时泽布吕赫港的航运贸易一直没有中断。在泽布吕赫港务局荣誉副总裁文森特看来，持续发展的航运贸易反映出中国与欧洲之间的紧密联系，跨境电商的蓬勃发展也起到很大作用。

同声相应，同气相求。从“绿色丝绸之路”到“空中丝绸之路”，从“数字丝绸之路”到“冰上丝绸之路”“健康丝绸之路”……共建“一带一路”的内涵不断深化，外延更加扩展，更加契合各国对全方位、宽领域、创新性、持续性拓展合作的需求。尼日利亚中国研究中心主任查尔斯·奥努纳伊朱认为，“一带一路”倡议着力构建连通全球的陆、海、空联动基建网络，将“地球村”的概念具象化。①中国提出的“一带一路”倡议是实现构建人类命运共同体目标的路线图，是中国在新的历史起点对维护多边主义的承诺，让各国实现有效沟通、开放合作。②

大道致远，海纳百川。中国将继续同合作伙伴一道，秉持共商共建共享原则，坚持开放、绿色、廉洁理念，努力实现高标准、惠民生、可持续目标，持续推进高质量共建“一带一路”，为各国和世界经济增长开辟更多空间，为加强国际合作打造更广平台，为构建人类命运共同体作出更大贡献。

① 《同筑共赢之路 共迎美好明天——共建“一带一路”全景扫描》，载公众号“新华网”，2020年9月13日。

② 《为践行多边主义、推动构建人类命运共同体注入信心和动力》，载《光明日报》2020年9月22日。

05 优化"一带一路"要素市场化配置

2021年是"十四五"规划开局之年，也是全面建设社会主义现代化国家新征程起步之年。《中华人民共和国国民经济和社会发展第十四个五年规划和2035年远景目标纲要》明确提出"推动共建'一带一路'高质量发展"，特别是进入立足新发展阶段、贯彻新发展理念、构建新发展格局的新时代，将进一步促进国内国际双循环和高水平对外开放，在七年打"前场"开局良好、成果丰硕的基础上，优化"一带一路"全要素市场化资源配置，打好推动共建"一带一路"高质量发展的"中场"，实现"一带一路"从谋篇布局的"大写意"转入精谨细腻的"工笔画"的科学转变。

"一带一路"倡议秉持共商共建共享理念，给世界经济的繁荣稳定带来了新的历史机遇。"一带一路"虽源于中国，但属于世界，已成为开放包容的国际合作平台和广受欢迎的全球公共产品。"一带一路"的互联互通建设与欧洲班列交通运输大动脉形成的"六廊六路多国多港"加速推进，形成了"一带一路"的主体框架。

截至目前，已经有81家中央企业在"一带一路"沿线承担超过3400个项目，成为推动"一带一路"从理念转化为行动、从愿景转变为现实的重要力量。"一带一路"600多个项目顺利完工。比如，雅万高铁、中老铁路，克服疫情影响顺利推进，多项重要节点工程开工或者竣工。中白工业园在2020年实现新增入园企业10家，累计入园企业已经达到65家，协议总投资12.2亿美元。格鲁吉亚E60高速公路也已竣工通车。不断深化"一带一路"基础设施建设，产业、经贸、科技

本文2021年4月15日发表于"学习强国"。

创新、公共卫生等领域的务实合作，把“一带一路”打造成为合作之路、健康之路、复苏之路、增长之路。

2020年4月9日，中共中央、国务院发布《关于构建更加完善的要素市场化配置体制机制的意见》，就扩大要素市场化配置范围、促进要素自主有序流动、加快要素价格市场化改革、健全要素市场交易机制等方面进行部署。完善要素市场化配置是建设统一开放、竞争有序市场体系的内在要求，是让要素活力竞相迸发、使经济充满动力的重要保障。可见，积极完善“一带一路”全要素市场化科学配置，推动共建“一带一路”高质量发展，具有战略布局的深远意义。

“一带一路”五通要素市场化配置

“十四五”时期“一带一路”的专项规划，提出发展的基本蓝图、重点任务和行动方案，从而在实质上推动“一带一路”走深走实，以“中场”的顺利推进为今后全场的胜利奠定基础。

政策沟通。这是“一带一路”建设的首要前提，政策沟通的关键在于能否获得国际社会的广泛认同，“一带一路”倡议提出至今，中国一直寻求并实现了与不同国家和地区的发展战略和计划的对接，如哈萨克斯坦的“光明大道”、蒙古国的“草原之路”、俄罗斯的“跨欧亚大通道建设”、欧盟的“容克计划”、英国的“北方经济引擎计划”、波兰的“琥珀之路”、印度尼西亚的“全球海洋支点”等均与“一带一路”实现对接合作。同时积极探索多边的合作机制，利用多边外交和首脑外交，在国际场合和多边组织中推广“一带一路”倡议。

推进战略、规划、机制对接，加强政策、规则、标准联通，不仅要有效对接，更要协同增效，国际合作共识进一步凝聚，采取线上线下相结合的工作方式，克服疫情对政策沟通带来的不利影响，召开“一带一路”国际合作高级别视频会议，巩固扩大共建“一带一路”“朋友圈”，截至目前已与147个国家、32个国际组织签署了200多份共建“一带一路”合作文件，[①]规则联通进一步增强。积极参与国际标准制定，发布中国标准外文版1000余项，不断完善共建“一带一

① 谢希瑶、闫依琳：《中国已与147个国家、32个国际组织签署200多份共建“一带一路”合作文件》，载中国一带一路网，https://www.yidaiyilu.gov.cn/xwzx/gnxw/215896.htm，2022年1月31日访问。

路”国家标准信息平台。

设施联通。推动陆海天网四位一体联通，打造国际陆海贸易新通道，聚焦关键通道和关键城市，基础设施联通不断深化，中老铁路、中泰铁路、匈塞铁路、雅万高铁等取得积极进展。比雷埃夫斯港、瓜达尔港、汉班托塔港等合作港口建设运营良好。中俄东线天然气管道等建设稳步推进，中欧班列安全高效畅通运行，疫情期间，中欧班列逆势增长，跑出了“加速度”，发挥了重要通道作用。2020年，中欧班列开行超1.2万列，同比上升50%，综合重箱率达98.4%，通达境外21个国家的92个城市，同比增加37个；发送国际合作防疫物资931万件、7.6万吨。[①]

贸易畅通。优化升级贸易投资合作，构筑互利共赢的产业链供应链合作体系，对外贸易投资稳中有升。2020年，与沿线国家贸易进出口额1.4万亿美元，同比增长0.7%；对沿线国家非金融类直接投资177.9亿美元，同比增长18.3%。[②]贸易投资环境不断优化，RCEP是目前全球体量最大的自贸区，RCEP的15个成员国总人口达22.7亿人，RCEP自贸区的建成意味着全球约三分之一的经济体量将形成一体化大市场。RCEP囊括了东亚地区主要国家，覆盖亚太地区。RCEP与中国自贸区畅通国内国际双循环，自2013年中国第一个自贸区——上海自由贸易试验区成立以来，我国已分6批设立了21个自贸区，所辖片区数量达到70个，覆盖49个城市。自贸区建设基本完成了“由点到线、由线及面”的全方位布局，构建起“东中西协调、南北兼顾、江海陆边联动”的对外开放新格局。

资金融通。健全多元化投融资体系，创新融资合作框架，建立健全“一带一路”金融合作网络。建设资金有效保障。开发银行、进出口银行不断强化金融服务支撑。成立多边开发融资合作中心（MCDF）基金，10家国际金融机构参与。2020年，中国信保实现保额超1500亿美元；丝路基金新增签约项目10个，新增实际出资额31.4亿美元。[③]人民币国际化稳慎推进。与老挝签署双边本币互换协议，累计与20多个共建“一带一路”国家建立了双边本币互换安排。在10多个共建“一带一路”国家建立了人民币清算安排。

“一带一路”倡议源自中国，机会和成果属于世界。沿线国家、发达国家、发展中国家、国际金融机构、国际金融中心等都在“一带一路”投融资中发挥出

① 《稳步推进共建“一带一路”高质量发展》，载公众号“中国一带一路网”，2021年2月3日。
② 《去年对外投资实现正增长》，载《人民日报》2021年1月22日，第10版。
③ 《稳步推进共建“一带一路”高质量发展》，载公众号“中国一带一路网”，2021年2月3日。

各自的比较优势、深化合作、优势互补、凝聚合力，实现“共商、共建、共享”。投融资决策既要充分考虑市场主体的资本金约束，合理设计融资结构，有效管控风险；也要充分考虑一国总体的债务承受能力，加强投融资的统筹协调，确保债务可持续。

民心相通。形成多元互动的人文交流格局，建设数字、创新、绿色、健康丝绸之路。文化交流合作进一步深化。认定建设第二批19家“一带一路”联合实验室。“一带一路”科技创新行动计划累计培训学员5000余人。继续实施“丝绸之路”中国政府奖学金项目。扎实推进亚洲文化遗产保护行动。绿色、数字丝绸之路建设进一步推进。成立“一带一路”绿色发展国际研究院。继续实施绿色丝路使者计划，培训60余个国家的500多名学员。举办中国—东盟数字经济合作年、第四届中国—东盟信息港论坛。①

防疫合作以健康丝绸之路建设为重点，推动各国携手构建人类卫生健康共同体。加强传染病国际联防联控，继续向有关国家和国际组织提供抗疫援助，加强疫苗国际合作。境外项目复工复产成效显著。境外中资企业采取有效措施，认真统筹疫情防控和境外项目建设，全年未出现大范围人员感染事件，复工复产取得明显成效，为国际抗疫合作和经济恢复作出了积极贡献。中巴经济走廊所有中方员工“零感染”，包括瓜达尔港在内的70个走廊项目建设运营正常开展，成为统筹防疫与生产的标杆。健康丝绸之路建设取得重要进展。积极与世界卫生组织及有关国家和地区保持密切沟通。举办中非团结抗疫特别峰会、中拉应对新冠肺炎疫情特别外长会。向120多个共建“一带一路”国家和11个国际组织提供抗疫紧急援助。②

“一带一路”RCEP要素市场化配置

2020年11月15日，《区域全面经济伙伴关系协定》（Regional Comprehensive Economic Partnership，RCEP）正式签署。东盟10国携手中国、日本、韩国、澳大利亚和新西兰5国，历经8年、31轮正式谈判，推动迄今为止全球最大体量的自贸区最终建成。签署RCEP是向全球宣告中国对外开放的大门会越开越大，对

① 《稳步推进共建“一带一路”高质量发展》，载公众号“中国一带一路网”，2021年2月3日。
② 《稳步推进共建“一带一路”高质量发展》，载公众号“中国一带一路网”，2021年2月3日。

外开放的步伐将越来越快；以RCEP为代表的自贸区网络，将与中国21家自贸区一起，共同推进贸易高质量发展以及“引进来”“走出去”双循环投资战略的深化实施。

RCEP成员具备多样性，既包括发达国家，又包括新兴经济体和欠发达国家，成员伙伴间的经济发展水平差异较大，产业结构和经济结构互补性较强，各类生产要素、市场要素齐备。RCEP通过在货物、服务、投资等领域进一步放宽市场准入，逐步统一原产地规则、海关程序、检验检疫、技术标准等，将加速商品、技术、人才、资本、信息等要素在区域内的自由流动，强化成员伙伴间的产业分工合作，推动形成更加合理并惠及域内各方的区域产业链、供应链和价值链闭环，整体提升东亚在全球产业竞争中的地位。

超过90%零关税最终生效，将大幅降低成员国企业从原材料到最终产品的生产成本，激发区域内贸易创造效应。从进口角度看，韩国从其他成员国的进口增幅均将超过65%，进口增幅最大；中国从除新西兰以外其他成员国进口的增幅介于36.56%—77.99%，从日本进口增幅最大；日本从澳大利亚、印度尼西亚和新加坡的进口将减少，而从韩国的进口将激增。从出口角度看，中国、日本、泰国和越南对其他国家的出口都将有不同幅度的增加。贸易规模的增加将直接惠及成员国企业和消费者，改善成员国福利，推动经济增长。

RCEP成员是中国重要的经贸伙伴，2020年1—9月，中国与RCEP其他成员贸易额达10550亿美元，约占中国外贸总额的三分之一，其中与东盟贸易额达4818.1亿美元。① RCEP的签署，将进一步扩大中国出口市场空间，特别是中日两国首次建立自贸伙伴关系，将对中国出口电机、机械设备与零部件、化工品、纺织品形成利好；进一步扩大中国对其他成员国原材料等中间品、消费品的进口需求；助力国内企业在区域范围内优化产业链和供应链布局，更好地利用国际国内两个市场优化资源配置，为形成以国内大循环为主体、国内国际双循环相互促进的新发展格局提供有效支撑。

推动要素型开放向制度型开放转变，助力构建全方位、多层次、立体化对外开放格局。加快实施自由贸易区战略是中国新一轮对外开放的重要内容。RCEP签署后，中国对外签署的自贸协定达19个，自贸伙伴达26个。通过RCEP，中国

---

① 鞠传江：《全球最大自贸协定起航将成为亚太经济发展新引擎》，载《中国日报网》2020年11月23日。

首次与世界前十大经济体签署自贸协定，将对后续中日韩自贸协定、中欧自贸协定的谈判起到催化作用，同时有利于中国积累经验，参与以《全面与进步跨太平洋伙伴关系协定》（CPTPP）为代表的最高水平自贸协定谈判。

以RCEP为代表的自贸区网络，同中国21个自贸试验区、1个国家级服务业扩大开放综合示范区、28个服务贸易创新发展试点、31个服务外包示范城市、13家国家文化出口基地、17家国家中医药服务出口基地、12家国家数字服务出口基地等一起，与“一带一路”倡议形成呼应，构建起全方位、多层次、立体化的开放新格局，为新一轮对外开放提供有力支撑。

“一带一路”标准要素市场化配置

中国金融技术标准和金融基础设施标准逐步在沿线实施并发挥积极作用。尽管与西方发达国家以及我国经济社会高质量发展的需求相比，中国金融业发展的总体质量还需要进一步提高，但一些特定领域具有优势或特色的代表性金融标准不仅能够在国内落地生根，而且也已在国外发芽开花。银联卡芯片技术标准和移动支付标准就是其中的典型代表。银联提供技术和业务标准，做好培训和服务等工作，推动银联芯片卡在亚太地区的使用和普及。目前，银联芯片卡标准已经成为泰国、缅甸等国的行业推荐标准。截至2020年，银联卡业务已在110多个国家开通。在移动支付领域，支付宝采用“本地伙伴+技术赋能”的出海模式，因地制宜地在“一带一路”沿线的东南亚国家打造出9个当地版本的“支付宝”，成为中国连接当地、实现“民心相通”的数字化普惠金融体系。可以说，以银联卡芯片标准和移动支付标准为代表的金融技术标准和基础设施标准已经成为促进包括东南亚在内的诸多“一带一路”沿线国家和地区资金高效流通的强力助推器，让上述地区的民众切实感受到了中国金融标准以及“一带一路”共建活动带来的便捷和效率。

中国作为积极力量参与国际金融标准合作的活动日趋活跃。发挥金融标准在“一带一路”共建活动中的作用不仅体现为既有标准在金融业务活动中的推广和实施，也表现为对国际金融领域标准化活动的积极和有效参与。中国在近年来国际金融活动中日趋重视对金融标准化活动的参与，在为国际金融规则和监管制度的健全与完善中贡献中国智慧、发出中国声音。

目前，我国已在包括银行产品服务说明书描述规范、非银行支付信息系统安全、资本市场交易结算等在内的多项ISO/TC68框架下的金融国际标准的制定中发挥主导作用；由中国外汇交易中心主导开发的ISO20022《金融服务　金融业通用报文方案》已通过国际评审并获得国际注册发布，这是我国金融业首次主导研制的国际通用报文，该报文有利于推动各国交易系统的无缝衔接；由中国专家召集制定的《金融服务的参考数据　银行产品服务描述规范（BPoS）》（ISO 21586：2020）也于2020年9月由国际标准化组织正式发布，实现了ISO国际标准和我国国家标准的有机统一；我国还积极参与国际电信联盟（ITU）框架下的法定数字货币标准化工作，由人民银行数字货币研究所担任ITU法定数字货币焦点组副主席，主导数字法币生态系统及参考架构相关研究及标准化工作；由中国牵头提出的首个金融区块链国际标准《金融分布式账本技术应用指南》也于2020年7月由国际电信联盟电信标准化部门（ITU–T）批准立项，我国可据此标准开展对金融区块链国际标准体系的规划布局，并"通过'以一带多'的方式推动金融区块链各重要方面在ITU–T的标准化工作，为国际规则设定做出更多贡献"；中国提出的ISO/NP5201《金融服务　条码支付安全》标准也在2020年8月在ISO获批立项；这些活动的有效参与使中国逐渐成为在金融标准、规则制定领域致力于提升金融效率、维护金融稳定、推进金融创新的积极和鲜活力量，也日益成为参与全球金融治理、共建国际金融合作生态圈的重要成员。

标准的选择和使用将"走出去"和"引进来"结合在一起。在中国一些水平相对领先、技术较为成熟的领域，比如移动支付领域的技术标准等，采取"走出去"战略，将被实践证明适用有效的中国标准积极地推出国门，在"一带一路"沿线国家乃至更大范围内发挥推动资金融通等功能，不仅可以让沿线国家资金融通的交易费用大幅下降、融通效率显著提高，也可以让中国标准、中国方案不断得到推广并赢得认可。但必须清醒地认识到，中国毕竟还是一个发展中国家，尽管近年来在互联网金融、移动支付等领域发展较快，但在一些领域与世界先进国家和地区还存在差距，金融领域也不例外，因此，只要对实现"一带一路"沿线国家资金融通有重要促进作用的金融领域的国外先进技术标准、管理标准和工作标准，都可以在资金融通过程中加以选择和使用，这不仅是提高效率、降低成本的需要，也是彰显"一带一路"倡议开放性和包容性的需要。

"一带一路"合作要素市场化配置

中国要继续采取更多的贸易便利化措施，促进中国与沿线国家更进一步的贸易合作。加强贸易便利化的基础设施建设，降低贸易成本。以铁路、港口、管网为依托的基础设施是互联互通的基石，也是各国发挥资源禀赋优势，融入全球供应链、产业链、价值链的前提条件。中国要扎实推进中老铁路、中缅铁路、中泰铁路、雅万高铁、匈塞铁路、瓜达尔港、汉班托塔港、比雷埃夫斯港、哈利法港等重大基础设施建设，优化中欧班列线路设计，构建陆海新通道以及新亚欧大陆桥经济走廊。加强国内港口货物吞吐能力建设，建立“一带一路”货物储运仓库，提高货物通航能力与效率；实行海陆空运输标准化，做好联运工作，减少不必要的卸货倒仓环节，实现海陆空运输的高效转运。

中国已与83个国家和国际组织签署了《推进“一带一路”贸易畅通合作协议》，与东盟、新加坡、巴基斯坦、格鲁吉亚等多国或地区签署或升级了自由贸易协定，与欧亚经济联盟签署了经贸合作协定。未来，中国应与沿线更多的国家或地区商签高标准自由贸易协定，进一步消除贸易壁垒。中国与沿线国家签署了100多项海关检验检疫合作文件，在此基础上进一步加强沿线国家的海关合作，优化各国海关检验检疫制度，减少货物通关手续。加强国内自由贸易区的建设。在促进国内市场一体化的前提下，中国已设立21个自由贸易区，有利于发展与“一带一路”沿线国家的进口贸易。

中国已与哈萨克斯坦、埃及、埃塞俄比亚、巴西等40多个国家签订了产能合作文件。为进一步促进中国与沿线国家的产能合作，中国应采取更多投资便利化措施。鼓励优秀企业对外直接投资与对外承包工程。通过对沿线国家的直接投资与对外工程承包，可以有效地转移国内相关产业的产能，并形成全产业链的供应能力，构建起以我国为主的全球价值链体系。鼓励有条件有实力的企业积极“走出去”，到沿线国家或地区投资，充分利用好两个市场和两种资源。加强对走出去的实体企业服务和管理，简化审批手续。要鼓励优质企业与沿线国家和地区的产能合作，尤其是要鼓励那些能带动国内全产业链产能合作的优势企业在沿线国家或地区投资，优先满足其外汇需求。①

中国在沿线国家已建设了83个各类产业园区，并与法国、意大利、西班牙、日本、葡萄牙等国签订了第三方市场合作文件，共建合作园区。通过把国内成功的产业园发展模式与管理经验复制到沿线国家和地区，实现园区共建共享，为东

① 刘根荣：《建设合作共赢的长效机制，推动共建“一带一路”向高质量发展》，载搜狐网，https://www.sohu.com/a/310706419_701468，2022年2月2日访问。

道国提供税收收入与就业岗位，提升不发达国家的经济发展水平。同时，为“一带一路”项目建设提供更多的融资便利。中国已与27国核准了《“一带一路”融资指导原则》，中国人民银行与多边开发机构联合融资累计投资项目超过100个，覆盖70多个国家和地区，人民币跨境支付系统业务范围已覆盖近40个沿线国家和地区。中国要继续发挥共建“一带一路”专项贷款、丝路基金、各类专项投资基金的作用，发展丝路主题债券，支持多边开发融资合作中心有效运作，为共建“一带一路”提供足够的投资规模与投资力度。①

加强中国与沿线国家税收合作。共建“一带一路”税收征管合作机制，加快“经认证的经营者”国际互认合作。“一带一路”税收协定合作网络已延伸至100多个国家，可以继续扩大税收协定的合作范围，鼓励资本在沿线国家的自由流动。

中国已与49个沿线国家联合发布了《关于进一步推进“一带一路”国家知识产权务实合作的联合声明》，并与49个国家签署了85份标准化合作协议，与16个国家签署了加强数字丝绸之路建设合作文件。这些协议、文件或声明，无疑为促进中国与沿线国家的技术合作提供了稳定的制度框架与技术标准。要构建长效的技术合作机制，必须全面提升中国知识产权保护的力度，以便于与“一带一路”沿线发达国家或地区展开深度的技术合作，并在沿线发达国家设立企业研发中心，提升中国在全球价值链中的分工地位。要积极开展对不发达国家的技术转让与合作，共同开发实用技术，提升不发达国家的技术水平。利用国内的先进技术、先进装备与管理经验，帮助不发达国家进行传统生产线的现代化设备改造与技术升级。先进制造业中的一些中国企业具有强大的技术竞争优势以及海外拓展能力，应充分利用起来。②

开展教育、医疗、卫生、旅游、智库等领域人文交流，促进人才合作。中国已建立了层次丰富的完备的现代教育体系。北京、上海、天津、武汉、南京、杭州、重庆等大都市高等教育资源集中，科研机构云集，企业研发能力雄厚，完全有能力和优势展开与沿线国家和地区的人才合作，为不发达国家培训专门的技术

① 刘根荣：《建设合作共赢的长效机制，推动共建“一带一路”向高质量发展》，载搜狐网，https://www.sohu.com/a/310706419_701468，2022年2月2日访问。

② 刘根荣：《建设合作共赢的长效机制，推动共建“一带一路”向高质量发展》，载搜狐网，https://www.sohu.com/a/310706419_701468，2022年2月2日访问。

人才。为促进人才的交流，吸引沿线国家留学生来华学习，中国设立了专门的“丝绸之路”政府奖学金项目，并与20多个沿线国家签署了高等教育学历学位互认协议。中国教育发达地区的高校、科研中心以及相关企业的职业培训中心，可以为沿线国家和地区开展订单式人才培训，可以来华培训，也可以委派专家或职业教育专业人员赴海外进行专门的项目技术人员培训。

中国已在35个沿线国家建立了中医药海外中心，建设了43个中医药国际合作基地。可以充分利用这些渠道，展开对沿线国家中医人才的培训工作，使中华医药与医术更好地服务于沿线国家的老百姓。人才合作，不仅是一种着眼于未来的人力资本投资，更是一种对外合作的可持续发展机制，也更容易促进合作各方在价值观层面彼此间的了解，形成富有时代特色中外合作交流的新文化，进一步促进民心相通。促进人才合作，加强中国与沿线国家智库间的交流，形成高端智力合作机制，为共建“一带一路”提供有远见的思想。最新成立的“一带一路”国际智库合作委员会，正是呼应了这一需求，其成立有利于沿线国家智库的交流与合作，深化互信、凝聚共识，推动共建“一带一路”向高质量发展方向不断前进。①

“一带一路”绿色要素市场化配置

“一带一路”建设要坚持开放、绿色、廉洁理念，推动绿色基础设施建设、绿色投资、绿色金融，保护好我们赖以生存的共同家园。绿色“一带一路”与联合国2030年可持续发展议程在理念、原则和目标方面高度契合、相辅相成，被国际社会认可为推动落实可持续发展议程的解决方案之一。

2020年9月22日，习近平主席在第七十五届联合国大会一般性辩论上宣布：“中国将提高国家自主贡献力度，采取更加有力的政策和措施，二氧化碳排放力争2030年前达到峰值，努力争取2060年前实现碳中和。”②这一宣誓彰显了中国积极应对气候变化、走绿色低碳发展道路的坚定决心，体现了中国构建人类命运共同体的责任担当，是中国为应对气候变化作出的新的努力和贡献。国际社会高

① 刘根荣：《建设合作共赢的长效机制，推动共建“一带一路”向高质量发展》，载搜狐网，https://www.sohu.com/a/310706419_701468，2022年2月2日访问。

② 《恢宏的世界胸怀，坚定的大国担当》，载《人民日报》2020年10月3日，第1版。

度赞赏中国气候承诺，认为其将对全球应对气候变化产生积极影响，有助于带动“一带一路”清洁能源投资，帮助发展中国家走上低碳道路。

制定基础设施建设的环保标准和规范，加大对“一带一路”沿线重大基础设施建设项目的生态环保服务与支持，推广绿色交通、绿色建筑、清洁能源等行业的节能环保标准和实践，推动水、大气、土壤、生物多样性等领域的环境保护，促进环境基础设施建设，提升绿色化、低碳化建设和运营水平。

制定政策措施和相关标准规范，促进绿色贸易发展。将环保要求融入自由贸易协定，做好环境与贸易相关协定谈判和实施；提高环保产业开放水平，扩大绿色产品和服务的进出口；加快绿色产品评价标准的研究与制定，推动绿色产品标准体系构建，加强国际交流与合作，推广中国绿色产品标准，减少绿色贸易壁垒。加强绿色供应链管理，推进绿色生产、绿色采购和绿色消费，加强绿色供应链国际合作与示范，带动产业链上下游采取节能环保措施，以市场手段降低生态环境影响。

生态环境部与中外合作伙伴共同发起成立“一带一路”绿色发展国际联盟（以下简称绿色联盟）。绿色联盟已启动了生物多样性与生态系统、全球气候变化治理及绿色转型、绿色金融与投资、环境法律法规和标准等10个专题伙伴关系，并开展专题领域研究交流。推动与共建国家的环境标准合作与对接，组织“一带一路”生态环境标准系列培训，引导企业在对外投资合作中规范环境保护行为。绿色联盟于2019年启动了《“一带一路”项目绿色发展指南》项目，正在推动制定“一带一路”项目分级分类指南，为共建国家及项目提供绿色解决方案。此外，生态环境部正在实施绿色丝路使者计划，培训环境官员、研究学者和技术人员。实施应对气候变化南南合作计划，帮助非洲国家、小岛屿国家、最不发达国家等提高应对气候变化能力，与塞舌尔、柬埔寨、老挝等国家合作共建低碳示范区。

制定和落实防范投融资项目生态环保风险的政策和措施，加强对外投资的环境管理，促进企业主动承担环境社会责任，严格保护生物多样性和生态环境；推动我国金融机构、中国参与发起的多边开发机构以及相关企业采用环境风险管理的自愿原则，支持绿色“一带一路”建设；积极推动绿色产业发展和生态环保合作项目落地。

金融机构正在采取行动强化对外投资项目的环境和社会风险管理，推动“一带一路”投资的绿色化。中英机构于2018年联合发布了《“一带一路”绿色投资原则》，截至2020年9月，已有37家签署机构和12家支持机构，来自全球14个国家和地区。央行与监管机构绿色金融网络（NGFS）发布了《金融机构环境风险分析综述》和《环境风险分析案例集》，为金融业开展环境和气候风险分析提供指南。从推动绿色基础设施建设情况来看，中国已经在共建国家建设了大量太阳能、风能等可再生能源项目，帮助东道国能源供给向高效、清洁、多样化的方向加速转型。中国在“一带一路”国家能源领域投资中可再生能源投资的比例逐步增加。美国企业公共政策研究所（AEI）发布的数据显示，2020年上半年，中国在“一带一路”国家可再生能源投资占比超过石化能源。

“一带一路”金融指数要素市场化配置

“一带一路”建设是长期的征程，与中国未来国运紧密相连，因此必须建立长效、黏性的市场合作机制。仅靠外交迂回和对外直接投资，其黏性和持续性不足。要想搞活“一带一路”各国的经济和提高国际关注度，必须打造完整覆盖“一带一路”规划的国际金融主题指数系列，让其成为中国和国际资本市场上可自由交易的指数标的，把各国投资者真正用经济纽带联系起来，一起参与评估“一带一路”各国公司和项目的收益与风险，用风险对价的方式形成市场化的价格和投资回报，从而让“一带一路”成为全球投资者关注和追随的指数标的，这也是中国参与全球治理和制定国际金融资产定价权的具体展现。

现有“一带一路”指数和基金大都局限在中国境内，仅选择与“一带一路”主题相关的中国上市公司供国内投资者投资，无法吸引国际资金和经济带上各国投资者共同参与开发“一带一路”。核心权重设计上的严重缺陷，无法有效客观反映“一带一路”主题，而且国际上没有金融机构及投资者选用和追踪现有的“一带一路”指数。

“一带一路”是一个长期投资行为，涉及各种各样的投资，而沿线的大部分国家金融市场相对滞后，信息交易基础不完善，我们想要做出能给国际投资者使用的“一带一路”国际金融指数，就必须客观、公允、符合国际规则，有强大的数据库和信用体系支撑。这就需要我们国内的互联网技术企业、大数据公司、律师机构、会计师事务所、评估机构、券商、银行等全面参与“一带一路”布局，将中国的数据管理经验以商业运营的方式输出，这样既可以给“一带一路”沿线国家的企业提供商业服务，也可以进行立体化的数据收集、整理和评估，建立国际投资者看得懂的商业信用体系，从而使所有的贷款、发债、投资等决策有理有据。

构建“一带一路”国际金融指数可以从如下几个指数着手：“一带一路”国际股票指数、“一带一路”国际债券指数、“一带一路”私募股权投资指数、“一带一路”企业债权投资指数等。根据难易程度，可以先利用各国上市公司的公开资源编制国际化的股票和债券指数，然后再做私募股权投资指数和企业债权投资指数。这些指数一旦构建成功，就实施全球路演，吸引国际机构投资者参与其中，中资金融机构可以发行相应的基金进行投资跟踪。

为了保障“一带一路”国际金融指数的健康、长期运行，必须在“一带一路”沿线各国按市场化的方式建立现代化的商业信息系统和国际化企业信息评级系统，鼓励国内的互联网商业企业和电商平台在沿线国家布局，协助商业信息和商业信用信息的收集整理开发，整合国内现有的评级资源，用于评估投资风险。可以建立正向的激励机制，对于接受和获得中国企业信用评级或认可的本地企业，将其纳入相应的指数体系，可以优先获得中国的投资、借款和金融服务。有了这些基础信用分析数据，既可以降低国内企业“一带一路”的投资风险，也可以吸引国际投资者参与其中，当然更可以在交易所设立“一带一路”板，鼓励和吸引“一带一路”沿线的优质企业上市，吸引IPO的过程其实也是接受我们的金融服务和金融规则的过程，同时由于公众公司信息披露的要求，自然就需要各类金融中介服务机构参与其中，从而使得这些金融中介机构有意愿参与“一带一路”建设。

“一带一路”国际金融指数是国际资金的投资基准。当今全球金融市场上各类资金规模总和已超过百万亿美元，而大部分都被用于追踪各类可投资资产的相关指数，所以资金的平均回报率与其所追踪的指数较为接近。在此背景下，“一带一路”国际金融指数系列可以为各国投资者提供可靠的投资基准和指引，通过有效的产品设计来协助投资者筛选评估优质投资标的，从而吸引并协助巨量国际资金有效配置进与“一带一路”相关的项目及证券品种上，用风险对价的方式形成市场化的价格和投资回报，从而使“一带一路”宏观经济主题切实落地并成为全球投资者可关注追踪并能够交易的指数标的。这既是中国积极参与全球治理和争取国际金融资产定价权的具体能力展现，又可以在各国形成磁石效益，促进“一带一路”各项目的滚动发展。

“一带一路”国际金融指数是参与国际金融规则竞争的抓手。一个行业最高层次的竞争是规则的竞争。但是目前，国际金融体系和国际指数的话语权并不在我们手中。所有外国主要指数公司都能设计中国相关指数，而中国目前没有一家公司能设计国际指数。国外指数公司垄断金融规则的上游，使得很多中国大基金公司、大机构即使在追踪中国国内投资标的时，也言必称国外的中国指数，这无形中又进一步接受、巩固了它们的垄断地位，而只懂追随外资指数的中国基金产品将在国际金融领域永无出头之日。所以，正如“一带一路”的伟大倡议打破了目前的国际垄断秩序，其相应的指数也将在国际金融领域产生破局效应。

中国应结合自身优势主动地建立国际规则，积极打造构建全球市场指数、“一带一路”市场指数及相关金融衍生品，成为全球现有市场指数的有力竞争品甚至替代品，进而大力发展国际金融衍生产品和战略性构建金融资产定价权，争夺全球金融产品指挥棒和维护市场流动性，以此来推动中国经济的全球化以及中国金融、资本市场、人民币的国际化。

“一带一路”国际金融指数可降低中国资金在境外的投资风险。目前各国都希望获得中国资金的投资兴业。但如果不能号召起其他国际投资者，中国资金独自外出会因为缺乏相应的风险对冲机制而承担巨大的投资风险，同时也很难得到各国的深入配合。据美国华盛顿智库企业研究所计算，中国于2005年至2014年在海外投入的2460亿美元中，有大约四分之一的投资没有带来预期收入。其中一半投资集中在能源和交通领域，而这两个领域恰恰是“一带一路”项目的优先投资方向。为了避免“一带一路”的低效投入，构建“一带一路”国际金融指数迫在眉睫。

“一带一路”国际金融指数能够有效地吸引扩大投资者的范围和规模，促使各国利益相关方共同对“一带一路”的各类项目作出综合风险评估与定价，从而为中国境外资金提供风险预警，同时也可以通过风险共担机制避免中国资金独自承担风险。例如，2000年年初，美国通过监控互联网公司指数、标普500指数的市盈率变化，及时发现互联网公司的盈利无法支撑股价，从而预警互联网投资泡沫。如果缺失“一带一路”国际金融指数，中国的绝大部分投资者的视线就只会局限在国内。虽然有意参与“一带一路”项目的机构和个人很多，热情高涨，但是大多数缺乏国际投资经验，加之语言障碍、文化差异、政治法律迥异等因素，若再没有国家层面的战略布局和“一带一路”国际金融指数的指引，则很难在国际投资中获益。

06 推动构建“一带一路”国际金融合作新发展格局

“一带一路”从倡议到行动，取得了明显成效，获得了一批具有标志性的成果。国际金融合作在“一带一路”倡议实施中发挥了重要作用。习近平主席在第二届“一带一路”国际合作高峰论坛期间指出：“我们将继续拓宽融资渠道，降低融资成本，欢迎多边和各国金融机构参与投融资合作。”[①]这为未来“一带一路”建设拓展国际金融合作指明了方向。“一带一路”建设不能只是中资金融机构的“独角戏”，而必须是一个国际金融合作的大舞台。中资金融机构主动对接国际金融机构，加强与有影响力的国际金融机构合作，“一带一路”建设的效益逐步成为全球的共识。

持续加强国际金融合作

加强与重要第三方合作是有效缓解融资压力、保持可持续性的重要保障。中国与国际组织等有关方面在沿线区域开展投融资合作，首先有助于扩大融资规模，满足资金需求，有效提高对“一带一路”沿线国家的投融资支持，缓解一国负担过重的融资风险；其次可以形成优势互补。多边开发性金融机构多年专注于国际开发业务，熟悉各国国情，了解当地投资环境，积累了丰富的项目经验和优秀的人才队伍，拥有良好的国际声誉，能带动更多资本进场。发达国

本文2021年3月7日发表于“学习强国”。

① 《习近平在第二届“一带一路”国际合作高峰论坛记者会上的讲话》，载《人民日报》2019年4月28日，第2版。

家具备成熟的资本市场、丰富的金融产品、大量的机构投资者以及优秀的人才队伍，发达国家的投资者参与“一带一路”投融资合作，有利于改善资源配置，提高资金利用率。

建立有效的沟通协调机制

“一带一路”建设涉及各类金融机构，有中资金融机构、当地金融机构，也有国际金融机构。在众多的金融机构之间，只有按照市场化的方式运作，并建立适当的保护机制，才能持续支持“一带一路”建设。例如，可以建立以下沟通协调机制。一是在中资金融机构内部建立有效的沟通协调机制。二是构建中资金融机构与亚洲基础设施投资银行、金砖国家新开发银行等之间的沟通协调机制。三是中资金融机构与国际多边开发性金融机构之间建立良好的战略合作关系，把中资金融机构作为一个有效运作的整体，维护中资金融机构的权益。

“一带一路”国际金融规则体系

在“一带一路”国际金融规则体系建设中，应充分考虑合作国（地区）经济、金融发展水平和市场化程度的不同需求，提升合作体系的兼容性，统筹金融机构、金融市场和金融监管等领域协作，推动各国金融机构和金融服务立体化布局，引导形成便捷的信息披露和共享机制，为合作国（地区）的双边、多边经贸往来及经济社会发展提供有力支持。

首先，应积极引导多元化金融机构的协调、有序发展。在“一带一路”国际金融规则体系建设中，推动沿线各国形成银行、保险公司、证券公司、资信评级公司、会计师事务所以及咨询公司等机构间优势互补、相互协调、积极拓展的网络化发展格局。同时，有效统筹政策性金融和商业性金融的协调合作，就涉及沿线项目的合作计划、利率安排、担保方式等沟通配合，为项目建设提供有力的资金支持。此外，积极发挥投资基金在“一带一路”建设中的作用，可根据具体投资项目设立相关国家共同发起的产业基金，引导资金流入，为项目落地提供支撑。

其次，应积极推动金融市场新基建。当前“一带一路”沿线国家金融发展水平参差不齐，不少国家的金融新基建非常薄弱，削弱了资金在国际的流动和使用效率。因此，加强国际货币支付、清算以及货币互换等金融新基建，能够有效降低交易成本，提高资金使用效率，保障资金安全以及扩大资金融通。这既是各参与国重要的金融合作领域，也是开放性原则的内在要求。

再次，应实现“一带一路”建设项目的信息披露和共享。参照世界银行、国际货币基金组织、亚洲开发银行等国际机构提供项目信贷的通行做法，拟订“一带一路”建设项目投融资等方面的最低信息披露标准、框架或目录，对相关业务信息、研究和数据库信息以及财务信息进行及时披露，并搭建信息的发布、交流平台，有效解决信息的误解、误读和不对称等问题，充分实现信息的共享，以推动形成一个公开透明、纲目兼备、层次清晰、易于操作、公平执行的信息披露和共享的规范体系。

最后，应保证规则的一致性，加强金融监管合作并努力避免金融监管套利。应努力推动“一带一路”沿线国家金融监管体系对接，积极推进各国金融监管机构的合作，共同应对可能出现的风险隐患。同时，金融监管套利使金融市场交易和活动更具隐蔽性、波动性和易变性，强化了信息不对称，加大了系统性风险。对此，积极倡议各参与方共同推动金融规则的一致性建设，建立并落实责任追究制度、稽查制度及社会监督机制，增强各个规则间的协调性，避免监管人员对自由裁量权的不当使用，杜绝寻租行为，从而实现金融规则体系的公平性建设。

“一带一路”金融标准合作

标准是促进世界互联互通的通用语言，在推进“一带一路”建设中发挥着基础性和战略性作用。随着“一带一路”倡议的推进，我国与“一带一路”国家的贸易流、资金流增速大幅提升，金融贸易投资等项目日渐增加，金融标准作为促进政策、规则、标准“三位一体”有效联通的手段，为“一带一路”设施联通、贸易畅通、资金融通提供了有力保障。

在行业层面，加大金融行业标准建设，提升标准质量和国际化水平。充分借鉴工业、农业等领域企业标准“走出去”和中国银联标准“走出去”的成功实践经验，通过基础设施建设、援助及合作授权等方式，探索以金融企业“走出去”带动金融标准“走出去”。企业标准建设方面，通过持续开展金融标准“领跑者”活动、企业标准自我公开申明、金融标准宣贯，大幅提升金融企业标准化意识，鼓励金融企业积极参与行业标准、国家标准、国际标准制修订工作，主动将标准优势转化为企业优势，实现优质金融标准在“一带一路”沿线国家的应用。

以金融从业人员标准化素质与能力培养入手，建立标准化知识培训体系。将人才培养与金融标准化专项工作、金融标准国际化等工作紧密结合，逐步提升标准化综合能力；建设金融国际标准化专家库，以金融标准化技术委员会的委员单位、金融国际标准跟踪研究工作组中相关专项人才为主，选拔培养精通金融专业、熟悉标准化工作流程的金融标准化专家；探索将金融标准化知识纳入国民教育体系，通过高等院校开设金融业标准化相关课程、校企联合建设金融业标准化人才培养基地培养专项人才。

“一带一路”科技金融合作

全球数字经济发展方兴未艾，正面临新一轮科技革命机遇。由于经济发展水平参差不齐，当前“一带一路”沿线国家在数字科技创新等领域存在较大差异。一方面，部分发展中国家技术基础设施较差，技术积累和创新不足，存在“数字鸿沟”，有加快科技创新发展合作的巨大需求。另一方面，各国在推动科技创新过程中存在互补合作的需求。当前，沿线国家对培育新动能以推动产业转型升级的需求迫切，强强合作、强弱互补的科技创新模式已现端倪。中国作为“一带一路”倡议的发起国家，需要进一步增强沿线国家科技创新合作力度，拓宽合作领域，促进新技术成果转化运用和传统技术改良创新，实现优势互补、互利共赢。科技与金融深度融合才能更有效地推动科技创新，“一带一路”沿线国家深度合作才能实现科技金融更好更快的发展。

首先，以相互扩大市场开放为牵引力，为科技金融配置创新资源创造更大空间。一是推动“一带一路”沿线国家市场的开放与融合。切实降低关税壁垒，加速推进互联互通建设，充分发挥市场融合带来的市场扩大效应，推动各方沿着“市场需求扩大—技改创新需求变强—科技金融参与”的路径发展。二是推动沿线国家金融市场开放。推动科技金融资源互联互通，扩大股权、债券融资市场的连通性。进一步完善金融资源配置的体制机制，探索跨境股权、债权融资，推进沿线国家科技金融资源的合理流动和优化配置。

其次，以加强多层次合作为推手，充分发挥沿线各国金融机构各自的优势。在国际分工层面，要加强跨国产业分工合作和科技金融合作。鼓励沿线国家根据自身优势发展相关产业和降低技术转让壁垒，发挥科技金融支持技术本地化改良以及开创新技术领域的优势，挖掘跨国、跨区域科技金融合作潜力。在科技金融保障体系建设方面，加强各国在产权保护等领域的合作。完善沿线国家执法合作的体制机制，构建有利于创新发展的法制环境。完善金融信用体系建设，扩大信用信息的互联互通和开放共享。在金融机构层面，加大金融机构间的科技金融合作。充分发挥各国金融机构特有的熟悉本国法律政策环境、社会文化环境等主场优势，降低科技金融风险，推动科技金融可持续发展。

最后，以推进共享为根本诉求，充分调动各国发展科技金融的积极性。一方面，要积极构建规则保障科技共享。重点是发挥市场机制的基础性作用，鼓励沿线国家建立一体化的创新产品技术交易信息平台，推进技术等要素交易市场互联互通，降低科技金融创新技术（产品）供需双方的交易成本，提高科技金融资金流转效率和加速科技创新成果普及共享。另一方面，要鼓励沿线国家分享科技金融实践经验。各国在推动科技金融发展方面都有成功的经验和案例，可以深入交流学习，共同推进各国的科技创新和金融发展。

“一带一路”金融保障体系

建立长期稳定可持续的“一带一路”建设融资机制

第一，坚持多种融资方式并举。进出口银行将积极发挥政策性金融的杠杆作用，不但要提供“两优”贷款等优惠性质贷款，还要提供保本微利的开发性质贷款。同时，通过银团贷款、联合融资等方式，引领和带动商业性金融参与，加强与开发性和商业性银行机构合作，撬动各类资本，有效降低融资成本。不仅提供贷款，还提供投资，发起设立并运作好“一带一路”建设相关国际投资合作基金。创新投资和融资模式，加强与政府和社会资本合作。综合考虑项目所在国的实际情况和意愿，统筹使用多种融资模式。

第二，坚持各方参与共建。“一带一路”建设的资金需求量非常之大，单靠中国的投入是不够的，各国都是平等的参与者、贡献者、受益者，应联合投入。要调动各方资源，动员项目所在国投入资金或给予政策支持，还要积极联合第三方国家共同开拓市场、积极吸纳国际多边金融机构及国际资金，形成共同付出、共担风险、共享收益的利益共同体。进出口银行根据形势需要和风险情况，专门对境外官方性质金融机构的授信进行了调整，以进一步加强同业合作。

第三，坚持市场化运作、商业可持续原则。“一带一路”建设不是急功近利地搞短期行为、面子工程，必须着眼于可持续发展。企业投资要讲效益，项目要有持续的价值产出，项目签约只是开始，项目建设也只是一部分，项目建成后的运营和管理至关重要，要防止项目“烂尾”，变成沉重的经济包袱，甚至上升为政治问题。金融投入也要讲效益，加强对项目经济效益的评估，优先支持能够促进沿线国家经济发展、增强“造血”能力的项目。政策性金融在积极支持国家战略的同时，也要坚持保本微利，坚持市场化运作，走良性循环的发展道路。

在“一带一路”建设中加强风险管理和风险防范

宏观层面，国家政局动荡、地缘政治风险层出、恐怖主义威胁、难民问题、法律制度不健全、营商环境复杂等因素错综交织，不稳定性不确定性突出。这些风险一旦出现，可能会波及我国在该国家和地区的所有项目和资产安全。根据进出口银行对“一带一路”沿线56个国家的信用评级，较高风险和高风险国家有37个，占比高达66%。

中观层面，“一带一路”沿线部分国家的产业、行业集中度高，对外依存度高，易受到外部变化的冲击。“一带一路”项目往往投资金额较大，期限较长，风险敞口较大。进出口银行储备项目按投资额加权平均贷款期限约为16年，其中三分之二的贷款期限集中在11—20年，超过20%的贷款期限集中在20—30年，各种因素变化的挑战非常严峻。

微观层面，“一带一路”沿线国家极少有实力雄厚的跨国公司，普遍存在项目建设运营和管理能力不足、人才短缺、经验匮乏等问题，外方业主或执行企业经营管理能力差、治理结构不健全，实力比较弱，可能对项目执行造成不利影响。中国企业特别是地方企业和民营企业投资经营意愿强烈，但也普遍存在对东道国政策和法律环境不熟悉、境外项目运营能力和经验不足、国际化人才短缺等问题。

“一带一路”绿色金融

包括中国在内的许多发展中国家，尤其是“一带一路”沿线国家和地区，大都面临不同程度的环境和气候变化挑战。要实现《巴黎协定》有关减排目标，全球范围内每年需要新增绿色投资数万亿美元，而单靠政府部门显然无法满足如此巨大的资金需求。这就要求我们充分发挥金融市场的功能，通过产品和体制创新，动员私人部门开展绿色投资，形成支持绿色发展的投融资体系。

中国绿色金融市场的发展对建设绿色“一带一路”和支持沿线国家实现绿色与可持续发展具有重要意义。第一，中国的金融机构可以为“一带一路”绿色项目提供融资，满足沿线国家的绿色投资需求；第二，共建“一带一路”国家机构和国际金融机构可以在我国发行绿色债券，直接为绿色项目建设提供资金支持；第三，中国在构建绿色金融体系、发展绿色金融市场方面所积累的经验可以为“一带一路”沿线国家和地区提供借鉴。

建立和完善金融机构环境风险管理标准。国际金融公司（IFC）的《环境和社会可持续性绩效标准》《环境和社会可持续性政策》《环境、健康、安全指南》以及被国际金融机构广泛应用的“赤道原则”等标准，是跨国金融机构防范和控制环境风险的经验总结，是我国金融机构服务“走出去”企业环境风险管理的重要参照。

用多种手段和工具来推动“一带一路”的绿色投资。银行在提供“一带一路”金融服务时要对环保不达标企业实行“一票否决制”；对高污染、高耗能、高资源耗费项目实行严格的尽职调查和环境评估。要优先支持清洁能源、节能环保、环境治理、生态农业、绿色交通等绿色项目。

推动绿色金融的国际合作。一个国家对排放的有效控制和环境的改善，可以通过缓解全球气候变暖、降低对其他国家的空气和水质量的外溢效应、减少通过国际贸易传播食品安全风险等渠道来帮助改善全球的环境质量。因此，各国携手发展绿色金融、推动绿色投资和经济的绿色转型是共赢互利的合作。

“一带一路”中的人民币国际化

推进人民币国际化，服务好“一带一路”建设需要。人民币国际化是一个中长期战略，它的发展归根结底取决于我国经济发展状况、国际货币体系变化、金融市场的发展以及人民币在国际使用中相关的制度安排、基础设施建设和监督管理手段的完善。

设立人民币清算行及签署货币互换协议。在“一带一路”建设中，可以先行设立人民币清算行，再逐步建设境外人民币离岸市场。已经设立人民币清算行的国家或地区，人民币合作基础较好，政策和法律层面契合度高，和中国的投资、贸易及金融合作活跃，可以作为深化发展境外人民币离岸市场的重点。此外，我国和“一带一路”沿线国家签署货币互换协议，除了互相提供流动性支持外，还能够促进人民币作为双边贸易和投资的计价结算货币，壮大海外人民币金融资产，推动人民币成为他国的官方外汇储备。

金融产品创新要符合当地市场实际需求。建设多层级的人民币离岸市场，应当实施“一国一策”，特别是要有针对性地开展金融产品创新。在金融市场欠发达的发展中国家，应当重点提供人民币跨境结算、存款、贷款等金融产品，不能“嫌弃”交易量小，要立足长远，培育人民币使用需求。在金融市场发达的国家，应当在发展基础性金融产品之外，重点创新人民币债券、衍生金融产品、绿色金融产品等，参与和引领全球金融产品的制度性安排，推动形成人民币交易量的更大突破，积极建设有更大影响力的人民币金融中心。

加快人民币金融基础设施建设。为了发展境外人民币离岸市场，我国应当加快跨境人民币金融基础设施建设，将人民币交易系统的报价、成交、清算以及交易信息发布等功能延伸到沿线国家的金融市场，形成支持多币种清算的人民币全球化支付体系。当前，人民币跨境支付主要有三种方式：一是代理境外银行进行跨境人民币收付的“人民币清算行”模式；二是与其他国家建立往来账户提供跨境人民币服务的“代理行”模式；三是在境内银行开立非居民人民币结算账户的NRA模式。但是，这些方式大多依赖SWIFT系统，对中国经济金融安全存在较大的系统性风险隐患。在“一带一路”建设中发展境外人民币离岸市场，要加快完善2015年启动的人民币跨境支付系统（CIPS），特别是要发展独立的报文系统，尽早实现我国人民币国际清算系统的独立自主运营，提高清算效率，以便于对人民币跨境资金流动进行监管。

健全宏观审慎政策体系，防范系统性金融风险。境外人民币离岸市场可持续发展的关键是要防范好系统性金融风险。宏观审慎政策是防范系统性金融风险的一剂良药。国际金融危机以来，货币政策和宏观审慎政策更紧密融合成为全球趋势。为避免境外人民币离岸市场波动引发系统性金融风险，中国应当进一步完善资本项目宏观审慎管理体系，综合运用好宏观审慎调控工具。例如，可以按照宏观审慎监管的“监测→分析→预警→干预”流程步骤，整合和升级跨境人民币业务系统，加强大数据分析能力，建立跨境资本流动监测分析指标体系，精确锁定异常跨境资金波动，有效实现预警功能和干预职能。

07 畅通金融双循环 数字人民币布局“一带一路”

在全球数字经济迅猛发展大背景下，法定数字货币正在成为主权国家间竞争的“新战场”，数字人民币布局“一带一路”，将有利于推动人民币国际化和全球化。数字人民币从发行、流通、存储、投资、跨境流动等所有环节都可以变成“数据”，这为金融科技公司利用大数据、区块链、人工智能、云计算、物联网等来链接和处理这些数据打通了最后一公里。数字人民币凭借其天然具备的颠覆基因和广阔的应用场景，必将在金融科技、商业银行等诸领域掀起新一轮革命浪潮，数字人民币的推出必将引发全球金融格局颠覆性的变革。

随着“十四五”规划首次明确提出“稳妥推进数字货币研发”，以及“发展数字经济，推进数字产业化和产业数字化，推动数字经济和实体经济深度融合”，中国正式拉开了“数字金融”的划时代序幕，数字人民币必将引领全球数字金融发展新趋势。

大国博弈数字货币市场

据国际清算银行2020年1月对全球66家央行进行调研的报告显示，约80%的央行在开展数字货币相关研究，其中40%已经从理论概念研究阶段进入实验和概念、相关理论验证阶段；约10%的央行已经在进行数字货币的开放和试点工作。[①]除中国的DCEP外，瑞典央行正在开发的电子克朗（e-Krona）、乌拉圭央行正在

本文2021年3月12日发表于“学习强国”。

① 王文、刘玉书：《“双循环”下的数字货币棋局》，载《环球》2021年第2期。

开发的电子比索（e–Peso）等也受到了普遍关注。美联储表示，将认真研究并测试央行数字货币在美国的应用潜力，一度持抵触情绪的日本也在2020年10月表示，将在2021财年对数字货币进行可行性研究。

数字货币与数据主权密切相关，而目前欧美在数据主权方面的博弈多于合作。在数据主权竞争大于合作的大前提下，欧美双方对数字货币是否会“革命”本国的国际金融主导地位，显得更为审慎。2019年以来，美国监管机构对数字货币的积极性并不高，持续向计划推出Libra数字货币的脸书公司施加压力。从Libra白皮书2.0版看，虽然Libra已经弱化了对抗美元的特性，但依然存在对美元以及其他主权国家构成结构性威胁的可能。例如从理论上看，Libra用户可以绕过美元体系直接用Libra结算，这将直接威胁美元在国际结算中的主导性地位。另外，Libra并非锚定单一货币，在国际货币市场取得一定地位后完全有能力做到与美元等任何主权货币脱钩。从Libra的情况看，美国如果再不积极推动数字货币发展，美元将遭受前所未有的“降维”打击。换句话说，在数字金融时代，一场关于货币发行与流通的革命正在悄然出现。

Facebook的Libra最大价值之一是让比特币势不可当。G7财长峰会上，欧洲央行（ECB）执委会成员、七国集团工作小组负责人Benoit Coeure向七国集团表示：在拥有正确监管框架之前，不会让任何类似Libra的项目推出。但不管Libra推出与否，都已经让比特币的价值得到全世界的认可。比特币的核心理念就是共识。从一开始的各种阻挠，到如今拥有千亿市值，比特币用了整整10年的时间都没能抹去大家的质疑和偏见。但Libra的出现，却立刻得到全世界的关注，成为G7财长峰会会议的最重要议题。因为截至2019年6月，Facebook用户数量达27亿，市值超过5000亿美元，含着金汤匙出生的Libra一开始就拥有27亿用户，让所有人都激动地高呼了起来。

快鱼吃慢鱼的世界，数字世界的统一货币最终也许只有一种，谁先占据世界第一，谁就会率先形成庞大的数字货币格局。在整个历史长河中，所有的资源都是开放给高层和富人的。开放给普通人民唯一的通路就是货币。所以号称欧洲第六帝国的罗斯柴尔德家族创始人说过：“只要我能控制一个国家的货币发行，我不在乎谁制定法律。”在过去，金融服务高额的手续费和资产配置明显不是为普通人创立的，要想再打破它，几乎不可能。但是有了区块链，有了数字货币以后，一切都可能改变。Facebook仅仅是一个私人公司，准备发行一种全球使用的数字货币，让全世界为之震动，因为背后是未来数字货币世界格局。

数字货币成为大国的博弈战场。Libra等加密货币对全球金融稳定构成威胁，但金融体系重塑的机会让大国也处于同一起跑线。数字货币就像一匹脱缰的野马，一路狂奔。监管犹如带着套马索的西部牛仔，在数字货币这匹野马后面紧追不舍。因为背后影响的是巨大利益和政治格局，各个国家对数字货币的竞争早已暗潮涌动。

Libra的宗旨是建立一套无国界的货币

Libra白皮书开篇就讲了其目标：我们努力打造一个新的去中心化区块链、一种低波动性加密货币和一个智能合约平台的计划，以期为负责任的金融服务创新开创新的机遇。

比特币代表了价值的存储、去中心化、无国界。以太坊（Ethereum）代表了基于智能合约的应用平台。USDT稳定币建立了现实货币与数字货币的连接。在目前的数字货币领域，鲜有一只数字货币能集多种角色于一身。通过去中心化区块链，建立信任机制；通过低波动性，建立稳健的价值保值功能；提供智能合约平台，建立丰富的商业应用场景。

白皮书中提到，Libra的宗旨是建立一套简单的、无国界的货币和为数十亿人服务的金融基础设施。Libra首先是一个无国界的货币，具有低波动性。无国界意味着根本无法跨境监管，而没有手续费意味着原有的支付模式将受到沉重打击，紧接而来的是对电子商务支付模式的颠覆。

首先，Facebook发行的数字稳定币将挂钩一揽子法定货币。首批发起的公司里面，基本上都是美国企业，这意味着用户都是美国人，也意味着一揽子法定货币必定是以美元为主。Facebook的数字稳定币意味着直接将美元信用强势引入区块链世界中，成为全球数字信用的定价基础。也就是说，数字信用将成为美元信用的一个延伸。

其次，Facebook已经在与美国的监管部门讨论相关的监管问题。虽然一些细节尚未披露，但这暗示着这一全球最大的数字货币计划将首先符合美国监管部门的要求，而这些要求会作为游戏规则纳入在日内瓦设立的基金会治理规则中，写入区块链代码中。美国的监管部门将实现对数字货币的间接管辖。

上述两件事情将奠定美元的数字霸权。美元是美联储发行的货币，以美国政府及其军事实力为依托。美国建立了以美元为单位的各种交易体系，实现了美元霸权。美元是美国在纸币时代的货币代表。Libra将是美国在数字货币时代的货币代表。Libra通过Facebook强大的社交网络，可以快速向全球发行货币，建立新的商业文明。所有稳定币，不管是Facebook、摩根大通，还是USDT、USDK、PAX、DAI等，基础都是美元，美元的稳定是绝对大前提。

数字人民币全球化的挑战

当前中国跨境支付仍高度依赖SWIFT系统和CHIPS系统，同时，在"一带一路"建设中，企业间、国家间的跨境结算都用SWIFT、CHIPS两个支付结算系统。尽管中国在2015年上线了CHIPS系统，但是当前通过该系统完成的跨境支付交易笔数占比始终不及SWIFT系统的1%，传统的中心化跨境支付体系可能已经难以撼动SWIFT系统的垄断地位。但中国央行主权数字货币采用"点对点跨境支付"的革新，必将突破SWIFT系统和CHIPS系统，这对打破美元霸主世界金融，以及推动人民币国际化具有里程碑意义。

实现数字货币全球化有以下几个方面有待完善。

一是构建金融机构共享的分布式账本系统。金融交易具有高并发、多平台的特点，应用区块链技术，可以构建大中小型金融机构共同参与的分布式账本系统，形成金融机构互联互通的技术平台，实现信息共享、产品共享、服务共享，可以提供更高效率的金融服务。例如，在供应链金融场景中，应用区块链技术可以建立多方协作架构和信任机制，克服传统商业信用的局限性，将核心企业信用传导至更多层级；可以将商业约定纳入智能合约，防止资金挪用和恶意违约。区块链+供应链，可以建立互信互通、高效率低成本的生态圈。人民银行在深圳推出的贸易金融区块链平台，可以实现供应链应收账款多级融资、跨境融资、国际贸易账款监管、对外支付税务备案表等业务上链运行。

二是构建高效率的金融监管系统。正在试点的金融科技监管系统可以对错综复杂的数据组进行快速解耦和组合、共享多方监管数据、执行一致化的合规标准、通过数据挖掘释放数据价值、自动生成监管报告和解决方案，从而实现金融监管全流程、全方位的智能化，超越流程复杂、耗费资源的现场监管，降低监管成本和被监管成本。在这个系统中，区块链特有的分布式账本、智能合约、数据保真和立体交互等技术，被用于信任强化、跨机构合作、数据加密共享和业务流程优化。

三是构建跨局域的公共服务平台。例如，上海的国际贸易区块链+平台兼具监管与服务10大功能板块、53项应用，对接22个部门，覆盖国际贸易主要环节和监管全流程，能够为企业提供与国际贸易相关的公共服务，并延伸提供数字金融保险、供应链金融等服务。

四是构建端对端的数字货币。多国中央银行已启动数字货币研发。2020年10月，国际清算银行发布与加拿大央行、日本央行、瑞典央行、瑞士央行、英国央行、美国央行以及欧洲央行共同研究完成的《中央银行数字货币：基本准则与核心特征》研究报告。中国试点中的法定数字货币采用中心化管理和间接发行模式，采用“账户松耦合”加数字钱包的方式，具有脱网交易的技术优势，能够为公众提供安全性高、流动性好的支付工具，让日常生活更简单，也有可能跨境“溢出”，发展成为全球性数字货币。

数字人民币研发成为全球翘楚

中国是最早研究和实践法定数字货币的国家之一，早在2014年就启动了央行数字货币研究。2016年，中国人民银行数字货币研究所成立，是全球最早就央行数字货币研发成立的官方机构。2020年，深圳等多个城市已陆续推行数字人民币。数字人民币作为中国央行数字货币，在研发与实践领域均走在世界前列。这为人民币国际化与中国金融改革都赢得了新的战略窗口。“十四五”期间，中国将构建以国内大循环为主体、国内国际双循环相互促进的新发展格局，数字人民币的战略作用变得更重要。

2020年4月，中国人民银行数字货币研究所公布，计划在深圳、苏州、雄安新区、成都及北京冬奥场景进行内部封闭试点测试。随后，苏州以数字人民币发放部分单位员工交通补贴的形式进行了“特定人群、特定范围”应用测试。2020年年底，在“双12苏州购物节”中，超过9.6万人领取了数字人民币红包，且首次在线上实现了使用场景应用。数字人民币在此次深圳福田及苏州“双12”购物节中的试点已实现测试规模、测试场景的双突破。[①]数字人民币的发展需要经历原型方案与理论研究、技术研发、封闭测试、公开测试再到全面推出的过程。

---

① 吴燕婷：《数字人民币为何加速跑》，载《瞭望》2021年第5期。

目前，数字人民币正处于从封闭测试到公开测试实践的过渡阶段，这一阶段将从小范围内部试点过渡到大范围公开测试，上述深圳和苏州的红包测试只能算作数字人民币在一定范围内的试点。数字人民币的发行仍需要进行更多这样的规定范围、多场景的测试才能过渡到真正全国范围的大规模公测阶段。从全球央行数字货币的整体发展情况看，作为首个开启小范围多轮测试的零售型央行数字货币，数字人民币处于全球领先位置。这一地位也得到了国际清算银行等国际组织的认可。①

2021年数字人民币有望在更多城市进行更多场景的应用落地测试，包括数字人民币的首次跨境支付结算测试，以满足北京冬奥会场景下外国运动员和教练员的使用需求。在数字人民币战略定位方面，最新发布的“十四五”规划中明确提出要“稳妥推进数字货币的研发”，一方面彰显了数字货币在顶层设计上的重要地位，另一方面也提示了在我国推进数字货币的系统性和复杂性，现阶段强调“稳妥”而行。

在法律政策方面，数字人民币已写入2020年10月开始征求意见的《中国人民银行法》修订草案。草案指出，人民币包括实物形式和数字形式，任何单位和个人不得制作、发售代币票券和数字代币，以替代人民币在市场上流动。明确数字货币的法律地位，在为发行数字货币提供法律依据的同时，也宣示了国家的货币主权，亮明了对虚拟币、稳定币等广义数字资产的态度。横向对比美国、欧盟和日本等世界上其他经济体，我国数字人民币各方面优势明显，无论是在顶层设计还是实际研发应用方面均居世界前列。

以“最优路径”稳妥推进数字货币研发

虽然法定数字货币登上历史舞台有其时代必然性，但由于其系统性和复杂性，也面临诸多不确定性和风险，在推进过程中，不同的路径选择必然会对宏观经济、金融发展、支付体系造成不同影响，需稳妥而行。目前包括央行中心化监管、双层运营机制、100%准备金、M0定位、不计付利息、同银行账户体系松耦合、用于小额零售场景等数字人民币现阶段的定位和样貌已基本清晰。综合而言，

① 吴燕婷:《数字人民币为何加速跑》，载《瞭望》2021年第5期。

这是中国人民银行在权衡多方利弊之后得出的数字人民币“最优解”。

首先，央行中心化监管有利于巩固我国的货币主权和法币地位。在国家信用的加持之下，数字人民币可以有效替代公众对私有加密数字货币的需求，巩固我国货币主权，提高市场的支付结算效率，实现穿透式监管，有效防范和打击诈骗、洗钱、恐怖主义等违法犯罪活动。

其次，不计付利息主要用于小额零售场景等设定可以最大限度地减少数字人民币对银行存款的挤出效应，防止金融脱媒。按照中国人民银行发行数字人民币的路径设定，发行初期将主要应用于小额零售场景，不计付利息，这一定位将其与可以生息的商业银行存款区分开来，最大限度地减少了对商业银行存款可能存在的挤出效应。相反，按照当前“赛马”式的开发和运营模式，可以预见，技术和创新能力领先的运营机构将占得先机，获取更多的用户和数据，从而有机会吸收更多的存款。

最后，M0的定位和100%准备金的设计杜绝了货币超发。数字人民币是中国人民银行顺应数字经济时代和市场需求而主导的货币供给侧改革，同纸币和硬币一样属于M0，只不过为适应数字经济的需求，以数字化形态呈现。发行数字人民币和发行实物现金一样，需要100%准备金，最大限度地保证了数字人民币发行对现有宏观经济和货币政策的影响中性。

数字人民币有利于构建金融和实体经济和谐统一、内外部金融和谐共融的全球化大金融体系。数字人民币是数字现钞，由国家信用背书。除有记账、支付、储值等功能外，数字人民币能够实现货币生命周期的全数据管理。较之于传统货币，在大数据和人工智能技术的支撑下，数字人民币的使用效率将得到进一步提升。依托数字人民币，对金融稳定性的监管将更为及时，对金融和经济的危机控制能做到更为精准。立足于国内国际双循环的有序发展，随着我国国力的不断增强，数字人民币未来将有可能发展成为国际货币体系的重要稳定锚。

数字人民币的研发工作在全球处于领先地位，有利于抢占数字金融时代的国际货币市场先机。例如，中国人民银行提出的“双层投放”和“双层运营”数字货币框架体系已被全球大部分国家认可，当前相关试点工作进展迅速。随着数字经济的全球化融合，DCEP在国际市场中的支付、结算、定价功能的技术和制度优势将为人民币国际化提供有效抓手。数字货币是全球数字经济时代的战略制高点，DCEP的发展在今后将会是人民币国际化的重要渠道。

DCEP将有利于增强区域化合作的金融黏性。DCEP的便捷性和可靠性有利于与中国周边国家建立更为多样、灵活的金融合作。DCEP将为国际货币市场提供抵御美元等风险的优良替代选择。从目前国际舆论看，“一带一路”共建国家以及中国周边国家对DCEP表示高度关注。DCEP将为推动与各国的双边共赢投资建设，联合抵御系统金融风险、增强区域资本市场活力提供全新的动能。

DCEP将促进金融体系与财政体系并行、相对独立地稳健发展。DCEP的技术特性有利于央行把控货币供应总闸门，有利于进一步做好人民币外汇管理、维护汇率稳定，也将有利于及时通过数字货币大数据反馈精准探测深化金融体制改革过程中的痛点和“疑难杂症”，全面防范和化解金融风险。总体来看，DCEP的发展路径选择对我国金融体系的影响将会是全方位的。当前我国人民银行是按行政区设置的，数字金融时代对货币运行的监管将超越区域性的限制，可能会涉及整个央地银行机构改革。并且，DCEP能够建立全新的、实时的动态金融业监控预警指标，在数字货币变革的驱动下，中国社会的数字化治理体系发展将迎来全新的时代。

央行数字货币技术产业链

顶层发行环节：密码认证、大数据分析领域

密码认证：从顶层央行发行的角度，央行数字货币的本质是加密字符串，认证和密码体系建设等领域将受益。认证和密码体系将会贯穿央行数字货币的发行流通的全过程。《密码法》自2020年1月1日起施行，明确规定加强密码工作机构建设，建立完善商用密码体系。同时，我国自主设计的密码算法在效率和加密强度上已经不输国际水平，从国产替代和自主可控的角度考虑，国产密码、安全认证领域将会受益，建议关注相关标的。

大数据分析：央行作为货币运行体系的组织管理者，在法定数字货币运行中具有大数据主体责任。一方面，央行负责推进数字货币大数据顶层设计，这中间就需要提取数字货币发行、流通、储藏、回收全部生命周期的数据，为进一步建模、仿真、分析调控夯实基础，也明晰了解数字货币运行区域和精准投放的需求；另一方面，数字货币开始发行，也就意味着货币体系进入了转轨期，数字货币体系与传统货币体系的关联路径、影响机制等也需要大数据分析做好相应的服务。

中间流通环节：IT系统升级

央行采用“中央银行—商业银行”二元体系，催生商业银行IT系统升级需求。央行端建立数字货币发行库，商业银行端建立数字货币银行库，用户端使用数字货币钱包。目前根据央行数字货币研究所的资料显示，为了最大限度保护商业银行现有的系统，具体设计可以考虑在商业银行传统账户体系上，引入数字货币钱包属性，一个账户既可以管理现有电子货币又能管理数字货币。商业银行需要在原有系统上进行升级改造，催生加密认证、分布式记账、安全芯片等领域的应用需求，预计市场规模增速与盈利空间将进一步放大。

前端支付环节：支付机具、数字钱包

支付终端需要配合央行数字货币双离线支付的需求。央行数字货币具有双离线支付的特征，尤其在飞机、地下商场等网络信号无法覆盖的特殊场所，不需要网络也能支付，这就需要重新部署改造现有的支付终端。数字钱包、ATM、POS等终端设备领域的标的建议关注。

央行数字货币的定位与运行

定位：央行数字货币是对M0的替代

我国央行法定数字货币的定位是对现有纸钞的替代，也就是对M0的替代。公众持有的央行数字货币是央行的负债，基于100%准备金发行，由央行进行信用担保，具有法偿性，本质是以央行担保并签名的加密数字串形式存在的货币。与纸币一样具有货币的基础职能：价值尺度、流通手段、支付手段和贮藏价值。支付宝等电子支付是基于现有的银行账户体系，将M1、M2电子化的支付工具。央行数字货币的目标是构建一个兼具安全性与灵活性的简明、高效、符合国情的数字货币发行流通体系。

关键要素：一币、两库、三中心

“一币”是指由央行负责数字货币的“币”本身的数据要素和数据结构。理想的数字货币应该具备不可重复花费性、匿名性、不可伪造性、系统无关性、安全性、可传递性、可追踪性、可分性、可编程性、公平性的特征。数字货币是由央行担保并签名发行的代表具体金额的加密数字串，是携带全量信息的密码货币，这些理想数字货币的特征也是央行需要考虑的重要因素。

“两库”是指数字货币发行库和数字货币商业银行库。数字货币发行库是指人民银行在央行数字货币私有云上存放央行数字货币发行基金的数据库。数字货币商业银行库是指商业银行存放央行数字货币的数据库，可以在本地，也可以在央行数字货币私有云上。相比于传统的实物货币发行环节，发行库和银行库的设计，更多地考虑为数字货币创造一个更为安全的存储和应用执行空间，既能够分门别类地保存数字货币，又能防止内部人员非法领取或者外部的恶意袭击，同时还能承载一些特殊的应用逻辑。

“三中心”是指认证中心、登记中心、大数据分析中心。认证中心是央行对央行数字货币机构及用户身份信息进行集中管理，是系统安全的基础组件，也是可控匿名设计的重要环节。登记中心记录央行数字货币及对应用户身份，完成权属登记；记录流水，完成央行数字货币生产、流通、清点核算及消亡的全过程登记。这也是全新理念的数字化铸币中心，因为传统的纸币不存在持有人登记的概念，也没有流转过程中全生命周期的信息。有观点指出，我国央行的数字货币登记系统可能做两套，一套基于区块链，另一套基于传统集中式方式，优先考虑后者。[①]大数据分析中心使用大数据、云计算等技术对海量数据进行处理，主要用于反洗钱、支付行为分析以及监管调控指标分析等。

运行：中央银行—商业银行二元模式

我国央行数字货币的投放模式为“二元模式”：由央行按照100%准备金将数字货币兑换给商业银行，商业银行或商业机构再对接公众。具体可以将CBDC运行分为三层体系：第一层参与主体为央行和商业银行，涉及数字货币的发行、回笼以及商业银行之间的转移；第二层是商业银行到个人或者企业用户的存取，CBDC在商业银行库和个人或企业数字货币钱包之间转移；第三层是个人或企业用户之间的流通。

双层运营模式的好处在于，一方面，在现有货币运行框架下让法定数字货币逐步取代传统货币，充分利用现有的资源。商业银行和一些其他商业机构，在基

① 姚前：《中央银行数字货币原型系统实验研究》，载《软件学报》2018年第9期。

础设施和服务体系上都已经比较成熟，经验储备和人才储备都相对充分，双层运营体系可以充分利用这些资源，不需要央行另起炉灶。另一方面，双层投放运营能够防止金融脱媒。如果商业银行直接对公众发行数字货币，就意味着不需要商业银行了，央行掌握所有的个人、企业资信信息，可以替代商业银行开展所有的金融业务，但这样会给央行带来极大的压力，同时也会类似计划经济，没有充分的市场竞争，阻碍金融的创新，一旦出现任何信息传达不充分或者决策的偏差就会带来严重的后果。双层运营分散化解风险，避免过度集中于央行，也缓解了央行的负担。

央行数字货币的转移：CBDC是载有所有者信息的加密字符串，因此，CBDC的转移必然涉及加密字符串的转换，分为来源币和去向币。来源币是转移之前的CBDC；去向币是经过转移将来源币作废之后，新生成的CBDC。CBDC的转移有以下几种模式。

一是直接转移：用户A将CBDC字串1转移给用户B。CBDC字串转移是指将代表CBDC的加密字符串以数据包的形式在发送方和接收方保管CBDC的系统之间进行传输。来源币的所有者为用户A的CBDC字串1，在转移发生后生成新的CBDC字串2，后者的所有者标识对应用户B。CBDC字串1和CBDC字串2的金额相同。

二是合并转移：用户B将两个CBDC字串一起转移给用户C。CBDC字串2和CBDC字串3，在转移发生后生成新的CBDC字串4。CBDC字串4的金额等于两个来源币金额之和，CBDC字串4的所有者标识对应用户C。合并转移的来源币可以是任意多个。

三是拆分转移：用户C将CBDC字串4部分金额转移给用户D。来源币是所有者为C的CBDC字串4，在转移发生后生成新的CBDC字串5，其所有者标识对应用户D，其金额为转移金额，同时生成新的CBDC字串6，其所有者标识对应用户C，其金额为转移后的余额。

根据CBDC转移机制，原型系统中商业银行之间转移CBDC，表现为CBDC字串通过央行数字货币系统进行转换并传递的过程。商业银行A数字货币系统将待转移的CBDC发送至央行数字货币系统，首先将来源币作废，然后按转移金额生成所有者为商业银行B的去向币，如果转移后有余额，则还要生成所有者为商业银行A的去向币，然后将去向币分别发送给对应的商业银行。①

① 《2019年数字货币专题报告》，载搜狐网，https://www.sohu.com/a/384389312_468675，2022年2月8日访问。

技术路线——“管控中心化，运营分布式”

央行层面没有使用区块链技术，把区块链的内核拿出来，仍然是中心化的，但是对于商业银行与用户间的钱包开立、存取、转账、交易的技术路线持开放态度，考虑到区块链技术的不可篡改、不可伪造、形成对等网络等特性适合引入数字货币运营架构中，且通过一定的调整和机制设置，能在实现分布式运营的同时不影响集中管理，因此DCEP很可能呈现“管控中心化，运营分布式”的混合结构，区块链有望作为技术路线的重要组成部分。在赛马模式中，技术路线选择的关键标准为满足高并发量需求和客户体验需求。

高并发量需求：由于DCEP的主要应用场景是小额高频零售，具有高并发量特点，需要满足30万笔/秒以上的水平，但原生架构上的区块链分布式存储在节点数量增加时并不呈现良好的拓展性，交易确认时间长、节点存储占用空间大成为区块链技术应用于小额高频零售领域的重大缺陷。满足高并发量需求可以通过对区块链原生架构的调整完成，例如可以通过构建联盟链、保证链上诚实可信节点占据绝对比例并构建一个合适的共识机制来缩短交易确认的时间。另外有学者指出，分布式账本对外仅提供查询访问，交易处理只由发行登记机构完成，因此说明在交易的确认上仍然是中心化的，商业银行账本不参与交易的确认，只按照央行登记数据进行分布式账本的更新，大大降低区块链原生的共识机制下交易确认时间，满足高并发量需求。

客户体验需求：线下电子化支付流程已经较为便捷，因此未来增加推广范围，DCEP在线下支付的客户体验同样也需尽量无感化，支付时密钥认证环节也应该充分融合现有生物识别方式提高支付效率。相比现有电子支付工具，DCEP的双离线支付流程设计也是改善客户体验的重要环节，在无网络条件下，收付方的终端通过NFC功能“碰一碰”即可完成支付，SIM卡等硬件设备加解密效率和安全性成为影响数字货币钱包离线支付功能开发的重要因素。

DCEP核心技术包括交易技术、认证技术和可信计算

交易技术包括在线交易技术和离线交易技术。在线交易技术通过网络实现设备的交互、数据传输、账本记录，离线交易技术在无网络情况下先通过脱机设备交互、传输完成终端之间的交易，待设备联网后完成登记、同步更新。

安全技术包括加解密技术、数字签名技术、身份认证技术、防重复交易技术、防伪技术。加解密技术主要用于对数字货币编号、属主信息、金额、钱包地址等信息进行加密，是数字货币体系的核心与基础，预计需要使用国产密码进行加密。数字签名技术用于确认交易信息的真实性，常见的普通签名算法有RSA、ElGamal等，特殊数字签名有盲签名、代理签名等，通过将CA发放的数字证书和签名的文件一同发送给接受人来证实交易的真实准确。身份认证技术通过认证中心对用户身份信息进行验证，确保数字交易者身份的有效性。防重复交易技术通过数字签字、流水号、时间戳等方式确保数字货币不被重复使用。防伪技术通过加解密、数字签名、身份认证等方式确保数字货币的真实性与交易的真实性。

可信计算包括安全存储、传输保护技术、安全芯片技术。数字货币系统的可靠性、可用性、安全性和抗干扰能力是DCEP稳定运行的重要技术保障。可信平台模块作为可信计算平台的信任根主要用于可信度量的存储、可信度量的报告、密钥产生、加密和签名、数据安全存储等功能，在可信根的基础上建立的信任链将数字货币计算机系统从软硬件平台到操作系统，再到应用形成连锁性逐级信任，嵌入可信计算方案的芯片可能应用到手机端、商业银行及央行的服务器中保障程序运行、数据安全。

发行、回笼——存款准备金等额兑换

DCEP的发行和回笼过程相似，依托商业银行在央行设立存款电子账户系统，由商业银行提交请领/缴存申请，央行完成业务核查且会计核算系统扣减/增加等额存款准备金成功后，央行生成所有者为商业银行的数字货币或者作废数字货币。

由于在数字货币首次发行时，央行生成的数字货币的所有者是商业银行而非终端用户，说明和现金类似，商业银行需要提前准备适量的数字货币以备终端用户的提取需求，这要求商业银行具有安全级别较高存放数字货币的银行库。

流通——可实现定向转移

DCEP的转移实际上是数字货币字串通过央行数字货币系统进行转换并传递的过程：央行数字货币系统将商业银行A数字货币系统的待转移的来源币作废，

然后按转移金额生成所有者为商业银行B的去向币，并将剩余金额生成所有者为商业银行A的去向币，然后将去向币分别发送给对应的商业银行。

此外央行数字货币还设置了一种保障定向流通和使用的机制。对于资金用途的限定能够有效防止资金挪用，保证资金有效使用，降低资金风险，主要实施方式为：通过设置预定义用途规则产生使用受限和不受限两种状态的数字货币，在使用受限的数字货币得到指定用款方的确认后解锁，转变为用途不受限状态并发送至用款方，相比于一般流通过程增加了用款方确认的环节。定向使用功能常见的应用场景有扶贫资金的定向使用，银行流动资金贷款只能用于采购原材料和设备，投资资金仅能用于投向定向企业等。

管理——精准适量发行、定制追踪

在现钞发行和流通过程中难以对发行时点、发行量、流向主体进行有效管理，而在数字货币体系下货币管理难度大大下降、可控性明显增强。依托数字货币可编程性，央行对于数字货币的应用属性进行了一系列设计，能够做到精准适量的货币发行管理和定制追踪。不同分成数字货币研究所专利中介绍的管理方法和系统有四种，主要实施方式均为通过设置生效条件和特定触发事件让数字货币在一定条件下生效，根据生效条件不同分成基于经济状态条件、基于贷款利率条件、基于流向主体条件和基于时点条件。此外，数字货币管理还包括对数字货币的追踪，数字货币追踪方法和系统能够解决资金付款方跨主体、层层追踪资金流向的问题，支持货币流向的定制追踪。

申请开通——银行账户绑定/钱包服务商

数字货币钱包申请和开通有两种方式，一种是基于银行账户的。通过银行账户申请开通数字货币钱包，钱包始终与银行账户绑定，钱包访问通过银行账户完成，这种方式充分利用银行成熟的IT基础设施和应用服务体系，降低了数字货币的推广门槛。

另一种是基于钱包服务商的。由钱包服务商创建数字货币钱包，将生成的密钥对、钱包标识发送至发行登记中心生成数字证书并返回钱包终端，终端开立钱包，登记机构根据终端的开通申请对数字货币钱包进行登记注册。

绑定

在基于银行账户的数字货币钱包中，开通时只通过账户行完成一系列认证、申请信息的传递，尚未与银行账户完成绑定，在向数字货币钱包中存入数字货币之前，需要与银行账户进行绑定：用户提供实名认证信息和应用钱包标识，账户行将查询到的银行信息返回账户行应用系统和用户访问系统，待用户确认后完成应用钱包和银行钱包的绑定。

在基于钱包服务商的数字货币钱包模式下，用户可以选择是否绑定银行账户，如果绑定银行账户，其流程应与基于银行账户系统类似，用户首先对接钱包服务商，再由钱包服务商与账户行系统进行访问。如果不选择绑定银行账户，则只需要建立和钱包服务商的电子支付钱包之间的绑定以完成数字货币钱包的充值。

支付——支持在线/离线支付

DCEP支持线上支付和离线支付两种方式，其中线上支付需要商业银行的数字货币系统在中间做撮合：用户终端根据接收的付款指令，从数字货币钱包提取与付款指令所指定的金额相等的数字货币，并将请求发送给商业银行数字货币系统，由商业银行数字货币系统将其发送给央行数字货币系统，央行数字货币系统完成对数字货币进行属主的变更、来源币的销毁和去向币的生成。

在央行的专利中，数字货币芯片卡承担离线支付的关键环节，一是近场通信功能，二是加解密算法功能，将专门用于数字货币交易且需要与终端设备配合（绑定）使用，另外印制科学技术研究所还提出了一个数字货币的可视版本，类似于加密货币的冷钱包，支持迈场通信、显示数字货币的相关信息。离线支付时，交易信息无法立即同步至央行登记，也无法通过认证中心进行确权和记录，所以要求终端之间能够独立完成可靠真实的交易，交易通过芯片的NFC功能完成，真实性由芯片加载的加解密算法保障。

保护货币主权和法币地位

保护国家货币主权和法币地位是数字人民币发行的首要目标。数字人民币实行中心化管理，可以抵御全球私人数字货币的侵蚀，防止货币发行权旁落，维护国家货币主权地位，保证数字人民币币值稳定。

一方面，从国际竞争角度来看，以比特币为代表的加密货币和Libra等全球稳定币正试图发挥货币和金融的职能，这些加密资产以去中心化的方式来处理交易，会对一国货币主权形成挑战。推出数字人民币有保护货币主权和法币地位的目的。

另一方面，从国内的金融环境来看，首先，数字人民币的推出是适应移动支付快速发展的趋势同时兼顾金融的普惠性，避免金融排斥现象的加深，是真正服务于最广大人民群众的公共物品。其次，数字人民币还可以在一定程度上识别和打击洗钱、逃漏税和其他犯罪行为，保证金融秩序稳定。

数字人民币仅仅是人民币的数字化形态吗？数字人民币，英文简称为“DCEP”，DC是数字货币的缩写，EP是电子支付的缩写，这表明数字人民币不仅是货币，还是电子支付工具。业内人士指出，在讨论数字人民币时，首先要肯定其基础属性是货币，是现有法币体系的组成和补充，其次才是一种电子支付工具。

基于此，我国数字人民币体系坚持现金（M0）替代、双层投放、可控匿名的基本原则。首先，中国央行对数字人民币定位于M0替代，有别于私人数字货币去中心化的特点，数字人民币的发行实行央行中心化管理，发行方是中国人民银行。其次，双层投放机制指由央行负责数字货币的投放和回笼，但央行并不直接与消费者对接，而是通过商业银行向央行申请兑换数字货币，由商业银行面向社会公众提供央行数字货币和对应的服务。双层投放机制无须央行和社会公众直接接触，可在避免金融基础设施另起炉灶、金融脱媒等一系列问题的同时，充分调用商业银行在服务网点等资源技术方面的优势，不会对现有的金融体系造成过度冲击。

从支付数据隐私保护来看，数字人民币基于加密技术实现“可控匿名”。有观点指出，通过隐私保护技术确保用户数据的安全性，避免敏感信息泄露，且不损害可用性；同时实现对相关数据使用权限的管理，在一定条件下确保可追溯，只有央行可获取全量用户身份信息与交易流水。[①]

法定数字货币可以实现货币政策和财政政策更加紧密的结合，通过带有“条

---

① 吴燕婷：《数字人民币为何加速跑》，载《瞭望》2021年第5期。

件触发机制”的智能合约，可对信贷主体和使用场景予以限制，实现贷款的精准投放，避免资金空转，实现更有效率的宏观政策调控体系。

“数字人民币”新基建的浪潮正在掀起

央行数字货币已经滚滚而来。当前数字经济是全球经济增长日益重要的驱动力。法定数字货币的研发和应用，有利于高效地满足公众在数字经济条件下对法定货币的需求，提高零售支付的便捷性、安全性和防伪水平，能够助推我国数字经济加快发展。在人类社会，货币历经实物、贵金属、代用、信用阶段，已经发展到了如今的数字货币阶段。而这是基于当前大幅提升的通信设施、信息获取和处理能力。在中国人民银行推进数字人民币试点工作中，一家家领先的数字人民币技术服务商也已经逐渐浮出了水面。

央行数字货币是一种新型基础设施，关系到一个国家在世界经济体中的占位。放眼全球，多个经济体央行对数字货币已进行了积极的探索和研究，甚至实践。国际清算银行近期发布报告称，截至2020年7月中旬，全球至少有36家央行发布了央行数字货币计划。

2020年10月29日，日本央行表示，该行将在2021财年（自2021年4月始）对数字货币开展可行性研究。该行将与金融科技企业以及其他国家的央行合作开展相关试验。欧洲中央银行10月发布的一份报告也表示，计划于2021年年中就是否启动数字欧元项目作出决定。澳大利亚央行也在11月宣布，将与联邦银行、澳大利亚国民银行等合作，利用分布式账本技术（DLT）探索大规模发行中央银行数字货币的可能用途和影响。同月，伊朗修改法律，将加密货币重新纳入央行进口融资机制。伊朗也因此成为世界上第一个在国家层面使用加密货币进行价值交换的国家。

美联储主席鲍威尔表示，美国“致力于深思熟虑地评估央行数字货币的潜在成本和收益”，但尚未就此作出最终决定。美联储正在研究数字美元的优点和可能的技术解决方案，不过在未来几年内似乎不太可能推出。英国央行行长贝利表示，私人发行的稳定币可能存在隐私问题，数字货币可能是“解决这个问题的答案”。

综合来看，各国对数字货币仍主要处于研发状态，实践中，数字货币落地的并不多。目前，十余个国家正在开展相关的试点或测试。不过，数字货币的相关产业链条已逐渐清晰，这样一个未来每个国家都需要的新型基础设施的产业风口已到来。显然，各国的中央银行都不会在未来的数字经济中缺席。

中国在数字货币研发方面走在世界前列。2014年，中国人民银行就成立了研究数字人民币的专门团队；2017年，中国人民银行数字货币研究所（数研所）正式挂牌；2019年，中国人民银行基本完成了数字人民币的顶层设计、标准制定、功能研发、联调测试等工作；2020年，数研所官宣首批“四地一场景”试点地，包括深圳、苏州、雄安、成都，加上未来冬奥会场景，此后数字人民币试点在多地渐次推开。近日，第二批试点地名单也已流出，包括上海、海南、长沙、青岛、大连、西安六地。目前，除工、农、中、建、交、邮储六大行，还有中国移动、中国电信、中国联通三大电信运营商，华为、京东数科、vivo、银联商务等科技服务商也共同参与试点。

值得一提的是，2020年12月18日结束的中央经济工作会议提出2021年八项重点任务，在第三项“坚持扩大内需这个战略基点”中，有一句话非常醒目——“要大力发展数字经济，加大新型基础设施投资力度”。毋庸置疑，数字人民币也是新基建的核心引擎，数字经济时代，数字人民币必将加速发展，推动人民币国际化和全球化。

08 未来数字银行将全覆盖服务“一带一路”

中国正加速步入数字化社会，大数据、云计算、人工智能和物联网等新技术浪潮，对银行业固有经营理念和服务模式，乃至对金融生态和竞争格局都带来巨大冲击。全球多个国家和地区陆续涌现出新型的数字银行形式。其盈利、业务模式、科技手段等多方面均对传统银行业形成了具有一定颠覆性的创新推动作用。银行需要在充分理解数字转型目标和内涵的基础上，重新思考和制定清晰的全行数字化战略，建立规模化的数字能力，驱动全面数字化转型，形成客户体验中心、敏捷能力中心和开放互联的生态圈，加速金融服务升级，促使银行数字化转型升级。

数字银行代表着未来银行，是融合数字产品、数字货币、数字资产交易等新型业态下的全体系银行形式，从产品设计到银行文化，将从根本上实现商业银行由物理性银行到数字银行的转型升级。数字银行是秉持“以客户为中心”的服务理念、依托先进的数字技术，不断完善系统架构、优化业务流程、提升运营管理、强化风险控制、丰富场景生态，为客户提供便捷、高效、普惠、安全的多样化、定制化、人性化金融产品和金融服务的新型银行。

过去十年，中国消费互联网的高速发展离不开以支付宝、微信支付等为代表的第三方to C支付机构多元化场景应用的普及。相比之下，产业互联网中往往涉及大量企业间实时交易、跨境贸易结算投融资等超越空间、更高量级的金融服务，当前以非银机构为主的第三方移动支付能力则显得捉襟见肘。

中国人民银行数字人民币（CBDC）在参与互联网新经济的建设中至关重要。

本文2021年4月12日发表于“学习强国”。

CBDC能够为跨时区、跨地域企业间建立可信、便捷、移动的清结算提供解决方案，其未来离线支付、芯片卡刷卡和NFC支付等便捷措施更能极大改变现有的支付生态。此外，通过打造数字孪生企业，形成网络产业链空间，不断培育互联网经济与数字经济新业态，也必将极大拓展CBDC落地应用的新场景，孵化出创新应用的新模式。

数字银行已成为金融科技的典型代表。目前，全球有千家数字银行，主要分布在欧亚大陆及拉丁美洲、非洲。投资者对该行业源源不断的投资热情引发了全球数字银行发展的热潮。数字新时代，数字银行已开始布局全球，物理性银行正在消失，数字银行快速发展重构世界金融新格局，以数字银行为核心的数字金融新体系和新秩序正在悄然形成，数字银行也必将全覆盖更加便捷地服务“一带一路”，打造数字丝路新金融高地。

数字银行的盈利模式、组织架构和竞争优势

政策敏感性强。目前，全球数字银行多呈现区域性运行特征，且对于区域银行牌照发行政策敏感。欧洲区域的数字银行政策环境培植出一批颇具规模的数字化银行，但它们在走向其他市场如美国、亚洲时，均高度依赖当地政府的政策制度，或需对自身业务模式进行调整。

定位清晰，架构简单。数字银行多处于创业阶段，具有金融科技公司的基因，多采用事业部制，由首席财务官、首席人力资源官、首席营销官、首席数据官、首席产品官、首席运营官、首席科技官等对各事业部进行管理，并直接向总裁汇报。组织结构相对扁平化，运营效率较高。同时，初创基因决定了企业只能从细分业务入手，逐步建立竞争优势，因而数字银行多从金融需求更短期和注重时效、更容易接受新服务的年轻消费者开始，并选择使用更加频繁、门槛更低的金融场景。①

具备科技基因，数字化程度高。数字银行的前、中、后台业务均受到科技发展的高度影响。大数据分析、人工智能等多种技术被运用到更为定制化的业务推荐与消费习惯管理中。相对传统银行而言，数字银行更容易在现有产品的

① 李梦宇：《欧洲领先数字银行的发展及启示》，载《国际金融杂志》2019年12月20日。

基础上进行业务创新，提供增值服务。同时，作为数字银行，其风控措施既包括针对自身业务不良贷款率的措施，也包括对客户存款风险、手机APP使用风险的措施。针对不良贷款率等问题，银行可基于用户消费的数据，对信贷风险进行评估，及时追踪贷款状态。人脸识别、声控识别等技术，被广泛应用于手机安全保护中。

成本较低，具备费用优势。传统银行的成本收入比一般维持在64%，而数字银行的成本收入比可降至48.5%，因而可以提供利率更高的存款产品和费率更低的账户服务。[①]此外，大部分数字银行会和其他金融科技公司合作，快速添加新服务，降低成本，达到收支平衡。更低的运营成本也使得数字银行可以在营销方面有更多投入，积累客户量。

优化数据治理，拥抱开放银行的发展。数据是银行业的根基，可用于识别客户、账户、余额、交易、风险、资产、负债、收益等。数字银行有效提升数据的准确性、一致性、安全性、可获取性及持续更新能力，借用大数据领域的先进技术，提高对数据的存储、分析和获取能力，以应对未来行业可能出现的开放形态。在应对开放银行的趋势中，优化的数据结构与互联网的直接融合，将促进数字银行输出优势金融服务。

数字银行从信用中介到信息中介

数字银行不仅发挥信用中介功能，还将以市场信用和信息中介功能为主，朝综合化方向发展。信用是一种债权债务关系，商业银行凭借长期积累的信用优势、信息优势和资产转换能力，承担着信用中介、支付中介、风险管理和货币创造等金融中介功能。其中，信用中介最能反映其经营活动特征，是最基本、最核心的职能。这是因为银行经营具有规模经济效益，显著降低了资金融通的交易成本，缓解了信息不对称及其带来的逆向选择和道德风险问题，大幅提升了交易的可能性。但是，以互联网为基础设施的新经济确立后，数字技术削弱了银行信用中介职能赖以生存的基础，拥有丰富账户数据的网络平台已经在一些领域替代了这一职能。银行的存款资金被大量分流，支付中介和融资中介职能受到冲击和挑战，

① 李梦宇：《欧洲领先数字银行的发展及启示》，载《国际金融杂志》2019年12月20日。

而这些冲击的实质是信息和数据的冲击。在这个过程中，银行的信用中介职能逐步弱化，而信息中介职能逐步强化。商业银行要巩固和发展中介功能，需要从信用中介向信息中介升级。最终的理想状态是，数字银行提供交易撮合和风险管理等信息服务，不再需要资本来充当风险缓冲，从而，基于信用中介的利差收入下降，基于信息中介的服务收入在主营业务收入中占绝对主导地位。

在数字银行发展的过程中，商业银行由信用中介转型为信息中介要经历三个阶段。第一阶段，随着信息技术的发展，出现了主要依靠电子渠道和自助渠道提供投资理财服务的直销银行。直销银行是数字银行的初期形态，银行的资金端实现了从线下向线上的迁移，更加安全便捷地满足了长尾客户长期被压抑的投资需求。第二阶段，在大数据、云计算和人工智能等技术的推动下，基于数据获取资产的数字银行产生了，银行的资产端实现了移动化、数字化转型，为客户提供消费金融、供应链金融等嵌入式场景金融服务，融资的成本降低了，流程简化了，风险透明了，如以中国的微众银行、美国的Simple定位为平台中介，连接借贷双方，提供风险管理和贷款管理服务，就是信息中介的雏形。第三阶段，当远程开户得以实现，区块链技术在金融领域广泛应用，法定数字货币在全社会普遍推广，社会征信体系发展完善，数字银行也会进入成熟发展阶段。这时，银行将突破信用中介模式下风险偏好、资本和运营模式等约束，主要作为信息中介连接资金端和资产端，双方的法律关系主要表现为直接借贷和收益权转让两种模式。数字银行将通过融合各类金融账户和生活场景账户的统一综合账户，为客户提供资源配置、支付结算、风险管理（财富管理）和价格信息。

数字银行从银行信用到市场信用

在发达国家的金融体系中，商业信用、银行信用和市场信用相继出现，至今仍发挥着各自的作用。银行信用通过存贷款机制延伸出货币创造功能，在我国的金融体系中几乎成为唯一的信用机制。新金融在我国的迅猛发展突破了银行信用，展现了市场信用的巨大魅力。这是因为，互联网显著降低了交易成本和信息不对称程度，提高了风险定价和风险管理效率，拓展了交易可能性边界，改变了金融交易和组织形式，本身就可以定义为“金融市场”，并趋向于瓦尔拉斯一般均衡对应的无中介或市场情形。所以，新金融是资本市场对银行信用“脱媒”以来的第二次“脱媒”，第一次脱媒主要在传统银行的资源配置即融资功能方面，第二次脱媒则在支付结算、风险管理和价格信息提供职能方面。数字银行作为新金融的一种组织形式，同时承担了中介和市场职能。一方面，突破了传统银行信用对财务报表的依赖，侧重于观测和计算在线交易行为数据，更加依赖于数据驱动的“市场”信用。另一方面，数字银行通过货币市场基金、资产证券化等传统影子银行模式开展货币转移型信用活动，通过交易资产、同业资产、投资资产等资产负债表中的“银行影子”模式开展货币创造型信用活动，这些在本质上都是市场信用。

数字银行的市场信用功能主要体现在，为客户提供个人数据资产（含数字货币）和债权类资产交易，为交易双方提供交易价格信息。一是个人数据资产交易。如前所述，在新经济的资产结构中，数据资产将超越权益性资产。当前，个人数据产权不清，谁采集谁拥有，数据管理分散、混乱，数据开放、流通困难。个人数据资产与货币资产都是个人财产，当法律明确个人数据的所有权归属于个人后，数字银行便能解决交易规则和定价等问题，通过建立个人大数据资产管理与运营系统，提供数据确权、汇聚、管理、交易与增值服务。二是债权类资产交易。在我国金融改革的过程中，公司和企业债券、地方政府债券等将发挥直接融资工具的作用，直接向企业和居民销售。数字银行的发展方向则是债券的发行销售、信息披露、市场询价和债券交易等。同时，在银行间市场和证券交易所市场以外的债权资本市场，大量信用评级在2A以下的企业有融资需求，数字银行将承担这类非标准债权资产及其证券化工具（含理财业务）的发行、交易和流转，成为多层级资本市场体系的重要环节。三是提供价格信息。这是一项重要的金融功能，展现了信息中介和市场信用的交易中介职能。数字银行提供资金价格和资产价格，并为交易双方提供最优的基于完全竞争的竞价机制。这种价格形成机制解决了传统市场上存在的信息不对称和成本约束问题，丰富和完善了传统金融的“价格信息提供”功能。

数字银行的主要特征

用户和数据为王，把金融产品选择权交给客户。数字银行不再是传统的金融机构，而是面向用户的金融服务提供商。用户信息采集和数据分析是金融产品设计的出发点，银行是一个企业，其不可避免地需要追求利润最大化，数据采集和数据挖掘分析可以帮助银行了解客户行为和金融需求，是金融产品设计的基础。

通过对银行客户日常金融行为的数据采集，分析用户行为，发现金融需求，实施有效风险管理，建立全新的风险评估方式，有助于金融产品的快速设计，定向推广，降低产品成本，有效风险控制，短时间赚取最大利润。

数字银行将提供一个灵活的产品配置模式，让用户可以基于不同发展阶段、风险偏好、短期金融需求、长期金融需求等自主选择银行产品，主动配置金融资产。金融产品的选择权归属于用户后，将会大大增加客户的黏稠度，让用户参与银行产品设计，为银行提供更多的有价值的数据，形成良性循环来帮助银行提供具有竞争力的产品。

智能网点成为主流。智能网点不但运营成本低，还可以有效提高客户体验，提高效率，同时可用于数据采集。更为重要的一点是，智能网点强调监管创新，通过技术使远程开户成为可能，通过实时互动视频技术，基于统一的征信平台，将网上开户变为现实。智能网点将会依据有价值的数据提供各类银行产品和产品创新。

在未来金融网点，客户看到的将是开放的服务柜台，温馨的环境，一对一的贴心服务，让客户感觉如同身处在自家的客厅。VTM设备屏幕上出现的永远是微笑的服务人员，通过生物识别装置、摄像头、专业后台服务人员VTM帮助客户短时间内完成服务。大尺寸触摸屏为客户提供金融咨询服务，通过互动了解客户需求，将金融产品的选择权从银行交给客户，提升了客户自我价值，提高了客户体验。当客户进入服务大厅，客户经理手中的移动服务管理平台可以迅速提示，其是预约客户还是非预约客户，客户到网点的需求是什么，客户个人喜好等信息。客户经理将会为客户提供专属的金融服务，体现了未来金融以客户为中心的服务精髓。

统一的征信平台，动态的信用标签。数字银行将建立起一个覆盖全面的征信平台，每个人都有一个信用标签，其有利于快速满足个体的金融需求，同时也可以加快资金流。让每个个体包括企业都有一个信用评分，帮助银行快速识别风险，及时提供金融服务；这个信用分数应该是动态的，不断依据个人的金融行为进行更新；至少覆盖银行借贷记录，互联网金融企业借贷记录，小贷公司、担保机构、典当行等涉及个人金融信用的领域，同时将网上消费行为、线下消费行为、社交行为等其他因素作为参考。所有个体拥有一个信用标签（信用分数），所有企业都可以依据此标签提供便捷的消费金融服务。

移动金融是数字银行的主要渠道

用户可以使用设备的时间段为7×24，使用的地点为任意地方，每个人周平均使用智能手机时间每天超过20小时，远远超过了个人电脑的使用时间。智能手机的用户行为可以确定为某个人，智能手机可以用来收集针对确定人的个人社会生活轨迹。由于出现了基于位置的服务（Location Based Services，LBS），个人手机采集的数据更具有商业价值。各种商业应用借助于LBS，将产生满足个人需求的产品和应用，如旅游介绍、美食推荐、特惠活动推广、商家活动介绍等。

智能手机将会成为个人商业活动和社会活动行为的主要载体，基于各种应用，人们用智能手机进行社交活动、聚会安排、商品采购、移动办公、移动方案展示、信息采集、阅读、娱乐、理财、金融需求处理等。智能手机将成为人们生活的一个智能助手，包含图书馆、教育机构、医疗助手、金融工具等，因此移动计算将会成为未来所有产业应该重点关注的领域。数字银行时代，移动金融将是银行未来竞争的平台和渠道。这里讲的移动金融不仅仅是手机银行。移动金融同手机银行有着不同的特点，传统的手机银行仅仅是网上银行转到手机平台，将网上银行产品和服务通过手机银行提供给用户，移动金融意味着所有金融场景消费将会在移动APP上发生。

“新基建”将为数字化银行构筑完善的金融基础设施

数字化银行的发展依赖于金融科技以及其他金融基础设施的强大支撑，在国家明确“新基建”投资战略的基础上，数字化银行的发展具备了更多的客观条件，这种机遇一方面需要传统银行紧紧抓住，加快内部架构和组织改造，将核心系统和业务操作、分析平台、大数据中心等一系列科技硬要素纳入数字化领域，借力“新基建”谋求自身的发展便利；另一方面需要数字银行部门加大金融基础设施改造工程，大型商业银行的金融科技子公司、金融科技部门的整合等具有引领作用，而中小银行则依托于金融科技公司、第三方合作平台等支持，获得数字化改造的技术资源。拥有“新基建”的配套服务后，数字化银行的技术变革和创新将出现更多颠覆性成果。

到2025年，中国5G网络建设投资将累计达到1.2万亿元，将带动产业链上下游以及各行业应用投资超过3.5万亿元。[①]因此，在“新基建”大规模启动后，数字化银行的金融基础设施将更加完善，足以支撑商业银行数字化改造，而且能够享受到更低成本的便利条件。在疫情发生后，经济形势面临巨大挑战，中央决定启动“新基建”投资，涉及数字银行基础设施的包括5G基站建设、大数据中心、人工智能、工业互联网等领域，将为未来数字经济发展提供基础信息技术或网络。随着“新基建”项目投入实际应用，数字化银行应抓住时机，加快内部转型升级，适应技术变革的标准和要求。

数字银行构建以数据为核心要素的生产模型

以数据为核心生产要素。“数据驱动”不是一句时髦的口号，而是要在数字银行运营的全过程中，始终将数据作为核心生产要素，并紧紧围绕这一核心要素重塑业务流程。当然，这并不是说只需要数据这一种生产要素，而是说生产要素之间产生了主导与从属的关系。比如从采集到加工，需要劳动力、技术等其他要素，但这些都是建立在数据这一核心生产要素的基础上的。

生产过程是一个完整的闭环。生产的最后一步产品输出，又为下一步采集新的数据提供基础。因此，数字银行产品的生产和运营，是一个不断迭代、循环向上的过程。

核心要素的处理能力是关键。如果把数字银行提供产品服务的过程看作一个系统，那么对数据这一核心要素的处理能力（即采集数据、处理数据、将处理结果输出为产品等的能力）直接决定了这个系统的整体能力和表现。相比之下，传统银行的优势，如在资金、网点等方面的优势，其重要性会大大降低。

银行的系统中每天都在产生大量数据，从某种意义上来说，银行也是数据中心。这些数据通常会被划分为两类：第一类是用户特征数据，如性别、年龄、所在城市等；第二类是用户行为数据，如浏览数据、存款数据、贷款数据、其他产品购买使用数据等。

数据之所以重要，更多地体现在通过数据之间的关联，可以帮助产品设计者还原一个个场景，从而找出尚未被满足的需求点并由此设计适合的产品，创造新

---

① 《5G新基建迎来十年建设期 五年将带动投资超3.5万亿元》，载《中国日报网》2020年3月27日。

的增长点。“场景”是很多互联网公司在进行产品设计时非常重要的抓手。对于在互联网上运营的产品来说，场景是产品的一部分，不能脱离场景谈产品。

互联网行业对场景的一个比较贴切的定义是：场景就是能够触发用户情绪的时间+空间。在这里，情绪又是场景的核心组成，离开了用户情绪，场景就不能再称为场景，而只是一个单纯的时间与空间。

对于数字银行来说，其用户无论是购买一个产品，还是放弃一个产品，都是有具体场景的。这些生动的场景，在银行的系统里都被标记成了一个个行为数据，而后台的工作人员很难仅凭这些行为数据来还原场景，从而做到真正了解用户，因为这里缺失了一类关键要素：情绪数据。

过去，用户的情绪数据不太被银行重视，也难以获取和利用。一是因为这些场景大多发生在分散的银行网点；二是用户在与网点互动过程中产生的情绪，只有当时为他办理业务的工作人员能感知，没有被系统记录，难以追溯。也就是说，情绪数据分散且无系统存储，即使用户事后拨打客服电话表达情绪，通常也难以把此时的情绪数据与用户在网点留下的行为数据关联利用。

而在数字银行运营的过程中，一切场景都发生在线上，包括用户的购买、咨询、投诉、放弃等所有行为轨迹及与之相关联的情绪，都在系统里留下了数据，使得收集、处理用户的情绪数据，并将之与用户的特征数据、行为数据关联利用成为可能。

比如目前很多商业银行都会向用户提供的智能客服服务，其本质是一种能够使用自然语言与用户进行交流的人工智能信息系统。在系统中，每天都在产生大量带有用户情感的主观性语音和文本，对其进行分析处理就可以得到用户褒义、贬义及中性的不同类型情绪数据。对情绪数据的有效利用，可以在一定程度上提升其他类型数据的使用效果，而在数字化转型的进程中，银行比以往任何时候都更容易获得和利用用户的情绪数据。

数字银行的跨境机遇

数字银行应该利用数字化线上优势，采取更加积极主动的国际战略，布局跨境供应链金融、跨境支付等“嵌入式”场景金融服务，全面参与全产业链新型基础设施建设，为我国新经济企业开展国际业务提供创新金融解决方案。

当前，跨境供应链中的核心企业在国际业务中处于主导地位，通过电子化、智能化的仓储能力、第四方智能物流平台、供应链管理等为众多上下游企业提供跨境业务B2B、B2C的商业直连。国内上游供应商在此过程中相对弱势，应收账款的长期难以回笼成为其资金流动、业务扩展和持续经营的主要障碍。数字银行切入跨境供应链金融应充分利用新基建的内生技术优势。

数字银行应发挥自身数字特性，通过助力CBDC数字法币在跨境贸易支付领域的创新落地，加入金融类新型基础设施建设的历史进程。基于CBDC的跨境贸易支付需求符合其底层区块链技术的去中心化、可溯源等特性，通过区块链技术消除交易对手风险和清算风险，使企业级点对点交易更安全、公开、透明，也可以很好地解决跨境贸易中使用外汇支付所带来的时间滞后、手续费率高等弊端，加快资本流动速度，从而促进跨境贸易的发展。

CBDC的场景落地有助于建立统一的跨境贸易账本，通过特定算法记录，极大地强化资金流向的集中审查和监管，对于跨境反洗钱、金融犯罪、恐怖融资、偷税漏税等领域的有效监管具有重要意义。此外，基于CBDC的跨境贸易支付可以加速跨境贸易清结算体系重塑，助推人民币国际化进程。

数字银行应抓住CBDC在跨境贸易中的机会窗口。CBDC的流通应用会对现有银行体系带来系统性影响，商业银行从传统“信用中介”盈利模式切换到“信息中介”“支付清算中介”，要求银行层面不断加大跨境产品创新研究步伐，积极拓展CBDC对海外公民负债的新路径，在保证CBDC铸币权的同时，扩大海外资金利用，促进人民币国际化。

数字银行的跨境运作模式与业务选择应充分考虑CBDC的设计结构。CBDC设计注重M0替代，是央行对公众的直接负债，其账户松耦合方式等同于现金的直接流通，而传统商业银行对现金流通管理的公共服务属性依旧适用于数字银行，因此推出适合自身跨境业务场景的数字货币钱包对于打造CBDC衍生应用平台、创造新的中间业务利润增长点至关重要。

在技术层面，CBDC银行端数字钱包落地有助于推动包括共识机制、区块链分布式账本、加密算法、对等网络等在内的数字货币相关技术应用升级，增强银行自身安全存储、征信、EKYC、AML能力以及应对跨境大额交易、瞬时高发并发交易处理能力，在保障CBDC跨境交易可控匿名性的同时，不断提升客户体验。

发展数字银行的途径

在传统金融机构转型发展数字银行的过程中，可用以下五大举措进行数字化转型，第一，制定基于建立数字化生态系统的战略，做好顶层设计、总体布局和客群定位；第二，以金融科技的前沿技术为基础，为传统金融产品赋予新的能力；第三，引进和培养数字化人才，并营造创新包容的企业文化和机制；第四，建立适应数字化运营的全面风险管理体系，合理利用用户数据及前沿技术；第五，发展与合规并行，应利用技术提升安全系统性能与用户保护（包括个人隐私保护）、反洗钱、客户认证（KYC）等合规流程。

在战略层面，建议做好顶层设计与总体布局，精准定位用户客群，完善数字化生态系统，对接其他金融生态伙伴（如保险、券商、智能投顾平台等）以及选择生态体系核心合作伙伴（如金融科技公司）。未来的数字银行可从单项业务突破，获取种子客群，提升品牌知名度与公信力，在拥有发展较为稳定的拳头产品后，可融合更多金融因素，探索多元化发展方向，从而转向综合化运营。同时，商业银行应向互联网/科技公司学习建立“以用户为中心、小步快跑、快速迭代”的治理模式。但值得注意的是，数字银行并不等同于APP银行，相反，其需紧密依托线下的场景合作与商务洽谈，从用户的核心需求出发，将数字化的银行业务与地面场景融合，丰富银行服务的场景。

技术乃为发展数字银行最重要的关键因素。以重点前沿关键技术如新一代信息技术基础架构、大数据、人工智能、云计算、区块链、生物识别等技术，赋能传统金融产品服务，如借助大数据挖掘与深度强化学习算法，实现千人千面营销，深挖客户价值；金融机构也可采用云计算和分布式处理架构构建新一代的金融核心基础设施。最终的目标在于应用并提升科技转化能力和经营效率，降低成本，提升用户满意度。

数字化转型离不开人才发展，一是需要根据自身数字化转型目标不断吸收人才，数字银行的关键在于金融依托科技支持强化并提升分析能力和服务效率，故金融与技术背景的人才缺一不可；二是要在内部建立起包容、鼓励创新的组织文化，组织员工参与银行数字化转型的搭建，激励员工以客户视角重新思考客户服务的流程，逐步实现对数字化转型的认识和体验；三是建立灵活的创新机制，鼓励员工探索新的产品形态与商业模式，在试错的过程中不断吸取经验教训，为数字化转型注入新鲜的血液。同时，可参考互联网公司建立相应的员工激励制度（如股权激励等），最大限度地调动员工的积极性，鼓励他们自发地投入数字化转型的工作。在内部管理方面，可根据需求灵活调整组织架构，提升敏捷性，建立实现扁平化管理。

根据互联网业务的特点，除了严格遵循银行业监管要求，也需建立适应数字化运营的全面风险管理体系。合理运用多方数据，建立完备的风控模型，搭建完善的风险管理信息系统，将大数据、人工智能等前沿技术转换为可实施的动态的风险管理能力，并在体制、制度和人才方面采取相应措施，保障风险管理的质量。在风险处置层面，建议重视并推进金融科技的系统灾备和应急体系建设，将应急演练常态化，建立第三方评估机制。在风险防范与内控层面，建议综合采用软硬件设施提高安全防御能力，并对从业人员的业务与行为进行全方位监测与内控。

最后，在数字化转型发展业务的过程中，需注意合规工作的开展以确保符合金融监管标准。建议以监管科技应对数字化银行的发展，利用技术手段实现风险预警系统、防范反洗钱与欺诈行为、优化客户认证（KYC）过程与提升安全信息管理，注重保护用户隐私并遵守相关法律规定。

数字银行的未来发展

数字银行将运用大数据、云计算、人工智能、区块链等金融科技手段再造银行业的运营体系，从根本上实现商业银行从部门银行到流程银行的转型。深挖数据要素价值，依托新基建构架，为我国产业链上下游企业参与跨境贸易提供金融基础设施保障。数据价值提取是数字银行的核心技术竞争力之一，不仅包括存、贷、汇等金融类结构化数据，还包括客户风险分析、在线交易记录、客户热线统计、证件影像信息等非金融类数据，通过与外部数据的整合，形成多维度、多用途的数据库资源，助力银行数字金融产品研发、智能网络营销、大数据风控监测等各个领域创新发展。此外，要加强构建银行层面完整的大数据架构体系。通过实施人脸识别、生物指纹下的反欺诈确认，深度学习梯度决策下的决策分析，人工智能加工、预测下的“千人千面”额度授信以及企业级的投资、抵押、融资动态画像，完成基于云计算的数据清洗、消化、加工、提炼，充分释放数据潜能、实现数据多向赋能，最终完成数据价值向企业经济价值的转化。

进一步参与跨区域金融平台建设，用数字化助力开放金融创新发展。数字银行应充分依托智能技术优势，搭建跨区域资金对接平台，打通平台间数据接口，开放API技术，做到数据资源共享、共建、共用，实现协作开放、平台开放和开源技术社区开放的共享目标。在欧盟、欧洲中央银行及其他各国积极政策的引导下，Transferwise、Monzo、Revolut、Stripe等数字银行异军突起，专注于存取、转账支付、换汇、借贷、投资、保险等细分领域，通过数字化平台创新介入、敏捷研发、快速响应，实现普惠金融。在中国，12家香港本地银行参与共建的跨银行区块链项目贸易联动平台（eTradeConnect），通过贸易文件数字化、贸易流程自动化实现跨境贸易融资互信，而超过30家内地银行参与的央行贸易金融平台（PBCTFP）与eTradeConnect的互联互通有助于进一步降低国内中小企业对外贸易融资成本，成为多方共建跨区域数字化贸易融资的典范。①

不断推进银行在跨境金融业务中的生态基础设施建设。首先，参与开展跨境新零售、国际大宗交易等不同环境下的数字基础设施建设，尤其关注对偏远地区中小企业、长尾零售客户的覆盖能力，增强针对多样化需求用户的平台适用性打造，降低参与跨境交易的门槛及货币流通的交易成本。其次，加大跨境贸易中CBDC使用场景的探索，依托场景需求构建CBDC应用生态。CBDC可以提供数字资产可靠的端对端离线交易，通过智能合约和密钥技术，按照事先合同约定的商业条款和法律法规触发自动执行，且没有交易费用，有助于降低企业跨境贸易交易摩擦，实现价值的及时、安全转移。此外，积极参与国内企业跨境金融业务，在区块链跨境清算、标准化能力输出上提供支持。后疫情时代的市场最佳机遇来自中国，应充分利用领先的市场窗口期，支持国内企业“走出去”，打通内外金融联动，包括助力主要部门、大型金融机构建立自主可控的跨境清算枢纽体系，参与、推动创新支付平台研发，通过掌握数据要素的主动权，提升国际金融标准领域的参与度和话语权，真正走出一条标准化赋能数字经济发展的新路子。②

① 王鑫、陈力源：《数字银行的跨境机遇》，载《中国金融》2020年第16期。

② 王鑫、陈力源：《数字银行的跨境机遇》，载《中国金融》2020年第16期。

第三部分

数字金融

09 央行数字货币DCEP　全球第一大主权数字货币

目前，越来越多的国家开始进行央行数字货币布局，包括中国、美国、印度、新加坡、加拿大、瑞典、巴哈马、乌拉圭和哈萨克斯坦等。中国有可能成为世界范围内率先推出法定数字货币的国家，中国央行法定数字货币（DCEP）是全球最大的主权数字货币。美元是世界性货币，国际交易少不了美元支付，但是Coingecko数据显示，截至目前全球加密货币总市值现约2.55万亿美元（约合），已超越美元货币流通量。①

“十四五”期间，中国将构建以国内大循环为主体、国内国际双循环相互促进的新发展格局，数字人民币有利于构建金融和实体经济和谐统一、国内国际金融和谐共融的全球化大金融体系。数字人民币作为中国央行数字货币，在研发与实践领域均走在世界前列，为人民币国际化与中国金融改革赢得了新的战略窗口期。

中国央行数字货币DCEP

中国央行数字货币的正式名称为DCEP（数字货币和电子支付工具），DCEP是以国家信用为背书的主权货币，其与现有的人民币现金等值，DCEP可以简单理解为现有人民币的电子版。较电子货币或非央行数字货币而言，DCEP具有法偿性与

本文2021年5月13日发表于“学习强国”。

① 《全球数字货币市值2.55万亿美元 超美元流通量》，载搜狐网，https://www.sohu.com/a/465647177_121117489，2021年5月10日访问。

法定性，不能被商事活动中的主体拒收，其对应的稳定性和安全性也更高。

DCEP在本质上就是一种数字支付工具。DCEP的全称是Digital Currency Electronic Payment，DC指的是数字货币，EP指的是电子支付，即数字货币和电子支付工具。央行发行的DCEP的定位是纸钞的替代品，也就是数字版的纸钞。既然DCEP是纸钞的替代品，那么纸钞所涉及的支付场景，原则上来说，DCEP也能够实现。比如DCEP可以在无网的状态下完成交易。

传统纸币、硬币在发行、印制、回笼、贮藏各环节成本非常高，还要投入成本做防伪技术，并且流通层级较多，携带不方便，货币的演变必将走向虚拟化、数字化，所以DCEP在环保方面也能起到一定作用。DCEP使得交易环节对账户依赖程度大大降低，有利于人民币的流通和国际化。同时DCEP可以实现货币创造、记账、流动等数据的实时采集，为货币的投放、货币政策的制定与实施提供有益的参考。

我国央行数字货币的投放模式为“二元模式”：央行先把数字货币兑换给商业银行或其他运营机构，再由这些机构兑换给公众，商业机构需向央行缴纳100%准备金，央行数字货币的目标是替代一部分现金M0，这就意味着公众持有的数字货币依然是央行负债，由央行信用担保，具有无限法偿性。

中国人民银行数字货币设计了双层运营投放体系，而不是由银行直接对公众发行数字货币的单层运营体系。所谓的双层制度，是指中国人民银行和商业银行这两层的运行体系，上面一层是央行对商业银行，下面一层是商业银行或商业机构对用户。具体实施过程，即央行先把数字货币兑换给商业银行或商业机构，再由这些机构兑换给大众。商业银行长期与用户直接接触，是相对央行所具有的极大优势。如果央行与商业银行紧密分工合作，不仅能利用现有资源调动商业银行的积极性，也能够顺利提升数字货币的接受程度。

DCEP可以在无网的状态下完成交易，两个手机碰一碰，就能实现转账，也就是支持离线支付。DCEP则依据实名程度分级开放交易额度，认证度低的可以小额交易，认证度高的额度放宽，分级管理实现一定程度的匿名，可以保障普通用户的隐私。也就是说，小额使用，钱包只需要绑定手机号；如果要提高转账限额，要进行KYC认证。比如使用微信零钱，累计超过一定额度，就有另外的要求。

央行数字货币是具有价值特征的数字支付工具，即便脱离了账户也可以进行价值转移，能够满足可控匿名的支付需求。同时，作为一种支付工具，它也在便利性和合法性上取得了平衡。鉴于纯区块链架构无法实现零售所要求的高并发性能，央行决定保持技术中性，不预设技术路线。未来，央行数字货币将具有高扩展性、高并发性，以满足海量的在线支付交易需求。

2019年6月18日，Facebook正式向全球公布了其数字货币Libra的白皮书，吹响了互联网巨头进军数字货币的号角。Facebook的意义在于它打开了潘多拉的魔盒，2019年7月16日，Libra之父、Facebook区块链负责人大卫·马库斯在听证会证词中谈道，“如果美国无法引领数字货币创新，其他国家就会抢先美国去做”，马库斯将数字货币上升到了国家战略层面的高度。

Facebook董事长扎克伯格在美国第三次听证会上为Libra辩护，更是直接把中国作为发行Libra的理由：“中国金融设施更完善，Libra不做，中国央行就会做。”①按照Facebook关于Libra的设计，尽管其声称锚定一篮子货币，但最主要的成分还是美元，因此Libra向周边国家的扩散，本质上也是美元渗透的过程。

正因如此，现在世界各国都表现出对于Libra的强硬立场。据不完全统计，在25家央行中，计划推出CBDC（法定数字货币）的央行有7家，探索中的央行有9家，已发行的央行有6家，暂不考虑的央行有3家。法国更是摩拳擦掌，法国央行行长维勒鲁瓦表示，由于受到Facebook发布Libra白皮书和其他一些国家的压力，法国央行很快将测试数字货币，并“在2020年第一季度末呼吁出台相关项目”。②

从长远看，中国数字货币，可谓“其用心也广，其虑患也深”，它发展的目标就是抢占先机，确保中国金融安全。

数字货币的五大种类

电子货币（electronic money）：根据国际清算银行2015年11月《数字货币》研究报告，电子货币是“以电子方式存储在诸如芯片卡或个人计算机中的硬盘的设备中的价值”。这可以视为广义的电子货币概念。但在中国，电子货币的概念更严格，即“电子货币是法定货币的电子化或数字化形式，常以磁卡或账号的形式存储在金融信息系统内，以方便储藏和支付为主要目的，货币的价值与法定货币等值”，即法定货币发行的电子化，比如微信支付、支付宝等。

虚拟货币（virtual currency）：根据欧洲中央银行2015年2月的《虚拟货币

① 《Facebook再迎听证会！扎克伯格承诺不挑战美元》，载《新京报》2019年10月24日。

② 《法国央行将于2020年第一季度测试其数字货币》，载公众号“新浪财经”，2019年12月6日。

计划进一步分析报道》，虚拟货币是价值的数字表示形式，不是由中央银行、信贷机构或电子货币机构发行的，在某些情况下可能用于替代金钱，并明确说“从法律的角度来看，虚拟货币不是金钱或货币”。比如大众熟知的Q币、游戏币等。过去十多年，随着加密货币的发展，欧洲央行将去中心化的加密货币等也纳入了虚拟货币的范畴。但商业银行的存款货币和电子货币是法定货币，不属于虚拟货币。

加密货币（cryptocurrency）：基于以上逻辑，加密货币是虚拟货币的一种。牛津词典认为，加密货币是“可用于在线买卖而无需中央银行的任何电子货币系统”。韦氏词典定义为，“仅以数字形式存在的任何形式的货币，通常没有中央发行或监管机构，而是使用去中心化系统来记录交易并管理新单位的发行，并且依靠加密技术来防止伪造和欺诈性交易”。

数字货币（digital currency）：国际货币基金组织（IMF）2016年报告的《虚拟货币和超越：最初的设想》讲到，数字货币包括虚拟货币和电子货币。综合其他相关文献，数字货币是一种可用数字形式的货币，不同于实体货币如钞票、硬币，也不同于在游乐场、赌场中购买的游戏币与筹码。它具有类似于实物货币的特性，但可进行即时交易和无边界所有权转让。

央行数字货币（CBDC）：IMF对中央银行数字货币定义得更严格，即“一种新的货币形式，由中央银行以数字方式发行，旨在用作法定货币”。因此，CBDC可以看作数字货币的一种主权国家法定数字货币形式。对于非法定的数字货币，统称为私人数字货币。

DCEP和支付宝、微信支付的区别

第一，DCEP是M0的替代，支付宝和微信支付是M1和M2的替代。M0就意味着像使用现金一样，不需要绑定银行卡，可以直接点对点地支付，就像发信息一样方便。

M0，指流通中的现金，也就是中央银行发行的纸质货币。M1，指狭义货币，为M0与非金融性公司的活期存款之和。M2，指广义货币，为M1与非金融性公司的定期存款、储蓄存款、其他存款之和。把这三者的关系简单地概括一下就是：

M0=流通中的现金。

狭义货币（M1）=M0+可开支票进行支付的单位活期存款。

广义货币（M2）=M1+居民储蓄存款+单位定期存款+单位其他存款+证券公

司客户保证金。

支付宝和微信支付属于M1和M2的领域，而央行发行的数字货币注重对M0货币的替代而不是对M1、M2货币的替代。目前，M1和M2货币在中国已经基本实现了电子化和数字化，支持M1和M2的各类网络支付手段基本能满足经济发展的需要。

但在M0货币端目前仍存在三个较突出的问题：一是现有M0的匿名性使其存在被用于洗钱和恐怖主义融资等风险；二是互联网支付基于银行卡账户紧耦合的模式无法满足公众对匿名支付的需求；三是目前我国仍存在银行账户服务和通信网络覆盖不佳的地区，当地公众对M0货币（现钞）的依赖程度还比较高。

因此，央行发行注重替代M0的数字货币既符合国情，又顺应对小额高频支付的需求（根据不同级别的钱包设定交易限额和余额限额），同时还能有效防范M0货币被用于洗钱和恐怖主义融资等风险。

第二，结算机构不同。支付宝和微信支付是用商业银行存款货币进行结算，DCEP是用央行货币进行结算的。这也意味着两者的稳定性和安全性不同。央行只有一家，即中国人民银行（The People's Bank Of China，PBOC）。商业银行是不够稳定的，如果商业银行运营破产了，那么支付宝里的“钱”，就成为这个商业公司的“债券”，用于破产清算这个公司的资产，算成真正的钱后，按“债券”比例分给你。

第三，支付宝、微信支付是互联网支付，而DCEP可以实现双离线支付。就是到了没有网络的地方，DCEP还是可以用的。

第四，支付宝、微信支付的目的是移动支付，DCEP的目的是控制法币地位，节约发行成本。

数字货币DCEP，是中国为全球准备的“世界货币”。在Libra币成为全球金融市场焦点的同时，中国人民银行打造的数字货币DCEP也正式从幕后走向台前。

DCEP具备“世界货币”所需的一切条件

对比DCEP与Facebook推出的Libra币可以发现，二者在安全性、架构、理念等方面十分相似。不同的是，DCEP在保有Libra优点的同时，针对Libra币无法成为世界货币的设计缺陷，给出了近乎完美的答案：（1）DCEP与人民币可以1∶1自由兑换，支持连接中央银行；（2）DCEP采用商业银行和中央银行的双层制度，适应国际上各主权国家现有的货币体系；（3）DCEP是主权货币，是纸质人民货币的替代，可以确保现有货币理论体系依然发挥作用；（4）DCEP基于特殊设计，可以不依赖于网络进行点对点的交易。

总之，DCEP不仅可以实现现行的世界货币的所有功能，还可以节省发行资金，更准确地计算通货膨胀率和其他宏观经济指标，更好地遏制洗钱、恐怖分子融资等非法活动，更便利地在全球范围内进行汇兑流通。需要特别指出，DCEP的设计开始于2014年，远远早于Libra币提出的2019年，DCEP是央行在数字货币领域多年研究的结果。

数字货币DCEP的流通渠道已经搭建

2019年，支付宝给世界带来巨大的改变：（1）截至2018年，支付宝已经可以在200个国家和地区使用；（2）支持美元、英镑等20余种货币的直接交易；（3）可以在全球主要38个国家和地区跨境支付；（4）支付宝在中国将现金交易降低到不足交易总量的2%，并正在世界范围内逐步取代现金交易。

除支付宝外，微信支付也正在快速扩张，截至2018年3月，已经合规地接入49个国家和地区，可以在20个国家和地区跨境交易，并支持16种货币直接交易。[①]

支付宝和微信支付平台必将成为DCEP在全球自由流动的最佳途径，为DCEP成为世界货币提供助力。DCEP的设计一开始就遵循与支付宝、微信支付等第三方支付平台无缝衔接的原则，并且要满足无须联网情况下也可使用。

相较于我国的移动支付平台（支付宝）2004年上线，美国移动支付工具Apple Pay在2014年上线，韩国的三星pay在2015年才上线，因此在数字货币流通渠道方面，DCEP的经验积累和技术水平领先世界其他国家数字货币。

DCEP正为成为“新世界货币”蓄力

中国央行在2014年已经开始了科技金融领域的创新，时至今日，数字货币和移动支付技术已经世界领先；DCEP比Libra币上线运营条件更具备、技术更成熟。

① 《微信跨境支付已在超过49个境外国家和地区合规接入》，载公众号“中国新闻网”，2019年3月21日。

相信DCEP一定会迅速上线，通过发行数字货币，推进人民币国际化，抢占成为“新世界货币”的制高点。经济战的最高形式是货币战，具有先发优势的中国，怎会轻易让出领先地位、输在起点。

2019年8月，深圳开始推进人民币国际化和数字货币先行示范区。或许这是DCEP作为“新世界货币”最后的演练：在试行中发现问题、解决隐患、确保DCEP数字货币在作为世界货币的流通中放得出、看得见、管得住。

央行的数字人民币试点前景非常广阔

中国法定数字货币正式启航，2020年是中国数字货币元年！DCEP的效力和安全性是最好的。纸钞是央行货币，DCEP也是央行发行的，但是微信和支付宝在法律地位和安全性上，没有达到和纸钞同样的水平。

目前，六大国有银行都在推广数字人民币货币钱包。数字人民币试点范围正有序扩大。全国范围内的数字人民币试点城市已经达“10+1”。除了首批的深圳、苏州、雄安、成都四地及北京冬奥会场启动外，2020年10月增加了上海、海南、长沙、西安、青岛、大连六个试点测试地区，即10个城市+1个冬奥会场景。2022年北京冬奥会将使用数字人民币，数字货币的潜力将在冬奥会期间向全世界展示。各国奥运选手们在争夺冠军的同时，数字货币的这场比赛也徐徐拉开了序幕，这将是更大意义上的竞争。

中国在数字演进和金融创新方面始终走在世界的前列。在零售领域，央行的数字人民币试点前景非常广阔，其试点能产生良好效应。

具体到中国正在稳步推动的数字人民币试点，前期试点已有很多经验。双层体系很好地发挥了作用，该体系可兼容现在的货币和银行体系，使得金融脱媒的风险最小化；通过灵活的技术方案，数字货币实现了“小额匿名、大额可控”的精准管理；技术路线可以多样化、复合化，既可以采用基于账户或准账户的范式，也可采用基于Token的范式。

综观全球央行数字货币的最新进展，中国推出的数字人民币（e-CNY）是一种领先的零售型央行数字货币，试点规模已达1.5亿元。[①]在数字货币发行或开启

① 程实：《数字人民币的破局力量》，载公众号“中新经纬”，2021年4月28日。

试点的八个国家中，中国的经济实力与既有货币实力均位于前列。此外，数字人民币并未止步于国内交易场景，而是逐步考虑将零售型与批发型应用相结合。展望未来，多边央行数字货币桥或将成为国际数字货币体系的一种重要形态，而人民币有望依托于此占据国际货币新格局的先发优势。

数字货币技术实现框架

近年来，虚拟货币风靡全球，国内外金融机构、科技公司、投资公司等参与方投入大量的人力、物力、技术等资源，进行虚拟货币的研究、开发、设计、测试与推广。同时，虚拟货币的快速发展引起了监管部门的高度关注，为适应新的技术发展与满足新的市场需求，部分国家中央银行开始研究、设计并尝试发行数字货币。

数字货币核心技术

要实现数字货币的主要特性，可依托安全技术、交易技术、可信保障技术这三个方面的11项技术构建数字货币的核心技术体系。

首先，以安全技术保障数字货币的可流通性、可存储性、可控匿名性、不可伪造性、不可重复交易性与不可抵赖性。数字货币安全技术主要包括基础安全技术、数据安全技术、交易安全技术三个层面。

基础安全技术包括加解密技术与安全芯片技术。加解密技术主要应用于数字货币的币值生成、保密传输、身份验证等方面，建立完善的加解算法体系是数字货币体系的核心与基础，需要由国家密码管理机构定制与设计。安全芯片技术主要分为终端安全模块技术和智能卡芯片技术，数字货币可基于终端安全模块采用移动终端的形式实现交易，终端安全模块作为安全存储和加解密运算的载体，能够为数字货币提供有效的基础性安全保护。

数据安全技术包括数据安全传输技术与安全存储技术。数据安全传输技术通过密文+MAC/密文+HASH方式传输数字货币信息，以确保数据信息的保密性、安全性、不可篡改性；数据安全存储技术通过加密存储、访问控制、安全监测等方式储存数字货币信息，确保数据信息的完整性、保密性、可控性。

交易安全技术包括匿名技术、身份认证技术、防重复交易技术与防伪技术。匿名技术通过盲签名（包括盲参数签名、弱盲签名、强盲签名等）、零知识证明等方式实现数字货币的可控匿名性；身份认证技术通过认证中心对用户身份进行验证，确保数字货币交易者身份的有效性；防重复交易技术通过数字签名、流水号、时间戳等方式确保数字货币不被重复使用；防伪技术通过加解密、数字签名、身份认证等方式确保数字货币真实性与交易真实性。

其次，以交易技术实现数字货币的在线交易与离线交易功能。数字货币交易技术主要包括在线交易技术与离线交易技术两个方面。数字货币作为具有法定地位的货币，任何单位或个人不得拒收，要求数字货币在在线或离线的情况下均可进行交易。在线交易技术通过在线设备交互技术、在线数据传输技术与在线交易处理等实现数字货币的在线交易业务；离线交易技术通过脱机设备交互技术、脱机数据传输技术与脱机交易处理等实现数字货币的离线交易业务。

最后，以可信保障技术为数字货币发行、流通、交易提供安全、可信的应用环境。数字货币可信保障技术主要指可信服务管理技术，基于可信服务管理平台（TSM）保障数字货币安全模块与应用数据的安全可信，为数字货币参与方提供安全芯片（SE）与应用生命周期管理功能。可信服务管理技术能够为数字货币提供应用注册、应用下载、安全认证、鉴别管理、安全评估、可信加载等各项服务，能够有效确保数字货币系统的安全可信。

数字货币系统实现框架

针对数字货币的特征，数字货币系统的实现架构应包括安全可信基础设施、发行系统与储存系统、登记中心、支付交易通信模块、终端应用模块五个部分。

安全可信基础设施。数字货币安全可信基础设施包括认证中心、可信服务管理模块、大数据分析中心等。认证中心主要对数字货币机构及用户身份信息进行集中管理，负责签发数字货币相关的数字证书，并提供签发相关平台和客户端数字证书接口，为数字货币交易各方提供安全的支付通道。可信服务管理模块主要为各参与方提供基于安全模块的各类应用的发行及管理，支持多种业务的接入，具有提供应用发行与管理、认证并授权数字货币应用使用其相关业务的功能。大数据分析中心主要运用大数据、云计算等技术分析客户交易行为，保障数字货币交易安全、规避风险，防范黑市洗钱、恐怖融资、欺诈交易等违法行为。

发行系统与储存系统。数字货币发行系统与储存系统主要包括发行库与银行库，发行库主要指存放央行数字货币发行基金的数据库；银行库主要指商业银行存放数字货币的数据库，可以接受数字货币申请并进行兑换。

登记中心。登记中心主要记录数字货币与用户身份的对应关系，记录数字货币交易流水，完成央行数字货币产生、流通、清点核对及消亡过程的登记。

支付交易通信模块。支付交易通信模块主要包括在线交易通信、离线交易通信等。数字货币用户基于在线交易通信通过交易网络利用智能终端实现在线支付，基于离线交易通信通过智能终端实现离线交易。

终端应用模块。终端应用模块主要包括移动终端、客户端、安全模块等。移动终端由消费者与商户持有，集成了通信模块和安全模块，数字货币客户端应用存储在安全模块中，通过移动通信网络与支付平台或其他移动终端连接，亦可以与其他移动终端进行近场交易。

央行数字货币技术

数字货币支付方式。数字货币较为可行的支付载体包括移动终端（如智能手机、可穿戴设备）与物理卡，通过对基于移动终端与基于物理卡的数字货币比较分析可以看出，基于移动终端的数字货币应用场景较为丰富、使用便捷性较高、受众群体更广、推广应用成本较低，是数字货币较为理想的支付方式。

数字货币系统架构。通常来讲，系统架构从是否多节点协同处理的角度可分为集中式与分布式系统架构。集中式系统架构处理海量并发交易的能力相对有限、系统扩展性不足、系统宕机风险大等，交易处理效率不高；分布式系统架构能够有效处理海量并发交易，采用数据读取分离、数据多副本、分库分表等技术实现高扩展性，多节点保障系统安全，能够提高交易处理的效率。

数字货币作为法定货币，交易规模十分庞大，需要系统具有很强的并发处理能力，交易实时性需要系统具有很高的处理效率，建议数字货币系统采用分布式的系统架构，结合云计算的技术优势部署业务系统，为海量数字货币交易提供有效支撑，保障其交易的便捷性与安全性。

在全球范围内，支付方式发生了巨大的变化。从实物货币、商品货币到信用货币，社会发展和技术进步让货币形式不断演化，纸币被新一代货币取代是大势所趋。互联网的普及、计算机技术的发展让数字货币应运而生，数字货币是伴随移动互联网、云计算、终端安全存储和区块链等新技术的进步而诞生的。在此背景下，数字货币走入了大众视野，并广受关注。

央行发行数字货币

数字货币的崛起给货币政策发行带来新挑战，积极研究各种新型创新技术并合理利用，充分预见并有效解决数字货币在应用推广中可能出现的风险至关重要。放眼世界，围绕数字货币使用的实践探索在不断推进，如加拿大已将数字货币纳入政府视野，并已对政府控制的数字支付技术进行许多试验。另有多家央行已将数字货币列入开发日程，如英国央行在研究考虑是否由央行来发行数字货币，欧洲地区的数字货币化进程也在加快。2016年1月20日，中国人民银行召开数字货币研讨会，探讨数字货币发行的总体框架、货币演进中的国家数字货币、国家发行的加密电子货币等问题，并提出“争取早日推出央行发行的数字货币”。①

央行提出并主导数字货币体系，目的是替代实物现金，降低传统纸币发行和流通的成本，提升经济交易活动的便利性和透明度，减少洗钱和偷税漏税等违法犯罪行为，并提升央行对货币供给和货币流通的控制力。数字货币作为法定货币必须由央行来发行，其本身就是货币而不仅是支付工具。因此，央行发行的数字货币是基于人民币的法定货币，属于国家主权货币，有政府担保、国家信用。

央行研发数字货币率先探索了区块链技术的实际应用。近年来，一些国家的央行、商业银行和互联网企业积极探索区块链技术及其在金融领域的应用。区块链技术在系统稳定性、应用安全性、业务模式等方面尚未成熟，目前主要适用于非实时性的、轻量级信息的、交易吞吐量较小的和信息敏感度较低的业务场景。

数字货币涉及分布式架构、密码技术、安全芯片、移动支付和可信计算等多种技术，所以区块链技术只是数字货币可选择的实现技术之一。未来，区块链技术是否应用于数字货币，取决于区块链技术在网络安全、业务处理性能、交易一致性等方面的不足能否得到解决。

从货币发行、隐私与监管、安全保障等角度出发，尽管应用区块链技术可以设计出更符合央行需求的国家数字货币发行模式，但现有的区块链技术存在占用资源太多，计算资源和存储资源应对不了现在的交易规模等问题，这些问题还需要在未来的探索中得到解决。

---

① 《央行：争取早日推出数字货币》，载中国政府网，http://www.gov.cn/xinwen/2016-01/20/content_5034823.htm，2021年3月15日访问。

10 区块链金融的变革与创新

目前，全球关于区块链的热度不减，区块链被视为与大数据、移动互联网、云计算等新技术共同推动经济金融转型升级的第五次颠覆式产业革命新浪潮。区块链是金融科技的核心技术，是分布式数据存储、点对点传输、共识机制、加密算法等计算机技术的新型应用模式，区块链技术应用在支付清结算、供应链金融、保险、征信、证券等金融领域并进行一系列金融创新。

习近平总书记在中央政治局第十八次集体学习时强调，“区块链技术的集成应用在新的技术革新和产业变革中起着重要作用。我们要把区块链作为核心技术自主创新的重要突破口，明确主攻方向，加大投入力度，着力攻克一批关键核心技术，加快推动区块链技术和产业创新发展”。[①]

随着中国区块链行业蓬勃发展，尤其是区块链上升为国家科技创新发展战略之后，区块链已被纳入金融新基建，区块链赋能传统金融领域而引发的变革日益突出，正在构建“区块链+金融”的新发展格局，中国区块链金融的发展空间是巨大的，用区块链建立一个去中心化且信息不可篡改的金融价值互联网新体系，改变着传统金融版图技术结构，提高中国在全球数字金融的话语权。

区块链对传统金融颠覆性创新

区块链将大幅削减与降低银行业成本。在当代金融体系中，银行是“中心化”

本文2021年5月20日发表于“学习强国”。

① 习近平：《把区块链作为核心技术自主创新重要突破口 加快推动区块链技术和产业创新发展》，载《人民日报》2019年10月26日，第1版。

的一个典型代表，这里除了银行要代表客户进行财富管理外，重要的是须花费大量的人力和财力建立起客户数据库，并且要经常性地维护和更新数据系统。"中心化"尽管一定程度上解决了信息不对称的问题，但是随着系统规模的扩大，维护成本势必与日俱增。特别是在中国，目前网民数量达7亿之众，如果每一个网民增加几万元的信用额度，那么全国范围增加的额度将是几十万亿元，这种信用扩张给银行造成的数据处理与管理压力可想而知。但是，借助于区块链的"去中心化"，通过分布式记账与集体性数据维护，银行业的成本将会得到大幅度削减。

区块链将有效提升银行的业务处理效率。在现代货币交易模式中，银行承担着电子转账、资产托管等第三方服务职能，尤其是针对一个全球化的贸易环境，银行作为跨境交易第三方服务者的角色似乎必不可少。但谁都知道，当前的跨境支付结算不仅耗时长，而且费用高。尤其是当遇到每个国家的清算程序不同时，一笔汇款可能需要两三天才能到账，不仅效率低，而且在途资金占用量极大。但是，区块链将省去第三方金融机构的中间环节，让双方跨境支付结算交易通过点到点的方式快速自由地完成，同时还能全天候支付、实时到账、提现简便且没有隐性成本。不仅如此，区块链安全、透明、低风险的特性，提高了跨境汇款的安全性，加快了结算与清算速度，从而大大提高了资金利用率。

区块链有利于银行强化供应链金融的管理。票据交易历来是银行之间的一项常规重要业务，但许久以来都依靠第三方实现有价凭证的传递，即使是在现有电子票据交易中，也需要通过央行ECDS系统的信息进行交互认证。不过，借助区块链技术，就可直接实现点对点的价值传递，不需要特定的实物票据或中心系统进行控制和验证，其带来的效果不仅加快了票据的传输速度，而且消除了许多人为操作因素所导致的失误。

供应链金融能通过区块链减少人工成本、提高安全度及实现端到端透明化，未来通过区块链，供应链金融业务将大幅减少人工的介入，将目前通过纸质作业的程序数字化，所有参与方（包括供货商、进货商、银行）都能使用一个去中心化的账本分享文件，并在达到预定的时间和结果时自动进行支付，极大提高效率及减少人工交易可能造成的失误。

区块链有利于稀释与降低银行的监管难度。最近几年，各国商业银行为了满足日趋严格的监管要求，不断投入金钱与人力加强信用审核及客户征信，以防止欺诈、洗钱以及复杂金融衍生品过度交易引致的系统性风险，然而，一旦银行建立起了自己的区块链，其中的客户信息与交易记录不仅真实，而且不能更改，这非常有助于银行识别异常交易并有效防止欺诈。另外，如果能实现客户信息和交易记录的自动化加密关联共享，银行之间就能省去许多KYC（认识你的客户）的重复工作。银行也可以通过分析和监测在共享的分布式账本内客户交易行为的异常状态，及时发现并消除欺诈、违规转移资金、洗钱等非法犯罪行为。

当然，区块链技术下银行第三方角色的消失，势必令其传统业务收入口径受到大大的压缩，尤其在目前银行的业务链条中，最具营利性的是支付服务，区块链引起的银行非中心化必然对银行总体盈利造成一定程度的冲击。但是，作为区块链技术的发起人或者参与者，银行完全可以借此进行诸多业务的创新。据悉，高盛开发出了自己的虚拟货币“SETLCoin”，日本三菱东京UFJ银行目前也在对旗下的一种数字货币展开测试，同时瑞银集团即将在自己的区块链平台发行虚拟货币。通过私有数字货币，既可以吸引到增量资金，还能拓展市场业务半径，如高盛的“SETLCoin”不仅可以提供近乎瞬时的交易执行和结算，还能应用于包括股票和债券在内的资产交易。显然，区块链不仅不会让银行变得多余，反而会使银行做得更好。

区块链将驱动非银金融的优良化再造与重构。除了银行之外，具有延展功能的区块链还可以应用到证券交易、保险等金融服务领域。在证券行业，证券发行与交易流程的手续繁杂且效率低下是人所共知的事实。一般公司的证券发行，必须先找到一家券商，公司与证券发行中介机构签订委托募集合同，完成烦琐的申请流程后，才能寻求投资者认购。以美国的交易模式为例，证券一旦上市后，交易更是极为低效，证券交易日和交割日之间存在3天的时间间隔。

但区块链技术则可使证券交易流程变得更加公开、透明和富有效率。通过共享的网络系统参与证券交易，使得原本高度依赖中介的传统交易模式变为分散的平面网络交易模式。这种革命性交易模式不仅能大幅度减少证券交易成本和提高市场运转的效率，还能减少暗箱操作与内幕交易等违规行为，有利于证券发行者和监管部门维护市场。

区块链技术能减少业务流程中的烦琐环节，提升效率，降低风险，解决了传统金融的痛点。根据麦肯锡的预测，通过区块链技术改造的跨境支付和结算业务可以节约高达40%的成本，进而减少手续费用。一是传统金融业务在发起申请时需要人工干预，而区块链可以自动化处理，不受时差限制。二是传统交易审批依靠人工验证，而区块链由于信息透明无须通过第三方介入，降低了系统风险。三是签订合约时通过区块链的智能合约替代传统的纸质传递，减少了等待的时间。

四是交易完成后区块链账本实时同步更新，无须额外的清算步骤和多方反复确认，减少了人为失误。五是区块链中的信息被永久记录和保存，为后续追溯交易信息流转提供可靠保障。六是区块链的点对点拓扑结构使系统运行不会受到单一节点的失常影响，既能解决兼容性问题，又能抵抗恶意攻击，提升了交易的稳定性和安全性，网络部署与维护成本得以节约。

在传统的金融商业格局中，信任的建立依托于法律，交易的达成通过信用中介，清算集中化处理。然而，区块链技术改变了这种现状，当前的金融模式受到极大的挑战，金融机构需要适应角色的转变。其中一些传统金融业务将受到区块链的冲击：一是由于区块链网络中的任意节点可以脱离中介机构直接交易，集中清算的商业价值被削减；二是股票和债券可以在区块链上直接以拍卖的形式发行，投行的承销模式或被替代；三是主经纪商的资产托管职能被淡化。另一些金融业务也会被区块链积极影响：一是区块链中的数字货币与实际资产的对接对存托业务有新的增长需求；二是差异化发展的交易所可以补齐区块链在高频交易方面的短板；三是商业银行利用区块链技术可以提升贷款审批和支付结算的效率。①

与互联网技术和大数据技术停留在金融应用层面的创新不同，区块链技术对金融发展最深远的影响在于触及底层根基，颠覆了信用中介的原始逻辑。传统的金融业务建立在历史久远的技术架构之上，以美国市场为例，股票交易结算周期是T+3，运行效率已然无法满足日渐增长的交易需求。基于区块链的基础设施有望节约18亿美元，缩短结算周期的改造费用，使银行间小额国际汇款手续费降低6.68%，节约中后台结算成本约200亿美元。一方面，区块链技术提高了自动化水平，通过把烦琐的合约条款编写成自动化的程序语言，股权交易可以在满足预设条件时自动执行。另一方面，区块链技术降低了交易风险，其信息共享和节点处处备份的特点既能满足内部审计需求，也能分担外部监管职责，有效避免双重支付等金融现象。此外，区块链助力普惠金融。区块链技术挖掘了新兴市场的潜力，通过在次发达地区的信息共享，避免了垄断的形成，扩大了金融服务覆盖范围。

---

① 郭凯：《区块链技术下的金融展望》，载《财讯》2018年第7期。

区块链金融应用场景

区块链在金融领域内的应用场景总体分为两类：支付交易类和信息备份类。其中支付交易类场景最贴近区块链起源——比特币，最开始的目标之一是解决资金划转过程中的安全问题，而之前解决这一问题基本上依靠第三方机构（如支付宝）进行协调或增信。信息备份类则是将重要信息放在区块链上进行分布式存储，能更好地解决信息安全防篡改等问题。这两方面也是常见的行业痛点。

支付清算

在金融体系中，消费支付是出现频率最高的交易之一，也是目前条件下区块链技术应用最早和最为成熟的领域之一。区块链技术在资金转移，尤其是在跨境消费和支付结算业务上的潜在优势格外突出。区块链摒弃了中转银行的角色，在跨国买卖方和收付款人之间建立直接交互，从三方交易变为两方交易。由于不需要中转行之间的业务关系，支付网络的维护费用可以被取消，同时竞争加剧将对手续费和外汇业务利润造成压力，可以有效降低总体成本。并且区块链端对端的支付简化了处理流程，加快了清算速度，有效提高了资金利用率。除此之外，区块链降低了差错率和人工工作比例，分布式账本提高了信息安全性，并且为实时审计以及合规检查提供了可能。

在跨境支付领域，Ripple支付体系已经开始了实验性应用，主要为加入联盟内的成员商业银行和其他金融机构提供基于区块链协议的外汇转账方案。在国内的落地项目中，2016年OKCoin推出了从跨境服务切入的新一代全球金融网络OKLink，与Ripple不同的是，OKLink聚焦于为全球中小型金融参与者提供服务，致力于通过区块链技术解决中小型金融参与者跨境汇款手续费成本高、效率低、操作不方便等痛点问题。

在回购（repo）领域，高盛2016年区块链研究报告中测算显示，区块链技术能够为净额结算的回购业务带来1万亿美元的规模增加，并带来50亿美元的成本节约。[①]这主要是由于更高的净额结算规模可以有效减少交易商的资本需求。除此之外，区块链还可以通过提高交易流程的效率来节约资本：一方面，区块链加

① 巴曙松、杨春波：《当区块链融入金融行业，变革会如何发生？》，载《今日头条》2017年10月12日。

快了repo的交易执行速度，交易双方可以实时议价，智能合约也可以有效捕捉抵押物需求；另一方面，区块链实现了端对端的高效结算，加上分布式账本的特性，使得所有参与者都可以实时监测抵押物及资金流转状况并进行交易细节的协商调整，可以有条件大大降低违约风险和交易成本。

票据业务

票据真实性难以保证、资金转移不及时、票据掮客降低业务透明度等是目前金融行业共同关注的几大痛点。区块链技术不可篡改的时间戳和全网公开的特性可以有效防范传统票据市场“一票多卖”“打款背书不同步”等问题，降低系统中心化带来的运营和操作风险，同时可以借助数据透明的特性促进市场交易价格对资金需求反映的真实性，控制市场风险。而区块链点对点的价值传递方式，消除了中介的介入，不需要特定的实物票据或中心系统进行控制验证，解决了人为操作导致违规操作的行业痛点。目前区块链票据产品可以实现的功能包括供需撮合、信用评级、分布式监管、数据存证和智能交易等。①

供应链金融

供应链金融努力的方向，是基于产业链中的核心企业与上下游企业的贸易信息进行征信，为上下游企业解决融资困难问题。供应链信息流、物流以及商流的数据真实性难以保证将直接导致信贷风险大幅提升。同时由于供应链金融高度依赖人工成本，大量人工审阅、验证单据等环节使得人工失误机会大大增加。基于区块链的供应链信息流具有不可篡改性，供应链征信数据的真实性可以得到保障。借助区块链技术，所有参与方都能使用同一个去中心化的账本，并且可以将纸质作业程序数字化，在预定时间和情况下自动支付，在减少人工失误的同时提高效率。目前Wave已与巴克莱银行达成合作，将信用证、提货单以及贸易流程文件置于公链进行验证，透明化交易流程、提高效率、降低人工风险。②

客户征信与反欺诈

为应对趋严的监管要求，各大银行投入大量人力时间收集录入客户信用信息

① 巴曙松、杨春波：《当区块链融入金融行业，变革会如何发生？》，载《今日头条》2017年10月12日。

② 巴曙松、杨春波：《当区块链融入金融行业，变革会如何发生？》，载《今日头条》2017年10月12日。

及信用审核，以提升反洗钱、反欺诈能力，防止金融衍生品过度频繁交易引发的系统性风险，但这样会产生较大的成本负担。利用区块链非对称加密原理，银行可以将客户信息存储在区块链中，利用密钥证明所有者身份，使得识别过程更安全便捷。区块链中客户信息及交易记录可以及时更新，减少很多银行业征信的重复工作。同时分布式账本透明共享的特性便于实时监控，为反欺诈、反洗钱提供了技术保障。Chainalysis目前在为银行设计异常交易行为监测分析系统，在区块链中寻找不法行为，提高反洗钱、反欺诈能力。①

智能合约

智能合约实际上是在另一个物体的行动上发挥功能的电脑程序，是区块链的行业衍生应用。智能合约本身成为整个确立、管理与执行过程的参与者：合约确立阶段，智能合约对接收到的价值和信息作出回应；合约管理阶段，智能合约将临时保管价值；合约执行阶段，当满足协议的条件出现时，智能合约自动执行，输出价值和信息。这种合约最终可能会取代法律行业的核心业务，即在商业和民事领域起草和管理合同的业务。而区块链技术则提供了更好的记录及安全保障。

由于数字资产易于规范，因此智能合约首先会在新货币、网站、软件、云服务以及股票交易等数字资产领域发展，随后向实物资产领域扩展，例如遗嘱执行、汽车租赁、房屋租售等。②

数字货币

数字货币是目前区块链技术最重要也是最知名的应用领域，目前全球存在的数字货币大多是以区块链技术为基础创造的。中本聪在其论文《比特币：一种点对点的电子现金系统》中，最早提出了基于区块链技术的加密数字货币。作为自由货币理论的实践，第一代区块链技术创造比特币的主要目的在于创造一种彻底去中心化的私人数字货币。

但是，去中心化的私人数字货币无法成为主要流通货币。其原因有三：缺乏供给调节机制、缺乏发行方背书、缺乏政府的强力支持。私人数字货币既没有真实资产的支撑，又缺乏供给调节机制，这必然导致其价格的大幅波动，从而无法

---

① 巴曙松、杨春波：《当区块链融入金融行业，变革会如何发生？》，载《今日头条》2017年10月12日。

② 巴曙松、杨春波：《当区块链融入金融行业，变革会如何发生？》，载《今日头条》2017年10月12日。

成为大规模使用的货币。

私人数字货币的发行平台无法为其发行的货币提供信用背书，不会为保障数字货币的价格稳定与流通能力而出资，仅凭借区块链技术本身的信用机制不能够支撑私人数字货币成为真正的价值尺度。即使有某些市场机构愿意为私人数字货币提供信用保证，这些背书机构自身的经济体量和信用能力也难以支撑私人数字货币在全国的大范围使用。

私人数字货币最大的问题，是缺乏政府的强力支持。前面两个缺陷，从根本上讲，也只有在政府的支持下才能得以解决。信用货币，从本质上讲是一种契约。市场机制本身无法确保契约的有效执行，只有政府的强制力（如法律体系）才能为契约的普遍有效执行提供根本保障。因此，只有以政府信用为背书的法定货币，才能够成为大规模使用的货币。在数字货币领域，同样如此。这就是为何很多国家的央行都在开展法定数字货币的研发工作，而把私人数字货币视作一种风险资产。①

虽然存在技术优势，法定数字货币尤其是基于区块链技术的法定数字货币，短期内在世界范围内广泛出现且大规模流通的概率并不高，主要原因有三个。首先，大多数国家对法定数字货币的需求并不十分迫切。除委内瑞拉等极少数国家外，绝大多数国家目前的货币流通系统运转正常，而在耗能与高频交易效率方面的表现优于区块链数字货币。其次，技术进步存在不确定性。区块链技术本身在短短不到10年间就有智能合约、侧链技术等技术创新，而区块链技术以外的加密基础技术以及量子计算机未来的发展有很大的不确定性，因此现阶段大规模推出区块链技术下的法定数字货币存在技术风险。最后，区块链技术尚不能满足法定数字货币的所有要求，例如，法定数字货币需要“账户松耦合”机制来同时满足流通效率和可控匿名，而目前区块链技术领域尚未出现能明确解决该问题的技术创新。

目前各国央行在法定数字货币的技术平台选择上都处于审慎研究阶段。英格兰银行曾于2017年9月表示，虽然区块链技术能够为法定数字货币带来很多好处，但是区块链技术并非必需。欧洲央行指出，对现存的支付结算系统进行改良就可能满足高效低耗和资金流追踪的需求，区块链技术并非唯一选择。中钞区块链研

① 刘东民、刘朋辉：《区块链的金融应用》，载《财经》2018年第11期。

究院院长张一峰也在接受采访时提到，尚不能断定我国法定数字货币的开发一定会采用区块链技术。因此，可以推测，未来法定数字货币的推出，很可能采用局部试点模式，且有可能出现基于非区块链技术的法定数字货币。①

跨境支付

跨境支付是区块链（以及类区块链的去中心化技术）最有价值的金融应用场景。与法定数字货币的使用相比，全球跨境支付体系改革存在强大的真实需求。而且，基于先进金融科技重塑跨境支付体系，与法定数字货币的推广应用完全可以分开进行。在传统主权信用货币的体系中，建立高效率、低成本、灵活包容的跨境支付系统，将为国际货币金融体系改革作出重大贡献。

现有的跨境支付体系以SWIFT（环球同业银行金融电讯协会）和CHIPS（纽约清算所银行同业支付系统）为核心系统。SWIFT位于布鲁塞尔，是跨境金融信息传输服务的全球领导者和标准制定者，构建了涵盖200多个国家（地区）的金融通信网络，接入金融机构超过11000家。SWIFT董事会的25名独立董事中仅有4人来自新兴经济体，其执行委员会成员则完全来自欧美国家。CHIPS位于纽约，承担了全球95%的跨境美元结算。由于缺乏竞争，由SWIFT和CHIPS支撑的全球跨境支付体系，存在服务不透明、价格高且耗时长的问题。而且，这种以发达国家主导的高度中心化的跨境支付体系，也难以真正保障发展中国家的利益。

基于加密算法和共识机制的区块链技术可以大幅提升跨境支付的效率并显著降低成本。根据世界银行的研究，区块链技术可以使跨境交易时间从传统的3天至5天缩短到1天之内，同时交易费用也大幅下降，从7.2%降至1%以下。此外，区块链记录技术以及去中心化功能，从根本上解决了传统跨境支付体系高度中心化和信息不对称的问题，加入这一体系的各国处于完全平等的地位，所有服务都是透明化的。

现存的区块链技术平台中已有专注私人跨境支付的先行者，Ripple正是以跨境支付为目标而创立的开放支付网络，它可以实现任意货币的点对点跨境支付，交易能在几秒内确认且成本几乎为零。然而私人跨境支付网络依然因缺乏强大的政府信用背书而存在风险，所以很难在国际上大规模推广。未来的主流跨境支付

---

① 刘东民、刘朋辉：《区块链的金融应用》，载《财经》2018年第11期。

网络仍然需要政府的参与。

建设由政府主导、基于区块链技术（或者类区块链的去中心化技术）的新型跨境支付体系有三个途径：双边、区域和全球。对于我国而言，双边和区域的跨境系统建设是最为可行的。在双边层面，中国可以推动中俄、中日、中韩等双边跨境支付合作。中国还可以同非洲以及拉美地区的部分国家探讨合作的可能性。在区域层面，中国可以借助“东盟与中日韩宏观经济研究办公室”“澜湄合作”“中国—葡语系国家经贸合作论坛”等区域和多边合作机制推进相关合作。在全球层面，中国可以在G20平台上提议，由IMF推动建立新型全球跨境支付网络。

目前，以比特币作为中介货币建立的私人跨境支付系统已经较为成熟，借鉴这一经验，IMF完全可以将SDR做成中介数字货币，通过区块链（或者类区块链）技术建立适度去中心化的全球跨境支付体系。所谓“适度去中心化”，是指在这一体系中，G20是跨境支付的规则制定中心（二十国集团是典型的“多中心”），IMF是监管中心（单中心），但是跨境支付体系的日常运转是点对点的“无中心”模式。这种基于数字SDR的全球跨境支付体系，不仅提供了高效率、低成本、透明化、平等包容的跨境支付服务，还把SDR做成了真正意义上的国际货币，是国际货币金融体系改革的重大突破。①

票据和债券市场

区块链技术的“智能合约”属性，使其在票据和债券等债权类资产的发行与交易当中拥有广阔的发展前景。

当前我国票据市场500万元以下的小额票据占比逐年攀升，以中小企业票据占其中的多数。由于票据处理业务流程复杂而且成本较高，金融机构对小额票据贴现业务积极性较小，对中小企业资金流转造成了阻碍。此外，票据市场存在空壳公司签发虚假商业汇票、“一票多卖”等风险事件，此类事件发生的根本原因在于市场参与者非法利用信息不对称优势来牟利。将区块链技术引入票据市场，在提升交易效率、降低交易成本以满足小额票据市场需求的同时，区块链的核对机制能有效避免“一票多卖”的风险事件，也能通过“实用拜占庭容错算法”避免个别失误带来的系统风险与损耗。

---

① 刘东民、刘朋辉：《区块链的金融应用》，载《财经》2018年第11期。

2016年，我国中钞区块链技术研究院启动了基于区块链技术的数字票据平台项目，其成果“数字票据交易平台实验性生产系统”已经于2018年1月在上海票据交易所成功上线试运行。同年3月深圳区块链金融服务有限公司也公布了其“票链”产品，以“三小票据”，即小企业、小金额、小银行开具票据为目标对象，提供中小微票据的融资服务。

随着区块链在票据市场应用的顺利推进，与票据相似度极高的债券市场，未来将会成为区块链技术在我国十分重要的应用场景。事实上，在票据市场实验区块链技术前，我国已有企业在资产证券化领域引入了区块链技术，如百度金融和佰仟租赁在2017年5月同多个合作方联合发行了首单区块链技术支持的ABS。在国际上，2017年10月，俄罗斯电信公司Megafon在本国金融市场发行了俄罗斯首单基于区块链的债券，总额5亿卢布，整个发行过程效率高而成本低。中国债券市场规模巨大，且对外开放程度较高，国际交易量正在不断提升。区块链技术在跨境交易当中的显著优势和在我国票据市场的成功经验，可以充分地应用到我国各类债券的国内外发行和交易环节。这对于推动我国的金融改革与开放，将发挥十分积极的作用。①

区块链赋能金融产品体系迭代升级

区块链技术的应用能够帮助商业银行准确记录每一次交易时间，进而确保数据的可追溯性与不可篡改。其去中心化特性能够自动执行与实施供应链金融业务流程，免除单一主体操作的冗杂手续与各环节烦琐的信用背书。因此，借助于区块链去中心化特性，商业银行可有效提高供应链金融交易效率。在区块链技术框架下，商业银行供应链金融业务积极探索实践，在产品创新方面已实现了新的突破。

一是推出新型质押融资产品。目前有商业银行以区块链为底层技术支撑，推出了新型供应链金融产品。该产品可以做到，一旦发生交易，数据就无法篡改，为各参与方提供了有效保障，避免因信息真实性问题产生纠纷。并且在为企业提供抵质押类网贷通产品与服务的同时，也可帮助供应链核心企业形成稳定的客户

① 刘东民、刘朋辉：《区块链的金融应用》，载《财经》2018年第11期。

群体与销售体系。例如浙商银行推出“仓单通”产品，在质押融资方面实现了重大突破。

二是优化供应链全链条授信融资产品。工商银行于2018年推出普惠金融综合服务，其中包括基于区块链与大数据技术的全链条授信融资供应链。经过不断探索与研究，工商银行围绕供应链多级供应商研发了基于区块链技术的一系列保理产品，为供应链长尾端中小微企业提供数字化在线保理融资服务，银企供应链合力初步形成。在此基础上，该行发放了数字信用凭据融资。随后，工行陕西分行持续深入探索，在2019年10月发放“云信”融资，是该分行首笔线上供应链融资，融资金额为100万元。这笔线上融资从申请发起到放款成功耗时不超过30分钟，是供应链金融“云信”业务模式的新突破，为该行此类业务开展打开了新局面。

区块链赋能动产质押融资

如苏宁银行基于原有供应链金融系统，将AI自动监测算法与人工智能相结合，以区块链技术和物联网技术为底层框架技术，搭建线上融资平台，为商业银行动产质押融资业务风险管控提供解决方案。首先，该平台能够对大宗货物出入库情况进行实时查询。平台会在仓库接到货物后将其自动标识为质押物。然后银行借助物联网技术进行实时监控。如果货物调动未经过授权，平台就会自动发出预警。其次，该平台仓储机构数据会与货物进出库信息进行同步更新，然后发送至区块链平台，可有效确保数据传输的可靠性与交易信息的真实性。并且在区块链分布式账本技术加持下，平台可将货主动产权属交易加以记录，以佐证货物所有权归属，能在很大程度上厘清动产归属权问题，避免货物重复抵押融资风险。据苏宁银行预测，该动产质押融资平台能够为供应链上相关企业节约1%左右的融资成本。

区块链赋能应收账款融资

平安银行利用区块链技术推出了新的应收账款融资模式，这一探索推动平安银行成功实现了供应链金融的双轻转型，在供应链上下游和核心企业融资，以及应收账款转让、管理、结算等方面具有较高实用性。

第一，解决了真实性验证问题。在区块链技术框架下，应收账款流转环节的债权转让通知可通过平台自动确认，避免了人工操作难题与线下真实性验证问题。在交易过程中，平安银行与其他参与方通过相互验证实现信用的有效传递，进而保障应收账款能够顺利逐层流转。在处理应收账款受让款时，平台资金提供方可对关联的核心企业进行追溯，促使企业信用背书再次强化。

第二，提升商业银行业务处理效率。在此模式下，核心企业能够确认到期的付款，各级供应商可利用该应收账款获得商业银行融资，也可以抵偿上一级供应商的债务。这一操作能够帮助企业加速资金周转，盘活存量应收资产，缩短业务周期。同时，平安银行在该业务流程中增加了人民银行中登网登记环节。当应收账款债权发生流转时，中登网会自动登记，能够帮助相关参与主体避免重复抵押债权获取融资的风险。核心企业也能够在线上签发应收账款，以此来批准供应商应收账款流转的请求，大量减少人工操作，提高融资效率。截至2019年4月，平安银行已累计服务小微企业350家，发放贷款金额超过千亿元。

区块链赋能中小微企业融资服务

在区块链技术加持下，商业银行供应链金融服务范围不断扩大，已逐渐延伸到长尾端中小微企业。通过分析商业银行近几年基于区块链技术的相关实践发现，商业银行主要通过信用捆绑等新的方式管控信用风险，进而向中小微企业提供融资服务。

2017年，农业银行利用区块链与大数据技术创新“e链贷”融资，有效解决了供应链长尾端小微企业与“三农”融资难问题。在区块链技术框架下，农户与企业的每一笔交易记录都会被自动积累，然后农业银行会利用大数据技术充分挖掘并分析所有交易数据。

值得关注的一点是，农业银行针对涉农小微企业订单支付，新增自动审批与用信程序，实现了信用评级与授信自动化。另外，农业银行还利用区块链技术推出掌银客户数字积分模式，目前参与用户累计数量已超过2000万。据农业银行统计数据显示，截至2019年，“e链贷”已审批通过107家小微企业贷款申请，涉及金额达2.88亿元；已发放贷款金额为5933万元，惠及企业37家。[①]从这一实践成效来看，基于区块链技术框架的供应链金融融资模式可扩大商业银行服务范围，使更多中小微企业获得便捷的金融服务。今后，商业银行仍需积极借助区块链技术持续扩大业务服务范围，为链上各参与主体提供有效纾困方案，使商业银行供

① 《区块链技术驱动商业银行开展供应链金融业务的创新路径》，载公众号“CECBC”，2021年4月10日。

应链金融真正发挥实效。

区块链赋能商业银行供应链金融

当前，已有部分商业银行在区块链技术领域进行了实践探索，有效缓解了传统供应链金融业务存在的风险。但是，银行基于区块链技术的供应链金融业务还处于初级发展阶段，局限性较为明显。从实践角度来看，商业银行在供应链金融服务中引入区块链技术需要供应链核心企业的配合。这种配合的前提是商业银行与核心企业之间具有高度信任，但当前银行与企业尚未建立起这种信任，主要体现在两个方面：第一，区块链技术的应用优化了企业融资流程，使资产端可信度与透明度更高，有助于二级供应链供应商借助核心企业签发的应付账款获得信贷融资。然而实际上区块链技术并未对资产质量进行优化，推动二级供应商上链存在一定难度。第二，区块链技术无法兼顾线下交易。若企业之间在线下达成合作共识，然后在线上完成交易，其真实性难以通过区块链技术来识别，信贷风险难以有效控制。因此，政府部门、商业银行与相关企业应积极联合起来，充分发挥区块链技术优势，有效识别防控其带来的风险，进而有序推动区块链技术在商业银行供应链金融业务中的实践应用。①

区块链金融发展面临的挑战

尽管区块链技术在金融等领域有很大的应用潜力，但目前的技术应用还在起步阶段，在未来的实践应用中仍面临着诸多挑战。

区块链技术本身的限制

在技术层面上，首先是吞吐量和存储带宽存在矛盾。以比特币为例，目前公有链的处理能力无法满足社会整体的支付需求，而且区块上交易数据的存储量已经接近普通电脑的极限值。如果只是简单提高区块大小来提高吞吐量，比特币很快就会变成只有少数几个大公司能够运行的系统，有违去中心化的设计初衷，将会减弱支付清算的效率提高程度，同时会因中心化而出现信息泄露的安全隐患。

① 《区块链技术驱动商业银行开展供应链金融业务的创新路径》，载公众号“CECBC”，2021年4月10日。

智能合约由于依靠的是联盟链，节点在处理或者验证交易的时候无法并行，只能逐笔进行，降低了节点的数据处理效率。其次是公有链“硬分叉”和“软分叉”等升级机制存在遗留问题，并且加大了错误修复的难度。除此之外，区块链一旦写入不可篡改的特性使得失误操作或者错误交易等事件不可回退，需要设计额外追索修正机制，灵活性较差。

隐私安全有待加强

在隐私层面上，区块链技术的去中心化使得所有参与者都能够获得完整的数据备份，数据库完全透明共享。比特币可以通过密钥隔断交易地址和地址持有人真实身份的关联，达到匿名的效果。但如果区块链需要承载更多的业务，比如实名资产，又或者通过智能合约实现具体的借款合同等，就会出现隐私保护和合同验证的矛盾。未来通过合理设计系统链上的数据，安排链外信息交换通道等机制，或许可以规避一些隐私保护的难点。

在安全层面上，由于有一部分互联网金融行业的准入门槛较低，所有的交易记录全部公开透明，增加了恶意诈骗和信息泄露的风险，因此网络安全认证体系的建设责任重大。另外，区块链消除了中介的角色，通过程序算法建立起信用担保，例如客户征信信息被储存在区块链中进行信息共享，只能通过密钥识别，信息的这种不可逆性将增大信息泄露等安全问题的追责难度，一旦密钥丢失往往会对客户资产造成无法挽回的损失。

金融监管的难度增加

在监管层面上，金融监管是区块链信息安全的有力保障，区块链去中心化的特性使其成为一个分散均衡的节点体系，大大降低了金融监管的针对性和有效性。并且区块链技术给传统的管理机制、业务流程、交易模式带来了颠覆性的变化。目前区块链领域的学术研究还处于初级阶段，理论研究和准备也并不十分充分，应对区块链影响的相关监管政策还未出台，各国的监管机构还处于观察和研究阶段。当创新技术发展速度快于监管出台速度时，容易造成监管短期内的缺失可能带来的金融系统性风险上升；而如果盲目监管过严又可能会在一定程度上阻碍区块链创新技术的正常发展。

因此，评估目前的进展，可以说区块链的应用整体上还处于探索阶段，当前也并没有典型的应用场景出现，只能说是仅仅有个别案例的试点。

区块链金融未来发展趋势

目前，世界各国政府、金融界和学术界都高度关注区块链的应用发展，未来具体有以下几个趋势。

一是各金融机构将有可能逐步组建联盟，共同制定区块链技术标准。由于区块链发展处于初级阶段，技术还不够完善，监管法规尚不明晰。金融科技公司、各大金融机构以及监管部门都可能极大影响区块链的应用和发展。因此，以摩根大通、花旗银行为代表的全球领先银行会同金融科技公司共同组建行业联盟R3 CEV，期望在监管部门的参与下，建立符合监管要求及金融业需要的分布式账本体系，制定区块链技术的行业标准，抢占市场先机。超级账本（Hyperledger）由各金融机构、金融科技公司以及其他产业企业共同打造跨行业联盟，建立开放平台，致力于拓展不同行业的应用案例。中国分布式总账基础协议联盟也将结合政策法规、行业逻辑，开发符合国家政策标准和行业逻辑习惯的区块链技术底层协议。

二是各金融机构将有望重点开发核心业务中的区块链应用场景。核心业务是各金融机构的首要创新试点，基于此，未来各金融机构将联合科技公司探索可应用于核心业务的区块链技术。Visa目前已与Chain合作，希望借助区块链技术不可篡改的特性为信用卡使用的安全性提供保障，同时将探索区块链在业务流程中的应用，期望提高金融服务效率。星展和渣打银行也与科技公司Ripple联手，准备开发区块链在供应链金融业务中的应用，希望通过将纸质文件数字化，提高流程的自动化水平及其安全性，并且借助区块链技术信息共享和不可篡改的特性，降低金融机构的信贷风险。

三是各金融机构将快速推进区块链应用领域的试点工作。在探索区块链技术应用场景的同时，各金融机构也将通过建立实验室，对适于自身业务发展的区块链技术进行试点实验。UBS正对在债券发行清算过程中可以提升交易速度、降低交易成本的区块链技术进行试点推进，快速孵化。花旗银行与电信运营商合作，已经通过区块链实现了数据的点对点支付。未来还将继续进行支付及跨境交易领域的测试工作。[①]

① 巴曙松、杨春波：《当区块链融入金融行业，变革会如何发生？》，载《今日头条》2017年10月12日。

11 数字金融新秩序

万物互联和万物智联的新时代，以大数据、云计算、区块链和人工智能为代表的金融科技迅猛发展，并且正在快速运用于信贷、支付清算、财富管理、保险业等领域，金融与科技的融合达到了新的广度和深度。金融科技已经成为金融业重要的发展趋势。加密数字货币的发行，使资本在各经济体间的自由流转成为可能，金融的无国界化、充分竞争化得到了极大的发展。依赖智能算法、大数据和云计算等创新技术的数字金融模式，极大地拓展了普惠金融的触达能力和服务深度。

数字金融将重构金融运行方式、服务模式乃至整个生态系统，它简洁明快，超越时空和物理界限，打破国域疆界，自由而开放，尊重市场参与者的自主和自愿，在数字科技的驱动下，它不用依赖传统金融中介作用，即可让数字资产在保留原生全量信息的条件下流通起来，数字世界新时代催生数字金融新秩序。

开辟数字金融发展新路径

为应对世界经济的低均衡困境，传统国际金融体系需要改革和创新转型，需要对制度体系的“痛点”和成本效率进行重构性分析，数字金融体系渐渐浮现。传统国际金融体系的极少数经济体和集团利益，将人类生态环境及多数人利益置于风险敞口等痛点，需要金融科技的核心技术的更迭、倡导人类命运共同体利益和风险为纽带、协同发展普惠和绿色金融体系为支撑的共同体金融理念，以此形

本文2021年5月26日发表于“学习强国”。

成全球化的生活、工作和思维等方式的第四次工业革命的结构性调整。

埃森哲研究报告显示，在全球金融科技企业投资中，2016年中国初创公司投资规模攀升至232亿美元，较2015年度增长10%，占全球金融科技投资的交易量约3%，而投资金额却占到43%。波士顿咨询集团（BCG）报告显示，在研发总投资方面，美国仍位居全球第一（2015年达5000亿美元），而在后期研发成果转化为商业产品的投资方面，中国已悄然超过美国。金融科技的强劲投资，为数字金融的全球化发展和“一带一路”的金融布局提供了技术支撑。①

由于产业结构的不同，我国在金融科技和科技金融的发展逻辑上存在分叉。例如，我国以科技金融发展为主线，重点放在以基础设施建设如数据中心、数据和网络安全，以及业务基础设施征信体系、支付基础设施和账户管理体系等金融创新方面，显然与国际成熟金融市场的技术创新路径形成了分叉。我们逐步认识到科技金融创新是围绕着金融需求发展、形成技术上的局部微观的中心化创新、宏观技术上“去中心化”的传统创新思维模式，而欧美市场则关注金融的底层技术开发，逐渐形成以区块链为核心的微观层面局部“去中心化”，以及宏观层面整体的全球计算机统一的中心化新思维框架。

尽快布局数字金融新框架

从国际上看，总部位于美国华盛顿的数字商会成立了区块链知识产权委员会（BIPC），以解决区块链领域的知识产权问题为主要任务，目前已有40多家机构加入，包括微软、德勤等大型企业。在区块链这个创新领域里，只有保障开发者的知识产权，才能提高专业人士的创造积极性，推动整个行业的稳定与发展。2017年，日本经济产业省制定了客观评估区块链项目的详细标准，其中包括32个可扩展性、隐私性和整体可靠性的必备特征。②

英格兰银行成立专门研究团队，并积极和区块链组织接触，参与区块链项目。澳大利亚储备银行关注金融科技的区块链和分布式账本技术，并与国内其他监管机构共同成立了内部工作组，深入了解区块链技术的潜力及影响，并为希望分析该技术支付、清算和结算应用的机构提供分析框架。荷兰经济事务部组建成

① 《经济全球化呼唤数字金融新框架》，载中国大数据产业观察网，2017年5月20日。

② 《经济全球化呼唤数字金融新框架》，载中国大数据产业观察网，2017年5月20日。

立区块链联盟，旨在荷兰政府内部推广区块链技术，保持荷兰始终处于创新技术发展的前沿，从而创造就业与收入，改善经济前景。

近年来，我国以大数据、云计算、区块链和人工智能为代表的金融科技发展相当迅猛，并且正在快速运用于信贷、支付清算、财富管理、保险业等领域，金融与科技的融合达到了新的广度和深度。金融科技已经成为金融业重要的发展趋势。其中，区块链技术开发与数字货币的发行、使用与国际监管是当前研究的重点和前沿领域，部分中央银行和金融机构正积极探索区块链技术在金融领域的应用。

目前，人民银行推动的基于区块链的数字票据交易平台，走在了区块链技术实际应用的全球前列。下一步，需要深入研究区块链技术等金融科技对个人资产安全、隐私保护、全球金融稳定以及对全球金融治理架构的影响。国内银行业已有邮储银行、招商银行、光大银行、微众银行等推出基于区块链的金融应用，涉及资产托管、跨境清算、公益捐款、联合放贷等。招商银行通过区块链技术改造的跨境直联清算落地，累计完成支付金额超过2亿港元。微众银行微粒贷通过区块链实现同业合作、联合放贷，已接入3家银行，应用数据220万笔，并拟将区块链应用到跨境业务领域。①招商银行则计划将基于区块链的跨境清算应用范围进一步扩大，这一领域正在成为区块链应用的风口。

在构建联盟链体系方面，2016年8月，微众银行区块链网络已有上海华瑞银行、洛阳银行、长沙银行3家银行接入。该联盟链在生产环境中运行的应用数据记录达220万笔。区块链在银行间的应用包括存证、清算和结算三个环节，目前主要集中在前两部分。以“微粒贷”为例，目前微众银行已联合放贷的10余家银行中，有3家在联合贷款方面采用区块链进行实时清算，其余合作银行仍采用传统的当日集中清算方式。在区块链分布式账本体系下，境内外的节点机构通过区块链互联，在各自境内部署机构节点相关方易接受模式。2017年3月，招商银行经过模拟运行半年后，在其总行、香港分行和永隆银行之间，通过区块链技术改造的跨境直联清算业务正式实现商用。

从数字金融布局来看，其优势在于没有中间交易摩擦和降低运营成本，提高了服务贸易的效率。从分布式架构、密码技术、安全芯片、移动支付、可信计算

① 《经济全球化呼唤数字金融新框架》，载中国大数据产业观察网，2017年5月20日。

等方面布局，是数字金融发展的出发点。

首先，区块链技术作为数字金融的基础架构技术，需要经历大规模商用试错考验，如公有链的“哈希对话”将影响交易效率，而引入联盟或私有链的节点风险监控机制可设置节点门槛，为虚拟和实体资产间业务的连续性核对、利益纠纷协调、链上错误或漏洞更正、非参与者终端用户利益的保护等提供深度查询与核对服务，传统金融应当从存贷结业务向智能合约与查询核对服务转型。

其次，在结构和安全方面，为填补数字金融法律的空白，节点访问、交易和验证数字资产需建立“沙箱”监管和主次节点协调机制。例如，OTC交易屏蔽不合规和非诚信参与者，设置门槛标准等。节点银行应与审计和监管机构建立透明的互联访问方式，并提供传统资产代币化的丢失、被盗等查询义务。在私钥受损或被欺诈时，承担由此产生的本金追索和查询等责任以及费用支出，并为不同的DLT节点提供技术接口和查询方法。在资金和产品管理方面，数字金融在提供金融产品与接收、交付和持有客户资金时，应制定交互和节点的保管规则。当经纪人持有客户的加密币私钥时，数字金融应对经纪人进行“哈希对话”，在达成共识后，方可进行客户资产的代管理业务，在出现实体错误与漏洞时，数字金融应当保护私钥与实体投资标的，在密钥达成共识之后方可交易互换。

再次，数字金融应当合理计算客户的最低资本。面对数字证券、数字货币或其他代币化加密资产，应依照正常、关注、次级、可疑和违约等分类进行管理，作为受托管理的主节点，应对不同风险程度的债券展开风险排查、信用风险化解和处置、提示和及时报告，包括设定数字资产的市场风险指标或流动性指标。

最后，在账本记录方面，为弥补复式记账沉淀式资金管理的不足，DLT网络对每笔输入和输出交易，均可说明资金来自前一个或几个交易，输入和输出的交易总量达到平衡。“有入必有出，出入必相等”原则将取代“有借必有贷，借贷必相等”的复式记账原则，实现有效的账户所有权转移，而非“三表”的静态报告，其分布式有效数据存量随交易量的上升而变小。与此同时，在反洗钱和客户识别方面，数字金融以中心化身份参与管理和验证DLT网络资格。在信用管理机制外包的背景下，加密金融应当承担客户的信用管理责任和义务，及时更改和更新客户的相关信息，以满足监管机构的监督和测试要求。

数字金融新框架布局既要适应大陆法系的金融习性，又要满足英美法系社会文化习性和交易规则，只要我们秉持政策沟通、设施联通、贸易畅通、资金融通和民心相通的发展理念，遵循国家战略层、政府合作层，再到金融监管协调层和市场参与层等逻辑，以及从能源资源、市场、技术等要素的利益交汇点出发，那么，定能构建命运共同体数字金融架构并实现目标。[①]

大数据在银行业中的应用

一是信贷风险评估。在传统方法中，银行对企业客户的违约风险评估多是基于过往的信贷数据和交易数据等静态数据，这种方式的最大弊端就是缺少前瞻性。而大数据手段的介入使信贷风险评估更趋近于事实，信贷风险评估步骤如下：第一，以客户级大数据为基础，为存量客户建立画像，使银行能够向各管辖机构、各业务条线、各产品条线进行内容全面、形式友好、敏捷的客户级大数据集中供给。第二，建立专项集中的企业及个人风险名单库，统一“风险客户”等级标准，集中支持各专业条线、各金融产品对高风险客户的过滤工作。第三，统筹各专业条线、各业务环节对大数据增量信息的需求优先序列，对新客户、高等级客户、高时效业务、高风险业务实现大数据实时采集式更新，对存量、一般、普通时效业务，低风险业务实现大数据集中、批量、排序、滚动更新。

二是供应链金融。利用大数据技术，银行可以根据企业之间的投资、控股、借贷、担保以及股东和法人之间的关系，形成企业之间的关系图谱，利于关联企业分析及风险控制。知识图谱通过建立数据之间的关联链接，将碎片化的数据有机地组织起来，让数据更加容易被人和机器理解和处理，并为搜索、挖掘、分析等提供便利。

在风控上，银行以核心企业为切入点，将供应链上的多个关键企业作为一个整体。利用交往圈分析模型，持续观察企业间的通信交往数据变化情况，通过与基线数据的对比来洞察异常的交往动态，评估供应链的健康度及为企业贷后风控提供参考依据。

大数据在证券行业中的应用

一是股市行情预测。大数据可以有效拓宽证券企业量化投资数据维度，帮助

---

① 《经济全球化呼唤数字金融新框架》，载中国大数据产业观察网，2017年5月20日。

企业更精准地了解市场行情。随着大数据广泛应用、数据规模爆发式增长以及数据分析及处理能力显著提升，量化投资将获取更广阔的数据资源，构建更多元的量化因子，投研模型更加完善。

证券企业应用大数据对海量个人投资者样本进行持续性跟踪监测，对账本投资收益率、持仓率、资金流动情况等一系列指标进行统计、加权汇总，了解个人投资者交易行为的变化、投资信心的状态与发展趋势、对市场的预期以及当前的风险偏好等，对市场行情进行预测。

二是股价预测。受证券行业自身特点和行业监管要求的限制，证券行业金融业务与产品的设计、营销与销售方式也与其他行业具有鲜明的差异，专业性更强。在诺贝尔经济学奖得主罗伯特·席勒设计的投资模型中主要参考三个变量：投资项目计划的现金流、公司资本的估算成本、股票市场对投资的反应（市场情绪）。但市场本身带有主观判断因素，投资者情绪会影响投资行为，而投资行为直接影响资产价格。在大数据技术诞生之前，市场情绪始终无法进行量化。大数据技术可以收集并分析社交网络如微博、朋友圈、专业论坛等渠道上的结构化和非结构化数据，了解市场对特定企业的观感，使市场情绪感知成为可能。

三是智能投顾。智能投顾业务提供线上的投资顾问服务，能够基于客户的风险偏好、交易行为等个性化数据，采用量化模型，为客户提供低门槛、低费率的个性化财富管理方案。智能投顾在客户资料收集分析、投资方案的制定、执行以及后续的维护等步骤上均采用智能系统自动化完成，因此能够为更多的零售客户提供定制化服务。

大数据在保险行业中的应用

一是骗保识别。赔付直接影响保险企业的利润，对于赔付的管理一直是险企的关注点，而赔付中的“异常值”（超大额赔付）是推高赔付成本的主要驱动因素之一，为了识别可疑保险欺诈案件，需要展开大量专项调查，但往往需要耗费数月或数年的时间。

借助大数据手段，保险企业可以识别诈骗规律，显著提升骗保识别的准确性与及时性。保险企业可以通过建设保险欺诈识别模型，大规模地识别近年来发生的所有赔付事件。通过筛选从数万条赔付信息中挑出疑似诈骗索赔，再展开调查会有效提高工作效率。此外，保险企业可以结合内部、第三方和社交媒体数据进行早期异常值检测，包括客户的健康状况、财产状况、理赔记录等，及时采取干预措施，减少先期赔付。

二是风险定价。保险企业对保费的定义是基于对一个群体的风险判断，对于高风险群体收取较高的费用，对于低风险群体则降低费用，通过灵活的定价模式可以有效提高客户的黏性，而大数据为这样的风险判断带来了前所未有的创新。比如，通过智能监控装置收集驾驶者的行车数据，如行车频率、行车速度、急刹车和急加速频率等；通过社交媒体收集驾驶者的行为数据，如在网上吵架频率、性格情况等。以这些数据为出发点，如果一个人不经常开车，并且开车十分谨慎的话，那么他可以比大部分人节省30%—40%的保费，这将大大提高保险产品的竞争力。

大数据在支付清算行业中的应用

目前，支付服务操作十分便捷，客户已经可以随时、随地进行转账操作。面对盗刷和金融诈骗案件频发的现状，支付清算企业交易诈骗识别挑战巨大。

大数据可以利用账户基本信息、交易历史、位置历史、历史行为模式、正在发生行为模式等，结合智能规则引擎进行实时的交易反欺诈分析。整个技术实现流程为实时采集行为日志、实时计算行为特征、实时判断欺诈等级、实时触发风控决策、案件归并形成闭环。

大数据在互联网金融行业中的应用

一是精准营销。在移动互联网时代，客户在消费需求和消费行为上快速转变。客户的需求更加细化，急需个性化的金融产品，互联网金融企业很难接触到消费者及了解客户的需求并推销产品，营销资源和营销机会极其宝贵。利用大数据平台的模型分析结果，挖掘潜在客户，实现可持续的营销计划。

二是黑产防范。互联网金融企业追求服务体验，强调便捷高效，简化手续，而这一特点也易被不法分子利用，虚假注册、利用网络购买的身份信息与银行卡进行套现，“多头借贷”乃至开发电脑程序骗取贷款等已经形成了一条“黑色”产业链，对于互联网金融行业而言，欺诈风险高于信用风险。

大数据能够帮助企业掌握互联网金融黑产的行为特点、从业人员规模、团伙地域化分布以及专业化工具等情况，如借款手机归属地与真实城市IP不匹配，设备上相邻两次借款（含跨平台）时间间隔极短，用户手机长期处于同一位置未移动过等。通过黑产识别和预警制定有针对性的策略，减少损失。

三是消费信贷。消费信贷和传统企业信贷截然不同，拥有小额、分散、高频、无抵押和利息跨度极大的特点。客户特点是年轻、消费观念超前、无信用记录。

大数据需要贯穿客户全生命周期的始末，基于大数据的自动评分模型、自动审批系统和催收系统是消费信贷的基础，利用大量行为数据分析弥补信贷数据的缺失。一些趋势上的分析方法如：随着手机号使用年数的增加，客户稳定性增加，违约风险逐步降低；过去12个月内所有类目本地生活消费等级越高，违约风险就越低；最近12个月网络游戏消费金额越多，违约风险就越高；最近12个月内财经媒体访问天数越多，违约风险就越低；等等。

大数据金融面临的风险点

虽然大数据金融有非常好的发展前景，能够促进经济快速发展，但从风险控制角度分析，大数据金融还存在以下问题。

一是风险处置期难操作。由于客户主题范围广、用户量大、交易频繁，在风险处置过程中可能出现跨区域、跨市场、跨机构等连锁反应，清理整顿难度大。

二是多种风险共存。不仅面临着传统金融的市场、信用风险，同时还存在法律风险和技术风险；尤其在经济下行期，中小企业经营难度加大，可能会出现债务违约，导致互联网金融平台不良率、逾期率上升，出现经营风险。

三是互联网金融监管体系不够完善。目前，中国人民银行出具的管理办法和风险提示已经满足不了互联网金融监管需求，出现了种种问题。如大量非银行网络融资风险巨大等，希望加大互联网金融监管体系，建立和完善互联网金融法律法规，实现互联网金融稳定强健发展。

物联网金融引发的金融变革

第一，物联网金融通过技术手段实现实体经济智能化、数据化、移动化，将金融信息与实体经济信息进行充分整合形成信息大数据库，提高资源配置和交换效率。物联网搭建起虚拟经济与实体经济之间的交流、反馈渠道，通过数据流的双向传输将虚拟经济中闲置资金、优质产品、服务从线上传递到线下，物联网金融可以建立起一个连通上下游产业链的合作体系，同时通过大数据建立全面的信用系统，提高对实体经济的服务效率和服务水平。

第二，物联网和金融的深度融合，使得金融能够依托物联网技术，提升服务体验、降低运营成本，实现资金流、信息流、实体流的三流合一，从而变革金融的信用体系，控制金融风险，深刻、深远地变革银行、证券、保险、租赁、投资等众多金融领域的原有模式，带来新的金融变革。

第三，物联网金融有力推动金融创新，拓展金融服务的范围。以物联网为动力源的技术进步、制度变革和市场需求的协同作用引发了大量金融创新。其中，物联网带来的技术进步将提供金融服务的新的生产可能性边界，是金融创新的基础；物联网带来的需求变化将推动基础设施完善和市场规模扩大，是金融创新的方向和驱动力。换句话说，物联网带来的不仅是金融产品和工具的创新，还有金融理念和模式的革命，使以往不可能的创新服务变为可能。例如，目前的奢侈品、珠宝玉石、高档红酒白酒等稀缺商品的投资（通常所说的另类投资），需要专业的人力资源投入，成本极高，而运用物联网技术后，这类服务的门槛就能迅速降低。

第四，物联网能解决信息不对称问题，使得信用交换的中间费用大大降低。在物联网金融模式下，可以随时随地掌握物品的形态、位置、空间、价值转换等信息，并且信息资源可以充分有效地交换和共享，彻底解决了“信息孤岛”和信息不对称现象。比如，针对汽车险的恶意骗保问题，可以在投保车辆上安装物联网终端，对驾驶行为综合评判，根据驾驶习惯的好坏确定保费水平；出现事故时，物联网终端可以实时告知保险公司肇事车辆的行为，保险员不到现场即可知道是交通事故还是故意所为。这样就解决了信息不对称问题，能更好地控制风险，降低金融服务的成本。

第五，物联网金融促进有效的风险管控。金融业本质上是经营风险的行业，风险控制是金融发展和创新的关键。物联网让金融体系从时间、空间两个维度上全面感知实体世界行为，对实体世界进行追踪历史、把控现在、预测未来，让金融服务融合在实体运行的每一个环节中，有利于全面降低金融风险。英国的Insurethebox公司将含有GPS、运动传感器、SIM卡和电脑软件的盒子装在汽车上，通过GPS技术追踪定位失窃车辆，协助客户找回。当盒子检测到车辆发生撞击或意外事故时，该公司会给客户打电话，确定客户人身安全。紧急情况下，还会呼叫应急救援部门参与救援。盒子里的数据亦可协助客户分析车辆损失情况。[①]

第六，物联网金融将变革金融经营管理模式。随着物联网技术在金融部门的普及和推广，金融部门的组织架构将依靠信息管理系统进行链接，更加扁平化，更加贴近用户，以提高应变能力和响应速度。物联网技术还能推动服务方式由标准化向个性化转变。通过物联网运用，金融机构能够顺畅地与客户交流，了解客户需求，提供有针对性的金融产品，将客户体验推向极致。

① 波士顿咨询公司（BCG）:《互联网+时代，大数据改良与改革中国保险业》。

第四部分

金融新优势

12 扩大债券市场高水平开放　推进人民币国际化

国债市场是金融市场的核心基础，伴随着中国资本市场整体开放进程，中国政府积极推动债券市场高水平对外开放，境内外债券市场互联互通便利化，境外机构持续增持中国债券，目前中国债券市场总托管规模已经达到117万亿元，位居全球第二。这充分反映了国际投资者对中国债券市场的强大信心，也显示出中国债券市场具有很强的国际吸引力。

2020年9月25日，富时罗素公司宣布从2021年10月起，中国国债将被纳入富时世界国债指数（WGBI），并于2021年3月做进一步确认。这是继中国债券纳入彭博巴克莱全球综合指数（BBGA）、摩根大通全球新兴市场多元化指数（GBI-EM）之后，中国债券市场开放的又一里程碑式成果。

2021年1月，债券通迎来开门红，当月共计成交6470笔，交易量达到5883亿元人民币，日均成交突破294亿元，再度创出月度历史新高。①此前，人民银行上海总部公布的数据显示，截至2020年12月末，境外机构持有银行间市场债券3.25万亿元，约占银行间债券市场总托管量的3.2%。2020年，境外机构净增持银行间债券规模超过1万亿元。

2020年9月初，人民银行与证监会、外汇局共同起草了《关于境外机构投资者投资中国债券市场有关事宜的公告（征求意见稿）》，提出“通过直接入市渠道及债券通渠道进入银行间债券市场的境外机构无需重复申请，可直接或通过互联互通投资交易所债券市场”。这进一步明确了中国债券市场对外开放的整体性制

本文2021年3月31日发表于“学习强国”。

①《开年热度不减　外资连续26个月增持中国债券》，载《潇湘晨报》2021年2月5日。

度安排，有助于加强债券市场对外开放的系统性、整体性、协同性。

富时罗素宣布纳入中国国债

2020年9月25日，富时罗素宣布，中国国债将会被纳入富时世界国债指数（WGBI），并预计于2021年10月开始纳入。具体纳入日期须经过2021年3月的半年度评估，才能最终确定。

继债券被纳入彭博巴克莱全球综合指数（BBGA）、摩根大通全球新兴市场多元化指数（GBI-EM）后，如今中国债券市场又正式"入富"，至此，中国债券市场将被全球三大主要债券指数悉数纳入，这是中国债券市场对开放取得的新的重大成果，充分反映了国际投资者对于中国经济长期健康发展、金融持续扩大开放的信心。

富时世界国债指数目前覆盖逾20个国家，中国债券纳入上述指数采取分月分步纳入的方式。据市场估算，中国债券完全纳入彭博巴克莱、摩根大通、富时罗素的上述指数后，可分别为中国债市引入1000亿美元、200亿美元、1500亿美元的指数追踪资金。下一步将继续与各方共同努力，积极完善各项政策制度，继续推动相关制度规则与国际接轨，进一步提升债券市场流动性，不断深化中国债券市场制度性、系统性开放，为包括指数投资者在内的广大国际投资者提供更加友好、便利的投资环境，逐步形成以国内大循环为主体、国内国际双循环相互促进的发展新局面。

受稳健经济基本面支撑，人民币债券市场的估值表现已经脱离和超过新兴市场及全球债券市场的整体表现，成为全球投资者关注的"避风港"。截至2020年8月底，以全球储备机构、长期投资者及资产管理公司为代表的海外资金连续21个月流入境内债券市场。[①]进入WGBI指数将加速国际投资者对人民币债券的配置，并在中美利差扩大、中国金融市场持续开放的背景下，为下一步更多主动型投资基金的进入奠定良好基础。此外，更多的国际投资者进入境内人民币债券市场将带来更为多样化的投资需求，促进接下来市场在定价机制、信贷评级更加差异化、基础设施优化、ESG和绿色融资等领域的全面发展。

① 《降"门槛"引"活水"中国持续扩大金融对外开放》，载公众号"新华社新媒体"，2020年9月27日。

截至2020年8月末，国际投资者持债规模达2.8万亿元人民币，近3年年均增长40%。[①]这反映了国际投资者对于中国经济长期健康发展、金融持续扩大开放的信心。中国债市对外资吸引力将显著增强。截至2020年8月末，中国债券市场债券余额已达112万亿元人民币，为全球第二大债券市场。同时，我国债券净融资规模占社会融资总规模的比重，已由5年前的24.1%跃升至36.2%。债券交易更加活跃，年换手率由5年前的2.03%上升至2.6%。[②]中国债券的收益率也对境外机构保持了较强的吸引力。

境外投资者投资中国国债持续升温

对于境外投资者普遍关注的国债市场流动性问题，近年来财政部、央行通过建立完善续发行机制、建立做市商支持机制，持续改善国债市场流动性，提高国债收益率曲线数据质量，更好地发挥国债收益率曲线在金融市场上的定价基准作用，更好地满足国际投资者投资交易国债的需求。目前境外投资者持有国债的余额占比已达到10%。2020年9月，央行、证监会、外汇局发布《关于境外机构投资者投资中国债券市场有关事宜的公告（征求意见稿）》，允许境外机构按照“全球托管行+本地托管行”的模式入市投资，推动债券名义持有和多级托管制度落地实施，即体现了市场整体开放和对接国际规则的思路。

截至2020年8月末，中国债券市场债券余额已达112万亿元人民币，为全球第二大债券市场，债券品种丰富，交易工具序列齐全，基础设施安全高效，已经具备相当的市场深度与广度。从收益率看，中国债券收益率仍然保持基本稳定，10年期国债收益率保持在3%以上，企业债收益率普遍在4%以上。2020年以来，中美十年期国债利差持续走阔，已从150个基点升至240个基点左右。[③]从违约率看，2020年第二季度末，按金额计算的公司信用类债券滚动违约率为0.73%，明显低于2020年6月末商业银行1.94%的不良贷款率，也远低于2019年国际市场1.48%的滚

---

① 《富时罗素宣布纳入中国国债 债市开放再进一步》，载《清华金融评论》2020年9月29日。

② 《中国国债将纳入富时罗素指数——金融开放迎来里程碑式成果》，载公众号“央广网”，2020年9月26日。

③ 《中国国债将纳入富时罗素指数——金融开放迎来里程碑式成果》，载公众号“央广网”，2020年9月26日。

动违约率，有来自全球60余个国家或地区的近900家境外投资者进入银行间债券市场。

2021年以来，境外机构持续增持我国债券，未受疫情等因素影响，月均交易量超7500亿元人民币，月均净买入量超1200亿元人民币。目前境外机构持债总规模超2.8万亿元人民币，近三年年均增长40%。中国最近的市场改革值得称赞，包括提高债券市场流动性、允许外汇交易选择更多的交易对手，以及改进交易后结算和托管的做法。2020年以来，人民银行、外汇局以及相关部门在这方面出台了一系列政策措施。

一是整合入市渠道，按照“同一套标准、同一套规则的一个中国债券市场”的原则统一准入管理和资金管理等制度安排，提高境外机构入市便利度，进一步优化和便利投资资金汇出入。

二是提升金融基础设施服务水平，境内外交易平台开展合作，支持境外投资者在直接入市渠道下开展直接交易，境内平台延长服务时间，方便更多境外机构“无时差”参与债券交易；为境外机构提供循环结算服务和T+3以上交易结算服务，有效缓解了由境内外节假日差异带来的不便。

三是提高债券市场流动性，引入更丰富和市场化的发行机制，优化做市机制安排，使境外机构可以高效买卖标的债券。

四是完善风险对冲机制，允许境外机构与多个对手方进行人民币购售和外汇风险对冲，可以选择更优报价；允许境外机构自主选择签署衍生品主协议，满足境外投资者的内部风控和合规要求。此外，结算代理人或相关开户行可向境外央行类客户提供日间或隔夜融资服务，有效缓解了境外央行类机构的资金周转问题。

中国债市开放进入高速发展期

2020年9月以来，中国债市开放加速，对境外投资者投资我国债市的便利政策密集出台，主要体现在以下七个方面。

第一，延长交易时间与欧洲接轨。2020年9月15日，全国银行间同业拆借中心公告，自9月21日起，结算周期为T+1及以上的现券买卖交易时段延长至晚上8时，结算周期为T+0的现券买卖交易时段不变，延长时段达成的现券买卖交易将于次一工作日进入结算流程。由于时差的因素，国内晚上8时是欧洲多地的午后，银行间债市延长T+1交易时间至晚上8时后，欧洲投资者可在当地早盘时段直接参与我国债市交易。我国适度匹配和延长交易结算时限，推动相关制度与国际接轨，有助于不断提高外资机构对我国债市的参与度。

第二，再度降低准入门槛。2020年9月25日，证监会、人民银行和国家外汇管理局联合发布《合格境外机构投资者和人民币合格境外机构投资者境内证券期货投资管理办法》，证监会同步发布配套规则《关于实施〈合格境外机构投资者和人民币合格境外机构投资者境内证券期货投资管理办法〉有关问题的规定》，均自2020年11月1日起施行。上述政策将QFII、RQFII资格和制度规则合二为一，进一步取消了原QFII资格申请中的资产规模要求，有助于吸引更多境外投资机构尤其是中小机构申请进入中国市场。

第三，便利投资运作。《合格境外机构投资者和人民币合格境外机构投资者境内证券期货投资管理办法》将QFII/RQFII的审批时间从20天大幅压缩至10天，并大幅简化申请材料；大幅放宽托管人实收资本不少于80亿元人民币的监管要求，QFII/RQFII机构有更多选择。同时取消QFII/RQFII机构委托境内期货公司、证券公司不得超过3家的限制。

第四，大幅扩大外资的投资范围。《关于实施〈合格境外机构投资者和人民币合格境外机构投资者境内证券期货投资管理办法〉有关问题的规定》新增允许QFII、RQFII投资全国中小企业股份转让系统挂牌证券、私募投资基金、金融期货、商品期货、期权等；允许参与证券交易所的债券回购、融资融券、转融通证券出借交易；允许投资在银行间债券市场交易的产品以及债券类、利率类、外汇类衍生品。

第五，跨境资金流动更自由。2020年5月7日，人民银行、国家外汇管理局发布《境外机构投资者境内证券期货投资资金管理规定》，取消QFII投资收益汇出时间和比例的限制，在投资收益汇出时仅需提供书面申请或指令和完税承诺函，无须专项审计报告和税务备案，提高QFII和RQFII的资金汇出效率。相应地，《合格境外机构投资者和人民币合格境外机构投资者境内证券期货投资管理办法》删除了"相关部门根据形势实施宏观审慎管理"等表述，进一步打消海外投资机构对资金入境容易、出境难的顾虑。

第六，批准标普信用评级（中国）有限公司（以下简称标普信评）进入交易所债券市场评级。2019年1月28日，标普信评获批在中国银行间债券市场开展评级业务，是首家入华外资评级机构。2020年10月22日，标普信评宣布在中国证监会完成从事证券评级业务的备案，可以对经中国证监会依法注册发行、在交易所债券市场上市交易或挂牌转让的债券及资产支持证券（国债除外），以及相关证券的发行人、发起机构、公司和其他经证监会规定的对象开展评级。至此，标普信评成为首家同时获准对银行间和交易所债市的证券和发行人评级的外资机构，我国信用评级行业进一步对外开放。

第七，鼓励深圳地方政府债券发行“走出去”。2020年10月18日，发改委发布《深圳建设中国特色社会主义先行示范区综合改革试点首批授权事项清单》，授权深圳在国家核定地方债额度内自主发行，创新地方政府举债机制，允许深圳到境外发行离岸人民币地方政府债券。通过境外发行离岸人民币地方政府债券，有助于拓宽地方政府的境外融资渠道，促进人民币债券深度融入全球金融市场，助力人民币国际化进程加速。

中国债券市场已步入全面开放阶段

伴随着金融业的发展与人民币国际化战略的稳步推进，中国债券市场对外开放程度不断提高，境外投资者入市的便利度也显著提升。目前境外投资者参与我国债券市场可以自由选择以下两种途径：直接进入内地银行间债券市场（CIBM）全球通模式和香港“债券通”模式。

从投资主体看，中国银行间债券市场已面向全球所有类型投资者打开了大门。2005年，中国人民银行批准泛亚基金和亚债中国基金进入银行间债券市场进行现券交易。2010年，根据《中国人民银行关于境外人民币清算行等三类机构运用人民币投资银行间债券市场试点有关事宜的通知》人民银行将参与主体扩展至境外央行、港澳人民币清算行与境外参加银行等三类机构。2016年，中国人民银行发布3号公告，放开银行间债券市场对各类合格境外投资者的市场准入，这标志着“全球通”启动，债市开放全面提速。2017年2月，国家外汇管理局针对已参与银行间债券市场的境外投资机构，进一步开放了外汇衍生品市场。同年7月，中国推出“债券通”北向通业务，为境外投资者提供灵活的选择。2019年，允许同一境外主体QFII/RQFII和直接入市渠道下的债券进行非交易过户。2020年，进一步取消QFII/RQFII投资额度限制，市场开放程度继续提升。

同时，为便利境外投资者入市，我国积极探索银行间债券市场建设与国际接轨的规则体系，优化入市服务流程。2014年，中国人民银行发布《关于开展全球法人机构识别编码国内注册工作的公告》，全球法人机构识别编码（LEI）系统在国内正式落地。2015年，人民银行大幅放开对境外央行、国际金融组织、主权财富基金三类机构在银行间市场的投资限制，将申请程序简化为备案制。2020年2月，人民银行等主管部门联合上海市政府共同推出《关于进一步加快推进上海国际金融中心建设和金融支持长三角一体化发展的意见》（以下简称“30条意见”），提出可允许境外机构自主选择签署中国银行间市场交易商协会（NAFMII）、中国证券期货市场（SAC）或国际掉期与衍生工具协会（ISDA）衍生品主协议。这一系列举措彰显出我国坚定不移推动金融业开放的决心。①

在2008年国际金融危机后，由于欧美国家长期采取量化宽松政策刺激经济复苏，使得利率始终处于较低水平，进而导致国际上的债券投资者部分转向新兴经济体主权债。中国作为全球最大的新兴经济体，拥有全球第二大规模的债券市场，已受到一定关注。

新冠肺炎疫情的发生，给全球经济金融发展带来了冲击，市场避险情绪高涨。在此背景下，相对稳定的中国债券市场再次成为全球资金的避险场所，境外投资者对人民币债券的关注度、持债规模持续提升。从供给角度看，各国纷纷采取财政刺激政策，国债发行规模较往年有较大幅度提高。从需求角度看，避险情绪蔓延使得全球债券投资成为热门。美国财政部2020年2月的统计数据显示，国际投资者共持有7.08万亿美元的美国国债，占比达30.25%。然而，随着疫情蔓延与局势变化，美国国债转而受到境外投资者抛售，这导致3月国际投资者持债规模降至6.82万亿美元。4月国际投资者持有的美国国债进一步降至6.78万亿美元。②总体来看，美国国债被短期抛售的原因一方面在于疫情冲击加大，以及石油价格暴跌影响经济稳定；另一方面可能在于资本流动趋紧迫使部分新兴经济体央行抛售美债。

境外投资者投资人民币债券有良好预期

结合有关调研情况，境外投资者不断增持人民币债券的因素主要集中在高收

---

① 闫彦明、阮立遥：《把握全球化配置机遇 推进债券市场高水平开放》，载《上海证券报》2020年7月28日。

② 闫彦明、阮立遥：《把握全球化配置机遇 推进债券市场高水平开放》，载《上海证券报》2020年7月28日。

益、经济稳定预期与独立性强等几个方面。这同时也是境外主流债券指数（如彭博巴克莱全球债券综指）纳入中国债券市场的原因。

在全球“负利率”环境下，人民币债券收益率具有吸引力。在疫情冲击下，各国对中长期国债供给扩大的预期与长期低利率水平使得国债收益率不断下降，中国国债收益率虽然也呈现出低位“小幅震荡”态势，但与海外“负利率”情况相比，总体较高的收益率水平仍具有吸引力。截至2020年4月末，美国十年期收益率为0.64%，英国仅为0.33%，日本与欧洲已处于负利率水平，中国十年期国债收益率却达到2.538%，相对其他国家主权债具有巨大优势。从发展趋势看，中美十年期国债收益率利差不断走阔，已从2020年年初的132.33BP上升至4月末的189.80BP，一度突破200BP。[①]在此背景下，中国国债作为优质资产的价值更为凸显。

中国经济长期向好发展态势不变。近来，国际形势复杂化，全球不确定因素增多，不少新兴经济体也暴露了金融市场不健全、法规法律不完备、经济体系脆弱易波动等问题。与此相比，作为全球经济的重要“引擎”，中国经济始终保持稳健发展态势，实现更高质量发展的内生动力不断增强，债券市场作为“晴雨表”客观反映了这样的情况。

疫情期间，中国经济虽然受到了影响，但是不改中国经济稳中向好、长期向好的基本趋势，经过这次风雨洗礼，我国经济转型升级和高质量发展的势头更为明显和强劲。中国人民银行、财政部等主管部门亦积极出台各项政策打通融资渠道，保障充足的市场流动性，为中国金融市场平稳运行保驾护航，使主要经济指标快速迎来反弹。根据IMF测算，2020年欧美等发达国家GDP将萎缩8%，而中国是最有可能实现增长的主要经济体。[②]对中国经济长期向好的发展预期将强力提振境外投资者进入中国债券市场的信心。

在全球动荡的情况下，中国债券市场保持相对的独立性。受疫情与石油价格暴跌的影响，从2020年3月起全球金融市场进入高度波动阶段。除美股多次熔断外，作为传统避险场所的美国国债市场也出现震荡，美银美林MOVE指数攀升至

① 闫彦明、阮立遥：《把握全球化配置机遇 推进债券市场高水平开放》，载《上海证券报》2020年7月28日。

② 闫彦明、阮立遥：《把握全球化配置机遇 推进债券市场高水平开放》，载《上海证券报》2020年7月28日。

2008年国际金融危机以来的最高水平，进而扩散至全球金融市场。在这个过程中，中国债券市场始终保持着相对稳定，并未加入全球市场共振行列，十年期国债波动率与信用债违约率均从3月开始呈现小幅震荡的稳定态势。

中国债券市场的稳定性一方面得益于中国在采用稳货币+宽财政宏观调控政策的同时，采用更加灵活适度的方式，确保市场流动性合理充裕，对受疫情冲击严重的民营企业和中小微企业进行精准扶持；另一方面则是由于持续开展的防范化解重大风险攻坚战、供给侧结构性改革、金融业更高水平扩大对外开放等重要战略效果逐步显现。对于境外投资者而言，可充分利用中国债券市场与全球金融市场的低相关性，进行分散化资产组合配置降低风险。

纳入全球主流债券指数有望形成数千亿美元的增量配置。基于上述主要因素，国际各主流债券指数近年来均推出计划与措施，逐步提升人民币债券纳入其指数体系的比重。例如，2019年4月，以人民币计价的中国国债和政策性银行债正式被纳入彭博巴克莱全球综合指数，今后以人民币计价的中国债券将成为继美元、欧元、日元之后的第四大计价货币债券。同年9月，美国摩根大通宣布，自2020年2月28日起的10个月内，计划将9只中国政府债券纳入其旗下多项债券投资追踪指数。据测算，若假定跟踪这些指数的投资人严格复制跟踪的指数权重，则将会为中国债券市场带来3000亿美元左右的资金。①结合近年来境外投资者以配置人民币利率债为主的特点，外资对中国债券和政策性银行债券的需求将进一步扩大，有望提升债券的流动性，并进一步推动中国债券市场的对外开放。

推动中国债券市场进一步开放

坚定不移扩大金融业开放，是中国长期的发展战略。在疫情对国际金融市场带来冲击的背景下，中国可进一步完善债券市场配套制度建设，发挥上海国际金融中心与自贸试验区建设、粤港澳大湾区建设等先行先试优势，进一步推动中国债券市场对外开放，巩固提升海外影响力。

① 闫彦明、阮立遥：《把握全球化配置机遇 推进债券市场高水平开放》，载《上海证券报》2020年7月28日。

进一步对接国际惯例，优化债券市场服务

一是持续完善市场准入机制，为境外投资者提供便利化入市服务。对标“30条意见”关于“继续扩大债券市场对外开放，进一步便利境外投资者备案入市”等要求，把握效率、安全等关键因素，推动境内外市场制度的有效接轨，持续推动完善直接投资银行间债券市场的“全球通”模式等，如延长交易时间、加强循环结算机制等，不断优化、简化境外投资者入市流程和手续。同时可加大海外宣介力度，让更多投资者熟悉、关注真实的中国债券市场信息。

二是可依托自贸试验区创新优势，积极试点国际化市场规则。2020年《政府工作报告》中明确提出要“赋予自贸试验区更大改革开放自主权”。结合债市开放实际，建议可在“30条意见”提出的允许境外投资者自由选择NAFMII、SAC与ISDA作为衍生品主协议的基础上，采取“沙箱试验”方式，探索允许其自由选择GMRA或NAFMII作为回购主协议，从而最大限度提升境外投资者对国内规则适用的便利度、认可度。

进一步推进金融基础设施跨境互联合作，提升债市服务的安全性与效率

一是对标国际，高质量推动金融基础设施跨境深度合作与互联互通。根据第五次全国金融工作会议关于“加强金融基础设施的统筹监管和互联互通”等政策要求，建议统筹境内金融基础设施，提升效率与安全性，为跨境金融基础设施合作、境外投资者参与带来便利。在思路方面，可参考国际通行的规则，贯彻“中央确权”原则，传承发扬适合中国国情、透明高效的托管体制，保护投资人合法权益，确保交易结算安全高效；通过“穿透监管”，为我国主管部门提供底层穿透、完整准确的监测数据，为监管决策提供科学专业的依据；通过协同提升“多级服务”效率，实现合作共赢。同时，持续加强与国际金融基础设施、全球托管银行和代理机构的互联合作与优势互补，支持中资结算代理行向托管行转型，满足各类债券市场参与者的差异化需求，为境外投资者提供更为便捷安全的入市服务。

二是可对接“一带一路”建设与人民币国际化战略，在积极对接欧美发达经济体的同时，积极探索中俄、中韩等周边国家双边本币结算与债市互联互通，持续提升人民币债券业务在国际市场的参与度。

三是可根据《金融业标准化体系建设发展规划（2016—2020年）》的要求，发挥中债金融估值中心等第三方金融估值平台作用，对标国际市场规则，建立行业标准，提高跨国金融服务参与者的身份透明度。

推动金融产品与业务创新，丰富债券市场功能

一是创新债券衍生品，丰富风险对冲工具，逐步完善衍生品市场功能，进一步丰富外汇期权等产品类型。例如，未来或可逐步向各类境外投资者放开国债期货等品种限制，研究推出人民币债券利率期权，完善掉期、远期交易机制等，为境外投资者参与人民币债券交易提供更为完善的风险对冲工具。

二是强化债券收益率价格基准作用，提升“中国价格”影响力。近年来，上海关键收益率（SKY）、中债iBoxx指数、中债长三角系列债券指数的发布，逐步构建起市场化的人民币定价体系，受到国内外广泛关注。建议依托中债估值中心等金融信息服务商，发挥中国最完整最连续的债券市场数据库优势，引入大数据、云计算、人工智能等技术提升金融信息服务水平，扩大“中国价格”的国际影响力。

三是发挥“风险管理中枢”“流动性管理阀门”的作用，推动人民币债券担保品跨境使用。债券流动性好、价格稳定，是支撑资金融通所需的天然优质担保品，可以起到风险减震器和市场稳定器的作用，这也是全球投资者长期关注高等级债券的重要原因。目前人民币债券跨境担保品业务稳步拓展，覆盖货币互换、债券作为期货保证金和跨境融资等多个领域。建议未来依托中债担保品业务中心等平台，发挥债券担保品在跨境、跨市场、跨平台使用的优势，为境内外投资者提供多元化、集成化的风险管理服务。

总体来看，中国债券市场正处于对外开放的重要战略机遇期、功能提升的关键时期。我国债券市场深层次改革正全面推进，开放创新的步伐正稳步前行。可以预见，随着人民币债券市场的稳健发展，全球投资者的关注度将持续提升，投资人民币债券正当时。

中国首次发行负利率主权债券

2020年11月18日，中华人民共和国财政部顺利发行40亿欧元主权债券。其

中，5年期7.5亿欧元，发行收益率为-0.152%；10年期20亿欧元，发行收益率为0.318%；15年期12.5亿欧元，发行收益率为0.664%。①

财政部表示，此次发债是2019年重启欧元主权债券发行后连续第二年发行，取得了截至目前我国境外主权债券发行的最低收益率。其中5年期采用溢价发行，票息0%，首次实现负利率发行。

从簿记情况看，国际投资者认购踊跃，订单规模达到发行量的4.5倍。投资者群体丰富，涵盖央行、主权基金、超主权类及养老金、资管和银行等。

一是预期欧元利率将进一步下行。市场接受以欧元计价的中国负利率主权债券，表明投资者预期欧元利率还有进一步下行空间，这些投资者可以更低的收益率（即更高的债券价格）卖出负利率债券，从而获取正收益。新冠肺炎疫情暴发后，欧洲央行货币宽松再度加码，欧元区负利率盛行。

二是中国主权债券信用高。中国政策科学研究会经济政策委员会副主任徐洪才认为，虽然这次欧元主权债券以很低的负利率发行，但在欧洲金融市场上，这一利率水平还要高一点。从投资者角度看，收益率相对来说并不低，是合算的。而且中国政府也不会存在信用风险，是靠得住的。市场接受以负利率发行的中国主权债券，也显示国际投资者对中国主权信用抱有很高信心。

据悉，标普全球评级和惠誉评级均授予此次发行的欧元主权债券"A+"评级，与中国"A+"主权评级一致。也就是说，中国的主权债券对外资来说更安全，投资风险比较小。

三是外资看好中国经济前景。中国民生银行首席研究员温彬认为，目前欧元区的存款基准利率已经是负值，欧洲多国长期国债收益率也在负利率区间，在此背景下，国际投资者抢购中国主权债券，实际上也反映了他们看好中国经济前景、对中国经济更有信心。财政部表示，此次发行采用"三地上市、两地托管"模式，在伦敦证券交易所、卢森堡证券交易所和香港证券交易所三地上市。财政部顺利发行40亿欧元主权债券，有利于进一步推进人民币国际化，对于完善欧元主权债券收益率曲线具有积极的意义。

四是负利率笼罩欧洲。2019年，负利率已席卷欧洲，德国首次发行30年期零息国债，瑞典整条国债收益率曲线"沉没"到零水平下方。2020年以来，除

① 《首只负利率主权债券来了》，载《中国证券报》2020年11月20日。

了在3月因全球恐慌情绪大增收益率短暂上行以外，欧洲国家的国债收益率大部分时间都维持在历史低位，特别是德国、法国等，国债收益率曲线持续位于零水平下方。9月以来，受欧洲二次疫情暴发影响，市场避险情绪升温，欧元区国家国债收益率再度下行。从债券收益率看，全球负利率债券规模已超16万亿美元，占全球政府债比重高达25%，一些传统的高风险债券的收益率也降至历史低点。

以RCEP签署为契机推动债券市场改革

2020年11月15日，第四次区域全面经济伙伴关系协定（RCEP）领导人会议举行，东盟十国以及中国、韩国、日本、澳大利亚、新西兰等15个国家正式签署RCEP。RCEP囊括了东亚地区主要国家，是亚太地区涉及规模最大、最重要的自由贸易协定，覆盖世界近一半人口和近三分之一贸易量。当前，中国已经成为仅次于美国的全球第二大债券市场，发展潜力巨大。为实现债券市场高水平对外开放，我国应以RCEP签署为契机进行以下几方面的改革。

一是积极探索以RCEP成员国的区域性货币尤其是人民币计价的方式开展债券交易。债券市场开放首先要解决的是货币计价问题。在全球经济不确定性不断增加的背景下，继续采用美元作为计价方式，不利于东亚国家的金融安全与稳定。因此，我国应以RCEP签署为契机推动各成员国以区域性货币作为债券计价方式进行交易，并积极增强此区域内人民币作为计价、结算和储值货币的功能（如扩大与规范熊猫债与点心债的发行），为各国维护国际收支平衡和金融稳定提供流动性支持。

二是积极加大中日两国资本市场的双向开放力度，引导日本央行外储资金和私人部门的资金流向我国债券市场。在RCEP各成员国中，日本是首次与中国达成贸易协定的伙伴国，一方面，日本将在商品贸易方面大幅降低关税，从而促进中日在塑料橡胶、化学品等多个领域的贸易互惠；另一方面，中日两国间的跨境投资需求也将大幅增加，中日利差将吸引更多的日本资金流入中国。对此，我们应不断加强相关金融基础设施建设，提升日本投资者入市便利度，并拓展中日资本市场双向开放的深度与广度。

三是逐步开放境内资金南下投资境外债券市场的债券通“南向通”，满足中国居民进行全球资产配置的需求。RCEP签署后，中国居民对在各成员国（如新加坡、马来西亚、泰国）进行资产配置的需求将不断增加，“南向通”的实现将更有利于我国债券市场的双向开放。

四是推动RCEP成员国在亚洲债券市场和亚洲债券基金等方面的互联互通。一方面，中国应以粤港澳大湾区建设作为区域经济合作发展的契机，深入研究区域内债券市场特性和制度安排，推动监管协调和区域内跨境债券交易。另一方面，未来可以借鉴沪港通、深港通、沪伦通等股票市场开放模式对RCEP成员国先行开放债券市场。

五是注重建设适应金融市场高波动性的宏观审慎与微观审慎管理制度，提高风险防范和危机应对能力。提高债券市场应对国际资本冲击的能力。进一步推动债券违约处置向市场化、法治化方向迈进，完善风险对冲机制和评级、税收等配套制度安排。

作为东亚地区最大的经济体，中国将在RCEP成员国中起到不可替代的作用。未来，各成员国需在RCEP框架内共同推动亚洲经济一体化向要素市场一体化阶段转变。

创新推出碳中和债，助力实现“30·60”目标

国家主席习近平在第75届联合国大会期间提出，中国二氧化碳排放力争于2030年前达到峰值，努力争取2060年前实现碳中和。2020年，中央经济工作会议强调，要做好碳达峰、碳中和工作。为进一步落实相关政策要求，支持疫后绿色复苏和低碳转型，中国银行间市场交易商协会（以下简称交易商协会）在人民银行的指导下，积极践行绿色发展理念，在绿色债务融资工具项下创新推出碳中和债，募集资金专项用于具有碳减排效益的绿色项目，且需明确披露碳减排等环境效益信息，确保碳减排效益“可计算、可核查、可检验”。

2021年2月9日，南方电网、三峡集团、华能国际、国家电投集团、四川机场集团、雅砻江水电等6家企业注册的首批碳中和债在银行间债券市场成功发行。公开披露的发行文件显示，首批项目均为2年及以上中长期债券，发行金额64亿元。项目募投涉及多个领域，其中风电项目4个，水电项目4个，光伏项目2个，绿色建筑1个，均为低碳减排领域。根据评估认证报告，6只碳中和债对应支持的绿色项目预计每年可减排二氧化碳4164.69万吨，可节约标准煤2256.79万吨，可

减排二氧化硫2.09万吨，项目碳减排效果较为明显。①

碳中和债作为绿色债务融资工具的子品种，主要指募集资金专项用于具有碳减排效益的绿色项目的债务融资工具。在绿色债务融资工具项下贴标“碳中和债”。

第一，募集资金专项用于清洁能源、清洁交通、绿色建筑等低碳减排领域，相比绿色债券用途更为聚焦。碳中和债募投项目需符合《绿色债券支持项目目录》，且聚焦于碳减排领域，主要包括：一是清洁能源类项目，包括光伏、风电及水电等项目；二是清洁交通类项目，主要为电气化的轨道交通类项目；三是低碳改造类项目，主要包括绿色建筑等项目。

第二，碳中和债需第三方专业机构出具评估认证报告，报告需对二氧化碳减排等环境效益进行定量测算。按照“可计算、可核查，可检验”的原则，碳中和债发行企业均聘请独立的第三方专业机构出具评估认证报告。报告重点对绿色项目碳排放、碳足迹等环境效益进行定量测算和披露，显著标识募投项目碳减排、碳中和效果，提升碳中和债的公信度，并接受社会核查检验。

第三，加强存续期信息披露管理，每半年披露碳减排效益相关情况，提高募集资金使用透明度。企业承诺每年4月30日和8月31日之前披露募集资金使用情况、绿色低碳产业项目进展情况以及定量的碳减排等环境效益相关内容，强化存续期信息披露管理，提高募集资金使用的透明度。同时，鼓励发行人披露企业整体的碳减排计划、碳中和路线图以及减碳手段和监督机制等内容，进一步扩大碳中和环境效益信息披露的覆盖面。

① 《债市践行绿色发展理念创新推出碳中和债》，载公众号“新华社”，2021年2月12日。

13 全球变局下重塑金融资产交易新优势

当今世界正在经历百年未有之大变局，面对复杂的疫情防控和经济社会发展形势，习近平总书记指出，“充分发挥我国超大规模市场优势和内需潜力，构建国内国际双循环相互促进的新发展格局”①。全球变局下重塑金融资产交易体系，为疫情下的全球金融资产交易贡献中国方案和中国智慧。

《中国国民经济核算体系（2002）》中未对金融资产作出定义，但是对其类型进行了列举，即金融资产包括国内金融资产、国外金融资产和储备资产，其中国内金融资产包括通货、存款、贷款、证券（不含股票）、股票及其他股权、保险准备金及其他，国外金融资产包括直接投资、证券投资及其他投资。

2000年11月10日国务院发布的《金融资产管理公司条例》也未对金融资产进行定义，但是其第2条规定“金融资产管理公司，是指经国务院决定设立的收购国有银行不良贷款，管理和处置因收购国有银行不良贷款形成的资产的国有独资非银行金融机构”，可见该条例中所称的金融资产特指国有银行不良贷款。

金融资产（Financial Assets），是实物资产的对称，是单位或个人所拥有的以价值形态存在的资产，是一种索取实物资产的无形的权利，是一切可以在有组织的金融市场上进行交易、具有现实价格和未来估价的金融工具的总称。金融资产的最大特征是能够在市场交易中为其所有者提供即期或远期的货币收入流量。

可见，金融资产是一个含义丰富的概念，在不同的条件下有不同的意义，但从

本文2020年12月13日发表于“学习强国”。

①《中共中央政治局常务委员会召开会议 中共中央总书记习近平主持会议》，载《人民日报》2020年5月15日，第1版。

其本质上来说是某种特定现金流的代表，而银行信贷是一种最常见的金融资产。

金融资产交易所的产生与发展

一般认为，金融资产的特征是流动性、收益性和风险性。金融市场通过组织金融资产、金融产品交易，可以发挥多方面的功能，包括：帮助实现资金在盈余部门和赤字部门之间的调剂；实现风险分散和风险转移；确定资产价格等。

金融市场可以分为货币市场和资本市场、现货市场。金融资产交易所是中国多层次资本市场的一个组成部分，场内市场包括主板、二板即中小板和创业板的证券交易所，而场外市场则包括全国中小企业股份转让系统（俗称新三板）、区域性的股权交易所（俗称四板）等。金融资产交易所就属于场外市场，比如北京金融资产交易所、天津金融资产交易所和重庆金融资产交易所。

我国金融资产交易所作为场外市场的重要一环，其产生和发展与我国经济增长和金融发展密不可分。在我国由计划体制向市场体制转型过程中，为了促进国有资产的规范化处置，各省市相继成立了一批产权交易机构，这些地区性的产权交易场所并没有实现互通，作为交易场所的重要功能即价格发现机制没有充分发挥。另外，21世纪初，我国成立了四大金融资产管理公司，剥离国有四大银行的不良金融资产、控制金融风险，但区域分割的状况并未得到消除。

2009年3月，财政部颁布了《金融企业国有资产转让管理办法》，明确规定金融非上市企业国有产权的转让应当在依法设立的省级以上产权交易机构公开进行。财政部先后制定了针对金融类国有资产进入产权市场交易的三个政策文件：《金融类企业国有资产产权登记管理暂行办法》《金融企业国有资产评估监督管理暂行办法》《金融企业国有资产转让管理办法》，尤其是《金融企业国有资产转让管理办法》要求非上市金融企业国有产权的转让应当在依法设立的省级以上产权交易机构公开进行，不受地区、行业、出资或者隶属关系的限制。

2010年5月30日，北京金融资产交易所有限公司（以下简称北金所）在“一行三会”、财政部及北京市人民政府指导下成立，是我国早期正式揭牌运营的专业化金融资产交易机构。之后，北金所发展成为中国人民银行授权的债券发行、交易平台，财政部指定的金融类国有资产交易平台以及交易商协会的指定交易平台。之后，全国各地陆续组建了多家金融资产交易所，还有一些地区建立了金融资产交易中心。

金融资产交易所的完善

金融资产交易所要进一步完善，可从适当扩大投资与融资主体参与、合理拓展金融资产交易模式以及坚持规范金融创新监管三个方面入手。

适当扩大投资与融资主体参与

金融资产交易实行投资者适当性管理。金融资产交易所挂牌的资产限于合格投资者投资。2012年7月12日发布的《国务院办公厅关于清理整顿各类交易场所的实施意见》中规定，“违反下列规定之一的交易场所及其分支机构，应予以清理整顿……（四）权益持有人累计不得超过200人。除法律、行政法规另有规定外，任何权益在其存续期间，无论在发行还是转让环节，其实际持有人累计不得超过200人，以信托、委托代理等方式代持的，按实际持有人数计算”。

另外，金融资产交易所交易配套措施不够完善。由于在登记结算、工商注册等方面的法律法规不够完善，现阶段的业务发展及交易的活跃度不够，这与其设立初衷有一定的差距，客观上有进一步激活其交易功能，实现金融资产流动性和收益性的需要。

从实践发展考虑，金融资产交易所应通过降低交易成本、增强交易配套等方面来增强交易效率，适当吸引更多的投资融资主体参与，增加交易活跃度。

合理拓展金融资产交易模式

金融资产交易所对金融资产的形式有明确规定。根据《国务院办公厅关于清理整顿各类交易场所的实施意见》，不得将任何权益拆分为均等份额公开发行、不得采取集中交易方式进行交易、不得将权益按照标准化交易单位持续挂牌交易、权益持有人累计不得超过200人、不得以集中交易方式进行标准化合约交易，同时规定“未经国务院相关金融管理部门批准，不得设立从事保险、信贷、黄金等金融产品交易的交易场所，其他任何交易场所也不得从事保险、信贷、黄金等金融产品交易”。

从实践来看，可能是由于基本上主要承载本区域的业务、为当地金融机构及企业服务的原因，各地金融资产交易所的产品趋同，运用大数据、云计算等互联网技术的产品研发很少。各地的金交所的属地化管理和线下传统模式与金融资产的流动性存在内在矛盾，其交易模式在客观上有逐步向全国性和线上性拓展的需要。

坚持规范金融创新监管

国务院于2011年11月11日发布的《关于清理整顿各类交易场所切实防范金融风险的决定》规定，“从事保险、信贷、黄金等金融产品交易的交易场所，必须经国务院相关金融管理部门批准设立”，还明确凡使用“交易所”字样的交易场所，除经国务院或国务院金融管理部门批准的外，必须报省级人民政府批准；省级人民政府批准前，应征求联席会议意见。未按上述规定批准设立或违反上述规定在名称中使用“交易所”字样的交易场所，工商部门不得为其办理工商登记。此后，除了北金所成为银行间市场交易商协会的指定代办机构外，其他各类资产交易所主要受当地政府审批与监管，在我国现行“一行三会”直接审批监管的其他金融机构与金融领域相比，金融资产交易所在实践中没能形成相对统一的监管。客观上，从其发展逻辑考虑，应在遵守国家统一的金融监管规定下合法合规地逐步向其他金融资产交易业务拓展。

金融资产交易所创新模式

目前国内金融资产交易平台很多，总的来说，和区域性股交中心差不多：一省一个（甚至多个），由各地金融办直接监管。从名字上可将其区分为金融资产交易中心和交易所两类，随着发展变迁互联网金融的崛起，现在还多了互联网金融资产交易中心。

目前从国内的金融监管格局上看，银行、券商、基金、期货、信托是正统金融，消费金融、财务公司、金融租赁等是正统金融的补充，在现行的金融监管体系下，金交所还处于创新发展的阶段中。各地金融办监管的各类地方要素交易平台、典当、小贷等，一方面施展空间不大，另一方面还得配合地方政府对当地金融发展总体规划，束手束脚。

金融资产交易所想做成类似沪深交易所那样的平台，为国内规模巨大的存量金融资产提供流转服务，缺少有效交易手段，场内交易活跃度也几乎冰点，进一步导致场内资产与资金两端的有效参与者更少。交易所进行了各种各样的金融创意与创新，充分发挥其场内公开挂牌摘牌功能，登记托管等信用中介职能。整体而言，可以分为以下几大类业务功能。

平台类业务

一是通道。交易所作为第三方平台，具有良好的公信力，为交易双方提供登记托管、资金划转服务，出具交易完成确认证明。上述业务中交易所因为可以实现保障交易资金安全性、交易完成权责重新确定等目的，是交易双方为达成交易目的而选择的第一类通道。二是投融资平台。2013年以来，金融办批复金融资产交易所可以作为小贷公司再融资的平台。有融资需求的小贷公司可在交易所通过私募债、资产证券化等再融资。有投资需求的合格投资人可认购相关产品，打开了另一条中小企业的直融渠道。但是，监管的红线在脚边，随时可能踩到：不能拆分（必须一对一），不能连续交易……合规做法只能采用一对一线下撮合交易。融资方与投资方能成功撮合的，头次交易还能在牵线搭桥的平台上做交易，之后的业务，要么因为政策要求不得不走交易所，变成第二类通道业务，要么直接场外交易。

资产端服务传统金融机构盘活资产端、报表腾挪等服务

前者目前最简单常见的是对存量金融资产以收益权形式盘活。后者简易版和升级版方式各不相同，视具体情况而定，笔者认为这是交易所颇具技术含量的部分。

资金端合作互联网金融

资金端合作互联网金融成为时下媒体对交易所业务关注较多的部分，但其实，交易所与资金端的合作，除了互联网金融这一新生力量，还有很多传统资金端合作方（私募基金、资管计划、银行理财等）。只是在“互联网+”的大背景下，前者尤为引人注目而已。关于互联网金融具体合作模式，虽然交易所是交易结构的设计方，具体交易的组织者，登记、资金划转等服务的提供者，但交易所依然位于整个产品链条的底部，增信兜底的才是“大佬”。这是由互联网金融平台投资者们对保本保收益的偏好所决定的。

金融资产交易所发展趋势

迅速发展阶段

自2009年金融资产交易所的概念和形态推出以来，各地都积极推动当地金融

资产交易所的建设，并以此作为建设金融中心城市的重要举措。2010年，先后成立北京金融资产交易所（北金所）和天津金融资产交易所（天金所）。之后，地方性的金融资产交易所相继成立。国内金融资产交易平台基本上一省一个（甚至多个），由各地金融办直接监管。

清理整顿阶段

由于缺乏规范管理，在交易场所设立和交易活动中违法违规问题日益突出，风险不断暴露，对整个金融体系的稳定造成了不良影响。鉴于此，2011年国务院颁布了《关于清理整顿各类交易场所切实防范金融风险的决定》，2012年国务院办公厅发布《关于清理整顿各类交易场所的实施意见》，随后各主要监管部门、全国各省份都发布了清理整顿各类交易所的通知和实施办法。经过清理整顿，一些违法违规的交易所被清除，交易所的各项业务得以规范。

金融资产交易所的未来

从市场监管意愿和发展规律来看，区域性的金融资产交易所将会加速整合，金融资产交易市场从分裂走向统一，是一个长期趋势。而区域性市场的整合方式，很可能是通过并购活动提高现有金融资产交易平台规模。如平安集团在取得深圳前海金融资产交易所的全部股权后，将其注册资本提高到10亿元，使其成为国内金融资产交易平台之最。现在平安又通过股权收购方式将重庆金融资产交易所收入囊中。

可以预见，大型金融集团很可能复制平安的模式，先以收购多家金融资产交易所股权的方式，使各金融资产交易所在保留各自牌照的基础上，共同被一家金融集团控制，再通过注资等方式提高金融资产交易平台规模，由此形成统一的金融资产交易市场。

“互联网技术+金融资产交易平台”催生新金融。各地金融资产交易所在互联网浪潮下，也纷纷推出自己的线上网站，但这些线上平台作用十分有限，通常仅仅定位于信息的发布和产品的介绍，交易和服务的信息化、数据化水平不高。为了顺应互联网时代的发展，金融资产交易所必须朝着“新金融”的目标努力：

一是“互联网技术+金融资产交易所”将进一步促进金融创新，新的金融资产交易模式、新的互联网金融资产交易产品、新的产品解决方案将不断被发现和创新。

二是运用大数据、云计算为投资人匹配相应的资产，运用各种征信数据判断资产推荐机构、融资方的信用状况，解决投资人与融资方信息的不对称问题。

三是丰富和完善互联网金融资产交易平台的生态系统，将市场上的各类金融机构、中介机构联系起来，通过参与主体的互通互联增强资产的流动性。

互联网金融创新的平台。在互联网金融监管收紧的大趋势下，金融资产交易所由于有地方金融办的指导及背书，其金融创新更为灵活。在目前的监管体系下，地方金融办往往与“一行三会”等现有的监管机构没有形成统一的监管规则、监管口径，可以说许多业务在“一行三会”等监管部门叫停前都具有较高的自由度。

盘活不良资产平台。目前，商业银行除了通过清收、重组、核销外，主要依靠向华融、东方、信达和长城四家资产管理公司转让的方式来处置不良资产。在国内银行业不良资产持续增长的背景下，需要新的渠道化解银行新增不良资产。

金融资产交易所将分享不良资产处置的巨大市场机遇：

一是对于银行不良业务而言，仅四大资产公司能消化的业务有限，地方金融交易场所可以成为盘活不良资产的新的平台。

二是金融资产交易所互联网平台建成后，“互联网+”模式所特有的快速“价值发现”和“市场发现”功能，将为错配的不良资产进行二度配置，从而重新发现其价值。

金融资产交易所的区块链应用与实践

金融资产交易所成立的初衷是盘活流动性较差的金融资产，尤其是应收账款、不良金融资产等非标资产。目前，供应链金融业务和不良金融资产处置等是金融资产交易所的重点发展领域。供应链金融市场发展空间巨大，根据安信证券预测，2020年供应链金融规模可达15万亿元，2023年将突破20万亿元。当下，包括北京金融资产交易所、天津金融资产交易所、大连金融资产交易所和前海金融资产交易所等在内的多家交易所都将供应链金融作为其主要发展业务。

其中，大连金融资产交易所更表示未来将聚焦供应链金融。2016年，大连金融资产交易所“踩雷”辉山乳业，之后经历了清理整顿、检查验收和股权变更等一系列事件。2019年，大连金融资产交易所恢复营业，引入雪松控股。雪松控股在大宗商品、化工新材料等多个领域，服务上下游数千家中小企业，在供应链金融上，有着丰富的应用场景和资源。依托雪松控股在供应链金融上的优势，大连金融资产交易所将供应链金融作为未来的聚焦业务。

目前，供应链金融是区块链的第一大应用场景，根据《中国区块链金融应用与发展研究报告（2020）》，在区块链的应用项目中，32.6%的项目涉及供应链金融这一场景。利用区块链分布式记录和存储的特性，可以将供应链各参与主体链接起来，实现供应链各个环节的透明化，能够有效解决各参与主体间的信息不对称问题，同时，非对称加密技术和时间戳技术保证了交易过程中数据的安全性和唯一性，各参与主体基于可信数据建立了彼此间的信任关系，银行等金融机构可以根据链上信息快速进行授信决策，有助于缓解中小企业融资难问题。

北京金融资产交易所已经将区块链应用于应收账款业务，天津金融资产交易所推出了供应链金融合约产品。在不良资产处置方面，近年来，随着经济模式的转换、过剩产能风险的释放及僵尸企业的清退，商业银行的不良资产规模不断扩大，根据银保监会数据，2019年第四季度末，商业银行不良贷款余额2.41万亿元，较上季末增加463亿元。[①]2020年，受新冠肺炎疫情影响，商业银行不良资产规模将进一步扩大。

目前，商业银行除了通过清收、重组、核销外，主要依靠向四大资产管理公司转让的方式来处置不良资产。在国内银行业不良资产规模持续扩大的背景下，将需要新渠道化解银行新增不良资产。2020年6月16日，北京市地方金融监督管理局等多部门公布《外资资管机构北京发展指南》，将探索以符合条件的交易场所为平台，在北京开展银行不良资产跨境转让业务试点。同日，四川省地方金融监督管理局联合人民银行成都分行、四川银保监局等发布《关于支持金融机构加快不良资产处置若干措施》，要求丰富不良资产处置主体，提高不良资产处置效率。地方金融资产交易所将面临不良资产处置的巨大市场机遇，可以成为盘活银行不良资产的新的平台。

一般不良资产项目处置周期在2年左右，涉及投资者、投行、收购主体、资产管理公司等主体，亦会涉及律师事务所、会计师事务所及券商等中介服务机构。由于整个不良资产处理周期较长，并涉及众多参与主体，区块链技术的应用不仅可以提升不良资产的处置效率，还能够保证全流程的透明，降低彼此间的信

---

① 参见银保监会发布的《2019年四季度银行业保险业主要监管指标数据情况》。

息不对称。

天津金融资产交易所已经推出基于区块链的不良资产处置平台“一键助拍”。该平台将银行、资管公司、金交中心、产权中心、助拍SPV、助拍基金和投资机构等多方机构，整合到联盟链上，通过分布式账本让核心数据同步，通过智能合约技术使传统的不良资产登记、过户、处置变更和查看等业务自动运转起来，最终在提升不良资产处置效率的同时，解决了行业内面临的信息不对称问题。

金融资产交易所的区块链实践：10项专利、6项备案

区块链已经成为金融资产交易所发展的一大“利器”。

在专利申请方面，重庆金融资产交易所已经申请了9项区块链专利，内容涉及竞价、交易、审计和监管等多个方面。北京金融资产交易所申请了“基于区块链的应收账款管理系统”专利，将区块链应用于应收账款管理，以此提高应收账款的可信度和透明度。

除了申请区块链相关专利，包括北京金融资产交易所、天津金融资产交易所和重庆金融资产交易所等在内的五家金融资产交易所（交易中心）已经通过区块链信息服务备案。

北京金融资产交易所的应收账款债权融资计划专项信息披露平台由北京金融资产交易所联合中国人民银行数字货币研究所共同打造。该平台实现了区块链基础设施搭建、机构间系统对接与数据互通，并在此基础上支持应收账款融资关联合同发票等底层资产信息、资金流向信息动态披露。平台为融资人、投资人、中介机构等市场成员之间构建了一个信息可穿透、信任可传递、信用可共享的应收账款债权融资计划生态圈。

天津金融资产交易所推出的供应链金融合约产品“区块链收益分享智能合约产品”，将保理公司、登记结算公司、评级机构、交易所和投资者链接在一起，将投资者认购、交易转让和产品评级等信息，均记录到联盟链上，参与方各节点按照不同角色行使权利和义务，最终实现数据的可信化、确权的自动化，以及供应链金融合约的智能化。

14 全球布局 扩容人民币国际大流通圈

世界经济正在经历百年未有之大变局，随着霸凌主义、保护主义、逆全球化抬头，国际货币竞争更加激烈，增加了人民币国际化的难度，新冠肺炎疫情更是加剧了国际金融市场的动荡。中国经济开始步入“十四五”规划时期，双循环新发展格局正在形成，人民币国际化面临全新的发展机遇。“十四五”期间人民币国际化将迈出新步伐，为贸易投资带来新的机遇。“十四五”规划明确提出，要稳慎推进人民币国际化，坚持市场驱动和企业自主选择，营造以人民币自由使用为基础的新型互利合作关系。

中国将继续深化改革开放，持续提升综合国力，创造人民币国际化所需的条件。全球布局人民币国际化，一方面要提高人民币国际化的战略地位，完善人民币国际化的顶层设计与制度创新，推动人民币跨境使用，提高人民币资产的定价能力和话语权；另一方面要坚持市场驱动和企业自主选择，营造以人民币自由使用为基础的新型互利合作关系，人民币国际化要坚持与市场化改革相适应，通过加强国际互利合作促进更多市场主体自由主动选择使用人民币结算。

人民币国际化起步于跨境贸易。中国在2009年开启人民币国际化进程。中国人民银行发布的《2020年人民币国际化报告》显示，人民币支付货币功能不断增强，储备货币功能逐渐显现，人民币继续保持在全球货币体系中的稳定地位。根据国际货币基金组织的数据，截至2020年第三季度，人民币已成为全球第五大储备货币，人民币资产在全球外汇储备中的占比达2.13%。

本文2021年6月10日发表于“学习强国”。

人民币国际化战略机遇期

《中华人民共和国国民经济和社会发展第十四个五年规划和2035年远景目标纲要》提出要“稳慎推进人民币国际化”。当前和今后一个时期，我国发展以及人民币国际化仍然处于重要战略机遇期，尽管国际环境面临深刻复杂变化，但只要我国保持定力、办好自己的事，人民币国际化的基础将更加坚实，发展空间将更加广阔。

经济高质量发展为人民币国际化夯实根基。“十四五”时期，坚定不移贯彻新发展理念，加快现代产业体系发展，增强企业创新力与核心竞争力，有助于提升人民币国际议价权。未来一段时期，我国加快构建“双循环”发展格局，将进一步增强人民币使用意愿，丰富人民币使用场景，顺畅人民币跨境循环渠道。同时，我国坚持深化改革，建设高标准市场体系，完善宏观经济治理，将为境内外主体使用人民币提供优质、可信赖的营商条件与政策环境。

金融高质量发展为人民币国际化注入动能。“十四五”时期，我国推进金融市场建设与双向开放，将进一步增强人民币金融资产吸引力，拓宽人民币跨境使用渠道。我国建设现代中央银行制度，健全市场化利率形成和传导机制，统筹推进人民币汇率形成机制改革，提高金融监管透明度和法治化水平，将为人民币国际化提供制度性、系统性保障。

数字经济发展为人民币国际化另辟赛道。“十四五”时期，我国加快数字化发展，推进数字技术与实体经济深度融合，将提升我国综合竞争力，增强数据信息资源的话语权。数字技术将支持经济金融基础设施跨越式发展，改进交易流通、跨境传输等环节，扩充应用场景与系统功能，提升交易效率与客户体验，进而大幅降低人民币使用成本。“十四五”时期，国际货币体系将迈入数字化竞争新阶段。我国要树立底线思维，准确识变，科学建立数字货币配套体制机制，数字化革命将为人民币国际化以及国际金融架构调整带来新契机。

人民币国际化攻坚期

货币的国际化程度与其可兑换性直接相关。在初级阶段，人民币国际化发端于跨境贸易结算，对于推进资本项目可兑换的要求相对较低。随着人民币国际化从经常项目向资本金融项目延伸，我国金融市场加速开放，推进资本项目可兑换成为进一步提高人民币可自由使用程度绕不开的问题。未来一段时期，人民币国际化与资本项目可兑换协同推进的大方向没有改变，只是程度高低、利弊取舍、项目匹配、实施策略的问题：一是要明确资本项目可兑换路线，在我国新发展格局以及人民币国际化的大背景下，探讨与之相匹配的资本项目可兑换目标、次序、风险和路线。二是要重新评估金融管理框架，细致分析外汇管制政策效果，针对跨境资本流动，建立常态化管理体系与应急处置机制，推动本外币一体化管理，完善相关法规、税收、基础设施等配套体系。三是要考虑如何实现在岸与离岸市场的良性互动，在资本项目非完全可兑换的背景下，合理应对双轨价格以及在岸、离岸市场“此消彼长”的局面。

过去十余年，人民币国际化在国际结算方面取得了丰硕成果和重大突破，但在国际计价货币方面尚处于起步阶段，两大职能发展并不平衡。人民币国际计价货币功能的跨越，不仅依托于我国综合实力的提升，也需要主观努力与科学培育。在这一过程中，需要重点攻克以下四个问题。一是发挥政府撬动作用，从统计核算到经济管理、涉外往来，逐渐转换为人民币计价，在业务流程、税收政策、法律法规、基础设施上与之相适应。二是引导市场主体人民币计价交易，鼓励竞争力较强、处于产业链高端的中资企业担当人民币计价主力军，针对买方市场以及外汇管制严格的发展中国家，采取中资企业集体议价。三是支持离岸金融市场健康发展，利用目前的货币、债券等基础工具，逐步形成丰富多元的人民币计价金融产品体系，在拓展市场广度与提高市场流动性上下足功夫。四是推进大宗商品人民币计价交易，利用世界第一大买方优势，以大宗商品交易市场开放为突破口，联通大宗商品贸易与金融市场投资，推动相关政策开放与仓储设施升级，提升人民币国际计价话语权。

近年来，与人民币资产备受国际投资者青睐以及全球债务规模快速膨胀形成鲜明对比，人民币在国际融资领域遇阻，进而影响人民币国际化的全面深度发展。截至2020年第三季度，人民币计价国际债券余额为1094.2亿美元，约占国际债券总量的0.42%，较2015年第四季度高位萎缩了约30%。[①]人民币在全球主要货币中将维持高息货币属性，人民币汇率也处于长期升值通道：一方面，要客观看待人民币高息货币属性。货币国际化的基础条件在于其发行国经济实力超群、政

① 赵雪情：《“十四五”时期人民币国际化需要破解四大难题》，载《中国货币市场》2021年第3期。

策自主稳定，由此该货币必然是利率、汇率坚挺的“硬币”，这也是国际信心的重要来源。另一方面，要积极化解人民币融资贵、融资难的问题。在高质量发展中解决问题，随着我国深度融入全球价值链，提升涉外往来人民币需要与议价权；在改革开放中降低成本，考虑适度放宽人民币国际债券募集资金的用途限制，改革外债审批与额度占用机制；探索建立离岸市场人民币流动性补充机制，考虑扩大南向通道，保证离岸人民币市场流动性适度充裕。

“十四五”规划提出，要“坚持市场驱动和企业自主选择，营造以人民币自由使用为基础的新型互利合作关系”。“新型互利合作关系”关键在于场景与循环的搭建。一方面，聚焦人民币国际化的主要发力场景。在境内，要以上海国际金融中心、粤港澳大湾区、海南自贸港、边贸地区等为突破口，以试点促改革、促开放，形成跨境人民币使用可复制、可推广的制度性成果。在境外，顺应我国经贸结构变化，在中欧投资合作、“一带一路”倡议、区域全面经济伙伴关系协定（RCEP）等框架下，探索人民币对接形式。另一方面，打造顺畅便捷的人民币流通闭环。加强顶层设计与攻关，更多地签署、升级双边本币结算协议，扩充货币互换机制；推出更多的人民币对小币种金融产品，在税收优惠、指标考核、跨境流动限制等方面，为参与小币种交易的市场主体、小币种交易服务的金融机构提供政策支持；以上海国际金融中心，联通东道国金融市场；以经贸合作为基石，探索开辟特许通道。

人民币国际化新举措

依托“一带一路”拓展人民币跨境使用空间。“一带一路”建设已经使人民币国际化在境外信贷发展、基础设施投融资、大宗商品定价和电子商务计价结算等关键领域取得了突破性进展，人民币投融资职能逐步得到增强。未来政府相关部门要适时做好沿线国家政治、经济、金融市场的风险评估和预警，积极引导和推动企业与金融机构在相关国家和地区的人民币投资及信贷行为，采取有力措施切实保护本国企业和金融机构的利益与投资安全，为“一带一路”人民币进一步国际化保驾护航。[①]

---

① 连平：《七大举措加快人民币国际化发展步伐》，载新华网，http://www.xinhuanet.com/money/2020-11/30/c_1210909383.htm，2020年11月30日访问。

协同推进金融改革与金融开放。积极稳妥地推进金融改革开放是人民币国际化发展的关键性制度安排。人民币要成为真正的国际货币，不能仅靠经常账户项下的跨境使用，还需要通过资本账户进行更便捷的跨境流动，发展人民币交易职能和国际储备职能。金融市场发展水平是决定资本账户开放度和金融开放度的重要因素，进而也是影响人民币国际化的关键因素。金融市场需要继续扩大规模并拓展深度，尤其是拓展金融衍生品市场，同时需要扩大对外开放，鼓励和推进国外投资者积极参与境内人民币资产投资。

拓展人民币货币计价和储备货币职能。目前人民币国际化最主要的成果体现在商品和服务贸易有关的方面，金融领域内人民币国际化的水平尚有不小的距离。人民币最终能否成为与美元和欧元并驾齐驱的国际货币，在计价货币和储备货币方面的表现十分关键。大宗商品人民币计价结算是推动人民币实现计价功能和储备功能的重要抓手。未来不仅要发挥中国规模庞大的优势，推广人民币计价的大宗商品现货；还要发展期货市场，进一步扩大石油等以人民币计价的大宗商品期货。要在结算和投资职能的基础上，拓展各国储备需求；还要创新适合国外央行配置的人民币固定收益资产，满足国外央行对资产多样性和平滑期限结构的需求。①

发展和完善人民币离岸市场体系。人民币要成为真正的国际货币，需要在全球形成一个统一、具有深度和较高流动性的离岸人民币交易的网络和体系。目前人民币离岸中心主要在中国香港、新加坡等周边地区，随着“一带一路”倡议的实施推进，可以考虑在南欧、中亚、中东等地区和金融市场发达、影响力相对较强的区域中心城市布局新的人民币离岸市场。为了使人民币离岸市场健康发展，未来应该继续完善人民币离岸市场的合法充实和回流机制，创新吸引投资者的人民币计价离岸金融产品，加强对离岸资金流动和衍生品交易的监测，密切人民币离岸与在岸市场之间的资金流动和业务往来，探索离岸人民币市场的管理机制。

构建和完善系统性的银行全球经营网络。从货币国际化的经验来看，本国银行体系在全球的拓展，为这个国家的货币在全球布局提供了十分重要的平台。境内的商业银行及其境外分支机构共同推进借贷业务是发展人民币借贷职能的重要渠道。商业银行通过借贷业务，提供支付结算等方面的服务，有助于人民币国际

① 连平：《七大举措加快人民币国际化发展步伐》，载新华网，http://www.xinhuanet.com/money/2020-11/30/c_1210909383.htm，2020年11月30日访问。

化战略的落地。应支持大型国有银行和部分有条件的中型银行做好国际化发展的规划，与本土企业走出去相呼应，将银行国际化发展纳入我国金融发展战略之中，有序地加以实施。商业银行作为“一带一路”的参与者和实践者，应该在投融资资金配置、信息交互和风险评估等方面发挥积极作用，同时应该加强与国外银行在人民币支付清算、资金拆放和报价做市等方面的业务合作，为企业“走出去”和人民币资本输出提供更加完善的配套银行服务。

稳步地、较大幅地增加黄金储备。出于对冲美元风险和国际储备多元化的需求，各国央行购买黄金储备的意愿明显增强。截至2020年10月，中国央行持有黄金达到1775.8吨，较2012年年末的1054吨，增长68.5%。①尽管近年来中国央行不断增持，但黄金储备占总的国际储备比重仅为3.6%，与我国可观的外汇储备、庞大的GDP总量和贸易投资总量等所产生的需求相比显然不匹配。与美国和欧元区等经济体相比，中国黄金储备的规模和比重也偏低。截至2019年7月，美国持有黄金储备8133.5吨，占其外汇储备比重达76%；欧元区（包括欧洲中央银行）黄金储备共计10775.7吨，占其外汇总储备的55.7%。②参考美欧持有的黄金储备规模，考虑到人民币要成为与美元和欧元并驾齐驱的国际货币，未来外汇储备增长会较为平稳，我国黄金储备比重至少应提高到20%。黄金储备规模和占比的增加将为人民币国际信用和国际清偿力的增强带来实质性的支持，有助于为人民币国际化奠定坚实的物质基础和有效的信用保障。

夯实和完善基础设施建设。随着人民币跨境支付结算规模不断扩大，传统清算模式在效率方面的不足逐渐显现。如报文兼容性出现问题导致收付款不能被识别、需要借助第三方银行层级较多、受时间限制常常不能当日结算等。为了满足市场主体对人民币跨境资金清算、结算安全高效的要求，中国央行构建了人民币跨境支付系统（CIPS），目前已推出了第二期，这相当于修建了人民币国际化高速公路。要扩大CIPS的全球影响力，需要丰富系统功能和产品类别，完善报文系统；还需要依托上海国际金融中心的功能和市场体系。未来上海应扩大与主要国际金融中心的互联互通，将CIPS的使用推广到更多地区。

---

① 连平：《七大举措加快人民币国际化发展步伐》，载新华网，http://www.xinhuanet.com/money/2020-11/30/c_1210909383.htm，2020年11月30日访问。

② 连平：《七大举措加快人民币国际化发展步伐》，载新华网，http://www.xinhuanet.com/money/2020-11/30/c_1210909383.htm，2020年11月30日访问。

人民币国际化路线图

人民币国际化就是使人民币在境外能够行使货币的职能，这是一个使人民币跨境使用的规模逐渐扩大的过程，人民币国际化的路线图可以分为以下几个阶段。

一是通过进口结算，使人民币流出境外，如果非居民得不到人民币，那其他的都谈不上，这是人民币国际化的第一步。通过进口结算，我买你的东西，我付你人民币，这样就实现了人民币的流出。

二是允许非居民，我国香港特别行政区、台湾地区的居民，还有外国的居民，用他们得到的人民币投资于人民币资产。这就是所谓的“人民币回流机制”。人民币债券、RQFII和“沪港通”，实际上都允许我国香港居民和其他境外居民通过某种渠道，用他们持有的人民币来购买人民币资产，比如股票、债券等。这是决定非居民是否愿意持有人民币、人民币是否可以流到境外的非常重要的一步。

三是在进口人民币结算和回流机制基础上，人民币源源不断流到境外，而境外居民对人民币的需求也不断增加。随着时间的推移，海外的人民币市场逐渐扩大。随着海外人民币存量的增长，人民币进口和出口结算将变得越来越平衡。

四是人民币结算和投资的规模越来越大，各种与人民币相关的金融产品不断涌现，人民币资产的流动性也越来越好，有了人民币，就可以方便地买到中国的人民币资产，把中国的人民币资产换成人民币再换回美元也非常容易。

当然，还有其他种种条件（特别是人民币信用）。一旦满足了这些条件，则无论中国经济在短期会发生何种波动，无论是否能够获取汇差和利差，境外居民都将愿意持有人民币和低收益人民币资产，即把人民币作为价值贮存手段，这是国际货币的最高阶段。

人民币国际化逻辑框架

2009年7月，《跨境贸易人民币结算试点管理办法实施细则》公布后，人民币国际化发展的逻辑框架逐渐清晰。简言之，人民币国际化的逻辑框架即为境内、境外两个市场、两大循环和六个部分。第一个循环是跨境循环，可以分为经常项目、资本项目、银行间合作和政府间合作；第二个循环是境外循环，主要有香港离岸中心建设和海外人民币市场。

从跨境循环的角度看，从2009年人民币跨境贸易结算步伐开始，2010年规模达到5000亿元，2011年突破2万亿元，2012年接近3万亿元，已占同期我国对外贸易总量的8.4%。自2008年以来，中国人民银行先后与韩国银行、澳大利亚储备银行、俄罗斯联邦中央银行等近20个国家货币当局签署了货币互换协议。

从境外循环的角度看，离岸人民币市场不断壮大，2012年年末中国香港特别行政区人民币存款余额超过6000亿元；中国银行、中国工商银行分别承担中国台湾和新加坡的人民币清算行职能；伦敦、巴黎、卢森堡、悉尼等也积极争取人民币离岸市场的发展。

“一带一路”推动人民币国际化

针对当前“一带一路”沿线存在人民币使用水平低、发展不均衡等现实问题，未来可结合“一带一路”建设中产生的广阔空间和机遇，推动新一轮的人民币国际化进程。具体可沿着以下可行路径展开。

挖掘“一带一路”沿线真实人民币需求，重点发挥人民币在投融资活动中的作用。人民币国际化始终坚持需求驱动、政策引导、市场运作的基本原则。真实需求的存在是人民币境外流通的基本推动力，“一带一路”倡议的提出更是为这一模式创造了良好契机，应挖掘和培育人民币在跨境贸易、投融资、基础设施建设、能源合作等多方面多层次的真实需求，以拓展人民币在沿线国家和地区的使用范围和领域，增加人民币的使用规模，“一带一路”倡议的提出更是为这一模式创造了良好契机。

巩固人民币在经常项目下跨境结算的基础性交易需求。依托于较强的经济互补性和良好的经贸往来，中国与“一带一路”沿线国家的贸易具有强劲的发展潜力。根据商务部披露，2013年至2018年，中国与“一带一路”沿线国家货物贸易总额超6万亿美元，年均增长4%，高于同期中国对外贸易增速。[①]由于人民币在跨境贸易结算中的使用比例仍比较低，未来应继续推进人民币在跨境贸易中的接受度。除了在实物贸易领域，人民币可加强在跨境电子商务领域的使用。电子商务是中国具有比较优势的数字行业，跨境电子商务增长迅速。根据《跨境电子商

① 《中国与“一带一路”沿线国家货物贸易总额超6万亿美元》，载《新京报》2019年4月22日。

务发展报告》，2018年中国海关验放的跨境电商进出口总额为1347亿元，增速达到49.3%。“一带一路”倡议为跨境电子商务的发展提供了广阔空间，未来应鼓励中国的电商网站、跨境电子支付系统等采用美元—人民币双标价，推动人民币结算，从而增强沿线国家对人民币的民间认同感。此外，在配套设施方面，应为跨境贸易人民币结算提供信用证、保函、海外代付等便捷金融产品，继续拓展双边互换协议，加快金融基础设施建设，以满足不断增长的交易需求。

加强人民币在资本项目下投融资活动中的使用。在分析日元国际化失败的基础上，人民币国际化应采用“资本输出+跨国公司”的模式。随着中国“走出去”步伐的加快，企业跨国经营实力增强，这一模式在近年来逐渐具备了现实基础。中国的跨国企业可依托产业园等模式“走出去”，在沿线国家和地区进行直接投资，在这一过程中增加当地人民币的流通和使用。另外，“一带一路”的基础设施建设、产能合作等存在巨大资金缺口，2016—2020年，“一带一路”沿线国家基础设施的合意投资需求至少为10.6万亿美元。资金缺口产生了大量的投融资需求，为人民币国际化提供了良好契机。在“一带一路”建设中可以通过银团贷款、丝路基金、产业投资基金、国际债券、公私合营（PPP）等多样化方式进行融资，增加人民币结算计价的比例。

以大宗商品为重点推进人民币计价职能提升成为大宗商品计价货币是货币国际化的必要前提。在新一轮人民币国际化过程中，可重点推进大宗商品领域的人民币计价。“一带一路”沿线石油、天然气、矿产等能源资源丰富，在能源合作中推进人民币计价的大宗商品的期货和现货市场前景广阔。目前石油人民币计价结算的尝试已经有序开展。中东、中亚地区以及俄罗斯均是石油生产大国，而中国是第二大石油消费国和第一大原油进口国，双方互补性强，建立“石油—人民币”机制，有利于突破美元在大宗商品定价方面的垄断地位，促进人民币国际化。

积极推动人民币计价结算的大宗商品现货市场。能源、原材料、农产品等大宗商品交易在中国与“一带一路”沿线国家的经贸往来中占有重要地位，若能在大宗商品贸易中广泛使用人民币计价结算，将会大大提升人民币的国际地位。随着“一带一路”沿线能源合作的深入开展，加强大宗商品现货的人民币计价结算，有助于促进人民币在境外的流通，为大宗商品期货市场奠定基础，使其拥有真实的现货交易需求。2017年10月后，中国进口俄罗斯石油部分以人民币结算，2018年中国石油公司与中东签署首笔以人民币计价的石油进口协议。此外，可通过加强与中亚、中东国家和俄罗斯的货币互换合作，增加这些国家人民币清算行的设立，为大宗商品的人民币计价结算提供流动性支持。

大力发展人民币计价的大宗商品期货市场。2018年3月，中国原油期货在上海期货交易所的子公司——上海国际能源交易中心（INE）正式挂牌交易，这是中国首个以人民币计价、允许境外投资者直接参与的期货商品。根据《世界能源发展报告（2019）》，截至2018年8月，INE原油期货总成交量已超10万亿元，跻身亚洲最大、全球第三大的原油期货交易市场。鉴于中国原油的主要进口国以及中国周边的主要用油国，大多数均为“一带一路”沿线国家，应将原油期货人民币计价、石油人民币回流机制建设与“一带一路”建设结合起来，在推动跨境贸易与投资的人民币结算计价的基础上，沿线石油国及其他国家可以将持有的人民币投资于原油期货市场，从而形成“石油—人民币”机制，打破大宗商品以美元为主导的国际计价体系。另外，未来应继续丰富期货品种，如推出人民币计价的铁矿石、天然气期货产品；进一步推动期货市场的开放，促进“一带一路”沿线境外投资者投资于人民币计价的期货产品，形成开放透明的大宗商品人民币价格体系。

加强金融基础设施建设，“在岸—离岸”市场良性互动推进人民币国际化。提升人民币在金融交易方面的计价职能是推进新一轮人民币国际化的重要方向。这需要各类开发性、政策性、商业性金融机构和各国中央银行的广泛参与；需要不断创新丰富以人民币计价的金融产品，包括人民币存款、债券、股票和基金产品等，也包括期货、期权等人民币衍生品以规避汇率风险；更重要的是需要搭建人民币离岸和在岸市场的良性互动平台。

人民币离岸市场是境外人民币流通的重要平台，人民币金融产品的丰富离不开离岸市场的支持。过去人民币离岸市场的建设以中国香港、伦敦等成熟的国际金融中心为主，随着“一带一路”建设的深入推进，人民币在跨境贸易、投资、产能合作等活动中用于结算计价的规模有望增加，将产生对存款、债券、股票等人民币金融资产的投融资需要，进一步发展离岸市场、丰富人民币金融产品具有现实必要性。离岸市场可为“一带一路”建设提供金融支持，由于“一带一路”沿线的贸易投资活动面临较大的政治风险、经营风险和环境风险，离岸市场可为“一带一路”项目提供专项融资和风险管理服务。未来应侧重人民币离岸市场在“一带一路”沿线如阿联酋、卡塔尔、新加坡等地的布局，扩大离岸市场规模。此外，离岸人民币市场建设需要东道国法律政策的制度支持，需要中外各类金融机构的参与和金融基础设施的完善，需要不断创新债券、股票、贷款、外汇等人民币计价的金融产品。

人民币在岸市场的双向开放是完善人民币回流机制的关键。近年来，沪港通、深港通、债券通等机制相继建立，额度限制逐渐取消，加强了内地与香港股市和债市的互联互通；2018年，中国A股被纳入MSCI新兴市场指数，同年，中国债市被纳入彭博巴克莱全球综合指数，这一系列进展举措有利于吸引大量的境外投资者，反映了中国在岸金融市场逐步走向开放的趋势。未来的金融市场双向开放将围绕逐步放宽境外投资者限制、加强中国与境外资本市场互联互通、丰富人民币计价金融资产品种、提高中国金融市场在国际市场的认可度等方向有序推进。结合“一带一路”建设带来的人民币区域化前景，金融市场的双向开放政策可向“一带一路”沿线倾斜，例如提高沿线国家RQFII的范围和额度，重启QDLP和QDIE，加强与卡塔尔、迪拜等国际金融中心的市场互联互通等。在岸市场的逐渐开放不仅有利于提高机构投资者的比例，改善国内投资者的投资理念和行为，也将促进“在岸—离岸”人民币市场的良性互动，形成顺畅的人民币流出—回流机制，吸引更多的“一带一路”沿线石油人民币及其他离岸人民币回流投资，提升人民币作为金融计价货币的地位。

完善的金融基础设施是提升人民币计价职能的重要抓手。无论是人民币的跨境结算，还是人民币计价金融市场的发展，都需要多层次全方位的金融基础设施支持，金融基础设施也是建立“在岸—离岸”市场机制的基础。未来应进一步拓宽人民币跨境结算系统（CIPS）在“一带一路”沿线的分布，在阿联酋阿布扎比等金融较为发达的地区增加人民币清算行的设立；鼓励中资银行、证券、基金、保险等金融机构“走出去”，推动征信、评级机构等机构的国际化和标准化；吸引国际金融机构、海外央行、商业银行等金融机构的广泛参与，加强不同地区金融市场间的互联互通。

“一带一路”人民币国际化的重点布局

扩大沿线国家双边本币互换、结算的范围和规模

货币互换可以减少国际贸易和投资的汇率风险，也有利于维护区域金融稳定，是许多国家金融合作的新模式。事实上，近年来，在全球经济、全球贸易出现区域化联盟之后，金融和货币领域也出现了以“货币互换网络”为代表的区域

化联盟新趋势，全球掀起了货币互换的热潮。特别是美国次贷危机引发的国际金融危机波及越来越多的国家和地区，各国中央银行之间的货币互换协议签署更加频繁，这种以货币互换网络为基础的金融结构正成为一种新趋势。货币互换是人民币国际化的重要一步，采用人民币与合作国家本币互换，可以规避汇率波动的风险，除了进一步扩大货币互换范围外，下一步是人民币与更多货币进行直接兑换和交易。重点鼓励沿线各国企业更多使用人民币结算，这在能源资源、劳务合作、工程设备等方面有着巨大需求和市场。开展外汇市场货币直接交易，实现人民币汇兑直通车，减少汇率中间套算，降低汇兑成本。各经济体央行之间应当开辟和扩大人民币货币互换规模，开发新的金融产品和服务，为商业银行和企业的融资提供保障与便利。

逐步形成“一带一路”人民币离岸中心网络体系

目前中国香港、新加坡、伦敦、巴黎、法兰克福、卢森堡等都在争当或已成为具有一定实力的人民币离岸中心。中国应因势利导，促进人民币离岸中心网络体系的建设，在具备条件的国际和地区金融中心加快建立人民币离岸中心或结算中心。

根据国家外汇管理局数据，截至2016年12月底，已批准177家人民币合格境外机构投资者（RQFII），累计获得可投资总额度5284.75亿元。截至2016年12月28日，RQFII试点扩大到18个境外国家和地区，可投资额度达15100亿元。随着离岸人民币清算中心全球开花，内地自贸区齐头并进以及国内资本账户开放进程的加快，2016年跨境贸易人民币结算业务发生5.23万亿元，直接投资人民币结算业务发生2.46万亿元，规模保持高速增长。2016—2020年在“一带一路”影响下，贸易项目人民币结算累计增加58000亿—60000亿元，对外投资人民币结算额累计增加5500亿—11500亿元人民币，外来直接投资人民币结算累计增加3400亿—9000亿元。[①]

在这样的发展趋势下，须稳步扩充中国香港离岸人民币资金池。通过挖掘海外机构持有离岸人民币的交易动机和投机动机，促进香港人民币资金池的稳步拓展。从战略设想角度看，可以在“一带一路”背景下积极发掘海外机构基于贸易

---

① 张莱楠：《“一带一路”下人民币国际化战略的步骤与重点》，载《中国经济信息》2017年第11期。

需求持有离岸人民币的交易动机。在“一带一路”纲领性文件中提到要促进中国和海外各个国家贸易畅通，解决中国投资贸易便利化问题，消除投资和贸易壁垒，构建区域内和各国良好的营商环境，积极同沿线国家和地区共同商建自由贸易区。在此过程中积极推动和安排海外人民币的使用，香港可以扮演人民币跨境结算中心的角色，借此机会逐步扩充离岸人民币资金池。

此外，增加向香港离岸人民币资金池补充流动性的途径。在中国资本账户尚未完全开放的条件下，可以尝试将部分QDII额度改为人民币形式，增加在岸人民币市场支持中国香港离岸人民币市场的力度。还可以通过加强香港人民币离岸中心和其他人民币离岸中心的联动，在地理位置和时区上形成与亚洲市场的互补，解决人民币交易的时差问题。同时，两地基金互认不仅是对沪港通和深港通这两地市场互联互通渠道的重要补充，其更使得跨境证券投资一级市场开放（集合类产品跨境发行及销售）迈出了重要的一步，为资本市场进一步开放奠定了基础。2016年以来，除沪港通制度升级、深港通开通在望外，试点个人境外投资制度也可能落地，而未来，除沪港通和深港通外，沪伦通、沪纽（纽约）通和沪新（新加坡）通也可能逐渐浮出水面，由区域互联互通延伸至全球互联互通，真正成为国际金融市场的一部分。[①]

全面完善“一带一路”框架内人民币清算制度

当前，中国与欧洲、亚洲各国建立人民币清算安排、核准人民币合格境外机构投资者（RQFII），协定货币互换协议都是人民币国际化进程中的重要步骤。未来，从推动人民币国际化的战略目标角度，中国将更加积极地构建人民币互换基金池，这样可以有效地防范全球外部风险。在人民币“一对多”的互换、清算系统中，筹建互换资金池，可以极大地扩大这个系统，从而推进清算功能的发展。要允许沿线国家和个人在我国境内银行直接开立人民币账户，保障人民币回流国内的渠道畅通。中国不断拓展人民币在亚洲的使用，又进一步扩大其在欧洲的跨境使用。

2014年以来，中国已经与英国、德国、卢森堡、法国分别签署了人民币清算协议，与英国、德国和法国还分别获得800亿元人民币合格境外机构投资者的额

---

① 张茉楠：《“一带一路”下人民币国际化战略的步骤与重点》，载《中国经济信息》2017年第11期。

度。将沿线国家更多有实力的机构投资者纳入人民币合格境外机构投资者试点范围。统筹人民币清算安排，加快人民币跨境支付系统（CIPS）的建设。发展人民币离岸金融业务，建立人民币离岸市场体系，通过在岸与离岸头寸互相弥补，建立在岸与离岸间的资金链，提升人民币在国际市场上作为其他国家外汇储备的地位。鼓励境内外机构和个人使用人民币进行跨境直接投融资，允许更多的境外人民币通过外商直接投资或RQFII的方式，投资境内的实体经济或证券市场；鼓励境内外银行为跨境项目提供人民币贷款，使用人民币进行对外投资和援助。

探索构建“人民币区”，助推人民币国际化

从发展趋势看，这也意味着未来人民币国际化路径可能由跨境贸易结算推动下的人民币国际化路径转向更多通过计价和储备货币驱动国际化路径。2016年10月1日人民币已经正式加入SDR，这是人民币国际化进程中的重要节点，随着“一带一路”贸易投资的加速，人民币在“一带一路”区域的认可度大大提升，将有助于在这条世界上跨度最长的经济走廊中形成“人民币区”。[①]

提高人民币在全球金融交易中的份额。由于历史和自然条件的双重原因，中亚各国经济发展落后，突出表现为资本短期、基础设施不足，而中国在基础设施建设、制造业、资金供给方面具有明显的国际竞争优势，可以依托基础设施项目、境外经济合作区、边境合作区等模式，建立以人民币贷款、直接投资为主的“一带一路”投融资体系，扩大人民币在亚洲地区的使用范围。

未来如果发行SDR债券用人民币结算，那么人民币在金融结算中的使用也会相应增加，倘若人民币汇改与资本项目开放进程得以顺利推进，市场主导的力量将逐渐提升，汇率弹性将进一步加强，将继续提高金融市场的市场深度和活跃度。受此影响，“一带一路”各类人民币国际贷款、国际债券，以及贸易融资都会快速发展，形成“一带一路”框架下的“人民币区”。

① 张茉楠：《“一带一路”下人民币国际化战略的步骤与重点》，载《中国经济信息》2017年第11期。

第五部分

RCEP与自贸区

15 RCEP国际金融合作倡议书

RCEP签署意味着全球最大自贸区正式诞生，这不仅仅是东亚区域合作极具标志性意义的成果，更是多边主义和自由贸易的胜利，必将为促进地区的发展繁荣增添新动能，为世界经济实现恢复性增长贡献新力量。这是东亚经济一体化建设近20年来最重要的成果。

RCEP的签署，恰逢我国经济发展进入新发展格局，以RCEP为杠杆，RCEP与中国自贸区携手，畅通国内国际双循环。

建设自由贸易试验区是党中央在新时代推进改革开放的一项战略举措，自2013年中国第一个自贸区——上海自由贸易试验区成立以来，我国已分6批设立了21个自贸区，所辖片区数量达到70个，覆盖49个城市。自贸区建设基本完成了“由点到线、由线及面”的全方位布局，构建起“东中西协调、南北兼顾、江海陆边联动”的对外开放新格局。

RCEP是目前全球体量最大的自贸区，RCEP整合了东盟与中国、日本、韩国、澳大利亚、新西兰多个“10+1”自贸协定以及中、日、韩、澳、新西兰5国之间已有的多对自贸伙伴关系，还在中日和日韩间建立了新的自贸伙伴关系。RCEP通过采用区域累积的原产地规则，深化了域内产业链价值链；利用新技术推动海关便利化，促进了新型跨境物流发展；采用负面清单推进投资自由化，提升了投资政策透明度，这些都将促进区域内经贸规则的优化和整合。

RCEP实现了高质量和包容性的统一。货物贸易最终零关税产品数整体上将超过90%，服务贸易和投资总体开放水平显著高于原有的“10+1”自贸协定，还

本文2020年12月11日发表于“学习强国”。

纳入了高水平的知识产权、电子商务、竞争政策、政府采购等现代化议题。同时，RCEP还照顾到不同国家国情，给予最不发达国家特殊与差别待遇，通过规定加强经济技术合作，满足了发展中国家和最不发达国家的实际需求。可以说，RCEP最大限度兼顾了各方诉求，将促进本地区的包容均衡发展，使各方都能充分共享RCEP成果。

RCEP金融合作倡议

以RCEP为契机，推动RCEP国际金融合作，有以下五点倡议。

一是以RCEP金融市场建设和人民币国际化为突破口，推动15国金融多向开放。一方面，通过完善跨境结算和清算网络，促进15国金融市场互联互通，提升金融市场的服务功能；另一方面，进一步扩大人民币在RCEP的使用范围和规模，推动建立人民币与其他14个国家货币的直接汇率形成机制，降低货币交易成本和汇率风险。

二是加强RCEP金融科技合作，提高金融服务的便利性。15国金融机构应坚持科技赋能，强化金融科技在业务拓展、风险管理、产品创新以及普惠金融等领域的应用合作，促进区域内信息流、资金流以及物流的整合和互通，提升金融服务质效。

三是RCEP新金融业态合作，大力推动RCEP金融科技、绿色金融、普惠金融等新业态创新发展，加快RCEP新金融业态的联结与合作。

四是RCEP金融基础设施互联互通，积极推动RCEP15国金融部门的改革开放以及金融基础设施建设，推进15国金融机构网络化布局及15国金融市场发展与互联互通。

五是RCEP中长期投融资合作，搭建RCEP中长期投融资平台，设立RCEP国际合作基金，推动RCEP经济快速发展。

16 RCEP与中国自贸区畅通双循环

2020年11月15日，《区域全面经济伙伴关系协定》（RCEP）第四次领导人会议通过视频方式举行，中国国务院总理李克强出席会议。会上，在15国领导人共同见证下，各国贸易部长签署了RCEP。原商务部部长钟山代表中国政府签署协定。这标志着当前世界上人口最多、经贸规模最大、最具发展潜力的自由贸易区正式启航。李克强总理表示，这不仅仅是东亚区域合作极具标志性意义的成果，更是多边主义和自由贸易的胜利，必将为促进地区的发展繁荣增添新动能，为世界经济实现恢复性增长贡献新力量。当前国际形势下，RCEP经过8年谈判得以签署，让人们在阴霾中看到光明和希望，表明多边主义和自由贸易是大道、正道，仍然代表着世界经济和人类前进的正确方向。

RCEP由东盟于2012年发起，历经8年、31轮正式谈判，特别是2020年以来，RCEP各成员克服新冠肺炎疫情带来的巨大困难，全面完成市场准入谈判，并完成1.4万多页文本法律审核工作，最终在本次领导人会议期间如期签署协定。这是东亚经济一体化建设近20年来最重要的成果。[①]

总体来看，RCEP是一个现代、全面、高质量、互惠的大型区域自贸协定。RCEP协定由序言、20个章节（包括：初始条款和一般定义，货物贸易，原产地规则，海关程序与贸易便利化，卫生与植物卫生措施，标准、技术法规和合格评定程序，贸易救济，服务贸易，自然人移动，投资，知识产权，电子商

本文2020年12月1日发表于“学习强国”。

① 参见《商务部国际司负责同志解读〈区域全面经济伙伴关系协定〉（RCEP）之一》，载中国政府网，http://www.gov.cn/xinwen/2020-11/15/content_5561731.htm，2020年11月15日访问。

务，竞争，中小企业，经济与技术合作，政府采购，一般条款与例外，机构条款，争端解决，最终条款章节）、4个市场准入承诺表附件（包括：关税承诺表、服务具体承诺表、投资保留及不符措施承诺表、自然人临时流动具体承诺表）组成。[①]

RCEP与中国自贸区，畅通国内国际双循环

建设自由贸易试验区是党中央在新时代推进改革开放的一项战略举措，在我国改革开放进程中具有里程碑意义。中国将支持自由贸易试验区深化改革创新，持续深化差别化探索，加大压力测试，发挥自由贸易试验区改革开放试验田作用。

自2013年中国第一个自贸区——上海自由贸易试验区成立以来，我国已分6批设立了21个自贸区，所辖片区数量达到70个，覆盖49个城市。自贸区建设基本完成了“由点到线、由线及面”的全方位布局，构建起“东中西协调、南北兼顾、江海陆边联动”的对外开放新格局。拥有自贸区的21个省份，GDP总量和人口总量分别占全国的87.5%和83.1%（2019年数据），目前还没有自贸区的省份（不含港澳台）只剩下10个：江西、贵州、山西、宁夏、甘肃、青海、新疆、西藏、吉林、内蒙古。

各自贸区的实施范围基本上在120平方公里左右，只有3个例外。一是海南自贸港，实施范围为全岛；二是上海自贸区，原实施范围120.7平方公里，2019年8月又成立临港新片区（873平方公里，先行启动119.5平方公里）；三是浙江自贸区，原实施范围120平方公里，2020年9月扩展到约240平方公里。

2020年9月21日，国务院印发《中国（北京）、（湖南）、（安徽）自由贸易试验区总体方案》和《中国（浙江）自由贸易试验区扩展区域方案》，我国自贸区的版图从前期的“1+3+7+1+6”，进一步扩容为“1+3+7+1+6+3”，呈现出“雁阵引领、东中西协调、陆海统筹”的对外开放新格局。

RCEP是目前全球体量最大的自贸区。2019年，RCEP的15个成员国总人口达22.7亿人，GDP达26万亿美元，出口总额达5.2万亿美元，均占全球总量约

① 参见《商务部国际司负责同志解读〈区域全面经济伙伴关系协定〉（RCEP）之一》，载中国政府网，http://www.gov.cn/xinwen/2020-11/15/content_5561731.htm，2020年11月15日访问。

30%。RCEP自贸区的建成意味着全球约三分之一的经济体量将形成一体化大市场。RCEP囊括了东亚地区主要国家，覆盖亚太地区，将为区域和全球经济增长注入强劲动力。

RCEP是区域内经贸规则的“整合器”。RCEP整合了东盟与中国、日本、韩国、澳大利亚、新西兰多个“10+1”自贸协定以及中、日、韩、澳、新西兰5国之间已有的多对自贸伙伴关系，还在中日和日韩间建立了新的自贸伙伴关系。RCEP通过采用区域累积的原产地规则，深化了域内产业链价值链；利用新技术推动海关便利化，促进了新型跨境物流发展；采用负面清单推进投资自由化，提升了投资政策透明度，都将促进区域内经贸规则的优化和整合。

RCEP实现了高质量和包容性的统一。货物贸易最终零关税产品数整体上将超过90%，服务贸易和投资总体开放水平显著高于原有“10+1”自贸协定，还纳入了高水平的知识产权、电子商务、竞争政策、政府采购等现代化议题。同时，RCEP还照顾到不同国家的国情，给予最不发达国家特殊与差别待遇，通过规定加强经济技术合作，满足了发展中国家和最不发达国家的实际需求。可以说RCEP最大限度兼顾了各方诉求，将促进本地区的包容均衡发展，使各方都能充分共享RCEP成果。

RCEP将超九成商品或纳入零关税范围

在货物贸易方面，15方之间采用双边两两出价的方式对货物贸易自由化作出安排，协定生效后区域内90%以上的货物贸易将最终实现零关税，且主要是立刻降税到零和10年内降税到零，使RCEP自贸区有望在较短时间兑现所有货物贸易自由化承诺。可以预见，随着原产地规则、海关程序、检验检疫、技术标准等统一规则落地，取消关税和非关税壁垒效应的叠加将逐步释放RCEP的贸易创造效应，显著降低区域内贸易成本和产品价格，提升本地区产品竞争力，惠及各方企业和消费者。

数据显示，2020年前三季度，中国与东盟贸易额达4818.1亿美元，同比增长5%，东盟历史性地成为中国第一大贸易伙伴，中国对东盟投资同比增长76.6%。此外，协议的达成还有助于构建本区域内的供应链和价值链。

RCEP对中国意义非凡

七年间，RCEP经过3次领导人会议、19次部长级会议，28轮正式谈判，于2019年取得重大进展。在这一过程中，中国一直积极参与RCEP谈判，发挥了不可或缺的作用。值得注意的是，RCEP的签署意味着中国和日本首次达成了双边关税减让安排，实现了历史性突破。RCEP的达成必将推动中日韩自贸区谈判走上快车道。届时，如果世界第二大经济体中国、第三大经济体日本，加上韩国这一世界第六大经济体能够达成一个高标准的自贸协定，必将极大地提振世界经济。

此外，RCEP的签署对于推动共建“一带一路”也有着重要意义。中国要实现“一带一路”倡议，也有重新构建全球贸易体系的必要。RCEP将成为重要的基础，为中国制定贸易规则争取主动权。RCEP的达成将为中国企业开拓全球市场提供一个巨大的机遇，并将成为中国建设“一带一路”的重要着力点。一方面，作为全球最大的自贸区，RCEP为中国企业提供了足够的市场容量，而这些市场与中国经济高度互补；另一方面，这一自贸区就在家门口，也与中国“一带一路”倡议的方向高度重叠。随着RCEP的签署，东盟方面普遍期待进一步分享中国发展和开放的红利，地区国家也期盼加强共建“一带一路”合作，促进区域互联互通，释放经RCEP整合后的东亚市场的潜力。

RCEP15国均采用投资负面清单

服务贸易方面。日本、韩国、澳大利亚、新加坡、文莱、马来西亚、印度尼西亚等7个成员采用负面清单方式承诺，我国等其余8个成员采用正面清单承诺，并将于协定生效后6年内转化为负面清单。就开放水平而言，15方均作出了高于各自“10+1”自贸协定水平的开放承诺。中方服务贸易开放承诺达到了已有自贸协定的最高水平，承诺服务部门数量在我国入世承诺约100个部门的基础上，新增了研发、管理咨询、制造业相关服务、空运等22个部门，并提高了金融、法律、建筑、海运等37个部门的承诺水平。其他成员在中方重点关注的建筑、医疗、房地产、金融、运输等服务部门都作出了高水平的开放承诺。

投资方面。15方均采用负面清单方式对制造业、农业、林业、渔业、采矿业5个非服务业领域投资作出较高水平开放承诺，大大提高了各方政策透明度。中方投资负面清单反映了国内改革最新进展，这也是我国首次在自贸协定项下以负面清单形式对投资领域进行承诺，对完善国内准入前国民待遇加负面清单外商投资管理制度，锁定国内压缩外商投资负面清单改革成果，实现扩大外商投资市场准入具有重要意义。

自然人移动方面。各方承诺对于区域内各国的投资者、公司内部流动人员、合同服务提供者、随行配偶及家属等各类商业人员，在符合条件的情况下，可获得一定居留期限，享受签证便利，开展各种贸易投资活动。与以往的协定相比，RCEP将承诺适用范围扩展至服务提供者以外的投资者、随行配偶及家属等协定下所有可能跨境流动的自然人类别，总体水平均基本超过各成员在现有自贸协定缔约实践中的承诺水平。

RCEP对标国际高标准自贸规则，纳入电子商务等议题

RCEP拓展了原有“10+1”自贸协定的规则涵盖领域，既对标国际高水平自贸规则，纳入了知识产权、电子商务、竞争、政府采购等议题，又在中小企业、经济技术合作等领域作出加强合作等规定。在知识产权领域，RCEP涵盖著作权、商标、地理标志、专利、外观设计、遗传资源、传统知识和民间文艺等广泛内容，在兼顾各国不同发展水平的同时，显著提高了区域知识产权保护水平。在电子商务领域，RCEP除规定了电子认证和签名、在线消费者保护、在线个人信息保护、网络安全、跨境电子方式信息传输等条款，我国还首次在符合我国法律法规的前提下在自贸协定中纳入数据流动、信息存储等规定。在贸易救济领域，在世贸规则基础上，RCEP对反倾销、反补贴、保障措施作出详细规定，并首次在自贸协定中纳入“禁止归零”条款；同时借鉴国际高标准规则，以“最佳实践”清单方式显著提高反倾销和反补贴调查的技术水平和透明度。在竞争领域，RCEP在促进反垄断、消费者保护等领域达到较高水平。在政府采购领域，各方就积极开展政府采购信息交流和合作、提供技术援助、加强能力建设达成共识。

RCEP认定原产地，企业可信用担保自主声明

在原产地规则方面，RCEP在本地区使用区域累积原则，使得产品原产地价

值成分可在15个成员国构成的区域内进行累积，来自RCEP任何一方的价值成分都会被考虑在内，这将显著提高协定优惠税率的利用率。例如，根据此前成员间双边自贸协定原产地规则不能算作某国原产的某一产品，经过区域价值累积后，将可能被认定为RCEP区域原产，享受RCEP优惠关税。这将有助于跨国公司更加灵活地进行产业布局，建立更精细更完善的产业链分工体系，降低最终产品的生产成本，不仅有助于扩大RCEP成员之间的贸易，还将极大地促进区域供应链、价值链的深度融合和发展。同时，相较于以往的“10+1”协定，RCEP进一步丰富了原产地证书的类型，在传统原产地证书之外，还将允许经核准的出口商声明以及出口商的自主声明。标志着原产地声明制度将由官方授权的签证机构签发模式转变为企业信用担保的自主声明模式，大大地节省了政府的行政管理成本和企业的经营成本，进一步提高货物的通关时效。

RCEP贸易便利化水平超过世贸，发展新型跨境物流

RCEP的贸易便利化措施主要包括海关程序和贸易便利化措施、卫生和植物卫生措施以及标准、技术法规和合格评定程序方面的措施。在海关程序和贸易便利化方面，RCEP简化了海关通关手续，采取预裁定、抵达前处理、信息技术运用等促进海关程序的高效管理手段，在可能的情况下，对快运货物、易腐货物等争取实现货物抵达后6小时内放行，促进了快递等新型跨境物流发展，推动了果蔬和肉、蛋、奶制品等生鲜产品的快速通关和贸易增长。整体水平超过了世贸组织《贸易便利化协定》。在卫生和植物卫生措施方面，为保护人类、动物或植物的生命或健康制定了一系列措施，并确保这些措施尽可能不对贸易造成限制，不对其他RCEP成员构成不合理歧视。在世贸组织《实施卫生与植物卫生措施协定》的基础上，RCEP还加强了风险分析、审核、认证、进口检查，以及紧急措施等规则的执行。

在标准、技术法规和合格评定程序方面，RCEP推动各方在承认标准、技术法规和合格评定程序中减少不必要的技术性贸易壁垒，并鼓励各方的标准化机构加强标准、技术法规以及合格评定程序方面的信息交流与合作。这些举措将大大提高域内货物贸易便利化水平，降低贸易成本，缩短物流时间，进一步促进形成区域一体化市场。

RCEP服务贸易章节：中国金融领域最高承诺水平

服务贸易章节除市场开放及相关规则外，还包含了金融服务、电信服务和专业服务三个附件，对金融、电信等领域作出了更全面和高水平的承诺，对专业资质互认作出了合作安排。金融服务附件代表了我国金融领域的最高承诺水平。首次引入了新金融服务、自律组织、金融信息转移和处理等规则，就金融监管透明度作出了高水平承诺，在预留监管空间维护金融体系稳定、防范金融风险的前提下，为各方金融服务提供者创造了更加公平、开放、稳定和透明的竞争环境。这些规则将不仅有助于我国金融企业更好地拓展海外市场，还将吸引更多境外金融机构来华经营，为国内金融市场注入活力。

电信附件制定了一套与电信服务贸易相关的规则框架。在现有的“10+1”协定电信附件基础上，RCEP还包括了监管方法、国际海底电缆系统、网络元素非捆绑、电杆、管线和管网的接入、国际移动漫游、技术选择的灵活性等规则。这将推动区域内信息通信产业的协调发展，带动区域投资和发展重心向技术前沿领域转移，促进区域内产业创新融合，带动产业链价值链的提升和重构。专业服务附件对RCEP成员就专业资质问题开展交流作出了一系列安排。主要包括加强有关承认专业资格机构之间的对话，鼓励各方就共同关心的专业服务的资质、许可或注册进行磋商，鼓励各方在教育、考试、经验、行为和道德规范、专业发展及再认证、执业范围、消费者保护等领域制定互相接受的专业标准和准则。

RCEP助力中国形成国内国际双循环新发展格局

RCEP将成为新时期我国扩大对外开放的重要平台。RCEP成员贸易总额约占中国对外贸易总额的三分之一，来自RCEP成员的实际投资占中国实际吸引外资总额的比重超过10%。RCEP一体化大市场的形成将释放巨大的市场潜力，进一步促进区域内贸易和投资往来，这将有助于中国通过更全面、更深入、更多元的对外开放，进一步优化对外贸易和投资布局，不断与国际高标准贸易投资规则接轨，构建更高水平的开放型经济新体制。

RCEP将助力我国形成国内国际双循环新发展格局。RCEP将促进我国各产业更充分地参与市场竞争，提升在国际国内两个市场配置资源的能力。这将有利于我国以扩大开放带动国内创新、推动改革、促进发展，不断实现产业转型升级，巩固我国在区域产业链供应链中的地位，为国民经济良性循环提供有效支撑，加快形成国际经济竞争合作新优势，推动经济高质量发展。RCEP将显著提升我国自由贸易区网络“含金量”。加快实施自由贸易区战略是我国新一轮对外开放的重要内容。RCEP签署后，我国对外签署的自贸协定将达到19个，自贸伙伴将达到26个。通过RCEP，我国与日本建立了自贸关系，这是我国首次与世界前十的经济体签署自贸协定，是我国实施自由贸易区战略取得的重大突破，使我国与自贸伙伴贸易覆盖率增加至35%左右，大大提升了我国自贸区网络的“含金量”。

17 自贸区扩容　促开放构建新发展格局

建设自由贸易试验区是党中央在新时代推进改革开放的一项战略举措，在我国改革开放进程中具有里程碑意义。中国将支持自由贸易试验区深化改革创新，持续深化差别化探索，加大压力测试，发挥自由贸易试验区改革开放试验田作用。

自贸试验区作为我国改革开放的试验田，实施7年来，坚持以制度创新为核心，锐意进取、大胆探索，已经形成了260项制度创新成果，面向全国复制推广，成效显著，自贸试验区进一步扩容，将为加快形成新发展格局探索路径、积累经验。中央决定设立新一批自贸试验区，在自贸试验区努力探索更高水平自主开放，彰显了中国政府坚定不移扩大对外开放、建设更高水平开放型经济新体制的坚定决心。

自贸区发展迈入新阶段

自2013年建立上海自贸试验区以来已建立18个自贸试验区，加上此次设立的3个就是21个。这18个自贸试验区从无到有、从少到多，大胆试、大胆闯，形成了多领域复合型综合改革开放态势，为我国构建开放型经济新体制积累了有益经验。

从扩大开放方面来看，自贸试验区在投资、贸易、金融、人员流动等方面都开展了一系列的先行先试，推出了一系列的开放举措；在改革方面，自贸试验区

本文2020年11月17日发表于“学习强国”。

设立之初，就以制度创新为核心，经过多年努力，探索试验了一批基础性的、根本性的改革，成为全国深化改革的样板；在服务国家战略方面，自贸试验区在服务京津冀协同发展、粤港澳大湾区建设、长三角区域一体化发展这些战略方面都取得了比较明显的成效，采取的一系列措施发挥了很重要的作用；在产业集聚方面，自贸试验区通过大胆试、大胆闯，集聚各类要素，利用开放政策，取得了很好的成果；自贸试验区在稳定外贸外资基本盘方面发挥了很重要的作用，数字显示，2020年前7个月，18个自贸试验区新设外资企业3300多家，实际利用外资900亿元以上，进出口额达到2.7万亿元，18个自贸试验区面积不到全国的4‰，但是外资占到全国的16.8%，外贸占到全国的13.5%；[①]7年来，自贸试验区已经形成的可复制可推广的经验达到了260项，在全国不同区域进行了复制推广。

随着北京、湖南、安徽三地新自贸区的落地，我国自贸区的版图从前期的“1+3+7+1+6”，进一步扩容为“1+3+7+1+6+3”，呈现出“雁阵引领、东中西协调、陆海统筹”的对外开放新格局。

与此前的自贸区定位一致，新自贸区要以制度创新为核心，以可复制可推广为基本要求，并被赋予更大的改革自主权，深入开展差别化探索，服务于“一带一路”建设、京津冀协同发展、长江经济带发展、粤港澳大湾区建设、长三角区域一体化发展等重大国家战略。

激发高质量发展内生动力

此次进行自贸区进一步扩容，其目的就是要通过更大范围、更广领域、更深层次的改革探索，激发高质量发展的内生动力；通过更高水平的开放，推动加快形成发展的新格局，有利于进一步服务国家发展战略。我国有18个自贸试验区，其中11个所在省份是靠海的，还有7个没有靠海，属于内陆地区。此次选择这4个地区新设自贸试验区或者扩区，增加北京，实现京津冀的全覆盖，有利于推动京津冀协同发展；增加安徽，实现了长三角全覆盖，有利于推动长三角区域一体化；增加湖南，进一步叠加了中部崛起等国家发展战略。此种布局

① 《中国再添一批开放“新高地”》，载公众号“人民网”，2020年9月22日。

有利于推动形成全方位、多层次、多元化的开放合作格局，打造国际合作与竞争新优势。

有利于进一步保障产业链供应链安全稳定。北京科技创新动能强劲，湖南装备制造业积淀深厚，安徽新兴产业要素比较活跃，浙江数字经济蓬勃发展。在这4地新设或者扩区，将通过科技创新从源头上补链强链，依靠产业链集成创新进一步稳链固链，提升产业链供应链先进性、稳定性和竞争力，引领产业高质量发展，这将会为加快形成以国内大循环为主体、国内国际双循环相互促进的新发展格局做一些有益的探索。

有利于进一步深入开展差别化探索。《中国（北京）、（湖南）、（安徽）自由贸易试验区总体方案》和《中国（浙江）自由贸易试验区扩展区域方案》充分考虑了党中央、国务院对自贸试验区的战略定位和要求，围绕着服务贸易、先进制造业、科技创新和数字经济等新领域新业态，提出了特色鲜明的差别化试点任务，打造各具特色的改革开放新高地。北京在中国服务业开放中具有引领作用，将支持北京自贸试验区在有条件的区域最大限度放宽服务贸易准入限制。湖南自贸试验区着力促进制造业数字化、智能化转型，支持先进制造业高质量发展。安徽自贸试验区通过布局一批基础研究、应用研究的前沿研发平台和基地，努力建设科技创新策源地。浙江自贸试验区将加大物联网、工业互联网、人工智能等新型基础设施的建设力度，积极打造数字经济发展示范区。

有利于进一步建设更高水平开放型经济新体制。这4地外向型经济基础相对较好，增长较快，2019年这4地加在一起利用外资占全国的21.4%，进出口额占全国的21.7%。[①]特别值得一提的是，北京市服务业占北京市GDP的83%，这些数据都显示了这4地有比较好的基础和条件。在对外贸易方面，2019年湖南的外贸增长41.2%，增速全国第一。安徽新兴产业发展迅速，战略性新兴产业占安徽规模以上工业产值比重达到35%。浙江一直是外贸大省，2019年进出口额达到了3万亿元人民币。在这4地新设或者扩区，可利用这4地外向型经济发展势头比较良好的特点，进一步释放巨大的潜力和发展动能，有助于探索在新形势下建设更高水平开放型经济体制，推动经济高质量发展。

① 《自贸区再“上新”，意味着什么？》，载公众号“新华社新媒体”，2020年9月24日。

区域全面经济伙伴关系协定正式签署

2020年11月15日，《区域全面经济伙伴关系协定》（RCEP）签署仪式以视频方式进行，15个成员国经贸部长正式签署该协定。该协定的签署标志着世界上人口数量最多、成员结构最多元、发展潜力最大的东亚自贸区建设成功启动。

协定由东盟10国发起，邀请中国、日本、韩国、澳大利亚、新西兰、印度6个对话伙伴国参加，旨在通过削减关税及非关税壁垒，建立一个16国统一市场的自由贸易协定。

谈判于2012年11月正式启动，涉及中小企业、投资、经济技术合作、货物和服务贸易等十多个领域；8年间，经过3次领导人会议、19次部长级会议，28轮正式谈判；2019年11月4日，第三次《区域全面经济伙伴关系协定》领导人会议发表联合声明，宣布15个成员国结束全部文本谈判及实质上所有市场准入谈判，将启动法律文本审核工作，印度因"有重要问题尚未得到解决"而暂时没有加入协定。截至2018年的统计数据，协定15个成员国将涵盖全球约23亿人口，占全球人口的30%；GDP总和超过25万亿美元，所包括的区域将成为世界最大的自由贸易区。

与全球正在运行的其他自由贸易协定相比，《区域全面经济伙伴关系协定》是一个新型的自贸协定，拥有更大的包容性。该协定不仅涵盖货物贸易、争端解决、服务贸易、投资等议题，也涉及知识产权、数字贸易、金融、电信等新议题。该协定的初衷旨在形成区域内统一的规则体系，降低经营成本，减少经营的不确定风险。根据域内比较优势形成供应链和价值链，加速商品流动、技术流动、服务流动、资本流动，形成"贸易创造"效应。域内企业均可参与原产地的价值积累，对促进区域内相互贸易投资大有裨益。

在当前国际形势下，RCEP经过8年谈判得以签署，让人们在阴霾中看到光明和希望，表明多边主义和自由贸易是大道、正道，仍然代表着世界经济和人类前进的正确方向。让人们在挑战面前选择团结与合作，而不是冲突与对抗，选择守望相助、同舟共济，而不是以邻为壑、隔岸观火，向世界表明开放合作是实现各国互利共赢的必由之路。前进的道路总是不平坦的，只要我们坚定信心、携手合作，就一定能够开创东亚乃至人类更加美好的未来。

国际自贸区的类型和发展趋势

自贸区是指在国家境内设立的，以优惠税收和海关特殊监管政策为主要手段，以贸易自由化、便利化为主要目的的多功能经济性特区，是在两个或两个以上的国家（地区）的关税领土中，取消成员之间关税和其他限制性政策的区域，可分为三个层次：货物自由贸易、服务自由贸易及资本开放、规则及标准统一制定，含自贸区（FTA）和自贸区（FTZ）两种概念。

自贸区一般是用围栏与周边地区区隔开来的一种特殊监管的区域，提供生产制造的工业园区及相关的基础设施，通常位于港口、机场以及陆路口岸等。自贸区或自贸园区的概念在不同国家、不同的文件中有不同的表述，如对外贸易区、自由区、关税自由区、出口自由区、自由出口区、出口贸易区、经济自由区等，但主要特征及内涵具备一致性，即为了促进贸易自由，实行关税优惠和海关特殊监管的区域。

当前全球已经有超过3500个自贸区分布于世界上135个国家。尽管各国的自贸区规则有差别，但其一般机制是一样的，就是通过“境内关外”建立国际合作，这样，产品的零部件可以在世界范围内从一个园区运送到另一个园区直到最终形成产品，在产品运送出全球自贸区的系统之外前，都不用考虑关税、配额和详细的通过手续。

世界各地的自贸区是相似的，其功能定位都是为了促进贸易。但是，它们也有很大的差别，包括规模、经济发展的目的、物理特性、政府的激励措施以及他们产品的最终免除等。发展中国家基础设施相对较差，因此，这些地方的园区可能是像城市一样自给自足的配套住房、餐饮、银行等以及生产和（或）运输的产业综合体。而在发达国家，自贸区有大量的基础设施和现代化的设施，因此这里的园区只是提供生产和（或）运输。

自贸区是城市国际化发展深化的重要标志，对于提升城市在世界城市网络体系中的地位有重大价值。自贸区依据其规模、区位、功能和空间布局特征大致可分为园区型和城市型。

园区型自贸区采用传统的自贸区空间组织形式，以出口加工、货贸、相关服务等功能为主，缺少生活配套服务，一般位于港口机场等交通口岸枢纽周边。城市型自贸区是新兴自贸区形式，结合港口、机场所在城市片区设立，自贸区与城市功能相互融合。城市型自贸区通过更加开放和自由的自贸区形式来吸引聚集国际投资，促进城市甚至区域的建设和发展，打造国际影响力城市。

从演进历程来看，自贸区的发展大致可以分为四代，代际演化是一种整体性的制度变迁，表现在范围延伸、功能扩展、产业转型、政策调整等方面。

从范围延伸来看，自贸区从港口出发，港口（海陆空港）与工业园区结合，再向港城融合，并最终向区域一体化发展。自贸区的空间形态也从传统的园区型向城市型发展，规模逐渐扩大，没有明确物理监管界限。

从功能扩展来看，自贸区功能不断叠加，走向综合化和区域资源配置，应对国家、城市发展诉求。不仅有自贸区的主要服务功能，还配套有居住、休闲娱乐等城市服务功能。

从产业转型来看，从最初的航运中转，向加工制造，再向服务商贸和科技创新等高端产业发展。

在创新要素注入的趋势下，自贸区的产业结构逐渐由制造、贸易主导，向知识经济相关产业融合发展转变。第四代自贸区有两种发展趋势：一是自贸区表现出物理空间上分离但通过公共经营者或管理部口连接的特征，发展成为集港口、临港产业和城市功能于一体的港城或者由多个港口组合形成的网络港口群。二是自贸区个体被FTA内的港际联盟取代，自贸区的特殊优惠政策在全区域内享用，导致个体自贸区取消，如德国汉堡因欧盟经济高度一体化而失去自贸区定位。

欧洲市场自由化必然导致某些自贸区自身优势逐渐被削弱。在区域经济一体化和经济全球化趋势下，以“关税同盟”为特征的模式逐渐演变为“单一市场”。由于单一市场，加上世贸组织和多个双边贸易协定的影响，货物关税显著下降，自贸区豁免关税的优势逐渐被弱化。

中国的自贸区（港）的实践

在世界范围内，自贸区有各种各样的名称，如美国的对外贸易园区、爱尔兰的产业自由园区或出口自由园区、阿拉伯联合酋长国的自由园区、韩国的免税出口加工园区等，已经成为全球供应链的支撑部分。中国已经是世界第二大经济体，又是第一大贸易国，国际游戏规则不管是投资还是贸易，我们都有一定的发言权，无论是国际贸易规则制定，还是国际贸易规则中新制度的确立，都需要我们一起参与讨论、谈判，所以中国不仅仅是适应现行的国际贸易规则，而且开始介入国际贸易规则的修订和制定。

中国对外开放过去几十年，开放度已经很高了，但是新的高度、深度、广度在哪？就是在金融业开放、服务贸易开放、公共服务开放、数字经济开放，这些领域如果跟国际接轨一体化了，那么中国开放的高度、深度、广度就到位了。这一历史任务落到了自贸区肩上。

自贸区直接让生产制造企业受益，同时也可能因其节省而让国家的整体经济受益。目前，中国的自贸区已经呈现出遍地开花之势，从沿海到内陆推广复制，数量已增至21个，将来也还会设立更多的自贸区，国内自贸区竞争也会越来越激烈。

自贸区在投资、贸易、金融、人员流动等方面开展先行先试，进行大量的制度创新，形成一系列可复制可推广的成功经验，为我国后续自贸区扩容、国内新开放格局奠定基础。

截至目前，中国已经分6个批次，设立了21个自贸区。自2013年上海自贸区获批以来，7年间我国自贸区六度扩围，在全国31个省（市、自治区）中，实现了京津冀全覆盖、长三角全覆盖、东中西部地区覆盖。

2013年9月，上海自贸区亮相；2015年，广东、天津、福建成为第二批自贸区；2017年，辽宁、浙江、河南、湖北、重庆、四川、陕西7地自贸区成立；2018年，海南自贸区获批，并于2020年6月以自贸港身份启动运作；2019年，江苏、河北、黑龙江、广西、山东、云南6地自贸区挂牌；2020年9月，北京、安徽、湖南自贸区以及浙江自贸区扩展区域获批。

我国的自贸区经过六次扩容后，“胡焕庸线”（黑龙江黑河—云南腾冲一线）以东地区仅有江西、贵州、山西、吉林四省未设自贸区，我国自贸区建设已经基本形成由沿海到内陆，由“点”到东部“一条线”再到中西部全面推进的阶段。前六批已在东部沿海和中部地区遍地开花，但仍有10个省（自治区）尚待设立，包括内蒙古、吉林、新疆、西藏、青海、甘肃、宁夏、山西、贵州、江西。

总体来看，此次自贸区扩容全面落实了中央关于加快形成新发展格局的要求，并有以下四个特点：第一，突出畅通循环构建新发展格局。深化要素市场化配置改革，促进要素自主有序流动，提高要素配置效率，推动经济发展质量变革、效率变革、动力变革。第二，突出科技创新催生新发展动能。加速科技成果向现实生产力转化，提升产业链水平，维护产业链安全。第三，突出深化改革激发新发展活力。赋予自贸区更大改革自主权，破除深层次体制机制障碍，加强产权和知识产权保护，完善公平竞争制度，激发市场主体发展活力。第四，突出高水平开放打造新发展优势。推动自贸区对接国际先进规则，开展规则、规制、管理、标准等制度型开放，形成国际合作和竞争新优势。

对于企业而言，自贸区建设能使企业节约一些交易成本，政府提供的一些公共服务，也比企业自己建设的服务体系更节省，效率更高。贸易便利化首先提高了效率，自由化的门槛企业越过去了，免税的机会就更多了，税负负担也就轻了。

对于普通百姓而言，自贸区建设带来的实惠主要集中在就业和消费方面。建设自贸区会活跃经济，创造更多的就业机会，一些高级就业人员的机会就会更多一些。另外，有些商品不用再去国外购买，直接在自贸区的商店就可以选购。

对于我国而言，自贸区应该更加注重产业基础的发展，特别是高端制造和高新技术产业等，我国各自贸区都具有明确的腹地指向，高端制造业的发展将为自贸区提供强有力的支撑。因此，我国自贸区主要以实体产业为基础，货物贸易、服务贸易为带动，推动当地产业转型升级，从而反过来促进贸易发展。

双循环发展格局下中国自贸区的前景

自贸区从无到有、从少到多，形成了多领域复合型综合改革开放态势，为我国构建开放型经济新体制积累了有益的经验。受新冠肺炎疫情持续冲击，世界经济有可能陷入20世纪30年代“大萧条”以来最严重的衰退。在外需急剧萎缩、全球产业链和供应链可能出现断裂的情形下，中国经济安全也面临严峻挑战。作为新时代改革开放的新高地，自贸区（包括自贸港）是链接“双循环”的重要平台和关键节点，也是促进“双循环”新格局形成的重要抓手和有力支撑。

在全球“后金融危机时代+后疫情时代”，叠加单边主义、保护主义升温，全球贸易、投资持续低迷，全球经济复苏前景处于高度不确定性环境中，而国内也面临结构性、周期性等问题制约。以国内大循环为主，说明中国未来增长的动力将更多地依赖内需拉动。目前中国投入更大力度推动改革开放、更大范围推广自贸区经验，是稳外贸和稳外资的需要，更是加快形成以国内大循环为主体、国内国际双循环相互促进的新发展格局的题中应有之义。

充分发挥我国超大规模市场优势，挖掘国内消费潜力，促进国内大循环，是有效应对外部环境变化、增强经济发展韧性和活力的战略选择。在这方面，自贸区大有可为。自贸区扩容有利于推动更大范围、更深层次、更高水平的对外开放，有利于区域协和多元化发展。对自贸区进一步扩容，其目的就是要通过更大范围、更广领域、更深层次的改革探索，激发高质量发展的内生动力，通过更高水平的开放，推动加快形成发展新格局。

以供给侧结构性改革促进国内大循环。中国经济存在结构性问题，主要不是因为没有需求或需求不足，而是有效供给不足，从而导致大量“需求外溢”，消费能力严重外流。国内游客到境外抢购奶粉、奢侈品甚至马桶盖，以及各种海淘海购，正是有效供给不足、无法满足国内日益增长需求的强烈信号。需要加快形成以国内循环为主体，国内国际双循环相互促进的发展格局，释放国内需求潜力，利用国际国内两个市场、两种资源，加快推动国内产业转型升级，国内开放、巨大市场为全球投资者提供广阔发展空间。这就需要通过自贸区先行先试，深化改革开放，激发内生发展动力，补齐制度短板与积累经验，稳步推进国内开放。

自贸区在深化供给侧结构性改革时，需突出民生导向，其总体思路是围绕企业、要素、产业、市场和政府五个维度的“受力端”展开，通过“三去一降一补”，推动新旧动能转换和产业结构优化升级。自贸区在供给侧结构性改革方面取得成效，解决好“堵点”“难点”“痛点”，为国内大循环清除“路障”，打通关节。

自贸区，尤其是园区型自贸区，是我国深化改革开放的试验田，与保税物流园区、保税港区、综合保税区等海关特殊监管区结合在一起联动发展，具有承接高附加值国际产业转移、联结国内国外两个市场、更好利用国际国内两种资源的高效功能。这主要体现为三点：一是以优越的营商环境吸引先进要素聚集。自贸区通过实施优惠政策、完善生产和生活基础设施、创新服务方式等，营造良好的投资环境，吸引更多外资、高新技术聚集。二是延长国际产业链。通过与国际市场对接，加快本地产业链条延伸，为产业转型升级提供新空间。三是发挥辐射带动作用，促进区域经济增长。通过一系列制度创新，打造开放发展新高地，为本土企业提供贸易便利，极大地促进经济发展。

自贸区的高水平开放，就要从商品和要素的流动型开放转向规则、规制、管理、标准等的制度型开放，通过促进国内规则规制对接国际高标准市场规则体系，更好地联通国内市场与国际市场，这样才能成为促进“双循环”的重要载体。

对于我国的自贸区来说，未来尤其应当重视交通以及交通服务的优化提升，一方面应合理布局，加强海陆空港等运输能力以及延伸交通服务产业链；另一方面应加强合作，实现海陆空港多式联运。一些自贸区积极构建融资租赁平台，推动业务供需对接、融资对接、创新互动、法律服务，协调解决融资企业动产抵押登记、跨境转租赁等发展过程中存在的一系列问题，以实现服务链的全覆盖。同时，通过创新业务模式，促进融资租赁业聚集发展，创新链有效拓展了产业链。产业链的集聚效应又带动了招商链，让招商引资的规模效应凸显。

“四链融合”促进了自贸区政府与市场之间、创新与产业之间、产业与招商之间的无缝连接和相互匹配，同时也带动了区域各种生产要素的再配置。以“四链融合”促进国内大循环。“四链”指的是服务链、创新链、产业链和招商链。自贸区是各种要素的聚集地，在强化“四链融合”方面有其得天独厚的条件。以增强发展协同性促进国内大循环。

在构建国内完整的内需体系时，自贸区首先是练好“内功”，其次是增强改革发展的协同性，具体包括以下几个层次的协同：一是自贸区片内的协同，包括部门之间的协同，产业之间的协同，平台之间的协同，政府、市场、社会组织之间的协同等；二是自贸片区与其他创新片区、试验区、示范区的协同，推动创新制度、资源和成果的共享；三是同一自贸区各片区之间的协同，实现资源、经验和成果共享；四是自贸区与区域经济的协同，充分发挥自贸区对其他区域的引领示范、辐射带动作用；五是不同自贸区之间的协同，深化省际部门协作，促进体制机制联通，更大力度催生改革力量、开辟开放空间。显然，自贸区率先“并网”或“联网”，有利于推动形成良性互动的内循环格局。

自贸区在构建“双循环”发展格局中的重要作用

我国在经济全球化和国际分工体系中的角色越来越重要，即便是扩大内需，也离不开外部市场。以国内市场大循环为主，绝不能忽略国际市场外循环的重要性。国内大循环与国际循环是相辅相成、不可分割的，打通国内大循环和推动更高水平对外开放，本质上是一体的。就国际循环而言，自贸区可发挥以下作用。

以全面开放新引擎促进国际循环。近年来，西方贸易保护主义抬头，在一定程度上扰乱了全球多边自由贸易体系，给世界经济发展前景蒙上阴影，但经济全球化浪潮不可逆转。自贸区是推动新时代全面开放的新引擎，也是推动国际循环的主阵地，因此要义不容辞地成为贯彻中央开放理念的“领头雁”，积极开拓双向市场，促进国内市场与国际市场深度融合。

助力我国在全球范围内加快与国际贸易伙伴的自由贸易协定谈判，形成维护全球多边主义、鼓励自由贸易的国际经贸规则体系，积极参与世贸组织改革，进一步提升中国在国际经济和国际贸易规则制定时的话语权。对标国际先进水平，在商事、投资、贸易、事中事后监管、行业管理制度等重点领域，深入研究破解改革的重点难点，为全方位对外开放提供更全面的制度保障。对接“一带一路”倡议，搭建推动“一带一路”沿线国家经贸合作、市场要素配置的新平台，推进和“一带一路”沿线国家在贸易、技术和文化等方面的互联互通。“自贸区+一带一路”有机结合，有助于构建更加均衡和多元化的国际循环体系。

借鉴国际先进经验，大力推进自贸区投资和贸易的自由化和便利化，特别是实现投资自由、贸易自由、资金自由、运输自由、人员从业自由等“五个自由”。“五个自由”体现了更深层次、更高水平、更宽领域、更大力度的对外开放，对于促进国际循环无疑将起到引领性作用。

跨国企业的全球化产业布局主要通过投资来推动，因此我国需要制定国际化的市场准入标准、统一的法律法规，以高效透明的行政效率来吸引外资进入，将推进全球化的重心转向消除国内体制不兼容所产生的准入障碍。投资自由化是我国扩大新一轮对外开放的关键，而自贸区在探索解决这一问题过程中将发挥重要作用。

从正面清单到负面清单，是政府管理方式上的一次革命性变革。负面清单的出台是我国开放进入新阶段的重要标志，全国外商投资负面清单条目已由2019年的40条缩减为2020年的33条，自贸区的负面清单条目也从37条缩减为30条。负面清单越来越短，说明我国的开放和国际化程度越来越高。负面清单模式增强了市场的透明度，扩大了外商投资的市场准入范围，增强了外资企业在中国长期发展的信心。

创造与国际规则相兼容的体制，要形成能够适应国际变化的开放竞争型管理模式，在高层次对外开放水平中保障国家经济安全。开放且国际化的经济市场需要设立防火墙以有效防范和避免外部攻击。我们利用自贸区这一全球治理新载体先行先试，可以尽快完成对高标准规则的压力测试和适应，未来在国际经济竞争中切实维护国家经济安全。

设立自贸区是实现上述目标的重要战略举措，自贸区改革就是要对标国际高标准和高水平，在全国范围内率先形成法治化、国际化和便利化的营商环境，率先形成公平、开放、统一、高效的市场环境。近年来，我国一直致力于营商环境的改善，以解决长期以来困扰“放管服”领域的突出问题与关键难题。

通过深入实施“大通关”工程，自贸区有效促进现代物流在全球范围内的大发展，尤其是多式联运模式的新突破，堪比打通了“一带一路”的“任督二脉”。“一带一路”建设为自贸区向外拓展提供了放射线，反过来，自贸区充当了“一带一路”互联互通的枢纽和门户。新冠肺炎疫情大流行严重冲击了全球供应链体系，国际物流运输体系对于保障全球供应链安全至关重要，这方面，自贸区刚好可以大显身手。

新冠肺炎疫情正在改变全球产业链和供应链布局，一些国家有可能减少对中国的依赖，加快寻找替代途径，想方设法将产业链和供应链转移到其他国家，实现多元化投资和供应。从国际循环的视角看，这对中国面向全球的产业链和供应链体系将极为不利。为了应对这种突如其来的变局，尤其是考虑到后疫情时代产能需求和供给不足，自贸区应早作谋划，掌握主动权，积极参与全球产业链和供应链的重构。

近年来以美国为首的西方国家开始对中国高技术企业做出种种限制就是实例。因此，中国需要另辟蹊径：一是以自贸区为基点，努力构建国家价值链的网络；二是通过“一带一路”建设，努力构建新的全球价值链网络，并实现国家价值链与全球价值链之间的协调。

新扩容的自贸区定位

世界经济仍然面临疫情的重大挑战，全球化处于前途未卜的迷茫之中。在此关键时刻，中国果断地启动了双循环战略，以内循环驱动外循环，以高水平开放和深度改革来强化内循环。2020年9月21日，中央决定新设北京、湖南、安徽三个自贸区，并扩展浙江自贸区，使中国自贸区的数量增加到21个。

北京自贸区的最大亮点是定位于引领中国服务业的对外开放，最大限度放宽服务贸易的准入限制，试行跨境服务贸易的负面清单制度，探索知识产权证券化等突破性尝试。特别是在金融服务领域，北京自贸区将开展本外币一体化试点，允许区内银行为境外机构人民币银行结算账户（NRA账户）发放境外人民币贷款，允许外资银行获得证券投资基金托管资格，支持设立境内外私募平行基金等。另外，北京自贸区的科技创新将聚焦于数字货币和区块链技术，依托人民银行贸易金融区块链平台，建立法定数字货币试验区和数字金融体系，形成贸易金融区块链的标准，规范跨境贸易、法律合规、技术标准的实施。依托区块链技术应用，整合高精尖制造业企业信息和信用数据等。同时，第三代半导体、量子通信、生物制药等领域也是发展重点。

湖南自贸区的长沙片区重点对接“一带一路”建设，发展高端装备制造、新一代信息技术、生物医药、电子商务、农业科技等产业；岳阳片区重点对接长江经济带发展战略，突出临港经济，重点发展航运物流、电子商务、新一代信息技术等产业；郴州片区重点对接粤港澳大湾区建设，突出湘港澳直通，重点发展有色金属加工、现代物流等产业。

安徽自贸试验区也包括三个片区，合肥片区重点发展高端制造、集成电路、人工智能、新型显示、量子信息、科技金融、跨境电商等产业；芜湖片区重点发展智能网联汽车、智慧家电、航空、机器人、航运服务、跨境电商等产业；蚌埠片区重点发展硅基新材料、生物基新材料、新能源等产业。

浙江自贸试验区扩展区域同样涵盖三个片区，宁波片区建设链接内外、多式联运、辐射力强、成链集群的国际航运枢纽；杭州片区打造全国领先的新一代人工智能创新发展试验区、国家金融科技创新发展试验区和全球一流的跨境电商示范中心；金义片区打造世界“小商品之都”。

七年来中国自贸试验区制度创新的改革成绩单

从2013年上海自贸试验区成立开始，七年来，各批自贸试验区各自创新，纷纷在政府职能转变、投资便利化、贸易便利化、金融开放和法治化建设五大制度创新领域发力，取得了一大批制度创新成果。

在政府职能转变方面。一是不断简政放权。大力推行行政审批制度改革。如取消、删减、转移和调整一批又一批的市场准入前置审批事项；率先在自贸试验区推行“一口受理”；在国内率先实现企业登记注册“多照合一”，探索使用电子营业执照；探索放开企业登记经营场所的限制；率先使用地税电子税务登记证，绝大部分业务实现全流程网上办理。二是不断加强事中事后监管。自贸试验区按照“谁审批、谁监管、谁负责”的原则加强监管。建立商事登记认领通报制度，明晰监管责任；组建综合执法机构，试行“一支综合执法队伍管全部”；建立统一的市场监管信息平台，提供监管信息支撑；构建企业信用监督指标体系，按照信用等级对登记的商事主体实施分类监管；推行企业年报和经营异常名录管理。三是不断优化政府公共服务方式。自贸试验区积极借助互联网和电子技术媒介，广泛采用电子政务服务模式，大大提高了企业和个人的办事效率，节约商事登记及后续的缴费时间和成本。

在投资便利化方面。一是市场准入的负面清单管理模式不断升级。自贸试验区在全国率先实施负面清单的投资管理模式。2013年，上海自贸试验区推出全国首张负面清单，外商投资准入特别管理措施有190条；2017年7月10日起开始实施的第四版《自贸试验区负面清单》划分为15个门类、40个条目、95项特别管理措施。二是商事登记制度改革不断完善。上海自贸试验区率先实行注册资本认缴制，工商部门登记公司全体股东、发起人认缴的注册资本或认购的股本总额（即公司注册资本），不登记公司实收资本；公司应当将股东认缴出资额或者发起人认购股份、出资方式、出资期限、缴纳情况通过市场主体信用信息公示系统向社会公示。三是投资项目管理由核准制改为备案制。在外商投资领域，对负面清单之外的领域，按照内外资一致的原则，将外商投资项目由核准制改为备案制（国务院规定对国内投资项目保留核准的除外），备案全程网上办理，即时完成。在境外投资领域，一方面实施境外投资项目备案管理制度，企业境外投资除重大项目和敏感项目外，其他项目一律适用备案管理；另一方面实施境外投资开办企业备案管理制度。四是服务新创投资和企业“走出去”。首先，出台金融配套措施促进境外投资便利，在资金环节、跨境投融资业务、外汇管理方面，提供政策便利。其次，搭建“走出去”综合服务平台。最后，提供创新创业服务支持，推出“政务服务窗口无否决权”改革。

在贸易便利化方面。一是国际贸易“单一窗口”建设成效卓越。“一站式”电子通关平台，利用互联网建立“一站式”的电子系统，整合多行政职能部门各自的系统，打造“单一窗口”。二是通关便捷程度不断提升。通过简化手续，实行直通程序、周报关制度等一次性报关或集中报关措施，为自贸试验区用户提供便捷服务，缩短货物报关程序，减少通关时间成本。三是货物分类监管手段不断优化。四是不断培育贸易新业态和新模式。如跨境电商、文化艺术保税等产业通过自贸试验区贸易便利化获得快速发展。

在金融开放方面。一是逐步探索推进人民币国际化。二是加强对国内、跨境融资风险管控。三是增强金融服务功能。上海黄金交易所推出“上海金”集中定价交易机制；上海保险交易所正式运营，成为首家国家级、创新型保险要素市场；天津自贸试验区金融创新最具特色的是融资租赁业务创新。

在法治化建设方面。一是依法引领改革局面基本形成。各大自贸试验区公布了系列《自由贸易试验区管理办法》以及相关条例，确立了从管理体制、投资开放、贸易便利、金融服务到综合监管的法制框架。二是司法保障和争议解决机制基本建立。借鉴国际自贸区经验，各自贸试验区加快健全争议解决机制，形成了以法院为主、仲裁调解为辅的格局。如浦东、前海、横琴等设立自贸试验区法庭，相关的自贸试验区设立了仲裁院、自贸试验区知识产权法庭和海事法院自贸试验区法庭。中国香港、新加坡国际仲裁中心在自贸试验区设立代表处，仲裁机构多元化、国际化程度不断提高，商事调解制度正逐步建立。三是法律服务平台建设逐渐完善。自贸试验区综合行政执法改革、内地与港澳律师事务所合伙联营试点、中国自贸试验区仲裁合作联盟、知识产权快速维权援助中心等一批法治化监管创新模式涌现。在国际法律服务方面，国际商事仲裁机构，域外法律查明服务平台，国际人才引进政策等措施在自贸试验区取得了突破性进展。

中国自贸试验区高质量发展

中国自贸试验区实施7年以来，尽管取得了一系列显著成效，但对标全球先进自贸园区，我国的自贸试验区仍有深化开放的空间。首先是自贸试验区制度创新的浅表化、碎片化问题，改革系统性和集成性不高；其次是改革的自主权限依然不足，存在“两头热、中间冷”现象；最后是贸易投资便利化还有较大提升空间，存在“大门开，小门不开；小门开，玻璃门仍在”的现象。因此，在当前推进海南自贸港建设的背景下，另外20个自贸试验区要通过赋予更大的自主改革权，实现高质量发展。

继续深化行政审批制度改革。积极开展政府权力清单和责任清单的规范工作。就自贸试验区政府职能范围而言，要形成并公开“权力清单”，简政放权，提升行政透明度。哪些该管，哪些不该管，都要用清单列示。就政府责任而言，制定并公开“责任清单”，明晰职责，接受社会监督。对违反“权力清单”造成损失的要依照“责任清单”问责，对探索性的制度创新变革带来风险的可以免责。

对标国际惯例，完善负面清单投资管理制度。参照市场准入负面清单的内资标准，制定更开放、限制行业更细化的自贸试验区准入负面清单。在开放程度和开放范围上，适度放开金融、通信、文化娱乐等服务业的限制，降低专业教育、银行、券商、保险等行业的进入门槛要求。分步实施、重点研究针对境外人士的保险制度和担保制度，解决境外人士信用信息缺失情况下保险难办、信用卡办理难等问题，达到开放多赢的效果。

拓展贸易便利化的覆盖领域。随着服务贸易比重的不断增加和未来国际贸易发展的趋势，自贸试验区可打造“单一窗口”升级版，将货物贸易便利化的制度创新拓展覆盖到服务贸易，逐步将维修服务、离岸贸易、服务外包、技术贸易等纳入系统，加快推进医疗、旅游、金融、文化、教育等高端服务领域的贸易便利化。取消对专业人才流动限制和放宽对跨境支付等形式的服务贸易限制。逐步探索将服务贸易进出口退税申报纳入“单一窗口”管理。

加强自贸区金融创新与国际（区域）金融中心建设联动。与其他领域的制度创新不同，金融领域创新的推进实施和复制推广更多地受到整体金融改革进程的制约发展。与此同时，金融要素的集聚特征，也使自贸区金融创新更多地要通过其辐射功能发挥效应。自贸试验区改革与上海国际金融中心、粤港澳大湾区国际金融中心、天津区域金融中心，重庆、武汉、成都、厦门、青岛区域金融中心等建设密切关联。随着自贸试验区金融创新政策的逐步落实，金融服务实体经济、服务投资和贸易便利化的能力将会进一步增强。

逐步探索自贸试验区与自贸港同等的法律地位。为了解决自贸试验区法律地位尴尬、权责区分不清、制度创新缺乏保障等缺陷，可借鉴新加坡、美国等国家的自由贸易区立法先行的做法，研究出台《中国自由贸易区（港）法》，明确界定中国自贸试验区各片区的行政级别、立法位阶、改革权限等，配合各大自贸试验区所在地方人大已经发布或正在制定的自贸试验区条例，逐步构建自贸试验区发展的法律支撑体系，为自贸试验区的规范化发展提供法律保障。

自贸区或将继续扩容

2017年以来，我国每年都会推出一批新的自贸区，扩容步伐较快。目前还没有自贸区的省份为提高竞争力，都在积极申报和争取自贸区的设立，如内蒙古自治区和甘肃省在2020年6月出台相关政策时都提出要申报建设自贸区。部分已经设立自贸区的省份也在效仿上海和浙江，尝试将更多片区纳入本省的自贸区范围内。据澎湃新闻报道，广东省商务厅正推动将汕头、湛江纳入广东自贸区扩区范围。预计未来我国自贸区还将进一步扩容。

从对接国家重大战略的角度看，自贸区已在京津冀协同发展、长三角一体化、粤港澳大湾区建设等国家战略中发挥积极作用，但对新时代西部大开发战略的支撑还不够，目前还没有自贸区的10个省份（不含港澳台）中有7个位于西部地区。预计兰州、西宁等丝绸之路经济带的重要节点城市将加快设立自贸区。

自贸区不断推出国际货物贸易新模式

当前，贸易保护主义兴起，我国的出口面临较大下行压力。在这种背景下，部分自贸区为了扩大我国出口市场、消化国内过剩产能，积极探索货物贸易新模式。如第五批自贸区中的三个沿边自贸区（黑龙江、云南、广西）针对跨境贸易推出了边民互市等新模式新平台，得到中央高度重视和大力支持，现已成为我国稳外贸工作的重要组成部分。

第六批的湖南自贸区和浙江自贸区扩区方案中，又首次提出要探索“易货贸易”新模式，这在此前的18份自贸区建设方案中都未曾出现。以浙江为例，宁波片区有深水良港和成熟的航运体系，长三角很多大宗商品要经由宁波进出口，而义乌片区有发达的小商品经济，中央提出在浙江自贸区建设易货贸易服务平台，探索“小商品贸易与大宗商品贸易联动的新型易货贸易模式”，意味着两个片区可能会联动起来共同发挥效用。预计未来各自贸区将不断推出国际货物贸易新模式，以应对国际政治风向转变。

自贸区加快推动服务贸易创新发展

2019年北京服务贸易实现进出口额近1.1万亿元，占全国服务贸易的五分之一，基础较好、优势明显。2020年中央将北京自贸区定位为“服务业扩大开放先行区”，就是希望充分利用北京在服务贸易方面的经验和优势，探索服务贸易发展的新途径和新模式，带动其他自贸区加快推动服务贸易创新发展。北京自贸区将在有条件的区域最大限度放宽服务贸易准入限制，为研发、执业、参展、交流、培训等高端人才提供签证便利，并创新监管服务模式。2020年9月，商务部表示将在年内出台自贸区版跨境服务贸易负面清单，加大开放力度，推动服务贸易高质量发展。

随着自贸区服务贸易和服务业的开放程度不断提高，我国企业将面临更加激烈的市场竞争。但从我国此前加入WTO的经历来看，这些挑战也将转化为发展机遇，对提升产业竞争力、推动创新发展起到重要作用。

自贸区加大金融开放创新力度

自贸区在金融领域的开放创新仍存在实践探索空间。随着国际货物和服务贸易领域的开放程度进一步加大，金融服务实体经济的体系也将进一步延伸完善。自贸区正不断完善风险体系建设，开始探索央地合作模式，整合金融数据信息，形成动态监测预警体系，追踪管理自贸区内人民币兑换使用情况并进行风险提示。在风险可控的前提下，自贸区将探索更大范围、更大规模的人民币跨境使用。同时，利用银行、证券、保险放开外商投资限制契机，将以竞争方式促进国内金融服务业务能力提升，加强金融领域人才交流，吸引国际资本积聚，进一步增强服务实体经济能力。

自贸区进一步突出形成新发展格局

自贸区的设立从第五批开始，就格外注重“差别化探索”的任务，2020年新增的自贸区也都具有鲜明的定位，如北京自贸区承担服务贸易的试点任务，湖南自贸区承担中非合作的试点任务。预计各自贸区将更加突出不同的战略定位、改革目标和产业特色，因地制宜形成更多针对性强、实效性强、集成性强的制度创新成果。此外，第二批自贸区（天津、福建、广东）的试点时间于2020年到期，预计2021年会有进一步深化的方案或意见出台，针对国内外发展新形势提出新定位、新任务和新举措。2020年8月以来，商务部多次表示将赋予自贸区更大改革开放自主权，这也将有利于各地更深入地开展差别化探索，形成高质量创新成果。

深化要素市场化配置改革，促进要素自主有序流动，提高要素配置效率，推动经济发展质量变革、效率变革、动力变革。北京自贸试验区加强京津冀三地技术市场融通合作，对有效期内整体迁移的高新技术企业保留其高新技术企业的资格；湖南探索设立跨省域资质和认证互认机制，企业跨省迁入自贸试验区以后，继续享有原有的资质、认证；安徽完善区内技术等要素交易市场，允许外资参与投资；浙江建立产业链“链长制”责任体系，探索实行产业链供地。

加速科技成果向现实生产力转化，提升产业链水平，维护产业链安全。北京自贸试验区探索开展去中心化的临床试验试点，简化国内生物医药研发主体开展国际合作研发的审批流程；湖南建立企业技术需求清单，促进科技成果转化；安徽不断深化科技成果使用权、处置权和收益权改革；浙江试点开展数据跨境流动安全评估，探索建立数据安全管理体制。

赋予自贸试验区更大改革自主权，破除深层次体制机制障碍，加强产权和知识产权保护，完善公平竞争制度，激发市场主体发展活力。北京自贸试验区探索国际数字产品专利、版权、商业秘密的知识产权保护制度建设；湖南开展强化竞争政策实施试点，创造公平竞争制度环境；安徽建立以人力资本价值实现为导向的分配激励机制；浙江探索取消施工图审查等工程建设领域审批制度改革。

推动自贸试验区对接国际先进规则，开展规则、规制、管理、标准等制度型开放，形成国际合作和竞争新优势。北京自贸试验区试行跨境服务贸易负面清单管理制度；湖南放宽外商设立投资性公司申请条件；安徽探索建立符合国际通行规则的跨国技术转移和知识产权分享机制；浙江允许中资非五星红旗船开展以宁波舟山港为中转的外贸集装箱沿海捎带业务。

第六部分

扩大开放

18 扩大对外开放　打造国际一流营商环境

当前，全球疫情和世界经济形势仍然严峻复杂。在这种复杂的形势下，中国始终坚持扩大开放，秉持合作共赢理念，着力打造市场化、法治化、国际化营商环境，完善公平竞争环境，为全球商界创造更多机遇。

2020年上半年，克服前所未有的困难和挑战，中国外贸、外资和消费交出了一份不错的"半年报"。外资企业坚持看好中国，离不开中国坚持对标国际先进水平，为市场主体优化服务，不断改善营商环境。"中国在优化营商环境方面取得了史无前例的成就。"2020年7月，世界银行发布的《中国优化营商环境的成功经验——改革驱动力与未来改革机遇》专题报告如此写道。该报告指出，中国的营商环境改革涵盖了《全球营商环境报告2020》的大部分指标；在过去两年里，中国营商环境全球排名从2018年第七十八位跃升至2020年第三十一位，连续两年跻身全球改革步伐最快的前十个经济体之列。营商环境是企业生存发展的土壤。

近年来，中国以参与世界银行全球营商环境评估为抓手，通过深化改革、扩大开放，致力于打造公平、透明、可预期的营商环境，营商环境全球排名持续大幅提升，被采信的改革数量位居全球前三，已成为全球主要经济体中营商环境改善幅度最大的经济体。

外商在华合法权益得到切实保障。激发市场活力，就是要把该放的权放到位，该营造的环境营造好，该制定的规则制定好，让企业家有用武之地。在世界银行发布的《全球营商环境报告2020》中，中国在改善司法行政质量这一指标上的得分高于世界上任何一个经济体。在深化改革、扩大开放的道路上，中国笃定前行，为企

本文2020年11月12日发表于"学习强国"。

业蓬勃发展创造土壤。有针对性地解决国内外企业发展难题的相关法律不断出台。

2020年1月1日，《外商投资法》及其实施条例正式生效，给外商在华利益提供了更强有力的保障；《优化营商环境条例》实施，把近年来有关优化营商环境的政策措施、经验做法形成全社会具有法律约束力的制度规范，中国优化营商环境制度建设进入新阶段；2020年全国外商投资准入负面清单，由2019年的40条缩减至33条，自贸试验区外商投资准入负面清单由37条缩减至30条……国际投资者切实感受到束缚和障碍更少、竞争环境更加公平、合法权益更有保障。《外商投资法》通过缩减外商投资准入负面清单，简化审批流程，保障公平竞争，在完善仲裁法律和实践方面进步明显，对于在华外资企业是非常积极的信号。

加强知识产权保护有助于推动更高水平国际合作。《外商投资法》在法律上确认了负面清单之外的外商投资均享有国民待遇，禁止以行政手段强制进行技术转让，强化了对外国投资者和外商投资企业的知识产权保护，外商在华合法权益得到切实保障。中国已实施准入前国民待遇加负面清单管理模式，在四大经济圈等有条件的地方，应大幅缩减负面清单，推动现代服务业、先进制造业、现代农业等高端产业全方位对外开放，允许外资控股或独资经营，吸引更多全球产业链相关企业落户中国、加入区域产业链集群。

地方政府要坚定不移地发展产业链集群，扶持引入全球龙头企业成为产业链集群的核心，在国外需求依旧疲软的时候努力营造以当地需求、国内需求为拉动的产业小循环，保证产业链集群的健康发展；当国外市场复苏的时候，进一步加强国际合作，扩大产业集群规模和发展质量，带动全球产业链的大循环。

中国将继续深化改革，进一步扩大开放，打造内外资企业一视同仁、公平竞争的营商环境，严格保护知识产权，致力于发展更高水平的开放型经济。中国有条件、有能力应对各种风险挑战，保持经济平稳运行，推动高质量发展。在当前错综复杂的国际政治经济形势下，中国坚持多边主义和自由贸易，坚持以发展的眼光看待全球化进程和世界贸易中出现的问题。中国支持与时俱进地改革和完善世界贸易组织规则。改革要坚持贸易自由化的大方向，照顾各方关切和利益，维护发展中成员的发展权益，促进缩小南北差距。

营造国际一流营商环境具有重大意义

营造国际一流营商环境，顺应经济全球化新趋势、国际形势新变化、国内改

是中国特色社会主义法治建设的先进成果，应当从法治与营商的本质性联系、营商环境法治的目标定位、优化法治营商环境的路径设计等方面深入理解其内涵。

创造法治化的营商环境，科学立法是前提。“立善法于天下，则天下治；立善法于一国，则一国治。”良法善治是政府行使经济职能的制度性安排和权威性表达，具有稳定性和可预期性，是企业投资兴业的主要参考和决策依据。当前，我国基本建立了以《优化营商环境条例》为主干、以各类政策文件为补充、以地方优化营商环境立法为支干的优化营商环境立法体系。继续用好立法这一重要抓手，制定完善契合现代化经济体系需要的法治体系，才能更好地发挥法治固根本、稳预期、利长远的作用。

严格执法是关键。执法是行政机关的基本职能，也是与投资者联系最直接、最密切的职能。可以说，没有严格执法，就没有法治政府，也没有一流的营商环境。越是严格执法、依法执法，就越能在招商引资等方面有大作为。各级政府既要做到法无授权不可为，又要做到法定职责必须为。严格执法意味着在市场准入、审批许可、经营运行、招投标等方面打造公平竞争环境，打破各种各样的“卷帘门”“玻璃门”“旋转门”，给各类市场主体的发展创造充足、公平的市场空间。

公正司法是保障。司法是维护社会公平正义的最后一道防线，也是依法平等保护各类市场主体产权和合法权益的最后一道防线。通过公正司法依法有效保护各种所有制经济组织和公民财产权，增强人民群众财产财富安全感，是优化营商环境的题中应有之义。司法机关必须平等公正保护各类投资者合法权益，让各种市场主体真切感受到公平正义就在身边。司法公平公正，各类产权的所有者安心放心，市场的创业创新创造动力才能更加强劲。

全民守法是基础。营造全民守法的法治氛围，才能让遵纪守法的企业不吃亏，使企业家安心经营、放心投资、专心创业。一方面，政府要带头尊法学法守法用法，进一步深化放管服改革，对投资者从法律上加以平等保护。另一方面，投资者要相信法律，养成遇事找法、办事依法、解决问题靠法的行为习惯，在法律范围内通过正当有序的竞争来获利，推动构建“亲”“清”的新型政商关系。

习近平总书记强调：“营商环境只有更好，没有最好。”[1]谁拥有法治化营商环境，谁就拥有竞争优势，就能促进经济转型升级和高质量发展。营造一流营商

① 习近平：《共建创新包容的开放型世界经济》，载《人民日报》2018年11月6日，第3版。

环境必须发挥好法治的保障作用，坚持科学立法、严格执法、公正司法、全民守法，为各类市场主体营造稳定、公平、透明、可预期的良好环境，进而更好地激发市场活力和社会创造力。

优化营商环境的法治路径

优化营商环境必须依靠法治、遵循法治。

第一，优化营商环境，立法质量必须提升。要以高质量的立法保障和促进经济持续健康发展，推进重点领域立法适应新时代构建开放型经济新体制的需要。2020年5月，《民法典》审议通过，规定“民事主体在民事活动中的法律地位一律平等”“民事主体的财产权利受法律平等保护”，公有制和非公有制企业进一步得到平等保护。2019年3月通过的《外商投资法》的一大亮点就是强调对内外资企业的平等保护。国务院2019年立法工作计划中制定的《优化营商环境条例》也格外引人注目。各级地方政府应当根据国家立法和地方实际需要，积极构建优化营商环境的高质量地方立法。

第二，优化营商环境，须推进全面依法治国，坚持法治国家、法治政府、法治社会一体建设。一方面，要运用法治的实体和程序规则来规范政府和市场的边界，尊重市场经济规律，通过市场化手段，在法治框架内调整各类市场主体的利益关系。另一方面，要持续深化政府“放管服”改革（简政放权、放管结合、优化服务）、落实减税降费政策，依法平等保护产权等企业各项合法权益。同时，不能忽视各种各样的执法随意、执法不公、执法不严等政府不作为或滥作为问题。破解这些问题，关键是要加强政府法治建设，提高领导干部的法治思维及公务员依法执法的水平。

第三，优化营商环境的司法保障能力。司法公正与否直接影响营商环境的优劣程度。首先，在司法案件中要坚决落实国企民企平等对待，依法服务民营经济发展，建立更加公平的司法机制，保障经济不断发展。其次，积极建设智慧司法，以司法智能化服务和运用为契机，通过司法高科技装备和技术条件助力司法提高效率。再次，要注重司法制度与其他多元化纠纷解决机制进行有效衔接。调解和仲裁等多元解纷方式具有周期短、成本低、执行快等特点，对于优化营商环境、调处民商矛盾非常有益。最后，新时代市场经济蓬勃发展衍生了新业态和新模式，司法审判应当结合法律和实际，既保持谦抑，也用好裁判，发挥好其促进保障、监督制约、规范引导、制裁打击等多方面的职能作用。

第四，优化营商环境的法治文化氛围。良好营商环境的塑造，不仅需要全面系统的各项硬性法律规范和法律制度，也需要企业守法意识和公民法律信仰等软性法治文化。例如，诚实守信是经商者的道德底线，严重违背者将面临法律严惩。因此，应加强包括信用体系、标准体系建设在内的一系列行业自治举措建设，使其配合国家整体营商环境法治建设一体化推进。自《社会信用体系建设规划纲要2014—2020年）》公布以来，全国各地社会信用条例纷纷出台，全国信用信息共享平台建成3年多来，已实现与44个部委、各省区市和70多家市场机构的互联互通，归集信用信息超过316亿条，为守信联合激励和失信联合惩戒筑牢了根基。另外，还应持续支持和推进普法宣传教育工作，改革法学教育培养涉外等专业法律人才的机制，深化律师积极参与的公共法律服务体系。总之，只有孕育更好的法治文化氛围，才能获得更优的营商环境。

19 应对经济持久战 构建“双循环”新格局

世界面临百年未有之大变局，国际环境日趋复杂。疫情的出现进一步推动了全球政经格局分化、经济全球化转化、全球产业链供应链裂变的趋势和进程。新冠肺炎疫情形势、国际经贸形势、国际关系变化带来的影响不是短期就能消弭的，必须做好长期准备。面对全球经济发展的艰巨性和不确定性，中国经济需要作“持久战”的准备。

中共中央政治局2020年7月30日召开会议，分析研究了当前国际国内的经济形势，谋划了长远发展，释放出国家经济战略新的重大信号：我国要加快形成以国内大循环为主体、国内国际双循环相互促进的新发展格局。这是根据我国发展阶段、环境、条件变化提出来的，是重塑我国国际合作和竞争新优势的战略抉择，是对国家发展战略进行的重大调整和转变。实现双循环相互促进需进一步释放改革潜能。

首先，推动形成双循环新格局，需要正确理解“内循环”与“外循环”的关系，实现补短板、调结构。要想推动国内国际双循环相互促进，高水平的对外开放、与世界经济形成更紧密的联系仍是题中应有之义。强调以国内大循环为主体，本质上是一个补短板、调结构的过程。过去几十年，出口导向型经济为我国经济发展贡献了力量，但“大进大出”的方式在当前全球格局和我国经济发展阶段下难以为继。从长期看，产业链区域化、近岸化、关键产品建立国内供应链是防风险之举；而提升关键技术零部件水平、推动产业转型升级，则是补短板的必然要求，加大内循环是一个有益的补充。

本文2020年9月1日发表于“学习强国”。

其次，推动形成双循环新格局，要推动从商品服务到技术模式的供给侧结构性改革。2020年以来，新冠肺炎疫情的暴发让全球产业链、供应链遭遇瓶颈，外需相对疲软，发挥超大规模市场优势、充分挖掘内需潜力刻不容缓。在这一过程中，"出口转内销"成为不少外贸型企业抵御外部冲击的坚强后盾。需要关注的是，扩大内需要根据个性化、多元化、不断成长的内需要求，把内需强大的消费能力转化为生产和创新能力，进一步推动商业模式和技术应用的创新，真正打通内循环。

最后，推动形成双循环新格局，要推动体制机制的结构性改革。实现国内国际双循环相互促进，要疏通生产、分配、流通、消费等多个环节，而这些环节的顺畅，有赖于产业的合理竞争、金融对实体的支持、区域之间打破地方保护主义、民资民智的充分发挥等。在此过程中，要营造长期稳定可预期的制度环境，加强产权和知识产权保护，建设高标准市场体系，完善公平竞争制度，激发市场主体活力。①

当前国际环境不确定性与日俱增，中国肯定要更加重视国内市场，更加重视内部发展稳定。当前中国的外向型经济中，有一部分由于外部市场萎缩面临风险，因此需要通过扩大内需来消化生产能力，如当前国务院正部署推进的出口转内销工作就着眼于此，这也正是供给侧结构性改革的内容之一。与此同时，中国拥有超大规模的消费市场，以及完整的生产产业链，这也为打通内部大循环创造了客观条件。

内循环绝非"自我封闭"，而是面对全球经济衰退、风险因素增多的国际背景，通过疏通内循环带动外循环，通过中国经济平稳发展带动全球经济复苏。此举不仅有助于进一步扩大消费市场，让世界分享中国的扩大内需战略，还将优化升级中国产业链布局，以此稳定全球产业链，提高其应对外部冲击的能力。

内外循环不是两个闭环，它们是相互联通的。扩大开放正是联通"双循环"，甚至是破解当前中国经济发展难题的主要抓手。尽管当前环境下经济外循环面临一定挑战，但中国仍将努力促其畅通，一方面继续扩大出口，另一方面通过扩大进口来带活国际上一些市场主体的信心，促其扩大供给。这是中国为全球经济稳定作出的贡献。

"以国内大循环为主体"，尽管我国复工复产比较迅速，第二季度中国出口在全球市场所占份额大幅上升，并达到了历史高点。但是疫情造成全球化贸易断裂，

① 马梅若：《实现双循环相互促进需进一步释放改革潜能》，载《金融时报》2020年8月26日。

WTO预计全年世界贸易增速缩水。而我国的政策也一直在往“内”走，首先满足国内需求，以国内的复苏繁荣推动国际经济复苏。

“国内国际双循环”，以国内内需为主并不意味着放弃国际，而是要打造面向全球的高效的产业链、供应链，围绕“一带一路”规划构建合作创新网络。推动人民币国际化，吸引全球资本来中国投资，使国内市场和国际市场更好联通，实现可持续发展。

站在“十三五”与“十四五”的交汇点上，“双循环”并非着眼短期，而是一个中长期战略。它综合判断当前不限于经济的各方面形势，并提出相应对策来突破困局，预计“双循环”会贯穿于未来中国整个“十四五”规划的实施过程中。

促开放、优环境，促进双循环良性互动。当前全球经济已经高度融合，你中有我、我中有你，对外开放没有回头路，只能更上一层楼。我们应继续扩大对外开放，发挥好外资企业的桥梁纽带作用，积极利用自贸区（港）做好先行先试工作，对接高标准国际经贸规则。需警惕产业外迁风险和大宗商品的海外供应安全问题，加大开放力度，持续优化外商投资环境。同时，应继续完善我国高标准自贸区网络，尤其是尽快完成RCEP（区域全面经济伙伴关系协定）落地，着力推进中日韩自贸区谈判。通过高质量推进“一带一路”建设，全方位加强互联互通，打造国际经贸合作的新标杆，推动国内和国际双循环在更高层面和更广空间实现良性互动。

促创新、赋动能，构建立体化产业链体系。在新一轮科技革命孕育待发之际，应坚持科技强国战略，着力打造高层次人才队伍，完善创新体制机制，加快推进5G、人工智能、大数据、工业互联网等新型基础设施建设，为“双循环”赋予新动能。通过创新推动传统产业升级、助力新兴产业发展。在努力稳住我国在全球价值链中重要地位的同时，下大力气积极构建以我国为主的全球产业布局，在综合考虑竞争力、成本和安全等因素的基础上，构建涵盖本地、区域和全球的多层次、立体化的产业链体系。应着力夯实以我国为核心平台的亚洲生产网络，加强和“一带一路”沿线国家的产业融合，注重发达国家价值链和发展中国家价值链的共建互融，反哺国内经济高质量发展。

20 坚持以联合国为核心的国际体系和国际秩序

当地时间2021年3月18日，中共中央政治局委员、中央外事工作委员会办公室主任杨洁篪，国务委员兼外长王毅在安克雷奇同美国国务卿布林肯、总统国家安全事务助理沙利文举行中美高层战略对话。

杨洁篪指出，中方主张和平、发展、公平、正义、民主、自由的全人类共同价值，主张维护以联合国为核心的国际体系、以国际法为基础的国际秩序，而不是以一小部分国家制定的规则为基础的秩序。

坚持联合国框架下的多边主义，反对霸凌主义

回望联合国成立以来的75年，国际多边合作的主流从未改变。作为世界上最具权威性、普遍性和代表性的国际组织，联合国从成立之初的51个创始国发展到如今的193个会员国，始终是实践多边主义的最佳场所，也是国际社会集体应对各种威胁和挑战的有效平台。

时代的车轮滚滚向前。75年之后，联合国仍是世界多边主义的重要基石，多边主义仍是国际社会的普遍共识。维护以联合国为核心的国际体系，支持在众多国际组织框架下的多边主义，是世界各国的共同任务。

当前，世界处于百年未有之大变局，面临的挑战越来越具有全球性质，这也凸显出多边体系的重要性。如联合国秘书长古特雷斯所言，只有通过多边治理和基于规则的国际体系才能够应对全球挑战。

本文2021年3月23日发表于“学习强国”。

作为联合国的创始会员国及安理会的常任理事国，中国始终坚定维护联合国的权威和作用，坚定捍卫多边主义，忠实履行应尽的国际义务。2015年9月，中国国家主席习近平在纽约联合国总部出席了第70届联合国大会一般性辩论并发表重要讲话，宣布中国决定设立为期10年、总额10亿美元的中国—联合国和平与发展基金，支持联合国工作，促进多边合作事业。①

2021年1月25日，习近平主席以视频方式出席世界经济论坛“达沃斯议程”对话会，发表题为《让多边主义的火炬照亮人类前行之路》的特别致辞，指出：“21世纪的多边主义要守正出新、面向未来，既要坚持多边主义的核心价值和基本原则，也要立足世界格局变化，着眼应对全球性挑战需要，在广泛协商、凝聚共识基础上改革和完善全球治理体系。”②习近平主席关于21世纪的多边主义的重要论述，是突破全球治理困境重大理论和实践问题的凝练总结，是改革和完善全球治理体系的思想指引，是推动构建人类命运共同体的行动指南。

践行共商共建共享是基本原则。国家无论大小、贫富、强弱，都是国际社会的平等成员，都有平等发展的权利、追求美好生活的权利、参与国际事务的权利。全球治理体系要由大家一起建设，不能沉迷本国优先，也不能唯我独尊，要提高发展中国家的发言权和代表性，推动各国权利平等、机会平等、规则平等，让不同国家、阶层、人群共享全球治理红利。

维护国际法则秩序是重要基石。国际关系绝不能退回到“丛林法则”时代，各国关系和利益只能以制度和规则加以协调。构建有序的全球治理格局，要恪守主权平等、不干涉内政、和平解决争端等国际关系基本准则，反对霸权主义和强权政治，抵制单边制裁和长臂管辖，共同维护国际公平正义。

坚持开放融通是正确方向。人类历史和实践表明，开放带来进步，封闭必然落后，经济全球化是不可阻挡的时代潮流。破解全球经济治理困局，要反对一切形式的保护主义，维护以世贸组织为基石的多边贸易体系，促进贸易投资自由化便利化，在开放融通中谋求互利共赢。

树立共同体意识是必由之路。人类只有一个星球，各国不可分割、命运与共，需要同舟共济，精诚合作。我们要摒弃意识形态的偏见，跨越民族文化的分歧，

① 习近平：《携手构建合作共赢新伙伴 同心打造人类命运共同体》，载《人民日报》2015年9月29日，第2版。

② 习近平：《让多边主义的火炬照亮人类前行之路》，载《人民日报》2021年1月26日，第2版。

坚守和平、发展、公平、正义、民主、自由的全人类共同价值，共同呵护和建设我们的地球家园。

中国将继续坚定捍卫多边主义。中国践行多边主义不搞选择性，而是坚持原则性，这个原则就是维护以联合国为核心的国际体系，维护以国际法为基础的国际秩序，维护联合国在国际事务中的核心作用。我们将积极参与建设更包容的全球治理、更有效的多边机制，满足应对全球性挑战的现实需要。

中国将继续维护世界和平稳定。中国将坚定不移地走和平发展道路，在和平共处五项原则基础上同各国开展友好合作、发展伙伴关系。中方将继续倡导共同、综合、合作、可持续的新安全观，在热点问题上尽力劝和促谈，积极应对气候变化、网络安全、恐怖主义等非传统安全威胁，致力于国际关系民主化和国际公平正义。

中国将继续促进全球可持续发展。2020年是中国全面建成小康社会的收官之年，也是脱贫攻坚战的收官之年，我们将在历史上第一次彻底摆脱绝对贫困。中国始终胸怀天下，立己达人，将继续深入落实2030年可持续发展议程，深化农业、减贫、气候变化、妇女儿童、生物多样性等领域国际合作，与各国在追求发展的道路上携手前行。

中国将继续积极推动开放共赢。开放共赢是中国外交的基本方略。习近平主席在2020年11月5日举行的第三届中国国际进口博览会上指出，中国将坚定不移全面扩大开放，更有效率地实现内外市场联通，要素资源共享，让中国成为世界的市场、共享的市场、大家的市场。这一重要表态赢得了国际社会的普遍欢迎。中国已决定加快构建以国内大循环为主体、国内国际双循环相互促进的新发展格局，这是中国经济发展到以内需为主动力新阶段的必然选择，也体现了世界上主要经济体发展壮大的客观规律。在构建新发展格局的过程中，中国的市场规模和容量必将不断扩大，从而为世界各国进入中国市场、分享中国机遇创造更广阔空间。国内循环带动国际循环，国际循环又深化国内循环，双方相互开放、相互促进，将为中国经济和世界经济不断注入新的动力。

坚持多边主义，推进全球治理体系转型才是纠正“逆全球化”的良方

经济全球化时代，各国间客观上已经形成了“你中有我，我中有你”的命运共同体。“逆全球化”本身就是原有全球治理体系失效的后果，因此，坚持多边

主义，推进全球治理体系转型才是纠正“逆全球化”的良方。

第一，推进全球治理体系转型，首先需要解决治理主体多元化诉求。当前全球治理呈现出“两难”状况，欧美发达国家由于自身实力的衰落，一方面，参与全球治理的意愿减弱，不愿意继续提供公共产品，甚至退出多边主义的制度框架。另一方面，却又不愿看到新兴经济体在全球治理中获得更大的话语权，这直接导致多边主义受阻和全球治理失效。全球治理体系转型必须体现世界权力结构的变革，广大新兴经济体和发展中国家需要更多地参与到全球治理中来。无论大国小国、强国弱国、富国穷国，都可以平等地在多边主义框架下协商合作。

第二，推进全球治理体系转型，需要坚守多边主义精神，解决制度改革、创新和法治化诉求。多边主义制度体系是全球治理的基石，没有制度体系的改革和创新，全球治理体系转型便无从谈起。

全球治理制度的改革不仅需要体现权力结构的变革，同样需要寻求最大多数国家利益的最大公约数，实现互利共赢。同时，在原有全球治理制度设计的盲区，积极推进制度体系的创新和创设。随着新的全球性问题不断出现，越来越多的议程需要新的制度供给，以应对共同威胁，维护共有利益。例如，中国发起的亚投行，就是对基础设施合作这一治理空白领域的制度化创新。

同时，要以法治化推进全球治理“善治”目标的实现。只有尊重国际法，只有在国际法律制度的框架下开展国家间的合作与交往，才能保证国际关系的公平原则。例如，互相尊重主权与领土完整、互不干涉内政、和平共处等，正是在这些基本原则的约束和协调下，国际社会的基本秩序才得以顺利运转。因此，尊重国际法基本准则，坚持国际社会的法治化，才能真正保障全球“善治”的实现。

第三，推进全球治理体系转型，需要以多维化全球治理价值体系为支撑。首先，要强化改革和丰富全球治理体系的治理理念。任何形式的全球治理理念，实质上都是主导国国家治理经验在全球层面的投射。比较更多国家成功的治理经验，兴利除弊，尊重不同国家不同发展治理模式的选择，强调不同价值诉求之间的包容性和互联性，才是正道。其次，强调公平正义的全球治理价值，推进实现西方发达国家与新兴经济体、广大发展中国家之间的公平正义，彼此间平等地参与到全球治理进程中来，尊重新兴经济体和广大发展中国家对全球治理的合理诉求。

当前，中国反复重申维护经济全球化，旗帜鲜明地反对“保护主义”，坚守多边主义，承担国际责任，显示出坚定推进全球治理转型的信心和决心。在G20布宜诺斯艾利斯峰会上，习近平主席面对新形势，对全球治理提出了包括“坚持开放合作，维护多边贸易体制；坚持伙伴精神，加强宏观政策协调；坚持创新引领，挖掘经济增长动力；坚持普惠共赢，促进全球包容发展”在内的“四点主张”①。这充分体现了中国的大国气度和大国担当，中国正在用自己的实际行动为创新和优化全球治理体系贡献自己的力量。

从角色定位来讲，中国是全球经济开放合作的践行者、推动者、引领者，坚定不移地维护基于多边主义制度体系的世界秩序。中国坚守“发展中国家”身份，与其他新兴经济体协同发展，为构建新型全球治理体系打造多边平台。当西方国家在经济全球化进程中对有效的制度公共产品供给不足时，中国接过旗帜，继续维护原有的对经济全球化有益的治理制度。同时，通过进一步融入现行全球治理制度以推动其改革，使制度设计多元主体之间的权力得以共享。

近年来，中国进一步推进国家治理能力和治理体系现代化，统筹国际国内两个大局，总结并提升经济社会发展的“中国经验”，提高“中国治理模式”的吸引力，丰富全球治理价值的选项。习近平主席相继提出了“共商共建共享”的全球治理理念，“人类命运共同体”的全球价值观……中国在进一步凝练自身“全球治理观”的同时，也在寻求中国与世界协同发展的最大公约数。

中国始终是国际秩序的维护者和多边主义的践行者

国际社会迫切呼唤新的全球治理理念，迫切要求构建新的更加公平合理的国际体系和秩序。推动构建新型国际关系，构建人类命运共同体，是习近平新时代中国特色社会主义思想的重要组成部分。在习近平新时代中国特色社会主义思想的指引下，中国将继续发挥负责任大国作用，积极地参与全球治理体系改革和建设，不断贡献中国智慧和力量。

中国始终是世界和平的建设者、全球发展的贡献者、国际秩序的维护者和多边主义的践行者。中国曾被挡在联合国大门之外长达22年，但我们从未动摇对多边主义的信念，从未放弃对联合国宪章宗旨的坚守。中国“复关”和“入世”谈判历时15年，尽管付出了代价，但我们履行了所有承诺，坚持融入世界经济体系。国际金融危机爆发后，中国没有袖手旁观，而是与各方同舟共济，并连续多

---

① 习近平：《登高望远，牢牢把握世界经济正确方向》，载《人民日报》2018年12月1日，第2版。

年以超过30%的贡献率助力全球经济复苏。

面对新的形势和严峻挑战，中国初心不改，我们将继续坚定奉行多边主义。

共同构建人类命运共同体，把握了历史潮流，顺应了时代要求，为共同呵护我们这个地球村注入了信心力量，为共同开创人类更美好的未来指出了努力方向。新时代的多边主义应该牢牢把握以下原则。

第一，坚持以合作共赢为目标。世界正处于百年未有之大变局，面临的问题和挑战前所未有，任何一个国家都不可能单打独斗，独善其身。只有以合作代替对抗，以协商取代胁迫，建设大家庭而不是拼凑小圈子，坚持共商共建而不是搞赢者通吃，这个世界才有光明的未来。

第二，坚持以规则秩序为基础。国家交往讲诚信，不能出尔反尔；国际合作讲规则，不能我行我素。践行多边主义的重要内涵，首先体现在维护联合国宪章，遵循国际法和国际关系基本准则，信守共同商定的国际协议。

第三，坚持以公平正义为要旨。在国际事务中，公平正义既体现为大小国家一律平等，又体现在大国有责任帮助小国，富国有义务援助穷国。既体现为相互尊重主权、独立和领土完整，又体现在尊重各国自主选择的发展道路，尊重各国追求美好生活和发展空间的权利。

第四，坚持以有效行动为导向。多边主义不是空喊口号，而是要解决问题，必须聚焦症结，讲求实效，取得可视性成果。多边机制能否有效，取决于各国的意愿和参与。当前，我们尤其要共同维护好以联合国为核心的国际体系，维护好以世界贸易组织为核心的多边贸易体制。

国际贸易的本质是优势互补、互利共赢，不应是一方得利、一方受损的零和博弈，更不能将一己之私凌驾于所有人的利益之上。保护主义最终将损害自己，单边行动势必殃及各方。面对贸易摩擦，中国始终主张通过平等对话与协商，按照规则和共识予以妥善解决。中国不接受讹诈，更不惧怕施压。中国采取的立场，不仅是在维护自身正当权益，也是在维护自由贸易体系，维护国际规则秩序，维护世界经济复苏的前景，维护世界各国的共同利益。

在人类发展进步的壮阔征程上，中国与世界各国结伴前行走出了一条中国特色社会主义道路。

这条道路，给中国带来了翻天覆地的变化。40多年来，7亿多人口摆脱了绝对贫困，占同期全球减贫人口总数的70%以上。建立了覆盖13.5亿人口的基本医疗保险和9亿多人口的社会养老保险制度，为人类发展进步作出了我们的贡献。中国高速铁路已占世界高铁总里程的三分之二，带动全球基础设施建设迈上新水平。

这条道路，向世界分享了共同发展的机遇。40年多来，中国对外贸易为世界经济注入持久动力，提供了巨大市场。我们有信心继续保持经济向好势头，努力实现高质量发展，加快建设现代化经济体系，给世界创造更多贸易机会，为各国提供更好投资环境。中国决不会封闭倒退，开放的大门只会越开越大。中国也不会高筑壁垒，准入的门槛只会越降越低。中国一直是世界上开放步伐最快、开放幅度最大的发展中国家，我们在降低整体关税方面已经超额完成了加入世贸组织时作出的承诺，服务贸易的开放范围更是接近发达国家的平均水平。

“一带一路”倡议是中国向世界提供的公共产品，已成为规模最大的国际合作平台。“一带一路”建设坚持共商共建共享，秉承开放透明包容，遵循国际规则法律，追求绿色环保可持续，旨在通过优势互补，实现共同发展繁荣。

中国是世界上最大的发展中国家。无论过去、现在和将来，加强与广大发展中国家的团结合作，始终是中国外交坚定不移的战略选择。这是由中国的国家定位、制度属性和价值取向所决定的，不会因为中国自身的发展发生任何改变，也不会因为国际风云的变幻出现丝毫动摇。

和平、发展、公平、正义、民主、自由的全人类共同价值观

“全人类共同价值观”和“讲仁爱、重民本、守诚信、崇正义、尚和合、求大同”的时代价值观，应该成为维护和践行多边主义的共识。多边主义不仅要坚持传统多边主义崇尚平等协商共赢、以规则为基础、强调多边体制权威性和有效性等核心价值和基本原则，还反映出马克思主义的世界观和方法论，反映出社会主义先进文化和中华优秀传统文化的独特智慧。

多边主义从目标、政策制度和文化文明层面标定了改革和完善全球治理体系的基本路径，是突破全球治理困境的标本兼治之策，是构建人类命运共同体的必由之路。

多边主义提供了构建人类命运共同体的清晰目标。建设持久和平、普遍安全、共同繁荣、开放包容、清洁美丽的世界，坚守和平、发展、公平、正义、民主、自由的全人类共同价值，是构建人类命运共同体的题中应有之义。

和平犹如空气和阳光，受益而不觉，失之则难存。在承平日久的年代，拂去蒙在和平目标上的尘埃，让其重新焕发迷人的色彩十分必要。当前，个别国家在

其挑起的大国博弈中不断逼近或触及其他大国的核心国家利益，诱发“擦枪走火”的风险不容忽视，持久和平需要国际社会共同努力。此起彼伏的恐怖主义事件、难民危机不断爆发，此次新冠肺炎疫情大流行使国际卫生安全、全球产业链安全等问题越发突出，诸多安全问题已超出国界成为地区和全球性问题，需要多边协作才能妥善应对，普遍安全的目标越发重要。

要坚持发展优先，确保各国特别是发展中国家分享全球发展带来的好处。发展中国家发展起来了，整个世界的繁荣稳定才会有更加坚实的基础，发达国家也会是受益者。因此，为发展中国家发展提供必要支持，保障发展中国家正当发展权益，促进权利平等、机会平等、规则平等，让各国共享繁荣机遇，是多边主义的重要内容。

开放包容是多边主义的底色，在追求和平与发展的过程中不搞封闭排他，大家的事大家商量着办，世界的前途命运由各国共同掌握，这样协商解决问题，比在国际上搞“小圈子”“新冷战”，排斥、威胁、恐吓，动不动搞脱钩、断供、制裁更符合道义、更富建设性。

多边主义还要立足于绿色发展和可持续发展，着眼于构建人类卫生健康共同体，落实应对气候变化《巴黎协定》和联合国2030年可持续发展议程，加快调整优化产业结构、能源结构，倡导绿色低碳的生产生活方式，用实际行动保护我们的共同家园。

从全球治理的区域范围看，多边主义不囿于所谓全球性问题，除继续高举联合国这面多边主义旗帜外，还要求充分发挥世界贸易组织、国际货币基金组织、世界银行、二十国集团、欧盟、东盟与中日韩、金砖国家等全球和区域多边机制的建设性作用，特别要注重用“一带一路”倡议的实践来丰富和充实多边主义内涵。

从全球治理议题领域看，多边主义除了继续关注发展融资、金融安全网与国际货币体系稳定、贸易投资便利化等主要关切和治理领域外，还秉持以人为中心、基于事实的政策导向，倡导将气候治理、能源治理、环境治理、数字治理等纳入全球治理或区域多边治理的范畴，这不仅是因为这些全球治理的新兴议题在当前和未来全球治理系统中的重要性会越来越大，也是因为这些新兴议题与传统议题之间的关联度在全球化的大背景下会越来越大。

多边主义提供了更为开放包容的文化观和文明论。习近平主席指出：“各国历史文化和社会制度差异自古就存在，是人类文明的内在属性。没有多样性，就没有人类文明。多样性是客观现实，将长期存在。”“摒弃意识形态偏见，共同走和平共处、互利共赢之路。”“要摒弃冷战思维、零和博弈的旧理念，坚持互尊互谅，通过战略沟通增进政治互信。”[①]习近平主席还提出了判断各国历史文化和社会制度的基本标准：“关键在于是否符合本国国情，能否获得人民拥护和支持，能否带来政治稳定、社会进步、民生改善，能否为人类进步事业作出贡献。”[②]多边主义是以信任为前提，以“美人之美、美美与共”的文化观、文明论为基础的全球治理，超越了长期存在的“零和博弈观”“文明冲突论”“文明优越论”等傲慢与偏见的意识形态，为改革和完善全球治理体系奠定了认识基础。

各国应恪守互利共赢的合作观，拒绝以邻为壑、自私自利的狭隘政策，抛弃垄断发展优势的片面做法，保障各国平等发展权利，促进共同发展繁荣，坚持公平公正基础上的竞争，应该在相互尊重、求同存异的基础上实现和平共处，促进各国交流互鉴，为人类文明发展进步注入动力。

① 习近平：《让多边主义的火炬照亮人类前行之路》，载《人民日报》2021年1月26日，第2版。

② 习近平：《让多边主义的火炬照亮人类前行之路》，载《人民日报》2021年1月26日，第2版。

第七部分

“双碳”目标

21 应对气候变化　共建"碳中和"新发展格局

气候变化是人类面临的全球性问题，人类活动导致的二氧化碳和其他温室气体排放增加是全球变暖的主因，而全球变暖又导致热浪、飓风和寒潮等极端天气事件日益频繁，造成巨大的经济损失，同时气候变化还会造成冰川消退、海平面上升、海洋升温和酸化，对人类健康、粮食安全等也将产生重大影响。地球是我们的共同家园，应秉持人类命运共同体理念，携手应对气候环境领域挑战，守护好这颗蓝色星球。

2021年4月22日，"世界地球日"当天，全球领导人气候峰会以视频形式举行，中国国家主席习近平等38国领导人以及欧盟委员会主席和欧洲理事会主席参会，共同应对全球气候变化带来的严峻挑战。在峰会上，习近平主席发表了题为《共同构建人与自然生命共同体》的重要讲话，首次提出了构建"人与自然生命共同体"倡议。如何共同构建人与自然生命共同体？习近平主席在讲话中提出，要做到"六个坚持"——坚持人与自然和谐共生，坚持绿色发展，坚持系统治理，坚持以人为本，坚持多边主义，坚持共同但有区别的责任原则。①

2020年9月22日，习近平主席在第75届联合国大会上宣布"中国将提高国家自主贡献力度，采取更加有力的政策和措施，二氧化碳排放力争于2030年前达到峰值，努力争取2060年前实现碳中和"②。这为实现"零碳中国"指明了方向，为生态文明建设、绿色可持续的高质量发展提供了重要内容，更将成为能源革命的

本文2021年4月29日发表于"学习强国"。

① 习近平：《共同构建人与自然生命共同体》，载《人民日报》2021年4月23日，第2版。

② 《习近平在第七十五届联合国大会一般性辩论上的讲话》，载《人民日报》2020年9月23日，第3版。

强劲推动力。2021年是中国开启“碳中和”征程的元年，采用循环再生经济方式，全面系统地管理排放，调整产业结构和能源结构，以如期实现“双碳”目标。

应对气候变化实现“碳达峰碳中和”目标

世界气象组织2021年4月19日发布的《2020年全球气候状况》报告指出，至2020年，全球已升温约1.2℃。中国国家主席习近平在4月22日全球领导人气候峰会上，首次系统阐释了“人与自然生命共同体”理念的内涵要义，并宣布了中国将为此采取的新举措。这是对全球环境治理提出的中国方案，是践行人与自然生命共同体理念的行动纲领。联合国秘书长古特雷斯在领导人气候峰会上指出：过去10年是有记录以来最热的10年，全球气温已经上升了约1.2℃，“正迅速逼近灾难的临界值”。

4月15—16日，中国气候变化事务特使解振华与美国总统气候问题特使约翰·克里在上海举行会谈。会谈结束后，双方发表《中美应对气候危机联合声明》，强调中美致力于相互合作并与其他国家一道解决气候危机，承诺坚持携手并与其他各方一道加强《巴黎协定》的实施。《中美应对气候危机联合声明》反映出中美两国作为世界两大经济体在气候变化上的共同利益，列举了两国计划在格拉斯哥大会前后通过发展可再生能源、绿色农业等途径继续推动减排目标实现。

越来越多的国家、地区加入“碳中和”的队列中，很多城市、地方、企业等也加入其中。二十国集团要继续发挥引领作用，加大应对气候变化力度，在《联合国气候变化框架公约》指导下，推动应对气候变化的《巴黎协定》全面有效实施。

深入推进清洁能源转型。中方赞赏沙特提出碳循环经济理念，支持后疫情时代能源低碳转型，实现人人享有可持续能源目标。中国建成了全球最大的清洁能源系统，新能源汽车产销量连续5年居世界首位。根据“十四五”规划和2035年远景目标，中国将推动能源清洁低碳安全高效利用，加快新能源、绿色环保等产业发展，促进经济社会发展全面绿色转型。

加快推动产业结构转型。大力淘汰落后产能、化解过剩产能、优化存量产能，严格控制高耗能行业新增产能，推动钢铁、石化、化工等传统高耗能行业转型升级。积极发展战略性新兴产业，加快推动现代服务业、高新技术产业和先进制造业发展。

着力提升能源利用效率。完善能源消费双控制度，严格控制能耗强度，合理控制能源消费总量，建立健全用能预算等管理制度，推动能源资源高效配置、高效利用。继续深入推进工业、建筑、交通、公共机构等重点领域节能，着力提升新基建能效水平。

加速低碳技术研发推广。坚持以市场为导向，更大力度推进节能低碳技术研发推广应用，加快推进规模化储能、氢能、碳捕集利用与封存等技术发展，推动数字化信息化技术在节能、清洁能源领域的创新融合。

健全低碳发展体制机制。加快完善有利于绿色低碳发展的价格、财税、金融等经济政策，推动合同能源管理、污染第三方治理、环境托管等服务模式创新发展。

努力增加生态碳汇。加强森林资源培育，开展国土绿化行动，不断增加森林面积和蓄积量，加强生态保护修复，增强草原、绿地、湖泊、湿地等自然生态系统固碳能力。①

建设绿色低碳循环发展经济体系

建立健全绿色低碳循环发展的经济体系是党的十九大提出的重大发展任务，是落实绿色发展理念、促进生态文明建设的必由之路。建立健全绿色低碳循环发展的经济体系是构建现代经济体系的应有之义和必由之路。健全的绿色低碳循环发展经济体系是高质量发展的内在要求和根本保障。

绿色发展、低碳发展和循环发展三者之间主要是相互促进、相互加强的协同关系，但在推进经济社会发展的过程中，绿色发展侧重解决生态环境保护及其质量改善问题，低碳发展侧重解决节能减碳问题，循环发展侧重解决资源保护与高效利用问题。因而，绿色发展、低碳发展和循环发展不能完全相互替代，绿色低碳循环发展应视为绿色发展、低碳发展和循环发展的交集，即应同时满足三者的要求和特征，而不是只满足三者中一个或两个的要求和特征。

在改善发展动力上持续发力。进一步贯彻落实《关于构建市场导向的绿色技术创新体系的指导意见》提出的相关要求，一方面通过强化国家工程技术中心建

① 《国家发改委：加快完善有利于绿色低碳发展的价格政策》，载公众号“澎湃新闻”，2021年1月19日。

设等措施加大绿色低碳循环创新技术的供给，另一方面通过合理的制度设计加大创新技术的市场转化率。加快绿色金融从理念转换为实践的发展步伐，着力破解绿色资产认定难、变现难等难题，加强绿色信贷的财政支持力度，鼓励环保企业上市融资。

加快推进生产体系向绿色低碳循环发展方向转型。坚持以供给侧结构性改革为主线，通过财政、税收、金融等政策鼓励各地大力发展高新技术服务业、高新技术制造业，限制高污染、高耗能产业的盲目扩张。通过科学制定国土空间规划，严格落实生态环保红线制度，提升绿色低碳循环型产业的竞争力。通过实施严格的环境规制、绿色产品扶持政策，保护节能环保做得好、产品质量好的生产者，同时，大力推进绿色工厂和绿色园区创建工作，逐步转变生产方式。

坚决扭转生活体系向不可持续方向演化的趋势。要积极开展创建节约型机关、绿色家庭、绿色学校、绿色社区和绿色出行等行动，继而形成绿色低碳循环生活体系的可行途径。与之相应的制度建设也不可或缺，如严格的垃圾分类制度、资源阶梯价格制度、资源节约技术推广制度等。同时，公共交通等相关基础设施和公共服务体系建设也须进一步加强，以支撑消费模式的绿色低碳转型。

中国“双碳”目标体现负责任大国担当

作为世界上最大的发展中国家，中国的碳中和目标体现了负责任大国的担当。据英国剑桥计量经济学会预测，中国的减排承诺可将全球升温水平拉低0.25℃左右，对解决全球气候问题作出重要贡献。[①]

过去50年，中国单位GDP二氧化碳排放几乎每20年就减少一半，减排速度超过世界平均水平；自2000年以来，中国可再生能源装机容量增长超过800%，远高于欧盟的230%和美国的160%；近年来，中国电动汽车市场增速领先，2019年中国电动车保有量超过欧美总和。观测研究显示，中国近20年来对全球绿化增量的贡献居全球首位，固碳能力显著提升。英国《自然》杂志指出，2010—2016年，中国陆地生态系统年均吸收约11.1亿吨碳，吸收了同期人为碳排放的45%。[②]

① 《实现碳中和，需全球合作应对》，载《人民日报》2021年2月3日，第17版。
② 《实现碳中和，需全球合作应对》，载《人民日报》2021年2月3日，第17版。

在此基础上，中国明确提出到2030年单位GDP二氧化碳排放将比2005年下降65%以上，非化石能源占一次能源消费比重将达到25%左右，森林蓄积量将比2005年增加60亿立方米，风电、太阳能发电总装机容量将达到12亿千瓦以上。巴西全球南方研究所所长亚历山大·菲格雷多表示，治理环境需要全人类的共同承诺，中国宣布提高国家自主贡献力度令世界鼓舞，是捍卫多边合作、互相尊重、共同进步的表现。

气候环境危机具有全球性和长期性，发达国家与发展中国家有着共同但有区别的责任。国际能源署预测，未来一段时期全球能源需求增量主要将来自新兴市场和发展中国家。对此，国际货币基金组织前首席经济学家肯尼斯·罗格夫近期撰文表示，“发达经济体能够减少碳排放的部分原因是，新兴市场承接了全球制造业的转移，并为此进行了大量能源投入”，当前发展中国家所面临的减排压力很大，特别是在新冠肺炎疫情和经济衰退等多重冲击下，减排进程将被迫受阻，因此需要发达经济体在“脱碳”过程中提供更多金融和技术上的支持。他建议，应建立诸如世界碳银行等多边机构，进一步协调对发展中国家的援助。①

“碳中和”是一个全新的革命，将给我国经济、能源、技术、政策体系带来深刻影响与挑战。实现这个目标，是一个巨大的系统性工程，不仅需要思想观念的转变、技术的进步、商业模式的创新、政策扶持和体制机制保障，还需坚持系统思维，打破各种壁垒和樊篱，避免单兵突进。

首先，打破能源企业、种类之间的壁垒。传统能源体系下，煤电油气核等能源体系布局还停留在单一、少数能源种类上，造成能源综合效率低下。我国的能源资源禀赋和国情现状决定未来需要进行多能互补，实现各类能源融合发展，提高全社会能源整体利用效率。

其次，打破能源与其他行业之间的壁垒。能源行业虽然是二氧化碳排放量最多的行业，但建筑业、工业、交通等行业的二氧化碳排放量也不少。实现“碳中和”目标不仅是能源一个行业部门的事，而是包含众多行业在内的事；不仅是生产领域的事，也是消费领域的事；不仅是能源、环保主管部门的事，也是工业、财政、社保等部门的事。

再次，打破中央与地方、不同地区、不同部门之间壁垒。立足全局，统一谋

① 《实现碳中和，需全球合作应对》，载《人民日报》2021年2月3日，第17版。

划，统筹处理好局部与全局利益关系，突破部门、区域壁垒，形成“全国一盘棋”，让要素、资源在更大范围内自由流动，发挥市场主体作用，并结合政策、管理和技术共同发力。

最后，打破不同主体之间的壁垒。“碳中和”涉及政府、企业、行业协会、个人等众多不同主体，每个主体在其中具有至关重要又各有侧重的作用。所以，“碳中和”目标的实现离不开不同主体的相互配合与协同、社会的良性互动，需要全社会的共识和行动。

碳要素市场配置

根据国富资本董事长熊焰的解读，实现“30·60目标”有一系列的措施，包括法律、宣传、技术以及经济。经济可以分成为三大类。一是命令型的，主要是通过政府强制命令来实现减排目标，然后层层分解。行政命令在特定阶段是有效的，但长期效果并不好。二是财税型的，比如碳税、碳补贴等。这种办法最大的缺点是约束机制强、激励机制不足。三是国际上通用的排放权交易的市场方法，它可以产生一种积极的抵消作用。市场型政策的兴起源于它的成本效益、全面性和灵活性。它的政策工具形式多样，适用于不同的情景，综合协同效应比较好。笔者认为，碳排放本质上是一个经济行为，最终还是要靠经济手段来解决。

碳市场的基本模型是“Cap-and-trade/Offset”。碳交易是二氧化碳排放权的买卖，是政府在确定碳排放总量目标，并对碳排放的配额进行初始分配后，企业之间以排放配额为标的进行的交易。本质上是由排污者买单的一个机制，即把碳排放所造成的负外部性，进行企业的内部化，把压力压到具体的排放企业上，让企业有积极性来大幅度地减排，并可能通过减排来获取收益。这种机制可以匹配激励与约束，并能使用多种工具进行。①

碳市场的起点应该是确定的、刚性的减量（cap），是国家确定的减排总目标，也就是“2030年碳达峰，2060年碳中和”的目标。相关管理部门要综合考虑经济增长、产业结构调整、能源结构优化、排放协同控制等因素，以立法的方式确定碳排放总额和年度的减排量。接下来要确定减排的主要责任主体，可以分行业或

① 熊焰：《碳中和、碳市场与国民财富》，载公众号“中国财富管理50人论坛”，2021年1月16日。

分减排量的大小，抓住主要矛盾。中国碳市场规定了年排放2.6万吨以上、年用煤1万吨以上的电力行业是第一轮的减排主体。明确责任后，将外部性尽量内部化。对总量的确定应该是宁"严"勿"宽"，宁"紧"勿"松"，特别是在刚启动的时候。

科学地分配额度。碳排放的额度是碳市场排放企业获得的、在特定的时间的温室气体排放许可权，通常以"吨二氧化碳当量"为单位。碳市场的建立赋予了温室气体排放权的稀缺性，配额便有了经济价值，需要科学而严格地分配排放额度。目前中国二氧化碳监测有相当的难度。因此简单可行的办法是与标准煤的当量直接挂钩，即一吨标准煤相当于排放了2.6吨的二氧化碳，是线性的关系。[①]

熊焰指出，科学分配额度有两个办法，一个是免费分配法，另一个是有偿分配法。目前中国碳市场在起步阶段主要采取的是免费分配法。免费分配法有几个逻辑：一是历史法，基于企业的历史排放情况发放配额；二是历史强度下降法，每年按照一定的比例降低排放强度；三是以行业排放标杆值作为基准，高于基准以上的就必须减下来。有偿分配有拍卖的方法和固定价格的方法。

激励大额减排。不同企业减排的难度与成本不同，因此可以引导减排相对容易的企业多减排。由于碳市场存在信息不对称，单纯的行政命令实际效率较低。在碳交易市场环境下，政府也可以通过市场补贴、罚款等监管手段来提高企业碳减排的积极性，只要能够计算清楚减排成本和减排收益，企业就会大幅度地、积极地减排。余额市场交易是有时间轴线的，一开始减排的边际成本较低，越往后减排的难度越大。因此企业可以根据自己的实际情况，尽可能地在一开始多参与减排，并在市场上将其兑换成收益。政府也可以通过这种机制来鼓励企业多减排、早减排。对于限期内减排难度较高的企业，比如行业技术进步存在难度，就只有到市场上购买减排额度了。

不足随行购买。碳交易作为一种市场机制，能够低成本、高效率地实现温室气体排放的有效配置，达到总量控制和公共资源合理化利用的目标，使全社会的综合减排成本降到最低，从而使得社会资源得到最优化配置。对于减排成本高的企业，碳市场鼓励企业进行市场购买，补足配额缺口，降低减排成本，让减排成

① 熊焰：《碳中和、碳市场与国民财富》，载公众号"中国财富管理50人论坛"，2021年1月16日。

本低的企业多减排。本质上，碳交易就是通过市场机制“奖优淘劣”，实现买碳有成本、卖碳有收益、投资有回报的逻辑循环。[①]

不动高额处罚。碳交易市场，不仅有激励，也有约束。它建立了一整套的履约机制，未按期完成履约量，且不购买碳配额的企业，将面临处罚。它有坚实的法律基础和有效的约束机制。罚款的额度取决于立法罚款的强度，不能只是象征性罚款，一定要数倍于碳市场价格，要让企业感受到疼痛。此外，碳市场还有信用管理，罚款事小，失信事大。要通过综合手段，包括信用记录、国企绩效评估等手段的综合运用，以达到更好的效果。

关于数字技术的运用。在碳市场中，数字技术也会起到积极的作用。区块链的应用，可能有助于应对碳市场的重复计算、透明度、可扩展性等挑战，提高碳市场的可信度。区块链和智能合约可能尤其适用于自愿减排等小额、零散的市场。数字技术会加速碳市场的链接，助力能源转型。

金融工具组合。未来，碳市场会逐渐演化出一系列创新型金融工具，比如针对碳权排污权的质押融资、针对节能低碳项目的项目融资、公司绿色低碳产业基金、绿色气候债券、碳期货、以碳产品为基础的金融衍生品等，这些都可能使碳配额的价值最大化，并可能成为一种面向公众的理财产品。

综合政策配套。碳市场是一种积极有效的工具，但它显然不是唯一的政策工具。综合利用税、财政的激励措施、约束罚款措施、金融、宣传教育、技术推动等相关工具，会使得碳市场的综合效益变得最大。

专业服务综合。碳市场是一个相对专业的市场。因为二氧化碳排放不存在实物形态，对其核算与监测就显得非常重要。中国碳市场目前已经引入了专业的第三方力量DOE，由符合条件要求的核查机构，依据相关的规定和技术规范，受托开展碳排放数据的核查，出具独立核查报告，以确保核查数据的真实、可信。另外，在强制配额市场中，专业的咨询机构依据相关要求，协助企业制订碳减排的策略及监测计划，开展碳排放数据的监测，撰写碳排放报告。在自愿减排市场中，审核与核查、项目开发与管理都有一系列的方法学和行业规范要求。只有专业的中介机构，才能依据对应的方法学，来对项目进行专业识别与开发，撰写相关的项目设计文件，负责项目的申报及管理。

---

① 熊焰：《碳中和、碳市场与国民财富》，载公众号“中国财富管理50人论坛”，2021年1月16日。

熊焰指出，中国的碳市场目前已经基本具备了启动条件，2021年1月5日，生态环境部《碳排放权交易管理办法（试行）》已经正式出台，也已经编制了《全国碳排放权登记交易结算管理办法（试行）》。2020年11月20日，生态环境部就《2019—2020年全国碳排放权交易配额总量设定与分配实施方案》征求意见。因为发电行业大约占中国二氧化碳排放的41%，因此首次纳入配额管理的是发电行业的2225家重点企业。目前已启动第一个履约周期：2021年1月1日到12月31日。中国碳市场的基本建设原则是市场导向、政府服务、协同推进、广泛参与、统一标准、公平公开，目前正在加快收集碳排放的数据信息，推进全国碳排放权注册登记系统和碳排放权交易系统的建立。全国碳排放权注册登记系统是由湖北省牵头承建的，交易系统是由上海市牵头承建，全国自愿减排市场注册登记和交易系统是由北京市牵头承建的。①

关于中国碳市场的探索。中国碳市场的第一个平台是北京环境交易所，于2008年8月5日正式挂牌。中国碳市场自2011年相继启动以来，2013年正式启动交易。根据各地节能减排的实际情况，8个省市自治区已经开展了碳交易市场的试点，对碳交易机制进行了个性化的探索。在交易机制设计、配额分配办法、CCER抵消机制、系统运行设置、对外交流合作等方面积极地积累了地方经验，并为全国碳市场启动提供了参考。在全国碳市场中，广东和湖北属于第一梯队，教育规模最大。价格最高的是北京，成交均价超过91元/吨。中国地方碳市场的积极探索，对不同行业、不同区域的节能减排进行了有效的探索，为全国碳市场的正式启动起到了有效的试点和推动作用。

碳市场的国际合作。碳市场的合作包括两个方向：一是与发达国家的合作，发达国家在碳市场的减排经验、能力上显然走在前列，因此有责任、有义务对中国这样的发展中国家进行资金与技术支持。二是对于发展程度不如中国的国家，中国将起到积极的引领带动作用，比如在南南合作、“一带一路”的框架下，积极促进全球碳市场的互联互通。因此，在碳市场进行国际合作的可能性和空间是巨大的。②

---

① 熊焰：《碳中和、碳市场与国民财富》，载公众号“中国财富管理50人论坛”，2021年1月16日。

② 熊焰：《碳中和、碳市场与国民财富》，载公众号“中国财富管理50人论坛”，2021年1月16日。

二氧化碳排放力争于2030年前达到峰值

推进国内产业转型升级和高质量发展碳排放和产业结构之间互相影响、互相作用：产业结构升级能够减少碳排放、提升碳排放绩效，同时碳排放又对产业结构升级有推动作用。我国作为“世界工厂”和制造业大国，工业产业既是传统用能大户，能源消费占总终端能源消费的三分之二，又是我国二氧化碳排放的主要领域，占全国总排放量的80%左右。工业产业中，钢铁、化工和石化、水泥和石灰以及电解铝等4个传统产业的能源密集、碳排放相对较高。因此，实现“碳中和”既要严格控制上述几大传统高耗能行业新增产能，优化存量产能，推动其进行节能改造，调整产品和产业结构。又要加快现代服务业、高技术产业和先进制造业、数字经济等新兴产业发展。依靠技术进步和创新驱动产业增长，促进传统产业的低碳转型，大力发展新型绿色低碳经济，推进产业结构调整和升级，降低工业产业的能源消费和碳排放，逐步实现经济增长和碳排放的脱钩。

推动煤炭、油气等传统化石能源企业转型。目前我国有近10家能源央企，数百家以煤炭、油气为主要业务的国有化石能源企业。“碳中和”目标的提出，将倒逼这些化石能源企业进行深度变革。企业加快转型步伐，需做到以下三点：第一，将碳排放纳入到绩效考核、投资决策、资产配置等公司运营的方方面面，实现生产运营过程各个环节的低碳化；第二，加速调整企业未来经营战略，加快布局发展氢能、风能、太阳能等零碳新能源业务，努力将自己打造成能源技术服务的提供商，而不是能源资源的提供方，实现提供能源产品服务的低碳化；第三，以数字化和低碳化相结合，充分利用物联网、大数据、云计算、人工智能技术等先进技术手段，以创新来推动传统化石能源企业转型，适应与引领“碳中和”目标的实现。①

推动电力与碳交易两大市场建设“碳中和”将推动风能、太阳能等零碳新能源发电进入规模化“倍速”发展，而新能源发电的规模化发展又依赖于两大市场建设：第一，电力市场建设。受体制改革不到位、市场机制不健全、市场化程度低等影响，我国新能源发电一直存在限电、弃电等消纳难题。因此，未来应加快建设电力中长期电力市场、现货市场、辅助服务市场和可能的容量市场等，出台

---

① 刘满平：《中国要实现“双碳”目标，需要这样做》，载公众号“川观新闻”，2021年2月13日。

新能源市场化发展政策，在全国统一电力市场设计中统筹新能源市场机制，使各种电力资源都能在市场交易中实现其经济价值，以促进新能源在更大范围、全电量市场化消纳。第二，碳交易市场建设。碳交易市场作为一种低成本减排的市场化政策工具，已在全球范围内广泛运用。它主要有两个功能：一是激励功能，即激励新能源产业或非化石能源产业，以解决减排的正外部性问题；二是约束功能，即约束抑制化石能源产业，解决碳排放的负外部性问题，从而最低成本、最高效率地改变能源结构，提高能源效率，治理环境污染。应在总结梳理之前我国碳交易试点工作经验基础上，构建全国统一的交易市场，在碳排放配额、企业参与范围、产品定价机制等作出系统性的安排，以达到优化资源配置、管理气候风险、发现排放价格，从而低成本、高效率地减少碳排放的目标。[①]

实现2060年碳中和目标“时间紧、任务重、压力大”

第一次工业革命以来，人类的碳排放已使气候变暖风险累积到了“积重难返”的程度，遏制进一步升温至关重要。在2018年，全球平均气温较前工业化时代（1850—1900年的平均值）上升了约1.0℃。中国是受到全球气候变化影响最大的国家之一，1901—2018年地表年平均气温已上升了1.5℃，预计到2100年将上升4.8℃。中国也是主要的二氧化碳排放国，自2004年以来，中国的碳足迹一直保持世界第一。2017年，中国二氧化碳排放量占全球总量的28.3%。[②]

气候变化可能会对社会经济系统造成灾难性影响。根据麦肯锡全球研究院（MGI）分析，气候变化将直接影响宜居性与宜业性、粮食系统、实物资产、基础设施服务以及自然资本。到2030年，中国可能有1000万人至4500万人面临极端高温和致命热浪的威胁；到2050年，该数字会攀升至1.1亿人至2.5亿人。全球气候变暖导致格陵兰冰原、南极冰盖以及山地冰川加速融化，进而致使海平面上升、台风的强度和频率增加以及降雨增多，加剧沿海地区风暴潮、海岸侵蚀、洪涝、泥石流等灾害风险。若要避免气候变化带来的最严重冲击，气温上升须被控制在1.5℃内。

---

① 刘满平：《中国要实现“双碳”目标，需要这样做》，载公众号“川观新闻”，2021年2月13日。

② 华强森等：《“中国加速迈向碳中和”发轫篇：解锁产业绿色发展的密码》，载https://www.mckinsey.com.cn，2021年1月29日访问。

要实现这一目标，就必须根本性地改变现状，迅速地以空前幅度减少二氧化碳、甲烷、一氧化氮等诸多温室气体排放。为应对时代危机，麦肯锡全球可持续发展研究团队历时两年打造了以将全球升温控制在1.5℃以内为目标的减碳路径模型，并得出至2050年全球二氧化碳排放量需控制在5700亿吨以内的结论。在各转型路径中，我们认为最可行的当属未来十年减排速度较快的“有序转型”路径，这意味着截至2030年全球需减少50%—55%的排放量，破局就在未来十年。

中国产业碳中和转型路径

工业排放约占中国目前总排放量的40%，工业产业也是中国最大的碳排放源，必将面临脱碳大环境的短期冲击与长期转型挑战。我们对钢铁、煤化工、水泥、油气、电力、新兴能源等重点板块开展研究，试图在碳中和目标、产业转型、社会变革、需求升级等各驱动力之间，寻找到能够为社会、政府、行业、企业和民众等各方接受的优化路径与方案抓手。[①]

当前中国钢铁行业的碳排放量相当于17亿吨二氧化碳当量，在升温不超过1.5℃的情境下，到2050年需减排98%。在我们的分析中，钢铁企业需要因地制宜，在能效变革、废钢再利用、碳捕捉技术和氢能炼钢技术中选择合适的脱碳抓手，不同区域也可建立脱碳自循环。利用碳捕捉与氢能炼钢等新兴技术的商业化进展有效弥补减排缺口，将是未来一大挑战。

煤化工行业在2015年约占中国碳排放量的10%。因为资源禀赋，相比其他国家，中国的化工行业更多使用高碳排的煤炭。根据麦肯锡分析，为达成升温不超过1.5℃的目标，化工行业需要在2050年前将碳排放降低90%以上。在需求降低、原料煤耗减少、燃料电气化、碳捕捉技术和电解制氢等脱碳抓手中，煤化工的最佳招数组合有进一步探讨空间。鉴于资源有限和利润缩减，行业可能需要外部推动力来为减碳举措提供激励。

当前水泥产业每年约产生17亿吨二氧化碳当量，在升温不超过1.5℃的情景下，到2050年需减排71%。在水泥产业的减碳抓手中，能效提升与替代燃料是两

---

① 华强森等：《“中国加速迈向碳中和”发轫篇：解锁产业绿色发展的密码》，载https://www.mckinsey.com.cn，2021年1月29日访问。

大无悔举措，但更大的贡献来自城市化放缓以及替代建筑材料技术出现所带来的需求下降。若要确保实现1.5℃情景，则需要超百亿美元的资本支出，政府与业界的持续投入会是路径通达的挑战。

在升温不超过1.5℃的情景下，油气全生命周期须在2050年减少95%的温室气体排放。疫情和低油价为油气行业敲响了一记警钟，也吹响了加快能源转型的号角。从长期需求来看，全球电气化与可再生能源的发展会进一步降低油气需求，我们也扫描了能效提升、电气化、碳捕捉与天然气替代等诸多脱碳抓手，描绘了中国的油气减排轨迹。针对石油化工排放，我们锚定了三种区域脱碳类型及各自路径。油气企业如何由传统油气资产基底转型构建适配的组织结构与业务模式，以及政府如何提供投资端与成本端的激励，也是亟须探讨的重要问题。

电力脱碳是所有行业脱碳的基石。为实现2060年净零排放目标，电力行业需在2050年实现零碳排放。根据麦肯锡电力模型测算，中国电力系统即将发生发电装机容量和发电量显著增加、电力结构由燃煤发电转向可再生能源两大关键变革，随之而来的是系统灵活性管理、燃煤电厂逐步淘汰、太阳能与风能成本降低等落地实施挑战。我们正在积极研究电力行业由煤炭到清洁能源转型换挡的临界点，并开展平衡用电需求、电气化程度提升与电力脱碳压力等各方利益路径的深度研究，希望就电力脱碳瓶颈与业界各方持续交流碰撞。①

以碳中和为抓手，协同推进减污降碳

依靠技术创新，提高能源低碳化智能化水平。能源转型需要技术进步的驱动。第一次能源转型是煤炭代生物质能，开启了能源商品化时代。第二次能源转型是油气代煤炭，使得能源消费成本增加了3—4倍。由于技术进步，非化石能源开发成本已远低于化石能源，成为廉价的能源。以光伏发电为例，随着技术进步和规模化利用，发电成本已降到低于燃煤发电成本的水平。

积极研发成本低、效益高、减排效果明显、安全可控、具有推广前景的低碳零碳负碳技术，大力发展规模化储能、智能电网、分布式可再生能源和氢能等深度脱碳等技术，加快工业技术与新材料、先进制造、信息化、智能化等融合创

---

① 华强森等：《“中国加速迈向碳中和”发轫篇：解锁产业绿色发展的密码》，载https://www.mckinsey.com.cn，2021年1月29日访问。

新，加快发展和推广电动汽车、氢燃料汽车，探索汽车电池租赁模式；推广节能清洁降碳的用能设备，研发实现资源循环利用的链接技术。利用云计算、人工智能等优化能源系统，推动电气化、智能化发展，发展电动汽车、高速铁路、智能家居等新型电气化设备和技术。

以技术创新驱动绿色低碳的发展。不论是煤炭、石油、天然气还是核电，都属于资源依赖型的能源系统，有许多限制性因素，如资源不可再生、总有一天会耗竭等特点。技术进步可以缩短学习曲线，从竞争、争夺到学习、借鉴与合作，“人类命运共同体”可以从能源低碳化、应对气候变化起步。低碳科技研发，应坚持面向世界科技前沿、面向经济主战场、面向国家重大需求、面向人民生命健康。从我国现实出发，既要解决高碳能源低碳化利用途径，能源低碳技术路线图等全局性、战略性科技问题，也要解决秸秆等生物质能用于居民供暖的烟尘治理等适用技术，以技术创新驱动我国走上绿色低碳的发展之路。

完善碳市场，以尽可能低的成本降低碳排放强度。碳市场和碳定价机制，可以用尽可能低的成本实现全社会减排目标。加快建设全国用能权、碳排放权交易市场，完善能源消费双控制度。现在世界上46个国家和28个地区采用碳排放定价，形成了110亿美元的全球碳市场规模。鼓励创新，公平竞争，我国在已有碳排放权交易试点基础上率先在电力行业启动了全国碳市场，还将纳入钢铁、水泥、电解铝、化工等其他重点行业。应建立全球性碳市场合理定价，防止碳泄漏，促进公平贸易。可以依靠配额价格来激励和调节碳市场，降低CO_2减排成本，实现控制碳排放目标。在碳交易中，如果企业减排成本低于碳交易市场价格时，会选择减排，减排产生的份额可以卖出获得盈利。当企业减排成本高于碳市场价格时，会选择在碳市场上购买配额以完成政府下达的减排量。

利用财政、税收、价格等经济政策激励绿色低碳转型。实现绿色低碳转型，需要激励性经济政策以便向社会和市场主体传递清晰的信号。应拓展投融资渠道，不断加大公共资金对应对气候变化的支持力度，对高效节能低碳产品、绿色建筑、新能源汽车、节能改造、可再生能源等技术、产品和项目在财政、税收和价格政策上予以激励，发挥财政资金的引导与杠杆作用，不仅将撬动万亿元人民币的投资需求，还能吸引社会资本参与绿色低碳领域的投资。

建立完善的绿色金融体系，将绿色信贷和绿色债券纳入货币政策担保范围。补充完善《绿色债券支持项目目录》和《绿色产业指导目录》，引导社会资本流向应对气候变化的经济活动。一是发展绿色信贷、绿色债券、绿色保险、绿色基金等产品，创新绿色融资方式，加大金融支持绿色基础设施建设力度；在可再生能源、电动汽车、城际清洁运输等方面采取公共投资引导战略。二是进一步推动责任投资理念（ESG），向环境友好、具有社会责任、良好公司治理的公司提供融资服务。三是对标国际绿色金融体系。中国有必要也有条件联合相关地区、国家和国际组织，分阶段、分步骤推动主要绿色金融标准趋同；研究推动中欧绿色金融标准趋同，促进中美绿色金融市场互联互通。四是将绿色金融、投资与人民币国际化进程联系起来。绿色产品以人民币计价，有助于人民币的国际化。五是以绿色金融助推绿色“一带一路”建设。要基于数字化、5G网络、智能交通、零碳、电力和全球能源互联，带动“一带一路”沿线国家和地区形成可持续发展示范区。六是加强气候相关金融风险防范。央行、监管机构、金融机构要行动起来，加强专业人才储备，加强监管创新，做好信息披露与风险管控。

22 推进构建碳中和绿色金融新体系

全球经济面临新一轮的科技、能源和产业革命的历史性机遇，以低排放发展为特征的新增长路径成为全球转型的主要方向。截至2020年，占全球温室气体排放65%、经济总量70%的主要国家和地区已经提出了碳中和承诺，全球市场在气候变化相关领域持续发展，总体规模已超过万亿美元，全球合作应对气候变化正成为各国携手开展绿色经济复苏的机遇和平台。

自2020年9月22日以来，国家主席习近平在第七十五届联合国大会、金砖国家领导人会晤和二十国集团领导人利雅得峰会、气候雄心峰会、世界经济论坛等多个国际重要场合上发表讲话，向国际社会郑重宣布中国将提高国家自主贡献力度，二氧化碳排放力争于2030年前达到峰值，努力争取2060年前实现碳中和。根据国家气候战略中心基于IAMC模型的测算，为实现上述目标，到2060年我国新增气候领域投资需求规模将达约139万亿元，年均约为3.5万亿元，占到2020年GDP的3.4%和全社会固定资产投资总额的6.7%左右，长期资金缺口年均在1.6万亿元以上。

“碳中和”是一个全新的革命，将给我国经济、能源、技术、政策体系带来深刻影响与挑战。实现这个目标，是一个巨大的系统性工程，不仅需要思想观念的转变、技术的进步、商业模式的创新、政策扶持和体制机制保障，还需坚持系统思维，打破各种壁垒和樊篱，避免单兵突进。2021年是中国开启“碳中和”征程的元年，中国碳中和目标为实现“零碳中国”指明了方向，为生态文明建设、绿色可持续的高质量发展提供了重要内容，更将成为能源革命的强劲推动力。

本文2021年3月19日发表于“学习强国”。

碳中和为绿色金融带来的机遇和挑战

近期有关碳达峰碳中和的国家政策文件频出，继党的十九届五中全会、2020年中央经济工作会议以及中央深改委对这项重点工作做出战略性部署以来，《国务院关于加快建立健全绿色低碳循环发展经济体系的指导意见》《关于促进应对气候变化投融资的指导意见》《关于统筹和加强应对气候变化与生态环境保护相关工作的指导意见》《碳排放权交易管理办法（试行）》陆续出台，其中都提到了大力发展绿色金融的政策举措，特别是《关于统筹和加强应对气候变化与生态环境保护相关工作的指导意见》提出要“以应对气候变化效益为重要衡量指标，推动气候投融资与绿色金融政策协调配合，加快推进气候投融资发展”。

快速增长的全球气候投融资与市场规模

《巴黎协定》提出了“使资金流动符合温室气体低排放和气候适应型发展的路径”的长期目标，并在过去一段时期内陆续建立了绿色气候基金（GCF）、特别气候变化基金（SSCF）、适应基金（AF）等一系列气候资金机制。全球在气候领域的投资规模目前已经达到了6120亿美元的历史高点，在过去五年中几乎翻了一番，增量主要来自中国、美国、印度等国的可再生能源、能效和土地利用变化的投资。

2019年全球气候债券发行规模2654亿美元，中国是全球最大绿债发行国，总额达到3862亿元（558亿美元）。2019年全球碳市场交易总额约1940亿欧元，交易量约为90亿吨，中国是仅次于欧盟、北美的第三大市场。截至目前，全球有近50个国家和30个国家管辖地区采用了碳定价机制，覆盖超过约50%的GDP和20%的排放量，以《巴黎协定》第6条下的国际碳市场合作（ITMO）及可持续发展机制（SDM）、国际航空碳抵消及减排机制（CORSIA）为代表的国际碳市场也在持续发展。

绿色金融将成为金融体系的主流

气候变化已经成为导致经济和金融体系结构性变化的重大因素之一，具有“长期性、结构性、全局性”特征，正在引起全球中央银行的重视，加强金融领域的气候风险分析是推动构建现代金融体系和宏观政策有效框架的重要着力点之一。在2021年1月召开的央行工作会议中特别提到要“落实碳达峰碳中和重大决策部署，完善绿色金融政策框架和激励机制，引导金融资源向绿色发展领域倾斜，增强金融体系管理气候变化相关风险的能力，推动建设碳排放交易市场为排碳合理定价”。

碳达峰碳中和已经成为推动绿色金融发展和改革重要的推动力，碳中和目标无疑是中国改革开放40年以来最重要的政策举措之一，并宣布了亚投行2025年将实现气候融资比重达到50%的目标。在2020年新加坡金融科技节上，中国人民银行行长易纲的视频演讲中专门就碳中和阐释了看法，指出要以碳中和目标为约束条件，进一步完善绿色金融标准，研究建立强制性金融机构环境信息披露制度，提高环境和气候风险的分析和管理能力。

面临碳达峰碳中和的新形势，各国都在着手考虑制定面向国家碳中和愿景的金融行业气候风险策略，在金融管理、货币政策和宏观审慎政策制定中充分考虑气候变化因素。对于中国而言，下一阶段首要是加大投融资支持力度，增加气候资金供给，注重运用绿色金融、碳市场等金融创新，助力国家2030年前碳达峰行动方案的实施，同时还应建立金融机构气候变化的影响评估和信息披露制度，将气候风险纳入金融机构政策和监管框架，有效应对潜在的搁置资产风险和越来越严格的国际融资限制。此外，针对生产性排放进入平台期、消费性排放增长的未来趋势，还应考虑推动金融机构涉资产、负债和中间零售业务的绿色化，开展碳普惠业务创新，促进住房、购车等生活消费领域的高质低碳发展。

实现碳中和需要数百万亿元的绿色投资

实现碳中和需要大量的绿色、低碳投资，其中，绝大部分需要通过金融体系动员社会资本来实现。关于碳中和所需要的绿色低碳投资规模，许多专家和机构有不同的估算。比如，《中国长期低碳发展战略与转型路径研究》报告指出了四种情景构想，其中实现1.5℃目标导向转型路径，需累计新增投资约138万亿元人民币，超过每年国内生产总值（GDP）的2.5%。再如，《重庆碳中和目标和绿色金融路线图》课题报告估算，如果重庆市（GDP规模占全国比重约四十分之一）要在未来30年内实现碳中和，累计需要低碳投资（不包括与减排无关的环保类等绿色投资）超过8万亿元。[①]在碳中和愿景下，中国在可再生能源、能效、零碳技术和储能技术等七个领域需要投资70万亿元。基于这些估算，未来30年内，我国实现碳中和所需绿色低碳投资的规模应该在百万亿元以上，也可能达到数百万亿元，因此将为绿色金融带来巨大的发展机遇。

碳中和为绿色金融业带来的机遇

为实现碳中和目标所产生的如此规模的绿色投资需求，将为有准备的金融机构提供绿色金融业务快速成长的机遇。其中包括以下几个典型的产品领域。

银行：创新适合于清洁能源和绿色交通项目的产品和服务；推动开展绿色建筑融资创新试点，围绕星级建筑、可再生能源规模化应用、绿色建材等领域，探索贴标融资产品创新；积极发展能效信贷、绿色债券和绿色信贷资产证券化；探索服务小微企业、消费者和农业绿色化的产品和模式；探索支持能源和工业等行业绿色和低碳转型所需的金融产品和服务，比如转型贷款。

绿色债券：发行政府绿色专项债、中小企业绿色集合债、气候债券、蓝色债券以及转型债券等创新绿债产品；改善绿色债券市场流动性，吸引境外绿色投资者购买和持有相关债券产品。

绿色股票市场：简化绿色企业首次公开募股（IPO）的审核或备案程序，探索建立绿色企业的绿色通道机制。对一些经营状况和发展前景较好的绿色企业，支持优先参与转板试点。

环境权益市场和融资：开展环境权益抵质押融资，探索碳金融和碳衍生产品。

绿色保险：大力开发和推广气候（巨灾）保险、绿色建筑保险、可再生能源保险、新能源汽车保险等创新型绿色金融产品。

绿色基金：鼓励设立绿色基金和转型基金，支持绿色低碳产业的股权投资，满足能源和工业行业的转型融资需求。

私募股权投资：鼓励创投基金孵化绿色低碳科技企业，支持股权投资基金开展绿色项目或企业并购重组。引导私募股权投资基金与区域性股权市场合作，为绿色资产（企业）挂牌转让提供条件。

---

① 马骏：《碳中和目标下金融业面临的机遇与挑战》，载公众号“中国金融新闻网”，2020年11月28日。

碳市场：尽快将控排范围扩展到其他主要高耗能工业行业以及交通和建筑领域等，同时将农林行业作为自愿减排和碳汇开发的重点领域。

金融业需要防范和管理气候风险

在全球主要国家纷纷宣布碳中和目标、加大落实《巴黎协定》力度的背景下，由于应对气候变化而带来的转型风险对许多产业和有气候风险敞口的金融机构来说会越来越凸显。转型风险指的是在实体经济向绿色低碳转型的过程中，由于政策、技术和市场认知的变化，对某些企业、产业带来的风险以及由此转化而来的财务与金融风险。比如，在各国采取政策措施推动能源绿色化的过程中，煤炭、石油等化石能源产业的需求会大幅下降。

为了落实《巴黎协定》，许多国家的碳市场价格将大幅上升，使得大量高碳企业必须支付更多的成本用于购买碳配额；由于技术进步，光伏、风电等清洁能源的成本快速下降，对化石能源会产生替代作用，并逼迫化石能源价格持续下降。在这些转型因素的推动下，煤炭、石油以及仍然使用高碳技术的石化、钢铁、水泥、铝等制造业，涉及毁林和其他破坏生物多样性的产业和项目都有可能出现严重成本上升、利润下降、严重亏损，乃至倒闭；对金融机构和投资者来说，这些风险会体现为贷款/债券违约和投资损失。在某些高碳产业密集的地区（如山西、陕西、内蒙古等），此类与气候转型相关的风险可能会演化为区域性、系统性的金融风险以及由于大规模企业倒闭所带来的失业和其他社会风险。在碳中和目标背景下，我国煤电企业贷款的违约率可能在10年内上升到20%以上。其他高碳行业的贷款违约率也可能大幅上升。气候转型所带来的金融风险可能成为系统性金融风险的来源。

过去几年，一些国外的央行和监管机构（如英格兰银行、荷兰央行、法国央行、欧央行等）、国际组织和合作机制（如央行绿色金融网络，即NGFS）已开始强调金融业开展环境和气候风险分析的重要性。但是，中国的多数金融机构尚未充分理解气候转型的相关风险，普遍缺乏对气候转型风险的前瞻性判断和风险防范机制。

以碳中和为目标完善绿色金融体系

金融行业应该开始规划支持碳中和目标的绿色金融路线图。在未来几十年内，在全国实现碳中和可能需要数百万亿元的绿色低碳投资。根据绿色金融发展的经验，要满足如此大规模的投资需求，90%左右的资金必须依靠金融体系来动员和组织。因此，金融管理部门和各地方都有必要牵头研究和规划以实现碳中和为目标的绿色金融发展路线图。这个路线图的主要内容应该包括以下三个方面。

一是目标落实到主要产业的中长期绿色发展规划和区域布局，编制绿色产业和重点项目投融资规划，制定一系列具体的行动方案和措施，包括发展可再生能源和绿色氢能、工业低碳化、建筑零碳化、交通电动化、煤电落后产能淘汰等。

二是建立绿色产业规划与绿色金融发展规划之间的协调机制。制定一系列绿色低碳产业、产品和绿色金融标准体系，建立绿色项目与绿色融资渠道的协同机制，包括服务于绿色项目和绿色资金的对接平台。

三是以碳中和为目标，完善绿色金融体系，包括修改绿色金融标准，建立强制性的环境信息披露要求，强化对绿色低碳投融资的激励机制，支持低碳投融资的金融产品创新。

以碳中和为约束条件，修订绿色金融标准

虽然新版《绿色债券项目支持目录》已经剔除了“清洁煤炭技术”等与化石能源相关的高碳项目，但对其他绿色金融的界定标准（包括绿色信贷标准、绿色产业目录等）还没有作相应的调整。未来，应该按照碳中和目标修订绿色信贷、绿色产业标准，建立绿色基金、绿色保险的界定标准，同时保证符合这些绿色标准的项目不会对其他可持续发展目标产生重大的负面影响。

监管部门要求金融机构对高碳资产的敞口和主要资产的碳足迹进行计算和披露。人民银行、银保监会、证监会等金融监管部门明确提出对金融机构开展环境和气候信息披露的要求，其中，应该包括对金融机构持有的绿色、棕色资产的信息，也应该包括这些资产和主要资产的碳足迹。初期，可以要求金融机构披露其持有的棕色或高碳行业资产风险敞口（如煤炭采掘、煤电、钢铁、水泥、化工、铝业等行业的贷款和投资），并计算和披露接受贷款和投资的企业碳排放和碳足迹。中期，可以要求金融机构披露主要贷款/投资的碳足迹（或向大中型企业提供的贷款/投资）。监管部门、行业协会（如绿金委）和国际合作机制（如中英环境信息披露试点工作组）应组织金融机构开展环境信息披露方面的能力建设，推广领先机构的最佳实践。

监管机构应该明确鼓励金融机构开展环境和气候风险分析，强化能力建设。目前，中国只有数家银行开展了环境和气候风险分析，多数大型金融机构开始有所认知但尚未建立分析能力，多数中小机构还未意识到气候转型可能带来的信用风险、市场风险和声誉风险。人民银行、银保监会、证监会等金融监管部门明确指示我国金融机构参考NGFS等有关做法，开展前瞻性的环境和气候风险分析，包括压力测试和情景分析。行业协会、研究机构、教育培训机构也应组织专家支持金融机构开展能力建设，并重点开展这个领域的国际交流。央行和金融监管部门应牵头组织宏观层面的环境和气候风险分析，研判这些风险对金融稳定的影响，并考虑逐步要求大中型金融机构披露环境和气候风险分析的结果。

围绕碳中和目标，建立更加强有力的绿色金融激励机制。人民银行考虑设立较大规模的再贷款机制（每年数千亿元级别），专门用于支持低碳项目；将较低风险的绿色资产纳入商业银行向央行借款的合格抵押品范围；将银行资产的碳足迹纳入绿色银行的考核评估机制，并将银行的碳足迹与央行货币政策工具的使用挂钩；考虑在保持银行总体资产风险权重不变的前提下，降低绿色资产风险权重，提高棕色/高碳资产风险权重。在对整个银行业推出风险权重的调整办法之前，可以支持有条件的地区和金融机构开展相关试点工作。

外管局和主权基金应开展ESG投资，培育绿色投资管理机构。外汇管理部门和主权基金可以参考NGFS的建议，主动开展可持续投资，以引领私营部门和社会资金的参与。建议外汇管理部门和主权基金按可持续/ESG投资原则建立对投资标的和基金管理人的筛选机制，建立环境和气候风险的分析能力，披露ESG信息，支持绿色债券市场的发展，积极发挥股东作用，推动被投资企业提升ESG表现。

监管部门应该强制要求金融机构在对外投资（包括对“一带一路”投资）中开展环境影响评估。继续在“一带一路”地区投资煤电等高碳项目，有损于中国“一带一路”绿色化倡议的国际形象，也会给中国金融机构带来声誉风险和金融风险。建议有关部门尽快建立我国对外投资的强制性环境影响评估机制，严格限制对污染和高碳项目的海外投资；支持我国金融机构承诺大幅度减少和停止对海外新建煤电项目的投资和担保。通过国际合作渠道，推动中、日、韩协同减少和停止对第三国的煤电投资。

鼓励金融机构探索转型融资，包括设立转型基金和发行转型债券。要实现碳中和，不仅仅要支持纯绿的项目（如清洁能源、新建的绿色交通和绿色建筑项目等），也要支持化石能源企业向清洁能源转型、老旧建筑的绿色低碳改造、高碳工业企业的节能减排和减碳项目等。后者一般被称为转型经济活动，也需要大量融资和一定的激励机制。欧洲已经建立了一些转型基金，支持高碳企业向低碳转型，同时避免失业；也推出了一些转型债券，支持传统能源企业引入新能源项目，将废旧矿山改造为生态景区等。我国也应借鉴这些经验，在认定标准、披露要求、激励机制等方面探索建立支持转型融资的机制，支持金融机构推出转型债券、转型基金、转型保险等金融工具。

创新碳中和绿色债券市场

2020年，国际绿色债券市场持续增长，中国绿色债券年度发行规模虽有下降，但非金融企业绿色债券发行表现亮眼。展望未来，在碳中和目标下，面对庞大的资金需求，我国绿色债券市场将迎来广阔的发展空间。一方面，我国全国层面和地方层面支持绿色债券的激励约束政策在不断出台，同时在碳中和目标下绿色债券标准有望实现国内统一、国际接轨，这都为绿色债券市场的发展奠定了良好的基础。另一方面，围绕碳中和目标，绿色债券品种也将迎来更大的创新空间，包括碳中和债券、气候债券、转型债券和蓝色债券等。

国际绿色债券市场继续增长

根据气候债券倡议组织（CBI）近日发布的数据与报告，全球绿色债券2020年发行2695亿美元，略高于2019年绿色债券的发行总额2665亿美元（2018年：1714亿美元）。2020年的发行规模达到历史最高值，保持了绿色市场连续九年增长的趋势，自2011年以来，绿色债券的年发行量稳步增长，2015年之后有明显上升，2015—2020年的年均增长率达到60%，到2020年年末，绿色债券的累计发行规模已达到1万亿美元。

从绿色债券发行用途上来看，主要投向能源、低碳建筑、低碳交通，以及水基础设施和土地使用领域。其中能源领域发行规模为936亿美元（占比35%），低碳建筑领域规模为706亿美元（占比26%），低碳交通领域规模为637亿美元（占比24%）。水基础设施和土地使用领域发行规模分别为175亿美元（占比7%）和136亿美元（占比5%）。

中国非金融企业绿色债券发行表现亮眼

累计发行规模过万亿元，年度发行放缓。根据Wind绿色债券概念板块统计，截至2020年年末，我国境内市场贴标绿色债券累计发行规模突破1万亿元，达到11521.43亿元，存量规模8721.27亿元。2020年以来，受新冠肺炎疫情影响，我国绿色债券市场发行明显放缓，2020年全年发行规模为2276.48亿元，较2019年同比减少21.4%。

绿色债务融资工具发行规模增长较快。从不同债券类型来看，2020年绿色债务融资工具发行表现亮眼，全年发行规模达到403亿元，同比大幅增长22.9%；绿色企业债券发行规模477.40亿元，与2019年基本持平；绿色公司债券发行规模737.10亿元，同比下降7.5%；绿色资产支持证券发行规模322.98亿元，同比下降36.6%；绿色金融债券发行规模337亿元，同比下降60%。可以看到，自2019年以来，我国绿色债券市场结构已经开始发生转变，非金融债券发行占比超过金融债券，2020年绿色非金融债券发行规模占比已达85.2%，比2019年还要高12个百分点。

在碳中和目标下中国绿色债券市场空间广阔

在碳中和目标下，中国具有庞大的资金需求。要实现碳中和目标，我国的经济结构、能源结构、产业结构等都面临着深度的低碳转型。清华大学气候变化与可持续发展研究院发布的《中国长期低碳发展战略与转型路径研究》显示，要实现2℃目标导向转型路径，我国2020—2050年能源系统需要新增投资100万亿元，占每年GDP的1.5%—2.0%；要实现1.5℃目标导向转型路径，能源系统需要新增投资约138万亿元，超过每年GDP的2.5%。

绿色债券具有期限长、一定价格优势的特点，在碳中和目标下，未来市场需求必将日益提高。大部分的绿色项目，具有环境的正外部性，但由于此外部性未实现内部化，因此前期资金投入大，投资回收期长，且收益率不高，因此，此类项目并不容易融到中长期的资金，根据气候债券组织的统计，2019年中国绿色债券总规模的40%期限是在5年以上，主要的发行人是非金融企业和政府支持机构，如地方政府融资平台。发行绿色债券，可以成为企业开发中长期绿色项目的重要融资渠道。

与此同时，部分绿色债券发行价格具有一定优势。目前债券的发行价格主要还是取决于发行的时点，以及投资人更看重风险和收益的匹配，但很多绿色债券还是展现出了一定的发行价格优势。根据中诚信近期发布的《绿色债券年度报告》，2020年发行的绿色债券中，可比的106只绿色债券中，68.86%的绿色债券低于当月发行的同期限、同券种、同评级的普通债券平均发行利率，成本优势约43BP，对发行人而言，持续显现出一定发行价格优势。

支持绿色债券的激励约束政策不断出台

全国层面，政策强化对绿色债券的激励。人民银行将绿色信贷和绿色债券纳入货币政策操作的合格抵押品范围，同时纳入对绿色金融业绩评价的考核范围，并将考核结果纳入央行金融机构评级；银保监会将绿色信贷和绿色债券投资纳入绿色融资统计范围；交易所下调了绿色债券相关费率。

2018年6月，央行决定适当扩大中期借贷便利（MLF）担保品范围，主要包括绿色金融债券、AA+、AA级公司信用类债券（优先接受涉及小微企业、绿色经济的债券）以及优质的绿色贷款。2020年7月初，中国银保监会将原《绿色信贷统计制度》升级为绿色融资统计制度，将银行对非金融企业的绿色债券投资纳入统计。2020年7月21日，人民银行发布了《关于印发〈银行业存款类金融机构绿色金融业绩评价方案〉的通知（征求意见稿）》，将原绿色信贷业绩评价升级为绿色金融业绩评价，同样将绿色债券业务纳入银行绿色金融业绩评价考核的业务范围。2020年1月，上交所印发《关于调降债券业务收费标准的通知》，上海清算所决定调降债券业务收费标准。其中，将支持绿色产业可持续发展，对绿色债券的发行登记费率、付息兑付服务费率降低50%。

地方层面，部分地方政府持续推出绿色债券实质性激励措施。部分地方对绿色债券、绿色信贷等制定了很多激励性的措施，鼓励各类机构发行绿色债券，对绿色债券贴息、担保和补贴等。以江苏省为例，其对环境基础设施资产证券化和绿色债券进行贴息，对于长江生态修复债券等绿色债券，按照年度实际支付利息的30%进行贴息，贴息持续时间为2年，单只债券每年最高贴息不超过200万元。除了江苏外，还有绿色金融试验区、四川省、广西南宁市等多地政府实施对绿色债券发行人提供补贴等实质性的绿债激励政策。

碳中和目标下绿色金融标准或将迎来更新

当前，国家发改委等七部委于2019年2月发布的《绿色产业指导目录（2019年版）》是我国的绿色金融基础标准，其他绿色金融产品标准都参考这个基础标准进行更新与修订。而目前这个基础标准中，包括了高碳的传统能源清洁高效利用等高碳燃料的生产和利用，如清洁燃油生产、煤炭清洁利用、煤炭清洁生产。碳中和目标提出后，这个标准就与我国的碳中和目标不再吻合了，在对未来绿色金融的相关标准进行更新和修订的过程中，或将不再纳入高碳能源的清洁高效利用等项目和产业，以与国家碳中和目标以及国际绿色标准保持一致。

绿色债券标准有望实现国内统一、国际接轨。在2020年7月人民银行、发改委和证监会联合发布的《关于印发〈绿色债券支持项目目录（2020年版）〉的通知（征求意见稿）》中，将化石能源清洁利用的相关项目剔除，实现了与国际标准的接轨，这为我国绿色债券市场吸引境外投资者创造了条件。此外，未来该新版目录正式发布后，还将实现国内各类绿色债券标准的统一，未来或将进一步实现与绿色信贷等其他绿色金融产品标准的统一，这将促进各类金融产品之间的衔接，降低业务管理难度和成本，如商业银行绿色金融债与绿色信贷的衔接、绿色信贷与绿色信贷资产证券化的衔接等。

绿色债券品种将迎来更大的创新空间

第一是碳中和债券。为了更好地服务于中国的碳中和目标，交易商协会推出了碳中和债，聚焦于碳减排领域。交易商协会推出的贴标碳中和债券是绿色债务融资工具的子品种，主要是指募集资金专项用于具有碳减排效益的绿色项目的债务融资工具，首批支持项目主要涵盖绿色债券支持项目中的三类：一是清洁能源类项目，包括光伏项目、水电和风电项目；二是清洁交通类项目，主要为电气化的轨道交通类项目；三是低碳改造类项目，主要为绿色建筑类项目等。

2021年2月7—8日，交易商协会支持6家企业同步发行了首批碳中和债，均为2年及以上中长期债券，发行金额64亿元，牵头主承销商包括工商银行、中国银行、建设银行和兴业银行4家金融机构，募投领域包括光伏、水电、风电、绿色建筑等项目，预计每年可减排二氧化碳4164.7万吨，减排效果显著。我国碳中和目标提出后，碳中和领域的投资机会受到了投资者的广泛关注，而碳中和债券的推出将有助于投资者识别出对碳中和目标贡献最大的领域，满足投资者的需求，同时也为我国实现碳中和目标吸引更多的社会资金投入。

第二是气候债券。随着碳中和目标的提出，中国对应对气候变化问题的重视程度上升到了新高度，而这也是国际上最为关心的领域之一。目前国际上有绿色债券相关原则，气候债券倡议组织（CBI）发布了气候债券标准，相较于我国交易商协会提出的碳中和债券，气候债券支持的范围更广，包括所有减缓和适应气候变化领域的绿色项目，而碳中和债券则更加聚焦于具有碳减排效益的领域。目前，国际部分发行的绿色债券，按照气候债券组织的标准经过认证后，也被归为认证气候债券。探索发行经第三方认证的气候债券，投资者将知道这类债券专门用于应对气候变化，既有助于吸引国际投资者的投资，更有助于中国应对气候变化工作。

第三是转型债券。转型债券主要支持向低碳或零碳转型的企业或活动，特别是针对传统高碳排放行业。与碳中和债、气候债券不同的是，前两者均属于绿色债券的范畴，而转型债券则支持的范围更加广泛，包括那些不在绿色债券支持范围内的部分传统高碳行业的低碳和零碳转型，同时募集资金的使用可以专项用于转型活动，也可以作为一般公司用途，但整个公司必须处于转型路径上。2020年9月，气候债券倡议组织和瑞士信贷共同发布《为可信的绿色转型融资》白皮书，提出了一个转型融资框架，包括符合转型融资需要遵循的五项原则。2020年12月，国际资本市场协会（ICMA）发布《气候转型融资手册》，旨在明确为气候转型进行融资时，对发行人层面的信息披露提供指引和建议，以提高转型融资的可信度，特别是来自“难以减碳”（碳密集）行业的债券发行。

转型债券发行人必须对四个关键要素进行披露：（1）发行人气候转型战略和公司治理；（2）业务模式中考虑环境要素的重要性；（3）气候转型战略应参考具有科学依据的目标和路径；（4）执行情况有关信息的透明度。目前我国实现了首笔转型债券的落地。在ICMA的框架下，中国银行在2021年1月成功发行了全球首笔金融机构公募转型债券，募集资金用于支持天然气热电联产项目、天然气发电及水泥厂余热回收项目，并按照ICMA手册的要求发布了《转型债券管理声明》，对四大关键要素进行了披露。

第四是蓝色债券。在我国，海洋经济占据重要地位，海洋生产总值占国内生产总值的比重为9.0%，占沿海地区生产总值的比重为17.1%，同时海洋的可持续发展也与气候变化问题息息相关。为此，2018年人民银行、银保监会、海洋局等八个部门联合印发了《关于改进和加强海洋经济发展金融服务的指导意见》，2020年1月3日，银保监会发布的《关于推动银行业和保险业高质量发展的指导意见》中首次提出积极发展蓝色债券。

综观全球市场，虽然蓝色债券目前尚处于起步阶段，全球仅发行了几只蓝色债券，但已经激起了投资者的广泛关注，部分投资人认为蓝色债券市场是继绿色债券之后，可持续金融领域又一极具潜力的市场。2020年，中资机构也实现了蓝色债券的落地。2020年9月，中国银行发行中资及全球商业机构首只蓝色债券，募集资金用于支持中行已投放及未来将投放的海洋相关污水处理项目及海上风电项目等。2020年10月，兴业银行中国香港分行在国际资本市场上成功发行三年期美元固定利率蓝色债券，实现了中资股份制银行首单境外蓝色（海洋和水资源保护）债券发行。2020年11月，由兴业银行独立主承销的青岛水务集团2020年度第一期绿色中期票据（蓝色债券）成功发行，募集资金用于海水淡化项目建设，成为我国境内首单蓝色债券，也是全球非金融企业发行的首单蓝色债券。

中国碳排放权交易体系

生态环境部2020年12月31日发布《碳排放权交易管理办法（试行）》（以下简称《办法》），自2021年2月1日起施行。碳排放是指煤炭、石油、天然气等化石能源燃烧活动和工业生产过程以及土地利用变化与林业等活动产生的温室气体排放，也包括因使用外购的电力和热力等所导致的温室气体排放。碳排放权是指分配给温室气体重点排放单位的规定时期内的碳排放额度。

《办法》明确，生态环境部按照国家有关规定建设全国碳排放权交易市场。全国碳排放权交易市场覆盖的温室气体种类和行业范围，由生态环境部拟订，按程序报批后实施，并向社会公开。生态环境部按照国家有关规定，组织建立全国碳排放权注册登记机构和全国碳排放权交易机构，组织建设全国碳排放权注册登记系统和全国碳排放权交易系统。全国碳排放权注册登记机构通过全国碳排放权注册登记系统，记录碳排放配额的持有、变更、清缴、注销等信息，并提供结算服务。全国碳排放权交易机构负责组织开展全国碳排放权集中统一交易。

《办法》规定，温室气体排放单位符合“属于全国碳排放权交易市场覆盖行业”和“年度温室气体排放量达到2.6万吨二氧化碳当量”条件的，应当列入温室气体重点排放单位（以下简称重点排放单位）名录。纳入全国碳排放权交易市场的重点排放单位，不再参与地方碳排放权交易试点市场。

《办法》明确，生态环境部根据国家温室气体排放控制要求，综合考虑经济增长、产业结构调整、能源结构优化、大气污染物排放协同控制等因素，制定碳排放配额总量确定与分配方案。碳排放配额分配以免费分配为主，可以根据国家有关要求适时引入有偿分配。省级生态环境主管部门确定碳排放配额后，应当书面通知重点排放单位。重点排放单位应当在全国碳排放权注册登记系统开立账户，进行相关业务操作。

在排放交易方面，《办法》明确，中国碳排放权交易市场的交易产品为碳排放配额，生态环境部可以根据国家有关规定适时增加其他交易产品。重点排放单位以及符合国家有关交易规则的机构和个人，是全国碳排放权交易市场的交易主体。碳排放权交易应当通过全国碳排放权交易系统进行，可以采取协议转让、单向竞价或者其他符合规定的方式。全国碳排放权交易机构应当按照生态环境部有关规定，采取有效措施，发挥全国碳排放权交易市场引导温室气体减排的作用，防止过度投机的交易行为，维护市场健康发展。全国碳排放权注册登记机构应当根据全国碳排放权交易机构提供的成交结果，通过全国碳排放权注册登记系统为交易主体及时更新相关信息。

值得一提的是，2021年1月1日，全国碳市场发电行业第一个履约周期正式启动，首个履约周期到2021年12月31日截止，涉及2225家发电行业重点排放单位。碳排放权交易作为控制温室气体排放的一种市场化手段，相对于行政手段具有全社会减排成本较低、能够为企业减排提供灵活选择等优势。国际实践表明，碳市场是控制温室气体排放的有效手段。

2011年以来，中国在北京、天津、上海、重庆、湖北、广东、深圳7个省市开展了碳排放权交易试点工作。截至2020年11月，试点碳市场共覆盖电力、钢铁、水泥等20余个行业近3000家重点排放单位，累计配额成交量约为4.3亿吨二氧化碳当量，累计成交额近100亿元人民币。①

此外，生态环境部印发规范性文件《2019—2020年全国碳排放权交易配额总量设定与分配实施方案（发电行业）》（以下简称《配额分配方案》），公布了包

① 《全球最大规模的碳市场呼之欲出》，载公众号“中国金融新闻网”，2021年7月8日。

括2225家发电企业和自备电厂在内的《纳入2019—2020年全国碳排放权交易配额管理的重点排放单位名单》。

《配额分配方案》主要包括纳入配额管理的重点排放单位名单，纳入配额管理的机组类别，配额总量，配额分配方法，配额发放，配额清缴，重点排放单位合并、分立与关停情况的处理和其他说明等八部分。对发电行业将通过行业基准法开展配额分配，基于实际产出量，对标行业先进碳排放水平，配额免费分配且与实际产出量“挂钩”，体现奖励先进、惩戒落后的原则。

下一步，生态环境部将围绕完成全国碳市场第一个履约周期，以发电行业为突破口率先在全国开展交易，在发电行业碳市场稳定运行的基础上，逐步扩大市场覆盖行业范围，丰富交易品种和交易方式，实现全国碳市场的平稳有效运行和健康持续发展，有效发挥市场机制在实现我国二氧化碳排放达峰目标与碳中和愿景中的重要作用。

碳排放交易机制中的定量模型

碳排放交易机制（emission trading scheme，ETS）是非常灵活高效的碳排放控制措施，并被广泛应用于世界各地以达成碳减排或碳中和目标。截至2019年年底，全球共有28个碳市场或碳市场试点，中国于2011年宣布建立7个覆盖高耗能、高排放行业的碳交易试点，并于2017年开始布局全国统一的碳排放交易市场。

碳排放交易市场是各种涉及碳排放交易机制的主体（以及相关因素）彼此交互的平台或媒介。鉴于碳排放交易机制是由市场驱动的政策并通过市场机制发挥作用，因此对碳排放交易市场及其对其他商品市场的溢出影响的透彻了解可以为确保效力提供深刻的启示。市场中各因素的趋势、波动和相关关系刻画，及碳排放交易市场和商品市场间联动关系客观规律的揭示，需要定量模型的帮助。

仿真模型，已被用于探索碳排放交易市场和不同商品市场之间的溢出效应，同时描述了碳排放交易市场与不同商品市场中交互因素之间的内在联系。常用模型包括：可计算一般均衡模型（computable general equilibrium，CGE）、多主体模型（agent-based models，ABM）和系统动力学模型（system dynamic，SD）。

优化模型，常采用博弈论模型（game models）用于描述微观层面碳排放交易市场下各主体的相关经济活动，及其造成的宏观市场变动结果。

计量模型，用于捕获市场间的关系，预测市场因素（如碳价、CER价格、交易量等）的趋势。常用模型包括：广义自回归条件异方差模型（generalized autoregressive conditional heteroskedastic，GARCH）、向量自回归模型（vector autoregressive models，VAR）等。

集成模型，最近在碳配额价格和CER价格建模中出现了一些集成模型，如分解集成模型。这些模型通常分三个步骤：首先，通过多尺度分析［例如，小波分析（wavelet analysis）和经验模态分解（empirical mode decomposition，EMD）］，将复杂的碳价分解为不同时间尺度的简单成分；其次，采用统计［例如，聚类分析（clustering analysis）］或AI模型［例如，极限学习机（extreme learning machine）］分别对不同规模的组件进行建模；最后，将不同尺度的单个结果整合到最终输出中。

第八部分

科技创新

23 从1978年科学的春天到今天的科技创新盛况

2021年5月28日，中国科学院第二十次院士大会、中国工程院第十五次院士大会和中国科学技术协会第十次全国代表大会在北京人民大会堂隆重召开。这是我们在“两个一百年”奋斗目标的历史交汇点、开启全面建设社会主义现代化国家新征程的重要时刻，共商推进我国科技创新发展大计的一次盛会。

中共中央总书记、国家主席、中央军委主席习近平出席大会并发表重要讲话。习近平强调，坚持把科技自立自强作为国家发展的战略支撑，立足新发展阶段、贯彻新发展理念、构建新发展格局、推动高质量发展，面向世界科技前沿、面向经济主战场、面向国家重大需求、面向人民生命健康，深入实施科教兴国战略、人才强国战略、创新驱动发展战略，把握大势、抢占先机，直面问题、迎难而上，完善国家创新体系，加快建设科技强国，实现高水平科技自立自强。①

从1978年科学技术是第一生产力到习近平提出“创新是第一动力”，《科学的春天》至今已经走过43个春秋，它见证了中国科技发展的无数奇迹，见证了中国科技自主创新的成功经验，见证了中国迈向科技强国的坚韧步伐！见证了中国共产党集中力量办大事的伟大创举！

1978年3月18日至31日，全国科学大会在北京隆重举行，邓小平在大会开幕式上作了重要讲话，明确指出现代化的关键是科学技术现代化，知识分子是工人阶级的一部分，重申了“科学技术是生产力”这一马克思主义的基本观点。著名数学家陈景润向大会作了题为《科学有险阻，苦战能过关》的发言，道出科学工

本文2021年6月1日发表于“学习强国”。

①《两院院士大会中国科协第十次全国代表大会在京召开》，载《人民日报》2021年5月29日，第1版。

作者的共同心声。

在大会闭幕式上，中国科学院院长郭沫若发表了书面讲话《科学的春天》。他用诗一般的语言宣告："这是革命的春天，这是人民的春天，这是科学的春天！让我们张开双臂，热烈地拥抱这个春天吧！"这篇文章是一个时代的呼声，是全国人民心灵的共同感应。人民迫切呼吁和要求，让一个科学的、民主的、繁荣的社会主义新时代，随着科学春天的到来而尽快到来。

这次大会，题在科技，意在全局。它确立了科技工作正确的指导思想，是我国科技发展史上的一个里程碑。它是向科学技术现代化进军的总动员令，对我国的社会主义现代化建设起到了极大的推动作用。

当今世界百年未有之大变局加速演进，国际环境错综复杂，世界经济陷入低迷期，全球产业链供应链面临重塑，不稳定性不确定性明显增加。新冠肺炎疫情影响广泛深远，逆全球化、单边主义、保护主义思潮暗流涌动。科技创新成为国际战略博弈的主要战场，围绕科技制高点的竞争空前激烈。我们必须保持强烈的忧患意识，做好充分的思想准备和工作准备。

当前，新一轮科技革命和产业变革突飞猛进，科学研究范式正在发生深刻变革，学科交叉融合不断发展，科学技术和经济社会发展加速渗透融合。科技创新广度显著加大，宏观世界大至天体运行、星系演化、宇宙起源，微观世界小至基因编辑、粒子结构、量子调控，都是当今世界科技发展的最前沿。科技创新深度显著加深，深空探测成为科技竞争的制高点，深海、深地探测为人类认识自然不断拓展新的视野。科技创新速度显著加快，以信息技术、人工智能为代表的新兴科技快速发展，大大拓展了时间、空间和人们认知范围，人类正在进入一个"人机物"三元融合的万物智能互联时代。生物科学基础研究和应用研究快速发展。科技创新精度显著加强，对生物大分子和基因的研究进入精准调控阶段，从认识生命、改造生命走向合成生命、设计生命，在给人类带来福祉的同时，也带来生命伦理的挑战。

党的十九大确立了到2035年跻身创新型国家前列的战略目标，党的十九届五中全会提出了坚持创新在我国现代化建设全局中的核心地位，把科技自立自强作为国家发展的战略支撑。立足新发展阶段、贯彻新发展理念、构建新发展格局、推动高质量发展，必须深入实施科教兴国战略、人才强国战略、创新驱动发展战略，完善国家创新体系，加快建设科技强国，实现高水平科技自立自强。

科技管理改革不能只做"加法"，要善于做"减法"。要拿出更大的勇气推动科技管理职能转变，按照抓战略、抓改革、抓规划、抓服务的定位，转变作风，提升能力，减少分钱、分物、定项目等直接干预，强化规划政策引导，给予科研单位更多自主权，赋予科学家更大技术路线决定权和经费使用权，让科研单位和科研人员从烦琐、不必要的体制机制束缚中解放出来！

创新不问出身，英雄不论出处。要改革重大科技项目立项和组织管理方式，实行“揭榜挂帅”“赛马”等制度。要研究真问题，形成真榜、实榜。要真研究问题，让那些想干事、能干事、干成事的科技领军人才挂帅出征，推行技术总师负责制、经费包干制、信用承诺制，做到不论资历、不设门槛，让有真才实学的科技人员英雄有用武之地！

科学技术具有世界性、时代性，是人类共同的财富。要统筹发展和安全，以全球视野谋划和推动创新，积极融入全球创新网络，聚焦气候变化、人类健康等问题，加强同各国科研人员的联合研发。要深度参与全球科技治理，贡献中国智慧，塑造科技向善的文化理念，让科技更好地增进人类福祉，让中国科技为推动构建人类命运共同体作出更大贡献！

24 中国超级算力引领全球发展

一直以来，中美两国都是超级计算机领域最主要的争夺者。而近年来，中国在超算领域的实力长期保持着力压美国一头的局面。即便是在美国对中国超算领域的企业进行打压之后，中国在超算领域的综合实力仍保持领先。

任何卡中国脖子的做法，只会加速中国的进步

超级计算机就是具有很强的计算和处理数据能力的计算机。超算的运算速度平均每秒1000万次，存贮容量在1000万位以上。中国在超算领域起步虽然晚，但投入的力量较大，从“银河”到“天河”“神威”系列超算，中国超算实现了自主创新的一系列世界“第一”，而且连续几代登上世界“速度巅峰”，成为第二个可以独立研制千万亿次超算的国家。

2009年，我国“天河一号”，峰值性能每秒1.206千万亿次。2016年，国际超算大会提出的世界500强排名，中国首台全部采用国产处理器构建的“神威·太湖之光”排名第一，成为全球最快的超级计算机，“神威”在各项性能上都领先世界。另外，在全球最强大的500台超算中，中国就占167台，数量超过美国。

被美国纳入“黑名单”的几家中国超算实体，跟中方打造的E级超算项目紧密相关。E级超算，是每秒能运算百亿亿次的超级计算机，被世界公认为“超级计算机界的下一顶皇冠”。美国2020年接连宣布研发建造“极光”“前沿”“酋长

本文2021年4月19日发表于“学习强国”。

岩”三台E级超算，交付时间为2021年至2023年。在E级超算领域，中国还领先了一步，我们自主研发的E级超算“天河三号”原型机、神威E级原型机和曙光E级原型机系统在2018年就交付了。中国超算高端应用连续两次获得国际高性能计算机的最高奖——戈登贝尔奖。

超算之所以被世界关注，是因为其对一个国家的经济和国防都太重要了，被应用于很多重要领域。E级超算应用于解决人类面临的能源危机、健康危机、气候变化和环境污染、全球气候变化模拟、天体物理大数据的处理、模拟宇宙的演化、新型材料验证及无库存核武器仿真等。

中国近年来以创新为突破，完成了超算自主可控生态体系的初步建设。比如采用中国自主研发处理器的超级计算机“神威·太湖之光”成功接棒基于英特尔芯片的“天河二号”夺下第一；“天河一号”“天河二号”则小规模试用了自主研制的飞腾CPU。关键核心技术是买不来、要不来、讨不来的！百年未有之大变局，对我国科技创新提出了更加迫切的要求。把国家发展和安全的主动权牢牢掌握在自己手里，必须依靠自主创新，把科技自立自强作为国家发展的战略支撑。

自2013年6月中国的“天河二号”超级计算机成功夺得全球超算TOP500的桂冠之后，持续多年霸榜。2015年4月，美国商务部发布公告，决定禁止向中国4家国家超级计算机机构出售“至强”（Xeon）芯片，2016年6月，采用中国自主研处理器的超级计算机“神威·太湖之光”成功接棒基于英特尔芯片的“天河二号”夺下第一（“天河二号”排名第二）。

“神威·太湖之光”的核心处理器“申威26010”是在国家“核高基”重大专项支持下，由国家高性能集成电路设计中心研制，实现CPU和操作系统的全部国产化。当时超算“TOP500”组织就在一份声明中写道：“中国在国际TOP500组织第47期榜单上保持第一名的位置，凭借的是一个完全基于中国设计、制造处理器而打造的新系统。”另外值得一提的是，中国当时入榜的超级计算机数量也达到167台，超过了美国（165台），排名全球第一。

随后在2017年6月和11月，“神威·太湖之光”与“天河二号”再度蝉联全球超算TOP500榜单的第一和第二名。直到2018年6月，来自美国的Summit超级计算机才重新夺回世界超级计算机TOP500的榜首，“神威·太湖之光”屈居第二，“天河二号”排名第四。2017年9月，广州超算中心宣布年底前升级天河二号超算系统，使用国产芯片Matrix 2000取代原本的英特尔Xeon Phi加速器。也就是说，全面换装国产处理器之后，“天河二号”的排名并未出现大的波动，依然稳定在前五。2019年的两次排名中，美国能源部下属的超级计算机Summit和Sierra蝉联第一和第二，而中国的“神威·太湖之光”和“天河二号”依然保持在前五。并且在TOP500榜单上的超算数量上，中国超级计算机仍保持着绝对的优势。

根据2020年11月公布数据显示，在全球超级计算机TOP500榜单上，中国的“神威·太湖之光”和“天河二号”分别排名第四和第六，虽然排名较此前均下降了一名，但是从数量上来看，中国占据了217台（含中国台湾3台和中国香港1台）排名第一，而排名第二的美国只有113台。这也是自2017年11月以来，中国超算上榜数量连续多年位居第一。

总体来看，中国目前在超算领域的综合实力，与美国相比依然有一定的优势。

目前全球排名第四的超算“神威·太湖之光”所搭载的核心处理器就是国产自研的“申威”处理器。而目前负责申威处理器的实体就是成都申威科技。天津飞腾也是近年来发展极为迅速的一家国产处理器厂商，其产品覆盖了嵌入式CPU、桌面CPU及服务器CPU。2020年7月，飞腾发布了新一代的服务器芯片腾云S2500系列，基于Arm 64核心架构，最高可支持8路直连，可实现高达512核协同工作能力。上海高性能集成电路设计中心以及各地的国家超级计算中心也都是中国发展超算的关键科研机构。

超级计算

超级计算历来是衡量一个国家科技水平和创新能力的重要标志。在国家政策大力支持下，近10年来中国的超算产业在国家“863”等多个国家科技计划的持续支持下迎来了飞速发展，跻身国际先进行列。2020年6月，全球超算500强排行榜中，中国上榜226个，占45%。日本采用ARM架构的超级计算机“富岳”超越中美，夺得全球超算冠军。排名第二和第三的超级计算机分别是美国的“顶点”和“山脊”系统。中国超级计算机系统“神威·太湖之光”和“天河二号”分列榜单第四、第五位。与此同时，我国超算产业仍然存在诸多问题，一是核心技术突破不够全面，自主技术发展还较为缓慢，绝大部分采用国外厂商的芯片、系统和应用软件；二是强调单点应用或技术的突破，现有的项目多以短期的项目支持为主；三是缺乏全局生态环境的顶层设计和产业化持续造血能力。例如，超算中心在软件开发能力和商业化运营上略有不足，呈现投入多产出少的现状。

算法层面

支持企业发展安全可靠操作系统。提升操作系统性能，突破系统调度、内存管理、虚拟化等操作系统核心技术，优化多核或者众核调度能力，强化多元化算力支持，加强基于安全可靠操作系统内核的应用推广。构建开源Linux基金会，布局安全可靠的Linux代码托管仓库与开源技术交流社区。

提升数据库性能指标。提高数据库可用性、可靠性和安全性，发展多样化数据库产品。发展分布式高扩展数据库架构、面向高速存储介质和非易失性内存的存储引擎，提升数据库异地多活高可用能力、基于密态计算的数据处理技术、数据防篡改等能力。推动开源社区和统一数据库规范构建，支持兼容行业主流生态的数据库开源社区建设。

支持加速库、统一调度器、函数计算开发框架等计算工具链套件发展。发展加速库，强化基于芯片的加速库优化和算法提升。提升数学库、网络加速库、机器学习库、图分析库、NN训练加速库、NN推理加速库、媒体加速库等加速库竞争力。发展通用图优化、图等价等变换算法，模型自动压缩算法、模型服务资源调度算法等推理加速算法，自动混合精度算法、量化感知训练算法、迁移学习算法等训练加速算法。突破针对安全可靠芯片的编程模型、编译优化、编程语言抽象、虚拟指令集等核心技术，突破矢量化、内存优化、循环转换、全局优化等关键编译优化技术。

算据层面

提升数据融合分析能力。实现海量数据的多源、异地、异构融合分析，强化自动数据发现与增强、自动数据可视化、高性能分析、多算力计算等能力，提升海量数据的集成管理与分析能力，优化数据的高效分布式并行处理能力，提升数据集成质量、集成方法的可用性水平。

发展高性能数据存储。布局支持多样性算力、高通量算力、多协议接口的数据存储系统，加强系统多协议互通与数据流动等能力，强化数据全生命周期的安全性、可靠性与可管可控。推动实现跨地域、跨数据源的端、边、云数据协同，及存储与计算、网络的高效协同。

强化开源大数据引擎与生态标准统一规范研究。支持高性能异构、多源融合、异地查询。支持开源大数据社区建设，构建大数据生态标准。支持相关企业发展大数据引擎生态，加强数据接口统一化。提升适用于存算一体的数据服务能力。提升对大规模、规则化的密集型数据进行定系数的乘累加运算能力。

超级算力生态体系

超算是一个完整的生态，从超算中心到上层应用，从计算、存储、网络到服务、运维、管理，这背后的每个环节都需要大量的投入，超算人才的培养也不是一朝一夕能实现的。我们也需要更多类似北京超级云计算中心的企业共同努力，推动中国从超算大国到超算强国的转型，向着百亿亿次的目标坚定迈进。

首先，算力需求快速增长算力投资具有多重经济价值。算力即计算能力，核心是CPU、GPU、NPU、MCU等各类芯片，具体由计算机、服务器、高性能计算集群和各类智能终端等承载。数字经济时代，数据的爆炸式增长，算法的复杂程度不断提高，对算力需求越来越高。算力是数字经济发展的基础设施和核心生产力，对经济发展具有重要作用，根据IDC与浪潮联合发布的《2020全球计算力指数评估报告》，计算力指数平均每提高1点，数字经济和GDP将分别增长3.3‰和1.8‰。

算力投资具有多重经济价值，不仅直接带动服务器行业及上游芯片、电子等行业的发展，而且算力价值的发挥将带动各行业转型升级和效率提升等，带来更大的间接经济价值。根据《泛在算力：智能社会的基石》报告，每投入1美元算力即可以带动芯片、服务器、数据中心、智能终端、高速网络等领域约4.7美元的直接产业产值增长；在传统工厂改造为智能化工厂的场景下，每1美元的算力投入，可以带动10美元的相关产值提升。

其次，算力发展的特点及趋势。随着数据规模的增加和算法复杂度的提升，以及应用多样性的不断丰富，对算力提出的要求也越来越高，当前算力发展呈现出三方面的特点：第一，多种架构百花齐放的状态；第二，中心化的算力与边缘终端算力快速发展；第三，专用算力日渐成势。近年来多种算力架构并存并快速发展。曾经x86架构的算力占绝对优势，英特尔和AMD基本垄断了x86算力架构市场，海光信息通过跟AMD合作获得x86架构的授权；如今基于ARM架构的算力份额不断扩大，特别是在移动端ARM架构算力成为主流，华为海思等主要产品是基于ARM架构，另外天津飞腾的产品也是基于ARM架构。

随着5G及物联网应用的不断增加，边缘终端算力的需求日益增加，特别是自动驾驶、智慧安防、智慧城市等领域算力需求。地平线自动驾驶芯片已经量产，英伟达Jetson产品在嵌入式终端产品应用广泛，其他针对特定领域专用边缘终端芯片创业公司层出不穷。针对图像、语音等特定领域的专用算力日渐成势。一方面是芯片工艺制程越来越逼近摩尔定律的极限，另一方面是物联网智能终端对功耗的要求等，针对特定领域的专用芯片层出不穷，并且越来越多的巨头参与其中。谷歌的TPU专为机器学习定制的算力，阿里平头哥的含光NPU专为神经网络定制的算力，赛灵思的FPGA算力，百度研发针对语音领域的鸿鹄芯片以及云知声、思必驰、探境科技等也推出智能语音相关的芯片，北京君正、云天励飞、依图科技和芯原微电子等推出针对视觉和视频处理相关的专用芯片。

最后，算力供应以公有云和自建算力为主，多种方式相补充。当前的算力供给主要包括公有云、超算中心、自建算力、地方算力中心等方式。其中，公有云和自建算力中心是算力的主要来源方式，超算中心及地方算力中心等多种方式相互补充。规模化的算力供应通常通过数据中心来承载，新建数据中心的不断增加，将带动未来算力资源的供应不断扩大。据中国电子信息产业发展研究院统计数据，2019年中国数据中心数量大约为7.4万个，大约占全球数据中心总量的23%，其中大型数据中心占比12.7%；在用数据中心机架规模达到265.8万架，同比增长28.7%；在建数据中心机架规模约185万架，同比增加约43万架。

在超级计算机行业，过去一直高大上，每秒运算能力达到十亿亿次、百亿亿次的超级计算机似乎让普通的行业与应用望尘莫及，因而，阳春白雪的超算通常应用在传统的科学计算及国家重大工程领域。然而，随着时代的进步，百行百业的数字新基建迎来了前所未有的发展机遇，超算离我们的生活越来越近。这一切的变化，离不开超算与云计算技术的创新融合，超级云计算中心的诞生与发展，驱动着超算成为行业数字新基建的重要组成部分。

九年多的超算行业积累，持续创新演化，推行超算普惠价值，北京超级云计算中心聚焦万核、千核以下的通用超算应用，针对不同的行业不同类型的应用，在超算+云计算的融合体系架构上，以此适应多元化多种类的计算负载需求，带来了行业落地的新格局。2020年11月20日，深度势能（DP）团队获得了高性能计算最高奖项“戈登贝尔奖”（Gordon Bell Prize）。与此同时，DP团队的工作开启了新的范式，融入了人工智能（AI）、高性能计算（HPC）、物理模型。

HPC+AI+Physical Models，这个方向大有可为。人工智能与高性能计算将助力我们兼顾各尺度物理模型的精度和效率，解决更多复杂的科学和应用问题。AI

也有了新的主题，即与HPC结合，真正解决科学计算中很多困难的科学问题、应用问题。北京超级云计算中心也为深度势能团队部分成员提供日常科研攻关算力支持的主要算力池，为前沿研究贡献一份力量。

由此而言，北京超级云计算中心多种超算优质服务，高性价比的计算资源，已经广泛地应用在行业发展的方方面面。从这些行业应用的实际情况可以看出，超算产业的发展，离不开“产、学、研、用”整体生态的给力，也离不开算力与应用有机融合的均衡发展。业内专家分析指出，应用算法优化和平台优化深度融合，将会产生超算服务领域更多元化的创新。针对行业领域的发展，北京超级云计算中心非常重视行业应用的发展，以国产软件SaaS化模式，携手业界软件合作伙伴，共同致力于超算行业落地的发展。可见，SaaS化生态模式有助于丰富超算在行业普惠上的更多内涵，满足百行百业的业务发展需要，全力推进超算的普惠化进程。与此同时，北京超级云计算中心还全力支持国家超算环境建设，实现科技的跨越突破，助力国家科技发展。

超级算力新基建

2020年国家大力支持“新基建”建设以来，数据中心作为“新基建”的重要内容，京津冀、长三角和珠三角等算力需求地区，以及中西部能源资源集中的区域，如内蒙古、山西等，均在推进新的大中型数据中心的建设。公有云以其稳定和易用等特点，成为许多企业特别是中小企业的算力首选方式。据不完全统计，阿里云服务器总数接近200万台，腾讯云服务器总数超过110万台，华为云、百度云、京东云、AWS等云厂商服务器总数未找到确切数据，保守估计各类云厂商服务器总数之和也超过500万台。

在国家宣布大力支持“新基建”建设之后，腾讯宣布未来五年将投资5000亿元用于云计算、数据中心等新基建项目的进一步布局，阿里云宣布未来三年阿里将投资2000亿元用于面向未来的数据中心建设及重大核心技术研发攻坚，百度宣布预计到2030年百度智能云服务器台数将超过500万台。各大云厂商仍在继续加大算力投入，公有云算力供应将会更加充裕。自建算力以其安全性和自主性等特点，成为政府、大企业及其他关注安全的组织的算力首选方式。政府、银行及高校和央企等，通常通过自建或租赁数据中心的方式自建算力，满足自身各项业务的算力需求。许多互联网公司在刚开始时选择使用公有云服务，但规模发展到一定程度时通常都会选择自建或租赁数据中心的方式自建算力。其他各种类型的企业，出于安全、商业机密和隐私等方面的考虑，不愿意把数据和业务等放到阿里云等公有云上，往往选择托管服务器的方式自建算力，规模更小的企业直接就在本地使用。

2020年6月快手宣布投资100亿元自建数据中心，计划部署30万台服务器，字节跳动等大型互联网公司都在不断加大数据中心的建设。超算中心和地方算力中心作为算力供应有效的补充方式，适合于大规模计算需求的应用领域。截至2020年，科技部批准建立的国家超级计算中心共有八所，分别是国家超级计算天津中心、广州中心、深圳中心、长沙中心、济南中心、无锡中心、郑州中心和昆山中心。超算中心主要的算力资源以CPU为主，新建的超算中心及更新升级过程中的超算中心逐步增加了异构GPU算力资源。超算中心较好地满足了高校科研中算力资源的需求，特别是在工业仿真、生物信息、新材料、气象、海洋等科学计算领域。国内主要省市地区基本都投资建设了当地算力中心，重点服务本地科研和产业发展的需求，如太原、苏州、福建等地，目前通常地方算力中心的规模并不大，计算节点数在200—500之间居多，主要服务于当地气象、工业仿真和生物信息等领域计算需求。

2020年以来，武汉、南京、珠海、许昌等地区正在建设人工智能计算中心，将在一定程度上弥补当前规模化AI算力不足的情况。

算力作为数字经济的基础设施，也是数字经济时代的生产力和引擎，越来越成为数字经济时代国家竞争力的体现。根据IDC与浪潮联合发布的《2020全球计算力指数评估报告》，中国和美国的算力建设在全球处于领先地位，美国的算力在规模、效率、应用水平等方面都领先于中国。此外，从算力芯片供应角度看，美国的英特尔、AMD、英伟达等企业几乎占了全球的绝大部分的市场份额。可见，中国在算力建设和发展方面仍然需要加大投入力度和加强研发等，发挥优势的同时弥补不足，从而为数字经济长期发展奠定更加坚实的基础。

25 数字孪生引领信息革命新浪潮

当今世界处于以信息化全面引领创新、以信息化为基础重构国家核心竞争力的新阶段，正迎来数字孪生新一轮信息革命浪潮，带来多领域技术革命性变化和商业模式突破性创新，使社会生产呈现出生产方式智能化、产业形态数字化、产业组织平台化的新特征，深刻影响着经济社会运行方式、国际竞争科技范示和世界科技格局发展走势。习近平总书记指出："信息化为中华民族带来了千载难逢的机遇。""我们必须敏锐抓住信息化发展的历史机遇。"①

2020年4月7日，国家发改委和中央网信办发布的《关于推进"上云用数赋智"行动培育新经济发展实施方案》首次指出数字孪生是七大新一代数字技术之一，并启动"数字孪生创新计划"。之后，工信部、住建部等多个国家部委出台数字孪生相关政策文件，推进数字孪生技术、应用和产业的发展。近年来，物联网、大数据、云计算、人工智能等新一代信息技术的发展，使数字孪生得到更加广泛的传播和应用。数字孪生可以有效发挥其在模型设计、数据采集、分析预测、模拟仿真等方面的作用，助力推进数字产业化、产业数字化，促进数字经济与实体经济融合发展。

本文2021年4月22日发表于"学习强国"。

① 习近平：《敏锐抓住信息化发展历史机遇 自主创新推进网络强国建设》，载《人民日报》2018年4月22日，第1版。

数字孪生的内涵及特征

数字孪生（Digital Twin），是具有数据连接的特定物理实体或过程的数字化表达，该数据连接可以保证物理状态和虚拟状态之间的同速率收敛，并提供物理实体或流程过程的整个生命周期的集成视图。物理世界和与之对应的数字世界正形成两大体系平行发展、相互作用。数字世界为了服务物理世界而存在，物理世界因为数字世界变得感知有序，数字孪生技术应运而生。

2002年，密歇根大学的Michael Grieves博士发表了白皮书《数字孪生：通过虚拟工厂复制实现卓越制造》，第一次书面提出了现在通行的“数字孪生”术语。2016年至2019年，Gartner连续四年将“数字孪生”列为“十大战略科技发展趋势”之一。美国密西根大学Michael Grieves教授在《几乎完美：通过PLM驱动创新和精益产品》给出了数字孪生的三个组成部分：物理空间的实体产品、虚拟空间的虚拟产品、物理空间和虚拟空间之间的数据和信息交互接口。

数字孪生是以数据和模型为驱动，数字孪生体和数字线程为支撑的新型制造模式，能够通过实时连接、映射、分析、反馈物理世界的资产与行为，使工业全要素、全产业链、全价值链达到最大限度闭环优化。一方面，数字孪生体是在虚拟空间构建的表征物理实体实时运行状态的虚拟实体，具备融合几何建模、仿真模拟、数据分析的全方位功能，扮演着综合分析决策的角色。另一方面，数字孪生在集成融合工业数据的过程中依赖于数字线程。数字线程是连接物理世界和数字孪生体的通道，也是多类数字孪生体间连接的通道，具备“在正确的时间，将正确的信息，以正确的方式，推送到正确的地方”的功能，数据集成和业务集成是其两大核心功能。总之，数字孪生能够基于“单个数字孪生体”或基于“数字线程串联的多个孪生体集”，实现对“简单组件”到“复杂物理系统”的连接、映射、分析、反馈。

数字孪生是以数字化方式创建物理实体的虚拟实体，借助历史数据、实时数据以及算法模型等，用于模拟、验证、预测、控制物理实体全生命周期过程的技术方法。数字孪生技术打通了物理世界与虚拟空间的通道，联结现实世界与数字世界，在虚拟空间打造“全真世界”。从根本上讲，数字孪生可以定义为有助于优化业务绩效的物理对象或过程的历史和当前行为不断发展的数字资料。数字孪生模型基于跨一系列维度的大规模、累积、实时、真实世界的数据测量。

数字孪生的特点

双向

数字孪生是对真实物理产品、设备或过程的动态和持续更新的表示。数字孪生能够理解、预测产品、设备或过程，甚至能对物理产品实施控制、改变产品的状态，让很多原来由于物理条件限制、必须依赖于真实的物理实体而无法完成的操作变得触手可及，从而实现对产品、设备或过程的相关要素资源的优化，并进一步激发数字化创新。

持续

数字孪生和物理产品之间的互动是不间断的，贯穿产品的全生命周期。在一定程度上可以用来直接描述它对应的实体对象的状态，确保我们对实体对象状态的可见。更重要的是帮助我们更深入地辨认发生的事件（如质量、故障），了解其原因，并能对未来可能发生的事件提供预测，从而降低企业进行产品创新、模式创新中的成本、时间及风险，并且持续地推动产品优化，改善客户体验，极大地驱动了企业创新行为。

开放

通过数字孪生收集到的海量数据，单靠企业自身的力量来分析和挖掘其中的价值是不够的，企业需要将数据对第三方开放，借助外部合作伙伴的力量充分挖掘数字孪生的价值。

互联

数字孪生的意义不仅如此，还包括价值链上下游企业间的数据集成以及价值链端到端集成，本质是全价值链的协同。产品数字孪生作为全价值链的数据中心，其目标是实现全价值链的协同，因此不仅要实现上下游企业间的数据集成和数据共享，也要实现上下游企业间的产品协同开发、协同制造和协同运维等。

保真

数字孪生的保真性指描述数字虚体模型和物理实体的接近性。要求虚体和实体不仅要保持几何结构的高度仿真，在状态、相态和时态上也要仿真。值得一提的是，在不同的数字孪生场景下，同一数字虚体的仿真程度可能不同。例如工况场景中可能只要求描述虚体的物理性质，并不需要关注化学结构细节。

数字孪生体不仅仅是物理世界的镜像，也要接收物理世界实时信息，更要反过来实时驱动物理世界，而且进化为物理世界的先知、先觉甚至超体。这个演变过程称为成熟度进化，即一个数字孪生体的生长发育将经历数化、互动、先知、先觉和共智等几个过程。

“数化”是对物理世界数字化的过程。这个过程需要将物理对象表达为计算机和网络所能识别的数字模型。“互动”主要是指数字对象间及其与物理对象间的实时动态互动。物联网是实现虚实之间互动的核心技术。“先知”是指利用仿真技术对物理世界的动态预测。这不仅需要数字对象表达物理世界的几何形状，更需要在数字模型中融入物理规律和机理。“先知”是依据物理对象的确定规律和完整机理来预测数字孪生体的未来，那么“先觉”就是依据不完整的信息和不明确的机理通过工业大数据和机器学习技术来预感未来。如果要求数字孪生体越来越智能和智慧，就不应局限于人类对物理世界的确定性知识。其实人类本身就不是完全依赖确定性知识而领悟世界的。“共智”是通过云计算技术实现不同数字孪生体之间的智慧交换和共享，其隐含的前提是单个数字孪生体内部各构件的智慧首先是共享的。

数字孪生生态系统及全生命周期

数字孪生生态系统由基础支撑层、数据互动层、模型构建与仿真分析层、共性应用层和行业应用层组成。其中基础支撑层由具体的设备组成，包括工业设备、城市建筑设备、交通工具、医疗设备组成。数据互动层包括数据采集、数据传输和数据处理等内容。模型构建与仿真分析层包括数据建模、数据仿真和控制。共性应用层包括描述、诊断、预测、决策四个方面。行业应用层则包括智能制造、智慧城市在内的多方面应用。

数字孪生中虚拟实体的生命周期包括起始、设计和开发、验证与确认、部署、操作与监控、重新评估和退役，物理实体的生命周期包括验证与确认、部署、操作与监控、重新评估和回收利用。值得指出的是，一是虚拟实体在全生命周期过程中与物理实体的相互作用是持续的，在虚拟实体与物理实体共存的阶段，两者应保持关联并相互作用。二是虚拟实体区别于物理实体的生命周期过程中，存在迭代的过程。虚拟实体在验证与确认、部署、操作与监控、重新评估等环节发生的变化，可以迭代反馈至设计和开发环节。监测设备的运行数据，且在此基础上可对设备的全生命周期进行管理，分析挖掘数据价值，辅助运营决策。

数字孪生技术架构及能力模型

数字孪生以数字化方式复制一个物理对象，模拟对象在现实环境中的行为，对产品、制造过程乃至整个工厂进行虚拟仿真，目的是了解资产的状态，响应变化，改善业务运营和增加价值。在万物互联时代此种软件设计模式的重要性尤为突出，为了达到物理实体与数字实体之间的互动，需要经历诸多的过程，也需要很多基础的支撑技术作为依托，更需要经历很多阶段的演进才能很好地实现物理实体在数字世界中的塑造。

我们要构建物理实体在数字世界中对应的实体模型，就需要利用知识机理、数字化等技术构建一个数字模型，而且我们对构建的数字模型需要结合行业特性做出评分，是否可以在商业中投入使用；有了模型还需要利用物联网技术将真实世界中的物理实体元信息采集、传输、同步、增强之后得到我们业务中可以使用的通用数据；通过这些数据可以仿真分析得到数字世界中的虚拟模型。

当把数字孪生视为现实世界实体或系统的数字化表现时，更注重架构引领、模型驱动、数据驱动、虚实融合要求。为此，从过程演化角度建立数字孪生的“定义、展现、交互、服务、进化”五维度能力模型。其中，数据是整个能力模型的基础，五大能力围绕数据来发挥作用和效能。

数字孪生作为现实世界实体或系统的数字化表现，因人类社会尚有未发现的真理、未发明的技术、未掌握的知识技能，故对物理客体的认识本身始终是逐渐逼近真相的过程，因而数字孪生的构建能力是模型驱动的基础，是推动对客体认识不断深入、不断定义的过程。

数字孪生的展现能力要求对数字空间中定义的客体的动态和静态内容进行展示。静态内容包括客体属性、方法、行为相关数据及其关联，动态内容是根据客体可视化需要动态、快速、准确展示实时或准实时的可变信息，最终实现高逼真、高精度、高动态的信息展现，为更科学认知物理客体提供手段。

交互能力是数字孪生有别于传统信息化系统和数字应用的关键特性。数字孪生通过多种传感设备或终端实现与物理世界的动态交互，因为具有了动态交互能力才将物理世界与数字世界连接为整体，从而导致数字孪生可以实时、准确获取物理客体的信息，数字孪生依据定义模型和客体信息进行实时计算与分析，并将分析结果反馈给物理客体，为物理客体的执行提供信息参考，或为相应人员提供决策支持，从而可以更准确、及时、客观地把握客体状态并进一步增强与物理客体的耦合时效。

服务能力是数字孪生对物理客体赋能的体现，在传统物理客体基础上，因为具有了数字孪生的支持，可以具备传统客体不具备的新的特性和能力，导致物理客体自身伴随数字孪生发生实质性变化。数字孪生利用先进的大数据分析和人工智能等技术，获得超出现有认知的新的信息，为人类认知客体提供更直观翔实的佐证和依据，为人类再设计再优化客体提供支持，推动物理实体的改进和提升。同时，物理客体通过配备内置传感、物联及控制器件，实现对数字孪生中计算、分析的结果传递和信息的接收，使客体在数字感知、反馈、分析、自主决策水平方面得以提升。

进化能力指可以随着客体的发展存亡，在广度和深度维度实现对物理客体详尽描述和记录，广度上的进化指可全面记录客体全生命周期内的状态、行为、过程等静态或动态信息，具备无限量信息接纳能力；深度上的进化指可随时复现客体任一时刻的状态，并可根据认知机理和规则推演或仿真未来时刻的“假设”场景，预判其状态。另外，数字孪生具备自学习、自适应能力，可以对自身的各种能力实现迭代和优化。

数字孪生构建虚实交互的闭环

数字孪生技术体系涵盖感知控制、数据集成、模型构建、模型互操作、业务集成、人机交互六大核心技术。一是感知控制技术具备数据采集和反馈控制两大功能，是连接物理世界的入口和反馈物理世界的出口。二是数据集成实现异构设备和系统的互联互通，让物理世界和承载数字孪生的虚拟空间无缝衔接。三是模型构建实现对物理实体形状和规律的映射。几何模型、机理模型、数据模型的构建分别实现对物理实体形状、已知（或经验）的物理规律以及未知的物理规律的模拟。四是模型互操作承担着将几何、机理、数据三大模型融合的任务，实现从构建“静态映射的物理实体”到构建“动态协同的物理实体”的转变。五是业务集成即数字孪生价值创新的纽带，能够打通产品全生命周期、生产全过程、商业全流程的价值链条。六是人机交互将人的因素融入数字孪生系统，工作者可以通过友好的人机操作方式将控制指令反馈给物理世界，实现数字孪生全闭环优化。

“数字孪生城市”写入“十四五”规划纲要

2021年3月11日第十三届全国人民代表大会第四次会议表决通过了《中华人民共和国国民经济和社会发展第十四个五年规划和2035年远景目标纲要》。纲要单列出第五篇“加快数字化发展建设数字中国”，并提到推进城市数据大脑建设，探索建设数字孪生城市，由此可见对数字化发展和建设数字中国的重视程度。第五篇指出：以数字化助推城乡发展和治理模式创新，全面提高运行效率和宜居度，分级分类推进新型智慧城市建设。将物联网感知设施、通信系统等纳入公共基础设施统一规划建设，推进市政公用设施、建筑等物联网应用和智能化改造，完善城市信息模型平台和运行管理服务平台，构建城市数据资源体系，推进城市数据大脑建设，探索建设数字孪生城市。

数字孪生城市是数字城市的最高阶段

在IBM的构想中，城市由关系到城市主要功能的不同类型的网络、基础设施和环境等核心系统组成，这些系统不是零散的，而是以一种协作的方式相互衔接。而城市本身，则是由这些系统组成的宏观系统。如果将城市看作一个庞大的生命体，那么，越来越多的“神经元”正在触达末梢角落，保障城市安全运行。

此外，“数字孪生城市”还全面支持移动端操作，方便社工在走访时即时修改数据，与此同时，将根据用户不同的岗位、级别严格划分权限，呈现个性化的界面和内容，最大限度保护居民的数据安全。下一步，还将同步拓展公共服务、商业办公等系统，打造智慧服务、智慧营商、智慧交通等平台和对应的应用场景。因此，智慧城市是数字城市发展的高级阶段，而数字孪生城市作为数字城市的目标，是智慧城市的新起点，能够赋予城市智慧化重要设施和基础能力。

在信息空间上构建的城市虚拟映象叠加在城市物理空间上，将极大地改变城市面貌，重塑城市基础设施，形成虚实结合、孪生互动的城市发展新形态。在智慧城市中，数字孪生城市通过对物理世界的人、物、事件等所有要素数字化，在网络空间再造一个与之对应的“虚拟世界”，形成物理维度上的实体世界和信息维度上的数字世界同生共存、虚实交融的格局，这突出了数字孪生的实时性以及保真性，将物理世界的动态，通过传感器精准、实时地反馈到数字世界。数字化、网络化实现由实入虚，网络化、智能化实现由虚入实，通过虚实互动、持续迭代实现物理世界的最佳有序运行，这突出了数字孪生的互操作性、可拓展性以及闭环性。

数字孪生城市规划建设管理

物理城市与数字城市孪生并存，精准映射，实现虚拟服务现实，数据驱动决策，智能定义一切，促进管理一盘棋，服务一站式，以高度智能化替代以往智慧城市的网格化管理，虚实融合，蕴含无限应用创新空间，将引发城市智能化管理和服务模式的重大颠覆性创新。

城市空间的物理性将被无限延伸，城市成为现实空间和虚拟空间逐渐交融的混合空间。将会出现一种新的基础设施、一种新的空间形态、一种新的共享平台，由此引发的变革也许天翻地覆。当技术奇点来临之时，数字孪生城市将有可能进化成全球化的超级智能系统。人们将开展一场重塑人类感知能力的实验，勾勒出城市中无数隐匿的维度和隐藏的场景，发展出人类超越人体本身感知维度的超感知能力，催化出市民共创未来城市的无限创意，最终加速建构新时代城市化的新模型。

数字孪生城市最核心的要素

首先，就是将物理世界映射到数字世界，因此在建设初期便要将物理世界包括地面的基础设施、房屋建筑等物理实体进行智能化升级，并将物联网传感设施提前进行布局以及预留。其次，在城市总体规划（以下简称总规）阶段，把总规用到的地上地下所有图纸全部进行数字化处理，通过三维的方式在统一的数字平台上展示；在控制性详细规划（以下简称控规）阶段，将不同片区的控规都以三维的方式在数字化平台上展示，并且用于后续的规划审批，控规本身还采用了控规和子控规的方式，也就是说控规本身也要在三维的层面和二维以及总规进行比对，层层递进，分级分类推进；在控规的下面便是设计，建筑物的设计、市政设计等，将每一个设计作为一个项目，并将项目本身与控规进行比对，精细化管理设计的过程。再次，是施工阶段，确切地说，施工阶段的核心便是BIM（建筑信息模型），在数字化平台上，把BIM与之前的设计的模型进行对比，提升精细化管理水平。最后，便是竣工检查，在传统的竣工检查之外，还要考虑到物联网的存在，以及今后城市运营的方式，将BIM拆解，形成物理城市的真实映射，作为今后城市运营底层。这便是将城市进行数字孪生建设的全周期平台化、数字化，将城市作为一个“有机生命体”进行拆分组合，提高全流程的精细化管理与现代化治理水平。

全要素数字孪生城市

数字孪生城市是信息化发展到一定程度以及智慧城市建设到现阶段的必然性结果，数字孪生不仅是解构、描述、认识物理世界的新型工具，更是支撑数字化转型的综合技术体系。在物联网、人工智能等新一代技术不断深化、发展、应用的过程中推动城市的全场景、全要素的数字孪生进程。

从宏观看，数字孪生不仅仅是集成创新的技术体系，更是数字社会人类认识和改造世界的方法论，指导提高城市建设的体系化程度，建设统筹城市规划、建设、管理三大环节以及资源共享与业务协同的机制体制，以高度的整体性、系统性、包容性、前瞻性思维统筹规划，加强顶层设计。

从中观看，数字孪生城市将成为支撑社会治理和产业数字化转型的重要抓手，数字孪生城市统筹城市规划、建设、管理的系统性思维及理念，对社会的发展乃至各个领域、各个行业的产业发展都有借鉴意义。

从微观看，数字孪生的关键便是“数据+模型”，在此模式下，各领域、各行业都需编制各自的数字孪生模型图谱，小到每个家庭，大到整个城市的模型建设，都可以通过空间编码的方式将数据标签化、单元化，每栋建筑、每个城市都可以是一个空间单元，分级分类推进，从而推动整个城市的每个要素都实现数字孪生。

数字孪生应用在智慧城市领域

数字孪生城市则是数字孪生技术在城市层面的广泛应用，通过构建城市物理世界及网络虚拟空间一一对应、相互映射、协同交互的复杂系统，在网络空间再造一个与之匹配、对应的孪生城市，实现城市全要素数字化和虚拟化、城市状态实时化和可视化、城市管理决策协同化和智能化，形成物理维度上的实体世界和信息维度上的虚拟世界同生共存、虚实交融的城市发展新格局。数字孪生城市既可以理解为实体城市在虚拟空间的映射状态，也可以视为支撑新型智慧城市建设的复杂综合技术体系，它支撑并推进城市规划、建设、管理，确保城市安全、有序运行。数字孪生城市主要有新型基础设施、智能运行中枢、智慧应用体系三大横向的分层。

城市新型基础设施包括全域感知设施（包括泛智能化的市政设施和城市部件）、网络连接设施和智能计算设施。与传统智慧城市不同的是，数字孪生城市的基础设施还包括激光扫描、航空摄影、移动测绘等新型测绘设施，旨在采集和更新城市地理信息和实景三维数据，确保两个世界的实时镜像和同步运行。

智能运行中枢是数字孪生城市的能力平台，由五个核心平台承载：一是泛在感知与智能设施管理平台，对城市感知体系和智能化设施进行统一接入、设备管理和反向操控。二是城市大数据平台，汇聚全域全量政务和社会数据，与城市信息模型平台整合，展现城市全貌和运行状态，成为数据驱动治理模式的强大基础。三是城市信息模型平台，与城市大数据平台融合，成为城市的数字底座，是数字孪生城市精准映射虚实互动的核心。四是共性技术赋能与应用支撑平台，汇聚人工智能、大数据、区块链、AR/VR等新技术基础服务能力，以及数字孪生城市特有的场景服务、数据服务、仿真服务等能力，为上层应用提供技术赋能与统一开发服务支撑。五是泛在网络与计算资源调度平台，主要是基于未来软件定义网络（SDN）、云边协同计算等技术，满足数字孪生城市高效调度使用云网资源。

应用服务层是面向政府、行业的业务支撑和智慧应用，基于数字孪生城市的应用服务包含城市大数据画像、人口大数据画像、城市规划仿真模拟、城市综合治理模拟仿真等智能应用，社区网格化治理、道路交通治理、生态环境治理、产业优化治理等行业专题应用。

数字孪生应用在智慧医疗领域

通过移动监测、移动诊室、无线远程会诊、智慧处方、医疗信息云存储等智能技术手段，可提升城市诊疗覆盖面与效率，促进城市医疗资源的合理化分配。进一步利用物联网技术构建“电子医疗”服务体系，实现医疗监护设备的小型化、无线化以及发展智慧家庭健康保健、智能健康监护，可大幅降低城市公众医疗负担，缓解城市医疗资源紧缺的压力。

具体应用需求层面：基于患者的健康档案、就医史、用药史、智能可穿戴设备监测数据等信息可在云端为患者建立“医疗数字孪生”，并在生物芯片、增强分析、边缘计算、人工智能等技术的支撑下模拟人体运作，实现对医疗个体健康状况预测分析和精准医疗诊断。如基于医疗数字孪生应用，可远程和实时地监测心血管病人的健康状态；当智能穿戴设备传感器节点测量到任何异常信息时，救援机构可立即开展急救。同样地，医疗数字孪生还可通过在患者体内植入生物医学传感器来全天监控其血糖水平，以提供有关食物和运动的建议等。

精准医疗是未来的诊疗模式。基于医疗数字孪生，医生可通过对患者健康大数据（基因、生活习惯、家族病史和病例）的收集和分析，提出个性化、针对性的治疗方式和药物，实现精准诊断与治疗。这种模式不仅用于患者的疾病治疗，更侧重于对人们疾病的预防。最大的可能是医生根据患者的基因、生活习惯等因素制定独特的药物和方案。个性化药物使医疗效率得到优化，药物副作用降低，住院率下降，最终会体现在患者整体医疗成本的下降，也缓解了医疗资源不足的压力。

在个人的健康监测与管理方面，通过数字孪生可以更清楚地了解我们身体的变化，对疾病做出及时预警。未来通过各种新型医疗检测和扫描仪器以及可穿戴设备，我们可以完美地复制出一个数字化身体，并可以追踪这个数字化身体每一部分的运动与变化，从而更好地进行健康监测和管理。但同时，时刻监测反馈所带来的心理暗示是否会影响人类健康又会成为课题。通过5G等传输技术，远程医疗也将更为普及。

数字孪生应用在智慧健康领域

数字孪生应用在智慧健康领域是通过利用移动监测、移动诊室、无线远程会诊和医疗信息云存储等智能技术手段，提高诊疗效率，提升城市诊疗覆盖面与效率，促进城市医疗资源的合理化分配。将数字孪生应用在智慧健康系统中，可以基于患者的健康档案、就医史、用药史、智能可穿戴设备检测数据等信息在云端为患者建立“医疗数字孪生体”，并在生物芯片、增强分析、边缘计算、人工智能等技术的支撑下模拟人体运作，实现对医疗个体健康状况的实时监控、预测分析和精准医疗诊断。如基于医疗数字孪生体应用，可远程和实时地监测心血管病人的健康状态；当智能穿戴设备传感器节点测量到任何异常信息时，救援机构可立即开展急救。同样地，医疗数字孪生体还可通过在患者体内植入生物医学传感器来全天监控其血糖水平，以提供有关食物和运动的建议等。

基础支撑层：基础支撑层主要是与患者相关的软硬件资源和医院信息系统。如医疗设备包括CT机、磁共振成像和理疗设备等，以及与硬件配套的专业软件（如健康信息系统）。医疗信息包括一些可穿戴设备（血压计、心率监测仪）以及一些其他智能系统采集到的信息。可穿戴设备在医学领域的相关产品包括血糖监测仪、心电监测仪、胎心监护仪、心电仪、血压计等。一些电子科技巨头生产用于健康监测的智能可穿戴设备，如谷歌、三星、华为、小米等都已推出消费级可穿戴医疗设备，华为、索尼、LG、Garmin、Razer等厂商也推出智能手环、智能眼镜等可穿戴设备。

数据互动层：数据将医疗资源的数据进行采集、分类、整合为平台提供支持。在数据采集方面，通过RFID标签、二维码、传感器等技术识别物体及其位置。医疗资源、信息等数据通过4G/5G网络上传到云平台。采集的数据主要包括诊断数据、监测数据和历史病例数据等。对进入数据池的多源异构数据进行整合后，再将数据进行虚拟化、服务化处理，从而实现数据的输入输出。

模型构建层：基于数据互动层处理的数据，建立物理对象的虚拟模型，比如患者和医疗资源的医疗资源模型，医疗能力模型和人体健康模型。这些孪生模型和物理实体进行实时数据交互，从而实现物理设备、虚拟模型、云健康系统的全要素、全服务、全流程的数据集成和聚合。同时模型构建层的基础功能包括服务管理、数据管理、知识管理和用户管理。其中，服务管理主要负责医疗资源配置、医护人员配置和在线挂号等服务。数据管理主要负责数据存储、分析和传输。知识管理平台主要负责隐性知识的存储、表示、挖掘、搜索和分析等工作。用户管理平台提供了用户基本信息管理、用户信息管理和用户遗传信息管理功能管理等。

功能层：数字孪生智慧健康可通过手机、PC终端、医疗系统和专用设备进行应用。如微信推出“服务号”功能，患者可以通过医院的微信服务号进行诊疗卡办理、预约挂号、全流程缴费等，大大减轻了医院的接诊压力，提高了管理效率。基于微信平台，提供在线问诊功能，方便患者开药检查。医疗机构通过获取患者信息，向患者发送健康建议，并进行资源分配模拟。为患者提供实时监控、危机预警、医疗指导等服务。第三方软件使第三方医疗服务机构、政府获取计费信息，保证医疗服务费用支付安全、快速支付等相关功能。

安全系统与信息共享标准：安全系统负责确保医疗数字孪生系统中所有层的安全。包括系统和平台安全、网络安全、医疗数据安全、用户个人隐私和信息安全、应用安全和安全管理。防止来自第三方的恶意攻击、信息和数据的盗窃和篡改至关重要。安全系统确保整个智能医疗系统具备灾备、应急响应、监控和管理等安全功能。

26 中国未来产业目标之首“类脑智能”

近年来，随着大脑成像、脑机交互、生物传感、大数据处理等新技术不断涌现，脑科学与计算技术、人工智能、纳米材料、认知心理等学科的交叉融合，正酝酿着重大理论与技术突破，类脑智能上升为西方发达国家的科技战略重点，大国间博弈日趋激烈。美国、欧盟、日本等相继提出自己的类脑智能计划，类脑智能皆被列为未来产业核心目标。[①]我国已开始在类脑智能、量子信息、基因技术、未来网络、深海空天开发、氢能与储能等前沿科技和产业变革领域，谋划布局一批未来产业，并把类脑智能列为未来产业目标之首，意义重大而深远。

“十四五”规划纲要提出，在类脑智能、未来网络等前沿科技和产业变革领域，前瞻谋划一批未来产业，这是国家面向未来特别是面向2035年远景目标提出的一个重要战略思想。从领域上，重点是在类脑智能、量子信息、基因技术、未来网络、深海空天开发、氢能与储能等前沿科技和产业变革领域，组织实施未来产业孵化与加速计划，谋划布局一批未来产业。

类脑智能是人工智能的最高形态和终极目标，类脑智能具备信息处理机制上类脑、认知行为表现上类人、智能水平上达到或超越人的特点。类脑智能的重要性正如欧盟人脑旗舰研究计划项目所指出的：“在未来10年到20年内，谁要引领世界经济，谁就必须在这个领域领先。”

本文2021年4月26日发表于“学习强国”。

① 吴朝晖、潘纲：《类脑研究：概念、内容及挑战》，载《中国计算机学会通讯》2020年第4期。

类脑研究的演变

冯·诺伊曼1945年发布的著名研究报告表明，大脑神经系统是其提出的冯·诺伊曼计算机体系结构的重要参照，在该报告中有诸多文字对比了其体系结构与大脑神经系统的相通之处。在他过世后，后人根据其讲稿整理而成的《计算机与人脑》专著中，更是将计算机和生物人脑进行详细比较，大量借助神经元、突触和连接等神经科学的术语来描述计算机结构，尝试阐述计算机和人脑的等价性，并提出计算机与大脑在本质上都是自动机的观点。艾伦·图灵也早在1948年提出了一个用类神经元作为基本单元组成网络的方式构建计算机的方案。但因为条件所限，冯·诺伊曼与图灵都没有真正实现仿神经的计算系统。

早期的突破来自麦卡洛克（McCulloch）与皮茨（Pitts），他们于1943年首次提出了单个神经元的McCulloch-Pitts计算模型，此模型作为构建人工神经网络的基础单元一直沿用至今。加拿大生理心理学家赫布（Donald Hebb）在1949年提出著名的赫布法则（Hebb's Law）。神经网络的学习过程发生在神经元之间的突触部位，突触的联结强度会随着突触前后神经元的活动而变化，同时被激发的神经元之间的突触联结会增强。该法则在后来的人工神经网络中得到广泛使用。此后，康奈尔大学罗森布拉特（Frank Rosenblatt）在1958年利用McCulloch-Pitts模型建立了首个神经网络模型“感知机”，成功应用于线性可分的模式识别问题求解，后续还研制了用硬件实现感知机原理的神经计算机，从而开创了模仿大脑神经系统的人工智能联结主义学派。后来，联结主义几经起落，终于在最近十多年以深度学习的方式重新获得巨大发展。

从20世纪70—80年代开始，一些计算机科学家认为，应该采用更接近于生物大脑系统的机制。诺贝尔奖获得者杰拉尔德·埃德尔曼（Gerald Edelman）进行了逼近真实解剖和生理数据的神经系统大规模仿真，并研制了一系列“达尔文”仿脑机。大规模集成电路先驱、加州理工学院卡弗·米德（Carver Mead）教授则从神经元及神经网络的硬件实现的角度出发，开创了“神经拟态计算”（neuromorphic computing）方向，提出用模拟、数字或混合电路模仿更具有生物逼真性的脉冲神经网络，计算功耗低是其重要优点之一。[①]

① 吴朝晖、潘纲：《类脑研究：概念、内容及挑战》，载《中国计算机学会通讯》2020年第4期。

可以看到，近70多年来，“类脑”概念的内涵与外延在不断演化。在早期，类脑一般是指从软硬件上模拟生物神经系统的结构与信息加工方式。随着软硬件技术的进步，以及神经科学与各种工程技术的多方面融合发展，脑与机的界限被逐步打破。尤其是脑机接口，在计算机与生物脑之间建立了一条直接交流的信息通道，这为实现脑与机的双向交互、协同工作及一体化奠定了基础。随之，“类脑”的概念逐步从信息域自然地延伸到生命域。因此，以脑机互联这一独特方式实现计算或智能，也被归入“类脑研究”范畴。

归纳起来，类脑研究是以“人造超级大脑”为目标，借鉴人脑的信息处理方式，模拟大脑神经系统，构建以数值计算为基础的虚拟超级脑；或通过脑机交互，将计算与生命体融合，构建以虚拟脑与生物脑为物质基础的脑机一体化的超级大脑，最终建立新型的计算结构与智能形态。我们不妨将类脑的英文称为Cybrain（Cybernetic Brain），即仿脑及融脑之意。

类脑研究要全面实现“懂脑、仿脑、连脑”，脑认知基础、类脑模拟、脑机互联三个方面缺一不可。因此，可以将类脑研究主要内容归纳为三个方面：信息手段认识脑、计算方式模拟脑、脑机融合增强脑。其中，信息技术贯穿始终。[①]

类脑智能

类脑智能是以计算建模为手段，受脑神经机制和认知行为机制启发，并通过软硬件协同实现的机器智能。类脑智能系统在信息处理机制上类脑，认知行为和智能水平上类人，其目标是使机器以类脑的方式实现各种人类具有的认知能力及其协同机制，最终达到或超越人类智能水平。

日本在2008年就提出了“脑科学战略研究项目”，重点开展脑机接口、脑计算机研发和神经信息相关的理论构建；欧盟在2013年提出“人类脑计划”（HBP），重点开展人脑模拟、神经形态计算、神经机器人等领域研究；美国也同时启动了“BRAIN计划”，将大脑结构图建立、类脑相关理论建模、脑机接口等列为研发重点；韩国在2016年发布《脑科学研究战略》，重视脑神经信息学、脑工程学、人工神经网络、大脑仿真计算机等领域的研发。2018年8月，Gartner公

① 吴朝晖、潘纲：《类脑研究：概念、内容及挑战》，载《中国计算机学会通讯》2020年第4期。

司发布新兴技术成熟度曲线，公布了五大新兴技术趋势，其中类脑智能、神经芯片硬件和脑机接口作为重要技术趋势。

全球顶尖高校和技术公司也加入了类脑计算和类脑智能的布局。IBM推出了TrueNorth类脑芯片，试图抢先打造类脑计算系统；受欧盟脑计划支持的英国曼彻斯特大学和德国海德堡大学研发的神经拟态计算系统，分别推出了SpiNNaker芯片和BrainScaleS芯片。微软提出了意识网络架构，声称是具备可解释性的新型类脑系统；谷歌在现有谷歌大脑基础上结合医学、生物学积极布局人工智能。

我国积极加速类脑智能计划。我国在2016年《"十三五"国家科技创新规划》中也将脑科学与类脑研究列入科技创新2030重大项目。2017年国务院《新一代人工智能发展规划》提出，2030年类脑智能领域取得重大突破的发展目标。在2017年、2018年，我国分别成立了类脑智能技术及应用国家工程实验室、北京脑科学与类脑研究中心，形成了"南脑北脑"共同快速发展的格局。

与经典技术中将多维度信息转化为一维的数值计算的信息流，以提高单位时间的运算速度这一提高时间复杂性的计算方向不同，类脑计算更强调模拟人脑的复杂的神经元连接架构（不是直接还原神经元的连接），把多维世界中的信息扩展到更复杂的空间中，利用空间的复杂性来解决计算问题，甚至同时利用时空的复杂性，来解决计算问题。所以，集成众多神经元数量、突触数量以及存算一体的神经元处理单元数量的类脑芯片，为完成仿真或模拟提供计算、存储、通信等基础硬件支持，是实现类脑计算的关键因素，而构建类脑计算芯片的阵列集成系统，是目前国际通行的大规模类脑计算系统的技术路线。①

类脑智能发展有三个层面的目标，分别是结构层次模仿脑、器件层次逼近脑、功能层次超越脑。具体来说，结构层次，主要研究基本单元（各类神经元和神经突触等）的功能及其连接关系（网络结构），通过神经科学实验的分析探测技术完成；器件层次，重点在于研制模拟神经元和神经突触功能的微纳光电器件，在有限的物理空间和功耗条件下构造出人脑规模的神经网络系统，如研制神经形态芯片、类脑计算机；功能层次，对类脑计算机进行信息刺激、训练和学习，使其产生与人脑类似的智能甚至涌现自主意识，实现智能培育和进化，学习、记忆、识别、会话、推理、决策以及更高智能。

---

① 《类脑智能将是迈向通用人工智能新可能？》，载公众号"脑极体"，2020年7月23日。

类脑计算

类脑计算这一想法摆脱了传统的计算模式，模仿人类神经系统的工作原理，渴求开发出快速、可靠、低耗的运算技术。类脑计算，是借鉴生物神经系统信息处理模式和结构的计算理论、体系结构、芯片设计以及应用模型与算法的总称。20世纪80年代末，美国科学家Carver A. Mead首次提出类脑计算的概念。近年来，类脑计算研究受到了越来越多的关注，实现类脑计算先要打破冯·诺依曼架构的禁锢，在了解类脑计算之前，我们简单介绍现在主流的计算机架构——冯·诺依曼架构。

众所周知，现有计算机都是基于“冯·诺依曼”架构实现的，其处理器工作原理就是按分时复用的方式，将高维信息的处理过程转换成一维时间序列的处理过程。这一计算架构的特点是计算与存储分离，结构简洁、易于实现高速数值计算。冯·诺依曼架构在处理包含非结构化、时空关联信息的感知、认知以及决策等相关问题时，表现出效率低、能耗高、实时性差等问题，甚至无法构造合适的算法。即使是当今最先进的计算机，也难以完成一只昆虫能够轻易实现的环境感知与适应等相关任务。

而人类大脑却是一个与冯·诺依曼架构正好相反的“计算器”，虽然人脑不擅长高速率大规模数值计算，但是人脑可以在有限尺寸和极低能耗下，完成复杂环境下的信息关联记忆、自主识别、自主学习等认知处理，实现这一“计算”的基础正是脑神经网络的多层次复杂空间结构和脑神经的高度可塑性。

基于人脑的这些特点，科学家们提出非冯·诺依曼架构的类脑计算，就是借鉴大脑神经网络，存储计算一体化，将高维信息放在多层、多粒度、高可塑性的复杂网络空间中进行处理，使其具有低功耗、高鲁棒性、高效并行、自适应等特点。类脑计算既适用于处理复杂环境下非结构化信息，又有利于发展自主学习机制，甚至最终有望模拟出大脑的创造性，实现类脑智能，是一种更具通用性的人工智能。

1990年，美国加州理工大学卡弗·米德教授尝试用硬件电路来模拟神经网络，提出了“神经拟态计算”的概念，并将其定义为“采用以模拟器件仿真生物神经系统的VLSI来实现大规模并行的自适应计算系统”。“神经拟态计算”正式开启了类脑计算的研究和实践。类脑计算主要以“人造超级大脑”为目标，借鉴人脑的信息处理方式，模拟大脑神经系统，构建以计算为基础的“虚拟人脑”。

2017年计算机图灵奖的得主大卫·帕特森和约翰·轩尼诗表示，“未来十年是计算架构发展的黄金十年”。类脑计算系统通过理论论证与原型实验证明该类系统的硬件完备性与编译可行性，并扩展了类脑计算系统应用范围使之能支持通用计算。类脑计算处于起步阶段，国际上尚未形成公认的技术标准与方案，类脑计算系统研究有利于自主掌握新型计算机系统核心技术。

现有类脑计算系统方面的研究多聚焦于具体芯片、工具链、应用和算法的创新实现，而对系统基础性问题，例如计算完备性、系统层次结构等思考不足，导致软硬件紧耦合、应用范围不明确等一系列问题。但从现有通用计算机的发展历史与设计方法论来看，完善的计算完备性与软硬件去耦合的层次结构是计算系统蓬勃发展的计算理论与系统结构基础。

超级计算机的发展能够让科学家更好地推进计算模拟的进程；互联网、大数据和云计算的发展可以构造一个无比复杂的数字世界，可以形成与数字大脑类比的复杂镜像世界。而由于新的测量技术和纳米材料等基础技术的发展，又正在逐步揭开人类大脑的结构和运行原理，并且为我们开发出高效能、高密度的芯片器件提供了基础。①

类脑智能芯片

类脑智能芯片也称类脑芯片，是借鉴人脑处理信息的基本原理，面向类脑智能而发展的新型信息处理芯片，可分为类脑计算和类脑感知芯片。类脑计算芯片是借鉴脑科学基本原理，面向类脑智能发展的非冯·诺依曼新型信息处理芯片。有别于提供专有算法的加速平台，类脑计算芯片旨在像大脑一样以低功耗、高并行、高效率、通用、强鲁棒和智能地处理各种复杂非结构化信息。类脑感知芯片是借鉴生物感知基本原理实现信息感知的新型芯片，作为类脑计算芯片的信号输入器件，类脑感知芯片为类脑计算芯片提供高灵敏、精确、高速的感知信息，有效地保障类脑计算芯片正确地进行学习、记忆、识别、认知和决策等智能化处理。

类脑芯片技术是一项新兴技术，目前没有明确的技术方案和研究路线图，美

① 《类脑智能将是迈向通用人工智能新可能？》，载公众号“脑极体”，2020年7月23日。

国、英国、德国、法国、韩国、日本、瑞士、新加坡、中国等国家的研究团队分别从架构、模型、集成电路、器件、编解码、信号处理、设计、制程、集成、测试和软件等各个层次探索类脑芯片的解决方案。类脑芯片是类脑智能发展的基石，特别适合实时高效地解决不确定及复杂环境下的问题，可以赋能各行各业，全面带动工业、农业、医疗、金融以及国防等各行业的飞速发展。

类脑芯片目前没有公认的技术方案和研究路线图，全球的研究团队分别从架构、模型、集成电路、器件、编解码、信号处理、设计、制程、集成、测试和软件等各个层次探索类脑芯片的解决方案。类脑芯片架构是基础，由于大脑信息编码具有时空融合特性，国外主要类脑芯片均采用时空融合架构，支持具有高度时空复杂性的脉冲神经网络算法模型。按数据表达分类，目前类脑计算芯片架构分为数字型架构、模拟型架构和数模混合型架构。利用超大规模集成电路来实现神经网络模型，用于构建类脑的感知和计算系统，是由Carver A. Mead等人在20世纪80年代末提出的。以类脑计算方案与传统冯·诺依曼架构背离程度为标准，可将方案的层次从上到下大致分为程序级、架构级、电路级和器件级等层次。据此，现有主流方案代表有：英国曼彻斯特大学的SpiNNaker是程序级的代表，IBM的TrueNorth、Intel的Loihi和清华大学的Tianjic是架构级的代表，德国海德堡大学的BrainScaleS是电路级的代表，美国斯坦福大学的Neurogrid是器件工作状态级的代表。

除了基于硅技术的类脑芯片外，还有基于新型纳米器件的类脑芯片，例如阻变存储器和忆阻器阵列（STT-RAM、PCM、RRAM等）。这种芯片直接利用定制的器件结构来模拟生物神经元的电特性，集成度更高，是非常有潜力的类脑芯片方案。但是目前大规模阻变存储器制造工艺相对不成熟，一致性和重现性都较差，现在还没有与基于硅技术的类脑芯片规模相当的芯片。

类脑芯片研究的核心是要借鉴哪些脑科学原则，在类脑芯片中表达、存储、计算和传输信息，用芯片和软件协同设计去控制、调度和管理信息。目前主要采用的核心技术包括存算一体、事件确定、高度并行、异步、稀疏编码和异构融合等。利用未来计算机架构发展的黄金十年，需要扩展图灵计算架构，利用模型、芯片、软件协同设计的方式创新发展类脑芯片。

人工智能发展碰到的问题，例如不确定性新问题或不完整的知识，动态、多体系多模态复杂系统等，最好的解决方案是发展类脑通用智能，类脑芯片是类脑智能的基石，类脑智能可以赋能各行各业，全面推动工业、农业、医疗、金融以及国防等行业飞速发展。

类脑智能技术体系

类脑智能技术体系分为四层：基础理论层、硬件层、软件层、产品层。基础理论层基于脑认知与神经计算，主要从生物医学角度研究大脑可塑性机制、脑功能结构、脑图谱等大脑信息处理机制研究；硬件层主要是实现类脑功能的神经形态芯片，也就是非冯·诺依曼架构的类脑芯片，如脉冲神经网络芯片、忆阻器、忆容器、忆感器等；软件层包含核心算法和通用技术，核心算法主要是弱监督学习和无监督学习机器学习机制，如脉冲神经网络、增强学习、对抗神经网络等，通用技术主要包含视觉感知、听觉感知、多模态融合感知、自然语言理解、推理决策等；产品层主要包含交互产品和整机产品，交互产品包含脑机接口、脑控设备、神经接口、智能假体等，整机产品主要有类脑计算机、类脑机器人等。

类脑智能当前存在先结构后功能和先功能后结构两条发展思路。先结构后功能，主要指先研究清楚大脑生理结构，然后根据大脑运行机制研究如何实现大脑功能；先功能后结构，主要是先使用信息技术模仿大脑功能，在模仿过程中逐步探索大脑机制，然后相互反馈促进。两条发展思路各有千秋，功能和结构的任意发展突破都会推动类脑智能的极大发展，因此现阶段两条路线并行发展。

类脑智能目前整体处于实验室研究阶段，脑机接口技术是类脑领域目前唯一产业化的领域。脑机接口技术是在人或动物脑（或者脑细胞的培养物）与外部设备间建立直接连接通路，以“人脑”为中心，以脑信号为基础，通过脑机接口实现控制人机混合系统。脑机接口应用于医疗领域，实现瘫痪人士通过脑机设备控制机械臂完成相应动作，也可实现对多动症、癫痫等疾病采取神经反馈方式做对应的恢复训练；用于智能家居，实现意念控制开关灯、开关门、开关窗帘等，进一步控制家庭服务机器人。全球最受关注的脑机接口公司前十名多分布在北美和欧洲，我国产业界逐步推出产品，如科斗脑机、海天智能等公司研发生产出植入式脑微电极、脑控智能康复机器人等产品。

加快构建全景战略视图，突出重点方向。从科研、技术和产业等多维度形成类脑智能体系化布局，并突出重点发展方向，具体围绕结构、器件、功能三个层面开展重点布局和超前部署。加大对基础工艺、算法、软件等的投入力度。

我国长期以来在新算法、新结构、新原理的研究方面原创不足，缺乏类脑智能整体创新供给能力。因此，仍需持续加大对原始科研创新的重视力度，对关键基础工艺、算法、软件等加大支撑投入力度。强化政产学研合作，推动技术体系化创新。类脑智能体系涉及要素较多，需要政产学研紧密合作，深化多方协同的合作，共同推动技术实现体系化的创新。借鉴其他先进国家布局经验，突出政产学研多方合作在类脑智能创新中的合力作用，构建国内多方协同的创新体系。

认知智能中的沟通体系

从认知智能整体技术体系架构上来说，沟通层在情感层的上层，意识层的下层。沟通能力是类脑能力最核心能力之一。机器人只要学会了沟通，并且能够和人类顺畅沟通，那么机器人基本上就具备了除意识之外的人脑各大核心能力，沟通是类脑核心能力的综合运用。因此沟通能力是衡量机器人智力水平的最重要依据之一。沟通层技术体系主要包含以下几个方面：语言应用体系、思想观念体系、表情控制体系、肢体控制体系。

以上四个方面是沟通的核心，同时还包括类脑能力的其他层，比如情感层、逻辑层、认知层等。类脑的整体沟通技术体系，除了本层所列出的技术体系，认知智能的技术体系同样重要。最终都是为了配合沟通而形成的技术体系。所有的大脑能力，基本上都或多或少在为沟通服务。机器人沟通顺畅之后，那么大脑的意识层也有了最好的支撑和验证。同时沟通层也是检验其他技术是否成熟的核心标准之一。

构建机器人类脑的沟通能力，首先要明确沟通所依赖的机器人其他方面的类脑能力。沟通体系并非孤立的存在，机器人的类脑沟通技术体系的构建也并非单纯的语料库能够解决的，即使语料库已经庞大到上千亿数据级别，也是无法具备类脑的沟通能力的。这里的核心是类脑的沟通能力要依赖于类脑的记忆、学习、理解、认知、逻辑、情感、思想观念的能力的支撑。而现在主流的技术体系，基于语料库构建起来的技术体系，是不具备这些方面能力的。因此不可能构建出来类脑模式的沟通技术体系。即使在理论体系上，也还在摸索阶段。因此现在主流的技术体系无法构建起类脑模式的沟通体系。

认知智能中的沟通体系构建主要从以下几个方面进行：第一，构建感知、记忆、学习、理解、认知、逻辑、情感等类脑方面的技术体系形成这几方面的类脑能力。第二，构建思想观念体系。思想观念体系包含理想、目标、兴趣、性格、看法、意见等方面的类脑能力。这块需要分开成各个子系统独立构建。对万物做独立镜像，记录万物的独立镜像信息，整体支撑起来思想观念体系。因此这些方面的万物镜像和各个分支图谱是不能少的。第三，构建语言组织体系（NLG）。语言组织体系要做到类脑模式，就要彻底摆脱语料库和人工设置。机器人有了记忆学习认知理解体系之后，底层的结构化数据就系统地形成了，结构化数据的承载体系是万维图谱。有了系统化的结构化数据和万维图谱的支撑，再配合其他方面的类脑能力和语言体系的知识（语法、句法、修辞手法）就可以支撑起来系统化的类脑的NLG体系。第四，构建肢体表情体系。特指需要身体（包含硬件身体和虚拟身体）、表情和肢体动作与沟通体系配合起来，达到综合应用的效果。不然很容易貌合神离。

机器人和人类的交互沟通是最重要的方式之一，沟通技术体系的应用可以从根本上解决人和机互通的问题。这里的前提是机器人的沟通能力要足够强才行。这里的足够强非标准意义的数据，具体来说，机器人和人类沟通的通畅性要达到95%以上才行。这里评估的标准包含意图识别率，跑题率，理解率，语言组织合理率等方面。如果这些方面的合理率都能够达到95%以上，基本上机器人就摆脱了智障的情况。真正地走向智能，而非停留在智障阶段。另外对沟通的评估，还要从人类的不同年龄段来进行评估，不可一概而论。从人脑的角度来说，儿童与青少年和成年人相比，其沟通能力和水平完全不可同日而语。因此要从多方面进行评估。[①]

机器人沟通能力成熟之后，可以让万物产生智能，万物互联，之后万物智能。当然这里的万物是指各种智能设备。万物智能之后，目前很多互联网的业务和移动互联网的业务，未来都可以交给机器人来进行处理，节省大量时间成本、人力成本，全新的商业模式也会随之诞生，彻底走向智能时代。比如智能社交、智能电商、智能生活、智能家居、智能出行、智能文娱等方面，其应用场景基本无限制，向下兼容人工智能的业务和各种互联网业务。因此认知智能中的沟通体系尤其重要，是万物智能的基础，是新一代智能体系的核心基础。

---

① 《认知智能类脑模型之沟通体系简介》，载公众号“道翰天琼认知智能”，2020年6月14日。

沟通是人与人之间、人与群体之间思想与感情的传递和反馈的过程，以求思想达成一致和感情交流的通畅。沟通的信息流表达：信息时间域流——记忆；信息空间域流——宿原；信息时空域流——传播。沟通的本质就是信息的流通，人类和机器人之间的沟通就是人类和机器人之间的信息对流互通。既然本质是信息的流转，那么信息的质量就是很关键的方面。机器人以及智能设备是否能够传递给人类有价值的信息，也需要作为重点考虑的方面。沟通从形式上来说，包含语言沟通、肢体沟通和表情沟通三大核心方面。

沟通体系的构建难度非常大，沟通体系基本上涉及各种各个层次类脑能力（具体可以参考认知智能整体技术体系架构）。沟通体系绝对不是孤立存在的，如果不依赖和结合其他方面的类脑能力，那是不可能做好类脑的沟通模式和技术体系的。认知智能的沟通体系应用无限制，向下兼容人工智能体系、互联网体系、移动互联网体系等。认知智能体系成熟之后，各个行业都可以全面升级改造。进入新一代智能——认知智能时代，未来的前景非常广阔，新一代智能——认知智能是科技领域的新高峰。①

类脑智能是人工智能的最高形态

当前人工智能存在两种形态：一种形态是以模型学习驱动的数据智能，另一种形态是以认知仿生驱动的类脑智能。现阶段人工智能发展的主流技术路线是数据智能，但是数据智能存在一定局限性，如数据方面，需要海量数据和高质量的标注；自主学习、自适应等能力弱，高度依赖于模型构建；计算资源消耗比较大，CPU、GPU消耗量巨大；缺乏逻辑分析和推理能力，仅具备感知识别能力；时序处理能力弱，缺乏时间相关性；仅解决特定问题，适用于专用场景智能。

类脑智能可以解决数据智能的局限性和不足。数据方面，类脑智能可处理小数据、小标注问题，适用于弱监督和无监督问题；更符合大脑认知能力，自主学习、关联分析能力强，鲁棒性较强；计算资源消耗较少，人脑计算功耗约20瓦，类脑智能模仿人脑实现低功耗；逻辑分析和推理能力较强，具备认知推理能力；

---

① 《认知智能类脑模型之沟通体系简介》，载公众号“道翰天琼认知智能”，2020年6月14日。

时序相关性好，更符合现实世界；可能解决通用场景问题，实现强人工智能和通用智能。

人工智能可以略分为三大分支：（1）逻辑主义（logicism），又称为符号主义、心理学派或计算机学派；（2）联结主义（connectionism），又称为仿生学派或生理学派；（3）行为主义（actionism），又称为进化主义或控制论学派。目前看来，以人工神经网络为主的理论，即联结主义学派的成果推动了第三次人工智能浪潮。最近，逻辑主义学派的理论重新被重视，其部分手法被融入最新的人工神经网络算法之中。行为主义属于自动控制理论范畴，即学习控制理论，未来小脑仿生理论的进步将推动该学派的突破和发展。

现阶段人工智能能够进行“学习”（或称之为“训练”），主要得益于人工神经网核心理论——反向传播（Back Propagation，BP）网络的提出，使得在神经元足够多的情况下，任意连续函数都可以被拟合出来，即通过神经网的学习方式可以实现柯尔莫哥洛夫（Kolmogrov）定理（1957年，苏联数学家）的描述。目前人工智能的“学习”主要分为三种形式。

第一种是给智能系统提供大量标注过的数据进行训练，称为有监督学习（supervised leaning）。例如，利用大量由医生标注过的X光片作为智能系统的教师信号进行训练，使智能系统通过解读X光片进行疾病诊断。显然，上述监督学习方式依赖于大量标记的训练数据，但收集和标记大型数据集的过程非常耗时、昂贵且信赖度难以保证。

第二种是无监督的学习方式（unsupervised learning），相较第一种则具有更大优势，因为此类学习方式虽然也需要大量数据进行训练，但它与监督学习的不同之处，在于我们事先不需要对训练样本进行标注，而是直接对数据进行建模，通过找到数据本身的规律来约束学习过程。这听起来似乎有点不可思议，但是在我们自身认识世界的过程中经常依赖于无监督学习，例如我们长期反复经历某类事件便可总结出该类事件的规律和经验。

第三种是通过设定规则来判断在某种场景下智能系统做出的结论或动作是“好”还是“坏”，并以此对该智能系统进行“奖励”或“惩罚”。这个过程周而复始，性能也会逐渐提高。这种学习方式被称为强化学习（reinforcement learning）。人工智能通过这种学习方式可以主动快速地获取知识，改进行动方案以适应环境。关于强化学习最典型的案例莫过于谷歌的AlphaGo Zero，其完全摆脱人类棋谱，通过和不同版本的自己下棋的方式反复训练得到知识，最终打败利用人类棋谱知识进行学习并打败人类的AlphaGo。①

与无监督学习通过挖掘数据规律进行训练不同，强化学习依赖于与环境的交互进行学习。例如，在向用户推荐产品的任务中，非监督学习会分析用户先前经常使用的产品并向他们推荐类似产品，而强化学习将通过向用户不断推荐一些产品，并依据获得的用户意见进行学习，最后构建出用户可能会喜欢的产品列表。综上所述，人工智能主要分为监督学习、无监督学习、强化学习这三种学习方式，强化学习是未来自主人工智能主动学习的最重要训练模式。

自主智能的感知—智能—操控环路。若要人工智能系统像人一样进入自然环境并实现自主智能，从系统仿生的角度看，除处理和判断信息的智能系统外，还需要感知系统获取环境信息，获得的数据通过智能系统分析决策后借助动作操控系统对环境进行改变，再通过感知系统判断智能系统的动作效果是否符合规则规定，即判断是好还是坏，以此对智能系统进行奖励或惩罚。如此循环往复地与环境产生交互，便可达到自主学习的效果。

由此可见，从感知到智能再到操控然后再回到感知这样一个无限循环的闭环系统便是人工智能系统在自然环境下自主学习的必要条件。开发具备这个闭环功能的类脑智能系统是自主人工智能研究的关键。大部分的所谓智能机器人都在表象上具备了这个智能闭环系统，但实际上真正具备自主学习能力的智能机器人尚未出现。究其根本原因，是若要实现这个闭环，还需要更全面、更细致的功能划分。

人工智能系统通过传感器主动获取环境信息进行自主学习的必要条件之一是具备从近乎无限多的信息中挑选和抽象出有用的、重要的乃至急需的信息的能力。对传感器获取的信息进行挑选、加工和处理虽然是传感器功能的一部分，但是也与智能有着无法分割的关系，特别是视觉和听觉这样的高级传感器，没有智能处理就无法提取和获得有用信息。比如目前机器视觉中广泛研究的三维重建、定位导航、检测识别三大类智能处理算法，就试图从图像传感器采集的二维信息中获得有用的时空、类别等信息。但是，这种对原始信息进行挑选、加工与处理的“信息处理智能”与获得有用信息后对环境态势的分析、对行动的决策所需要的“分析决策智能”是完全不同的。②

---

① 张晓林：《类脑智能引导AI未来》，载《自然杂志》第40卷第5期。

② 张晓林：《类脑智能引导AI未来》，载《自然杂志》第40卷第5期。

当智能系统作出决策后，按照决策进行行动规划的能力即“行动规划智能”和付诸行动的能力即“运动控制智能”是主动改变自身与环境的关系乃至改变环境本身的手段。行动规划智能与运动控制智能也是与上述信息处理智能和分析决策智能不同形式的智能，而付诸行动后如何来认识被改变的环境态势，如何判断智能系统的动作是“好”还是“坏”是智能系统学习与训练的关键，这又回到了传感器和信息处理智能的功能上。

当然，要实现能与人类智慧媲美的人工智能系统，其智能系统结构仍然远远不够。生物脑系统的进一步解析将会对未来自主智能系统的研究提供重要线索。例如，简单反馈控制回路可以在脑干神经系统中找到，高性能运动控制系统已被证实存在于小脑。然而小脑的结构与大脑差别很大，形成了完全独立的器官，说明运动控制智能单元的原理与其他智能处理单元有着本质的不同。另外，如果把大脑中的视觉初级脑区和听觉初级脑区当作信息处理智能单元，把额叶前区视为分析决策智能单元的话，初级脑区与额叶前区之间存在韦尼克区（Wernicke's area）和布罗卡区（Broca's area）等各种中间功能的脑区，暗示着从信息处理智能单元到分析决策智能单元之间还存在多个步骤。这些生物脑的研究和解析成果对自主人工智能系统的构建和发展有着至关重要的启迪作用。

人工智能在很多方面超越人类的智力是必然的，否则人工智能的实用价值将大打折扣。大数据运算、云计算、因特网、物联网、区块链等技术非常适合于融入人工智能，而人类大脑较难直接融入这些技术。目前，这些技术产生的信息和功能与人类大脑间的信息交互还停留在通过键盘、屏幕、麦克风及扬声器等设备与手指、眼睛、嘴、耳朵等脑外器官之间的交流，尚未像人工智能系统那样可以轻易做到“你中有我、我中有你”的程度，这也正是人类大脑智力水平进一步发展的瓶颈和局限性所在。

尽管脑机接口是目前研究的一个热点，但很难想象人脑会像终端计算机一样轻松与上述网络系统连接并达到信息融合。这也是人脑将会成为新的旧脑（大脑和小脑出现之前的低等动物的脑），而人工智能系统将会成为更高一级脑的理由。未来的人类将会改变通过视觉、听觉、触觉与人工智能交流的方式，通过脑机接口更直接地操作人工智能系统这个新的“超级大脑”。①

① 张晓林：《类脑智能引导AI未来》，载《自然杂志》第40卷第5期。

27 量子信息颠覆性科技创新

量子调控和量子信息技术的迅猛发展标志着“第二次量子革命”的兴起。量子信息技术成为世界科技的前沿，更是大国发展战略竞争和博弈的焦点，量子信息已成为新一轮科技革命和产业变革的前沿领域，在量子信息技术的驱动下，未来信息社会形态将因此发生越来越多的改变，量子信息成为信息、能源、材料和生命等领域重大技术创新的源泉，为保障国家安全和支撑国民经济高质量发展提供核心战略发展力量。

中共中央政治局2020年10月16日就量子科技研究和应用前景举行第二十四次集体学习。中共中央总书记习近平在主持学习时强调，当今世界正经历百年未有之大变局，科技创新是其中一个关键变量。我们要于危机中育先机、于变局中开新局，必须向科技创新要答案。要充分认识推动量子科技发展的重要性和紧迫性，加强量子科技发展战略谋划和系统布局，把握大趋势，下好先手棋。①

“十四五”是承上启下实现量子信息科技深化发展、快速突破的关键时期。习近平总书记指出，“量子科技发展具有重大科学意义和战略价值，是一项对传统技术体系产生冲击、进行重构的重大颠覆性技术创新，将引领新一轮科技革命和产业变革方向”②。中国正在从一个经典信息技术时代的跟踪者、模仿者转变为

本文2021年5月8日发表于“学习强国”。

① 习近平：《深刻认识推进量子科技发展重大意义 加强量子科技发展战略谋划和系统布局》，载《人民日报》2020年10月18日，第1版。

② 习近平：《深刻认识推进量子科技发展重大意义 加强量子科技发展战略谋划和系统布局》，载《人民日报》2020年10月18日，第1版。

一个量子信息技术的引领者。

中国量子计算原型机“九章”诞生

2020年12月4日，由中国科学技术大学潘建伟、陆朝阳等组成的研究团队与中科院上海微系统所、国家并行计算机工程技术研究中心合作，构建了76个光子的量子计算原型机“九章”，实现了具有实用前景的“高斯玻色取样”任务的快速求解。

根据目前最优的经典算法，“九章”对高斯玻色取样的处理速度比目前世界排名第一的超级计算机“富岳”快100万亿倍，等效地比谷歌2020年发布的53比特量子计算原型机“悬铃木”快100亿倍。同时，通过高斯玻色取样证明的量子计算优越性不依赖于样本数量，克服了谷歌53比特随机线路取样实验中量子优越性依赖于样本数量的漏洞。“九章”输出量子态空间规模达到了1030（“悬铃木”输出量子态空间规模是1016，目前全世界的存储容量是1022）。这一成果使得我国成功达到了量子计算研究的第一个里程碑——量子计算优越性（国外也称之为“量子霸权”）。

可编程硅基光量子计算芯片研究登上Science

继潘建伟团队的“九章”率领中国率先实现量子计算优越性后，中国国防科技大学计算机学院QUANTA团队联合军事科学院、中山大学等国内外单位，研发出了新型可编程硅基光量子计算芯片，可实现多种图论问题的量子算法求解，未来有望在大数据处理等领域获得应用。

研究人员在292个不同图像上，均实现了对100个量子漫步的时间步骤模拟，这为传统上难处理的应用打开了通往大规模可编程量子步态处理器的道路。这款新型芯片采用CMOS兼容硅光子学方式制造，具备大规模生产潜力，未来或可用于实现量子信息处理和量子模拟，为解决数据库搜索、图同构问题提供量子加速。

量子信息

量子信息技术是量子力学与信息科学融合的新兴交叉学科，它的诞生标志着人类社会将从经典技术迈进量子技术的新时代。在量子力学的诸多原理中，叠加、测量、纠缠三大违反宏观世界认知的奥义对量子信息的研究起到了决定性作用，量子信息技术主要包括量子计算、量子通信和量子测量三大领域，可以在提升运算处理速度、信息安全保障能力、测量精度和灵敏度等方面突破经典技术的瓶颈。量子信息技术已经成为信息通信技术演进和产业升级的关注焦点，在未来国家科技发展、新兴产业培育、国防和经济建设等领域，将产生基础共性乃至颠覆性重大影响。

量子通信是利用量子比特作为信息载体来进行信息交互的通信技术。量子通信有两种最典型的应用，分别是量子密钥分发和量子隐形传态。量子密钥分发是指利用量子态来加载信息，通过一定的协议在遥远地点的通信双方共享密钥。量子力学基本原理保证了密钥的不可窃听，从而可在原理上实现无条件安全的量子保密通信。量子隐形传态是指利用量子纠缠来直接传输微观粒子的量子状态（量子信息），而不用传输这个微观粒子本身。量子隐形传态可以连接量子信息处理单元来构建量子网络，同时也是远距离量子密钥分发所需的量子中继的重要环节，因此，国际学术界将量子密钥分发和量子隐形传态统称为量子通信。量子密钥分发是最先走向实用化和产业化的量子信息技术。

量子计算具有强大的并行计算和模拟能力，可为人工智能、密码分析、气象预报、资源勘探、药物设计等所需的大规模计算难题提供解决方案。量子计算机的计算能力随可操纵的粒子数呈指数级增长，一台操纵50个粒子的量子计算机，对特定问题的计算能力就可超过目前最快的超级计算机。量子计算机一旦研制成功，将对基于计算复杂度的经典信息安全体系带来巨大冲击；而量子保密通信的安全性基于物理学原理，与计算复杂度无关，即使是量子计算机也无法破解。利用量子状态对环境的高度敏感，可以对时间、位置、加速度、电磁场等物理量实现超越经典技术极限的量子精密测量，大幅度提升卫星导航、水下定位、医学检测和引力波探测等的准确性和精度。例如，利用目前最好的传统自主导航技术，水下航行100天后定位误差达数百公里，需定期上浮用卫星修正；而利用原子干涉重力仪、原子陀螺仪等量子自主导航技术，水下定位精度可大幅提升至100天误差小于公里量级，不需要卫星修正。①

---

① 潘建伟：《更好推进我国量子科技发展》，载《红旗文稿》2020年第23期。

中国量子信息新优势

我国高度重视量子信息科技的发展，在量子信息科技领域突破了一系列重要科学问题和关键核心技术，产出了一批具有重要国际影响力的成果。党的十九大报告指出，“墨子、大飞机等重大科技成果相继问世”；“墨子号”量子卫星和光量子计算原型机，在2017年和2018年新年贺词中分别提到；仅近7年来，量子科技相关成果就3次获得国家自然科学一等奖。总体而言，中国在量子通信的研究和应用方面处于国际领先地位，在量子计算方面与发达国家处于同一水平，在量子精密测量方面发展迅速。中国的城际量子通信技术已满足实用化要求，自主研制的量子通信装备已经为党和国家的重要活动提供了信息安全保障。

在城际量子通信方面，中国建成了国际上首条远距离光纤量子保密通信骨干网“京沪干线”，在金融、政务、电力等领域开展远距离量子保密通信的技术验证与应用示范。在卫星量子通信方面，中国研制并发射了世界首颗量子科学实验卫星“墨子号”。“墨子号”量子卫星在国际上率先实现了星地量子通信，首次实现了洲际量子通信，充分验证了基于卫星平台实现全球化量子通信的可行性。习近平总书记指出，要“统筹基础研究、前沿技术、工程技术研发，培育量子通信等战略性新兴产业，抢占量子科技国际竞争制高点，构筑发展新优势”①。

根据相干操纵量子比特的规模，量子计算有以下发展阶段：第一个阶段是实现“量子优越性”，即量子计算机对特定问题的计算能力超越传统超级计算机，达到这一目标需要约50个量子比特的相干操纵。美国谷歌公司已在2019年率先实现“量子优越性”。第二个阶段是实现专用量子模拟机，即相干操纵数百个量子比特，应用于组合优化、量子化学、机器学习等特定问题，指导材料设计、药物开发等。达到该阶段需要5年至10年，是当前的主要研究任务。第三个阶段是实现可编程通用量子计算机，即相干操纵至少数百万个量子比特，能在经典密码破解、大数据搜索、人工智能等方面发挥巨大作用。

我国在光量子体系实现了首个超越早期经典计算机能力的光量子计算原型机，将在近期实现超越谷歌的“量子优越性”；在超导体系近期也有望实现超越谷歌的“量子优越性”；在超冷原子体系，中国目前整体上与欧美发达国家处于

① 习近平：《深刻认识推进量子科技发展重大意义 加强量子科技发展战略谋划和系统布局》，载《人民日报》2020年10月18日，第1版。

并跑状态，在规模化原子纠缠的制备与操纵，对自旋轨道耦合、超冷分子反应等的量子模拟方面取得了系列重要成果，为解决若干经典计算机难以胜任的复杂问题奠定了基础。离子、硅基量子点等物理体系同样具有多比特扩展和容错性的潜力，也是目前国际量子计算研究的热点方向。[①]

大国博弈量子信息

目前，量子科技已进入到深化发展、快速突破的历史新阶段，迫切需要多学科的密切交叉以及各项关键技术的系统集成。欧美发达国家的政府、科研机构和产业资本正在加速进行战略部署，大幅度增加研发投入，对我国取得的局部领先优势发起强烈冲击。

2018年12月，美国启动了为期10年的“国家量子行动法案”，在2019—2023年期间增加投入约13亿美元，连同其他常规性投入，5年政府投入达30亿美元；美国还将在2022年之前把量子科技的研发资金增加一倍，以确保美国的全球领导地位；欧盟于2018年10月正式实施“量子技术旗舰项目”，连同各成员国的配套，总经费超过40亿欧元；英国于2016年启动“国家量子技术专项”，迄今为止总投入已超过10亿英镑；2018年9月，德国政府通过“量子技术：从基础到市场”国家量子技术框架计划，在2018—2022年内投入6.5亿欧元，在新冠肺炎疫情后又追加了20亿欧元。

谷歌于2013年与美国国家航天局、加州大学圣芭芭拉分校联合成立了量子人工智能实验室；IBM于2014年宣布未来5年投资30亿美元开展量子计算等下一代计算技术开发；微软于2014年与哈佛大学、玻尔研究所等组建量子设计与量子计算研究中心；英特尔于2016年宣布与荷兰代尔夫特理工大学合作开发新型量子计算机。值得指出的是，由于量子计算机研发存在一定的不确定性，我国企业对这一领域的投入热情相比美国明显不足。

2017年，美国商务部将“专门设计（或改造）以用于实现或使用量子密码”的商品明确列入出口管制清单；美国商务部于2018年11月开始管制14项涉及国家安全和前沿科技的技术出口，其中包括量子密码、量子计算及量子传感。其他

---

① 潘建伟：《更好推进我国量子科技发展》，载《红旗文稿》2020年第23期。

一些北约国家也开始将相关关键设备和器件列入对我国禁运范围。①

2020年2月20日，美国白宫国家量子协调办公室发布了《美国量子网络战略愿景》，提出美国将开辟量子互联网，确保量子信息科学（QIS）惠及大众。根据文件的描述，量子互联网是一张由量子计算机和其他量子设备组成的庞大网络，它将催化出许多新兴技术，从而加速现有互联网的发展，提供通信安全，并使计算技术发生巨变。

量子信息国际话语权

为应对量子科技领域激烈的国际竞争，牢固掌握未来的发展主动权和创新主动权，党中央高度重视该领域的资源整合和协同创新，在“十四五”规划中明确指出，要瞄准量子信息等前沿领域，实施一批具有前瞻性、战略性的国家重大科技项目。我国量子领域未来10年到15年的总体发展目标如下。

在量子通信方面，继续保持和扩大我国的领跑优势，构建完整的空地一体广域量子通信网络技术体系，实现量子通信网络和经典通信网络的无缝衔接，为形成具有国际引领地位的战略性新兴产业和下一代国家信息安全生态系统奠定基础。

在量子计算方面，确立和巩固我国在全球第一方阵的地位，有效解决大尺度量子系统的效率问题，研制对特定问题的求解能力全面超越经典超级计算机的专用量子模拟机，并为最终实现通用量子计算机探索出一条切实可行的道路。

在量子精密测量方面，力争进入国际先进水平行列，突破与导航、环境监测、医学检验、科学研究等领域密切相关的一系列量子精密测量关键技术，研制一批重要的量子精密测量设备。

综上所述，以量子信息为主导的第二次量子革命正在向我们走近，它给了我国一个从经典信息技术时代的跟随者和模仿者转变为未来信息技术引领者的历史机遇。在国际上率先掌握能够形成先发优势、引领未来发展的颠覆性技术，率先建立下一代安全、高效、自主、可控的信息技术体系，推动我国的信息技术和产业核心竞争力实现跨越式提升，迅速赶超世界传统强国，实现“弯道超车”，是

① 潘建伟：《更好推进我国量子科技发展》，载《红旗文稿》2020年第23期。

我国量子科技领域的重要使命。①

量子计算超级功能

首先是对算力的提升：量子计算的核心优势是可以实现高速并行计算。在计算机科学中，无论是经典计算还是量子计算，它们的计算功能的实现都可以分解为简单的逻辑门的运算，包括："与"门，"或"门，"非"门，"异或"门等。简单来讲，每一次逻辑门的运算（以下简称操作）都要消耗一个单位时间来完成。经典计算机的运算模式通常是一步步进行的。它的每一个数字都是单独存储的，而且是逐个运算的。所以对4个数字进行同一个操作时，要消耗4单位时间。量子的并行性决定了其可以同时对2n个数进行数学运算，相当于经典计算机重复实施2n次操作。可以看到，当量子比特数量越大时，这种运算速度的优势将越明显。它可以达到经典计算机不可比拟的运算速度和信息处理功能。

其次是降低能耗：量子计算的另一核心优势是低能耗。众所周知，在经典计算机中，能耗是一大技术难题。处理器对输入两串数据的异或操作，而输出结果只有一组数据，计算之后数据量减少了，根据能量守恒定律，消失的数据信号必然会产生热量。但量子计算中，输入多少组数据，输出依旧是多少组数据，计算过程中数据量没有改变，因此计算过程没有能耗。这也就意味着，只有在最后测量的时候产生了能耗。而经典计算在每一个比特的计算过程中都将产生能耗。因而经典计算的集成度越高，散热越困难。随着摩尔定律渐近极限，以后的计算能力的提高只能依靠堆积更多的计算芯片，这将导致更大的能耗。这方面的突破只能依靠量子计算的发展。

受制于摩尔定律的上限、芯片大小的极限、芯片散热等问题，传统计算机在执行某些任务时遇到瓶颈，如大数因数分解、数据库随机搜索。而量子计算中提出的大数质因子（Shor算法）、随机数据库搜索（Grover算法）就很好地解决了这两个问题，能够应用于复杂的大规模数据处理与计算难题。

量子计算机则将用于解决大型分子模拟、寻找大数质因数等经典计算机无法模拟的领域，并在AI计算领域对传统算力进行提升。针对一些传统行业来说，大

---

① 潘建伟：《更好推进我国量子科技发展》，载《红旗文稿》2020年第23期。

量研发环节所面临的计算压力已经显现，尤其那些在分子领域进行研发的产业，以现有人类科技的计算能力，所消耗的时间和成本巨大。比较明显的行业是生物制药、化工、能源。还有另外一些本就对计算能力要求较高的科技行业，亦是量子计算实现商业应用的领域。

实验结论表明，每一个量子单元之间都存在并行的必然联系（每有两个量子比特串列，就会作为一个整体动作），你只需要对一个量子比特进行处理，影响就会立即传送到串列中多余的量子比特。而这一特点，也正是量子计算机能够进行高速运算的关键。

量子通信基本原理

量子通信是指利用量子纠缠效应进行信息传递的一种新型的通信方式，是近20年发展起来的新型交叉学科，是量子论和信息论相结合的新的研究领域。光量子通信主要基于量子纠缠态的理论，使用量子隐形传态（传输）的方式实现信息传递。

根据实验验证，具有纠缠态的两个粒子无论相距多远，只要一个发生变化，另外一个也会瞬间发生变化。事先构建一对具有纠缠态的粒子，将两个粒子分别放在通信双方，将具有未知量子态的粒子与发送方的粒子进行联合测量（一种操作），则接收方的粒子瞬间发生坍塌（变化），坍塌（变化）为某种状态，这个状态与发送方的粒子坍塌（变化）后的状态是对称的，然后将联合测量的信息通过经典信道传送给接收方，接收方根据接收到的信息对坍塌的粒子进行幺正变换（相当于逆转变换），即可得到与发送方完全相同的未知量子态。

量子通信产业链

量子通信产业链上游主要是信号处理芯片、雪崩光电二极管（APD）等元器件及各类核心设备。国内能够提供核心设备的公司并不多，主要包括国盾量子、问天量子和神州量通。国外厂商主要包括瑞士IDQ公司、美国Bennet公司等。

量子通信产业链中游主要包括网络传输干线提供商和系统集成商。以量子保密通信“京沪干线”技术验证及应用示范项目为例，提供传输干线服务的公司是中国有线电视网络有限公司，提供系统集成服务的公司包括神州数码系统集成服务有限公司（神州信息子公司）、中国通信建设集团有限公司（中国通服子公司）等。

量子通信产业链下游主要是各种行业应用，如金融、军事、政务、商务等领域。提供的产品包括量子电话、基于量子保密技术的IDC、量子白板等。

量子通信应用在密码学

一切秘密寓于密钥之中，密码算法是可以公开的，密钥则必须绝对保密，这样才能确保密码安全。密钥对密码技术来说是如此的重要，正是因为密钥，量子通信才走进了密码学，开始助力信息安全。

密钥的概念最早出现在人类第三代密码技术——维吉尼亚加密法中。维吉尼亚加密法可以理解为用密钥来约定如何进行第二代加密法——字母的“移位和替换”，猜到密钥就是破解之法。之后的第四代密码技术以机械电子时代的“恩尼格玛机”（Enigma）为代表，密钥变化极其复杂，但仍是破解的突破口。随着电子计算机时代的到来，现代密码学迎来了第五代密码技术——魔王加密法（DES），这类加密法是对称加密法，需要加解密双方共享安全的密钥，而没有有效的密钥交换机制仍然是这一代加密法最大的风险。

第六代密码技术是以RSA为代表的非对称加密法，其设计的初衷就是解决密码中安全分发密钥的问题，后来，其发展出了有效的认证、数字签名以及数据完整性检验等一系列新密码技术，成为现在互联网应用的安全基础，并仍在不断地拓展新的形态和应用模式。然而，第六代密码技术的安全性依赖于某些数学难题假设，其面临着可被算力破解的威胁，以量子计算为代表的未来可期的人类超强计算能力正在快速发展。第七代密码技术则被寄予了抵御这一威胁的厚望。

量子物理支撑了量子计算，却也在抗击算力破解方面提供了量子密码。量子密码中目前最成熟的技术当数量子密钥分发，其通过“量子态制备—测量”或是“共享量子纠缠”的量子通信手段，实现空间分离的两用户间安全地分发密钥。这种分发的安全性不受人类计算能力的影响，常被称为信息理论安全性（Information-Theoretic Security）。QKD就是解决密钥分发的问题，在密码学的应用中需要和算法结合使用。在现实应用中，第六代密码技术也不是对第五代的取代，而是作为密钥交换手段与第五代加密法结合使用，而QKD作为新的密钥交换手段与第五代对称密码技术结合使用，这丝毫不会降低它的重要性。

当前，“以量子计算为代表的人类算力威胁现有非对称密码体系”这一判断已经是主要密码技术国家的共识，各国纷纷启动的“抗量子计算”密码研究就是证明。现代互联网及更广义的ICT技术的信息安全对密码技术的需求不仅包括信息的“机密性”，还包括“真实性”“不可抵赖”“完整性”，而后三种需求是目前第六代密码技术——非对称密码技术的强项。第七代密码技术，除了QKD还包括新的非对称密码技术——后量子密码（Post Quantum Cryptography，PQC），它们都需要实现“抵御量子计算破解”的安全性——量子安全（Quantum Security，QS）。QKD和PQC是竞争关系，又各有千秋，应该融合发展。比如QKD安全性不依赖算法，因此原则上无论人类算力发展如何，QKD都能提供长效的安全性，而PQC存在新数学难题仍被未来新的量子计算算法破解的风险；PQC在数字签名方面优势明显，而QKD结合的对称算法很难胜任；对于身份认证的需求，对称算法与非对称算法都有各自的优势，PQC的高效与QKD的长效结合当数最佳。这一观点在国际科研领域、地区和国家科技战略发展计划以及国际上如ETSI等标准化组织中都体现了共识，并正在英国的量子通信枢纽及欧洲的量子通信基础设施研究项目OpenQKD等实用化技术合作平台上进行实践。

信息安全系统涉及方方面面，各项技术发展不是对立、零和博弈、此消彼长的局面。我们需要在一个大的框架下，统筹系统中的各项技术，既协调配合，又不断创新，从而使得系统整体不断提升。QKD技术作为国际热点前沿和我国具有优势的、自主的一项信息安全技术，其获得持续支持而不断进步，符合市场需要和国家科技发展及产业升级的需要。从第五代加密法开始，人类的密码技术由数学推动发展，到了第七代量子安全，密码技术开始由数学和物理学一起推动，进入了新的时代。

量子通信应用在信息安全

量子通信技术是量子信息技术中的重要分支，是利用量子态作为信息载体进行信息交互的通信技术。其特点体现在从三个方面超越现有通信技术的能力：一是信息传输安全。基于量子通信技术我们可实现QKD，其安全性由量子状态的测不准、不可分割、不可复制等物理特性来保障。基于QKD提供的共享对称密钥，结合现代密码算法（SM4、AES等）或者一次性密码本（One-Time-Pad，OTP），可以在信息机密性上发挥作用；结合认证及其他密码算法，还可以在机密性之外的信息真实性和完整性等其他密码需求上发挥作用。二是量子态的传输。基于量子通信技术我们可以实现量子隐形传态，用于有效地传递量子态，这也是现有的通信技术无法替代的，是未来分布式量子计算、分布式量子传感器等应用的实现基础。三是提高信道容量。可以利用量子叠加等信息并行处理特征来设计新的通信编码方式，以期突破现有通信的信道容量极限。目前已有量子超密集编码等理论证明可获得超越经典极限的量子信道容量，但尚未有可实用化的技术落地。这些能力的共性来源于量子通信通过量子态为信息载体，量子态本身的特别之处带来了量子通信和信息处理的一系列优势，从而有别于基于电磁波宏观特性来承载信息的现有通信技术。

"量子互联网"不是对现有互联网的替代，而是为互联网加上新功能的新型基础设施。如果说QKD网络是量子互联网的初级阶段，那么其最终目标将是全量子网络，是以量子隐形传态或量子纠缠交换等技术作为链接，将量子计算机、量子传感器、QKD设备、终端用户等节点连为一体，产生、传输、使用量子资源，面向计算、感知和信息安全的新型网络。其中，信息安全是贯穿量子网络发展始终的核心功能。未来，量子互联网将在量子中继的帮助下实现多用户、远距离的量子纠缠共享，进而可以利用量子纠缠来实现QKD，并实现量子安全应用。

在量子中继技术成熟之前，也就是量子互联网的初级阶段，QKD链路与经典的可信中继技术的结合是目前实现广域可扩展QKD光纤网络的唯一可行方案。其中可信中继的安全性已有相关的安全增强技术及工程要求进行保障，其标准化也是QKD网络标准工作中的重要组成部分。国际标准组织ITU-T、ISO/IEC JTC1、IETF、ETSI等都在开展QKD的标准化工作。2019年10月，国际电信联盟标准化部门（ITU-T）正式发布了首个QKD网络国际标准Y.3800 "Overview on networks supporting quantum key distribution"（"支持量子密钥分发的网络综述"）。该标准对QKD网络的概念结构及基本功能进行了描述，并且明确指出"可信中继是目前唯一已知的被广泛应用于远距离QKD光纤网络的解决方案"。基于Y.3800标准建议书达成的国际共识，ITU-T正在抓紧制定与QKD相关的一系列国际标准，包括QKD网络功能要求、安全要求、密钥管理、商业模型、QoS通用要求、QoS保障要求，等等。

近年来，国际上多个国家和地区发布了量子科技发展战略，规划量子互联网发展，并启动了QKD网络的工程实践和应用示范。例如，美国白宫国家量子协调办公室于2020年2月发布的《美国量子网络战略愿景》报告指出："探索如何建立量子互联网——一个由量子计算机和其他量子设备组成的庞大网络，将促进新技术的发展，加速当今互联网的发展，提高我们的通信安全性，并使计算技术取得巨大进步。”

再如，欧盟委员会于2020年3月发布的《量子旗舰项目战略研究计划》中提到：“实现量子互联网是长期目标，为欧洲公民提供更安全的电信通讯和数据存储、改善医疗保健以及更强的计算能力。”这份报告中明确了量子通信未来3年的路线图，重点包括：针对基于可信中继QKD网络，开发用例和业务模型、经济高效且可扩展的系统、密钥管理和应用接口等软件；研究可信节点网络的网络功能和互操作性；为网络性能、应用、协议和软件开发测试套件；演示和验证QKD、量子随机数等在基础设施、物联网和5G中的应用；等等。此外，欧盟日前发布的研究报告JRC118150“QKD现网实现”中指出，亚洲的中国、日本、韩国，欧洲的奥地利、瑞士、意大利、西班牙、英国、俄罗斯、波兰，北美洲的美国、加拿大，非洲的南非等国，均部署了基于可信中继的QKD试验或商用网络。

量子通信应用在数字“新基建”

在数字“新基建”的关键领域：5G、物联网、工业互联网、卫星互联网、人工智能、云计算、区块链等，QKD作为信息安全保障的有力手段，具有广泛的应用潜力。例如在5G方面，2019年英国量子通信中心联合布里斯托大学，基于英国5G测试网开展了一系列5G+QKD融合技术试验，在5G测试网络中实现了量子安全的多域NFV编排器，以及基于QKD的Inter-DC数据安全传输等安全增强应用；2019年韩国SK电信将QKD技术用于其5G网络（首尔—大田段）的回传数据加密传输，并计划分阶段扩大应用范围。

SK电信还首次实现了将QKD用于5G接入网，保护某车企智慧工厂关键数据传输的应用案例。在卫星互联网领域，基于QKD来实现星地、星间安全通信是极富潜力的解决方案，目前美欧多国将其作为重点方向研发，我国则是目前全球唯一能够实现星地量子通信的国家，处于领先地位，并有望在量子通信融合数字基础设施方面走在世界前列。伴随技术的持续突破而不断升级，量子通信技术奔跑在“量子互联网”的征途上。利用网络上的量子资源，将可以继续充实和拓展量子密码的范畴。学术界已经提出了包括量子安全认证、量子数字签名、量子比特承诺以及量子安全存储等在内的多种量子密码技术理论方案。这些都需要密码学、量子物理、信息通信领域的科研和产业力量紧密合作，催生更新一代的密码技术，更广泛、更有力地支持未来形态的信息安全。

量子通信是量子科技三大方向之一，经过20多年的努力，中国在该领域实现了从跟跑到领跑的重大转变。2016年，中国成功发射全球首颗量子科学实验卫星“墨子号”；2017年，建成世界首条量子保密通信干线“京沪干线”。“墨子号”牵手“京沪干线”，中国科学技术大学潘建伟、陈宇翱、彭承志等与中科院上海技术物理研究所王建宇研究组、济南量子技术研究院及中国有线电视网络有限公司合作，构建了全球首个星地量子通信网，整个网络覆盖我国四省三市32个节点，包括北京、济南、合肥和上海4个量子城域网，通过两个卫星地面站与“墨子号”相连，总距离4600公里，目前已接入金融、电力、政务等行业的150多家用户。基于“不可分割”“不可克隆”等量子特性，量子通信被称为“原理上无条件安全”的通信方式，在多领域具有应用前景。星地量子通信网的建成，为未来实现覆盖全球的“量子网”奠定了科技基础，也为相对论、引力波等科学研究，提供了前所未有的“天地实验室”。①

① 《从32厘米到4600公里！中国构建全球首个星地量子通信网》，载公众号“新华社”，2021年1月7日。

28 5G+工业互联网的竞争先机

工业互联网的发展，已经上升为国家战略，成为“十四五”数字经济发展的主战场，是工业新基建的底座。《中华人民共和国国民经济和社会发展第十四个五年规划和2035年远景目标纲要》就提到“推动互联网、大数据、人工智能等同各产业深度融合，推动先进制造业集群发展”“系统布局新型基础设施，加快第五代移动通信、工业互联网、大数据中心等建设”。

目前全国工业企业建设“5G+工业互联网”项目超过1500个，覆盖22个国民经济重要行业。“5G+工业互联网”已成为工业互联网和5G发展进程中产业热情最高、创新最活跃、成效最显著的领域。

地方上也纷纷出台支持工业互联网、5G的相关政策，目前已有近20个省市充分利用现有政策资金渠道加大对“5G+工业互联网”的支持力度。长三角、粤港澳、京津冀、中部等地区围绕区域优势特色领域，形成多个产业集聚区。不过，我国“5G+工业互联网”仍处于起步阶段，需要加快技术研发，拓展融合应用，不断完善产业生态。

2021年工业和信息化部将从产业基础的夯实提升、成熟模式的应用推广、创新模式的深化拓展、产业生态的发展壮大四个方面重点发力，加快“5G+工业互联网”发展，打造3个至5个5G全连接工厂示范标杆，探索形成IT、OT、CT融合发展的实施方案，推动5G应用从外围辅助环节向核心生产环节渗透，以“5G+工业互联网”为重点，遴选2个至3个国家级工业互联网产业示范基地，推动产业集聚和协同创新等。

本文2021年6月9日发表于“学习强国”。

工业互联网产业链

工业互联网是链接工业全系统、全产业链、全价值链，支撑工业智能化发展的关键基础设施，是新一代信息技术与制造业深度融合所形成的新兴业态和应用模式，是互联网从消费领域向生产领域、从虚拟经济向实体经济拓展的核心载体。

工业互联网可分为设备层、网络层、平台层、软件层、应用层和安全体系等六大部分。

设备层包括智能生产设备、生产现状智能终端、嵌入式软件及工业数据中心；网络层包括工厂内部和外部的通信；平台层包括协同研发、协同制造、信息交易和数据集成等工业云平台；软件层包括研发设计、信息管理和生产控制软件，是帮助企业实现数字化价值的核心环节；应用层包括垂直行业应用、流程应用及基于数据分析的应用；而安全体系则渗透于以上各层中，是产业重要的支撑保障。

在工业互联网产业链中，不仅仅是传统IT企业，运营商和通信设备提供商、互联网巨头、传统工业设备厂商、芯片企业和创业公司也参与了这场“盛宴”。而在这场“盛宴”中，各个类型的企业的职责也各有不同：传统IT企业是将原有的解决方案向工业领域延伸；运营商和通信设备提供商是借助渠道优势提供工业解决方案；互联网巨头是提供工业互联网基础平台支撑；传统工业设备厂商发挥了在设备和细分行业经验方面的优势，为客户提供整体解决方案；芯片企业是研发低功耗互联网芯片；而创业公司则是在工业互联网不同层次或不同环节等细分领域提供专业服务，例如工业互联网底层数据平台创业企业。

注册量迎来爆发式增长

随着数字经济时代全面开启，尤其是整个社会加快数字化转型步伐，工业互联网正在各行各业加速落地，赋能效应持续凸显，目前我国工业互联网标识注册量已突破200亿，产业发展进一步提速。

经过三年多的发展，我国工业互联网标识注册量迎来“爆发节点”。从具体的数据上看，2019年10月，我国工业互联网标识注册量成功突破1亿大关，2019年11月突破10亿，2020年12月突破100亿元，2021年5月突破200亿……从1亿到100亿，产业界用了一年的时间，而从100亿到200亿，历时不到半年。[①]这意味着，我国工业互联网发展已经从概念期走入“快速落地期”，工业互联网技术日渐成熟，尤其是随着二级节点数量的持续增长，工业互联网正在越来越多的领域得到实际应用。

在政策的有力指引下，在产业界各方的协同下，我国工业互联网标识解析体系实现了从0到1的突破，取得了阶段性进展。目前，北京、广州、上海、武汉、重庆五大国家顶级节点持续稳定运行，并且已具备标识注册和解析、数据同步和可视化、安全保障以及多种异构标识解析等能力，本地解析时延达到毫秒级，解析成功率大于99.99%。同时，南京、贵阳两大灾备节点加快建设。

统计数据显示，截至目前，我国已上线二级节点134个，覆盖23个省区市的28个行业，接入企业超过15000家，标识注册量突破200亿，日均解析量达到1200万次，以顶级节点为中心的融合型标识解析体系架构已经建成。

二级节点加速落地

工业互联网标识注册量的爆发式增长，得益于二级节点数量的快速增长。2020年，在疫情的冲击下，我国工业互联网产业实现“逆势”增长，各地的二级节点和企业节点如雨后春笋般涌现，呈现出“星星之火可以燎原”的发展势头。

2018年10月，全国首个工业互联网标识二级（行业）节点平台在佛山启用；2019年12月，全国已上线二级节点数量达41个；2020年9月，已上线二级节点数量达74个；2020年12月，已上线二级节点数量达85个；2021年5月，已上线二级节点数量达134个。[②]

随着“新基建”加速落地，尤其是工业互联网在赋能各行各业数字化转型中的效能开始凸显，各地政府加快工业互联网建设步伐，加快出台相关政策，明确发展目标。在这一趋势下，工业互联网二级节点落地进一步提速，一些省（市）的工业互联网发展优势开始凸显。2020年12月初至今，工业互联网标识注册量增量较快的省（市）分别有：江苏省、湖北省、广东省、北京市、四川省、浙江省。

---

① 《工业互联网标识注册量超200亿 “加速赋能”效应凸显》，载《人民邮电报》2021年5月27日。
② 《工业互联网标识注册量超200亿 “加速赋能”效应凸显》，载《人民邮电报》2021年5月27日。

融入千行百业应用

工业互联网的发展，最终是要将技术和应用融入千行百业，助力企业提质增效。今天，随着整个社会加快数字化转型步伐，尤其是越来越多的企业将数字化转型提升为“第一工程”，工业互联网的应用场景也日渐丰富。

谈到工业互联网，人们想到的往往就是装备制造、汽车制造、船舶制造等应用场景，和人们的日常生活距离较远。但是今天，随着工业互联网融入更多行业，人们在食品加工、医药防伪、白酒溯源、食品溯源等领域也看到了“新奇特”的标识应用。

比如，新冠肺炎疫情暴发后，冷链食品的溯源成为全社会关注的焦点。有企业通过使用工业互联网标识技术，打造进口冷链产品安全码，保障冷链食品安全。又比如，某白酒企业将工业互联网标识与产品“一物一码”相结合，实现面向渠道的工厂出库、经销商验货出货、终端验收等全流程追溯和管理，并为消费者提供产品信息追溯、产品防伪等工业互联网标识应用服务，受到了市场的青睐，仅仅三个月左右时间，标识注册量就突破3亿。

在企业应用方面，工业互联网标识解析体系已覆盖数十个场景，包括供应链管理、产品生命周期管理、产品追溯、数字资产共享与交付、一物一码标识结算、身份认证、设备管理、售后管理、仓储管理、防伪防窜货、政府监管、物流监控、产品台账管控、信用体系、知识产权、市场营销、编码服务、智能化生产等。而在公共应用方面，工业互联网标识解析体系已经打通了多种“服务入口”，与支付宝客户端等对接，方便消费者使用。

工业互联网标识体系与新技术的融合创新也在提速。目前，业界正在推进标识与区块链的融合创新，星火·链网超级节点已在北京、武汉、重庆、济南等省市落地，接入四川“蜀信链”、广西“桂链”等多个联盟链。我国工业互联网标识体系正在日渐完善。未来，随着技术的发展，节点建设的持续推进以及应用的进一步繁荣，工业互联网将更深、更广地融入千行百业，赋能数字经济腾飞。①

---

①《工业互联网标识注册量超200亿 “加速赋能”效应凸显》，载《人民邮电报》2021年5月27日。

从数字化到数智化

数字化转型主要包括两大部分。一部分是业务数字化，也就是说，从业务中把数据抽取出来，然后通过数据的整合来做分析，对整个业务有所洞察，业务的数字化要通过工业互联网来做；另一部分是数字业务化，数字业务化借助数据智能的技术来做。数据智能指的是人工智能和大数据的融合，也就是说，要用大数据把人工智能的算法模型与应用范围做得更好。首先要把抽取出来的数据建成模型，建模以后，做模拟仿真，做预测，做优化，使得决策者能够通过数据作更准确的、更好的、更靠前的决策。

工业互联网是技术的集大成者，需要大量来自不同学科、技术与知识的汇聚与融合。工业互联网发展不是竞争的逻辑，而是“共生、共赢”的逻辑，工业互联网的参与者必须依靠其他各方才能获得成功。数字经济到了下半场是以工业互联为特征的，它依然有平台化和共享化的特点，更关键的是，工业互联网推动了数字经济高质量发展的三大要素，即质量变革、效率变革、动力变革。

从点、线、面、域四个维度看，数字经济在工业互联时代有以下发展特征。

“点”指企业的数字化转型，逐步从被动应用工具变为主动升级调用平台，从单点管控逐步到全流程，从单一领域变成生态领域，将来的竞争可能不再是企业之间、集团之间的竞争，更多的是体系之间、生态之间的竞争。

“线”指行业的数字化转型，我国行业门类最为齐全，但是隔行如隔山，每个行业的基础、痛点难点和实施路径都不一样，要以每个行业的应用为牵引带动数字化转型。

“面”指产业的数字化转型，一二三产业、大中小企业的融通发展，需要培育更多的新业态、新模式以加速新旧动能转换。

“域”指区域的协调发展，我国的经济特征是以区域经济带动性为主，比如京津冀、长三角、粤港澳、成渝等都在不断打造经济的区域协同能力和创新能力。特别是以长三角为例，一市三省打通区域的协同能力、区域数字化资源创新能力，提高整个区域经济发展的韧性。

工业互联网以智能制造为主攻方向，是实现智能制造的基础设施和路径。在消费互联时代，从订单、物流、批发经营到终端零售，新一代信息技术解决了制造业的后端问题。但是到了前端，比如研发设计、原料采购、加工制造等，其生产要素并没有形成规模集聚，没有发挥数据最大的赋能价值，带动全生命周期能力水平的提升。

工业互联网加速了制造业生产要素的集聚，夯实了产业基础高级化的根基。最重要的是，我国有基本的经济制度优势，有超大规模的市场，能够从供给侧出发，以市场为主体引导各种生产要素向制造业的产业链集聚，加速产业基础高级化。“工业四基”（核心技术零部件和元器件、先进基础工艺、关键基础材料、产业技术基础）是制造业的短板，也是薄弱环节，要通过工业互联网来解决“工业四基”的问题，同时才能促进实现制造强国的战略目标。

深化工业互联网的行业应用是支撑供给侧结构性改革的有效手段，当前工业互联网已经渗透到能源、矿业、钢铁、建筑、医疗、汽车、电子、建材等30多个国民经济重点行业，有力推动了转型升级，也催生了新的增长点。企业是工业互联网的主战场，工业互联网最重要的是为企业提质增效降本减存，提升企业的核心竞争力，促进企业数字化转型。①

各行业全方位提升

从行动内容看，将推动我国工业互联网由产业本身到各行业应用赋能的全方位提升，将面向垂直细分行业，形成100个左右新模式应用试点示范。“十四五”时期是工业互联网结合5G、大数据、人工智能等新一代信息技术加速推进制造业转型升级的关键阶段。

一方面，新技术赋能，拓展创新发展新空间。从需求侧看，随着工业5G芯片、智能传感器等新型数字化元器件更加普及，将带动设备和生产线改造成本持续下降，从而提升中小企业工业互联网的改造意愿。从供给侧看，随着大数据中心算力基础设施建设持续推进，算力服务能力持续提升，工业数据量质齐增，也将强化工业互联网系统供应商的方案输出能力。

另一方面，新业态引领，应用领域向纵深推进。历经3年起步期，从覆盖领域看，工业互联网持续向原材料、装备、消费品、电子信息等制造业各门类全面扩张；从应用环节看，逐步从制造业企业的销售服务等终端向研发设计等前端延伸，从单点改进向全局优化拓展，这些都为工业互联网在更高水平拓展应用空间奠定了基础。

---

① 徐晓兰：《工业互联网是实现智能制造的基础设施和路径》，载《人民邮电报》2021年5月7日。

加速培育新型模式

加速培育新型模式要拉长视线、提升视角、开阔视野，将产业发展的末梢延伸到服务领域。工业互联网基于数据驱动的全连接推动企业搭起一张“大网”，要想充分释放这张网络的经济效益，需要以客户为中心，不断拓展服务领域。另外，也要将产业进步的展望锚定在高精尖技术，推动智能化和服务化的大踏步发展。

新模式来自新技术。大型企业加大5G、大数据、人工智能等数字化技术应用力度，全面提升研发设计、工艺仿真、生产制造、设备管理等智能化水平，实现全流程动态优化和精准决策。支持领先企业加快关键技术与工业互联网的融合应用，不仅有利于新模式涌现，也将带动工业短板提升。基于工业互联网平台，构建更加优化灵活的软件、控制系统，将有效提升我国工业控制系统与工业软件短板。

构建工业新基建底座

近年来，5G和工业互联网基础设施建设稳步推进，随着云网融合战略逐步实施落地，在云网能力方面，打造“2+4+31+X+O”的云网基础设施，在全国形成云、网、边协同的数据中心布局，通过中心云强大的计算、存储、安全能力与MEC本地化、安全性、差异化服务相结合，为百万党政军和大中型企业客户提供混合云、HPC（高性能计算）服务，满足用户低时延、大存储、高算力的需求，推出5G定制专网、5G切片专线、工业互联网平台、数字工厂等重点产品与服务。

工业的数字化转型，主要聚焦于产品数字化、过程数字化和要素数字化三个方面，实现5G云网的智能应用在钢铁、水泥、化工、矿山、电力、家电等行业落地。“5G+重载AGV公路无人驾驶”，实现精准控制车辆路径规划与轨迹，AGV监控数据本地闭环流转，工作人员得以远程监控AGV独立往返于无人仓库与无人码头，有效降低了人为因素造成的道路安全事故。工业互联网或者工业的数字化转型是一个非常大的体系，需要系统化、数字化、智能化融合发展，发挥云网一体化的综合优势。

第九部分

智能网联汽车

29 智能网联汽车生态体系建设

随着5G、人工智能、大数据、物联网等新一代信息技术向汽车产业的快速渗透，智能网联汽车发展将重构汽车产业生态体系，智能网联汽车作为信息化与工业化深度融合的重要领域，新产品、新业态、新模式不断涌现，具有巨大的产业发展潜力和应用市场空间，对于带动传统汽车行业、交通行业和电子信息行业的产业转型升级、系统创新和融合发展具有深远的意义。

智能网联汽车（Intelligent Connected Vehicle，ICV），是指车联网与智能车的有机联合，具有复杂的跨界交叉系统，有技术领域覆盖广、专业跨度大、技术架构复杂等特点。随着智能汽车和车联网技术的发展，汽车将不再是一个孤立的单元，而是成为可移动的智能网络终端，以车内网、车际网和车云网为基础，按照既定的通信协议和数据交换标准，在车、路、云、人之间进行无线通信数据交换，构建智能交通管理、信息服务和车辆智能化控制的互联生态体系。

2021年2月24日，《国家综合立体交通网规划纲要》印发，提出建设融合感知平台，推动智能网联车与现代数字城市协同发展。2021年4月，为进一步推动智能网联汽车产业健康有序发展，加强道路机动车辆生产企业及产品准入管理，工信部组织起草了《智能网联汽车生产企业及产品准入管理指南（试行）》（征求意见稿），提出了智能网联汽车功能安全、预期功能安全、网络与数据安全及车联网卡实名等有关要求。

本文2021年5月10日发表于“学习强国”。

智能网联汽车关键技术

一是计算芯片技术。芯片是智能网联汽车的核心运算单元，主要包括CPU、GPU、现场可编程门阵列（FPGA）及专用定制芯片（ASIC）等。CPU计算单元少，适合复杂逻辑运算与控制；GPU具有高并行结构，适合对密集型数据进行并行处理；FPGA通过冗余晶体管和连线实现逻辑可编程，计算效率高于GPU；ASIC晶体管根据算法定制、无冗余，功耗低、计算性能和计算效率高。

二是环境感知传感器技术。主要包括毫米波、激光、超声波雷达和车载摄像头及其感知算法等技术。毫米波雷达通过接收和发射电磁信号实现对目标距离、方位和相对运动的高精度测量，环境适应性强；激光雷达探测远、视角宽、角度分辨率高、不依赖于光照条件，但雨雪等天气会对探测产生影响，且尚无法满足量产要求；超声波雷达成本低且不受光照因素影响，但探测范围小、方位角精度不高；车载视觉传感器有单目、双目和多目等形式，基于机器学习的目标辨识技术已经有了长足的发展，但光线和天气状况变化对其识别效果影响很大。

三是决策规划技术。随着汽车自动化水平的提高，对车辆自主决策能力提出了新的要求，汽车不仅需要在某个具体工况进行决策规划，如超车、巡航和跟车等单一工况，还需要有在线学习能力以适应更加复杂的道路交通环境和不可预期工况。

四是控制执行技术。自动驾驶车辆决策规划出行驶路径，由底盘执行机构实现车辆状态控制和轨迹跟踪，在这一过程中，控制执行技术起着至关重要的作用。目前，传统车辆底盘的控制结构仍为分布式电子架构，不同子系统都有各自的运算控制器，较难实现所有功能的协同控制。

五是交互通信技术。主要包括人机交互、车载通信模块、V2X通信等多种技术。人机交互包括驾驶员监控、语音交互、语义理解和手势控制等，主要依靠深度学习和大数据等技术实现；车载通信模块具有通信网关和防火墙机制，支持报警功能、服务类功能、远程车辆操控类功能、车辆信息反馈类功能和基于位置的服务类等信息控制功能；V2X通信技术强调车辆在行驶环境中与其他交通参与者实时互联通信，获得其交通参数，对传输速度、延时性和丢包率等均有较高的要求。

六是网络信息安全。智能网联汽车需满足车联网通信的保密性、完整性、可鉴别性等要求。通过引入密码安全芯片、设计“端—管—云”安全主动防御机制、密码安全协议和设置可信计算区域等手段，对云平台和车载终端进行软件代码和物理硬件安全升级。

七是虚拟测试技术。运用计算机建模构建出虚拟的街道、城乡和高速公路等作为测试环境，并在虚拟环境中加入测试用例，这种虚拟测试方法可以大大提高自动驾驶技术的研发测试效率、缩短研发测试周期，并能实现场地测试无法提供的海量测试场景用例。

八是云控基础平台。智能网联汽车产业化一定需要车路云一体化系统，现有的云平台或者车联网的平台，应用层和基础层是耦合的，所以根据未来产业的发展我们提出的中国方案是需要利用新一代的移动互联技术，将人车路融为一体，同时我们需要对每一个平台的基础层和应用层做解耦，然后对基础层做联合，做横向贯通，来形成一种新的技术的架构，既可以同时支撑各个单一的从娱乐服务、出行服务到交通管理，同时可以真正意义上实现网联式自动驾驶所需要的低时延高可靠的融合感知和融合控制功能。

九是智能网联汽车技术发展趋势。环境感知技术，79GHz毫米波雷达将取代24GHz雷达，天线尺寸更小、角分辨率更高、芯片材料将向着互补金属氧化物材料发展；激光雷达将向着固态激光雷达、更高的探测距离和分辨率、更小的尺寸和更低的成本发展；摄像头方面，将沿着深度学习的技术路线，向模块化、可扩展、全天候方向发展。决策规划技术，人工智能技术将由目前所处的机器学习、深度学习阶段向着自主学习方向发展；人工智能算法芯片，将会对软硬件进行深度整合使其拥有超强的计算能力、更小的体积、更低的功耗，算法处理速率将会大幅提升。车辆控制技术，整车电子电气架构将向着跨域集中式电子架构和车辆集中式电子架构发展，分散的控制单元将减少，取而代之的是应用先进算法的集中控制单元；车辆控制算法也由传统控制方法向基于模型预测控制、最优控制、神经网络控制和深度学习等智能控制方法转变。

智能网联汽车结构

智能网联汽车以汽车为主体，利用环境感知技术实现多车辆有序安全行驶，通过无线通信网络等手段为用户提供多样化信息服务。智能网联汽车由环境感知层、智能决策层以及控制和执行层组成。

智能网联汽车结构层次

一是环境感知层。环境感知层的主要功能是通过车载环境感知技术、卫星定位技术、4G/5G及V2X无线通信技术等，实现对车辆自身属性和车辆外在属性（如道路、车辆和行人等）静、动态信息的提取和收集，并向智能决策层输送信息。

二是智能决策层。智能决策层的主要功能是接收环境感知层的信息并进行融合，对道路、车辆、行人、交通标志和交通信号等进行识别，决策分析和判断车辆驾驶模式及将要执行的操作，并向控制和执行层输送指令。

三是控制和执行层。控制和执行层的主要功能是按照智能决策层的指令，对车辆进行操作和协同控制，并为联网汽车提供道路交通信息、安全信息、娱乐信息、救援信息以及商务办公、网上消费等，保障汽车安全行驶和舒适驾驶。

智能网联汽车逻辑结构

智能网联汽车逻辑结构有“信息感知”和“决策控制”两条主线，其发展的核心是由系统进行信息感知、决策预警和智能控制，逐渐替代驾驶员的驾驶任务，并最终完全自主执行全部驾驶任务。智能网联汽车通过智能化与网联化两条技术路径协同实现“信息感知”和“决策控制”功能。

在信息感知方面，根据信息对驾驶行为的影响和相互关系分为“驾驶相关类信息”和“非驾驶相关类信息”。其中，“驾驶相关类信息”包括传感探测类和决策预警类；“非驾驶相关类信息”主要包括车载娱乐服务和车载互联网信息服务。传感探测类又可根据信息获取方式进一步细分为依靠车辆自身传感器直接探测所获取的信息（自身探测）和车辆通过车载通信装置从外部其他节点所接收的信息（信息交互）。“智能化+网联化”相融合可以使车辆在自身传感器直接探测的基础上，通过与外部节点的信息交互，实现更加全面的环境感知，从而更好地支持车辆进行决策和控制。

在决策控制方面，根据车辆和驾驶员在车辆控制方面的作用及职责，区分为“辅助控制类”和“自动控制类”，分别对应不同等级的决策控制。其中，辅助控制类主要指车辆利用各类电子技术辅助驾驶员进行车辆控制，如横向控制和纵向控制及其组合，可分为驾驶辅助（DA）和部分自动驾驶（PA）；自动控制类则根据车辆自主控制以及替代驾驶员进行驾驶的场景和条件进一步细分为有条件自动驾驶（CA）、高度自动驾驶（HA）和完全自动驾驶（FA）。

智能网联汽车技术结构

智能网联汽车涉及汽车、信息通信、交通等多领域技术，其技术结构较为复杂，可划分为“三横两纵”式技术结构。

“三横”是指智能网联汽车主要涉及的车辆、信息交互与基础支撑三大领域技术，它可再细分为第二层与第三层技术。“两纵”是指智能网联汽车涉及的车载平台和基础设施，其中基础设施是指除了车载平台外，支撑智能网联汽车发展的所有外部环境条件，如道路、交通、通信网络等。智能网联汽车需要车路协同、车路一体化，在智能网联汽车的推动下，道路等基础设施将逐渐向电子化、信息化、智能化方向发展。

智能网联汽车产品物理结构

智能网联汽车产品物理结构是把逻辑结构所涉及的各种“信息感知”与“决策控制”功能落实到物理载体上。车辆控制系统、车载终端、交通设施、外接设备等按照不同的用途，通过不同的网络通道、软件或平台对采集或接收到的信息进行传输、处理和执行，从而实现不同的功能或应用。

功能/应用层根据产品形态、功能类型和应用场景，分为车载信息类、先进驾驶辅助类、自动驾驶类以及协同控制类等，涵盖与智能网联汽车相关各类产品所应具备的基本功能。

软件/平台层主要涵盖大数据平台、操作系统和云计算平台等基础平台产品，以及资讯、娱乐、导航和诊断等应用软件产品，共同为智能网联汽车相关功能的实现提供平台级、系统级和应用级的服务。

网络/传输层根据通信的不同应用范围，分为车内总线通信、车内局域通信、中短程通信和广域通信，是信息传递的“管道”。

设备/终端层按照不同的功能或用途，分为车辆控制系统、车载终端、交通设施终端、外接终端等，各类设备和终端是车辆与外界进行信息交互的载体，同时也作为人机交互界面，成为连接“人”和“系统”的载体。

基础/通用层涵盖电气/电磁环境以及行为协调规则。安装在智能网联汽车上的设备、终端或系统需要利用汽车电源，在满足汽车特有的电气、电磁环境要求下实现其功能；设备、终端或系统间的信息交互和行为协调也应在统一的规则下进行。此外，产品物理结构中还包括功能安全和信息安全两个重要组成部分，两者作为智能网联汽车各类产品和应用需要普遍满足的基本条件，贯穿于整个产品的物理结构之中，是智能网联汽车各类产品和应用实现安全、稳定、有序运行的可靠保障。

智能网联汽车标准体系

智能网联汽车标准体系建设目标

根据智能网联汽车技术现状、产业应用需要及未来发展趋势，应分阶段建立适应我国国情并与国际接轨的智能网联汽车标准体系。

到2025年，系统形成能够支撑高级别自动驾驶的智能网联汽车标准体系。制定100项以上智能网联汽车标准，涵盖智能化自动控制、网联化协同决策技术以及典型场景下自动驾驶功能与性能相关的技术要求和评价方法，促进智能网联汽车“智能化+网联化”融合发展，以及技术和产品的全面推广普及。

通过建立完善的智能网联汽车标准体系，引导和推动我国智能网联汽车技术发展和产品应用，培育我国智能网联汽车技术自主创新环境，提升整体技术水平和国际竞争力，构建安全、高效、健康、智慧运行的未来汽车社会。

智能网联汽车标准体系框架和内容

智能网联汽车标准体系框架定义为“基础”“通用规范”“产品与技术应用”“相关标准”四个部分，同时根据各具体标准在内容范围、技术等级上的共性和区别，对四部分做进一步细分，形成内容完整、结构合理、界限清晰的14个子类。

基础主要包括智能网联汽车术语和定义、分类和编码、标识和符号三类基础标准。术语和定义标准用于统一智能网联汽车相关的基本概念，为各相关行业协调兼容奠定基础，同时为其他各部分标准的制定提供支撑。分类和编码标准用于帮助各方统一认识和理解智能网联标准化的对象、边界以及各部分的层级关系和内在联系。标识和符号标准用于对智能网联汽车中各类产品、技术和功能对象进行标识与解析，为人机界面的统一和简化奠定基础。

通用规范类标准从整车层面提出全局性的要求和规范，主要包括功能评价、人机界面、功能安全和信息安全四个方面。功能评价标准主要从整车及系统层面提出智能化、网联化功能评价规范以及相应的测试评价应用场景，在一定程度上反映出对产品和技术应用前景的判断。

人机界面标准主要考虑智能网联汽车产品形态较传统汽车在人机工程、功能信息传递上的差异，同时着重考虑驾驶模式切换等问题，人机界面的优劣与驾驶安全密切相关，同时也会影响驾乘体验和对产品的接受度。

功能安全标准侧重于规范智能网联汽车各主要功能节点及其下属系统在安全性保障能力方面的要求，其主要目的是确保智能网联汽车整体及子系统功能运行的可靠性，并在系统部分或全部失效后仍能最大限度地保证车辆安全运行。

信息安全标准在遵从信息安全通用要求的基础上，以保障车辆安全、稳定、可靠运行为核心，主要针对车辆及车载系统通信、数据、软硬件安全，从整车、系统、关键节点以及车辆与外界接口等方面提出风险评估、安全防护与测试评价要求，防范对车辆的攻击、侵入、干扰、破坏和非法使用以及意外事故。

产品与技术应用类标准主要涵盖信息感知、决策预警、辅助控制、自动控制和信息交互等智能网联汽车核心技术和应用的功能、性能要求及试验方法，但不限定具体的技术方案，以避免对未来技术创新发展和应用产生制约或障碍。

信息感知，是指车辆利用自身搭载的传感器，探测和监控车辆驾乘人员、车辆自身运行情况及周围环境（包括道路、交通设施、其他车辆、行人等交通参与者）等与驾驶相关的信息，覆盖人员状态监测系统、车身传感探测系统、驾驶员视野拓展系统以及传感器、雷达、摄像头等关键部件的功能、性能要求和试验方法。

决策预警，是指车辆按照某种逻辑规则对探测和监控的车辆运行情况、周围环境信息等进行处理、分析和决策，判定车辆在发生危险倾向、处于危险状态或达到其他（例如可能危及其他交通参与者）需要提醒驾驶员注意或采取措施时，通过光学、声学及其他易于识别的方式发出报警信号，覆盖车辆前后向行驶、转向等不同行驶工况下的提醒和报警系统及其关键部件的功能、性能要求和试验方法。

辅助控制类标准覆盖车辆静止状态下的动力传动系统控制、车辆行驶状态下的横向（方向）控制和纵向（速度）控制，以及整车和系统层面的功能、性能要求和试验方法。

自动控制类标准则以城市道路、公路等不同道路条件以及交通拥堵、事故避让、倒车等不同工况下的应用场景为基础，提出车辆功能要求以及相应的评价方法和指标。

信息交互主要指具备网联功能的车辆可在车辆自身传感器探测的基础上，通过车载通信装置与外部节点进行信息交换，为车辆提供更加全面的环境信息，可视作一种特殊的环境感知传感器；未来能够在信息交互的基础上进行网联化协同决策与控制，实现车辆安全、有序、高效、节能运行。

智能网联汽车商业模式

随着当前技术的快速演进以及产业的加速布局，智能网联汽车需要探索新的商业模式与之配合才能发挥作用，取得更多实质性的成果。传统汽车行业商业模式面临调整商业模式就是对企业商业活动的本质特征与外在形式的概略描述，是企业商业活动整体性和一致性的综合反映，直接关系到企业的收支和发展前景。

在产业链条分工方面，随着自动驾驶、网联通信等新功能加持，智能网联汽车产业链较传统汽车产业链要长，参与者众多。除传统零部件供应商、整车企业、汽车销售和运营企业以外，还衍生出自动驾驶技术方案提供商、平台服务商、内容提供商以及相关的测评服务企业等，使得行业协作模式更加多样，分润方案更加复杂。

在产品利润分布方面，随着智能网联汽车的发展，车辆硬件收入及利润占比降低，软件收入及利润占比有望大幅度增加。据麦肯锡预测，未来汽车超过80%的变革来自软件和电子电气架构，整车系统中软件成本占比将从现阶段的15%左右上升到60%以上。由于软件边际成本趋近于零，因此随着用户的增加，其成本将不断减少。因此，在软件服务中占据优势地位的企业将在智能网联汽车未来商业模式发展中享有更多的话语权和主动权。

在用户服务内容方面，以数据、软件和增值服务等为纽带，整车企业可以由出售产品为主延伸到出售产品与服务，商业模式可以从“制造”转变为“制造+服务”，通过OTA升级、按需付费等方式实现价值变现。基于用户服务内容，整车企业与用户间的关系可实现从以往的一次性交易与服务转变为可持续的合作关系。

在资本市场方面，新能源汽车和智能网联汽车企业往往可以通过提高科技含量而提高企业附加值，例如体现在软件、服务或者先进的技术理念上，在信息快速流动、市场高度透明的时代，基于系统评估，具备较强发展潜力的企业体现为高估值，资本市场允许其在未来一段时间内逐步兑现其潜力价值，这在很大程度上激励了企业的发展动力，通过市场自发筛选优势企业。

智能网联汽车应用场景

由于当前复杂城市道路上的智能网联汽车自动驾驶还面临道德伦理、法律法规、技术等多层面问题，因此大量自动驾驶公司开始专注于短周期内易实现的应用场景，例如半封闭道路的营运车辆，封闭园区、码头、矿山、港口等场景的低速货运等，同时通过技术迁移逐步扩展到部分高速公路和城区开放道路的应用场景。

在此背景下，智能网联汽车的发展催生了丰富的应用场景，包括RoboTaxi（自动驾驶出租车）、无人巴士（城市公交、摆渡车、长途客运）、无人配送、干线物流、港口自动驾驶、无人矿卡、自主代客泊车、无人环卫等。目前，国家和地方政府为推进智能网联汽车产业发展，陆续开放了园区、城市、港口和矿山道路以及高速公路等交通环境供智能网联汽车企业开展示范运营。

RoboTaxi：在智能网联汽车的应用场景中，最复杂且商业价值最大的场景是“开放道路、自由路线、高速、载人”，可以直接应用于城市出行。RoboTaxi对应的运营模式将彻底改变人类出行方式，进而改变其生活方式、交往形态，并催生一系列新业态。

无人巴士：目前无人巴士领域的商业模式相对单一，通常是由自动驾驶技术企业和整车企业开展合作，共同研发自动驾驶公交产品，提供给公交公司运营。公交公司通过降低人力成本，提升运行效率获得收益。

无人配送：无人配送可以通过小型无人运输车或配送机器人代替人类快递员，从而有效解决短途物流和最后一公里配送中面临的服务需求分散、人力成本高和服务质量难以保障等问题。同时，作为小型低速运输车辆，无人配送车辆的技术门槛较低，关键技术和零部件已能够全面实现国产化，保障了产业链安全。无人配送应用场景的落地具备市场和技术层面的优势，尤其是2020年新冠肺炎疫情的暴发也成为加速无人配送商业化落地的短期促进因素。

干线物流：在干线物流领域，引入自动驾驶技术可以有效弥补长途货运司机缺口，满足长途货运需求，并有效降低人为因素造成的交通事故。同时，由于高速公路路面铺装条件好，道路封闭，无对向来车，也为自动驾驶技术的应用降低了难度。相较于乘用车，自动驾驶改装成本在商用车整体采购成本中占比较低，也有利于自动驾驶技术商业推广与应用。

港口自动驾驶：港口货物装卸与运输作业是一项繁重且危险的工作，工作环境差，工作强度大，对从业人员资格和经验要求高。随着智慧港口的兴起，通过将自动驾驶技术应用到港区内的集装箱卡车上，使集装箱卡车能够满足港口各种装卸工况下的自动驾驶，实现了从自动化向智能化的过渡。同时，港口的封闭环境为自动驾驶公司带来了切实可行的落地场景，帮助港口提升运营效率，降低安全风险，实现港口由劳动密集型产业向高科技产业的升级转型。

无人矿卡：由于矿山通常地处偏僻，工作环境恶劣，不适宜人类驾驶员长时间工作，因而自动驾驶具备刚性需求。同时，矿山环境封闭、车辆行驶路线单一、车速较低等特点也有利于自动驾驶技术的落地应用。自动驾驶矿卡车队可以根据管理平台智能化的路径调度指令，实现矿卡与矿卡之间、矿卡与电铲之间的高效协同，提升作业的安全性与效率，也可以根据管理平台对行驶状态监测数据的分析，实现变速、制动、油门、转向等系统智能化线控。

自主代客泊车：近期，多家厂商相继公开发布消息，自主代客泊车将于2021年前后在我国开始量产尝试。罗兰贝格全球高级合伙人、大中华区副总裁郑赟认为，乘用车的自动驾驶发展将由泊车场景先行，逐渐往结构化道路场景发展，然后是非结构化城市道路场景。另外，据波士顿咨询公司（BCG）调查显示，自主代客泊车是消费者最为关注的自动驾驶功能。

多元化市场主体融合的产业生态

智能网联汽车不是单一的汽车产品，其发展需要智慧交通、智慧城市等配套环境体系的支撑，而这些配套系统的建设涉及跨部门协调、跨产业协同，投资规模大、建设周期长、投资主体不明确，严重影响智能网联汽车生态体系发展，为此必须探索商业模式，发挥市场作用，培育多样化的市场创新主体，共同推动产业发展。一方面，需要开放政策，引导产品示范应用，促进产品加快量产落地，带动企业创新积极性，提升产业发展活力；另一方面，需要培育基于智能网联车辆大数据的数据增值、金融保险、车载娱乐等服务的新业态，探索形成未来智能网联汽车商业化发展的新主体，在多类主体分工合作、互促共融的产业生态体系中，彰显智能网联汽车的商业化价值。

提升信息安全，完善数据治理

信息安全和数据合规对于智能网联汽车的发展有着突出的重要意义，也是支撑行业健康可持续发展的基础。2020年2月国家发改委、中央网信办等11个部门联合发布的《智能汽车创新发展战略》明确提出，确保用户信息、车辆信息、测绘地理信息等数据安全可控，完善数据安全管理制度、加强监督检查、开展数据风险、数据出镜安全等评估。现阶段针对智能网联汽车的信息安全，以及数据的分类、脱敏、跨境流动等缺乏监管措施，存在一定风险。

智能网联汽车信息安全

“智能网联”是指借助新一代网络通信技术，在固定场景下实现车、人、路和云的全方位网络互联。新的互联形式为用户提供了智能、舒适、安全和高效的全面服务体验。整体逻辑框架以“云管端”模式为整体构架，道路设施为补充设备，包括智能网联汽车、新一代通信环境、移动智能终端、车联网数据云控平台等对象，涉及五种基本的互联应用场景：车间通信、车载通信、人车互联、车路互联和车云互联。

智能网联汽车信息安全架构基于保障“云管端”三层架构安全畅通地运行，保证其较好的防御能力及高效的响应与恢复。从防护对象来看，智能网联的逻辑架构应重点关注车内网络安全、移动智能终端安全、车联网数据云控平台安全、通信环境安全，同时保证贯穿于整个系统所产生数据的隐私性和安全性。智能网联汽车复杂的应用场景和还处于探索阶段的信息安全技术手段都使其实现高效的防御保障存在较多挑战，需要采取综合手段来防护。

网联汽车智能终端安全

智能网联汽车车载终端安全是整个安全逻辑架构的核心，也是行业关注的重点，目前研究重点围绕“黑盒”防御机制，逐步建立以全生命周期安全防护为基础理念，纵深防御体系为技术蓝图，软硬件安全防护为保障的防护体系来保护智能网联汽车安全。

首先，在开发阶段实施安全开发全生命周期管理已成为保障智能车端信息安全的必要手段，美国SAE协会也于2016年发布J3061指南，其中把信息安全防护融入车辆研发、生成、测试、安全响应整个生命周期，为识别和评估威胁提供指导。

其次，硬件安全芯片嵌入到汽车控制系统中已成为抵御攻击的重要载体，硬件安全芯片中内置的加密算法、访问控制管理系统、信息完整性检查系统都可以提升智能汽车的安全级别。相应的软件保护方法也成为智能网联汽车安全保护的有效补充。在硬件安全芯片部署成本高的前提下，软件安全也成为一种有效的选择，包括OTA（Over The Air）远程更新服务，针对车载操作系统或硬件固件进行升级更新和安全修复；以软件形式部署防火墙，针对访问地址、通信接口和通信协议的访问控制安全进行保护。软硬件协同的防御部署在一定程度上提高了攻击的难度，增强了智能网联汽车的网络安全保护水平。

智能网联汽车中的智能车载终端T-BOX（Telematics Box）主要用于车端与外界的通信。T-BOX不仅可以与CAN总线通信以实现命令信号传输，还可以使用其内置解调功能与云服务平台进行交互，以获取网络数据、语音及其他消息。基于其强大的通信功能，T-Box将面临各种信息安全威胁，如逆向工程、针对密钥管理获取密钥用于窃听或篡改数据、通过硬件预留的调试接口调取内部数据用于攻击预分析等。

OBD是用于将智能汽车的外部设备连接到CAN总线的重要接口。OBD接口可以收发诊断命令并与总线系统交互以执行故障诊断。因OBD接口可以与CAN总线交互并具有可读和可写的权限，因此它也面临信息安全风险，包括攻击者可以通过接口破解总线协议以解析ECU指令来控制车辆的行为；连接到OBD接口的设备具有携带攻击代码的隐患，接入后有可能会影响到CAN总线传输，对汽车控制系统构成威胁；当前的OBD接口缺少用于识别攻击和恶意消息的身份验证机制，这将给汽车带来更大的风险。其他重要车载部件（例如ECU）可能会面临硬件和软件设计或证书认证漏洞等风险；车载操作系统可能具有来自继承的操作系统或代码迁移过程的已知漏洞。上述多种车载终端部件面临着不同程度的信息安全挑战。

车联网通信安全

车联网通信在整个智能网联汽车安全体系中占据重要地位，已成为车联网攻击的主要方式，其中主要威胁是中间人攻击（Man-in-the- middle），攻击者可以通过伪造通信基站进行DNS劫持等方法监听通信信道进而破解通信协议或者窃取用户敏感数据。车间通信的直连模式或将成为未来车联网体系通信应用场景的重要模式。同时，智能网联汽车将成为频繁接入与退出的网络节点，若其中存在恶意节点入侵，则存在阻断、伪造、篡改通信信息的风险，影响信息的真实性，破坏路况信息的传递。部署在智能联网车辆中的多种短距离无线通信接口也有遭受攻击者攻击的危险。

当前的车联网通信安全保护主要针对“车云”通信，用于加强访问控制、传输数据加密、设备标识以及进行异常流量监控。现阶段智能网联汽车通常配备两个APN接入网络，一个负责车内通信，主要传输汽车控制总线的命令和相关的敏感数据信息；另一个负责信息服务域通信，主要访问与互联网相关的公共资源，通信对象是公共云或第三方服务器。

T-BOX和IVI系统通常连接到公共网络域，因此对车载网和信息服务域使用网络隔离来增强安全控制管理是最有效的方法，形成两个具有不同安全级别的访问控制域，以避免未经授权的访问。此外，在车载网中使控制单元和非控制单元被安全地分开，并且为控制单元模块建立更高级别的访问控制策略也是行之有效的方法。增加访问IP白名单以避免干扰也是加强网络访问控制的有效方法。

传输数据的加密与PKI认证体系也是增强车联网通信安全性的有效手段。一方面，该体系可为车辆提供数字证书用于身份认证，授权方将发布受信任的证书，并将其写入车辆的安全芯片，以确保只有经过身份验证的车辆才能与私有云进行通信。与传统的车辆编码绑定相比更不易被伪造。另一方面，车端通过证书加密，进行密钥验证并加密通信数据，增加了攻击者进行窃听和破解的难度，提高了安全性。

车联网服务平台安全

车联网云控服务平台是当前基于传统的云计算技术的构建。因此，云计算本身的安全性问题也将引入车联网服务平台中，其面临的安全威胁主要包括：平台中特定操作系统的漏洞威胁或虚拟资源控制问题；应用面临SQL（Structured Query Language，结构化查询语言）注入，跨站点脚本安全攻击等问题；访问控制还面临账号验证权限和密钥泄露等安全问题，并且云控服务平台中还存在传统的拒绝服务攻击。智能汽车数据接入至云平台并由平台进行数据交互与调度控制，因此平台需要很高的操作权限，并且需要完善的访问控制策略来实现与智能汽车的互连，以确保用户敏感信息的私密性。

目前，许多管理平台的访问控制策略在此阶段相对较弱，仅通过固定凭据进行的身份访问控制无法满足较强的控制需求，攻击者可以通过伪造凭据来准备进一步的渗透，从而异常地访问管理平台。根据云平台控制指令功能以及数据的汇聚存储，可以参考成熟的云平台安全保障技术，以确保车联网云控服务平台的安全。通过部署网络防火墙、入侵检测、监视和防御系统等保障手段，覆盖多个层面，如系统、网络和应用程序。现今云平台的功能逐步增强，已部署了多种类型的云安全组件，以增强云平台的集中管理和控制能力，包括：安全检测服务，分析特定车型的云端交互数据和车辆日志数据，检测智能终端是否异常、数据是否泄露等；改进远程OTA更新，加强更新验证和签名认证，减少召回成本和漏洞暴露时间；建立用于鉴权认证的证书，为用户的加密密钥和登录凭证提供安全管理，都是云控平台加强智能汽车安全保护的有效手段。

30 车联网　智慧交通的未来

随着我国城市经济水平的迅速提高，交通供需矛盾日益突出，交通拥堵、交通污染、交通事故频发、停车难等一系列问题日益成为制约城市发展的突出问题，成为当前交通管理部门关注的焦点，也成为城市交通建设中亟待解决的重点问题。构建智慧交通体系，有效缓解交通拥堵，改善城市交通状况，最大限度发挥城市交通效能，建立人、车、路、环境协调运行的新一代综合交通运行协调体系，成为解决城市交通问题的关键所在。

而作为一种配合解决方案，城市中行驶的各类车辆是“可移动的智慧中转站”。加装各种传感器、控制器及通信和智能化设备形成信息载体，再通过智能控制平台加以控制，将城市中的汽车串联起来，成为城市大数据收集工具，就会形成一张巨大的数据交互网络——车联网。

作为物联网技术的典型应用，车联网将为未来智慧城市打开人与路的另类空间。它将“人—车—路”连接起来，通过对收集的巨大数据进行分析、处理后，自动做出相应的反馈和行为，可在交通堵塞控制、交通安全控制、交通信息服务等方面发挥重要作用，达到出行的高度智能，而这一切都基于数据传输、分析和反馈的时效性。在此意义上，车联网便成为城市交通路况感知网的采集终端和控制节点。①

无人驾驶汽车具有由激光雷达、视频传感组成的双眼，通过高性能的无线数据传输，实现人与车乃至车与车之间的顺畅沟通与交流，而这一切的背后，还需要有一颗智慧的大脑，及时对收集到的信息数据进行分析、判断，从而指引车辆

本文2021年6月8日发表于“学习强国”。

①《车联网 链接智慧城市的未来》，载公众号“千方科技”，2019年1月24日。

正常行驶。

车联网的内涵

车联网是物联网在智能交通系统领域的延伸，是以车内网、车际网和车载移动互联网为基础，按照约定的通信协议和数据交互标准，在车—车、车—互联网之间，进行无线通信和信息交换，以实现智能交通管理控制、车辆智能化控制和智能动态信息服务的一体化网络。车联网是实现V2X的交互网络，是物联网技术的典型应用。

车联网将提高传统汽车产业链价值微笑曲线，是汽车实现价值提升的重要途径。车企提供造车端大数据，车辆通过车载传感器和通信终端获取用车端大数据（用户数据、车辆数据、交通数据等），两端大数据互为支撑，在云计算、大数据技术的引用下，提升传统汽车产业链从设计研发、采购物流、制造组装、产品销售到后服务市场产业环节的价值体量，创造新的商业模式成为汽车实现价值提升的重要途径。

其实，智能网联汽车和车联网是两个不同的概念，智能网联汽车属于单车智能化，是以雷达摄像头为核心，通过一些算法，做出决策；而车联网属于车与车联网，车与路联网，车与一切联网，它解决的不仅仅是单车驾驶的问题，例如车车联网，我们会利用驾驶通信去支撑决定和判断，车与路的联网，可以将整个交通系统、信号灯、行人及交通的因素进行串联，车云网就是将网联车作为移动的终端，未来的网联车可能就是一部移动的手机。

通信技术就是可以利用的第五个传感器，从整体的车联网协同控制来讲，未来无人驾驶可能为大家解决出行问题，而真正的交通优化问题是无法通过无人驾驶去解决的，例如我们现在用的导航，导航的基本数据是通过大数据的搜索来判定的。

未来的智能网联汽车有三块服务：单车智能化；网约车，车车联网；整个全部联网。只有网联车将大量的数据提供到决策部门才可以更精准地去预判道路交通情况和未来城市规划情况。

车联网产业技术

从传统的整车厂到出行服务，智能网联完全打破了以往的模式，共享经济、新技术等的融合导致整个生态发生了翻天覆地的变化，其中包括OEM、算法公司软件、V2X、传统供应商，未来会引入更多新兴的互联网企业。整个智能驾驶生态是不可预知的，不知道是谁来主导整个产业的发展。

从传统的车厂到新兴的车企，主要是新能源车加入互联网的体验，包括算法公司、地图商，从整车厂延伸到车载服务商和设备供应商以及未来三大通信运营商也会进入整个平台，使得智能网联汽车产业上下游被全部打通，垂直领域全部涌入，造就了一个很大的生态。

车联网产业生态

以整车制造，传统车厂为纽带延伸到垂直领域还有上下供需的领域。比如，从通信角度而言，通信是先有芯片，后有终端。自动驾驶的落地将推动智慧交通系统的建设，企业与政府共同搭建智能网联平台，对交通数据进行整合处理，形成分析预测模型，从而运用于交通调度引导、线路规划、车辆管控方面，使城市交通运转更高效、更环保、更便利，优化市民出行体验。

美国交通部联邦机动车安全标准第150号强制要求机动车安装V2V的通信设备，ITS战略计划2015—2019两大重点：实现车辆联网、推进车辆自动化，推动车辆强制安装DSRC立法。

完善通信网络设施

推动LTE网络的改造和升级，满足车联网的大规模应用。提升LTE-V2X网络在主要高速公路和部分城市主要道路的覆盖水平，完善路侧单元的数据接入规范，提高路侧单元与道路基础设施、智能管控设施的融合接入能力，推动LTE-V2X网络升级与路侧单元部署的有机结合。在重点地区、重点路段建立5G-V2X示范应用网络，提供超低时延、超高可靠、超大带宽的无线通信服务。分阶段、分区域推进道路基础设施、交通标识的数字化改造和新建，在桥梁、隧道等道路关键节点加快部署窄带物联网（NB-IoT）等网络。

推动大数据及云平台建设与管理

促进各类车联网平台的互联互通，推动智能网联汽车、道路基础设施、通信基站、车联网平台和应用服务等信息交互与数据共享，构建数据使用和维护的市场化机制，保障车辆安全有效地运行。鼓励构建跨行业、跨部门的综合大数据及云平台，支撑车联网应用的规模发展和持续创新。

构建智能道路基础设施

促进网络通信技术、人工智能技术与道路交通基础设施的深度融合，为车联网、自动驾驶等新技术应用提供必要条件。面向典型场景和热点区域部署边缘计算能力，构建低时延、大带宽、高算力的车路协同环境。支持北斗卫星导航系统和差分基站等设施建设，提升车用高精度时空服务的规模化应用水平，满足车辆的高精度定位导航需求。在部分高速公路和部分城市主要道路，支持构建集感知、通信、计算等能力于一体的智能基础设施环境。

车联网对智慧大脑的考验

想要成为车联网的大脑，必须有敏捷的思维，利用机器学习技术，将传感器所收到的交通指标信息及时进行处理，确保汽车在正确的位置和方向上行驶。此外，还必须见多识广，可以对360度全方位的数据进行收集。与此同时，还需要具备足够的数据带宽保障与用户或其他车联网汽车沟通和交流。

机器学习助力车联网精准判断

采用骁龙820Am处理器的Qualcomm Drive Data平台，是高通的一个数据收集和分析平台，可以通过车上的传感器（前置摄像头、后视摄像头、雷达等）收集汽车的大量信息，用于实现车辆管理与地图生成等功能。

该汽车技术平台的重要组成部分是基于终端侧的机器学习（on-device machine learning）。Qualcomm Drive Data平台采用了骁龙820Am汽车处理器，支持汽车随时随地、精确地判断城市街道的水平精确度（lane-level accuracy），以此来实现精准的定位。通过集成X12 LTE调制解调器，它还可以连接至云端。除此之外，它还支持基于云端处理的地图和数据应用。以上这些都是高通通过Qualcomm

Drive Data平台所展示的技术。[①]

通常来说，汽车中的很多应用都会收集大量数据，然后在云端进行机器学习处理，比如判断交通路况、交通信号灯、车道侦测等。而高通的Qualcomm Drive Data平台可以筛选掉某些不相关的数据，仅把交通路况和环境视频等需要的数据上传至云端。因为骁龙820Am处理器的性能十分强大，它集成了定位、机器学习、连接等多项出色特性，有很多数据都可以在终端上进行处理，比如在汽车遇到障碍时进行停车或倒车等。

早在2016年嵌入式视觉峰会（Embedded Vision Summit）上，高通就发布了名为“高通　骁龙神经处理引擎”的SDK，这是高通首次在骁龙处理器中集成了神经处理器引擎。并且高通最新发布的骁龙835处理器也支持这一引擎。实际上，还有很多其他处理器也支持了这一SDK，比如面向汽车的骁龙820A处理器。高通在这方面已经研究很多年，高通的客户目前已经可以获取该项技术，并加以运用。

机器学习技术最初是运用于高端产品中的，例如服务器产品。因此最大的挑战便是如何将它迁移至移动产品中，这也是高通这么多年以来所专注的地方。高通骁龙神经元处理引擎优势在于，将机器学习技术带到了移动嵌入式的解决方案中，并且高通在这一技术上耕耘多年，在机器学习领域具有一定的领先地位和优势。[②]

5G和C-V2X推动人车间交互沟通

车联网的运行过程中，仅有汽车对环境的感知与判断是肯定不够的。人与车、车与车之间还需要进行广泛的信息沟通。

在CES 2017上，高通正式推出了全新联网汽车参考平台，它集成了骁龙X16 LTE调制解调器，可以支持最高达1 Gbps的峰值下载速度，为汽车制造商提供领先的车载信息服务和联网汽车服务所需的高速、优质和可靠连接。与此同时，高通还与大众汽车集团的合作，把骁龙处理器的计算技术和骁龙调制解调器的连接技术带入大众汽车中。不仅于此，高通还与奥迪、爱立信、SWARCO Traffic

① 《车联网的智慧大脑》，载搜狐网，https://www.sohu.com/a/201616024_483388，2020年11月1日访问。

② 《车联网的智慧大脑》，载搜狐网，https://www.sohu.com/a/201616024_483388，2020年11月1日访问。

Systems和University of Kaiserslautern合作，共同进行C–V2X的测试。①

2017年9月1日，高通发布了基于3GPP Release 14规范、面向PC5直接通信的C–V2X商用解决方案——Qualcomm 9150 C–V2X芯片组。同时还推出了全新的Qualcomm C–V2X参考设计。这个参考设计中包括运行智能交通系统（Intelligent Transportation Systems，ITS）V2X协议栈的应用处理器和硬件安全模组（HSM）以及集成全球卫星导航系统（GNSS）功能的9150 C–V2X芯片组。

C–V2X最核心的技术包含了两种传输模式，一种是直接通信，另一种是基于网络的通信，这两种传输模式作为具备安全感知及自动驾驶解决方案的关键特性，同时还可为其他先进驾驶辅助系统（ADAS）传感器（如摄像头、雷达和激光雷达）提供补充，从而为车辆提供周围环境包括非视距（NLOS）场景下的信息。

C–V2X直接通信旨在支持主动式安全特性，并帮助提升情境感知性能，面向车对车（V2V）、车对基础设施（V2I）和车对行人（V2P）场景，无须使用SIM卡成为蜂窝用户或获得网络协助，在全球统一的5.9GHz ITS频段中，由车辆、基础设施和行人直接实现低时延的传输检测和交换信息。网络通信作为对直接通信传输的补充，旨在利用无线运营商的5G无线网络来进行车对网络（V2N）沟通，并在运营商许可频谱上运行，以支持车载信息处理、联网信息娱乐和日益增多的各种高级信息化安全用例。

C–V2X技术是汽车安全解决方案和自动驾驶解决方案的关键特性，并具备强有力的5G演进路径。C–V2X可为其他先进驾驶辅助系统（ADAS）的传感器，如摄像头、雷达和激光雷达提供补充，从而为车辆提供周围环境甚至是非视距（NLOS）场景下的信息。除支持360度非视距外，C–V2X还支持增强型情境感知，可侦测并利用5.9GHz ITS频段上的直联通信与其他车辆、基础设施和行人终端交换信息，还可利用商用的蜂窝技术频段与云服务进行网络通信。与当前技术相比，C–V2X可拓展V2X直联通信的距离、提升可靠性、降低时延，并提供卓越的非视距性能。②

智慧头脑辅助车联网稳健发展

高通的“联网汽车参考平台”可以通过利用车上的传感器（前置摄像头、后

① 《车联网的智慧大脑》，载搜狐网，https://www.sohu.com/a/201616024_483388，2020年11月1日访问。

② 《车联网的智慧大脑》，载搜狐网，https://www.sohu.com/a/201616024_483388，2020年11月1日访问。

视摄像头、雷达等）收集汽车的大量信息，实现车辆管理与地图生成等功能。Qualcomm Drive Data平台可以通过基于终端的机器学习技术，为汽车实现精准定位。此外，通过5G和C-V2X技术，可以实现人与车、车与车之间的高效可靠交流。通过观察、分析与交流，有效地为车联网安装上了一颗智慧的大脑，将推动车联网技术继续向前发展。①

车联网三层体系结构

一是感知层。感知层被称作车联网的“神经末梢”，通过车载传感器、雷达以及定位系统的协同感知，将收集到的车内外行驶状态信息、交通状况信息和道路环境信息反馈给驾驶员，驾驶员根据收到的反馈信息作出行驶决策，实现感知数据辅助驾驶的功能。例如车辆前方防撞预警技术，根据传感器接收到的前方障碍物感知信息，行车人员可以预先作出下一步的行驶决策，防止撞上前方车辆。

二是网络层。网络层充当车联网的“大脑”，主要通过车载网络、互联网以及无线通信网络分析处理感知层所收集到的数据，实现车联网网络接入、数据分析、数据传输以及车辆节点管理等功能。网络层还为终端用户提供实时的信息交互以及无线资源的分配，达到信息负载的平衡以及异构网络的无缝衔接访问功能。

三是应用层。应用层是车联网体系架构的最高层，主要为用户提供不同的服务。根据不同用户的需求提供不同的应用程序，例如车载娱乐、远程监控以及紧急救援等功能。

车联网两大功能系统

一是端系统。行人端、车端、路端和云端组成端系统。行人因其在车联网环境中安全隐患最大而处于弱势地位，只能通过自身携带的移动终端设备经V2X管道收发信息，以此来感知周围交通状况进行行驶路线调整，保障自身安全。车端是整个车联网的核心，V2X的含义是以车为主体，与“X”即行人端、路端以及

① 《车联网的智慧大脑》，载搜狐网，https://www.sohu.com/a/201616024_483388，2020年11月1日访问。

云端进行通信。路端主要通过智能路侧单元为车端、云端和行人端传送交通路况信息，提供辅助交通的数据支持。云端在车联网中承担数据存储、分析和智能决策的任务，承载不同用户的业务需求和数据需求。

二是管系统。V2X被称作车联网的“管”，是各个终端进行通信连接、车辆自组织网络与异构网络有效衔接的管道，保证各端之间信息交互的实时性、可服务性以及网络泛在性。目前应用广泛的是LTE-V2X和DSRC两种典型的无线通信技术。前者可以实现网关或基站覆盖范围内所有端之间的通信连接，后者只能实现小范围内车与路端或车端之间的通信连接。

车联网关键技术

车内网主要是指车内的通信网络，例如CAN总线控制的区域网络，涉及车联网体系中的单车关键技术主要有传感器感知技术、定位技术以及语音识别技术等。

整体感知技术主要分为两个部分，一个是车辆自身状态感知，主要通过里程计数器、车辆电机来实现对车辆行驶速度、方向、车轮转向等状态信息的采集。另一个是车辆对环境的感知，利用雷达技术、摄像机等电子设备完成对车辆周围交通信息状况的采集，相当于车辆的“耳朵”和“眼睛”。感知技术为车辆智能决策提供数据支持，使得车辆对环境的适应能力进一步增强。

定位技术。只有准确知道车辆的具体位置，才能进一步实现车辆的远程监控和辅助驾驶等功能。现有智能汽车主要采用全球定位系统（Global Positioning System，GPS）或北斗导航系统进行定位或导航，同时车联网还可采用其他定位技术，例如微波雷达定位技术。

在天气恶劣的情况下，微波雷达定位技术的性能仍能保持在比较稳定的状态，它可通过无线电波直接测量车与车之间的距离，准确获知车辆速度、方位等信息。在未来智能网联汽车的发展过程中，多传感器协同工作提高车辆定位精度的方式将成为趋势，因为单个传感器进行数据采集，必然会在空间或时间上出现信息采集的空缺，数据的可靠性无法得到保证，多传感器协同工作弥补彼此在性能上的不足，进一步提升定位精准度。

语音识别技术。驾驶人员在行车途中要求注意力高度集中，但路途中难免有点击屏幕、接听电话等需要将手离开方向盘的操作，这种驾驶行为危险系数极高。如果车载装置也拥有和智能手机相同的“语音助手”，驾驶员只需要发出语音指令，车载系统便能利用“语音助手”识别并执行指令，这将在便利驾驶员通信的同时，大大降低交通事故的发生概率。语音识别技术就是通过车载智能设备对驾驶人员发出的语音指令进行识别，进而翻译为相应的机器指令，最终实现语音拨号、语音在线导航以及语言转换等功能，彻底解放驾驶员双手，保障行车安全。

车际网相对于车内网而言，即车辆的外部网络，主要包括V2V、V2I以及车辆自组织网络。

无线通信技术

DSRC工作在5.9GHz频带上，带宽范围为75MHz，通信距离在1000m左右。DSRC的标准是IEEE802.11，它使用的MAC协议简单且特征明显，可实现分布式操作，主要应用于ad-hoc（点对点）通信模式，目前美国在该技术的发展上相对成熟。根据需要提供的V2X应用程序类型和支持通信标准的不同，每个DSRC频段可以以单个频道进行使用，也可以分成多个通道进行使用。

DSRC主要应用于V2V场景。该场景下消息类型多为紧急事故，例如前方车辆发生车祸，需要紧急告知后方车辆提前减速防止二次车祸的发生，因此对通信连接的时延和可靠性要求极高，而DSRC技术的短程通信特点正好满足了车辆之间通信的这两大需求。在实际应用中，车辆必须处于路边部署的网关（RSU）覆盖范围之内，车载网络访问才能顺利进行。

但是，在高速移动场景下，车辆与路边网关的连接时间极短，车辆不断进行网络的水平切换，极有可能出现通信中断的情况。当车辆密度很大时，尽管采取以周围车辆作为中继站的方法来扩大通信范围，还是无法保证车与网关之间时刻存在网络路径。同时在这种车辆高速移动和高密度场景下，数据的高传输率和高时延冲突使车辆之间的信道竞争会变得更加激烈，结果导致IEEE 802.11性能减弱，V2V通信质量大打折扣。

C-V2X技术是指基于蜂窝网络的V2X技术，包括LTE-V2X以及正在发展的5G-V2X技术。LTE-V2X是指基于LTE移动通信技术演变形成的V2X车联网无线通信技术，包括蜂窝通信和直接通信两种工作模式。蜂窝通信借助已有的LTE蜂窝网络，支持网络覆盖范围广、带宽需求大的通信连接；直接通信则不经过基站，两个用户节点直接进行通信，即D2D（Device to Device）通信模式。

相比DSRC技术，C-V2X技术有以下几点优势。首先，其高网络容量可支持高带宽和大数据量需求。其次，蜂窝网络的通信覆盖范围要远大于DSRC的通信范围，车辆与基站连接申请网络访问的时间充足，降低了水平切换网络的频率，在保证通信质量的情况下减少了网络控制信令开销。最后，C-V2X不必重新部署网关设施，只需对现有基站设施进行改造即可投入使用，节约了成本。

但C-V2X在信息传输的时延上稍逊于DSRC。在基于C-V2X的通信方式的车辆高密度V2V场景下，车辆以单播模式将数据上行传输至基站，基站再以多播模式将信息下行传输至其他车辆，这一烦琐的信息传输过程造成了上行链路的拥堵，带来的后果是信息不能及时到达目的地址，消息可靠性降低。

移动边缘计算技术

针对车联网发展过程中数据传输量大，传输时延高的问题，在5G-WANET的框架中提出MEC-cell框架，其关键技术就是移动边缘计算（Mobile Edge Computing，MEC）。MEC服务器部署在接近终端的本地区域内，解决云端空间不足、计算能力受限的问题。引入MEC技术，可实时感知网络下文信息，根据用户发起服务请求的应用类型选择数据卸载方式。对于时延要求高的业务，路由管理器优先分配其在本地或本区域内MEC服务器上进行卸载处理；对于时延要求宽松的应用，可汇聚至云端进行计算。

软件定义网络技术

软件定义网络（Software Defined Network，SDN）将传统网络的数据平面和控制平面分离，在数据发送到网络设备之前，SDN控制器创建任务规则，同时指示网络行为逻辑，通过集中控制器中的软件平台实现对底层应用的可编程化。SDN应用在VANET环境中，实现从主网络中导出网络基础结构的功能，使VANET网络获得高适应性、高灵活性以及可编程性。

现有的集成SDN的VANET中，数据平面由固定组件RSU和主要组件车辆组成，SDN控制器会根据车辆需求来对不同车辆进行配置，车辆自身运行信息又发送至SDN控制器来增强网络配置，这些信息将被放置在已经建立OF（OpenFlow）

流表的RSU中。

控制平面主要对数据平面中所有车辆和RSU信息进行调控，对SDN控制器收集到的车辆信息进行存储和处理，最后利用收集到的信息定位转发决策，找到转发数据包到达目的地址最合适的路由。SDN控制器通过北向接口提供网络应用程序，然后经南向接口注入数据转发规则，最终实现底层应用的可编程化，增强VANET网络的自适应性，优化无线资源分配和网络选择问题。

网络切片技术

网络切片技术就是根据用户对时延、带宽、消息可靠性等功能的不同需求，将物理网络切分为多个端到端的虚拟网络，每个虚拟切片以性能指标的差异来适应不同的场景。这种虚拟网络划分方式不仅避免了为每一个服务建设一个专用物理网络的问题，而且为不同的应用场景提供相对隔离的网络环境。切片之间互不干扰，每个用户根据自身需求定制网络切片。

在未来5G网络场景下，网络切片技术主要应用在三类服务场景中，一是需要高宽带容量的移动宽带场景，二是在测量、农业、物流以及医疗中部署海量传感器的物联网场景，三是低时延、高可靠的自动驾驶场景。车联网中V2X服务和应用程序多种多样，同一辆车中，驾驶员可能需要低时延、高可靠的网络切片与外界进行通信，而乘客可能需要高带宽、大容量的网络切片来观看视频，因此车联网中网络切片的设计将比其他垂直产业更复杂。

区块链技术

车辆安全包括行驶安全和信息安全，在复杂多变的无线通信环境中，车辆的行驶信息很容易被黑客攻击截获甚至用来控制车辆的行驶，造成不可估量的后果。因此需要对车辆的行驶轨迹等隐私信息进行保护，区块链技术的去中心化和不可伪造性为车联网环境中的安全通信提供了一个可行的解决方案。

区块链技术又名账本技术，以车联网环境中的终端设备和车辆管理中心为节点组成区块链网络。“账本”为记录整个车联网信息交互的数据库，“去中心化”体现在每辆车都可以参与数据库的记录，并且当车辆进行V2X通信访问操作改变了账本的状态时，新的记录会被添加在账本中。

“区块”负责记录一段时间内账本的动态变化情况，“链”则是各个区块以状态改变的时间顺序串联起来形成整个车联网体系中的状态变化线。实际应用通常将区块链技术与某些匿名认证方案结合，进行车辆注册、消息签名、消息验证三个步骤，验证通过的车辆方可与其他车辆进行通信。区块链技术赋能车联网技术，共同构建安全的智能交通体系。

第十部分

中国贡献

31 中国全面脱贫是最大的人权和最大的博爱

2021年是中国共产党成立100周年。中国共产党团结带领人民，以坚定不移、顽强不屈的信念和意志与贫困作斗争。党的十八大以来，在以习近平同志为核心的党中央领导下，中国组织实施了人类历史上规模空前、力度最大、惠及人口最多的脱贫攻坚战。

贫穷不是命中注定，贫困并非不可战胜。中国减贫的实践表明，与贫困作斗争，最重要的是勇气、远见、责任和担当。只要有坚定意志和决心并付诸实际行动，就能够向着摆脱贫困、实现共同富裕的美好前景不断迈进。“治国之道，富民为始。”消除贫困、改善民生、实现共同富裕，是社会主义的本质要求，是中国共产党的重要使命。

经过8年持续奋斗，到2020年年底，中国如期完成新时代脱贫攻坚目标任务，现行标准下9899万农村贫困人口全部脱贫，832个贫困县全部摘帽，12.8万个贫困村全部出列，区域性整体贫困得到解决，完成了消除绝对贫困的艰巨任务，创造了又一个彪炳史册的人间奇迹！这是中国人民的伟大光荣，是中国共产党的伟大光荣，是中华民族的伟大光荣！

2021年2月25日，习近平总书记在全国脱贫攻坚总结表彰大会上庄严宣告，脱贫攻坚战取得了全面胜利，中国完成了消除绝对贫困的艰巨任务。占世界人口近五分之一的中国全面消除绝对贫困，提前10年实现《联合国2030年可持续发展议程》减贫目标，不仅是中华民族发展史上具有里程碑意义的大事件，也是人类减贫史乃至人类发展史上的大事件，为全球减贫事业发展和人类发展

本文2021年5月19日发表于“学习强国”。

进步作出了重大贡献。这是人类减贫史上的壮举，是将“生存权和发展权作为首要的基本人权”的中国特色人权观的最生动诠释，更是世界人权史上的发展奇迹。

中国全面脱贫是世界上最大的人权。《世界人权宣言》是联合国的基本法之一。1948年12月10日，联合国大会通过第217A（Ⅱ）号决议并颁布《世界人权宣言》。作为第一个关于人权问题的国际文件，《世界人权宣言》为国际人权领域的实践奠定了基础，对后来世界人民争取、维护、改善和发展自己的人权产生了深远影响。

民本思想其实并非西方的发明。中国最早的历史文献《尚书》就有“民为邦本，本固邦宁”的话，这大概是世界之最。老子说：“圣人无常心，以民心为常心。”孟子说：“民为贵，社稷轻之，君为轻。”荀子说：“天之生民非为君也，天之立君，以为民也。”可见，在先秦，中国的民本思想就已经基本形成，当然因为彼时的百家争鸣，很难说这便是当时中国社会的共识。在汉武帝独尊儒术之后，可以说民本思想被正式确认为社会意识主流，朝野上下，天子、儒生无不将“爱民如子”视为圣君、清官的标准范式。在今天，张载的名言人们更是耳熟能详——“为天地立心，为生民立命，为往圣继绝学，为万世开太平。”

中国全面脱贫是世界上最大的博爱。“博爱”是孙中山先生政治学说中的一个核心思想；他认为“博爱”是“人类宝筏，政治极则”，是“吾人无穷之希望，最伟大之思想”。孙中山先生一生以天下为公，爱人类爱和平，爱国家爱民族作为其奋斗的理想和目标。他的“博爱”思想反映了中国和世界人民的共同愿望和美好追求！

“大道之行也，天下为公。”和平、发展、公平、正义、民主、自由，是全人类的共同价值，也是联合国的崇高目标。我们要根据联合国宪章的宗旨和原则，构建以合作共赢为核心的新型国际关系，打造人类命运共同体。世界各国人民都生活在同一片蓝天下，应该秉持“同住地球村、天下一家”理念。各国相互联系、相互依存，全球命运与共、休戚相关，和平力量的上升远远超过战争因素的增长，和平、发展、合作、共赢的时代潮流更加强劲。

历史发展、文明繁盛、人类进步，从来离不开思想引领。基于人类命运共同体而产生的，由孙铁成先生撰写的《世界博爱宣言》应新时代洪流而生，目的是维护世界和平发展，推动构建人类命运共同体。

《世界博爱宣言》主要内容为：博爱是全球最大的公约数，东西方共同的价值观，全球共识和全球公共产品。博爱是人类命运共同体的核心与主旋律；人类命运共同体是博爱的目标和结果。博爱世人、爱人如己；博爱天下万物；博爱地球美丽家园；实现和谐共生的美好生活。博爱是实现世界和平的金钥匙，推动世界和平发展的进程。博爱秉持共商共建共享的全球治理观；天人合一的宇宙观；协和万邦的国际观；和而不同的社会观；人心和善的道德观。博爱构建合一思维，推动构建人类命运共同体。博爱构建创新包容的开放型世界经济；以联合国为核心的多边主义体系。

中国共产党具有无比坚强的领导力、组织力、执行力，是团结带领人民攻坚克难、开拓前进最可靠的领导力量。只要我们始终不渝坚持党的领导，就一定能够战胜前进道路上的任何艰难险阻，不断满足人民对美好生活的向往！

坚持以人民为中心的发展思想，坚定不移走共同富裕道路。“治国之道，富民为始。”我们始终坚定人民立场，强调消除贫困、改善民生、实现共同富裕是社会主义的本质要求，是我们党坚持全心全意为人民服务根本宗旨的重要体现，是党和政府的重大责任。我们把群众满意度作为衡量脱贫成效的重要尺度，集中力量解决贫困群众基本民生需求。我们发挥政府投入的主体和主导作用，宁肯少上几个大项目，也优先保障脱贫攻坚资金投入。

强化中央统筹、省负总责、市县抓落实的工作机制，构建五级书记抓扶贫、全党动员促攻坚的局面。我们执行脱贫攻坚一把手负责制，中西部22个省份党政主要负责同志向中央签署脱贫攻坚责任书、立下“军令状”，脱贫攻坚期内保持贫困县党政正职稳定。我们抓好以村党组织为核心的村级组织配套建设，把基层党组织建设成为带领群众脱贫致富的坚强战斗堡垒。我们集中精锐力量投向脱贫攻坚主战场，全国累计选派25.5万个驻村工作队、300多万名第一书记和驻村干部，同近200万名乡镇干部和数百万村干部一道奋战在扶贫一线，鲜红的党旗始终在脱贫攻坚主战场上高高飘扬。

回顾中国共产党领导人民消除绝对贫困的艰辛历程，极不平凡，极不容易。100年来，中国共产党始终坚守初心使命，担当起对人民的责任，践行对人民的承诺，为实现民族独立、人民解放和国家富强、人民富裕接续奋斗，付出巨大牺牲，赢得了人民的拥护和信赖。100年来，在中国共产党的领导下，中国人民自强不息、艰苦奋斗，依靠自己的双手，付出难以想象的辛劳和汗水，摆脱了绝对贫困，走上了全面小康、共同富裕的康庄大道。100年来，在中国共产党的领导下，中国迎来了从站起来、富起来到强起来的伟大飞跃，人民的生存权发展权充分保障，社会公平正义有力彰显，为更好实现人的全面发展奠定了坚实基础。

中国是拥有14亿人口、世界上最大的发展中国家，基础差、底子薄，发展不平衡，长期饱受贫困问题困扰。中国的贫困规模之大、贫困分布之广、贫困程度之深世所罕见，贫困治理难度超乎想象。

当今世界正经历百年未有之大变局，新冠肺炎疫情仍在全球蔓延，贫穷、饥饿、疾病侵蚀着人们追求美好生活的希望和信心。每个人都有过上好日子的愿望和权利。各国应担负起对人民的责任，积极推进减贫发展，让公平正义的阳光冲破贫困落后的阴霾，照亮繁荣发展的美好未来。中国愿同各国加强减贫交流合作，携手推进国际减贫进程，做国际减贫事业的倡导者、推动者和贡献者。

贫困是人类社会的顽疾，是全世界面临的共同挑战。中国的贫困规模之大、贫困分布之广、贫困程度之深世所罕见，贫困治理难度超乎想象。100年来，中国共产党团结带领人民以坚定不移、顽强不屈的信念和意志与贫困作斗争，在解决困扰中华民族几千年的绝对贫困问题上取得了伟大历史性成就，完成了这项对中华民族、对人类社会都具有重大意义的伟业。

摆脱贫困一直是困扰全球发展和治理的突出难题，中国以自身实践创造了减贫治理的中国样本。中国立足本国国情，深刻把握减贫规律，出台一系列超常规政策举措，构建了一整套行之有效的政策体系、工作体系、制度体系，走出了一条中国特色减贫道路，形成了中国特色反贫困理论。中国消除绝对贫困的成功实践和宝贵经验，深化了对人类减贫规律的认识，丰富发展了人类反贫困理论，提振了各国特别是广大发展中国家消除绝对贫困的信心，为其他国家选择适合自己的减贫发展道路提供了参考和借鉴，为破解现代国家治理难题、开辟人类社会发展更加光明的前景提供了中国方案。

脱贫攻坚战取得全面胜利，创造了中国减贫史乃至人类减贫史上的伟大奇迹。极大增强了中华民族的自信心自豪感和凝聚力向心力，极大增强了中国人民的道路自信、理论自信、制度自信、文化自信，极大增强了中国人民创造更加美好生活的信心和底气。这一伟大胜利，彰显了中国共产党始终坚守的初心使命和强大政治领导力、思想引领力、群众组织力、社会号召力，彰显了中国特色社会主义制度集中力量办大事的优势，彰显了中国精神、中国价值、中国力量，彰显了中国人民为实现梦想拼搏奋斗、敢教日月换新天的意志品质，彰显了中华民族无所畏惧、不屈不挠、敢于斗争、坚决战胜前进道路上一切困难和挑战的精神品格。脱贫攻坚伟大实践锻造形成“上下同心、尽锐出战、精准务实、开拓创新、攻坚克难、不负人民”的脱贫攻坚精神，赓续传承了伟大民族精神和时代精神，将激励中国人民为创造美好未来继续奋斗。

脱贫攻坚的伟大实践生动诠释了“以人民为中心”的人权发展理念和道路脱贫攻坚始终坚持人民立场，将保障好贫困群众的生存权、发展权作为一切具体工作的出发点和落脚点。在脱贫攻坚工作中，始终坚持较真碰硬，强调真扶贫、扶真贫、脱真贫，反对形式主义，反对“撒胡椒面”，将贫困户满意度作为考核精准扶贫工作、衡量脱贫成效的重要指标和尺度，让脱贫成效经得起人民检验。全国累计选派25.5万个驻村工作队、300多万名第一书记和驻村干部下沉基层，对接贫困地区贫困群体，为脱贫攻坚提供了强有力的组织保证。针对“一方水土养不起一方人”的情况，中国对960多万贫困群众实施了易地扶贫搬迁，并整体性解决住房、教育、社会保障、就业等问题，为其重建生存环境和发展空间。脱贫攻坚还强调“人民是真正的英雄”，引入和发展了以人民为主体的参与理念和参与机制，形成了政府、社会、市场协同推进，专项扶贫、行业扶贫、社会扶贫“三位一体”的大扶贫格局。脱贫攻坚调动了广大贫困群众的积极性、主动性、创造性，尊重其主体地位，激发其首创精神，使其成为享有和实现权利的积极参与者。

脱贫攻坚的全面胜利是中国人权事业发展的重要里程碑。开启了充满希望同时也充满挑战的崭新征程。脱贫攻坚成果巩固仍有很多工作要做，乡村振兴战略尚需进一步实施，相对贫困治理仍任重道远，改革成果还需要更多更公平地惠及全体人民。“人权保障没有最好，只有更好”，中国将继续以坚强的决心和坚实的行动在更高层次、更高水平上推进人权保障事业，为中国人民享有更加充分的人权、实现人的全面发展而不懈奋斗。

脱贫攻坚的全面胜利有力助推了世界人权事业的发展进程。“消除贫困是人类梦寐以求的理想，是各国人民追求幸福生活的基本权利。”中国人民同世界人民一道，为实现免于匮乏的理想和权利不断同贫困作斗争。中国提前10年实现联合国2030年可持续发展议程的减贫目标，并作为国际减贫事业的重要组成部分，直接加速了国际减贫进程和2030年可持续发展议程目标的实现。中国脱贫攻坚的全面胜利证明了中国减贫方案的有效性，表明减贫模式和人权发展道路选择的内生性本质，从而为广大发展中国家推进减贫事业提供了新样本、新经验，丰富了人权理念、人权文化和人权发展路径。

世界好，中国才能好；中国好，世界才更好。中国始终把自身命运与世界各国人民命运紧密相连，在致力于消除自身贫困的同时，积极参与国际减贫合作，做国际减贫事业的倡导者、推动者和贡献者，与各国携手共建没有贫困、共同发展的人类命运共同体。

脱贫摘帽不是终点，而是新生活、新奋斗的起点。中国共产党将始终坚守为人民谋幸福、为民族谋复兴的初心和使命，始终把人民放在最高位置，为实现人的全面发展和全体人民共同富裕驰而不息、接续奋斗，不断增进人民福祉，更好满足人民对美好生活的新期待，让全体人民过上好日子。

乡村振兴是实现中华民族伟大复兴的一项重大任务。要围绕立足新发展阶段、贯彻新发展理念、构建新发展格局带来的新形势、提出的新要求，坚持把解决好“三农”问题作为全党工作重中之重，坚持农业农村优先发展，走中国特色社会主义乡村振兴道路，持续缩小城乡区域发展差距，让低收入人口和欠发达地区共享发展成果，在现代化进程中不掉队、赶上来。全面实施乡村振兴战略的深度、广度、难度都不亚于脱贫攻坚，要完善政策体系、工作体系、制度体系，以更有力的举措、汇聚更强大的力量，加快农业农村现代化步伐，促进农业高质高效、乡村宜居宜业、农民富裕富足。

民族要复兴，乡村必振兴。打赢脱贫攻坚战之后，中国将持续巩固拓展脱贫攻坚成果，做好同乡村振兴有效衔接，实现“三农”工作重心的历史性转移。中国将把握新发展阶段、贯彻新发展理念、构建新发展格局，把解决好“三农”问题作为重中之重，坚持农业农村优先发展，走中国特色社会主义乡村振兴道路，以更有力的举措、汇聚更强大的力量全面推进乡村振兴。

到2035年，中国将基本实现社会主义现代化，乡村振兴取得决定性进展，农业农村现代化基本实现。那时的中国乡村，农业结构得到根本性改善，农民就业质量显著提高，相对贫困进一步缓解，共同富裕迈出坚实步伐；城乡基本公共服务均等化基本实现，城乡融合发展体制机制更加完善；乡风文明达到新高度，乡村治理体系更加完善；农村生态环境根本好转，美丽宜居乡村基本实现。

到2050年，中国将全面建成社会主义现代化强国，实现第二个百年奋斗目标，乡村全面振兴。那时的中国乡村，农业强、农村美、农民富，经济社会全面进步，各项事业繁荣发展。那时的中国，全体人民共同富裕基本实现，中国人民享有更加幸福安康的生活，中国向着实现人的全面发展和全体人民共同富裕的更高目标继续迈进。

中国的发展离不开世界，世界的发展也离不开中国。中国始终将自身发展与人类发展紧密相连，始终做世界和平的建设者、全球发展的贡献者、国际秩序的维护者。繁荣发展的未来中国，是更加开放包容的中国，是与世界形成更加良性互动的中国，是为建设更加美好的世界作出更大贡献的中国。

32 5G时代 推进乡村振兴信息化建设

以信息技术为核心的新一轮科技革命成为引领创新、驱动发展的先导力量，不断催生新技术、新产品、新模式，推动全球经济格局和产业形态深度变革。信息化发展与乡村振兴相辅相成、相互促进，乡村振兴是在工业化、城镇化、农业现代化和信息化“四化”同步发展的背景下进行的，反过来，信息化必将对实施乡村振兴起到积极推动作用，促进农村地区实现产业兴旺、生态宜居、乡风文明、治理有效、生活富裕的目标。

信息化是农业现代化的制高点。大力推进乡村振兴信息化建设，是加快推进农业现代化的迫切需要。2021年2月25日，国家乡村振兴局正式挂牌，成为国务院直属机构，标志着精准扶贫全面胜利后，乡村振兴战略正式开始行动。“乡村振兴”正式接力“脱贫攻坚”，开启全新的航程。加强农业信息监测预警和发布，提高农业综合信息服务水平；建立空间化、智能化的新型农村统计信息系统；鼓励对农业生产进行数字化改造，加快物联网、地理信息、智慧农业等现代信息技术与农村生产生活的全面深入融合，提高农业农村信息化水平，促进乡村振兴高质量发展。

创建乡村振兴的信息模型

在乡村振兴时空信息建设过程中，实现乡村振兴时空大数据挖掘与融合、时空大数据可视化处理、时空大数据自适应更新、时空信息高性能计算、社会感知

本文2021年4月7日发表于“学习强国”。

与遥感融合、智慧视频应用等技术创新；建立乡村振兴的数据集聚、标准统一、更新同步、服务共享、信息安全的模式，为乡村振兴提供最基础、最关键、管长远、管根本的信息模型。

乡村振兴的信息治理，时空信息云平台汇聚乡村实有人口、实有土地和实有基础设施的信息，供乡村实时在线访问。建设乡村三维地理信息系统，集成了四标四实数据、管线数据、乡村空间规划数据，为乡村网格化管理提供支撑服务。基于乡村振兴时空信息云平台，搭建乡村人工智能应用系统，通过将乡村、土地、村民等属性数据与空间位置叠加，整合了分散在不同乡村的现状数据，初步摸清乡村的资源家底。同时提供五个乡村振兴方面的大数据分析服务。

乡村振兴信息模型更为强调乡村本身的全息数字化，其“时间”和“空间”是极其重要的维度，这也是乡村运转的本质。因此，所有的乡村要素及其关联将基于“空间单元”和“时间箭头”而重新勾画，形成了乡村过去、现在、未来的全息场景。换言之，乡村振兴信息模型就是数字孪生的乡村，是乡村的神经系统或大脑。这套数字孪生的乡村空间操作系统就是数字新基建，具备感知层、数据层、计算层、网络层以及应用层；而其核心是时空单元构成的虚拟乡村及其人机互动的界面。

乡村振兴信息模型不仅仅是实体乡村的复制和映射，它将基于真实的乡村数据不断进化出智慧。它的能量将随着数字技术的演进日益强化，最终成为一个承载人类物质世界、社会活动和集体心智的无限场域。传统智慧乡村空间的物理性将被无限延伸，乡村将逐渐成为现实空间和虚拟空间逐渐交融的混合空间。在乡村振兴信息模型之中，乡村之间、人类之间、万物之间的时空阻隔将逐渐被实时的数据交换所打破，一个时时刻刻万物感知、万物互联、万物智能的新世界将成为可能。它也将成为一种新的基础设施、新的空间形态和新的研究范式，由此引发的变革也许天翻地覆。当技术奇点来临，数字孪生的乡村将有可能进化成全球化的“超级数字领土”，它的规模和能力将大幅超越人类目前最庞大的国土与海洋领土或领空。

数字孪生的乡村还将突破人类感知的极限，开展一场重塑人类感知能力的实验，勾勒出乡村中无数隐匿的维度和隐藏的场景，发展出超越人体本身感知维度的超感知能力。乡村与村民将合二为一，构成通感乡村，将使真实的物质乡村发生多维的折叠，构成无限扩展的数字空间和流变，数字化的乡村和人类将嬗变出新的感知通联，人类将在时空穿梭中永续迭代、通感万物。因此，乡村振兴信息模型首先是传统智慧乡村空间定位的数字坐标，其次是乡村建设领域的信息化集成应用的数字操作系统，最后是乡村智慧化建设运营交易的“数字领土”。

乡村振兴的信息模型强调全要素，以“空间”为坐标的方法创新。依据乡村振兴的空间数据和动态信息，建立乡村振兴信息空间编码体系，促进数字乡村全时空信息要素管理。以乡村实体空间为载体，纳入地质、自然地理、地理信息、乡村管线、建筑模型等乡村建设信息，完成乡村振兴全要素的信息模型，统筹立体时空数据资产。转变乡村开发与管理的传统思维，创新线上线下空间的共构模式，强化线上线下空间资源的可视化管理，促进乡村空间资源的立体化、综合化利用。推动乡村线上和线下双空间价值的倍增发展，探索无限延伸、无限活力、无限幸福的时空数字交易模式。

以“空间”为乡村数据交换、共享和融合的基本ID，构建乡村振兴的信息模型统一空间编码作为空间唯一身份证，以映射乡村每一立方的数字空间和实体空间的对应关系，覆盖乡村振兴不同空间粒度，以位置—单元—属性将不同层次、不同维度、不同粒度的数据进行融合后协调处理，从空间和时间的维度对乡村进行全方位、全生命周期的数字化描述，支撑乡村精细化管理需求，并通过AI技术，让数据发挥价值，让乡村更加智慧。

乡村振兴的信息模型强调全开放，以“共享”为理念的原始创新。以共享为哲学基础，以数据开放、信息规划开放、数字产业开放为目标，以安全为底线，搭建原始创新能力。以XDB开放数据格式实现“大场景3DGIS数据+小场景BIM数据+微观物联网IoT数据”等多源数据的有机融合，保证了各专业交付成果中统一的名称标记、统一的数据标记、统一的单位、统一的坐标体系，实现了多软件共享格式、多领域公开应用，全面提升乡村振兴信息模型的灵活度、适用性和安全性。

统一乡村各行业数据格式，涵盖乡村振兴信息化全领域，创造性地实现了以乡村管控目标为界限、以乡村管控指标为范围的覆盖乡村建设全领域、贯穿乡村运营全流程、横跨多个软件的公开格式（交换格式），解决了乡村振兴信息模型流程中多维度多领域建设数据与信息集合后的数据交互难题。在目前各行业应用端软件核心引擎基本为外国持有的情况下，基于这套完全自主的数据标准（数据格式）可以从根本上确保平台数据集合的数据安全问题。

依托以实景建设的虚拟数字镜像乡村，将乡村振兴的信息模型进行全景展示，积极鼓励全世界乡村专家和投资机构参与乡村振兴信息化建设以汇聚全球智慧，推出建设乡村振兴全新信息模式，开辟乡村振兴信息化新时代。

数字农业驱动乡村振兴

2019年12月，农业农村部、中央网信办联合印发了《数字农业农村发展规划（2019—2025）》。这是贯彻落实党中央、国务院关于“发展数字经济”“建设数字中国”“实施数字乡村战略”的重大举措，对推动信息技术与农业农村全面深度融合，引领驱动乡村振兴具有重要意义。

数字农业是用现代工业生产的组织方式、管理理念和先进技术发展现代农业而形成的一种新的农业业态，以“信息+知识+智能装备”为特征，与以“土地+机械”为核心的传统农业有着根本性的不同。由于信息和知识作为生产要素介入，数字农业使生产效率得到倍增放大，以实现产业结构升级、产业组织优化和产业创新方式变革，增强农业产业整体素质、农业效益和竞争力，提升资源利用率、劳动生产率和经营管理效率。

世界主要国家地区的政府和组织相继推出了数字农业农村发展计划。美国搭建人工智能战略实施框架，提出智慧农业研究计划。欧盟出台《地平线2020》，提出利用对地观测技术为小农户搭建智慧服务平台。欧洲农机协会提出以现代信息技术与先进农机装备应用为特征的“农业4.0”。德国发布《有机农业——展望战略》，明确基于“工业4.0”的基本理念发展智慧农业。荷兰《数字化战略》明确数字化技术在开放式耕种、精准农业、温室园艺、畜牧养殖、食品质量安全以及生产链各环节的应用。日本发布“机器人新战略”，启动基于智能机械+IT的“下一代农林水产业创造技术”。韩国发布了“信息化村”计划，加快推进农村的信息化建设以缩小城乡差距并增加农民收入。据国际咨询机构研究与市场预测，到2025年，全球智慧农业市值将达到300.1亿美元。

数字技术与农业农村的深度融合已成为经济增长的动力源，产业转型升级的驱动力。农业农村是数字中国建设的重要组成部分和亟须补齐的短板。加快数字农业农村建设，弥合城乡数字鸿沟，让农业农村农民共享数字经济发展红利，将为数字中国建设提供有力支撑。推动农业农村全方位、全角度、全链条数字化改造，有利于催生新业态新模式，释放数字对农业农村经济发展放大、叠加、倍增作用，促进生产成本节约、要素配置优化、供求有效对接、治理精准高效，推进产业数字化、数字产业化，推动农业农村发展质量变革、效率变革、动力变革。

发展数字农业农村是大势所趋，我国已经进入加快发展数字农业农村的新阶段。但同时也要看到，数字农业农村发展面临着诸多挑战，基础条件建设亟待加强，科技创新亟待突破，体制机制亟待创新，需要加快推进数字农业农村试点从“盆景”走向“风景”。按照规划部署要求，要加快信息技术与农业农村融合发展的基础理论突破、关键技术研究、重大产品创制、标准规范制定、典型应用示范，着力发挥信息技术创新的扩散效应、信息和知识的溢出效应、数字技术释放的普惠效应，全面激发农业农村经济发展活力。

以信息化推动农业现代化

新型基础设施建设是乡村振兴体系建设的第一步，是实现农业生产数字化的基础和支撑。科技与农业“同频共振”，带来的不仅是信息的对接，更驱动着我国传统农业向现代农业的转型，助力实现乡村全面振兴。例如，通过大数据和云技术的应用，一块土壤的地理位置、气候、湿度、温度等数据上传到云端，在云平台上进行处理，然后将处理好的数据发送到智能化的大型农业机械上，指挥它进行精准作业。

根据数据显示，自2017年起，截至目前，中央财政累计投入11.5亿元建设92个数字农业试点项目，物联网等现代信息技术在种植业、养殖业等行业得到推广应用，在动植物疫病远程诊断、农机精准作业、无人机飞防、精准饲喂等方面取得明显成效。①

农业数字化还包括如何利用互联网技术解决农产品销售的问题。在这方面，不仅国家加大在农村地区数字化销售平台建设的投入，各地也利用自身优势通过各种形式助力农产品销售。其中，中国电信在陕西省平利县的“云端农场”就为农业数字化和农产品网络销售开拓了一个创新样本。中国电信基于信5G、云计算、大数据、物联网等技术，借助云视频监控以及天翼云平台智能视频云在该县海拔818米的双杨村千家排搭建“云端农场”，通过网络视频全程直播，让全国各地的网民都能观看这里的蔬菜种植过程，开启“云上点单、线下收菜”模式，让人们足不出户就可以买到新鲜的放心蔬菜。

① 《全面接力脱贫攻坚，信息化助力乡村振兴释放新动能》，载公众号“人民资讯”，2021年3月10日。

此外，互联网巨头也在农业领域“大显身手”。以阿里为例，其近年来持续重投入，打造集农产品产地仓和农产品冷链物流于一体的数字化仓配体系，减低农产品流通损失率，支持产地农产品提早、加快实现质量标准化，推进农业全链路数字化升级。

数字乡村建设是乡村振兴和数字中国战略的结合点

建设数字乡村既是乡村振兴的战略方向，也是建设数字中国的重要内容。《中华人民共和国国民经济和社会发展第十四个五年规划和2035年远景目标纲要》强调要“建设智慧城市和数字乡村”。2021年的中央一号文件提出，要实施数字乡村建设发展工程。党的十八大以来，中央高度重视农村信息化建设，作为重要抓手的数字乡村建设正在整体带动和提升农业农村现代化发展，为乡村经济社会发展提供强大动力。

利用新技术、新业态，为数字乡村建设注入新动力。数字乡村建设，离不开新技术、新业态的叠加推进作用。这些年，正是借力“互联网+”，蓬勃发展的农村电商让空间上的“万水千山”变为网络里的“近在咫尺”，帮助农产品出村进城、农民脱贫增收。当前和今后一个时期，要以数据技术为支撑，在构建和完善开放的数字农业新型基础设施的基础上，从源头解决农产品出村进城“最先一公里”问题，从田间地头到城市餐桌，推动农业产供销全链路数字化升级。特别要关注的是，眼下互联网新业态——直播电商呈现出高速发展态势，在帮助农民增收脱贫、推动农村经济发展等方面发挥了重要作用。直播电商突破了地理界限，农户和乡村企业即可成为主播，进行农业生产的田间地头等即可成为直播间，能够更好地助力农产品销售，助推乡村振兴。今后要继续用好这些新业态，推动新技术与农业农村发展深度融合，把“助农兴村”活动当成经常性工作来抓，为数字乡村建设提供新动力。

区块链技术推动乡村振兴

基于区块链数据不可篡改、可支持新型商业模式等技术特征，可大力推进农业区块链应用：打造区块链赋能的100+区域优势农产品品牌，助力产品营销与收入增长；推进区块链订单农业、定制农业发展；发挥区块链在农业供应链金融的作用，提升农业产业链的协作协同水平；推进农村土地、房产、作物等资产的区块链确权及交易应用试点示范，切实解决农村融资贵融资难问题。

区块链拥有保密性、共识性、分布性、自动性四大技术创新，这四个方面都与乡村振兴有相通性。

从非对称加密和授权技术来看，这项技术对群体内的每个成员来说，既具备“安全保障性”，也具备“内部开放性”。乡村治理的主体是多元多样的，包括基层党组织、村民委员会、乡村经济组织、乡村非政府组织等。

从乡村治理来看，乡村治理的每个主体都有参与乡村治理的权力，乡村治理的所有事务在主体之内都应是公开的，每个主体都拥有与其他主体相同的权限。

从分布记账来看，这项技术意味着群体力量的整合，体现着分布性。乡村治理公共事务的实现，需要每个乡村治理主体也就是每个群众分别贡献自己的力量，最终汇成整体性的结果。一旦在这个群体中形成分工协作、相互配合的局面，乡村治理的大局是不容易被更改或者被逆转的。

从共识机制来看，如同区块链的基础是共识算法一样，凝聚共识、取得共识是乡村治理的基础。

从智能合约来看，这项技术对应着自主性和智能性，乡村治理是多中心合力，不同于那种自上而下的权力压服，更强调主体间的平等性。由于乡村范围内的共同生产生活，乡村治理知道哪些人、哪些主体更适合哪些工作，能做到乡村公共事务的职能化分配。

新基建赋能乡村振兴发展

新一代信息技术飞速发展，数字经济高歌猛进，给城市的生产生活带来巨大改变，乡村要振兴，必然要借助“新基建”的战略机遇，置其于信息化发展的时代浪潮中，这就需要加大农村地区的新型基础设施建设，同时把信息技术在工业、城市的发展应用成果继续延展到广袤的农村。

近年来，国家不断加大农村地区网络基础设施的投入力度，扩大光纤网、宽带网在农村的有效覆盖，加快推进农业生产数字化转型。截至目前，全国行政村通光纤、通4G比例均达到98%，贫困村通宽带比例也达到98%，显著提升了农村地区网络覆盖水平。扶贫地区远程医疗和网络教学环境日益完善。全国中小学网络接入率达98.4%，92.6%的中小学拥有多媒体教室，国家数字教育资源公共服务体系初步建成，有效满足了农村地区学校师生对优质教育资源的需求。①

农村新型基础设施建设是数字乡村建设的重要支撑。应着力提升农村“新基建”发展速度，在农村地区加快布局5G、人工智能、物联网等新型基础设施，积极引入信息化主流技术，实现数字技术与农业的深度融合，筑牢数字乡村的发展基础。此外，还要重视完善农村地区与新技术相配套的基础设施建设。比如，我国农村地区的快递主要普及乡镇地区，进村的快递网点普及度仍然不够，这对农村地区的电商发展形成了一定制约。对农村地区而言，智能快递柜等是实现非接触式服务的重要方式，因此，建议在农村地区推动智能快递柜等相关基础设施建设，以解决农村快递物流“最后一公里”的问题。还要看到，农村传统基础设施仍然是“三农”发展的重要基础，要创造条件推动其数字化转型。特别要加快推动农村地区农田、水利、公路、电力、冷链物流、农业生产加工等基础设施的数字化、智能化转型，推进智慧水利、智慧交通、智慧电网、智慧农业、智慧物流建设。

数字化乡村治理体系

在实现乡村振兴战略过程中，人始终是核心要素。应该大力吸引并培育信息时代“新农人”，激发乡村振兴的内生动力。“新农人”要不仅能够熟练运用数字化技术进行农业生产和销售，同时还能参与乡村治理。随着农村建设和发展日新月异，农民生活越来越好，自主意识和参与意识不断增强，单纯的“线下”乡村治理已经不能适应新时代科技发展的新变化、新需求。

当前，很多地方将党务、村务、财务、土地等与村民利益密切相关的事务及时公开，实现村庄治理信息透明化、对称化；以县、乡、村三级综治中心为指挥平台、以综治信息化为支撑、以网格化管理为基础、以公共安全视频监控联网应用为重点的“雪亮工程”，进一步推动乡村治理；“互联网+医疗”“互联网+居家养老”等新型农村信息服务模式不断涌现，为农民生活提供方便。科技“下乡”，信息“上网”，数据存入“云端”，一网一端搭起农村治理的经纬线。②

---

① 《深化网络赋能效应　助力乡村振兴发展》，载公众号“海外网”，2021年2月28日。

② 《全面接力脱贫攻坚信息化助力乡村振兴释放新动能》，载《通信信息报》2021年3月10日。

乡村信息化建设　助力乡村振兴

乡村信息化建设是乡村振兴的战略方向，加快农村信息基础设施建设，建立完善农村信息服务体系，实现线上线下融合的现代农业能够进一步解放和发展数字化生产力，是建立乡村现代化经济体系的重要支撑。推进乡村信息化建设是助力乡村振兴的关键之举。

大幅提升乡村网络设施水平。加强基础设施共建共享，加快农村宽带通信网、移动互联网、数字电视网和下一代互联网发展；持续实施电信普遍服务补偿试点工作，支持农村地区宽带网络发展；推进农村地区广播电视基础设施建设和升级改造。

推进农业数字化转型。加快推广云计算、大数据、物联网、人工智能在农业生产经营管理中的运用，促进新一代信息技术与种植业、种业、畜牧业、渔业、农产品加工业全面深度融合应用，打造科技农业、智慧农业、品牌农业。

创新农村流通服务体系。实施“互联网+”农产品出村进城工程，加强农产品加工、包装、冷链、仓储等设施建设；深化乡村邮政和快递网点普及，加快建成一批智慧物流配送中心；深化电子商务进农村综合示范，培育农村电商产品品牌；建设绿色供应链，推广绿色物流；推动人工智能、大数据赋能农村实体店，促进线上线下渠道融合发展。

推动农业装备智能化。促进新一代信息技术与农业装备制造业结合，研制推广农业智能装备；鼓励农机装备行业发展工业互联网，提升农业装备智能化水平；推动信息化与农业装备、农机作业服务和农机管理融合应用。

优化农业科技信息服务。建设新农民新技术创业创新中心，推动产学研用合作；建立拓展农业科技成果转化网络服务体系，支持建设农业技术在线交易市场；完善农业科技信息服务平台，鼓励技术专家在线为农民解决农业生产难题。

推动农村基础设施不断升级

近年来，通过落实中央一系列强农惠农富农政策，实施乡村振兴战略，实现了农村基建在公路、水利、能源、电网、信息化、农村金融等方面的快速发展，也取得了明显成效。但农村基础设施仍存在农业机械化总体水平有待提升，农产品物流设施相对落后，农村人居环境质量仍需改善，以及供给数量偏少、质量不高等短板和弱项，无法完全有效支撑农业强、农村美、农民富的发展需求。造成这些问题，既有乡村自身的特殊性原因，也有传统基建的边际效用和收益递减的因素存在。

在推进乡村振兴过程中，应抓牢农业农村“新基建”的重点，促进农村基础设施的提挡升级。以加快建设农村以5G、物联网为代表的通信网络基础设施为重点，促进与5G通信技术相结合，优化物联网系统，缩小城乡之间的“数字鸿沟”。以推进农村传统基础设施提挡升级为重点，探索出适合农村实际的新一代信息技术在传统基础设施建设运营中的应用模式，有效提高供给质量和服务能力。以保障和改善民生的新基建为重点，提升农村数字化、网络化和智能化水平。以农村地区人力资本数量和质量的新基建为重点，加快建设远程教育和培训等信息基础设施、科教、产业技术等创新基础设施，提升农村人力资本的数量和质量。以促进农村地区和其他地区之间实现融合发展的新基建为重点，运用互联网、大数据、人工智能等先进技术，促进农村地区与其他地区之间实现融合发展。

加快数字农业建设，赋能农业高质量发展

数字农业是以“信息+知识+智能装备”为特征，用现代工业生产的组织方式、管理理念和先进技术发展现代农业而形成的一种新的农业业态。《数字农业农村发展规划（2019—2025年）》提出，要全面提升农业农村生产智能化、经营网络化、管理高效化、服务便捷化水平，用数字化引领驱动农业农村现代化，为实现乡村全面振兴提供有力支撑。

目前，农业发展面临由传统农业向现代农业转型的临界期，既要面临修复生态与全面脱贫的艰巨任务，又要应对发展动力转换、发展方式转变的考验和挑战。应以“新基建”为突破口，加强数字农业建设，用先进标准体系倒逼农业供给侧结构性改革，构建形成农业绿色发展制度体系，以“多规合一”思路科学设计农业绿色发展空间布局体系、农业产业体系和农科创新推广体系，赋能农业农村高质量发展。

做好顶层设计和统筹规划，从数字基础、数字技术、数字应用、数字产业、数字业态方面入手，推进数字农业发展，打造高质量发展基础，推动农业农村高质量持续发展。抓好农业数字化大数据资源，抓好网络化5G技术能够提升信息传递速度，为数据传输提供技术支撑，抓好智能化人工智能技术。积极探索5G、大

数据、云计算、互联网、人工智能等新技术在农业产业中的应用，提升农业科技含量和数字化水平。打造数字农业的供应链体系，自主建立一套用数字化来包装的从生产、流通、金融到物流的一套完整体系。积极发展以“网红带货”为主要内容的数字直播基地新业态，不断扩大影响力，吸引农产品销售主体聚集。

搭建农业服务平台，强化平台聚合效益

农业转型升级不仅需要规模效应，更需要平台效应。“新基建”将构建智能供应链继续下沉的良好基础，是对农村电商物流供应链的重构。当前农村地区获取和使用数据信息资源的“数字鸿沟”仍然存在，数字化基础相对薄弱，软硬件投入相对不足，现代信息技术在农村居民中的普及程度相对较低，数字化应用水平不高。加之缺乏权威高效的公共数据资源和数据采集渠道，农村地区大数据资源未得到充分利用。

近年来，搭建农业服务平台，强化平台聚合效益，取得了较大进展。应用物联网、大数据、云计算等互联网现代信息技术，为农业生产及经营主体提供示范解决方案，形成标准化、透明化、多样性、可视性、可追溯的现代新型社会化服务体系，促进农业现代化和农民增收，实现特色农业产业新生态，加快促进现代农业发展方面进行有益的探索和尝试。应以“新基建”为突破口，通过搭建农业数字化平台，促进农村物流、商流、信息流、资金流的最优组合，进一步强化数字平台聚合效益。

在搭建线上服务平台方面，要重点搭建提供学习培训、宣传推广、信息联络等综合服务统一的数字共享服务平台，把农业信息、农业技术、农业服务惠及农业、农村和农民。搭建消费服务平台。利用诸如京东、淘宝、农业商城以及全省农村电商资源，发挥各自的渠道和资源优势，共建统一的消费平台，帮助农村地区农特产品“卖出去”，形成全社会消费农产品的长效机制。搭建就业创业服务信息平台。依托国家农业农村大数据建设，以人力资源社会保障部农民工返岗复工“点对点”服务系统为基础，构建统一的农民就业创业服务信息平台。搭建教育服务平台。整合国家政策、教育培训资源，通过云技术、视频技术、大数据及AI等数字化手段，打造智慧“云课堂”和“直播课程”，把城市优质教育资源倾斜到农村，特别是农村偏远山区。搭建医疗服务平台。通过城市优质医院和农村地区乡、村卫生机构搭建数字化共享平台，为农村地区群众开展线上挂号、线上

问诊、健康咨询、病后康复管理等基本医疗服务。

加大金融支持力度，促进乡村融资模式创新

由于新型基础设施的建设刚刚起步，相关领域的投资需求、投资主体技术、商业模式等尚不明晰，致使大量社会资本尤其是民间资本对于进入新型基础设施建设领域仍处于观望状态。因此，不少新型基础设施面临应用场景不明朗、技术成熟度不够、商业模式不清晰等问题，难以形成投资闭环，一定程度上制约了社会资本的进入。相对于交通、能源等领域的传统基础设施，以信息技术为核心的新型基础设施相关技术和产业的成熟度有待提升。

以“新基建”为突破口，加大金融支持力度，促进融资模式创新。政府必须给予专门的财政、金融、税收等方面的政策优惠支持，加大各级财政转移支付规模，优先保障乡村振兴重大项目的建设。加快落实金融支持政策，为农村科技新型基础设施项目增加低息融资，发放专项贷款，强化“新基建”项目在农村地区的布局。放宽农村金融市场准入政策，促进深化改革、防控风险，促进农村金融适度竞争，提升农村金融发展的巨大空间。深化放管服机制改革，在抓好风险控制的基础上做好减税降费配套服务改革，逐步放开乡村振兴“新基建”项目融资的诸多限制。打造“金融+科技”的农村金融良好业态，积极推动大数据、云计算、信息安全、移动互联网等信息科技在农村科技金融领域的应用，有效消除阻碍要素下乡的各种障碍，助力乡村振兴战略顺利实现目标。

33 中国商业航天服务全球大战略

航天是一个复杂的系统工程，主要包括卫星、运载器、航天发射场、航天测控系统和应用系统。中国具有较为完整的卫星工程系统产业链。其中，在卫星研制和发射领域，技术实力较为突出，典型的如“北斗”全球卫星导航系统和长征系列运载火箭等，具有国际竞争力。但在电子元器件、终端类产品、应用系统和运营服务等领域，整体实力有待提升。SpaceX等公司的快速崛起，打破了现有的全球火箭发射和卫星组网及应用格局，也为我国带来了挑战和发展机遇。

传统的航天应用以卫星为主，包括通信、导航、遥感、科研四大方向。商业航天产业链主要包括客户需求、技术研发、生产总装、火箭发射、火箭运维、卫星应用等环节。随着商业航天的兴起，产生了新的方向，在卫星通信领域出现了卫星互联网，以及太空旅行、太空采矿、深空探测等。小卫星需求量大幅上升，或将进入“工业化”大规模生产时代。更长期的如建设太空基地、移民火星等，也是人类航天技术未来的发展方向。

在数字技术新浪潮的冲击下，中国航天正处在由国家型和军事型航天向商业航天转型发展的新阶段，中国商业航天与国际商业航天对接，共同融合创新发展，实现中国商业航天梦与世界商业航天梦相结合，服务全球，推动构建人类命运共同体。

本文2021年3月31日发表于“学习强国”。

商业航天国际发展环境分析

美国东部时间6月13日上午5时21分，SpaceX猎鹰9号火箭在佛罗里达州卡纳维拉尔角空军基地成功发射第九批58颗“星链”卫星，并为地球成像公司Planet提供“拼车”服务，搭载3颗SkySat遥感卫星上天。

SpaceX公司通过商业航天支撑起了美国航天产业的发展。不仅美国一个国家，其他航天强国也都在通过商业航天加快本国航天产业的发展。下面分别从政策、业务模式、市场规模、投融资情况几个方面分析商业航天的国际发展环境。

商业航天政策。美国政府制定了《2号航天政策指令》《3号航天政策指令》等一系列有利于商业航天发展的政策，将简化太空资源商业化利用的监管程序，精简商业航天公司参与商业航天的审批流程。俄罗斯也开始在强化商业航天政策支持力度上发力，在“2030年发展战略”中将“航天商业化”作为重要战略举措。欧洲各国积极布局商业航天，着力为航天企业发展创造更多有利条件。日本、印度等国家也提出支持商业航天发展的政策。例如，日本提出要建立大学、私营企业参与太空探索活动的机制，鼓励利用商业航天力量推动航天发展。

主要业务模式。波音、ADS等早期依靠政府订单的传统航天企业产品服务模式，服务类型相对单一，仅提供卫星制造、发射；商业航天后不断向多样化、全产业链延伸发展。例如，ADS公司推出街景工厂软件，其在获取图像后，自动快速生成城市3D模型，在城市仿真、安全规划、风险管理等场景上均有应用，但卫星制造和卫星发射仍是主业。以一网等为代表的新兴航天企业产品服务模式：一方面不断将业务向卫星运营和应用延伸，另一方面不断推动卫星应用与信息通信技术（ICT）深度融合，不断创新产品服务内容。例如一网公司的星座计划，旨在通过低轨道卫星星座实现高速、低成本的互联网接入服务；轨道洞察（OrbitalInsight）公司把人工智能技术与卫星遥感数据分析相结合，提供遥感数据信息挖掘服务。①

市场规模情况。过去十年间，世界商业航天市场规模增幅较大且增速快，全球航天产业收入在过去十年间整体持续增长，2009—2018年间，年均复合增长率为6.4%，高于世界经济增速。2018年航天产业收入较2017年增长了8.1%，增长

---

① 孙立彬：《商业航天国际发展环境分析》，载公众号“短针网”，2020年6月18日。

明显。2017年商业航天收入首次突破3000亿美元，2018年进一步增长，为3288.6亿美元，占航天产业收入比重为80%左右，其中，2017年较2016年增长了近550亿美元，增长幅度大且增速较快。商业火箭发射方面，根据美国卫星产业协会发布的《卫星产业状况报告》数据，2018年全球商业发射收入为62亿美元，较2017年有34.8%的增长，增幅巨大，2018年商业火箭发射次数为44次，占全年火箭发射次数的38.6%。市场规模方面，根据联邦航空管理局下属商业航天运输办公室和商业航天运输咨询委员会测算的数据，2019年至2026年间，全球预计将进行年均39.5次的商业发射，而根据欧洲咨询公司2018年8月发布的《小卫星市场展望》报告，到2027年，预计将有7000颗小卫星需要发射入轨，将带来380亿美元的卫星制造和发射业务，发射服务预计将带来160亿美元的收入。[①]

马斯克的星链（Starlink）计划

SpaceX在2020年年底成为全球最大卫星运营公司。Elon Musk于2015年首次提出“星链计划”。该计划共分两期三阶段，计划发射总共1.2万颗卫星到550—1325公里之间的多条绕地轨道，形成一个可以覆盖全球的宽带卫星通信网络，并在2019年将卫星总规模扩大至4.2万颗。SpaceX从2019年5月开始发射卫星，截至2020年5月18日，已经成功发射7次合计422颗卫星入轨（含试验星），从拥有卫星数量上来看，已经成为全球最大卫星运营商之一。按照目前每隔2—3周进行一次“一箭60星”发射的速度，我们预计SpaceX到2020年年底将拥有1600颗卫星，比截至2019年的任何国家的卫星数量都要多。

星链第一阶段：发射约1600颗卫星，为美国北部和加拿大的客户提供“星链”服务。SpaceX计划发射总共4425颗通信卫星到离地面550公里的LEO轨道，形成“星链”卫星网络（其中第一阶段1600颗），提供能够覆盖全球的卫星宽带数据接入服务，其使用频率为Ka/ku波段。2018年3月，美国联邦通信委员会（FCC）批准了这个计划，并要求SpaceX必须在2024年前至少发射一半卫星（2213颗）。2018年2月，SpaceX成功发射2颗实验卫星；2019年5月，SpaceX实现了第一批Starlink卫星发射（一箭60星），开启商业发射加速组网，并在

① 孙立彬：《商业航天国际发展环境分析》，载公众号“短针网”，2020年6月18日。

2020年晚些时候开始为美国北部和加拿大的客户提供“星链”服务，2021年开始覆盖全球。①

星链第二阶段：发射2825颗卫星，完成全球组网。其使用频率仍为Ka/ku波段。第二阶段发射计划已获得FCC批准。Starlink完成全球组网后，将为全球提供通信容量达1Gbps、延迟低于25ms，用户段终端单价将控制在200美元，采用易于安装的高指向性窄波束相控阵天线，具备良好的旁带抑制性能的宽带服务。

星链第三阶段：发射7518颗卫星组成星座，为全球提供天基互联网服务。轨道高度350公里，使用Q/V波段提供卫星接入服务。第三阶段发射计划已获FCC批准。前三阶段共计1.2万颗卫星。②

中国商业航天正式纳入新基建

国家发改委首次明确新型基础设施的范围，在通信网络基础设施中重点提及卫星互联网与5G、物联网等，有望推动航天、通信、互联网产业融合。“相比上一次较为笼统的提法，这次经过论证，重点拎出了卫星互联网”，对此，业内从业人员振奋不已。消息一出，多家业内企业股市价格大幅波动。“传统行业向新型行业的转型发展，相当于带动了整个产业链的动态变化：一个层面是卫星运营，另一层面则涉及整个卫星行业的辅助配套，如产品化供应等。”某航天企业从业人员表示。在传统航天的卫星互联网规划中，已匹配了5G运营服务，并向6G市场迈进。

5G是一个过渡阶段，基于后续市场，我国提出了一个空间计划，相当于匹配传统三大运营商和通信层面的宽带互联网卫星。一方面匹配宽带卫星概念，另一方面储备整个市场力量和产品线，为发展6G市场做衔接和铺垫。事实上，早在2015年，SpaceX创始人马斯克便正式提出发射1.2万颗卫星覆盖全球的“星链计划”，在全球范围内掀起了商业卫星和低轨建设热潮，各国纷纷将卫星互联网建设上升为国家战略。这一热潮布局在初期已设好一定的资金壁垒。③

现阶段国内没有特别强势、资本雄厚的企业对商业航天感兴趣，很多民间资

① 《2020年商业航天行业深度报告》，载公众号“中关村蓝海军民融合产业促进会”，2020年6月5日。

② 《2020年商业航天行业深度报告》，载公众号“中关村蓝海军民融合产业促进会”，2020年6月5日。

③ 《商业航天正式纳入新基建，传某运营商集团拟发上千颗卫星！》，载公众号“财经头条”，2020年4月20日。

本可能觉得短期投钱进去但看不到效果，民间资本力量相对分散。原本计划2021年为全球提供无缝互联网覆盖，甚至不久前刚刚发射了34颗卫星的Oneweb，不得不倒于资本压力之下。如今有了国家宏观的政策，等于稳定了资本市场。国家依托央企建立互联网星座系统，鼓励民间资本投资，分担了民营企业前期建设的风险。一方面验证卫星互联网的技术能力和商业模式，希望民间资本看到商业模式可行性。同时，国家为发射卫星的企业提供部分补助，鼓励民间资本、民间企业家参与其中。按照预期规划，卫星物联网既要与5G、人工智能等技术合作，又要服务于传统以及新型的基础设施。这还要很长时间，难度较大。卫星制造批量化，卫星发射快速组网，巨星座运营控制管理……这些系统级的难题还没解决，下一步还面临网络协议和星间链路设计等问题。

商业航天的市场

传统的航天应用以卫星为主，包括通信、导航、遥感、科研四大方向。随着商业航天的兴起，产生了新的方向，在卫星通信领域出现了卫星互联网，以及太空旅行、太空采矿、深空探测等。更长期的如建设太空基地、移民火星等，也是人类航天技术未来可能的发展方向。

卫星通信：卫星互联网+无人驾驶或引领下一波科技浪潮。卫星通信与地面通信相比，具有：（1）优势：覆盖面积广；（2）劣势：由于轨道位置较远、发星成本较高等原因，信号时延长、覆盖深度弱、通信速率低，因此需要新的终端支持。我们认为，通过电动车+卫星通信互联网的垂直整合，可以打破车联网建设资本开支较高和覆盖较差的问题，或将为智能出行行业带来下一波革命浪潮。

商业火箭：回收与复用是实现低成本、高效发射的关键因素。SpaceX在商业发射市场占据主导地位，主要是因为拥有领先的可回收与重复使用技术。以猎鹰9的发射价格为基础测算，在一子级重复使用、二子级不重复使用的情况下，回收复用10次后的火箭成本可节省56%。我们认为，实现低成本的关键在于：（1）合理的推力与箭体结构设计，为实现入轨发射奠定基础；（2）可重复使用且成本可控的液体燃料；（3）在大范围变推力、姿态与导航控制、着陆支撑等火箭回收复用的技术难点实现突破。中国企业未来可能的发展路径：（1）运载火箭的推力从小到大；（2）推进剂从固体到液体；（3）发展可回收与可复用技术，大规模降低成本。

商业卫星：卫星生产从“定制化”时代走向“工业化”时代。2014年之前，全球每年发射卫星数量约百颗。随着低轨星座的兴起，卫星年发射数量经历了100→300→1000颗的迅速增长，测算微小卫星生产将为全球新增200亿美元/年的产值。卫星需求的增长必然带来生产模式和产业链的变化。在生产模式上，主要有模块化设计、柔性生产线、快速AIT、供应链优化四个主要影响要素。同时，卫星研制生产周期也将从传统的30个月缩短到数周/天时间。

卫星导航：北斗三代性能接近GPS，关注垂直行业发展机会。北斗三代全星座部署完成后，在中国及周边地区定位精度优于0.3—0.6米，性能接近GPS。目前在中国销售的大部分安卓手机与应用已经全面支持基于北斗的定位服务，运营商的5G基站也全部采用5G授时服务。在国家政策的大力推动下，北斗在智能驾驶、精准农业、高精度测绘、智慧城市等行业的落地，有望带来广阔的应用前景。北斗产业链中，拥有技术壁垒与资质壁垒的公司如中国卫星、海格通信、北斗星通等值得关注。

卫星遥感：基建、环境监测等商业应用快速崛起。根据Euroconsult，2017年全球商业遥感数据及增值服务市场规模约为46亿美元，2025年预计可达73亿美元。基建、环境监测目前在数据增值服务市场中占比分别为26%、22%，商业应用快速崛起。我国卫星遥感行业在应用层次、深度和广度上均有较大发展空间。全球来看，Planet Labs与Digital Globe在遥感卫星的数量及分辨率上较为领先；国内市场，长光卫星的遥感数据已具有较强的服务能力。

商业火箭逐渐成为全球发射市场的主力军

市场趋势#1：星座组网需求增长迅猛，将创造累计196亿美元的增量市场

卫星规划数量增长迅猛，使得火箭发射频次需求陡增。近年来，随着Starlink等低轨卫星星座计划的提出，全球掀起了低轨星座建设的热潮。亚马逊、三星、波音等科技巨头也相继披露星座计划。我们根据各公司官网统计，已发布的全球商业卫星星座计划逾25个，将累计发射卫星数量超过2万颗。

2018年全球发射服务产业规模达62亿美元，同比增长35%，2009年至2018年CAGR仅4%。根据Space Launch Report统计，2018年全球发射次数总计114次。

假设：（1）以猎鹰9的6200万美元为单次发射价格；（2）以“一箭60星”的

发射方式；（3）履约期限为7年；（4）卫星计划的完成率为70%。我们预计新的卫星组网需求将带来年均28亿美元的市场规模，累计196亿美元；对应年均45次的发射需求。2018年至2027年，全球发射服务产业复合增速或将从2009年至2018年的4%提升至7%。[①]

市场趋势#2：SpaceX在全球商业发射市场占据领先地位

全球商业发射市场以美国与欧洲为主。根据FAA的全球商业发射数据统计，2017年全球商业发射市场以美国、欧洲为主，市场规模分别为17.31亿美元、10.92亿美元。

发射价格逐渐下降，SpaceX在商业发射市场占据领先地位。历史上的各类航天发射任务成本高昂。据NASA估算，阿波罗登月项目的成本逾1500亿美元。1972年至2011年间，美国航天飞机累计完成130余次任务，NASA估算其单次发射费用平均4.5亿美元；根据Nature估计，若以航天飞机项目的总成本（如制造成本、设备、培训等）来考虑，平均每次发射成本可达15亿美元。

2013年，SpaceX以0.56亿—0.62亿美元/次的发射价格进入商业发射市场，全球主要火箭型号商业发射价格逐年下降。近年来，成功实现首次发射的运载火箭如快舟1号、Electron、Minotaur C等的发射价格均进入百万美元级别。全球商业发射市场已然进入新业态。

SpaceX在商业发射市场占据领先地位。根据FAA（美国联邦航空管理局）2017年数据统计，SpaceX在全球商业发射的市占率高达52%（按次数统计），按火箭型号来看，猎鹰9是完成商业发射次数最多的箭型，按次数统计的市占率为52%。[②]

北斗三代性能接近GPS，生态链培养有待提高

全球四大卫星定位系统：GPS、北斗、Galileo、GLONASS

全球卫星导航系统（Global Navigation Satellite System，GNSS）能在地球表

① 《商业航天深度报告：商业火箭如何把握低轨星座的商业机会》，载公众号“未来智库”，2020年5月17日。

② 《商业航天深度报告：商业火箭如何把握低轨星座的商业机会》，载公众号“未来智库”，2020年5月17日。

面或近地空间的任何地点为适当装备的用户提供24h、三维坐标和速度以及时间信息的空基无线电定位系统，包括一个或多个卫星星座及其支持特定工作所需的增强系统。目前，全球范围内，能实现全球覆盖的GNSS主要包括美国的GPS、中国的北斗、欧盟的Galilio和俄罗斯的GLONASS。

精准农业与高精度测绘是高精度领域的两个重要应用场景。2018年，我国高精度卫星导航产值66.1亿元，2010年至2018年CAGR为25.1%。其中高精度GNSS接收机2018年市场规模为18.9亿元，按照国产高精度GNSS接收机销量约占50%的比重测算，我国高精度北斗接收机规模达到9.45亿元。NDP Consulting根据2005年至2010年北美市场数据测算，在农业领域全面应用GPS可以增加10%的产量、降低15%的成本投入，在测绘领域全面应用GPS可降低59.8%的人力成本、降低30%的资本投入、降低32.4%的能源成本。

精准农业：应用前景广阔，2025年市场规模可达113亿元

我国北斗自动驾驶系统农机渗透率低于1%，远远落后于美国40%的渗透水平，增量空间较大。精准农业是指应用不同的技术和解决方案来管理农业生产的多变性，以提高作物产量和减少环境影响，帮助农民提高效率。截至2018年年底，由我国自主研发的北斗智能化农机监控终端设备在21个省市区、378个县市、1200多个农场推广应用，累计装机量超过30000台，覆盖6000万亩耕地。其中，新疆已经推广安装北斗自动驾驶终端超过10000台，精准农业作业面积超过1200万亩。

我国2025年精准农业市场规模可达113亿元。根据国家统计局发布数据，我国2018年大中型农业拖拉机数量为422万台；根据《2019中国卫星导航与位置服务产业发展白皮书》，我国2018年农机数量为3万台，计算渗透率为0.71%。预计2025年我国北斗导航渗透率将上升至4.84%（假设每年增加0.59%）；预计未来农机数量按照3.83%（2016年至2017年）的增长率增长，2025年我国农机数量将达到549万台；按照单台农机导航设备价格4.25万元（2020年价格为5.5万元，假设每年降低0.25万元）测算，2025年精准农业市场规模达113亿元（仅考虑北斗农机导航设备）。

高精度测绘：预计2025年GNSS测绘仪器市场规模达26.90亿元

测绘仪器是指在工程规划设计、施工及经营管理等阶段进行测量工作所需用

的各种定向、测距、测角、测高、测图等方面的仪器。卫星导航测绘仪器从技术、精度、数字化、功能应用、数据处理等方面全面超越常规测绘仪器。

据统计，2015年GNSS测绘仪器市场规模达15.02亿元。随着国家基础设施建设、国家地理国情监测、城镇化战略的不断推进，卫星导航测绘仪器市场将保持稳定增长，2025年市场规模预计可达26.90亿元。

智慧城市：北斗高精度定位赋能智慧城市发展

北斗导航系统有望在智慧城市建设中获得广泛应用。截至目前，我国智慧城市试点名单近300个，随着物联网、云计算等技术的发展，智慧城市作为新型信息化的城市形态，未来发展前景广阔。北斗卫星导航系统作为智慧城市的三大基础设施之一，在城市燃气、城镇供热、电力电网、供水排水、智慧交通、智慧养老等多种行业提供了北斗高精度服务，有效推动智慧城市基础设施的优化和完善。

千寻位置有望加速北斗在IoT领域的应用。2015年8月，阿里巴巴与中国兵器工业共同出资设立千寻位置。千寻位置基于北斗卫星系统（兼容GPS、GLONASS、Galileo）基础定位数据，利用遍及全国的北斗地基增强站及自主研发的定位算法，通过互联网技术进行大数据运算，为遍布全国的用户提供精准定位及延展服务。千寻位置自成立以来，与多方合作，重点布局无人驾驶、无人机、电子地图、共享单车等领域，助力北斗系统应用推广。

北斗系统在5G基站授时领域有广阔应用前景

目前4G网络时间同步需求为±1.5μs，而未来5G网络时间同步的需求为±130ns，网络PRTC设备的时间同步要求为±30ns，这些为5G通信系统的正常运行和增值服务带来巨大挑战。依托国家标准时间，应用北斗卫星，可使全网任意节点间的时间同步精度优于30ns。

目前，基于北斗的4G通信基站时间同步设备，已成功应用于中国移动通信集团新疆有限公司、河南省电信公司的现网中；基于北斗的5G通信基站时间同步设备，已在中国移动通信集团上海有限公司的现网中通过了入网测试，为其应用到5G同步网中拿到了入网通行证，并将伴随着5G的正式商用而进行规模化的部署。

总体来看，根据《2019中国卫星导航与位置服务产业发展白皮书》，2018年我国卫星导航与位置服务产业产值达3016亿元、2012年至2018年CAGR为24%，其中北斗对产业的核心贡献率达80%。根据前瞻研究院预测，2019年至2025年我国北斗卫星导航产值增长率将保持在15%左右，预计到2025年我国北斗卫星导航产值规模将达6440亿元。

分产业链环节来看，2018年终端集成和运营服务占比分别为35%和42%。随着产业链成熟，各环节竞争加速，特别是终端集成环节，2018年同比减少2ppt。多年的市场积累使终端需求逐渐稳定，终端价格稳中趋降，终端设备附加值较低且其市场竞争压力明显，而下游的运维服务则具有较强的灵活性，推动下游运维服务环节快速增长，在产业链中涨幅最快。

全球卫星遥感市场：美国在遥感卫星运营、制造、分辨率等方面遥遥领先

卫星遥感（Satellite Remote Sensing）是指卫星从高空通过传感器探测和接收来自目标物体的信息（如电场、磁场、电磁波、地震波等信息），进而识别物体的属性及其空间分布等特征，目前广泛应用于基础地理信息测绘、智慧地理空间框架建设、农业、林业、国土资源、勘探等重要行业。遥感系统由遥感器、遥感平台、信息传输和信息处理设备组成，其中遥感器是遥感系统的核心。

据UCS（The Union of Concerned Scientists）统计，截至2019年9月30日，全球在轨卫星总计2218颗，其中共有838颗为遥感卫星，占比38%，仅次于通信卫星。

从国别来看，美国遥感卫星数量（426颗、占比51%）遥遥领先。从轨道来看，以近地轨道（LEO）遥感卫星为主、占比逾90%；近地轨道部署遥感卫星，具有卫星成本低、发射费用低、无轨位限制等特点。从载重来看，以小卫星及微纳卫星为主、合计占比约70%；遥感卫星越来越小型化、星座化，研制周期短、成本低。

美国在遥感卫星运营、制造、分辨率等方面遥遥领先。从在轨卫星数量来看，遥感卫星运营商TOP10中，美国Planet Labs运营遥感卫星数量233颗，美国Spire Global运营遥感卫星数量84颗；我国长光卫星运营遥感卫星数量12颗、跻身前十。遥感卫星制造商TOP10中，美国Planet Labs研制遥感卫星数量218颗。

遥感卫星的主要用途：以目前国防安全为主，基建、环境监测等商业用途快速崛起

根据Euroconsult的统计，目前全球商业遥感数据及增值服务市场规模达46亿美元。其中数据市场规模为14亿美元、数据增值服务市场规模为32亿美元，增值服务市场增长（过去5年CAGR为7%）快于数据市场（过去5年CAGR为5%）。按照数据市场增长CAGR=5%、增值服务市场CAGR=6%测算，2025年数据市场规模为22亿美元，增值服务市场规模为51亿美元。

2017年国防应用占全球商业遥感数据市场61%，行业级应用在全球商业遥感增值服务市场占比较高。据Euroconsult的统计，基建相关的行业应用（如测绘制图、土地清册等）在全球商业遥感数据市场和增值服务市场分别占比9%和26%，而国防应用在数据与增值服务市场的占比分别为61%与18%。

自然资源：艾伦珊瑚图集（Allen Coral Atlas）是由Planet Labs对地球上珊瑚礁群捕捉到的高分辨率图像。亚利桑那州立大学和昆士兰大学的研究团队密切合作，对图像中阻挡洋底景色的大气层和海水等元素进行去除并分析“清洁”后的图像，从而探测到珊瑚礁的白化现象。艾伦珊瑚图集能够为保护珊瑚礁生态系统提供重要的数据支持。

环境监测：Starling由空客、非营利组织Forest Trust和总部位于荷兰的Sar Vision联合开发，向雀巢、费列罗等公司提供森林监测服务，帮助其完成“供应链零砍伐”的承诺。

我国卫星遥感产业发展机会：小型卫星尚有较大发展空间

近年来我国遥感卫星发射数量明显增加，微纳卫星尚有较大发展空间。据《中国测绘》，国内民用遥感卫星的发射数量逐年增加，2012年国内发射3颗遥感卫星，到2018年，国内发射了40颗遥感卫星。

技术层面上，美国1999年就已发射全色分辨率1m级别的遥感卫星，法国、以色列、印度等也在多年前就步入了亚米级的遥感卫星行列，尤其是美国World View-4的空间分辨率已经达到了0.31m。我国高景一号、高分二号的空间分辨率虽然已经进入亚米级，但遥感数据精度仍有提升空间。

应用层面上，我国遥感行业应用层次、深度和广度远不及美国，应用主要集中于政府部门、科研机构和大型国有企业。在此次防疫抗疫中，卫星遥感广泛应

用于复工复产监测。遥感卫星对夜间地球表面的光亮数据显示，中国夜间灯光数据正在回升。以京津冀地区为例，夜间灯光亮度自2月下旬起出现提升。使用通信卫星和岸基基站获取的船舶数据显示，中国沿海及内河的船舶活跃度正在快速恢复，港口船舶航迹密度的提升表明船舶出港、航行的活跃度提升。

34 凡事预则立的“东方智慧”

当今世界正经历百年未有之大变局，新冠肺炎疫情全球大流行使这个大变局加速变化，保护主义、单边主义上升，国际经济、科技、文化、安全、政治等格局都在发生深刻调整。

加快构建新发展格局

党的十九届五中全会明确提出要加快构建以国内大循环为主体、国内国际双循环相互促进的新发展格局，并作出重大工作部署。“十四五”时期我国将进入新发展阶段，这是全面建设社会主义现代化国家、向第二个百年奋斗目标进军的阶段，国内外环境的深刻变化带来一系列新机遇新挑战。加快形成新发展格局，是以习近平同志为核心的党中央根据我国发展阶段、环境、条件变化，审时度势作出的重大决策。构建新发展格局是事关全局的系统性、深层次变革，是立足当前、着眼长远的战略谋划。我们要从全局和战略的高度准确把握加快构建新发展格局的战略构想。

从根本上说，新发展格局是适应我国发展阶段新要求、塑造国际合作和竞争新优势的必然选择。党中央提出构建新发展格局，是对我国客观经济规律和发展趋势的正确把握，是掌握发展主动权的先手棋，是有深厚的实践基础的。以前，在经济全球化深入发展的外部环境下，市场和资源“两头在外”对我国加快提升经济实力、改善人民生活发挥了重要作用。在当前全球市场萎缩的外部环境下，

本文2020年11月20日发表于“学习强国”。

我们必须充分发挥国内超大规模市场优势，通过繁荣国内经济、畅通国内大循环为我国经济发展增添动力，带动世界经济复苏。改革开放以来，我们遭遇过很多外部风险冲击，最终都能化险为夷，靠的就是办好自己的事、把发展立足点放在国内。我国有14亿人口，人均国内生产总值已经突破1万美元，是全球最大和最具潜力的消费市场，具有巨大增长空间。自2008年国际金融危机以来，我国经济已经在向以国内大循环为主体转变。未来一个时期，我国国内市场主导国民经济循环特征会更明显，经济增长的内需潜力会不断释放。只要顺势而为、精准施策，我们完全有条件构建新发展格局、塑造新竞争优势。

我国在世界经济中的地位将持续上升，同世界经济的联系会更加紧密，为其他国家提供的市场机会将更加广阔，成为吸引国际商品和要素资源的巨大引力场。以国内大循环为主体，正是要通过发挥内需潜力，使国内市场和国际市场更好地联通，更好地利用国际国内两个市场、两种资源，实现更加强劲可持续的发展。要科学认识国内大循环和国内国际双循环的关系，主动作为、善于作为，建设更高水平开放型经济新体制，实施更大范围、更宽领域、更深层次的对外开放。还要认识到，构建新发展格局是以全国统一大市场基础上的国内大循环为主体，而不是各地都搞自我小循环，各地区要找准自己在国内大循环和国内国际双循环中的位置和比较优势，有条件的地区可以率先探索有利于促进全国构建新发展格局的有效路径，发挥引领和带动作用。

构建新发展格局是一个系统工程，既要加强战略谋划和顶层设计，也要把握工作着力点。要加快培育完整内需体系，把实施扩大内需战略同深化供给侧结构性改革有机结合起来，以创新驱动、高质量供给引领和创造新需求。要加快科技自立自强，面向世界科技前沿、面向经济主战场、面向国家重大需求、面向人民生命健康，加快建设科技强国。要推动产业链供应链优化升级，把发展经济着力点放在实体经济上，推进产业基础高级化、产业链现代化。要加快农业农村现代化，优先发展农业农村，全面推进乡村振兴。要改善人民生活品质，坚持把实现好、维护好、发展好最广大人民根本利益作为发展的出发点和落脚点，尽力而为、量力而行，不断增强人民群众获得感、幸福感、安全感。要牢牢守住安全发展这条底线，把安全发展贯穿国家发展各领域和全过程，确保人民安居乐业、社会安定有序、国家长治久安。

当今世界正经历百年未有之大变局，我国发展仍然处于重要战略机遇期，但机遇和挑战都有新的发展变化。奋进新时代、开启新征程，站在历史正确的一边，保持战略定力，增强机遇意识和风险意识，危中寻机、化危为机，坚定不移贯彻新发展理念，加快形成新发展格局，不断向高质量发展迈进，我们就一定能为全面建设社会主义现代化国家开好局、起好步。

人民至上 一以贯之

全心全意为人民服务，是中国共产党治国理政的根本出发点和落脚点。回顾我国“五年规划”的历史，从解决温饱问题到总体小康，再到全面建成小康社会，“人民至上”这一理念贯穿始终。

2020年，无论是在指挥疫情防控的人民战争、总体战、阻击战中还是在部署抗击暴雨洪涝灾害中，无论是脱贫攻坚还是“六稳六保”，人民至上、生命至上，始终是习近平强调最多的关键词。如今，面对未来五年，“人民至上”更成为党高质量编制“十四五”规划的坐标原点。

在“十四五”规划编制过程中，从奔走多地多方调研与基层群众深入交流，到亲自主持召开七场座谈会同各界人士面对面共商国是，再到首次推动通过互联网移动端向网民征求五年规划编制建议……习近平总书记为科学谋划“十四五”规划所采取的一系列举措，正是对“人民至上”理念的生动诠释。

2020年10月26日至29日，中国共产党第十九届中央委员会第五次全体会议举行。在这次全会上，“以满足人民日益增长的美好生活需要为根本目的”，被写入“十四五”时期经济社会发展指导思想和必须遵循的原则之一。倾听“民声”，采纳“民意”，关照“民心”。一份贯穿“人民至上”理念的“十四五”规划，必将引领中国走向更美好的明天。

淡化经济增长目标：高质量发展

全会提出了“十四五”时期的经济发展目标：在质量效益明显提升的基础上实现经济持续健康发展，增长潜力充分发挥，国内市场更加强大，经济结构更加优化，创新能力显著提升，产业基础高级化、产业链现代化水平明显提高。

相较于“十三五”时期明确的“经济保持中高速增长，到2020年国内生产总值和城乡居民人均收入比2010年翻一番”，以及由此而来的2016年至2020年GDP年均增速至少6.5%，全会没有对未来五年设置具体目标，只说2020年把目标完成，然后到2035年“再迈上新的大台阶”。中国经济已由高速增长阶段转向高质量发展阶段，经济结构优化和提质增效将是未来五年的工作重点。

扩大内需　构建“双循环”

全会提出，坚持扩大内需这个战略基点，加快培育完整内需体系，把实施扩大内需战略同深化供给侧结构性改革有机结合起来，以创新驱动、高质量供给引领和创造新需求。要畅通国内大循环，促进国内国际双循环，全面促进消费，拓展投资空间。“双循环”的核心是对内扩大内需、对外提升产业链安全，关键是三大抓手：“新基建”、城市群和放开生育。这是这些年我们在公共政策领域的三大建言和呼吁，但进展不同，“新基建”已经从学术讨论走向国家战略，城市群逐渐走向社会共识但尚未完全落实到公共政策，而全面放开生育则面临巨大的学术分歧和社会争议。

突破关键核心技术：“卡脖子”

全会将“关键核心技术实现重大突破”列入2035年远景目标，提出，坚持创新在我国现代化建设全局中的核心地位，把科技自立自强作为国家发展的战略支撑，面向世界科技前沿、面向经济主战场、面向国家重大需求、面向人民生命健康，深入实施科教兴国战略、人才强国战略、创新驱动发展战略，完善国家创新体系，加快建设科技强国。

科技是第一生产力，是国家实力的关键，是大国竞争的制高点；科技是历史的杠杆，是世界霸权更迭的根源，是大国崛起的支点。

中国要发展核心技术，攻关“卡脖子”技术。有效地实施产业政策，重点在于支持基础领域而非补贴特定企业，组建研发联盟攻克技术难关。加快科教体制改革，建立市场化、多层次的产学研协作体系。切实提高科研人员与教师的收入待遇，加大海外高端人才引进力度。

着力发展实体经济：“新基建”

全会提出，坚持把发展经济着力点放在实体经济上，坚定不移建设制造强国、质量强国、网络强国、数字中国，推进产业基础高级化、产业链现代化，提高经济质量效益和核心竞争力。要提升产业链供应链现代化水平，发展战略性新兴产业，加快发展现代服务业，统筹推进基础设施建设，加快建设交通强国，推进能源革命，加快数字化发展。

中国率先倡导“新基建”，引发社会各界大讨论，最终从学术讨论走向国家战略。“新基建”兼顾短期扩大有效需求和长期扩大有效供给，兼具稳增长、稳就业、调结构、促创新、惠民生的综合性重大作用，打造中国经济新引擎。新基建包括5G基建、大数据中心、人工智能、新能源汽车充电桩等科技领域的基础设施，教育、医疗等民生领域的基础设施，以及营商环境、服务业开放、多层次资本市场等制度领域的基础设施，这些领域发展空间巨大，增长迅速，经济社会效益显著，对上下游行业带动性强，在未来经济社会发展中将起到担大任、挑大梁的重要作用。

应对人口老龄化上升为国家战略：放开生育

全会提出，实施积极应对人口老龄化国家战略。“十三五”时期的表述是“全面实施一对夫妇可生育两个孩子政策，积极开展应对人口老龄化行动”。应对人口老龄化已上升为国家战略，原因很简单，“十四五”时期的人口老龄化压力比“十三五”时期要大得多。长期呼吁，尽快全面放开并鼓励生育，积极应对人口少子化老龄化。中国出生人口持续下降，生育意愿大幅降低，老龄化加速到来。2019年中国出生人口降至1465万，65岁及以上人口占比达12.6%，总人口突破14亿，根据趋势估计中国人口将在“十四五”时期进入负增长。

人口因素变化缓慢但势大力沉，中国少子化老龄化问题已日趋严峻，若不抓紧调整将严重影响民族复兴和大国崛起。日本前首相安倍晋三把少子化视为国难，俄罗斯总统普京称俄罗斯的命运和历史前景取决于人口。少子化老龄化问题已成为21世纪中国面临的最大“灰犀牛”之一，生育政策调整是最根本、最重要的供给侧结构性改革之一。

推进新型城市化：都市圈城市群

全会提出，优化国土空间布局，推进区域协调发展和新型城镇化。构建高质量发展的国土空间布局和支撑体系，构建国土空间开发保护新格局，推动区域协调发展，推进以人为核心的新型城镇化。长期倡导“城市群”模式，尊重人口迁移聚集的基本规律和趋势。从国内外经验看，城市群都市圈化是城市化发展的必然趋势和科学规律，尤其在城市化中后期，人口和产业聚集效应明显。中国都市圈城市群的时代已经带来，人口在持续向城市群集聚。

长期以来，在“控制大城市人口、积极发展中小城市和小城镇、区域均衡发展”的城镇化思路指导下，人口向大都市圈集聚，但土地供给向三四线城市倾斜，人口城镇化与土地城镇化明显背离。由此形成了人地分离、土地供需错配，以及一线和部分热点二线城市房价过高、三四线库存过高。

尊重产业和人口向优势地区集聚的客观规律，加快贯彻落实城市群都市圈战略；以常住人口增量为主要标准供给城镇用地，地随人走，推行新人地挂钩；优化城镇用地在地区和城市之间的配置，推进市场化的跨省换地和利益分享机制。

更加重视收入分配公平：提升人民幸福感

全会提出，要使居民收入增长和经济增长基本同步，分配结构明显改善，基本公共服务均等化水平明显提高，全民受教育程度不断提升，多层次社会保障体系更加健全。扎实推动共同富裕，不断增强人民群众获得感、幸福感、安全感，促进人的全面发展和社会全面进步。

一些政府长期重视经济增长而忽视收入分配，此前经济的高速增长掩盖了分配不均的结构性问题，但是随着经济增速放缓，出现了贫富差距扩大、社会撕裂、阶层固化、政治极化、民粹主义、贸易保护主义等一系列问题。西方国家正深陷这一泥沼，民众不满情绪高涨，极端社会思潮盛行，国际贸易摩擦冲突不断。

邓小平同志提出，贫穷不是社会主义，共同富裕是社会主义的本质特征，鼓励一部分地区一部分人先富起来，先富带动、帮助后富，最终达到共同富裕。健全以税收、社会保障、转移支付等为主要手段的再分配调节机制；发挥第三次分配作用，发展慈善等社会公益事业；增加低收入者收入，扩大中等收入群体，调节过高收入，让人民共享经济发展成果。

进一步对外开放：积极参与全球治理

全会提出，坚持实施更大范围、更宽领域、更深层次对外开放，依托我国大市场优势，促进国际合作，实现互利共赢。要建设更高水平开放型经济新体制，全面提高对外开放水平，推动贸易和投资自由化便利化，推进贸易创新发展，推动共建“一带一路”高质量发展，积极参与全球经济治理体系改革。面对持续升级的中美贸易摩擦，我们呼吁，以“第二次入世”的勇气和决心推动新一轮改革开放。中国真正的问题是如何建设高水平的市场经济和开放体制，贸易战本质上是改革战。

加强军队建设　捍卫国家安全

全会提出，加快国防和军队现代化，实现富国和强军相统一。坚持党对人民军队的绝对领导，坚持政治建军、改革强军、科技强军、人才强军、依法治军，加快机械化信息化智能化融合发展，全面加强练兵备战，提高捍卫国家主权、安全、发展利益的战略能力，确保2027年实现建军百年奋斗目标。“十三五”时期强调军民融合，要求实施军民融合发展战略，形成全要素、多领域、高效益的军民深度融合发展格局；而“十四五”时期则更侧重捍卫国家主权和安全。

习近平总书记在纪念中国人民志愿军抗美援朝出国作战70周年大会上发表重要讲话时指出：“中国一贯奉行防御性国防政策，中国军队始终是维护世界和平的坚定力量。中国永远不称霸、不扩张，坚决反对霸权主义和强权政治。我们决不会坐视国家主权、安全、发展利益受损，决不会允许任何人任何势力侵犯和分裂祖国的神圣领土。一旦发生这样的严重情况，中国人民必将予以迎头痛击！”①

推动长三角更高水平协同开放

作为“双循环”的关键承接点，长三角有条件也有基础实施新一轮高水平对

① 习近平：《在纪念中国人民志愿军抗美援朝出国作战70周年大会上的讲话》，载《人民日报》2020年10月24日，第2版。

外开放。加强一体化整合力度，推动长三角更高水平协同开放。坚决把中共中央扩大对外开放的战略部署转化为思想自觉和行动自觉，着力破除体制机制障碍，推动长三角在创新制度体系、优化要素供给等方面先行先试。

提升龙头领跑能力，强化上海开放枢纽门户功能。聚焦国家战略需要、国际市场竞争、对外开放需求，在上海试行更高开放水平的外商投资准入、跨境服务贸易、金融服务业等规则，推动商品和要素流动型开放向规则标准等制度型开放转变。建设先进产业高质量发展示范区，打造长三角高水平开放新优势。充分发挥苏州、宁波等地比较优势，依托自贸片区、高新区、工业园等国家级开放创新平台，建设先进产业高质量发展示范区，激发产业链创新主体的活力。

提高高等工程教育质量

构建新发展格局，提高参与国际竞争合作的能力和水平，需要切实提高高等工程教育质量，发挥高层次工程科技人才的战略性支撑作用，进一步释放“工程师红利”，将数量优势转化为驱动工程科技和经济社会发展的动能。加大高层次工程科技人才的培养规模和力度。在工程科技人才培养方面应坚持稳定规模、优化结构，尤其是要进一步扩大工程硕士、博士的招生规模，完善各层次毕业生结构比例。

立足国家战略需要和竞争力提升，发挥产业链、创新链、人才链的协同作用。围绕产业链部署创新链，以人才链为引擎，前瞻布局面向新一代信息技术的智能制造、人工智能、物联网、生物医药工程等新型工科人才培养。聚焦工程教育质量，强化工程科技人才创新创造创业能力的培育。全面推行覆盖大中小学的STEAM（科学、技术、工程、艺术和数学）整合式教育模式。制定“科教融合”与“产教融合”人才培养标准和实施细则。完善相关政策，激发高校和企业参与工程科技人才培养的积极性。

数字化赋能城市治理现代化

“十四五”时期经济社会发展主要目标包括“国家治理效能得到新提升”“社会治理特别是基层治理水平明显提高”等。以数字化赋能是提升城市治理现代化水平的必由之路。加快数字政府建设。积极探索建立运用互联网、大数据、人工智能、区块链等技术手段进行城市管理的制度规则，推进政府职能重塑、流程再造、业务协同、政务公开，提高行政效率。

加快推进“城市大脑”数字基础设施建设。把“城市大脑”建设纳入“十四五”时期新基建重点，合理规划、布局建设重大数字基础设施如感知设施系统、数据采集交换、算法和运用平台，加快对交通、能源、生态、工业等传统基础设施进行数字化、网络化、智能化改造升级。建设全国一体化的公共信用平台。统一协调政府各部门尤其是金融监管部门及社会征信机构等，打通信息壁垒，以联盟链技术为依托，整合分散在各部门、各领域的信用信息，全面建成全国一体化的公共信用信息平台。

实现文化产业高质量发展

习近平总书记指出，没有社会主义文化繁荣发展，就没有社会主义现代化。[①] 谋划“十四五”时期发展，要高度重视发展文化产业。以科技赋能文化产业创新发展。坚持创新在我国现代化建设全局中的核心地位，通过组织实施文化企业科技创新发展行动规划、地方文化产业发展分类指导工程等，实现文化产业平台、内容、技术、渠道，以及管理体制机制等方面的深度融合。

加强文化产业高端人才队伍和智库建设。探索完善文化产业人才培育机制，规范和明确高校文化产业学科归属，完善课程体系建设。建立健全以市场为导向、发挥企业主体作用的创新型、应用型、技能型人才的培养模式。以文化消费提质升级激发文化产业活力。坚持扩大内需这个战略基点，加强城乡统筹力度，打造文化消费区域新增长极，采取发放文化消费资金、优惠供给文化产品、开展“文化消费节”等区域性文化消费刺激政策，激发文化消费主体活力。

促进共享发展　建设健康中国

中共十九届五中全会提出，全面推进健康中国建设，把保障人民健康放在优先发展的战略位置。按此要求，应认真贯彻共享发展理念，在公共卫生治理、深化医改、医养康养结合服务保障等方面加大工作力度。完善公共卫生治理体制机制。将抗疫经验转化为制度保障。建设大疾控体系。健全公共卫生事业投入发展

① 习近平：《坚定文化自信，建设社会主义文化强国》，载《人民日报》2017年10月16日，第7版。

机制。完善药品、筛查、诊断、治疗等配套政策，完善传染病防治的医保政策。

聚焦关键任务和重点领域，深化改革创新，促进卫生健康治理现代化。完善医保制度体系。深化药品耗材领域改革。加快优质医疗资源扩容和区域均衡布局。支持健康服务业高质量发展。强化医养康养结合的综合保障，积极实施应对老龄化国家战略。完善政府基本养老政策，推动普惠型养老服务，支持社会性互助养老，统筹机构、社区、家庭资源，统筹城乡一体化，全面推进医养康养结合型养老服务体系建设。发挥好长期护理保险在重度失能人员护理、推动医养康养结合服务发展等方面的作用。

加强科技创新与国际合作

中共十九届五中全会强调，实行高水平对外开放，开拓合作共赢新局面。应以更大力度的改革开放，推动新发展格局的形成，服务全面建设社会主义现代化国家新使命。构建完整的内需体系，推进新一轮产业变革深入发展。根据产业发展需要，优化内部运行机制。围绕现代产业体系构建、产业集聚区建设实现政策精准落实。在积极发挥新基建新引擎作用、扩大内部市场深度、优化营商环境基础上，进一步加强产业生态系统建设。

加强科技创新与国际合作。立足国家创新战略，加大创新资源优化整合力度。加强国家之间、机构之间、企业之间的合作，促进创新资源双向开放流动。发挥自身特色，密切与华侨华人、海外专业人士和留学生群体的联系。致公党将继续发挥侨党优势，反映合理诉求、促进政策完善、构建服务平台、凝聚智慧共识，引导他们更好发挥在促进国家高质量发展和高水平开放中的积极作用。

建设高质量现代化海洋牧场

中共十九届五中全会就发展海洋经济、建设海洋强国作出重要部署。实践证明，建设现代化海洋牧场，是推动海洋经济高质量发展、建设海洋强国的有力抓手。坚持新发展理念，以高水平规划引领高质量发展。在《国家级海洋牧场示范区建设规划（2017—2025年）》的基础上，科学编制国家海洋牧场建设专项规划，因地制宜分类分级统筹规划海洋牧场功能定位、区域布局和建设目标，全面提升建设和管理水平。

坚持市场化方向，完善政策支持体系。发挥企业的市场主体作用，通过设立投资基金、支持有条件的企业上市等途径建立多元投融资机制，通过财税、信贷政策激励和商业保险创新等举措，支持民营企业、集体经济等积极参与海洋牧场建设。坚持创新驱动，强化科技支撑。推动海洋渔业与海洋生物、地质、工程技术等学科交叉融合，加强海洋牧场基础研究，加快涉海专业高端人才队伍建设。

推动两岸和平发展、融合发展

中共十九届五中全会提出，推动两岸关系和平发展、融合发展，加强两岸产业合作，打造两岸共同市场，壮大中华民族经济，共同弘扬中华文化。完善两岸融合发展的顶层制度设计。加强涉台法律体系建设，全面准确贯彻“一国两制”方针，充分展现两岸同属一个中国的历史和法理事实。进一步发挥《反分裂国家法》对打击“台独”分裂势力、维护海峡两岸和平稳定的重要作用，推进祖国和平统一进程。

抓好惠台利民政策措施宣传落实。强化惠台利民政策的配套落实，提供同等待遇、共享发展机遇。密切关注惠台利民政策的后续反馈情况，评估政策措施的落实情况。为我国台湾地区青年融入大陆发展创造更多条件。进一步扩大我国台湾地区青年在大陆的就业领域，简化我国台湾地区青年在大陆的就业程序。因地制宜为我国台湾地区青年创业发展提供合理的政策、资金等优惠和支持。

持之以恒加强基础研究

中共十九届五中全会提出，坚持创新在我国现代化建设全局中的核心地位，把科技自立自强作为国家发展的战略支撑。加快建设科技强国，只有提升基础研究和原始创新能力，才能赢得发展的主动权。加强统筹布局，构筑更优生态。一方面，要鼓励科学家自由探索、认真求证，通过设立基础研究特区，进行持续稳定支持。另一方面，要坚持需求导向和问题导向，组织高水平科学家、技术和产业专家等共同凝练核心基础科学问题，集中攻关。

改革评价体制，营造创新环境。建立符合基础研究特点和规律的创新评价体系，对自由探索型的研究，重点评价新发现、新原理、新方法、新规律的原创性和科学价值。健全投入模式，激发创新活力。持续加大中央财政对基础研究的支持力度，引导和鼓励地方、企业、金融机构、社会资金多渠道投入，扩大资金来源。创新管理方式，促进成果转化。提高基础研究成果向实用化、工程化转化的速度和效率，以新型举国体制构建科技原始创新和成果转化高地。

为美丽中国建设开好局、起好步

“十四五”期间，要以习近平新时代中国特色社会主义思想为指导，深入贯彻习近平生态文明思想，坚定不移贯彻新发展理念，深入打好污染防治攻坚战，为美丽中国建设开好局、起好步。对标2035年美丽中国建设目标，合理设置“十四五”生态环境保护目标任务。推动空气质量稳步提升，水生态建设得到加强。以改善生态环境质量为核心，进一步推动源头治理。突出以降碳为目标指向的源头治理，倒逼产业结构、能源结构、运输结构、用地结构和农业投入结构调整，加快推动生产方式的绿色低碳转型。

深入打好污染防治攻坚战，突出精准治污、科学治污、依法治污。以PM2.5与臭氧协同控制为核心，积极探索重点污染物协同治理。紧扣绿色低碳发展，大力推进二氧化碳排放达峰行动。围绕二氧化碳排放达峰目标和碳中和愿景，实施积极应对气候变化国家战略。坚持污染减排与生态扩容两手发力，统筹推进污染防治与生态保护。把生态保护修复摆在更加突出的位置，实现减污增容。

提高金融服务新发展格局能力

“十四五”时期，我国将开启全面建设社会主义现代化国家新征程。金融是现代经济的核心，金融对外开放是经济对外开放的重要内容，金融业要在推进高水平对外开放、构建新发展格局中积极作为。以扩大金融高水平开放为动力，建设更加规范高效的金融市场。建好建强多层次、多品种金融市场，进一步提高金融资源配置效率、改善金融资源配置结构，是金融工作的重大课题。借鉴国际通行良好实践，把我国金融市场建成对国内外投资者具有吸引力、对创新发展更有效率和活力的金融资源配置平台。

以吸引更多国际金融机构为载体，促进金融合作互利共赢。通过金融对外开放，破除零和游戏思维，凝聚合作共赢理念；抵御封闭脱钩逆流，践行开放包容发展共识；回击全球化受害论，体现国际合作成果。以有效构建金融安全网络为后盾，为金融开放行稳致远保驾护航。构建并完善金融安全体系，建设维护可靠高效的金融基础设施，加强金融行为合规性监管、资金流动大数据监测、宏观审慎预防性调节、市场预期引导管理，以及必要时的管控和干预，实现安全基础上的发展。

加快补齐乡村振兴短板弱项

中共十九届五中全会提出，坚持把解决好“三农”问题作为全党工作重中之重，走中国特色社会主义乡村振兴道路，全面实施乡村振兴战略。当前，应抓住乡村振兴的薄弱环节，加快推动乡村振兴战略落地见效。发展乡村产业，夯实乡村振兴的经济基础。引导各地规范和提升现有乡村产业，做到因地制宜、突出特色，实现差异化、可持续、高质量发展。把发展农产品加工流通业摆在突出位置，延长产业链，提高附加值，促进农产品就地转化增值。

改善流通设施，加快形成沟通城乡的现代流通网络。加快实施农村流通网点数字化、智能化改造，培育一批乡镇商业综合体。加快推进农产品市场体系和冷链物流建设，破解农产品销售难问题，打通农产品进城和工业品下乡双向流通渠道。吸引并留住人才，为乡村振兴提供人才支撑。鼓励高校毕业生建功乡村，扩大大学生村官、“三支一扶”计划等实施规模。加强农民职业技能培训，发展一批“田秀才”“土专家”。出台支持人才下乡政策，破除社会保障、医疗教育、职称评定等制度障碍，鼓励各类人才在农村广阔天地大展才华。

凝聚合力做好港澳青年工作

习近平总书记强调，要充分运用粤港澳重大合作平台，吸引更多港澳青少年来内地学习、就业、生活，促进粤港澳青少年广泛交往、全面交流、深度交融，增强对祖国的向心力。港澳工商界人士应借助粤港澳大湾区这个平台，主动担当、积极作为，深入做好港澳青年工作。坚持思想引领。港澳工商界共同发力，以社团和企业为纽带，针对港澳青年特点和需求，量身打造更多赴内地的学习交流活动，扩大交流规模，帮助更多港澳青年全方位、深层次了解国家经济社会发展，正确看待香港、澳门的历史变迁。

坚持事业引领。港澳工商界要积极为港澳青年创业就业提供更多机会，主动为创业者参与大湾区建设解决资金、资讯、技术等难题，为就业者提供更多商贸、法律、金融、科技等职位。坚持服务引领。港澳工商界积极行动起来，助推粤港澳三地政府、社会组织与企业深化合作，协同配合，推出更多有利于港澳青年发展的服务措施和联系平台。建议内地地方政府特别是实行自贸区政策的地区，为港澳青年制定更多住房、医疗、创业补助等扶持政策，打造良好的创新创业就业服务环境。

图书在版编目(CIP)数据

应对百年变局：全球治理视野下的新发展理念 / 孙铁成著. —北京：中国法制出版社，2022.5（2023.3 重印）

ISBN 978-7-5216-2674-2

Ⅰ. ①应… Ⅱ. ①孙… Ⅲ. ①国际形势 Ⅳ. ①D50

中国版本图书馆CIP数据核字（2022）第078626号

责任编辑：王雯汀　　封面设计：李　宁

应对百年变局：全球治理视野下的新发展理念

YINGDUI BAINIAN BIANJU：QUANQIU ZHILI SHIYE XIA DE XINFAZHAN LINIAN

著者 / 孙铁成

经销 / 新华书店

印刷 / 北京虎彩文化传播有限公司

开本 / 710毫米×1000毫米　16开　　印张 / 25.75　字数 / 447千

版次 / 2022年5月第1版　　2023年3月第4次印刷

中国法制出版社出版

书号 ISBN 978-7-5216-2674-2　　定价：98.00元

北京市西城区西便门西里甲16号西便门办公区

邮政编码：100053　　传真：010-63141600

网址：http://www.zgfzs.com　　编辑部电话：010-63141824

市场营销部电话：010-63141612　　印务部电话：010-63141606

（如有印装质量问题，请与本社印务部联系。）

目录

第三章　合同的效力

第四章　合同的履行与保全

第五章　合同的变更、转让与终止

第七章　买卖合同

第八章　借款合同

第十章　承揽合同、建设工程合同与委托合同

第一章

合同的一般规定

在当今社会，对企业来说，合同越来越重要，招聘员工需要订立合同，购买原料也需要订立合同，合同是在纠纷发生时，解决争议的一项重要参考。在订立合同前，我们需要了解一些有关合同的基本知识和一般性规定，如：《民法典》合同编的调整对象是什么，即什么事可以通过订立合同的方式解决，什么事不能通过订立合同的方式解决；订立及履行合同时需要遵循什么原则；合同依法成立后具有怎样的法律约束力……只有了解了这些一般规定，我们才能更好地订立和履行合同。

第一节　合同与当事人

根据《民法典》第四百六十四条的规定，合同是民事主体之间设立、变更、终止民事法律关系的协议。由此可以看出，合同的当事人是自然人、法人和非法人组织等民事主体。据此，关于合同与当事人，需要注意以下问题：

（1）订立合同的主体是平等的自然人、法人、非法人组织。合同当事人的法律地位是平等的，一方不得将自己的意志强加给另一方。政府依法进行的管理活动不适用《民法典》合同编，例如征收征用合同、行政协议，虽然名为合同、协议，但实为政府的行政行为，不受《民法典》合同编调整，而应适用行政法。但政府在与自然人、法人、非法人组织订立民事合同时，适用《民法典》合同编的规定。

（2）合同是当事人之间设立、变更、终止民事权利义务的协议。当事人不仅可以以合同的方式设立民事权利义务关系，例如设立债权债务关系；还可以通过合同变更、终止民事权利义务，例如以合同方式使得债权转移，债权人发生变更。

（3）合同是一种民事法律行为，因此需要当事人在订立合同时具有民事权利能力和民事行为能力。自然人之间订立合同，除纯获利的合同外，必须具有完全民事行为能力。而法人和非法人组织必须是合法成立的主体并且必须在其经营范围内订立合同。

（4）自然人、法人、非法人组织可以通过代理人订立合同，代理人在代理权限内，以被代理人的名义实施法律行为，由被代理人承担民事责任。所以通过代理人签订的合同，合同的当事人仍然是被代理人，由被代理人享有合同的权利，履行合同的义务。

（5）当事人订立和履行合同应当遵循平等、自愿、公平、诚信的原则，应当遵循法律和行政法规，不得扰乱社会经济秩序，损害社会公共利益。

（6）婚姻、收养、监护等有关身份关系的协议，适用有关该身份关系的法律规定；没有规定的，可以根据其性质参照适用《民法典》合同编规定。也即《民法典》合同编的调整对象不包括涉及婚姻、收养、监护等身份关系的协议。

（7）依法成立的合同对双方当事人具有约束力，双方当事人应当按照约定履行自己的义务，不得擅自变更或解除合同。

一、《民法典》合同编的调整对象

《民法典》合同编调整因合同产生的民事关系。根据《民法典》第四百六十四条的规定：合同是民事主体之间设立、变更、终止民事法律关系的协议。婚姻、收养、监护等有关身份关系的协议，适用有关该身份关系的法律规定；没有规定的，可以根据其性质参照适用合同编规定。

案例：合同编可以调整监护协议吗？

黄某和郭某在某边远山区生活，生有一子郭小男，9岁。郭某的姐姐郭女在北京生活。郭某、黄某与郭女为了让郭小男接受更好的教育，三人签订了一份书面的监护协议，约定郭女今后为郭小男的法定监护人，郭小男随郭女到北京生活，由黄某和郭某每月向郭女支付费用1000元，郭女负责郭小男的一切学习和生活事务，直到郭小男年满18周岁。并且约定，双方不得悔约。9岁的郭小男性情顽劣，到北京后，在学校经常与同学打架，一次不慎将同学杨某的右手弄骨折，花费医药费1.5万元。因郭小男屡教不改，郭女害怕类似事件再次发生，不愿再抚养顽劣的郭小男，于是提出解除监护协议，将郭小男还给郭某夫妇抚养，并且由其二人支付杨某的医药费。黄某和郭某认为，双方签订的监护协议合法有效，郭女已是郭小男的法定监护人，并且协议约定由郭女负责郭小男的一切事务，因此医药费应当由郭女负担，并且郭女有义务将郭小男抚养到 18 周岁。那么郭女是否能依照监护协议成为郭小男的法定监护人？是否有义务负担杨某的医药费？监护协议到底受不受《民法典》合同编调整呢？

专家分析

《民法典》合同编调整的是财产的流转关系，婚姻、收养、监护等身份关系不属于合同编调整的对象。根据《民法典》第四百六十四条的规定，婚姻、收养、监护等有关身份关系的协议，适用有关该身份关系的法律规定；没有规定的，可以根据其性质参照适用合同编规定。婚姻关系通过《民法典》婚姻家庭编中的相关法律规定调整，收养关系通过《民法典》中关于收养的法律规定调整，监护关系则通过《民法典》中关于监护的法律规定调整。根据《民法典》第二十七条的规定，未成年人的父母是未成年人的法定监护人。只要未发生监护权终止或被撤销的法定事由，父母不得以协议方式将监护人的身份转交他人。因此，此案不能根据合同中的约定使郭女成为郭小男的法定监护人，黄某和郭某仍然是郭小男的法定监护人。该法第一千一百八十八条规定："无民事行为能力人、限制民事行为能力人造成他人损害的，由监护人承担侵权责任。监护人尽到监护职责的，可以减轻其侵权责任。有财产的无民事行为能力人、限制民事行为能力人造成他人损害的，从本人财产中支付赔偿费用；不足部分，由监护人赔偿。"据此，本案应当由郭某夫妇支付杨某的医药费。

实务指南

《民法典》合同编只调整特定的财产关系，并不调整人身关系。一些涉及身份关系的合同或者协议，从名称上看似是合同，但并不受合同编调整，应当适用其他法律规定。有些合同中既涉及财产关系又涉及身份关系，可分别适用相关法律规定。例如离婚协议，协议中的财产部分可根据约定进行分割，而双方的夫妻关系必须按照《民法典》婚姻家庭编的规定，办理离婚登记后才能发生法定的效力，只根据离婚协议不能产生离婚的法律效果。

关联法规

《中华人民共和国民法典》

第四百六十四条 合同是民事主体之间设立、变更、终止民事法律关系的协议。

婚姻、收养、监护等有关身份关系的协议，适用有关该身份关系的法律规定；没有规定的，可以根据其性质参照适用本编规定。

二、合同对当事人的约束力

依法成立的合同对当事人具有约束力，任何一方当事人违反合同义务都应当承担相应的违约责任。合同对当事人的约束力表现在以下几点：（1）当事人应当按照合同约定履行义务；（2）当事人不得擅自变更或解除合同；（3）当事人为保证合同的履行应当按照诚信原则履行一定的附随义务，如通知、协助、保密等。

案例：合同当事人可以擅自变更合同吗？

某日，甲粮店与该市乙粮食贸易公司签订买卖合同，合同约定甲粮店以每千克 4 元的价格向乙粮食贸易公司购买 200 吨大米，由乙粮食贸易公司送货上门。合同签订后，由于甲粮店的大米销售不佳，之前所存大米仍有剩余，仓库不能再容纳 200 吨大米，于是甲粮店向乙粮食贸易公司提出只购买 100 吨大米的请求。乙粮食贸易公司提出，若甲粮店只购买 100 吨大米，则单价变为每千克 4.2 元。甲粮店对乙粮食贸易公司提出的变更单价的要求没有答复。后来甲粮店得知邻市的丙粮店急需 100 吨大米，遂通知乙粮食贸易公司将另外的 100

吨大米运到邻市丙粮店的仓库，单价为多少并未提及。乙粮食贸易公司向甲粮店回复，表示可以按照甲粮店的要求履行合同。乙粮食贸易公司向这两个粮店交付大米后，便向这两个粮店分别索要42万元的货款。甲、丙粮店分别表示只能按照合同约定的价格支付40万元。乙粮食贸易公司认为自己已经告知甲粮店只购买100吨大米的单价为每千克4.2元，甲粮店不能悔约。甲粮店认为自己并没有回复乙粮食贸易公司变更价格的通知，乙粮食贸易公司不能擅自变更合同。

专家分析

合同是由双方当事人在平等、自愿的基础上，协商一致达成的，成立并且生效的合同对当事人具有法律约束力，任何一方当事人都不得随意变更合同的内容。只有经过当事人协商一致或者依据法律的规定或通过法院判决、仲裁机构仲裁才可以变更合同。

本案中，甲粮店和乙粮食贸易公司达成的粮食买卖合同已经依法成立并且生效，甲粮店对于乙粮食贸易公司变更单价的回复并没有表示接受，不能视为达成变更合同的合意，因此原合同单价的条款不能发生变更。而乙粮食贸易公司第二次回复甲粮店表示同意向甲、丙粮店分别发放100吨大米，这就意味着双方对于标的物的数量和履行方式的变更达成了一致意见，因此这次合同的变更合法有效。所以，乙粮食贸易公司只能按照原合同的价格条款向甲、丙粮店分别索要价款40万元。

实务指南

合同成立生效后，合同当事人则应受到合同的约束，要依照合同的约定行使权利，履行义务。标的物的数量、质量、价款、履行时间、地点、方式是合同中的重要事项，如果发生了变更，则可能影响到某一方当事人在合同中的利益。因此，只有双方当事人协商一致，达成变更合同的协议时，才会发生合同变更的法律效力。如果一方当事人将变更的事项通知对方当事人，而对方当事人采取沉默的方式，并且没有以实际履行的方式表明同意合同变更，那么通知的变更事项不发生效力，双方应当按照原合同的条款履行义务。

关联法规

《中华人民共和国民法典》

第四百六十五条 依法成立的合同，受法律保护。

依法成立的合同，仅对当事人具有法律约束力，但是法律另有规定的除外。

第二节 《民法典》合同编的基本原则

日常生活中，合同无处不在，简单来说，我们去商场购物、乘坐公共汽车等都是在与另一方订立合同的基础上进行的，只不过是订立合同的形式有所不同而已。但合同的基本原则却贯穿于整个合同领域，是具有普遍适用性的指导思想和基本准则。民法的基本原则包括平等原则、自愿原则、公平原则、诚信原则、守法和公序良俗原则及绿色原则。合同编为《民法典》之分编，在民法总则统领之下，也应当遵守民法的基本原理。日常交易中，小到日常购物，大到公司进行的民商事买卖等，都必须遵守民法的基本原则。

合同编的基本原则主要有以下几个特点：

（1）效力贯穿始终。合同编的基本原则体现了合同编所调整的社会关系的本质特征，合同编的每一项规定都渗透着这些基本原则的理念与精神，它的效力贯穿合同编的始终。

（2）内容广泛。合同编基本原则的内容丰富多样，它指导着市场交易中的诸多方面。例如，我们平时所订立的买卖合同、房屋租赁合同、借款合同、服务合同等，无一不体现着合同编的基本原则。

合同编的基本原则不仅是从事市场交易的主体应该遵循的行为准则，指导着人们的行为，此外，它还具有解释合同法律规范的作用。借助这些基本原则的指导，法官得以在法律规定存在欠缺的情况下充分行使自由裁量权，维护当事人的利益与司法公正，维护法律的尊严。

一、平等原则

平等原则，是指民事主体在从事民事活动时，双方在法律地位上都是平等的。主要表现在三个方面：（1）民事权利能力一律平等；（2）法律地位一律平等；（3）法律适用一律平等。

案例：合同双方当事人的地位是平等的吗？

吴某和妻子在下岗之后，找了几份工作都不合适，因此，两人准备在县城开一家超市来维持生计。在经过详细的计划之后，他们开始在县城的住宅区周围找房子，收集各种关于租房的信息。经过仔细对比挑选，两人在一个小区里找到了一家非常满意的门面。他们在和房东杜某商量好价格后，交了1000元定金，约定好改天签合同。可是，在签合同时，房东利用他已经收了定金的优势，在合同中写了各种不合理的条件，使得吴某夫妇开超市很受限制。吴某夫妇觉得这样对他们很不公平，便问杜某为什么在开始时没有和他们说明这些。杜某说他以前对外出租房屋也是有这些条件限制的，并且声称如果不接受，可以不租，还说要租他房子的人有很多。吴某说可不可以再让他们考虑一下，杜某答应给他们一天的时间考虑。吴某在经过打听之后了解到，如果不签合同，自己交的定金就拿不回来了，无奈之下，他们不得不和杜某签了房屋租赁合同。

专家分析

在民商事活动交易中，根据《民法典》第四条的规定，当事人的法律地位一律平等，任何一方都不能将自己的意志强加给他人，使得他人按照自己的意志来订立合同。然而在现实生活中，我们却经常看到这样不公正的现象。在本案中，杜某利用吴某夫妇已经交了定金，变相强制他们与自己订立房屋租赁合同，这种行为严重违反了平等原则。所谓平等，除了在订立合同的过程中双方当事人的地位平等之外，在合同的内容上双方享有的权利和承担的义务也要是对应的，不能一方只享有权利，另一方只承担义务。此外，在责任承担上，双方承担的责任也必须是平等的，不能出现一方的责任重于另一方的情况。

实务指南

在现实生活中，合同双方当事人地位不平等的现象随处可见。经常有一方当事人利用自己的优势地位来变相强制另一方按照自己的意愿签订合同来谋取利益。然而这与《民法典》合同编的平等原则相悖，在交易中，没有地位高低之分，任何人的地位都是平等的。因此，当我们进行交易活动时，如果出现此种现象，要学会运用法律手段来解决问题，维护自己的利益，而不能对其采取听之任之的态度。

关联法规

《中华人民共和国民法典》

第四条　民事主体在民事活动中的法律地位一律平等。

二、自愿原则

自愿原则是指根据双方的意思自治而自愿达成的协议，任何一方都不得凌驾于另一方之上而强迫其订立合同。自愿不仅指在合同的订立中双方自愿，也表现在合同的内容、形式等方面不能违背一方当事人的意愿。

案例：可以强迫他人签订合同吗?

董某在某县开了一家饭店，由他和妻子负责日常经营。因为饭店的服务态度与饭菜口感都非常好，生意十分红火。客人的增多也带动了店内酒水饮料的消费。开始时，他们饭店的酒水饮料主要是从杜某那里进货，但是，很多客人反映他们家的酒水饮料不如别家的种类多，而且口感也不是很好。后来，董某经过打听，才知道原来杜某提供的酒水饮料不仅价格比别人高，而且质量也很差。在了解到这些情况后，他就准备从另一家商店进货。杜某知道这一消息后十分担忧，想尽各种办法力图让董某与他继续订立合同。之后，杜某威胁董某，说如果董某不同意继续订立合同，就把饭店在酒里兑过水的事情说出去。无奈之下，董某只好继续和杜某订立合同，向杜某购买酒水饮料。

专家分析

合同最本质的特点就是意思自治，即当事人订立合同自由，可以根据自己的意愿自由选择合同相对人。法律充分尊重当事人的意愿，将自主选择权赋予交易主体，任何人都不能强迫他人订立合同。依据《民法典》第一百五十条的规定，如果是被胁迫订立合同，当事人可以选择将合同撤销。在本案中，杜某以不签合同就揭发饭店曾经的“丑事”为由来胁迫他购买自己的酒水饮料，使其不得不违背自己的意愿来订立合同。这种行为严重违反了《民法典》合同编的自愿原则，在合同中，秉承交易自由的原则，强迫别人签订合同的行为是被禁止的。所以，在这种情况下，董某完全可以请求司法机构撤销他与杜某之间的买卖合同。

实务指南

在日常生活中，强迫他人签订合同的现象不少。一部分人在遇到这种情况时却总是听之任之，认为多一事不如少一事，反而助长了违法者的嚣张气焰。在遇到此种情况时，首先，我们要明确，《民法典》合同编坚持当事人自愿原则，任何人都无权要求他人违背意愿与其订立合同；其次，我们要敢于面对，不要惧怕任何人的强迫、威胁，要敢于捍卫自己的合法权利；最后，即便是被胁迫签订了合同，我们也可以通过请求人民法院或仲裁机构撤销合同，通过法律的途径来保护自己的合法权利。

关联法规

《中华人民共和国民法典》

第五条 民事主体从事民事活动，应当遵循自愿原则，按照自己的意思设立、变更、终止民事法律关系。

第一百五十条 一方或者第三人以胁迫手段，使对方在违背真实意思的情况下实施的民事法律行为，受胁迫方有权请求人民法院或者仲裁机构予以撤销。

三、公平原则

公平原则是《民法典》合同编一项重要的基本原则，体现交易过程中交易各方利益的适当分配。公平原则的核心是对当事人之间的利益进行平衡，避免出现对一方过于有利，而对另一方过于不利的现象。其是合同编追求的价值目标，能起到规范市场秩序的作用。

公平原则主要包括以下三个方面的内容：（1）要求在立法的过程中，通过对各方主体权利义务的分配体现公平；（2）要求在市场交易的过程中，当事人遵循市场价值规律，遵守秩序，等价有偿；（3）要求在交易中出现纠纷时，对纠纷的处理结果是公平公正的，不能偏向任何一方。

案例：显失公平的合同，有效吗？

小兵在大学毕业之后，由于没有找到理想的工作，所以他准备和自己的好朋友徐某在某市开一家电子产品经营店。在资金筹集到位之后，他们便开始进行找店面、组织货源等筹备工作。之后，小兵和徐某准备去进货。因为他们刚刚入行，对进货时需要注意哪些事项不是很清楚。经朋友介绍，小兵认识了季某。季某一直从事批发电子产品的生意，小兵向他咨询进什么样的产品才会畅销，季某告诉了他现在的市场行情并且向他推荐了许多产品。小兵认为季某是朋友介绍来的，应该不会有太大的问题，于是，就按照季某的推荐在季某处订购了很多电子产品，像U盘、移动电源、手机充电器等，并与他签订了合同。

可是，就在第二天他们准备去提货的时候，小兵在网上查看这些产品的同类市场价格时，发现这些产品都已经过时了，而且网上售价也要远远低于季某给出的价格。原来季某卖给小兵的产品都是他存留下来的一些货底，他利用小兵和徐某没有经验的弱点让他们购置了现在很少有人买的产品。这让小兵他们两个感到很气愤，但却不知道该怎么办。两个人都为自己的粗心大意感到懊悔，认为是他们自己造成的。如果不履行合同，就要支付违约金。可是，如果依约履行合同，他们也会遭受损失。两人不知道该如何做才能挽回这次的损失。

专家分析

公平原则是民事领域中的一个非常重要的原则。在双方订立合同的过程中，当然也要遵循公平原则。在合同领域中，公平原则是为了维护市场中的交易安全，规范市场秩序。公平是指在订立合同的过程中，双方当事人的权利和义务是同等的，要将合同的内容在双方之间进行平衡，不能出现向任何一方倾斜的现象。但是，在交易的过程中，部分人由于缺乏经验等原因导致合同显失公平的现象还是比较常见的。为了保护交易的安全，法律规定，如果合同显失公平，则可以被撤销。所谓的“显失公平”，是指一方当事人凭借自己优越的地位、职权或者利用另一方当事人没有经验、意志力薄弱、缺乏判断能力等弱点与其订立合同的行为。

本案中，电子产品的销售商季某利用小兵等人缺乏经验的弱点，将自己卖不出去的货底以远远高于市场价的价格销售给他们，让他们与自己订立了买卖合同，该合同显失公平。因此，依据《民法典》第一百五十一条的规定，小兵等人可以以合同显失公平，违背合同编中的公平原则为由，要求将双方订立的合同予以撤销，从而使合同归于无效。

实务指南

生活中，我们对公平这个词很熟悉，但是，当不公平的现象出现且损害我们的合法权益时，我们可能并不知道该如何挽回损失，甚至有时不知道这种行为已经违反了公平原则。因此，这就要求我们不仅在平时进行交易、订立合同的过程中，注意增强自己的判断能力，经过理性的判断和详细的辨别之后再作出决定，防止部分人乘虚而入。而且在我们的权利受到侵害时，要懂得显失公平的合同中，明显不利的一方是有权撤销的，可以通过法律的手段来维护自己的权益。

关联法规

《中华人民共和国民法典》

第六条 民事主体从事民事活动，应当遵循公平原则，合理确定各方的权利和义务。

第一百五十一条 一方利用对方处于危困状态、缺乏判断能力等情形，致使民事法律行为成立时显失公平的，受损害方有权请求人民法院或者仲裁机构予以撤销。

四、诚信原则

诚信不仅是我们做人的准则，在市场交易的过程中，也要遵守诚信原则。诚信原则要求人们在市场交易的过程中实事求是、恪守承诺，依法行使自己的权利，全面履行自己应承担的义务，不为了自己的利益欺诈对方。

案例：诚信原则一定要遵守吗?

张某拥有一个罐头加工厂，主要生产各种水果罐头。某月，很多水果快要上市，此时张某准备生产一批苹果罐头。所以，他便开始到乡村的各个果园中寻找合适的货源。他在某村的一个果园中看中了范某家的苹果，双方在经过协商后，达成协议，张某以每斤 1.3 元的价格购买范某 10000 斤苹果。为了保证双方能够履行约定，张某付了 500 元押金给范某，准备在半个月后过来提货。

然而，由于市场批发价格发生变化，苹果的价格下降，半个月后，不同苹果种类中，市场价格最高的也不到每斤 1 元。当张某来到范某家时，要求以现在的市场价格购买。但由于当时双方已经达成了一致意见，并且还付了押金，范某对于张某降价的要求坚决表示不同意。然而此时，张某见范某不肯降价，就说这批货自己不要了，押金就当自己丢了。可是，这却给范某造成了很大的损失。因为与张某订立了合同，所以范某一直在等他来提货，甚至为此拒绝了许多其他的买家。张某如今的做法让范某非常气愤，觉得他这样的行为太过分了，简直就是不讲信用。

专家分析

诚信原则是我们都要遵循的，它不仅是一个道德规则，更是一个法律原则。然而，在市场交易的过程中，有的人为了追求利益最大化，往往会作出不守信用甚至是欺诈的行为。一旦这种现象发生，就会导致市场秩序的混乱，造成信任危机，甚至可能严重损害一方当事人的利益。如在本案中，张某不惜牺牲自己的信誉来换取更大的利益。因为他觉得虽然自己违约，损失了押金和信誉，但是至少不会遭受很大的经济损失。可是，他的这种行为却使得范某遭受了重大损失，范某遵守信用，依法履行合同，最后换来的却是对方的违约与自己利益的损失。此时，张某的行为就已经违反了诚信原则。为了制止这种现象的发生，同时保护市场交易的安全，范某可以依法要求张某赔偿自己的损失。

实务指南

在日常的交易过程中，我们都知道应该遵守诚信原则。我们要注意，一方面，在日常的交易过程中注意维护自己权利的同时，也要遵守诚信原则，如在订立合同的过程中，我们要履行相关的协助、保密义务，保证信息的真实性等。另一方面，我们在交易的过程中可以通过合同约定及法律规定对违反该原则的后果进行惩罚，如一方可以要求另一方支付定金或者在合同中规定违约责任，从而来约束双方遵守诚信原则，依法履行合同。只有交易双方都遵守诚信原则，才能够维护整个市场交易秩序，保护市场交易安全。

关联法规

《中华人民共和国民法典》

第七条 民事主体从事民事活动，应当遵循诚信原则，秉持诚实，恪守承诺。

五、守法和公序良俗原则

守法和公序良俗原则是使市场秩序得以保障的一项原则，是市场交易主体的一项义务。公序良俗，即我们所说的社会秩序、善良风俗。换言之，在市场交易中，交易主体必须遵守法律，遵守社会公共秩序、善良风俗。一旦双方订立的合同违反了法律和公序良俗，合同就是无效的。

案例：损害社会公共利益的合同有效吗？

李某在网上开了一家打印店，他在打印之外，还私下经营办理假证的业务，如英语四六级证书、学生证以及其他一些相关的证明文件等。6月，即将毕业的贺某由于英语四六级一直没有过，他为此感到非常懊恼，因为很多用人单位都要求四六级证书。正在他发愁之际，他的一个朋友告诉他可以去办理一个假证，反正如果不仔细看，假的和真的也看不出有什么区别。贺某听后决定去办假证，认为即使办个假证也不会怎么样，反而对自己找工作大有帮助。在朋友的介绍下，他找到了李某，在向李某说明情况后，李某答应帮他办理四六级证书各一份，让他先支付价款，并在一个星期之后到店里来取。一个星期后，贺某到打印店里取自己的证书，李某告诉他说因为那个做假证的人已经不在他这里工作了，所以他现在也没有办法做假证。贺某听到后很生气，认为当时李某既然已经答应了他就不该出尔反尔，便要求李某赔偿他的损失，但是李某表示拒绝。后来，贺某将这件事告诉了自己的同学，说打印店老板李某的行为是违约行为，想让同学帮他一起索要赔偿。但同学却告诉他说他们之间的交易是违法的，根本就没有违不违约之说。

专家分析

在民事领域中，法律虽然赋予了公民充分的自由，但也是有限制的。并不是交易主体之间订立的所有合同只要双方当事人协商一致就能成立，前提还需要合同的内容不违反法律法规与不损害社会公共利益。根据《民法典》第一百五十三条的规定，违背公序良俗，违反法律、行政法规的强制性规定的民事法律行为无效。但是，该强制性规定不导致该民事法律行为无效的除外。由此可知，我们在订立合同时必须要以不违反公序良俗和法律法规的强制性规定为前提。如果法律允许交易主体为所欲为的话，那么将会导致整个社会秩序的混乱，后果将是不堪设想的。本案中，李某与贺某达成的协议是无效的，因为买卖假证的行为已经违反了法律规定，损害了社会公共利益，因此，贺某与李某的合同是无效的，从而也就谈不上是否违约的问题了。但是李某因该无效民事法律行为取得的财产，应当退还给贺某。此外，李某还可能触犯《刑法》规定的伪造、变造、买卖国家机关公文、证件、印章罪，应当承担相应的刑事责任。

实务指南

在现实生活中，虽然订立合同是双方当事人意思自治的结果，但是，意思自治也不能违反法律，不能损害社会公共利益。我们通常所说的社会公共利益主要指国家社会秩序、公民法人的合法权益等。在日常生活中，办理假证的行为是违法犯罪行为，严重损害了社会秩序，是法律所禁止的。这就要求我们在进行交易、订立合同的过程中注意遵守法律，不能进行任何损害社会秩序的交易，否则自己也会受到损失，遭受法律制裁。

关联法规

《中华人民共和国民法典》

第八条 民事主体从事民事活动，不得违反法律，不得违背公序良俗。

第一百五十三条 违反法律、行政法规的强制性规定的民事法律行为无效。但是，该强制性规定不导致该民事法律行为无效的除外。

违背公序良俗的民事法律行为无效。

六、绿色原则

绿色原则是《民法典》的一项基本原则，确立绿色原则有利于引导民众树立可持续发展的观念。在现代社会经济迅速发展、自然资源屡遭破坏、生态环境恶劣的背景下，绿色原则体现了民众对优质环境的迫切需要。遵循绿色原则，增强人民的环保理念，有利于实现人与自然的和谐发展。

案例：当事人为履行合同而浪费资源的行为，应支持吗？

某工厂专门生产踢脚线。2021 年 4 月，该工厂与某装修公司签订了合同，在合同中约定，该工厂在两个月内生产装修公司指定规格的踢脚线，任何一方违约均要承担违约责任。但由于工厂最近的订单数量非常多，而员工人数不够，在合同生效后，为了能够按时交货，工厂简化生产过程，生产踢脚线所产生的废弃材料不再进行二次利用，导致浪费了很多原材料。此时，生产部门的员工赵某看到后，认为为了按时交货简化生产过程，从而浪费原材料，不仅增加了成本，也浪费了资源，这种行为是不可取的。但是，工厂经理却说，为了按时交货这是迫不得已的选择，而且浪费资源只是与公司的成本有关，并不是违法行为。同时，该经理称在浪费资源面前，公司的信誉最重要，且相比延迟交货需要交付违约金带来的损失，公司最后的利润还是很可观的。

专家分析

在履行合同的过程中，不但要遵守合同的约定，全面履行合同，也要遵循绿色原则，节约资源，避免浪费资源、污染环境。对此，我国《民法典》第九条规定："民事主体从事民事活动，应当有利于节约资源、保护生态环境。"同时，该法合同编第五百零九条第三款细化了该原则，明确规定："当事人在履行合同过程中，应当避免浪费资源、污染环境和破坏生态。"由此可知，在合同履行中，当事人不能为了实现合同的目的以及追求经济效益而以牺牲环境、浪费资源为代价，还要考虑保护自然资源和保护生态环境的因素，处理好经济效益与环境保护、资源开发之间的关系。

本案中，赵某的说法是正确的。踢脚线工厂不能为了按时交货而浪费资源，这并不只关系到工厂本身的成本，也与社会环境息息相关。踢脚线工厂浪费原材料的行为违背了《民法典》中的绿色原则，工厂可以采取更为妥当的方式来实现合同目的，同时也可以避免资源浪费。

实务指南

现代社会，随着经济不断发展，资源浪费、环境破坏日益严重。绿色原则是对这些现象的回应。在实际生活中，我们在履行合同时，不能随意浪费资源，要实现资源再利用。同时，也要避免对环境的污染与破坏，不能为了追求经济利益而牺牲环境。对企业而言，更要及时对设备进行更新换代，对生产产生的废气、废水、废物要进行加工处理，避免污染环境。要将鼓励交易与保护环境有机结合起来，避免社会资源的浪费，实现经济利益与公共利益的最大化。

关联法规

《中华人民共和国民法典》

第九条 民事主体从事民事活动，应当有利于节约资源、保护生态环境。

第五百零九条第三款 当事人在履行合同过程中，应当避免浪费资源、污染环境和破坏生态。

第二章

合同的订立

合同的订立是指双方当事人通过平等协商，在达成共识的基础上建立合同关系的行为。合同一旦合法订立，各方当事人就要严格遵守合同中约定的权利义务，受合同条款的约束。因此从该意义上讲，合同的订立是一个严肃的法律问题，需要谨慎对待。我国《民法典》合同编第二章对合同的订立问题进行了明确的规定，包括合同订立的原则、合同订立的方式、合同订立时双方当事人的主体条件等，这一系列法律规定使得合同的订立过程有法可依。

第一节 合同的形式、内容和对当事人资格的要求

合同的形式是指合同双方当事人达成共识的外在表现形式，它是合同内容的载体。依照我国《民法典》第四百六十九条的规定，当事人订立合同，主要有书面形式、口头形式和其他形式。我国法律并未强制限制所有合同的形式，因此除法律明确规定采用书面合同形式的以外，双方当事人可以对采用何种合同形式进行约定。但需要注意的是，为了维护合同双方的权利义务关系，双方应慎重地选择合同的形式。

合同的内容是双方当事人平等协商确定的，由合同的各项条款构成。根据各条款在合同中的不同作用，可将合同条款分为必备条款和一般条款。对于一些必备条款，若不具备，合同则不能成立。这些必备条款主要体现在《民法典》第四百七十条中，具体包括当事人的姓名或者名称、标的、数量等。除此之外，其余的合同条款则可以由双方当事人协商确定。

在合同订立的过程中，订立合同的当事人起着不可替代的作用，那么什么人可以成为合同的当事人呢？依照我国《民法典》第二条和第四百六十四条的规定，平等主体的自然人、法人、非法人组织等均可以成为合同的当事人。为了更好地规制合同订立行为，我国法律明确规定了订立合同的当事人的资格要求。即当事人应当具有相应的民事权利能力和民事行为能力。除此之外，当事人可以依法委托代理人订立合同。

一、合同的形式

口头合同和书面合同是实践中最常见的两种合同形式。根据《民法典》第四百六十九条的规定，当事人订立的合同有书面形式、口头形式和其他形式。

书面形式是合同书、信件、电报、电传、传真等可以有形地表现所载内容的形式。此外，以电子数据交换、电子邮件等方式能够有形地表现所载内容，并可以随时调取查用的数据电文，视为书面形式。而口头形式是指双方当事人以电话等口头形式达成一致协议，并订立合同，无任何书面的或其他有形载体来表现合同内容。法律、行政法规规定采用书面形式的，应当采用书面形式。当事人约定采用书面形式的，应当采用书面形式。除此之外，对合同采用何种形式，合同双方当事人有自由裁量权。

案例：电子邮件属于书面合同形式吗？

A公司是某市的一家物流公司，该公司主要从事物流运输业务。为了扩展生意，该公司利用互联网技术，建立了公司的官方网站，网站上有公司的详细业务介绍。B公司是该市一家服装生产公司，该公司生产的服装十分畅销。最近B公司需要把新生产的一批货物送到另一个城市。B公司经理在网上看到A公司的简介后，决定与A公司合作，于是B公司经理便给A公司发了一封电子邮件，询问具体的物流费用等。经过几次的电子邮件往来，双方确定了合作关系。为了节省双方的时间，便以电子邮件的形式签订了合同。最后A公司依照合同上的约定，将货物及时准确地送到了目的地。在完成任务后，A公司经理依照合同上的规定，向B公司索要运输费用。此时B公司由于资金紧张，无法支付运输费用。为了应对A公司，B公司称其未与A公司签订合同，公司明确规定只有与B公司签订的书面合同才算有效合同，双方以电子邮件形式签订的合同无效。A公司经理很是着急，不知以邮件形式签订的合同是否属于书面合同？

专家分析

随着计算机互联网的兴起，电子邮件等工具变得十分方便快捷。人们开始广泛使用电子邮件等形式进行交流、签订合同等。这就使得实际生活中出现了关于电子邮件是否为书面合同的争议。其实对于这个问题，我国《民法典》合同编已进行了明确的规定。从《民法典》第四百六十九条规定可以看出，电子邮件是法律上明确规定且承认的书面合同的一种形式，受法律保护。因此在本案中，A公司与B公司已经通过电子邮件的形式签订了书面合同，双方当事人应受其合同的约束，按照合同的约定行使各自的权利，履行各自的义务，双方当事人均不得违反合同的约定。

实务指南

以电子邮件等形式签订的合同属于书面合同的一种，我国法律对此进行了明确的规定。因此，双方当事人以电子邮件、传真等形式签订的合同受法律保护。但是需要注意的是，电子邮件很容易被人删除和修改，因此双方当事人在以电子邮件等形式签订合同时，要注意保护电子邮件，防止以后发生纠纷。当然，双方当事人在各种条件允许的情况下，应尽量签订正式的签字盖章的书面合同，以在纠纷发生后能够更好地维护己方的合法权益。

关联法规

《中华人民共和国民法典》

第四百六十九条　当事人订立合同，可以采用书面形式、口头形式或者其他形式。

书面形式是合同书、信件、电报、电传、传真等可以有形地表现所载内容的形式。

以电子数据交换、电子邮件等方式能够有形地表现所载内容，并可以随时调取查用的数据电文，视为书面形式。

二、合同条款

在合同中，合同条款组成合同的内容，是确定合同双方当事人权利义务关系的根据，因此合同条款在双方契约关系中发挥着十分重要的作用。为了提示订立合同的双方当事人注意合同条款，我国《民法典》合同编列举了一些常见的合同条款供当事人参考。主要包括当事人的姓名或者名称与住所，标的，质量，数量，价款或报酬，履行的期限、地点、方式，违约责任，解决争议的方法等。需要注意的是，依照我国法律规定，上述的条款并不都是法律明文规定的必备条款。必备条款是指合同成立必须具备的条款，缺少这些条款合同将不能成立，如当事人的姓名、标的等。合同的一般条款是除了必备条款之外的条款，它们也是合同的重要组成部分。

案例：合同中必须写明违约责任吗?

某大学计划将食堂重新装修一番，为同学们营造良好的用餐氛围。恰好暑假到了，同学们大多都回家了，学校开始筹备装修。经过一番调查对比，该大学决定与当地一家比较有名的装修公司进行合作，请该装修公司帮其装修食堂。于是双方的负责人开始商讨合作事宜，包括工程费用、工程项目时间、交付时间等，并且约定由装修公司拟定合同，合同拟定后五日内签字。装修公司把合同拟定后，学校对该份合同进行了仔细检查。学校负责人发现该份合同中，并没有规定任何一方违约时的违约责任，学校认为违约责任条款是合同中的必备条款，合同中没有规定违约责任，那么合同将不能成立。于是学校拒绝在合同上签字。该装修公司则认为，违约责任并不是合同中的必备条款，因此不必在合同中进行约定，一旦双方发生法律争议，直接诉诸法院即可。双方对此一直争执不下，合作的事情也因此被耽误了。那么依照我国《民法典》的相关规定，违约责任是否为合同的必备条款呢？缺少违约责任条款，学校和装修公司之间的合同能否生效?

专家分析

合同的必备条款是指合同中必须具备的条款，当合同中缺少必备条款时，合同将不能成立。合同中的违约责任条款主要是双方在合同中约定，一方不履行合同或者履行合同不符合约定时，需要承担的具体责任条款。从我国目前的法律规定来看，合同双方当事人的姓名、名称、合同的标的等是合同的必备条款，如果缺少这些条款，那么合同将不能成立。除此之外，我国法律上没有规定违约责任条款是合同中的必备条款。因此，对违约责任条款的规定，双方当事人有自主选择权，可以选择在合同中约定或者不约定。本案中，该学校的观点是错误的，尽管合同中没有约定违约责任，但是并不会影响合同的成立。双方的合同依然可以生效。且一旦出现违约责任，双方可以诉诸法院，通过诉讼的方式进行解决，以维护双方的合法权益。

实务指南

违约责任条款并不是法律明文规定的合同必备条款，双方当事人有自由选择权，可以协商确定是否在合同中约定违约责任。如果合同中没有违约责任条款，也不影响合同的成立。但为了避免以后发生纠纷，双方当事人在签订合同时，应尽可能在协商一致的基础上，将违约责任条款写入合同中，一旦合同履行过程中发生争议，双方当事人可以依照违约责任条款维护自身的合法权益。

关联法规

《中华人民共和国民法典》

第四百七十条 合同的内容由当事人约定，一般包括下列条款：

（一）当事人的姓名或者名称和住所；

（二）标的；

（三）数量；

（四）质量；

（五）价款或者报酬；

（六）履行期限、地点和方式；

（七）违约责任；

（八）解决争议的方法。

当事人可以参照各类合同的示范文本订立合同。

三、合同当事人资格

依照我国《民法典》的规定，平等主体的自然人、法人和非法人组织在平等协商的基础上均可以订立合同。也就是说，自然人、法人和非法人组织均可以成为合同的当事人。虽然自然人、法人和非法人组织均可以成为合同的主体，但是法律对其主体资格也作了明确的限制。即这些当事人在订立合同时需要具备相应的民事权利能力和民事行为能力，当然当事人可以委托代理人订立合同。而当这些当事人不具备合同主体资格能力时，合同将成为效力待定或者无效的合同。法律上对合同当事人的主体资格进行限制的目的是避免不具备合同当事人资格的主体随意与其他人缔结合同，扰乱市场秩序，破坏公平交易原则。

案例：可以委托他人签订合同吗？

甲公司是一家建筑设计公司，专门为其他公司设计建筑图纸。一次，乙公司要求甲公司帮其设计一份建筑图纸。设计构思完成后，甲公司将建筑构思告知乙公司负责人，乙公司经过全体董事会商定，认为甲公司的设计构思十分符合乙公司的风格，遂决定采用甲公司的建筑构思，与甲公司签订合作合同，要求甲公司帮其设计建筑图纸。乙公司要求甲公司负责人来乙公司所在地签订合同，并实地考察需要设计的建筑工地。但因甲公司的事情特别多，乙公司距离甲公司所在地又很远，来回需要一个星期的时间，而甲公司有许多事情需要总经理处理，该公司总经理实在脱不开身。于是甲公司总经理将与乙公司签订合同的事宜全权委托给该公司设计部门经理李某，由李某前往乙公司所在地，与乙公司负责人签订合同。李某到达乙公司所在地后，与乙公司负责人协商合作事宜，乙公司负责人有些疑惑，该合同是否可以委托他人签订？委托他人签订后，是否会影响合同的效力？

专家分析

依照我国相关法律的规定，当事人可以委托他人签订合同。他人即成为法律上规定的代理人，更进一步说，代理人就是指依据当事人的授权，以当事人的名义，在当事人的授权范围内，代其办理相关事务的人。其行为的法律后果由当事人承担。如果代理人超越代理权限实施代理行为，其法律后果则由代理人自身承担。在代理关系中，当事人应出具授权委托书，以证明双方之间的授权委托关系，表明授权的事项和范围等。在代理人代替当事人与第三方当事人签订合同时，应出具委托授权合同，告知第三方当事人自己的代理人身份。因此在本案中，既然甲公司总经理已经将此事授权给该公司设计部门经理李某，李某就成为合法的代理人，其所作的决定代表着甲公司总经理。因此乙公司可以与甲公司设计部门经理签订合同，该行为不会影响合同的效力。当然为保险起见，乙公司应当详细检查甲公司出具的授权委托书，以证明委托关系的真实性、有效性。

实务指南

依照我国相关法律规定，当事人可以委托他人签订合同。其法律效果与当事人本人签订合同的效果相同。但是需要注意的是，委托他人签订合同，会有一定的风险。因为代理人可能超越委托权限签订代理合同，如此一来，便会侵害双方当事人的合法权益。因此在实践中，当事人在委托他人时，一定要明确表明委托授权范围、委托事项等。而另一方当事人在签订合同之前，要仔细地审查代理人的授权委托合同，看其是否真实、是否在授权范围内，以防出现欺骗行为。

关联法规

《中华人民共和国民法典》

第一百四十三条 具备下列条件的民事法律行为有效：

（一）行为人具有相应的民事行为能力；

（二）意思表示真实；

（三）不违反法律、行政法规的强制性规定，不违背公序良俗。

第一百六十一条 民事主体可以通过代理人实施民事法律行为。

依照法律规定、当事人约定或者民事法律行为的性质，应当由本人亲自实施的民事法律行为，不得代理。

第四百六十四条第一款 合同是民事主体之间设立、变更、终止民事法律关系的协议。

第二节 要约与承诺

在法律上，合同订立的一般程序可以分为要约和承诺两个阶段。一方当事人提出一项要约，另一方当事人同意该要约内容即作出承诺，此时双方当事人之间就形成了具有法律拘束力的合同关系。其中，要约是指一方当事人发出希望与对方当事人订立合同的意思表示，发出要约的当事人被称为要约人，而对方当事人被称为受要约人。要约有其明确的成立要件：首先，发出要约的人要具有缔约合同的能力；其次，发出要约的内容应该是具体确定的，是其真实意思表示；最后，要约要发给特定的人，即希望与之订立合同的当事人。只有具备上述这些条件，才能说形成了一个完整的要约。要约作出后并非立即生效，只有当要约到达另一方当事人即受要约人时，才生效。当然在要约到达另一方当事人之前，发出要约的一方当事人还可以选择撤回要约。撤回的要约就变成了无效要约，发出要约的当事人因此可以不受要约内容的拘束。

承诺是指受要约人同意要约的意思表示，具体来说是指受要约人同意接受要约的内容和条件，从而与要约人订立合同的意思表示。承诺成立需要满足以下三个要件：第一，承诺需要向受要约人作出；第二，承诺必须在要约规定的期限内作出；第三，承诺的内容需要与要约的内容保持一致。承诺生效的时间为承诺到达要约人时，此时合同成立，双方当事人就要受合同的约束。

一、要约与要约邀请

在日常中，我们常常混淆要约与要约邀请，但两者是有区别的。首先，两者的概念不同。要约是指一方当事人发出希望与另一方当事人订立合同的意思表示。它的内容明确具体，一经受要约人承诺，该要约就发生法律效力，如 A 公司向 B 公司发出购买钢材的邮件即为要约。而要约邀请则是指一方希望对方向自己发出要约的意思表示。比较典型的要约邀请包括寄送的价目表、拍卖公告、招标公告、招股说明书。其次，两者针对的对象不同。要约针对特定的人群，而要约邀请针对的人群具有不特定性。最后，两者的行为方式不同。要约邀请是一种事实行为，目的是引诱别人对自己发出要约。而要约是一种法律行为，是希望与他人订立合同的意思表示。在实践中，我们需要准确判断要约与要约邀请，因为它们的法律效力不同，产生的法律后果也不尽相同。

案例：商业广告属于要约还是要约邀请？

某建筑开发商经过几年的工程建设，终于在某年年初将居民小区建好。由于该年年初经济形势不好，该小区房屋的销售情况不容乐观。开发商很是着急。为了让小区引人注意，开发商决定印发广告，广告内容包括小区的地理位置、小区里的日常设备等，且在广告的末尾表明，最近三个月内购买将有优惠。广告印好后，房地产公司的员工开始在热闹的街道发放广告。没过多长时间，发放广告的行为引起了反响，人们开始关注该小区，此小区房屋销售一时变得火爆。但是已经购房的人们发现，该小区在广告上说，三个月内购房有优惠，可实际上房价并没有便宜。购房的人认为开发商存在欺诈行为，便去找开发商理论。其中一个购房代表认为，开发商发放的广告属于要约，因此其应受该要约的约束，很明显开发商的行为违反了要约的内容。而开发商则认为，自己发放的商业广告属于要约邀请，无须受要约邀请内容的约束。那么，依照我国法律判断，该商业广告到底是要约还是要约邀请?

专家分析

判断商业广告是要约还是要约邀请，要从要约和要约邀请二者的区别、构成要件等方面进行区分。首先，二者针对的对象不同。要约的对象是特定的主体；而要约邀请的对象是不特定的人。其次，二者的具体内容不同。要约中内容详细，需表明要约的目的；而要约邀请的内容不具体。据此，本案中该开发商的商业广告是针对不特定的人群发出的，且该商业广告中的内容也不具体，没有明确地表达优惠的价格，以及目前的价格等，而这些都是房屋买卖合同中重要的内容条款，所以该开发商的商业广告属于要约邀请。

实务指南

在日常生活中，我们常常会看到商业广告。判断商业广告属于要约还是要约邀请，要视商业广告的具体内容而定，不能一概而论，主要看商业广告的内容是否具体明确，是否符合一个完整要约的构成要件。对于合同一方主体来说，需要明确自己所发的商业广告内容是要约还是要约邀请，因为二者的法律效果不同。如果发出的是一项要约，那么发出要约的人要受要约内容的拘束。而要约邀请对发出人的拘束力很小。因此要约人应对要约和要约邀请有清晰的了解，以便指导实践。当然需要特别注意的是，在实践中，悬赏广告被视为要约。

关联法规

《中华人民共和国民法典》

第四百七十一条　当事人订立合同，可以采取要约、承诺方式或者其他方式。

第四百七十二条　要约是希望与他人订立合同的意思表示，该意思表示应当符合下列条件：

（一）内容具体确定；

（二）表明经受要约人承诺，要约人即受该意思表示约束。

第四百七十三条　要约邀请是希望他人向自己发出要约的表示。拍卖公告、招标公告、招股说明书、债券募集办法、基金招募说明书、商业广告和宣传、寄送的价目表等为要约邀请。

商业广告和宣传的内容符合要约条件的，构成要约。

二、要约的撤回、撤销与失效

要约的撤回是指要约人在要约到达受要约人之前，发出取消要约的通知，使该要约不生效。撤回要约的通知与要约同时或先于要约到达受要约人，此时要约可以撤回。如果要约已经到达受要约人，则该要约不可以撤回。

要约的撤销是指要约到达受要约人后，在受要约人发出承诺之前，将该项要约撤销，即使要约内容失效。需要注意在以下两种情况下，要约不可以撤销：一是要约中明确规定了承诺期限，或者明确约定要约不可撤销。二是受要约人有理由认为要约不可撤销，并为要约的履行做了合理准备工作。

要约的失效是指要约失去法律效力，不再拘束要约人。我国《民法典》合同编规定了四种要约失效的情形：一是要约人依法撤销了该要约；二是受要约人拒绝要约；三是承诺期限届满，受要约人未作出承诺；四是受要约人对要约中的内容作出了实质性的变更。

案例：对方已经准备履行合同的情况下，要约还可以撤销吗?

某钢厂和某钢材批发公司有长期合作关系，该钢材批发公司经常在该钢厂进购各种型号的钢材。双方交易主要是通过邮件往来的形式进行。一次，该钢材批发公司的老总想要进口某型号的钢材，便按照以往的惯例，以电子邮件的形式发出一份要约，要约中表明了要购买的钢材型号，以及钢材的价格等。不久后，该要约以邮件的形式到达了某钢厂。钢厂老总收到邮件后，按照双方的惯例，一方面着手准备回复该要约，另一方面开始命令员工着手生产该型号的钢材。当该钢厂在为生产该型号的钢材做准备时，钢厂老总收到了该钢材批发公司撤销要约的通知，撤销要约的通知中表明，他们与另外一家钢厂达成了合作伙伴关系，因为另一家钢厂的产品价格低廉，质量也好，所以要撤销该要约。该钢厂老总很是气愤，认为双方存在很长时间的合作伙伴关系，且其收到该要约后，便开始着手准备履行合同，要约一旦被撤销，该钢厂将遭受巨大的经济损失。那么，依照法律的规定，该钢材批发公司可以撤销要约吗?

专家分析

我国法律上明文规定，当受要约人有理由相信要约不可撤销，且为履行合同做了准备工作的情况下，要约人不可以撤销要约。此规定的目的是保护受要约人的合法利益，如果法律上对要约的撤销不作任何的限制，就会造成要约人随意地撤销要约，此时就会给受要约人造成信赖利益损失，使诚信原则受到损害，也会影响交易安全。

那么，实践中，如何把握“受要约人有理由相信要约不可撤销”呢?可以从以下两点来考虑：第一，要看要约中是否明确规定了承诺期限或者以其他方式明示要约不可撤销。第二，可以从双方之间存在的长期交易习惯等方面进行判断。本案中，该钢材批发公司的要约是不可撤销的。因为根据双方长期存在的交易习惯，该钢厂有理由相信要约不可撤销，且已经为履行合同做了准备工作，所以在这种情况下，要约不可撤销。

实务指南

诚信原则是市场交易的基本原则。我国法律对要约的撤销有明确的限制，是为了防止要约被随意撤销，破坏双方当事人之间的交易安全。实践中，要约人在发出要约时，要谨慎仔细地考虑要约是否发出，受要约的对象是谁，该要约一旦发出，要约人就要受到要约的拘束，履行要约义务。而受要约人作为接受要约的一方，当受要约人有理由相信要约不可撤销，且为要约的履行做了准备工作时，此时要约是不可撤销的。当要约人执意撤销要约时，受要约人可以通过法律途径维护自身的合法权益，请求要约人赔偿经济损失。

关联法规

《中华人民共和国民法典》

第四百七十五条 要约可以撤回。要约的撤回适用本法第一百四十一条的规定。

第四百七十六条 要约可以撤销，但是有下列情形之一的除外：

（一）要约人以确定承诺期限或者其他形式明示要约不可撤销；

（二）受要约人有理由认为要约是不可撤销的，并已经为履行合同做了合理准备工作。

第四百七十七条 撤销要约的意思表示以对话方式作出的，该意思表示的内容应当在受要约人作出承诺之前为受要约人所知道；撤销要约的意思表示以非对话方式作出的，应当在受要约人作出承诺之前到达受要约人。

第四百七十八条 有下列情形之一的，要约失效：

（一）要约被拒绝；

（二）要约被依法撤销；

（三）承诺期限届满，受要约人未作出承诺；

（四）受要约人对要约的内容作出实质性变更。

三、承诺的到达

要约与承诺是相对的，一个完整的合同由要约与承诺构成。承诺是指受要约人同意接受要约的条件，从而愿意与要约人订立合同的意思表示。承诺需要具备以下三个条件：第一，承诺必须由受要约人发给要约人。第二，承诺必须在要约中规定的期限内到达受要约人，如果超过承诺期限到达的，除非受要约人同意其有效，否则就为无效，即成为一项新的要约。第三，承诺的内容应与要约的内容一致，如果随意更改要约的内容，那么该承诺也不能成立。承诺在到达要约人时生效。

案例：迟到的承诺还有效吗?

刘某是一家大型公司的采购经理，主要负责采购公司的日常办公用品。一天，公司的老总找到刘某，要求刘某采购一批办公用品，且在两个月内采购完毕。刘某便开始张罗此事。该市的A公司在办公用品领域做得比较好，且声誉较高。生产的产品质量可靠，且价格不高，在市场上受到广泛的欢迎。考虑到A公司的众多优点，刘某有意与A公司合作，向A公司采购一批办公用品。刘某通过与同事协商，最终确定了办公用品的计划采购价格和数量。于是刘某给A公司发出了一份要约，且在要约的结尾告知A公司，要求A公司在两个星期内给予答复，否则要约作废。A公司的老总最近一直在出差，没有看见刘某发出的要约。等A公司老总发现刘某发出的该项要约后，已经过了要约规定的承诺期限。A公司的老总认为，即使是迟到的承诺也是有效的，不影响其效力，于是A公司的老总给刘某回复了要约，告知刘某其公司愿意与刘某所在的公司合作，且价格等按照刘某所发的内容执行。刘某认为该承诺已经失效了，A公司老总的行为多此一举。A公司的老总和刘某对这项迟到的承诺是否有效各执一词。那么，依照我国法律，迟到的承诺还有效吗?

专家分析

一般来说，一项承诺要生效需要满足以下条件：首先，该承诺应符合承诺的成立要件；其次，该承诺应该在要约规定的期限内到达。只有如此该承诺才被认为是有效的承诺。承诺到达要约人时，该承诺生效，承诺生效时，合同成立。那么，迟到的承诺有效吗？原则上说迟到的承诺应属于无效承诺，但如果要约人承认该项迟到的承诺有效时，此时该承诺有效，就可以发生法律效力。

在本案中，A公司老总的承诺超过了要约中规定的期限，应属于迟到的承诺，且刘某在收到该承诺后，也没有作出承认该承诺的行为。因此该迟到的承诺原则上属于无效承诺。该无效承诺在法律上可以看作A公司老总给刘某发出的新要约。

实务指南

一项超过约定期限的承诺被视为无效的承诺。因此在实际生活中，受要约人一定要注意要约中对期限的规定，承诺要在约定的期限内送达要约人，否则该承诺就属于无效的承诺，对双方当事人不发生法律效力，在法律上成为一项新的要约。当然如果受要约人和要约人协商一致，要约人对超过约定期限的要约予以承认，该承诺也可以成为一项有效的承诺。

关联法规

《中华人民共和国民法典》

第一百三十七条　以对话方式作出的意思表示，相对人知道其内容时生效。

以非对话方式作出的意思表示，到达相对人时生效。以非对话方式作出的采用数据电文形式的意思表示，相对人指定特定系统接收数据电文的，该数据电文进入该特定系统时生效；未指定特定系统的，相对人知道或者应当知道该数据电文进入其系统时生效。当事人对采用数据电文形式的意思表示的生效时间另有约定的，按照其约定。

第四百八十一条 承诺应当在要约确定的期限内到达要约人。

要约没有确定承诺期限的，承诺应当依照下列规定到达：

（一）要约以对话方式作出的，应当即时作出承诺；

（二）要约以非对话方式作出的，承诺应当在合理期限内到达。

第四百八十三条 承诺生效时合同成立，但是法律另有规定或者当事人另有约定的除外。

第四百八十四条第一款 以通知方式作出的承诺，生效的时间适用本法第一百三十七条的规定。

四、承诺的撤回与新要约

承诺的撤回是指受要约人在发出承诺通知以后，在承诺正式生效之前撤回其承诺。承诺必须在承诺通知到达要约人之前或者与承诺通知同时到达要约人时才能撤回。当承诺已经到达要约人后，承诺就不可撤回，此时该项承诺已经生效。那么在什么情况下，承诺变为新要约呢？在一些要约中，有的要约明确地规定了承诺的期限，承诺晚于约定期限到达要约人后，此时该承诺原则上为无效承诺，但在法律上视其为一项新的要约。

案例：承诺在什么情况下变成新要约？

夏季来临，天气逐渐变热，人们对空调的需求日益增加，空调市场变得异常火爆。尤其是某品牌的空调，因其价格优惠，比较实用，深受消费者的喜欢。某商场目前对该品牌空调的需求量很大，但是没有存货。后该商场经理召开会议决定购进该品牌空调100台。事情定下来后，该商场经理开始四处寻找货源，且以电子邮件的形式联系该品牌空调的厂家，表明该商场需要购买的空调数量和拟定的购买价格，希望该厂家在一个星期内回复。恰好在此时，空调厂负责处理销售信息的员工发生了变动，新员工对业务不熟悉，疏忽之下竟然未将此要约邮件上报给厂里。后来，厂长在例行检查时意外发现了该项要约，查看要约内容后，认为该要约中的空调价格合理，决定同意该要约。可是要约中明确约定了承诺期限为一个星期，即使厂长现在回复，也已经晚了。但厂长为了给厂里增加销量，抱着试试看的心态，回复了该要约。承诺中表示同意该品牌空调的价格，希望与该商场合作。后商场收到了该项承诺，但是此时该商场已经找到了其余的厂家，购买了其他类型的空调，所以没有回复该承诺。此种情况下，空调厂家的该项承诺是否可以视为一项新的要约呢?

专家分析

在一定情况下，承诺可以变为一项新的要约。在一些要约中，要约人明确规定了要约的承诺期限，受要约人要在约定的期限内回复该要约。受要约人没有在要约约定的期限内回复该要约的，一般情况下该承诺为无效承诺，当然要约人可以回复受要约人该承诺有效。当该承诺违反了要约约定的期限到达要约人后，要约人没有回复受要约人该承诺有效，此时，该项承诺也可以视为一项新的要约，即发出承诺的人变为要约人，收到该承诺的要约人变为受要约人。

在本案中，空调厂厂长将超过约定期限的承诺回复给该商场，该商场没有表示该承诺有效，此时该厂长的承诺变为一项新的要约，厂长成为要约人，商场成了受要约人，此时商场可以自主决定，接受或者不接受该项新要约。该商场没有对新要约进行回复，则视为商场拒绝了该新要约。

实务指南

一个完整的要约和承诺构成一个合同，为了对其进行规制，我国法律上对要约、承诺何时有效等问题进行了明确的规定，以规范人们的行为。因此无论是要约人还是受要约人，都要严格遵守法律的规定。作为受要约人，如果希望与要约人就要约内容达成合同，就需要在要约规定的期限内回复该项要约，此承诺才能在到达当事人时发生法律效力，此时双方的合同成立。在实践中，这就要求受要约人在收到一份要约时，一定要注意仔细检查要约内容，查看要约中是否规定了承诺的期限等问题。

关联法规

《中华人民共和国民法典》

第一百四十一条 行为人可以撤回意思表示。撤回意思表示的通知应当在意思表示到达相对人前或者与意思表示同时到达相对人。

第四百八十五条 承诺可以撤回。承诺的撤回适用本法第一百四十一条的规定。

第四百八十六条 受要约人超过承诺期限发出承诺，或者在承诺期限内发出承诺，按照通常情形不能及时到达要约人的，为新要约；但是，要约人及时通知受要约人该承诺有效的除外。

第三节 合同的成立时间、地点等因素

合同的成立是指合同双方当事人对合同的主要条款协商一致，达成合意。一份合同的基本内容包括合同的成立时间、成立地点等。根据《民法典》的规定，依法成立的合同，自成立时生效，但是法律另有规定或者当事人另有约定的除外。也就是说，在一般情况下，合同成立即生效。

一、合同成立的时间

合同成立的时间关系到合同双方当事人在何时受到合同法律关系的拘束，何时开始遵守合同约定的权利及义务。依照我国相关法律的规定，承诺生效的

时间就是合同成立的时间。同时，我国法律根据合同的不同形式详细地规定了合同的成立时间。具体来说，采用书面形式订立合同的，当事人签字盖章或者按指印的时间为合同成立的时间；以数据电文等形式订立合同，相对人指定特定系统接收数据电文的，该数据电文进入该特定系统的时间为合同成立的时间；未指定特定系统的，相对人知道或者应当知道该数据电文进入其系统时生效；当事人采用信件、数据电文等形式订立合同要求签订确认书的，签订确认书时合同成立；当事人一方通过互联网等信息网络发布的商品或者服务信息符合要约条件的，对方选择该商品或者服务并提交订单成功时合同成立，但是当事人另有约定的除外。

案例：通过网络方式订立合同的，合同何时成立？

A公司是北京的一家服装生产公司，B公司是新疆的一家大型服装零售商场。A公司和B公司是商业伙伴，双方一直保持着商业上的往来和联系。按照以前的惯例，双方交易前，B公司会派出采购经理去A公司签订合同。由于最近天气不好，B公司的采购经理无法前往北京商议购买服装的事宜。B公司的采购经理经与该公司的老总协商，决定通过发送电子邮件的形式与A公司签订购买服装的合同。于是B公司的采购经理给A公司发出一项要约，要约中表明B公司想要在A公司采购一批服装，且明确规定了采购服装的类型、数量和价格等。A公司的总经理收到了该要约，并在要约约定的期限内，发出了同意该要约内容的承诺，且将该承诺发送到B公司规定的特定系统内。后B公司采购经理收到了该承诺，认为A公司和B公司的合同成立了，合同双方当事人自此应受该份合同的约束，按照合同上的规定履行相应的义务。那么，依照我国法律，A公司和B公司的合同是否成立呢？合同是何时成立的？

专家分析

合同何时成立关系到合同自何时对双方产生约束力，合同双方当事人权利义务关系自何时产生等问题。目前在实践中，通过网络数据电文等形式订立合同由于具有方便快捷、节省双方当事人时间等优点，因此被广泛运用。为了规范通过此种形式订立的合同，我国法律明确规定，通过数据电文等形式订立的合同，合同的成立时间为该数据电文进入收件人系统的时间。本案中，A公司与B公司合同成立的时间为A公司的承诺到达B公司电子邮件系统的时间，即双方当事人在此时开始受到该份合同的约束。

实务指南

合同的成立时间对双方当事人来说十分重要，然而，采用不同形式订立的合同，其合同的生效时间是不同的。了解以不同形式订立的合同的生效时间，有助于当事人避免发生不必要的合同纠纷。

关联法规

《中华人民共和国民法典》

第一百三十七条 以对话方式作出的意思表示，相对人知道其内容时生效。

以非对话方式作出的意思表示，到达相对人时生效。以非对话方式作出的采用数据电文形式的意思表示，相对人指定特定系统接收数据电文的，该数据电文进入该特定系统时生效；未指定特定系统的，相对人知道或者应当知道该数据电文进入其系统时生效。当事人对采用数据电文形式的意思表示的生效时间另有约定的，按照其约定。

第四百七十四条 要约生效的时间适用本法第一百三十七条的规定。

第四百八十三条 承诺生效时合同成立，但是法律另有规定或者当事人另有约定的除外。

第四百八十四条　以通知方式作出的承诺，生效的时间适用本法第一百三十七条的规定。

承诺不需要通知的，根据交易习惯或者要约的要求作出承诺的行为时生效。

第四百九十条　当事人采用合同书形式订立合同的，自当事人均签名、盖章或者按指印时合同成立。在签名、盖章或者按指印之前，当事人一方已经履行主要义务，对方接受时，该合同成立。

法律、行政法规规定或者当事人约定合同应当采用书面形式订立，当事人未采用书面形式但是一方已经履行主要义务，对方接受时，该合同成立。

第四百九十一条　当事人采用信件、数据电文等形式订立合同要求签订确认书的，签订确认书时合同成立。

当事人一方通过互联网等信息网络发布的商品或者服务信息符合要约条件的，对方选择该商品或者服务并提交订单成功时合同成立，但是当事人另有约定的除外。

二、合同成立的地点

合同成立的地点是指合同在什么地点成立。当合同双方当事人因合同中的事项发生争议时，就需要根据合同成立的地点确定法院的管辖权，以及选择应当适用的法律等。因此，合同双方当事人在签订合同时，需要明确了解合同成立的地点。依照我国相关法律的规定，承诺生效的地点是合同成立的地点。合同的成立地点与合同的形式有关。当双方采用合同书形式订立合同时，如果当事人没有约定，那么合同双方当事人最后签字、盖章或者按指印的地点为合同成立的地点。当双方采用数据电文等形式订立合同时，那么收件人的主营业地为合同成立的地点。没有主营业地的，收件人的住所地为合同成立的地点。除了上述法律规定外，双方当事人还可以对合同成立的地点进行约定，有约定的从其约定。

案例：以合同书形式签订合同的，何处为合同成立的地点?

刘某想开一家游戏厅。刘某父母很支持刘某的想法，不仅给予刘某资金上的支持，还帮助刘某物色游戏厅的地址，经过协商，刘某决定在市区开一家游戏厅。刘某想对游戏厅进行一番装修，经过网上查找后，刘某认为A市的B装修公司很专业，顾客反响也很好。于是刘某联系B装修公司的经理，双方经过反复协商后，最终在装修价格、装修风格、工程完成时间等方面达成一致意见，决定签订合同。于是B装修公司负责起草合同书，在刘某审核合同书的内容，对合同内容表示无异议后，双方决定签订此份合同。此时，B装修公司希望刘某到B装修公司所在的地点签订该合同，刘某认为自己是B装修公司的顾客，B装修公司应到自己所在的地点签订该合同。双方对此产生了争执。后经过协商，双方决定在刘某所在地签订合同，并于一周后签字。此后，双方当事人按照合同上约定的内容开始行使相应的权利，履行相应的义务。在本案中，合同成立的地点是否为刘某所在地呢?

专家分析

合同成立的地点关系到合同当事人发生争议时的管辖法院和适用法律等，尤其是在国际合同中，合同成立的地点对适用哪国法律影响很大。因此合同双方当事人应该了解和明确合同成立的地点，我国法律上对此也作了详细的规定。合同成立的形式不同，合同成立的地点也不同。当双方当事人以书面形式订立合同时，除当事人另有约定外，合同成立的地点为双方当事人最后签字、盖章或者按指印的地点。当双方当事人采用数据电文的形式订立合同时，合同成立的地点为收件人的主营业地。收件人没有主营业地的，其住所地为合同成立的地点。当然合同双方当事人还可以对此进行约定。

具体到本案中，刘某和B装修公司是通过书面形式订立合同的，因此双方当事人最后签字、盖章或者按手印的地点为合同成立的地点，即刘某所在地为合同成立的地点。

实务指南

实践中，合同成立的地点关系到合同争议的管辖法院，而管辖法院对诉讼的成败有着重要的利害关系，因此合同双方当事人在签订书面合同时，一定要本着对双方公平的原则，谨慎地对待和选择合同的签订地。当然，法律允许双方当事人在订立合同过程中，在平等协商的基础上自主约定合同成立的地点。

关联法规

《中华人民共和国民法典》

第四百九十二条 承诺生效的地点为合同成立的地点。

采用数据电文形式订立合同的，收件人的主营业地为合同成立的地点；没有主营业地的，其住所地为合同成立的地点。当事人另有约定的，按照其约定。

第四百九十三条 当事人采用合同书形式订立合同的，最后签名、盖章或者按指印的地点为合同成立的地点，但是当事人另有约定的除外。

三、应采用而未采用书面形式订立的合同

书面合同是合同的表现形式之一，是指通过合同书、数据电文等形式可以有形地表现所载内容的合同。书面合同具有口头合同不可比拟的优点，以书面形式签订的合同，将双方的权利义务关系确定下来，对双方当事人形成明确的拘束力，双方当事人会谨慎地根据书面合同的规定，行使自身权利，履行自身义务。即使双方因合同发生争议，书面合同也是解决双方争议的一个重要证据，与口头合同相比，更有据可查。所以在实践中，很多人倾向于选择订立书面合同。

案例：应采用书面合同而未采用，一方已经按照合同内容付诸行动的，另一方也接受，这样的合同成立吗？

吴某与几个朋友共同组建了一个建筑队，主要的工作是承建房屋及一些小型的工程项目。由于吴某等人对待工作认真负责，且收取的费用也合理，因此深受附近居民的喜欢。某幼儿园需要建一间可以容纳几十人的小型食堂，该幼儿园的园长和吴某等人的关系较好，也知道吴某等人对待工作认真负责，于是便找到吴某等人，希望吴某等人能帮其幼儿园建一间食堂。吴某等人很爽快地答应了该幼儿园园长的请求。后在几次碰面过程中，双方口头约定了该建筑工程的价款、完成时间、双方的具体权利义务等。没过几天，吴某和他的建筑队便开始施工，购买需要的建筑材料等，而该幼儿园园长也接受并支持吴某等人的行为。然而，一天，该幼儿园园长的朋友告诉他，依照我国法律的规定，该幼儿园的食堂建筑工程合同应当采用书面的形式签订，未采用书面形式订立的，该合同不能成立。听了朋友的一番话，幼儿园园长感到疑惑，不知其与吴某建筑队的合同是否能成立？

专家分析

我国相关法律规定，合同可以采用书面形式、口头形式和其他形式。对于一些合同，如借款合同、融资租赁合同、建筑合同等，应当采用书面形式。法律上如此规定的原因在于，该类合同烦琐复杂，对双方当事人来说十分重要，采用书面的形式可以很明确地确定双方当事人的权利义务关系，对双方当事人形成一种实质上的约束力，以更好地维护双方当事人的切身利益，防止以后发生纠纷时无证可查。也正是基于此，现实生活中很多人选择通过书面形式签订合同。

那么，法律上规定应当采用书面形式订立的合同，而实际未采用的，这样的合同是否有效呢？对此我国法律有明确的规定，应当采用书面形式而未采用，但是合同一方当事人已经按照合同形式付诸行动，另一方也接受的，该合同成立。本案中，虽然法律规定建筑工程合同应采用书面形式，但是吴某已经按照合同约定采取行动，幼儿园园长也表示接受，所以吴某和幼儿园园长之间的合同是成立的。

实务指南

书面合同是基本的合同形式之一，也是目前比较受青睐的合同形式。书面合同可以更好地明确双方当事人之间的权利义务关系，且使双方当事人在以后发生纠纷时有证可查。实践中，为了更好地维护双方当事人的权益，双方当事人应尽量协商采取书面的形式签订合同。当然也不能一味依赖书面合同形式，而排斥口头合同形式，在一些小的事项上可以采取口头合同这种方便的合同订立形式。

关联法规

《中华人民共和国民法典》

第四百九十条第二款　法律、行政法规规定或者当事人约定合同应当采用书面形式订立，当事人未采用书面形式但是一方已经履行主要义务，对方接受时，该合同成立。

第七百八十九条　建设工程合同应当采用书面形式。

第四节　格式合同

依照我国相关法律的规定，格式合同是指采用格式条款订立的合同。格式条款是指当事人为了方便重复使用而预先拟定的，且在订立合同时未与对方协商的条款。格式合同也被称为标准合同、制式合同。实践中，比较常见的格式合同有保险合同、房屋买卖合同等。该类格式合同的优点在于精简、省事，符合经济效益的原则，能够为双方当事人节省时间，方便合同双方当事人订立合同。但该类合同也有明显的弊端：首先，合同一方当事人可能单方面制定减轻自身责任，加重对方责任的条款，如所谓的“霸王条款”。其次，格式合同中，一方预先拟定格式条款，对方只能对此格式合同表示同意或者不同意。所以该类合同排除了双方当事人平等协商选择的权利，以及在平等基础上共同商定条款内容的机会。

鉴于此，我国法律从保护交易公平，保护弱者利益出发，对格式条款的内容作了进一步的限制：首先，格式合同提供方有提示对方当事人注意格式条款内容的义务。其次，当双方对格式条款的内容发生争议时，应作出对提供格式合同一方不利的解释，以维护相对方的合法权益。最后，当格式条款违反相关法律规定，出现不合理地减轻或免除格式条款提供方责任、加重对方当事人责任、限制或排除对方主要权利时，此类格式条款被归为无效，即对合同双方当事人无拘束力，双方当事人可以不受此合同条款的限制。

一、格式合同的解释

格式合同的解释是指在一些合同中，可能出现格式条款含义不清的情况，此时需要对该条款进行解释，明确其含义，从而确定当事人在合同中的权利及义务。我国法律对格式合同的解释总体上采用不利于提供格式合同一方的解释的原则。因为就其提供的格式合同，再作出利于他的解释，将不利于公平公正原则的实现，也不利于维护另一方的合法权益。《民法典》中明确规定了对格式条款的解释规则：首先，当双方当事人对格式条款的理解发生争议时，应当采用通常的理解予以解释。其次，当对该格式条款产生两种以上的解释时，需要采用对提供格式合同一方不利的解释，以维护另一方的合法权益。最后，当格式合同与非格式合同解释不一致时，采用非格式合同。

案例：公司只要写明“解释权归本公司所有”就可以对合同任意解释吗？

某房地产开发有限公司最新开发了一处楼盘，由于地理位置好、价位低，很受当地群众青睐。大学毕业后就留在当地的刘某，因为着急跟女朋友结婚，四处看房源。在看过几次后，两人便决定在该公司新开发的某小区购买一套房子。房子位于16层，楼层不错，还靠着马路边。不久后，该公司便与刘某签订了一份制式的购房合同。房子到手后，刘某与其女朋友开始对房子进行装修，5个月后，房子装修完毕。一天，该公司的工作人员突然敲门，告知刘某需要在刘某家和邻居家共有的外墙面上贴广告牌，希望刘某配合公司的工作。刘某拒绝让该公司的工作人员进入家里，并明确拒绝了该公司的要求。刘某的邻居也同样拒绝了该公司的要求。刘某和他的邻居认为该外墙面属于他们的共有财产，该公司无权使用。双方争执不下，后刘某和几个邻居到售楼中心找该公司负责人理论。刘某和其邻居认为，双方合同上明确约定该房的所有权已经归刘某和他的邻居所有，所以该公司不能随意使用外墙面。而该公司的经理却告知刘某，该合同上并没有写明房屋外墙面也归刘某和他的邻居所有，因此其还属于公司所有，且合同的最后也约定，如出现任何问题最终解释权归公司所有，因此公司对此享有解释权。刘某一头雾水，不知该如何处理。合同中确实未对外墙面进行权属约定，公司也明确写明其享有解释权。那么，公司只要写明“解释权归本公司所有”就可以对合同任意解释吗？

专家分析

在格式合同中，写明“解释权归本公司所有”是实践中经常遇到的情形，此类条款就是我们经常说的“霸王条款”，公司往往以此来拒绝合同另一方当事人的请求。在“解释权归本公司所有”的情形中，当双方对合同的内容等方面出现争议时，对该争议事项的解释权因公司的一句“解释权归本公司所有”似乎就只能归公司所有。但是，公司属于提供格式合同的一方主体，对格式内容又享有解释权，这样一来，合同双方主体将处于地位不平等的状态，享有解释权的公司一方很可能会侵害另一方的合法权益。根据我国相关法律的规定，当双方对合同内容发生争议时，应作出不利于提供格式条款一方的解释。由此可见，作为提供格式合同一方的公司并不能因一句“解释权归本公司所有”，就享有合同的解释权，双方因此发生争议时，应当作出对公司一方不利的解释。因此，在本案中，该公司和刘某对外墙面是否归刘某所有出现争议，依照法律规定，应作出不利于提供合同一方的解释。况且，即使合同明确规定了外墙面属于公司所有，也是无效的，外墙依法属于业主的共有部分，不应该属于公司。总之，“解释权归本公司所有”不是万能的，不能随意解释，更不能违法。

实务指南

在实际中，公司应注意并不是将“解释权归本公司所有”等类似的条款写进合同中，就可以万事大吉，减轻责任。我国法律明确规定了格式合同中双方对合同内容发生争议时的处理办法，即作出不利于提供格式合同一方的解释。由于公司是提供格式合同的一方，因此即使合同中写明“解释权归本公司所有”，也对双方无约束力。在此种情形下，公司的正确做法应是本着合法、公平、诚信的原则，制定合理的格式条款，以维护双方共同的合法权益。

关联法规

《中华人民共和国民法典》

第四百九十七条 有下列情形之一的，该格式条款无效：

（一）具有本法第一编第六章第三节和本法第五百零六条规定的无效情形；

（二）提供格式条款一方不合理地免除或者减轻其责任、加重对方责任、限制对方主要权利；

（三）提供格式条款一方排除对方主要权利。

第四百九十八条 对格式条款的理解发生争议的，应当按照通常理解予以解释。对格式条款有两种以上解释的，应当作出不利于提供格式条款一方的解释。格式条款和非格式条款不一致的，应当采用非格式条款。

二、格式条款无效的情形

格式条款无效是指格式条款自始至终不发生法律效力，对双方当事人不产生约束力。我国《民法典》以列举的方式规定了格式条款无效的情形。该类条款的典型情形包括：提供格式条款的一方不合理地免除或者减轻其责任、加重对方责任，限制对方主要权利；提供格式条款的一方排除对方主要权利；格式条款为无效的免责条款；格式条款在具有无效的民事法律行为的情形下进行鉴定。当出现上述情形时，该类条款被归为无效条款。法律之所以进行此种规定，是因为提供合同的一方当事人在双方的合同关系中本身处于有利地位，其在格式合同中加重对方责任等条款使双方拥有的权利义务关系不对等，严重损害了对方的合法权益，不符合公平、平等、诚信的基本原则。因此，即使双方在合同中约定明显有利于提供合同一方的格式条款，该条款也会被归为无效，而对双方当事人不发生任何法律效力。

案例：让对方“一切后果自负”，这样的条款确实有效吗?

某游乐场为了吸引更多的游客，决定引进先进的游乐设备。目前市面上卖这种大型游乐设备的公司很多，且提供的价格也不尽相同。游乐场的负责人经过开会协商决定，由于目前公司的经济形势不乐观，没有实力引进成本高昂的设备，因此公司将引进价格适中的设备。经过一番挑选对比，该游乐场相中了B公司提供的游乐设备，该设备价格适中，无须投入太多，可以短期收回成本。于是游乐场与B公司开始商谈购买设备的事宜。双方经过几次协商后，最终确定了设备的价格。后B公司提供了格式合同，请游乐场确认无误后签字。游乐场负责人仔细地阅读了该格式合同，其中一条格外引人注意，该格式条款内容为，游乐设备一旦出现任何问题，一切后果游乐场自负。游乐场负责人认为，B公司的这个条款存在问题，很显然是将B公司的责任排除在外，加重了游乐场一方的责任，依照我国相关法律的规定，该种条款是无效条款。因此拒绝在该合同上签字，并建议B公司修改该条款。但是B公司拒绝作出任何修改，并认为该条款并未违反法律，属于合法有效的条款。依照我国《民法典》的相关规定，让对方“一切后果自负”这样的条款有效吗?

专家分析

在签订格式合同时，我们经常会看见类似的条款，如“一切后果自负”。提供格式合同的一方规定该类条款的目的在于，一旦发生问题后，可以免除自身的责任。但为了规制该类不合理地加重对方责任、减轻自身责任的条款，维护市场交易原则，维护市场秩序，我国法律明确规定这类条款属于无效条款，对双方当事人不产生约束力。所以即使在合同中有此类规定，该条款也不会产生任何效力。具体到本案当中，B公司为了逃避自身责任，在与游乐场签订的合同中约定了“游乐设备一旦出现任何问题，一切后果游乐场自负”的条款。游乐场质疑该条款法律效力的行为是正确的，从上述的法律规定中看，该类条款确实属于无效条款，B公司不能据此免除自身责任。即使游乐场在合同上签字，一旦日后出现问题，还可以找B公司承担责任。

实务指南

在日常生活中，很多提供格式合同的一方当事人都认为只要在合同中约定“一切后果自负”之类的条款，就可以逃避自身的责任，将责任完全推卸到对方身上。这种想法和做法很显然是错误的。依照我国《民法典》的规定，“一切后果自负”之类的条款很明显是不合理地加重对方责任、免除自身责任的条款，是违反我国法律规定的，因此该类条款被视为无效条款，即自始至终不会发生任何法律效力，双方当事人不会受此类条款的约束。所以在实践中，合同双方当事人在签订合同时，应本着合法有效的原则，公平地分担双方的责任、承担应尽的义务，最大限度地使双方利益最大化，实现共赢。

关联法规

《中华人民共和国民法典》

第四百九十七条　有下列情形之一的，该格式条款无效：

（一）具有本法第一编第六章第三节和本法第五百零六条规定的无效情形；

（二）提供格式条款一方不合理地免除或者减轻其责任、加重对方责任、限制对方主要权利；

（三）提供格式条款一方排除对方主要权利。

第五节　缔约过失责任与保守商业秘密

诚信原则是《民法典》的基本原则，适用于一切民事活动。在订立合同的过程中，一方当事人不遵守诚信原则，违背其应尽的义务，导致另一方当事人信赖利益受损，那么不守诚信原则的当事人应当对此承担损失赔偿责任。我们把这种责任称为缔约过失责任。缔约过失责任产生于缔约过程中，一方当事人因违反诚信原则所赋予的先合同义务，需要对另一方当事人的信赖利益损失承担损害赔偿责任。可以说，缔约过失责任属于一种弥补性的民事责任。缔约过失责任具有如下特征：

第一，法定性。缔约过失责任基于法律的规定而产生，《民法典》第五百条和第五百零一条对此作了相关规定，若当事人的行为符合《民法典》规定的情形，并给对方造成经济损失时，应依法承担缔约过失责任。

第二，相对性。缔约过失责任只存在于缔约阶段，也就是合同订立的磋商阶段。同时，也只有缔约当事人才会产生缔约过失责任。

第三，补偿性。缔约过失责任的目的在于弥补或补偿因当事人缔约过失行为所造成的财产损害后果。缔约过失责任的救济方式主要是损害赔偿，这是缔约过失责任补偿性的体现。

如今市场竞争越来越激烈，企业在生产经营方面的商业秘密显得越来越重要。商业秘密作为知识产权的一部分，在世界各国普遍受到法律保护，我国亦十分重视商业秘密的保护。

商业秘密对企业的生存发展至关重要，如果不对企业商业秘密加以保护，就会导致企业商业秘密被其他竞争者获取，其他竞争者抢夺企业客户资源，抄袭企业管理模式和经营理念，使用企业先进技术等不利后果，这些行为会降低企业的竞争力，对企业的发展造成不利影响。

一、缔约过失责任

缔约过失责任存在于缔约阶段，且以当事人一方有过错为必要条件，这有别于违约责任和侵权责任。构成缔约过失责任需要满足以下四个要件：第一，缔约一方当事人违反了法定附随义务或先合同义务（法定附随义务或先合同义务指的是缔约当事人为签订合同而相互磋商，在合同依法成立之前，双方当事人依诚信原则负有的协助、通知、告知、保护、照管、保密、忠实等义务）。第二，因一方当事人违反法定附随义务或先合同义务，给对方造成了信赖利益的损失。第三，违反法定附随义务或先合同义务的一方当事人在主观上存在过错。第四，当事人违反法定附随义务或先合同义务的行为与对方所受到的损失之间存在因果关系。这四个要件必须全部具备，才能构成缔约过失责任。

案例：在合同成立并已经签署的情况下，还会产生缔约过失责任吗？

A家具公司想与B木材加工厂合作，成立一家新的家具公司。2021年2月，双方就合作事宜进行了洽谈，对合约中的事项均无异议，于是双方草签了合同。签完合同后，A家具公司法定代表人要求把合同带回公司，加盖公章，并对B木材加工厂的负责人提出一项要求，即B木材加工厂需要先对工人进行相关的职业培训后，A 家具公司才能在合同上盖章。为了能顺利签订合同，2021 年 3 月，B 木材加工厂出资数万元对工人进行职业培训。但是，同年 5 月，在 B 木材加工厂已经对工人的培训工作也将接近尾声的时候，A 家具公司提出因市场行情的变化，公司无力出资设立新公司，要求中止与 B 木材加工厂的合作。B 木材加工厂的负责人认为合同已经成立，并已签署，加工厂出于对 A 家具公司的信任，根据其要求培训工人。但是 A 家具公司却违反诚信原则，想要中止合同，不履行自己在合同中的义务，因此给 B 木材加工厂造成了严重损失，A 家具公司对此应当承担缔约过失责任。B 木材加工厂负责人的说法正确吗?

专家分析

从上述案例中可知，A 家具公司与 B 木材加工厂就合同的条款达成了一致，并签订了合同，合同成立并且已经签署。但需注意的是，A 家具公司法定代表人要求 B 木材加工厂先对工人进行相关的职业培训后才会在合同上加盖公章，这说明在签订合同时 A 家具公司没有在合同上盖公章，所以这份合同并没有生效。虽然合同没有生效，但 B 木材加工厂出于对 A 家具公司的信任，根据其要求培训工人，并为此支付数万元费用。根据我国《民法典》第五百条的规定，A 家具公司的行为属于该条规定的“其他违背诚信原则的行为”，A 家具公司本应根据诚信原则，履行自己的义务，但是其却以“因市场行情的变化，公司无力出资设立新公司”为由，要求中止与 B 木材加工厂的合作，A 家具公司应当就此对 B 木材加工厂承担缔约过失责任。所以，本案中 B 木材加工厂负责人的说法是正确的。

实务指南

实践中，缔约过失行为日益复杂化、多样化，按照我国《民法典》第五百条的规定，缔约过失行为主要有假借订立合同、恶意进行磋商，故意隐瞒与订立合同有关的重要事实或者提供虚假情况这两类，但这并不能将所有的缔约过失责任包含在内。《民法典》将“其他违背诚信原则的行为”作为兜底条款，上述案例的情形就属于其他违背诚信原则的行为，如果当事人在缔约过程中遇到其他违背诚信原则的行为，可以凭借这一条款主张对方当事人的缔约过失责任，以此来维护自身的合法权益。

关联法规

《中华人民共和国民法典》

第五百条 当事人在订立合同过程中有下列情形之一，造成对方损失的，应当承担赔偿责任：

（一）假借订立合同，恶意进行磋商；

（二）故意隐瞒与订立合同有关的重要事实或者提供虚假情况；

（三）有其他违背诚信原则的行为。

二、保守商业秘密

保守商业秘密，是指劳动者在劳动合同期内以及劳动合同解除或终止后一段时期内，非经企业允许，不得利用企业的商业秘密来谋取个人利益。此外，非依法律规定或者企业许可，劳动者不得擅自披露、使用或允许他人使用所掌握的企业商业秘密。

案例：公司客户资源是否也应当作为商业秘密进行保护？

燕明公司与著名教授张某签署协议，在协议中双方约定2020年3月20日至2021年3月20日，燕明公司作为张教授在中国唯一的代理商，负责为其安排演讲、访问和其他相关的活动。张教授商业演讲费用不低于12000元，没有上限，燕明公司抽取25%作为佣金。燕明公司安排李某作为张教授的洽谈联系人，在张教授出版的图书中夹带的“燕明公司主办方”宣传单上注明了“中国演讲洽谈联系人李某”的字样以及办公电话和邮箱。2021 年 4 月 14 日，李某从燕明公司辞职。同年 4 月 26 日，李某入职凯瑟公司。2021 年 5 月 27 日，张教授正式签署授权书，授权凯瑟公司从 2021 年 5 月 27 日开始代理其签订演讲协议。燕明公司觉得这件事有点奇怪，就对此事进行调查，结果发现李某离职后，在张教授与燕明公司合同期限届满前，曾单独与张教授联系，并且让凯瑟公司获得张教授的代理权。燕明公司认为李某将张教授的联系方式、交易习惯、意向、内容、价格、合同等信息告知了凯瑟公司，导致燕明公司失去张教授的代理权，令公司遭受重大经济损失，遂以侵害商业秘密为由起诉李某，要求李某和凯瑟公司立即停止侵权，停止使用张教授的联系方式、交易习惯、意向、内容、价格、合同等信息，并承担 60 万元人民币的损害赔偿。燕明公司的主张能获得法院的支持吗?

专家分析

该案例的关键问题在于张教授的这些信息是否属于商业秘密。从案例可知，燕明公司与张教授的交易内容，包括交易的习惯、意向、价格、客户需求等，其他人是无法通过公开渠道知悉的。如果能与张教授继续进行交易，继续掌握其交易习惯、意向、需求等，显然可以使燕明公司保持一定的市场竞争力，因此，上述信息属于商业秘密。李某与凯瑟公司采取不正当手段侵犯了燕明公司合法拥有的商业秘密，给燕明公司的合法权益造成损害，对于燕明公司停止侵害、赔偿损失的主张，法院应当予以支持。

实务指南

商业秘密是不为公众所知悉的技术信息和经营信息，它能为权利人带来经济利益，具有实用性，并被权利人采取了一定的措施进行保护。在现实生活中，人民法院通常会根据当事人对信息保密的意愿、保密措施的程度、他人通过正当方式获得信息的难易程度等因素，来认定当事人是否采取了保密措施。

一旦法律将某一信息或资源确定为商业秘密，就不允许其他人对商业秘密进行不正当利用，否则侵犯商业秘密的行为人，按照法律规定要对权利人的损失承担赔偿责任。

关联法规

《中华人民共和国民法典》

第五百零一条 当事人在订立合同过程中知悉的商业秘密或者其他应当保密的信息，无论合同是否成立，不得泄露或者不正当地使用；泄露、不正当地使用该商业秘密或者信息，造成对方损失的，应当承担赔偿责任。

第三章

合同的效力

合同的效力是指满足法定条件下签订的合同对双方当事人都具有法律约束力，双方当事人应当按照合同的规定行使权利、履行义务，在没有协商一致的情况下，任何一方都不得随意变更或解除合同。因此，合同的效力是一种法律效力。合同要想具有效力，必须满足依法成立这一要件，如果当事人双方订立的合同不合法，就不具有法律效力，当然也不能受到法律的保护。

第一节　合同生效时间

合同何时生效，即合同在什么时候发生效力，双方当事人从什么时候开始按照合同的约定，行使权利、履行义务。一般情况下，合同生效的时间与合同成立的时间一致，但是合同分为不同的种类，不同种类的合同在生效时间上有所不同。合同的生效时间可以划分为两类：

（1）依法成立的合同，自合同成立时生效。《民法典》第四百八十三条规定："承诺生效时合同成立，但是法律另有规定或者当事人另有约定的除外。"承诺是合同一方当事人收到另一方当事人发出的要约后，对要约作出的表示同意的意思表示。当意思表示发生效力时，承诺也就发生效力，合同在此时成立，法律另有规定或者当事人另有约定除外。在承诺生效的时间上，我国《民法典》第四百八十四条作了规定："以通知方式作出的承诺，生效的时间适用本法第一百三十七条的规定。承诺不需要通知的，根据交易习惯或者要约的要求作出承诺的行为时生效。"从这一规定可知，承诺到达受要约人时，合同便成立生效，发生法律效力。

（2）法律、行政法规规定应当办理批准、登记等手续的，依照其规定。根据我国法律规定，一些合同并不是签订后便成立生效，只有在当事人办理特定手续后，合同才发生法律效力。比如，国有企业转让国有资产的合同，其成立的要件就是该转让合同需要经过相关部门的批准，否则合同不能成立。未办理批准等手续影响合同生效的，不影响合同中履行报批等义务条款以及相关条款的效力。应当办理申请批准等手续的当事人未履行义务的，对方可以请求其承担违反该义务的责任。

一、一般合同生效时间

一般的合同是指法律、法规没有特殊要求、当事人也没有特别约定的合同。对于这类合同，只要其依法成立，那么合同在成立时便生效。合同生效即产生法律约束力，该合同依法受到法律保护，当事人如果违反合同约定的内容，就会承担法律上的不利后果。

案例：房屋买卖合同是成立即生效的合同吗？

杨某与王某是夫妻，二人共同经营着一家小超市。小超市生意不错，杨某与王某也有了一些积蓄，便想再买个店铺经营生意。杨某的叔叔杨某1是某服装厂的老板，其名下有三处房产，在他得知杨某想要买商铺后，想把自己的一套房产低价卖给杨某，房款可以分几年付清。杨某听后非常高兴，于是在2021年5月，与叔叔杨某1签订了房屋买卖合同，但是双方没有办理过户登记手续。

之后，杨某1的服装厂因资金周转出现问题，对外欠了一大笔债务，杨某1不得不变卖自己的房产来偿还债务，其中就包括低价卖给侄女杨某的那套房产。杨某知道杨某1把自己的房产变卖后非常气愤，于是她找到杨某1，称双方已经签订房屋买卖合同，房产的所有权已经归自己所有，杨某1无权对该处房产进行处分。但是杨某1却说他们之间虽然已经签订房屋买卖合同，但是并没有办理过户登记，所以还没有发生物权转移的效力，杨某1依然享有房产的所有权，因此他有权将房产变卖。杨某听后才想起自己当时确实没有办理过户登记，但是房屋买卖合同不是签订以后就发生法律效力吗？

专家分析

当事人在签订房屋买卖合同后，房屋买卖合同依法成立并生效。但是，只有双方当事人到相关部门办理不动产过户登记手续后，才能发生房屋所有权变动的法律效力。案例中，杨某与杨某1签订房屋买卖合同后，没有及时办理过户登记，导致自己吃了亏，没有取得房屋所有权。在这种情况下，杨某虽然不能取得房屋的所有权，但是她与杨某1签订的买卖合同依法成立并且生效，杨某可以要求杨某1承担违约责任，要求其承担返还自己已经支付的房款等违约义务。

实务指南

现实生活中，有很多人认为签订房屋买卖合同就万无一失了，但事实远非如此。社会中有一些居心不良的卖主，欺骗买方与自己签订合同，却不为买方办理过户登记，拿到钱以后就以各种理由收回房屋或是将房屋转卖给他人，因此人们在进行房屋买卖时需特别谨慎。这种谨慎的做法不能仅仅体现在购买房屋时对房屋的大小、方位、交通等设施的考虑上，更体现在房屋买卖合同的订立和房屋过户登记上。在签订房屋买卖合同没有办理过户登记的情况下，如果卖主一房二卖，购房者可以依据已经成立生效的买卖合同要求卖主承担违约责任，保护自己的合法权益。

关联法规

《中华人民共和国民法典》

第二百零九条　不动产物权的设立、变更、转让和消灭，经依法登记，发生效力；未经登记，不发生效力，但是法律另有规定的除外。

依法属于国家所有的自然资源，所有权可以不登记。

第五百零二条　依法成立的合同，自成立时生效，但是法律另有规定或者当事人另有约定的除外。

依照法律、行政法规的规定，合同应当办理批准等手续的，依照其规定。未办理批准等手续影响合同生效的，不影响合同中履行报批等义务条款以及相关条款的效力。应当办理申请批准等手续的当事人未履行义务的，对方可以请求其承担违反该义务的责任。

依照法律、行政法规的规定，合同的变更、转让、解除等情形应当办理批准等手续的，适用前款规定。

二、附条件合同与附期限合同

附条件合同是指在合同中，双方当事人以将来某一事实的发生作为合同成立的条件，当该条件成立时，合同发生效力，否则合同不生效。

附期限合同是指双方当事人在合同中约定以将来的某一日期作为合同生效的日期，并且约定只有在该期限到来时，合同才发生效力。

为满足合同双方的不同需要，当事人可以将自己的意志和动机表现在合同中，而最能体现这种动机和意志的就是附条件合同和附期限合同。

案例：在附条件的合同中，对方当事人阻止条件成就，另一方怎么办?

花店的老板王某雇用了一位专门送鲜花的快递小哥何某。何某有一位心仪已久的姑娘田某，为了能让田某开心，何某想在田某生日的当月每天送她一束玫瑰花，但是自己工资不高，承受不起这笔开销。王某知道了何某的想法后，对何某说，花店近日收到一位顾客的订单，订单中要求花店从 6 月 1 日开始每天凌晨 5 点送去一束马蹄莲，直到 6 月 30 日。王某说这一个月只要何某每天能准时完成送花的任务，就满足何某的愿望。何某爽快地答应了，并且每天都坚持准时将鲜花送到。但是快到 6 月底，王某觉得自己吃亏了，想取消这个约定，但是他知道何某一定不会答应，于是在 6 月的最后两天，王某假意请何某吃饭，背后却在食物中做了手脚，令何某拉肚子，导致何某在 6 月的最后两天没能准时将鲜花送到顾客手中。这样王某也就不用兑现他的承诺了。后来有一天，花店老板王某喝醉了，将这件事说了出来。何某听后非常气愤，认为花店老板故意阻止自己完成任务，违反了双方的约定，要求花店老板兑现承诺，在田某生日的当月内每天提供给自己一束玫瑰花。

专家分析

附条件合同是指在合同中，把未来在客观上不能确定的事实作为合同生效的条件，当事实发生时合同发生效力，当事人按照合同的规定行使权利、履行义务。需要注意的是，合同中所附的条件是将来发生的事实，事实能否发生并不确定。且事实是当事人约定的而非法律规定的，约定的事实应当是合法的，并且不能与合同内容相矛盾。附条件的合同中所附的条件可以分为生效条件（也称延缓条件）、解除条件（也称消灭条件）。顾名思义，生效条件是指限制合同效力发生的条件，而解除条件是指决定合同效力消灭的条件。

上述案例中，何某与花店老板约定，何某完成每天准时送花的任务满一个月，就能让花店老板免费提供自己一个月的玫瑰花，可见这是一个附生效条件的合同。由于所附条件事先不能确定，合同当事人可能会为了谋求私利违反诚信原则，恶意阻止条件成就。根据《民法典》第一百五十九条的规定，当事人为自己的利益不正当地阻止条件成就的，视为条件已成就。所以本案中，花店老板阻止何某完成送花的任务，导致合同约定的条件不能实现，在此情况下，视为何某已完成一个月按时送花的任务，所以花店老板应为何某免费提供约定的玫瑰花。

实务指南

生活中人们的需求各有不同，合同订立的内容也各式各样。合同当事人为了满足自己的需求可以与对方当事人订立附条件合同，当条件满足时合同成立并生效。由于条件能否成就具有不确定性，所以在合同成立前，合同当事人出于某种原因不想促成合同生效，就会通过各种不正当手段阻止条件成就，损害合同另一方当事人的权益。为了避免出现这种现象，我国《民法典》作出了上述规定。

关联法规

《中华人民共和国民法典》

第一百五十八条 民事法律行为可以附条件，但是根据其性质不得附条件的除外。附生效条件的民事法律行为，自条件成就时生效。附解除条件的民事法律行为，自条件成就时失效。

第一百五十九条 附条件的民事法律行为，当事人为自己的利益不正当地阻止条件成就的，视为条件已经成就；不正当地促成条件成就的，视为条件不成就。

第二节 主体资格有瑕疵

我国《民法典》第四百六十四条第一款规定，合同是民事主体之间设立、变更、终止民事法律关系的协议。从该条规定中可以看出，自然人、法人、非法人组织是合同的当事人，具有签订合同的主体资格。所谓主体资格，是指合同当事人必须具备相应的条件和资格，即具备成为合同主体的权利能力和行为能力。我们把自然人、法人和非法人组织以自己的名义参与民事活动，从而设定权利、承担义务的资格称为权利能力；把自然人、法人和非法人组织通过自己的行为享受权利、承担义务的资格或能力称为行为能力。

为了避免发生合同风险，合同当事人在订立合同时，需要对对方当事人进行资格审查，查看其是否具有法律规定的合同主体资格。当对方当事人不具备签约当事人资格时，此时合同当事人签订的合同为效力待定的合同，即合同虽然已经成立，但是合同是否能够生效要看事后合同生效的必备要件是否齐备。因此，在这种情况下与对方订立合同，一定要三思。

一、无民事行为能力人与限制民事行为能力人签订的合同

我国《民法典》第十九条和第二十二条规定，8 周岁以上的未成年人为限制民事行为能力人，实施民事法律行为由其法定代理人代理或者经其法定代理人同意、追认；但是，可以独立实施纯获利益的民事法律行为或者与其年龄、智力相适应的民事法律行为。不能完全辨认自己行为的成年人为限制民事行为能力人，实施民事法律行为由其法定代理人代理或者经其法定代理人同意、追认；但是，可以独立实施纯获利益的民事法律行为或者与其智力、精神健康状况相适应的民事法律行为。不满 8 周岁的未成年人、不能辨认自己行为的成年人以及 8 周岁以上的不能辨认自己行为的未成年人，为无民事行为能力人，由其法定代理人代理实施民事法律行为。

我国法律对无民事行为能力人和限制民事行为能力人的主体资格进行了限制，无民事行为能力人订立的合同无效；限制民事行为能力人实施的纯获利益的民事法律行为或者与其年龄、智力、精神健康状况相适应的民事法律行为有效，实施的其他民事法律行为经法定代理人同意或者追认后有效。相对人可以催告法定代理人自收到通知之日起 30 日内予以追认。法定代理人未作表示的，视为拒绝追认。民事法律行为被追认前，善意相对人有撤销的权利。撤销应当以通知的方式作出。

案例：15 周岁的高中生签订的小说出版合同有效吗？

2021 年 7 月，15 周岁的陆某利用暑假的时间写了一部小说，班主任孟某看过后觉得写得不错，就建议陆某到某出版社将这部小说出版。因为孟某认识该出版社的主编，所以告诉陆某，可以多支付陆某一些稿费。陆某接受了班主任孟某的建议，经过孟某的推荐，联系到了该出版社的主编于某，双方就陆某创作的这部小说签订了出版合同。在签订合同时，出版社发现陆某未满 18 周岁，还不具备签订合同的主体资格，就将此事告知了陆某的父亲，陆某的父亲知道这件事情后非常生气，指责陆某不应该在没有经过父母同意的情况下，就

与出版社签订合同，将小说出版。如果陆某的父亲不同意陆某将小说出版，那么出版社和陆某签订的出版合同有效吗？

专家分析

追认权是指本人通过特定的法律行为，对限制民事行为能力人、无权代理人或无处分权人所做的行为进行确认，使该行为成为有效的法律行为的权利。追认权在性质上属于形成权，追认行为是单方的法律行为，本人可以凭借自己的意志对行为人做出的行为进行追认或不予追认，而不需要征得做出该行为的行为人或第三人同意。行使追认权的结果是使效力待定的民事行为成为有效的民事法律行为。此外，本人的追认还会产生溯及力，一经追认，效力待定的行为自始有效。本案中，陆某不满 18 周岁，属于限制民事行为能力人，其与出版社签订的出版合同属于效力待定的合同，需要经过法定代理人即他的父母行使追认权，合同才能生效，如果陆某的父母不进行追认，那么陆某与出版社签订的合同将不发生效力。

实务指南

有的情况下，很难从外表上区分限制民事行为能力人和完全民事行为能力人，很多对方当事人在不知情的情况下往往把他们当作完全民事行为能力人来看待，或是有些人为谋取私利假装不知道他们是限制民事行为能力人，而与他们签订合同，这样就很容易产生合同纠纷。为避免和减少这类纠纷的出现，我国《民法典》赋予了限制民事行为能力人的法定代理人追认权，通过法定代理人对行为人作出的行为进行追认或不予追认，来确定合同是否有效，以维护限制民事行为能力人的合法权益。

关联法规

《中华人民共和国民法典》

第一百四十五条　限制民事行为能力人实施的纯获利益的民事法律行为或者与其年龄、智力、精神健康状况相适应的民事法律行为有效；实施的其他民事法律行为经法定代理人同意或者追认后有效。

相对人可以催告法定代理人自收到通知之日起三十日内予以追认。法定代理人未作表示的，视为拒绝追认。民事法律行为被追认前，善意相对人有撤销的权利。撤销应当以通知的方式作出。

二、无权代理人签订的合同

无权代理指的是行为人没有代理权，却以被代理人的名义实施民事行为的行为。在我国，无权代理一般包括三种，即没有代理权实施代理行为、超越代理权实施代理行为及代理权终止后实施代理行为。那么无权代理人签订的合同效力该如何确定呢？我国《民法典》第一百七十一条第一款规定，行为人没有代理权、超越代理权或者代理权终止后，仍然实施代理行为，未经被代理人追认的，对被代理人不发生效力。由此可知，无权代理人签订的合同需要经过被代理人追认，否则，因无权代理订立的合同不发生效力。无权代理人订立的合同，如果被代理人进行追认，那么无权代理就会成为有权代理，由被代理人按合同内容的约定，享受权利、履行义务并承担责任。

案例：无权代理人签订的合同，谁来承担责任？

贾某是百合新娘婚纱摄影公司的服装师，负责为到该公司拍摄婚纱照的顾客挑选服装，也负责为公司选购所需的男女礼服。2021 年 7 月，公司需要购进一批男士礼服，委托贾某作为代理人到吉祥服装厂选购。贾某来到吉祥服装厂，经与服装厂老板协商，在双方订立礼服购买合同后 15 天内，服装厂发货。贾某根据当下流行的样式和风格挑选了一批男士礼服，在挑选过程中，贾某看到一些女士礼服非常漂亮，而且款式新颖，就想选购一些。吉祥服装厂的老板为了能多出售一些礼服，就与贾某商议，如果她再购买一批女士礼服的话，就把所有出售给她的商品打九折。贾某觉得条件十分诱人，就在没有经过公司同意的情况下，和服装厂老板签订了购买一批女士礼服的合同。贾某回到公司后，向公司负责人报告了这一情况，请公司负责人追认自己签订的购买女士礼服的合同。但该公司负责人认为这是贾某自作主张，拒绝追认，并且拒绝支付该笔货款。那么，贾某应当承担这批女士礼服的费用吗？

专家分析

贾某自行购买女士礼服的行为属于超越代理权限而作出的代理行为，所以就这批女士礼服来说，贾某与吉祥服装厂签订的购买女士礼服的合同属于效力待定的合同，需要百合新娘婚纱摄影公司对该合同进行追认。如果该公司对该合同进行追认，那么合同自始有效，由百合新娘婚纱摄影公司向吉祥服装厂支付女士礼服的货款；如果百合新娘婚纱摄影公司不予追认，就由无权代理人贾某对吉祥服装厂承担支付女士礼服货款的责任。在上述案例中，公司的负责人认为贾某自作主张购买了女士礼服，拒绝支付相应的货款，这是对购买合同拒绝进行追认，所以贾某应当向吉祥服装厂支付购买女士礼服的货款。

实务指南

因无权代理行为产生合同纠纷的案例，在现实生活中比比皆是。在很多情况下，无权代理不仅会损害被代理人的合法权益，也会损害合同另一方当事人的权益，因此我国法律将因无权代理订立的合同规定为效力待定合同，一是为了鼓励和促进交易，让有关权利人行使追认权，从而使合同产生效力，促成更多交易的实现。二是为了维护相对人利益，相对人与无权代理人订立合同，都希望通过合同的有效履行来使自己获得期待的利益。但是，如果权利人拒绝追认的话，那么因无权代理行为产生的法律后果则由无权代理人承担。

关联法规

《中华人民共和国民法典》

第一百七十一条　行为人没有代理权、超越代理权或者代理权终止后，仍然实施代理行为，未经被代理人追认的，对被代理人不发生效力。

相对人可以催告被代理人自收到通知之日起三十日内予以追认。被代理人未作表示的，视为拒绝追认。行为人实施的行为被追认前，善意相对人有撤销的权利。撤销应当以通知的方式作出。

行为人实施的行为未被追认的，善意相对人有权请求行为人履行债务或者就其受到的损害请求行为人赔偿。但是，赔偿的范围不得超过被代理人追认时相对人所能获得的利益。

相对人知道或者应当知道行为人无权代理的，相对人和行为人按照各自的过错承担责任。

三、表见代理

表见代理是指行为人没有代理权，但因为本人的某些行为，使善意的第三人相信其有代理权，而与其签订合同，由此产生的后果由被代理人承担的一种代理。这种代理行为属于特殊的无权代理。如果无权代理行为的效力均由被代理人行使追认权来决定的话，势必会给善意第三人造成损害，为此我国法律规定，在符合表见代理的情形之下，由被代理人承担表见代理行为的法律后果，以保护善意第三人的利益。

表见代理具有如下特征：

第一，行为人在没有代理权、超越代理权或者代理权终止的情况下，以被代理人名义订立合同；

第二，相对人依据一定事实，认为或相信行为人有代理权，并因此与行为人签订合同；

第三，相对人主观上是善意的，因无权代理人的特殊行为，产生了代理权存在的假象，善意相对人对其产生信赖，而与其签订合同；

第四，无权代理人与相对人签订的合同符合合同生效的其他要件。

案例：表见代理下签订的合同，责任由谁承担?

赵某是好视眼镜公司的业务员，2021 年 2 月因违反与公司签订的劳动合同的约定，被公司解聘。2021 年 5 月，赵某利用自己配制的钥匙，盗取公司盖有公章的空白合同书两份。同年 6 月，赵某使用该空白合同书以好视眼镜公司的名义与明辉眼镜公司订立买卖合同，合同双方约定，好视眼镜公司向明辉眼镜公司购买价值 20 万元的眼镜一批，货到付款。合同订立后，明辉眼镜公司积极筹备货物，并按约定的时间向好视眼镜公司发送了货物，但好视眼镜公司拒绝接收，也不支付货款，称其并没有与明辉眼镜公司订立买卖合同。明辉眼镜公司因此将好视眼镜公司诉至法院，要求好视眼镜公司履行合同，支付货款。那么，好视眼镜公司应支付该批眼镜的货款吗?

专家分析

表见代理有四个构成要件：第一，行为人没有代理权；第二，行为人存在特定行为，使对方当事人相信行为人具有代理权；第三，对方当事人是善意的，并且没有过失；第四，行为人与对方当事人作出的民事行为有效而且合法。具体到上述案例，首先，赵某已经被好视眼镜公司解聘，因此他无权以好视眼镜公司的名义与明辉眼镜公司签订合同；其次，赵某利用自己盗取的盖有好视眼镜公司公章的空白合同书与明辉眼镜公司订立合同，使明辉眼镜公司有理由相信他具有代理权；再次，明辉眼镜公司在签订合同时是善意的，其不知道赵某被公司解聘的事实，并且不存在过失；最后，他们之间订立的合同，符合法律规定。由此可以看出，本案中赵某的行为属于表见代理，好视眼镜公司应当对赵某的代理行为承担责任，向明辉眼镜公司支付货款。

实务指南

现实生活中，表见代理的案例经常发生。表见代理具有不同的形式，除代理权终止的表见代理外，还有没有代理权、超越代理权的表见代理。表见代理不同于无权代理，表见代理存在使相对人有理由相信该无代理权的行为人有代理权的事实或理由。在这种情况下，应当将行为人的代理行为按有效的代理来看待，所签订的合同也应当认为是有效合同，否则就会损害善意相对人的合法权益。由此可见，表见代理是为兼顾无过错的本人权益和善意相对人的权益而制定的，通过表见代理制度，能增强民事主体参与市场活动的信心，稳定市场秩序，进而促进市场经济的发展。

关联法规

《中华人民共和国民法典》

第一百七十二条　行为人没有代理权、超越代理权或者代理权终止后，仍然实施代理行为，相对人有理由相信行为人有代理权的，代理行为有效。

第三节　无效、可撤销的合同

依法成立的合同具有法律赋予的约束力，我们把这种约束力称为合同效力。合同的效力状态包括四种：有效合同、无效合同、效力待定的合同和可撤销的合同。

有效合同是指依法成立，对合同当事人产生法律约束力的合同。有效合同需要具备以下三个要件：一是当事人具备订立合同的民事行为能力；二是合同是当事人在意思表示真实的情况下订立的；三是合同的订立没有违反法律、行政法规的强制性规定，也没有违背公序良俗。

无效合同是与有效合同相对立的，是指合同虽然成立，但因其违反法律、法规的规定，或是履行合同将对社会公共利益造成损害，因而将该合同确认为无效合同。无效合同具有以下两个特征：一是合同已经成立，但不符合合同生效的要件且无法采取措施进行补救；二是无效合同自始不发生法律效力。

效力待定的合同是指合同已经成立，但是该合同不完全具备法律规定的生效要件，因而不能确定是否发生效力。效力待定的合同主要包括以下三种：一是限制民事行为能力人依法不能独立订立的和无民事行为能力人订立的合同；二是无权代理人以被代理人名义订立的合同；三是无处分权人处分他人财产而订立的合同。效力待定的合同一般需要经过权利人承认或追认才能生效。

可撤销的合同是指在当事人意思表示不真实，或者因重大误解而作出错误的意思表示的情况下所订立的合同。根据相关法律的规定，当事人可对这类合同予以撤销。由此可见，可撤销合同具有以下三个特征：一是订立合同的当事人意思表示不真实，比如合同的签订存在重大误解，因欺诈、胁迫或乘人之危显失公平等情形。二是对合同是否进行撤销，当事人有选择权，既可以依法主张撤销，也可以依法予以放弃。三是在合同被撤销前应视为有效合同。

一、合同无效的情形

无效合同是因欠缺生效要件，所以不具有法律约束力，也不受国家法律保护。那么合同无效的情形有哪些呢？根据我国《民法典》的相关规定，有下列情形之一的，合同无效：（1）行为人与相对人以虚假的意思表示签订的；（2）违反法律、行政法规的强制性规定的；（3）违背公序良俗的；（4）行为人与相对人恶意串通，损害他人合法权益的；（5）行为人不具有相应的民事行为能力。此外，根据《民法典》第五百零六条的规定，当合同中出现下列免责条款时，该条款无效：（1）造成对方人身损害的；（2）因故意或者重大过失造成对方财产损失的。值得注意的是，这些免责条款无效，是因为它违背了公平、公正和诚信的基本原则，所以该免责条款的无效不影响合同其他条款的效力。同时，《民法典》第四百九十七条规定，格式合同具有下列情形的无效：（1）具有本法第一编第六章第三节和本法第五百零六条规定的无效情形；（2）提供格式条款一方不合理地免除或者减轻其责任、加重对方责任、限制对方主要权利；（3）提供格式条款一方排除对方主要权利。

案例：当事人恶意串通签订合同损害他人合法权益的，合同有效吗？

田园制油公司、白云制油公司、大地豆业公司之间经常有商业合作。2020年3月，田园制油公司与大地豆业公司因买卖大豆发生争议。经过仲裁后，双方达成债务和解协议，田园制油公司分三年还清其所欠大地豆业公司的500万元货款。2020年6月，田园制油公司为了逃避债务，将公司名下的厂房、生产设备等以200万元的价格转让给白云制油公司。白云制油公司为了帮助田园制油公司，与其签订了转让合同，同时，白云制油公司却没有支付任何货款。由于田园制油公司与白云制油公司恶意串通签订合同，导致田园制油公司不能偿还大地豆业公司的债务。为此，大地豆业公司向法院起诉，请求法院确认田园制油公司与白云制油公司之间签订的转让合同无效。大地豆业公司的请求是否能得到法院的支持？

专家分析

我国《民法典》第一百五十四条规定，行为人与相对人恶意串通，损害他人合法权益的民事法律行为无效。本案中，田园制油公司将其厂房、生产设备等转让给白云制油公司，但是，白云制油公司却未支付货款，双方之间并不存在真正的交易，该行为损害了大地豆业公司的合法权益，故双方的行为属于恶意串通。因此，田园制油公司与白云制油公司签订的合同是无效的，大地豆业公司请求合同无效是可以得到法院支持的。

实务指南

企业之间签订合同时，应当本着诚信的原则。企业双方恶意签订合同，损害他人利益的，该合同是无效的。在发生此种情形时，受到损害的第三人可以向法院请求确认双方当事人之间的合同无效，以维护自身的合法权益。

关联法规

《中华人民共和国民法典》

第一百四十六条 行为人与相对人以虚假的意思表示实施的民事法律行为无效。

以虚假的意思表示隐藏的民事法律行为的效力，依照有关法律规定处理。

第一百五十三条 违反法律、行政法规的强制性规定的民事法律行为无效。但是，该强制性规定不导致该民事法律行为无效的除外。

违背公序良俗的民事法律行为无效。

第一百五十四条 行为人与相对人恶意串通，损害他人合法权益的民事法律行为无效。

二、合同撤销的请求权

可撤销的合同因存在重大误解、欺诈、胁迫或因乘人之危显失公平等情形，违反了当事人的真实意思表示，因而对合同一方当事人的合法权益造成损害。为了保护合同当事人的合法权益，平衡双方当事人基于合同的订立而产生的权利义务和可观利益，我国法律赋予合同另一方当事人撤销该合同的请求权。

案例：对合同中标的物的品质存在重大误解，合同当事人有权请求撤销吗？

2021 年 5 月，靓颜公司研制出一款新的化妆品套装，宣传这款化妆品富含草本植物精华，包含一瓶保湿水和一瓶润肤乳。魅力公司在对化妆品市场进行调研后发现，当下顾客都倾向于购买富含植物精华成分的化妆品，因而魅力公司与靓颜公司签订购买合同。双方在合同中约定，由靓颜公司向魅力公司提供靓颜公司新研制的一种富含草本植物精华的保湿水和润肤乳套装300盒，每套单价378元，魅力公司在收到货物后支付相应价款。

在收到货物不久后，魅力公司就将该化妆品套装摆上专柜，在市场上进行销售。但是经过一个月的推销，顾客对这款化妆品套装的反响平平。于是魅力公司将该化妆品送到了某鉴定中心，鉴定中心对这款化妆品的成分进行研究后发现，虽然这款化妆品的植物精华含量较低，对人体的保湿美容效果一般，而且提炼的过程非常简单。魅力公司知道鉴定结果后，以对该款化妆品的品质认识错误、签订该份合同时存在重大误解为由主张撤销合同。请问，魅力公司的主张能够获得法律支持吗?

专家分析

本案中，魅力公司为迎合化妆品市场的需求，想要销售一款富含植物精华成分的化妆品，恰巧靓颜公司宣传新研制出的化妆品富含草本植物精华，于是就与靓颜公司签订了购买合同。但是魅力公司对该化妆品进行鉴定后，才明白该化妆品的植物精华含量较低，对标的物的品质认识错误。魅力公司对合同的签订存在重大误解，如果继续履行，势必会严重损害魅力公司的合法权益。根据我国《民法典》第一百四十七条的规定，因重大误解订立的合同，当事人一方有权请求人民法院或者仲裁机构撤销。所以，魅力公司能够主张对合同内容进行撤销。

实务指南

现实生活中，当事人在对合同内容存在重大误解的情况下签订合同的案例并不少见。从上述案例中我们可以得知，在签订合同时，应当对合同的标的物进行全面的了解，不能只看到标的物的某一方面能满足我们的需求，就草草签订合同，而忽视了影响标的物的其他因素。

如果因重大误解与他人订立了合同，当事人也不必沮丧，根据《民法典》第一百四十七条的规定，当事人可以对合同进行撤销，避免因合同的继续履行使当事人的合法权益受到更大的损害，导致不公平的现象发生。

关联法规

《中华人民共和国民法典》

第一百四十七条 基于重大误解实施的民事法律行为，行为人有权请求人民法院或者仲裁机构予以撤销。

第一百五十条 一方或者第三人以胁迫手段，使对方在违背真实意思的情况下实施的民事法律行为，受胁迫方有权请求人民法院或者仲裁机构予以撤销。

第一百五十一条 一方利用对方处于危困状态、缺乏判断能力等情形，致使民事法律行为成立时显失公平的，受损害方有权请求人民法院或者仲裁机构予以撤销。

三、合同被确认无效或者被撤销后相关事项的处理

合同被确认无效或者被撤销后，该合同自始不具有法律约束力。因该合同取得的财产，应当予以返还；不能返还或是返还已无必要，则应当折价补偿。如果当事人因此受到了损失，有过错一方应当对此进行赔偿，如果双方在这一过程中都存在过错，那么双方各自承担相应的责任。

此外，合同被确认无效或者被撤销后，合同中规定的内容基本都无效，但是合同中关于解决争议方法的条款仍然有效，比如管辖权、法律适用等条款，即使合同无效，这些条款依然能发挥作用。

案例：合同被撤销后，已经支付的款项应该如何处理？

某天，衣之美公司的销售代表找到小美服装店店长，称其是一家知名的服装销售公司，发展前景广阔。双方协商后，小美服装店店长很心动，就与衣之美公司签订了《加盟协议》。在协议中双方约定，小美服装店支付衣之美公司加盟费100万元，对于加盟店的所有经营权，小美服装店可以无期限使用。合同签订后，小美服装店依约支付了加盟费用。但是加盟之后，小美服装店发现衣之美公司在签订合同时存在欺诈行为，其伪造了营业报表，发给小美服装店的这份报表与加盟店收银用的营业电脑中的营业额存在巨大差距，“衣之美”品牌的服装根本没有像其所说的那样受到消费者的喜爱。小美服装店的店长称，这份营业报表足以影响小美服装店是否同衣之美公司签订合同。后来小美服装店的店长刘某给衣之美公司的负责人打电话，对此事进行质问，并主张小美服装店的利益受到了极大影响，决定解除该合同。

面对小美服装店的质问，衣之美公司矢口否认，无奈之下，小美服装店只好将衣之美公司起诉至法院，向法院申请撤销该合同。最后法院支持了小美服装店的诉讼请求，作出对合同进行撤销的判决。那么，合同被撤销后，小美服装店支付的加盟费应当如何处理？

专家分析

本案中，衣之美公司与小美服装店订立合同时，向小美服装店提供了伪造的营业报表，致使小美服装店认为该公司有发展前景，加盟后一定能生意兴隆，业务能得到进一步扩展。但是经查明，衣之美公司提供的营业报表是其伪造的，其明知公司的营业额与发送给小美服装店的营业报表存在差距，却故意隐瞒，导致小美服装店在违背其真实意愿的情况下与其签订了《加盟协议》。衣之美公司在签订合同的过程中对小美服装店隐瞒了真实的营业情况，这一点足以影响小美服装店作出决策。法院支持小美服装店对合同进行撤销的做法是正确的。合同被撤销后，对于小美服装店支付的加盟费，根据我国《民法典》

第一百五十七条的规定，民事法律行为无效、被撤销或者确定不发生效力后，行为人因该行为取得的财产，应当予以返还；不能返还或者没有必要返还的，应当折价补偿。有过错的一方应当赔偿对方由此所受到的损失；各方都有过错的，应当各自承担相应的责任。法律另有规定的，依照其规定。衣之美公司应当将小美服装店支付的加盟费予以退还，并对小美服装店的损失承担赔偿责任。

实务指南

在合同被认定无效或被撤销后，已经支付价款的一方当事人可以根据法律规定，主张另一方当事人退还已付价款。如在此过程中，支付价款的当事人受到了损失，有过错方还应当对损失进行赔偿。法律作出这项规定，意在保护合同中无过错方的合法权益，并以此阻止和避免类似上述案例中不公平现象的发生。

关联法规

《中华人民共和国民法典》

第一百五十七条 民事法律行为无效、被撤销或者确定不发生效力后，行为人因该行为取得的财产，应当予以返还；不能返还或者没有必要返还的，应当折价补偿。有过错的一方应当赔偿对方由此所受到的损失；各方都有过错的，应当各自承担相应的责任。法律另有规定的，依照其规定。

第五百零七条 合同不生效、无效、被撤销或者终止的，不影响合同中有关解决争议方法的条款的效力。

第四章

合同的履行与保全

合同的履行是指双方当事人作出一定的行为来履行自己在合同中的义务。合同的履行有多种方式，有积极的履行，如买卖合同中的交付行为；还有消极的履行，如依照诚信原则保守商业秘密的行为。如果当事人按照合同的规定全面、无瑕疵地履行了合同的义务，就是完全履行；如果一方当事人只履行了部分义务或者根本没有履行义务，那么该方当事人就应当承担一定的违约责任。合同中的义务履行完毕，合同也就履行完毕，当事人之间的权利义务关系随之消灭。由此可见，合同的履行是实现合同目的的方式。

第一节 合同约定不明的补救措施

为了避免日后发生不必要的纠纷，当事人在订立合同时应当协商约定合同的基本事项，包括当事人的姓名或者名称、住所、标的、数量、质量、价款或者报酬、履行期限的地点和方式、违约责任、解决争议的方法等。但是在订立合同时，双方当事人往往会有考虑不周全的地方，漏掉合同中某一项甚至某几项基本事项；或者是由于合同当事人签订的合同内容语意不清、表意不明；或者是在合同的履行过程中发生一些在订立合同时没有预见的情况，这就可能导致合同的内容不完善、不明确。在这种情况下，当事人可以通过下列三种方式进行补充：

（1）协议补充。合同的当事人不需要重新订立合同，可以订立协议对原来的合同进行补充。协议补充没有次数限制，只要当事人为更适当地履行合同，实现合同目的，本着平等、自愿、公平、诚信的原则进行协商，补充合同内容即可。

（2）根据合同条款和交易习惯补充。有时合同的当事人由于种种原因不能协商一致协议补充合同内容时，合同的当事人应按照合同的条款进行合理的解释，不能得到合理解释的，应当根据交易习惯来确定合同没有约定或约定不明的内容。

（3）如果采用上述两种方式都不能确定合同内容的，合同当事人应当适用《民法典》第五百一十一条的规定。第一，没有约定标的物的质量要求或约定不明确的，按照强制性国家标准履行；没有强制性国家标准的，按照推荐性国家标准履行；没有推荐性国家标准的，按照行业标准履行；没有上述两种标准的，依照通常标准或者考虑合同订立的目的来确定履行标准。第二，没有约定价款、报酬或约定不明确的，按照订立合同时履行地的市场价履行；依法应当执行政府定价或政府指导价的，按照规定履行。第三，没有约定履行地点或约定不明确的，给付货币的，在接受货币一方所在地履行；交付不动产的，履行地为不动产所在地；给付其他标的的，在有交付义务的一方所在地履行。第四，没有明确约定履行期限的，债务人可随时履行，债权人也可以随时请求债务人履行，但应给予对方必要准备时间。第五，对于履行方式不明确的，履行方式应当有利于合同目的的实现。第六，履行费用负担不明确的，由履行义务一方负担；因债权人原因增加的履行费用，由债权人负担。

一、通过协议补充或按照交易习惯确定合同内容

根据《民法典》合同编的规定，合同生效后，当事人就标的的质量、价款、报酬、履行地点、履行方式、履行期限及其他内容没有约定或者约定不明的，可以协议补充，不能达成补充协议的，按照合同的有关条款或者交易习惯确定。由此可见，这两种补充方式是有其先后顺序的，合同当事人应当先协商协议补充合同内容，不愿协商或者不能协商一致的时候才能按照合同有关条款或交易习惯确定。

案例：补充协议如何签订？

2021年4月15日，甲电脑生产商与乙电脑城签订了一份台式电脑买卖合同，约定乙方从甲方处订购某品牌最新款台式电脑150台，单价为5500元每台。由于双方有长期合作关系，一些细节事项一贯按照双方的交易习惯进行，因此没有在合同中直接规定。依照以前的交易习惯，甲电脑生产商应当自合同订立后15日向乙电脑城交付电脑，并且凡乙电脑城购买的台式电脑，甲电脑生产商均应当免费配备键盘和鼠标。但是由于该批台式电脑生产工序复杂，出厂时间较以往产品晚，甲电脑生产商向乙交付电脑的时间会推后。而且该款台式电脑配备的键盘和鼠标运用了最新的技术，生产成本比以往的产品高出许

多，甲电脑生产商不能免费向乙电脑城提供。由于甲方在订立合同时没有考虑到这一情况，如果按照以前的交易习惯可能无法按时交货，而且自身将会受到很大损失。于是甲电脑生产商向乙电脑城发函说明了情况，并希望采取补充协议的方式来解决这一问题。乙电脑城了解情况后，表示同意。于是甲、乙双方本着互利互惠、诚信的原则，经过协商，达成了补充协议：由甲电脑生产商向乙电脑城免费提供50套普通键盘和鼠标，乙电脑城向甲电脑生产商购买100套与该台式电脑同款的键盘和鼠标，每套320元，同时约定在原合同签订之日后20日内履行完毕。那么，在这种情况下，甲电脑生产商和乙电脑城之间签订的补充协议有效吗?

专家分析

原合同规定的事项不完善时，双方当事人不需要订立新的合同，只需对原合同进行协议补充即可。只要双方当事人在不违反法律禁止性规定并且遵循平等、自愿、公平、诚信原则的基础上达成补充协议，其效力与主合同的效力相同，且对双方当事人都具有与主合同一样的约束力。但是补充协议以主合同的成立和有效为前提，并且补充协议应当是对一些细节问题的规定，不能对主合同的实质内容进行修改。对实质内容进行修改应当看作订立了新的合同而不是签订了补充协议。案例中，甲、乙双方当事人在主合同依法成立并生效的基础上，本着互利互惠、诚信原则，自愿平等进行协商，对履行时间和附带产品达成补充协议，并没有涉及合同的实质内容，因此补充协议合法有效。

实务指南

合同双方当事人在订立合同时有时因考虑不周或在履行合同中出现始料不及的情况，使得当事人在履行原合同时出现一定的困难。为了鼓励交易，方便合同当事人实现合同的目的，合同当事人只需要签订合同补充协议，而不必重新订立合同。但是补充协议也不是随随便便签订后就能发生法律效力的，当事人在签订补充协议时应当注意以下6个问题：（1）合同当事人不得变更；（2）双方当事人应遵循平等、自愿、公平、诚信的原则；（3）补充协议的内容不得对主合同进行实质性修改；（4）补充协议是从合同，不得独立于主合同而存在；（5）补充协议的内容与主合同不一致时，则应看作对主合同的修改，应当按照补充协议履行合同；（6）补充协议的形式应当与主合同相同，即主合同为书面形式，则补充协议也应当采用书面形式；主合同为口头形式，则补充协议也应当采用口头形式。

关联法规

《中华人民共和国民法典》

第五百一十条 合同生效后，当事人就质量、价款或者报酬、履行地点等内容没有约定或者约定不明确的，可以协议补充；不能达成补充协议的，按照合同相关条款或者交易习惯确定。

二、无法协议补充或无交易习惯时的救济方式

在订立合同时会出现合同内容约定不明的情况，以至于合同当事人不能适当履行合同。当合同当事人不能达成补充协议或者依据交易习惯无法解决该问题时，合同当事人可以依据《民法典》第五百一十一条的规定解决该争议。

案例：履行地点有争议的，如何解决？

河北省保定市某区的A综合超市通过某网购平台从广州市某区的B卫生纸生产厂购买了10吨卷装卫生纸，总价款为40000元，已通过某支付平台支付，收货地为保定市某区的A综合超市。因B卫生纸生产厂不能按时按量交付货物，A综合超市向保定市某区人民法院提起诉讼，请求被告承担违约责任。在诉讼中，被告B卫生纸生产厂认为合同纠纷的管辖法院应以约定为准，没有约定的通常由被告住所地或合同履行地人民法院管辖。由于双方没有约定履行

地，根据《民法典》第五百一十一条第三项的规定，履行地点不明确，给付货币的，在接受货币一方所在地履行；交付不动产的，在不动产所在地履行；其他标的，在履行义务一方所在地履行。本案属于其他标的，履行义务一方所在地为合同履行地，被告所在地与履行义务一方所在地都在广州，所以只能由广州市某区人民法院管辖。那么，被告的观点是否正确？

专家分析

合同的履行地是确定合同纠纷案件管辖法院的关键，因此合同当事人要明确合同的履行地。没有约定合同履行地，同时也不能通过补充协议和交易习惯确定的，应当按照《民法典》第五百一十一条第三项确定。但是该规定不能适用于本案。本案中，双方当事人看似没有约定履行地，但事实上已经约定了履行地。A综合超市与卫生纸厂商通过某支付平台交易，就应当遵循该平台的《争议处理规则》，该规则规定，交易双方没有约定交货地的，以买家留下的收货地址为交货地点。买卖合同双方约定了交货地点的，交货地为合同履行地。因此买家的收货地址应当为合同履行地，所以保定市某区法院及广州市某区法院对此案均有管辖权。

实务指南

合同履行地是确定合同诉讼管辖法院的要素之一，对当事人的诉讼利益有着重大的影响。只有确定了合同履行地，才能正确确定合同纠纷管辖法院。因此合同的当事人应当重视合同履行地问题，在合同中应当明确约定。如果当事人在合同中没有约定合同履行地，还可以通过补充协议或交易习惯确定。通过补充协议或者交易习惯仍无法确定合同履行地的，可以根据《民法典》第五百一十一条的规定确定合同履行地。但是该条适用是有条件的，只能在没有约定并且采用其他方式都不能明确合同履行地时才可以适用，也就是说，它是确定合同履行地的最后一道救济途径。

关联法规

《中华人民共和国民法典》

第五百一十一条 当事人就有关合同内容约定不明确，依据前条规定仍不能确定的，适用下列规定：

……

（三）履行地点不明确，给付货币的，在接受货币一方所在地履行；交付不动产的，在不动产所在地履行；其他标的，在履行义务一方所在地履行。

……

三、涉及政府定价的情形

政府定价是指政府价格主管部门依职权在一些重要的公用行业领域进行强制定价。政府指导价是指政府依其职权和市场状况，通过规定基准价和价格幅度，指导有关行业部门制定商品价格。根据《民法典》第五百一十一条第二项和第五百一十三条的规定，当事人关于价款或者报酬不明确的，依法应当执行政府定价或者政府指导价的，按照规定履行。在合同约定的交付期限内政府价格调整时，按照交付时的价格计价。如果交货方逾期交付标的物，价格上涨时，按照原价格执行；价格下降时，按照新价格执行。如果是收货方逾期提取标的物或者逾期付款的，价格上涨时，按照新价格付款；价格下降时，按照原价格付款。

案例：逾期付款时，应当执行的政府指导价提升了，合同里的价格应该跟着提升吗？

2021年3月10日，A市甲食盐加工厂（以下简称甲厂）与乙副食批发公司（以下简称乙公司）订立合同，约定：由甲厂向乙公司提供食盐3万袋，每袋食盐1000克，价格为3元。乙公司在月底之前到甲厂仓库提货，提货时付款。双方若不能按时交货或者付款，要按照500元／天的标准支付违约金。3

月 30 日，乙公司通知甲厂，称其不能按时提货，将推迟 20 天。甲厂表示由于存放食盐的仓库将在 4 月 1 日到期，希望乙公司能按时提货。乙公司对此并未答复。4 月 20 日，乙公司到甲厂提货，并表示愿意支付违约金 1 万元。甲厂表示，A 市政府价格部门在 4 月 1 日上调了食盐的价格，每千克上调 0.8 元，因此食盐的价格也应当上调为每袋 3.8 元，故乙公司应当支付 11.4 万元的货款，加上违约金 1 万元和 20 天仓库占用费用 1000 元，共 12.5 万元。乙公司认为合同的价格是双方协商约定的，不能因为其他原因改变，而且仓库的使用费用应当包含在违约金里，因此应当按照合同的价格支付价款 9 万元，加上违约金，共支付 10 万元。那么，乙公司逾期付款，食盐的政府指导价提升了，合同里的价格应该跟着提升吗？

专家分析

合同中约定了履行期限的，合同当事人应当严格遵循合同的约定。交货方应当在约定的期限内交货，提货方应当在期限内提货、付款。如果履行期限届满一方当事人仍未履行合同义务的，应当由该方承担违约责任。合同中约定了违约金的，违约一方应当支付违约金，还要支付对方当事人因此受到的经济损失。不仅如此，在逾期履行期间，按照规定应当执行的政府定价或政府指导价发生变化的，违约一方应当承受差价损失。案例中，乙公司因自身原因不能按时提货、付款，存在一定的过错，因此要承担违约责任。乙公司应向甲厂支付 1 万元违约金、1000 元仓库使用费，并按照每袋食盐 3.8 元的新价格履行合同。

实务指南

政府指导价具有一定的强制性，对于依法应当执行政府指导价的商品和服务，合同当事人在订立合同时应当遵从政府指导价。政府指导价不仅是订立合同时必须考虑的因素，事实上，一直到合同履行完毕，政府指导价都可能会影响合同的价款。若一方当事人逾期履行合同，政府指导价发生变动时，违约一方应当接受调整后的、对自己不利的价格。因此，在订立合同后，为了最大限度地避免可能产生的不利后果，合同当事人一定要尽量按照合同的约定履行合同义务。

关联法规

《中华人民共和国民法典》

第五百一十三条 执行政府定价或者政府指导价的，在合同约定的交付期限内政府价格调整时，按照交付时的价格计价。逾期交付标的物的，遇价格上涨时，按照原价格执行；价格下降时，按照新价格执行。逾期提取标的物或者逾期付款的，遇价格上涨时，按照新价格执行；价格下降时，按照原价格执行。

第二节 涉及第三人的问题

一般情况下，合同中只有债权人和债务人。但有时合同中也会出现第三人。合同履行中的第三人不是合同的当事人，而是由合同当事人约定，由债务人向第三人履行债务或者由第三人向债权人履行债务。我国《民法典》第五百二十二条、第五百二十三条对涉及第三人合同的履行作出了规定，即当事人约定由债务人向第三人履行债务，债务人没有向第三人履行债务或者履行债务不符合约定的，应当向债权人承担违约责任；当事人约定由第三人向债权人履行债务，第三人不履行债务或者履行不符合约定的，债务人应当向债权人承担违约责任。

根据第三人在合同中的角色可将涉及第三人的合同分为两类：第一，由债务人向第三人履行的合同；第二，由第三人向债权人履行的合同。由债务人向第三人履行的合同，就是债务人不向债权人而向第三人履行义务。例如，投保人与被保险人、受益人不是同一人的保险合同中，投保人就是债权人，保险人就是债务人，而被保险人和受益人为第三人。向第三人履行的合同的法律效力：第一，第三人可以直接请求债务人履行；第二，债务人不适当履行债务的，应当向债权人而非第三人承担违约责任；第三，债务人对债权人的抗辩事由，可以用来对抗第三人。由第三人向债权人履行的合同，就是第三人向债权人履行义务。第三人履行的合同的法律效力：第一，债权人应当接受第三人的适当履行，如不接受则视为违约；第二，第三人不适当履行的，不应当由其向债权人承担违约责任，而应当由债务人承担。

一、由债务人向第三人履行债务的

合同当事人可以约定由债务人向第三人履行债务。债权人也可不与债务人商议，不经过债务人的同意，直接要求债务人向第三人履行债务。第三人只是接受债权的人，而非合同的当事人。债务人不向第三人履行合同的，债权人按照约定有权请求其向第三人履行；债务人瑕疵履行的，债权人有权请求其承担瑕疵履行责任。但是，法律规定或者当事人约定第三人可以直接请求债务人向其履行债务，第三人未在合理期限内明确拒绝，债务人未向第三人履行债务或者履行债务不符合约定的，第三人可以请求债务人承担违约责任；债务人对债权人的抗辩，可以向第三人主张。

案例：债务人向第三人瑕疵履行的，第三人是否有权要求其承担责任？

A城的甲水果批发商与乙超市签订合同，由甲水果批发商向乙超市分三批提供新鲜水果若干，乙超市支付货款5万元，双方约定违反合同的一方要支付对方违约金1万元。后在履行合同过程中，由于乙超市要装修，无法出售第三批水果，而其与丙超市有合作关系，于是乙超市与甲水果批发商协商，要求由甲水果批发商将第三批水果直接运到丙超市。甲水果批发商按照乙超市的要求将第三批水果运到丙超市仓库，丙超市在收货时发现，这批水果腐烂现象十分严重，于是要求甲水果批发商重发新鲜的水果，并支付1万元违约金。甲水果批发商认为其是与乙超市签订的合同，违约金也是与乙超市约定的，丙超市没有权利要求其承担违约责任。丙超市认为乙超市既然已经让甲水果批发商将水果运到丙超市，意味着债权已经发生了转移，而且甲水果批发商是在向其发送水果时出现的问题，因此甲水果批发商应当对其承担违约责任。那么，本案中的债权是否发生了转让？第三人是否有权要求债务人向其承担违约责任？

专家分析

合同当事人可以约定，由债务人向第三人履行合同义务。在此类合同中，第三人独立取得债权，可以直接向债务人请求履行义务，但是这并不意味着债权发生了转让。由债务人向第三人履行合同义务和债权转让是有区别的。债权转让是债权人通过与第三人订立合同将债权转让给第三人，使第三人成为新的债权人，而这里的向第三人履行的合同，第三人只是债权的接受人，不是合同的当事人。当债务人瑕疵履行时，根据合同相对性的原则，债务人仍然要向合同的债权人承担违约责任，而不必向不是合同当事人的第三人承担。但是，根据《民法典》第五百二十二条第二款的规定，法律规定或者当事人约定第三人可以直接请求债务人向其履行债务，第三人未在合理期限内明确拒绝，债务人未向第三人履行债务或者履行债务不符合约定的，第三人可以请求债务人承担违约责任；债务人对债权人的抗辩，可以向第三人主张。本案中，乙超市与甲水果批发商约定，由甲水果批发商把第三批货物交给丙超市，并没有发生债权的转让，只是变换了一下收货人，丙超市只是单纯的受益人，如果双方没有在合同中明确规定，其没有权利要求甲水果批发商承担违约责任，而只能由乙超市根据合同向甲水果批发商主张违约责任。反之，如果在合同中作出了约定，则丙超市可以向甲水果批发商请求承担违约责任。

实务指南

由债务人向第三人履行义务的合同中，第三人依照合同直接享有权利，债务人依照合同直接向第三人履行义务，可将第三人视为受益人。债务人不履行合同的，债权人可以请求债务人向第三人履行，第三人作为直接受益人也可以直接请求债务人履行义务。但是合同中的第三人要正确看待自己的权利，其只享有请求履行的权利，并不享有主张违约责任的权利。对于债务人的违约行为，只有作为合同当事人的债权人才有权向对方主张违约责任。

关联法规

《中华人民共和国民法典》

第五百二十二条　当事人约定由债务人向第三人履行债务，债务人未向第三人履行债务或者履行债务不符合约定的，应当向债权人承担违约责任。

法律规定或者当事人约定第三人可以直接请求债务人向其履行债务，第三人未在合理期限内明确拒绝，债务人未向第三人履行债务或者履行债务不符合约定的，第三人可以请求债务人承担违约责任；债务人对债权人的抗辩，可以向第三人主张。

二、由第三人向债权人履行债务的

由第三人向债权人履行债务的合同是指由第三人代替债务人向债权人履行债务，法律法规规定或合同约定必须由合同当事人履行债务的情况除外。此类合同中，第三人瑕疵履行合同，违约责任应当由债务人向债权人承担。对此，《民法典》第五百二十三条有明确规定，当事人约定由第三人向债权人履行债务，第三人不履行债务或者履行债务不符合约定的，债务人应当向债权人承担违约责任。

案例：第三人履行义务有瑕疵的，应当由谁来承担违约责任？

2021年6月6日，甲钢材厂（以下简称甲厂）与乙建材公司（以下简称乙公司）订立钢材购销合同，约定乙公司从甲厂购买钢材200吨，总价款为50万元，甲厂于6月30日之前将钢材运送到乙公司的仓库。后甲厂由于设备故障，生产停滞，不能按期交货。在得知丙钢材厂（以下简称丙厂）有闲置钢材后，遂与乙公司协商，由丙厂向乙公司提供钢材，由乙公司向甲厂支付货款。后甲厂与丙厂签订合同，由丙厂向乙公司在6月30日之前交付钢材200吨，甲厂向丙厂支付价款45万元。不料，6月15日天降暴雨，丙公司放置在露天场所的100吨钢材因没有被及时遮盖，导致这部分钢材生锈。截至6月30日，丙厂只能向乙公司交付100吨钢材。当时市场上钢材紧缺，钢材价格上涨，乙公司一时难以组织货源，造成经济损失10万元。乙公司向甲厂和丙厂请求赔偿经济损失10万元。丙厂认为，合同是甲厂与乙公司签订的，自己只是代甲厂履行义务，出了问题应该找甲厂。甲厂认为，其已经和乙公司及丙厂达成一致，由丙厂提供钢材，自己已经脱离了合同关系，并且是由于丙厂自己的过失致使不能按时交货，乙公司应当找丙厂请求赔偿。那么，第三人瑕疵履行的，应当由谁来承担违约责任？

专家分析

在由第三人向债权人履行的合同中，第三人只是合同的履行主体，而不是合同当事人。由第三人履行债务与通过协议把合同的债务转移给第三人的债务承担不同，前者的合同关系不发生改变，而后者通过协议将债务全部或部分转移给第三人承担，债务人脱离原合同关系。本案中，虽然甲、乙约定了由丙向乙履行义务，但合同当事人并没有协议约定变更债务人，甲厂并没有脱离合同关系，因此不是债务承担人，而是约定由第三人履行债务。另外，第三人虽然代为履行了债务人的债务，但在出现违约情况时，根据合同的相对性，债务人仍要对债权人承担违约责任。这是因为虽然合同中出现了第三人，但其并没有直接与债权人发生合同法律关系，第三人不是合同当事人，因此不能受到合同的约束，不能享有合同中规定的权利或承担合同中规定的义务。所以在发生违约情况时，债权人只能追究债务人的违约责任。因此本案中，对于丙厂的瑕疵履行，乙公司只能请求与其订立合同的甲厂承担责任。

实务指南

合同中涉及第三人履行的问题比较普遍，由此产生的“三角债”也不少。为了避免债务人和第三人相互推诿，确保债权人的合法权益，法律规定了第三人向债权人履行合同中出现瑕疵履行的，应当由债务人向债权人承担违约责任。因此，虽然是由于第三人不适当履行合同，债权人也只能向债务人主张违约责任。

关联法规

《中华人民共和国民法典》

第五百二十三条　当事人约定由第三人向债权人履行债务，第三人不履行债务或者履行债务不符合约定的，债务人应当向债权人承担违约责任。

第五百二十四条　债务人不履行债务，第三人对履行该债务具有合法利益的，第三人有权向债权人代为履行；但是，根据债务性质、按照当事人约定或者依照法律规定只能由债务人履行的除外。

债权人接受第三人履行后，其对债务人的债权转让给第三人，但是债务人和第三人另有约定的除外。

第三节　涉及履行的抗辩及抗辩权

涉及履行的抗辩及抗辩权是一方当事人在请求对方当事人履行合同义务时，对方当事人依法可以暂时拒绝履行其债务的抗辩理由或抗辩权利。包括附停止条件的抗辩、履行期尚未届满的抗辩、时效完成的抗辩、同时履行抗辩权、先履行抗辩权、不安抗辩权等。

附停止条件的抗辩是指债权有效成立，但由于条件不成熟，负履行义务的合同一方可以拒绝履行；履行期尚未届满的抗辩是指债务人在给付期届满之前不负给付义务，债权人请求其给付时，债务人可以拒绝履行；时效完成的抗辩是指一方当事人超出诉讼时效后请求另一方当事人履行债务时，另一方当事人有权拒绝履行；同时履行抗辩权是指双务合同中的一方当事人在另一方当事人没有履行合同义务之前，可以拒绝履行自己的义务；先履行抗辩权是指当事人互负债务，有先后履行顺序的，应当先履行合同义务的一方在未履行其债务之前，后履行一方有权拒绝其履行请求，先履行一方履行债务不符合约定的，后履行一方有权拒绝其相应的履行要求；不安抗辩权是指应当先履行债务的当事人有确切证据能够证明对方经营状况严重恶化、有意躲避债务、丧失商业信誉等可能丧失履行能力的情形的，可以拒绝履行债务。

其中，同时履行抗辩权、先履行抗辩权、不安抗辩权只存在于双务合同关系之中，不能适用于单务合同。需要强调的是，双务合同是指双方当事人互负对待给付义务的合同。双务合同的抗辩权的效力在于中止履行合同，并不是不履行合同。这里的抗辩只是一时的抗辩，而不是永久的抗辩，当抗辩的理由消失后，债务人仍然需要履行债务。抗辩权有利于保护被要求履行义务的一方当事人，避免自己履行义务后相对方不履行。而且抗辩权的行使还有利于使相对方积极履行自己的义务或者提供相应的担保，避免其出现违约的情况。履行的抗辩及抗辩权的行使必须符合法定条件，正当行使履行抗辩的权利是合法的，并不是违约行为，拒绝履行的一方当事人无须负违约责任。

一、同时履行抗辩权

同时履行抗辩权是指双务合同的一方当事人在另一方当事人履行合同义务之前，可以拒绝履行自己的义务。同时履行抗辩权有下列构成要件：第一，合同必须是双务合同。即双方当事人基于合同互负债务，它不适用于单务合同。第二，合同双方的债务履行期限已届满。同时履行抗辩权的目的是使双方当事人同时履行合同义务，若履行期限未届满，被请求履行义务的一方当事人只需提出履行期限未届满的抗辩。第三，双方当事人履行没有先后顺序，要求对方履行合同的当事人自己没有履行或没有提出履行。第四，对方当事人的义务有履行的可能。若对方当事人的义务已经无法履行或即使履行也不能实现合同目的，就没有提起同时履行的必要，而可以提起合同的解除。

案例：约定“一手交钱，一手交货”时，对方不付款的，己方可以拒绝交货吗？

琳达公司和江南公司签订了一份货物买卖合同，合同约定：“琳达公司以5万元向江南公司购买一套高精密仪器，双方代表人见面后，对仪器进行检验后，一手交钱，一手交货。”但是，在实际见面那天，琳达公司的代表人在对仪器进行仔细查看后，只是频频点头，没有表现出支付价款的意思。并且，琳达公司的代表人提出，由于自己的车不方便放置该设备，于是让江南公司负责将仪器送至琳达公司办公地点并实施交付。此时，江南公司可以拒绝吗？

专家分析

根据我国《民法典》第五百二十五条的规定，双方在互负义务且没有先后履行顺序的情况下，是应当同时履行义务的。当一方不履行义务或者履行义务不符合约定时，另一方为了避免自己受损，可以拒绝履行自己的义务。在上面的案例中，琳达公司和江南公司已在合同中约定“一手交钱，一手交货”，可以认定双方没有先后履行顺序，应当同时履行。但是，琳达公司的代表人却在未支付价款的情况下要求江南公司将货物送至其办公地，这是未履行“一手交钱”义务的体现，作为合同另一方的江南公司，完全可以不履行“一手交货”，即通过行使同时履行抗辩权，不按琳达公司代表人的指示送货与交货。

实务指南

若双务合同的双方当事人没有约定合同的履行顺序，合同到期后双方都没有履行合同并且都没有履行的意思时，可以进行协商，约定由谁先履行。若一方当事人不经过协商，直接请求另一方当事人履行合同，另一方当事人认为先履行合同有损自己利益，或者担心自己履行义务后对方当事人不会履行相应义务的，可以行使同时履行抗辩权，主张同时履行。

关联法规

《中华人民共和国民法典》

第五百二十五条 当事人互负债务，没有先后履行顺序的，应当同时履行。一方在对方履行之前有权拒绝其履行请求。一方在对方履行债务不符合约定时，有权拒绝其相应的履行请求。

二、先履行抗辩权

根据《民法典》第五百二十六条的规定，当事人互负债务，有先后履行顺序，应当先履行债务一方未履行的，后履行一方有权拒绝其履行要求。先履行一方履行债务不符合约定的，后履行一方有权拒绝其相应的履行要求。先履行抗辩权有以下四个构成要件：第一，必须是在双务合同中；第二，双方债务有先后履行顺序；第三，应当先履行的一方没有履行或履行不适当；第四，在先履行一方当事人应当履行的债务是可以履行的。若先履行一方的债务已经不可能被履行了，则后履行一方当事人行使先履行抗辩权已经失去意义。

案例：依合同约定先履行义务的一方未按时履行义务，支付违约金后能否要求后履行义务一方先履行义务?

甲饭店和乙装修公司于2021年1月1日签订合同，约定由乙装修公司为甲饭店装修两个店面，于3月1日之前装修完毕，装修工程结束且经验收合格后甲饭店再支付给乙装修公司全部装修费用20万元，并约定双方若存在违约行为要支付对方违约金2万元。合同到期后，乙装修公司因赶工其他任务，对甲饭店还未进行装修。甲饭店要求乙装修公司支付违约金2万元。乙装修公司表示愿意支付违约金2万元，但同时表示在其支付2万元违约金后，甲饭店应当支付装修费用后自己再进行装修，否则甲饭店也是在合同期间内未履行义务，也应当支付违约金。甲饭店认为，双方在合同中约定了先后履行顺序，只有乙装修公司完成了装修任务，甲饭店才能支付装修费用，违约金是由于乙公司到期没有履行义务，是基于违约行为而支付的，不能因为乙装修公司支付了违约金就改变已经约定好的履行顺序。那么，依合同约定先履行义务的一方当事人未按时履行义务，支付了合同约定的违约金后能否要求后履行义务的一方当事人先履行义务?

专家分析

合同的双方当事人可以在合同中约定履行顺序，约定的履行顺序对双方当事人均具有约束力。双方当事人应当严格按照合同的履行顺序履行义务，应当先履行一方未履行的，后履行的一方在任何时候都能基于先履行抗辩权来拒绝对方的履行要求。本案中，乙装修公司没有为甲饭店装修，在合同到期后，因合同并未解除，仍然具有先装修再“要钱”的义务。由于乙装修公司到期未完成装修工作致使甲饭店不能按时付款，所以甲饭店并没有违约，不应当支付违约金。即使乙装修公司已经支付了违约金，根据合同的约定仍然应先履行合同。如果乙装修公司已经完成了一部分装修任务，合同到期后支付违约金并要求甲饭店支付相应价款的，甲饭店应当按其请求支付部分价款。

实务指南

双方当事人在合同中约定了履行顺序的，应当严格按照约定履行；没有约定履行顺序的，应当同时履行。约定了履行顺序，不管在合同履行期限内还是超出了履行期限，只要双方当事人没有通过协商达成新的履行顺序的合意，就应当按照合同顺序履行义务。因行使顺序履行抗辩权拒绝履行合同义务的，不构成违约，无须支付违约金。只要合同合法有效并且未解除，后履行的一方当事人都可以行使自己的抗辩权来对抗先履行义务一方当事人的履行请求。

关联法规

《中华人民共和国民法典》

第五百二十六条 当事人互负债务，有先后履行顺序，应当先履行债务一方未履行的，后履行一方有权拒绝其履行请求。先履行一方履行债务不符合约定的，后履行一方有权拒绝其相应的履行请求。

三、不安抗辩权

根据《民法典》第五百二十七条的规定，应当先履行债务的当事人有确切证据证明对方有经营状况严重恶化、有意躲避债务、丧失商业信誉等丧失或者可能丧失履行能力的情形的，可以拒绝履行债务。不安抗辩权的成立条件是：第一，必须是在双务合同中；第二，合同订立时，先履行一方当事人不知道相对方无履行能力；第三，先履行一方债务已到期，应当先履行自己的义务；第四，先履行一方有充足的证据证明相对方无履行债务的能力；第五，后履行一方很有可能不能履行义务，合同目的有可能无法实现。

案例：后履行一方无履行能力，先履行一方能否拒绝履行自己的义务？

2021 年 3 月 1 日，甲造纸厂与乙公司订立合同，约定甲造纸厂按照乙公司的要求提供各类型纸张 100 万张，乙公司应当在合同成立之日起 15 日内支付 5

万元，甲造纸厂全部交货后乙公司再支付剩余货款7万元，违约方应当支付对方违约金1万元。合同订立后的第三天，经他人举报，当地的环境保护部门发现甲造纸厂排放的污水严重不符合国家标准，对其罚款2万元，并要求其停业整顿。3月15日，乙公司在得知这一消息的情况下未按照合同约定支付货款。甲造纸厂却要求乙公司按期支付货款5万元，否则即构成违约，应当支付违约金1万元。乙公司认为，甲造纸厂已经被责令停业整顿，短时期内不能恢复运营，无法在合同履行期限内按时交货，若自己交付货款，将会损害自身利益，不支付货款是因为甲造纸厂不能按时履行合同，自己有权行使不安抗辩权，并不是违约行为，不应当支付违约金。那么，在这种情况下，乙公司有权拒绝履行自己的义务吗?

专家分析

我国《民法典》合同编为保护先履行一方当事人的合法权益，防止其履行义务后得不到对方当事人的对待给付，规定了先履行一方有确切证据证明对方当事人无履行能力时，可以中止履行。合同编规定无履行能力主要表现为：经营状况严重恶化；转移财产、抽逃资金，以逃避债务；丧失商业信誉等。本案中，甲造纸厂虽然不属于以上三种情况，但是合同编同时规定了兜底条款，即有丧失或可能丧失履行债务能力的其他情形。由于甲造纸厂停业整顿，短时期内不能恢复运营，很有可能不能按照合同约定期限交货，已经不具备履行合同的能力。乙公司已经掌握了甲造纸厂不能按时交货的证据，可以根据《民法典》第五百二十七条的规定，主张不安抗辩权，拒绝履行其义务。乙公司拒绝付款的行为是合法行使权利，不是违约行为，甲造纸厂不应该请求其承担违约责任。

实务指南

不安抗辩权是在合同依法成立后，先履行一方当事人得知对方当事人可能或者不能履行合同的情况下行使抗辩的权利。若合同中先履行一方当事人知道对方当事人没有履行能力仍然与其订立合同的，在合同依法成立后，后履行一方当事人无法履行合同，先履行一方就不能行使不安抗辩权。法律不对已经知情的当事人进行事后的特别保护，因此，合同的当事人在订立合同之前最好了解对方当事人的经营状况、信誉状况，再决定是否与其签订合同。

关联法规

《中华人民共和国民法典》

第五百二十七条 应当先履行债务的当事人，有确切证据证明对方有下列情形之一的，可以中止履行：

（一）经营状况严重恶化；

（二）转移财产、抽逃资金，以逃避债务；

（三）丧失商业信誉；

（四）有丧失或者可能丧失履行债务能力的其他情形。

当事人没有确切证据中止履行的，应当承担违约责任。

第四节 合同的提前履行与部分履行

合同的当事人应当按照合同约定的标的、质量、数量、履行时间、履行地点、履行方式，全面履行合同义务。但是在现实生活中，常常会出现债务人提前履行、部分履行义务的情况。那么债权人对债务人的提前履行或部分履行是否可以拒绝呢?

提前履行是指债务人在合同约定的时间之前履行合同。根据《民法典》第五百三十条的规定，债务人可以提前履行合同，但不得损害债权人的利益。债务人提前履行债务给债权人增加的费用，由债务人负担。这里应注意，由于合同期限未到，所以债务人提前履行不构成违约。合同提前履行的构成条件有：第一，当事人在合同中约定了履行期限；第二，债务人请求提前履行；第三，债务人的履行不损害债权人的利益。

部分履行是相对于全部履行而言的，全部履行是指当事人按照合同的约定适当、全部地履行了合同，因此部分履行是指当事人没有按照合同约定履行全部义务，而是履行了一部分义务。根据《民法典》第五百三十一条的规定，债权人可以拒绝债务人部分履行，但部分履行不损害债权人利益的除外。债务人部分履行债务给债权人增加的费用，由债务人负担。合同部分履行的构成要件有：第一，部分履行的标的物是可分的，只有可分的标的才能部分履行；第二，部分履行包括应一次履行完毕的分批履行及不够数量的部分履行；第三，部分履行必须是在履行期限内履行。

由此可知，提前履行和部分履行只要没有损害到债权人的利益，债权人就应当接受，但是由此产生的费用应当由债务人负担。

一、履行合同的提前

一般情况下，合同的当事人应当在合同约定的履行期限内履行合同，但是有时债务人在某些情况下需要提前履行，如鲜活产品需尽快交货、保存货物的仓库租期届至等情况。这里需要注意的是，债务人可以自愿请求提前履行债务，但债权人不能要求债务人提前履行债务。若履行期限尚未到来，债权人请求债务人履行的，债务人可以拒绝履行。

案例：债务人未经债权人同意能否提前履行债务？

2021 年 3 月 1 日，某建筑公司与某石灰厂签订了一份买卖合同，约定建筑公司从石灰厂购买石灰 1000 袋，每袋 80 元，总货款为 8 万元，由石灰厂于 4 月 1 日将石灰运送到建筑公司的仓库，约定违约金 1 万元。由于石灰厂石灰产量太大，仓库无法储存，如果露天放置可能会影响石灰质量，因此石灰厂于 3

月15日向建筑公司请求提前履行合同。建筑公司对此未作答复。石灰厂见建筑公司未答复，以为其同意请求，遂于3月16日将1000袋石灰运至建筑公司仓库，并要求其支付货款8万元。建筑公司认为石灰厂未经其同意不在规定时间内履行合同是违约行为，况且，仓库目前没有放置货物的地方，如果提前接收货物要另租仓库，这就增加了成本。所以建筑公司拒绝接收石灰，并称如果石灰厂坚持提前交货需支付违约金。石灰厂认为提前履行合同不是违约行为，并且已经通知了建筑公司，建筑公司没有拒绝，所以应当接收货物。那么，债务人未经债权人同意能提前履行合同吗?

专家分析

履行时间是合同的一项重要内容，如果合同中约定了具体的履行时间，则债务人应当按照约定时间履行义务，不能迟延履行也不能提前履行。迟延履行会构成违约，而提前履行并不一定构成违约，若提前履行是适当履行并且不损害债权人利益，债权人就应当接受。如果债务人提前履行合同，会增加债权人的成本，这时债务人应当负担此成本。本案中，石灰厂虽然通知了建筑公司要提前交货，但是建筑公司并没有明确同意，因此石灰厂的行为构成提前履行。但由于石灰厂的履行只是提前了交货时间，并不是质量或数量的问题，而且履行期限尚未届至，没有损害建筑公司的利益，因此不构成违约，建筑公司不能向其索要违约金。但需要注意的是，建筑公司提前接收货物需要另租仓库，必定会增加费用。所以，石灰厂若坚持提前履行，则要支付建筑公司另租仓库的费用。由此可知，债务人若不经过债权人同意也可以提前履行合同，但履行行为不能损害债权人利益，并且应当支付债权人因接受其提前履行而需要另外支出的费用。

实务指南

当事人可以在合同中约定合同的履行期限，也可以约定合同的履行时间点。约定合同履行期限的，只要在期限内履行了义务即可，不会出现提前履行的情况。约定合同履行时间点的，必须在该时间点履行合同。若债务人提前履行义务的，债权人可以拒绝履行，但是提前履行对债权人没有损失的，债权人不能拒绝债务人的履行，但可以要求债务人支付其因提前履行增加的费用。

关联法规

《中华人民共和国民法典》

第五百三十条 债权人可以拒绝债务人提前履行债务，但是提前履行不损害债权人利益的除外。

债务人提前履行债务给债权人增加的费用，由债务人负担。

二、合同的部分履行

部分履行违反了全面履行原则，因此债权人有权拒绝部分履行。若部分履行使得债权人的合同目的无法实现，即使是很少的部分没有履行，债务人也要承担违约责任。债权人拒绝受领债务人部分履行的拒绝权是法律赋予债权人的一种特别保障措施。但是债权人拒绝受领也有一定的限制。部分履行只要不构成重大违约，不损害债权人的利益，并能够实现相应的合同目的，债权人就不能拒绝受领。因为在这种情况下债务人只要履行了剩下的部分就能实现全部的合同目的。

案例：债务人部分履行损害了债权人的合同利益，债权人能够拒绝受领吗？

2021 年 4 月 5 日，甲学校与乙服装厂签订合同，由乙服装厂向甲学校提供白色衬衫 500 件。双方约定在 5 月 18 日之前履行合同，并约定违反合同的需承担违约金 1 万元。后乙服装厂因被行政部门责令停业整顿，耽误了工作进程，到5月17日只制作出400件衬衫。于是乙服装厂在5月18日将400件衬衫运至甲学校，并请求支付这400件衬衫的货款4万元，称剩余的100件衬衫在月底交付。甲学校称500件衬衫是用于5月19日春季运动会方阵的，如果少100件就不能组成方阵，乙服装厂交付的400件衬衫也不能用到方阵中，交付400件衬衫的效果等同于没有交付。于是甲学校拒绝接收400件衬衫，并且不支付货款，还请求乙服装厂按合同约定支付1万元违约金。乙服装厂称并不知道500件衬衫是用于方阵，而且不能按期履行合同是行政部门责令停业整顿而造成的，不是本厂故意拖延，所以甲学校应当支付400件衬衫的货款。那么，债务人的部分履行使得债权人的合同利益无法实现，债权人能够拒绝受领吗?

专家分析

我国《民法典》第五百零九条第一款明确规定："当事人应当按照约定全面履行自己的义务。"但是，在实践中经常出现所谓的部分履行的现象。部分履行是对合同履行整体性的破坏，当合同的全面履行对债权人来说意义重大时，部分履行就无法实现合同的目的，那么债权人就可以拒绝债务人的部分履行；若合同的全面履行对债权人来说没有太大影响，部分履行后通过事后补足也可以实现合同目的，那么债权人就不能拒绝债务人的部分履行。本案中，甲学校从乙服装厂订购的500件衬衫是用于运动会方阵的，乙服装厂必须在规定的期限之前交付500件衬衫才能实现甲学校订立合同时的目的。而乙服装厂在合同届满时只交付了400件衬衫，无法组成方阵，很明显合同目的不可能实现。因此，基于法律规定，甲学校可以拒绝乙服装厂的履行，并且可以向其主张违约责任。

实务指南

合同的履行以全面履行为原则，但债务人在履行合同过程中常常会出现一些问题使其不能全面履行合同而采取部分履行的方式。债权人虽有权拒绝受领，但是不能在任何情况下，不分事由地拒绝，这不利于交易的正常进行，也不利于经济的发展。因此在履行合同时债务人要力求全面履行，避免部分履行。对于不可避免的部分履行，在部分履行不损害债权人利益的情况下，债权人应当根据诚信和促进交易的原则接受履行。

关联法规

《中华人民共和国民法典》

第五百三十一条　债权人可以拒绝债务人部分履行债务，但是部分履行不损害债权人利益的除外。

债务人部分履行债务给债权人增加的费用，由债务人负担。

第五节　债权人的代位权与撤销权

债权人的代位权与撤销权合称为债的保全。债权人所享有的代位权与撤销权都是基于法律的强制性规定，当事人不得在合同中约定放弃代位权与撤销权。但是，是否行使这两种权利，则由债权人自己决定。在实践中，代位权适用于债务人“怠于行使债权”的案件类型，而撤销权则适用于债务人“不当处分财产”的案件类型。

在了解债权人的代位权与撤销权这两种保全方式时，我们需要将债的保全制度与债的担保制度加以区分。债权人的代位权与撤销权虽然也是为了利于债权的实现，但是，债的保全方式与债的担保是有区别的。债的保全是指通过保全债务人的财产，维持债务人的清偿能力，从而维护债权人利益。而债的担保是指债的当事人根据法律的规定或者双方的约定，以债务人或者第三人的特定财产或者是信用来担保债权的实现和债务的履行，如比较常见的抵押、保证、留置、定金等担保方式。两者主要有以下三个方面的区别：

（1）产生的法律依据不同。债的保全直接根据法律的规定产生，同时保全的方式和条件也必须符合法律的规定；而债的担保则主要是因当事人双方的约定而产生，其担保的方式、范围等都可以由当事人进行约定。

（2）发生法律效力的范围不同。债的保全是债的对外效力的体现，其效力可以及于债的关系以外的第三人；而债的担保的效力主要体现的是对内效力，只是对于债权债务关系的当事人发生效力，不会涉及债权债务关系和担保关系之外的第三人。

（3）产生的作用不同。债的保全的作用是使债权人可以适当干预债务人的财产自由，避免债务人责任财产的不当减少，以维持债务人的债务清偿能力，从而保证债权的实现；而债的担保的作用是债权人通过法律的规定或者当事人的约定直接享有债的担保权利和优先受偿的权利，是对债务人责任财产的扩大，从而有利于债权的实现。

一、代位权

代位权，是指当债务人怠于行使对第三人的到期债权而侵害了债权人的债权时，债权人为了保全自己的债权，可以以自己的名义代位行使本来属于债务人权利的权利。其中债务人的债务人称为次债务人。

由于代位权是法律的强制性规定，因此，债权人的代位权必须在具备以下4个条件时才能够成立。

（1）债务人必须享有对第三人的合法债权。这是债权人行使代位权的前提条件。如果债务人对于第三人没有债权存在，则债权人就没有代位权。另外，代位权行使必须要求债务人对第三人的债权是金钱债权，如果债务人对于第三人的债权是专属于债务人自身的权利，如基于扶养关系、继承关系而产生的给付请求权和劳动报酬、养老金、退休金、抚恤金、安置费以及人身损害赔偿请求权等权利，债权人不能行使代位权。

（2）债务人怠于行使对第三人的到期债权。这是债权人行使代位权的实质要件。所谓债务人怠于行使对第三人的到期债权，是指债务人既不履行其对债权人的到期债务，也不以诉讼或者仲裁的方式向他的债务人主张其享有的具有金钱给付内容的到期债权，从而导致债权人的到期债权未能实现。

（3）债务清偿期届满而债务人未清偿债务。这是债权人行使代位权的必要条件。即债务人已经构成迟延履行而又无力清偿债务，此时债权人的债权就有不能实现的危险，债权人就有必要保全债权，从而代位权成立。

（4）债权人有保全债权的必要。债权人有保全债权的必要是指因债务人怠于行使对第三人的权利，导致债权人的债权发生不能实现的危险时，因而具有代位行使债务人的权利以实现债权的必要。

此外，不仅代位权的成立具有相应的条件，债权人在行使代位权时也必须符合法律规定的要求。

案例：债权人在行使代位权时需要符合哪些法律规定的要求？

嘉禾超市是某市幸福小区内的一家超市。2020 年 3 月，嘉禾超市向某食品公司进购了一批膨化食品，当时双方在合同中约定，嘉禾超市在一年之内支付货款 5 万元。然而，直到 2021 年 3 月，嘉禾超市仍然没有按期支付所欠的货款。此时，该食品公司便要求嘉禾超市支付欠款。在经过两次催促之后，食品公司发现，嘉禾超市的一个客户曾经向该超市购买了价值 4 万元的货物，却一直没有付款。正是由于该客户的欠款才导致嘉禾超市一直没能向食品公司支付欠款。可是，嘉禾超市一直没有向该客户请求支付欠款。于是，食品公司咨询了律师，律师认为该食品公司可以依法代位行使嘉禾超市对于该客户的债权。那么请问，该食品公司在行使代位权时需要符合哪些要求？

专家分析

债权人的代位权是法律规定的一种权利，因此，不仅代位权的成立必须具备一定的条件，债权人在行使此种权利时也必须要符合法律的要求。我国《民法典》第五百三十五条规定："因债务人怠于行使其债权或者与该债权有关的从权利，影响债权人的到期债权实现的，债权人可以向人民法院请求以自己的名义代位行使债务人对相对人的权利，但是该权利专属于债务人自身的除外。代位权的行使范围以债权人的到期债权为限。债权人行使代位权的必要费用，由债务人负担。相对人对债务人的抗辩，可以向债权人主张。"

实务指南

在司法实践中，债权人在行使代位权时需要注意，债权人必须以诉讼的方式行使此项权利，不得径行行使。这在实践中是被很多人所忽略的。另外，债权人请求法院行使代位权时，其请求的数额不得超过债务人所负的数额或者是次债务人所欠的数额。具体到本案中，食品公司在向法院提出请求时，其向嘉禾超市的客户提出的数额不得超过 4 万元。超过的部分，即使提出也无法得到法院的支持。

关联法规

《中华人民共和国民法典》

第五百三十五条　因债务人怠于行使其债权或者与该债权有关的从权利，影响债权人的到期债权实现的，债权人可以向人民法院请求以自己的名义代位行使债务人对相对人的权利，但是该权利专属于债务人自身的除外。

代位权的行使范围以债权人的到期债权为限。债权人行使代位权的必要费用，由债务人负担。

相对人对债务人的抗辩，可以向债权人主张。

二、撤销权

撤销权，是指因为债务人实施了减少其财产的行为而导致债权人的债权不能实现时，债权人为保全自己的债权而依照诉讼的程序申请法院撤销债务人行为的一种权利。

债权人撤销权的成立与行使需要符合法律的规定。撤销权的成立需要同时具备主观要件与客观要件。其主观要件是指债务人与第三人为法律行为时，具有主观的恶意，即明知该行为对债权人的债权有害仍然为之。客观要件是指债务人在债权成立之后实施了使其财产减少的法律行为，并且债务人的行为危及债权人的债权。

而撤销权的行使则需要满足以下四个方面的要求：（1）债权人的撤销权由债权人行使。（2）撤销权的行使必须通过诉讼方式。（3）债权人撤销权的行使范围以保全债权人的债权为必要。（4）债权人的撤销权必须在法定的期限内行使。根据《民法典》第五百四十一条的规定，撤销权自债权人知道或者应当知道撤销事由之日起一年内行使。自债务人的行为发生之日起五年内没有行使撤销权的，该撤销权消灭。

案例：在哪些情形下债权人可以行使撤销权？

时美服装公司是某市一家生产服装的企业，2021年1月，该公司向某布料公司购进了一批价值20万元的进口毛呢布料。双方在合同中约定，货到付款。可是，在布料公司向时美服装公司交货之后，时美服装公司由于资金周转出现问题，便请求布料公司宽限一个月。然而，在一个月之后，时美服装公司仍然没有支付20万元的货款。此时，布料公司便多次请求时美服装公司还款。后来，布料公司发现时美服装公司故意延长某百货商场对其15万元债务的履行期，才导致其不能按期支付货款。于是，布料公司向法院提出行使撤销权，要求法院撤销时美服装公司恶意延长百货商场债务履行期的行为。那么，此时，布料公司是否可以行使撤销权？债权人在哪些情况下可以行使撤销权？

专家分析

布料公司可以行使撤销权。根据《民法典》第五百三十八条至第五百三十九条的规定，债权人可以在下列情况下向人民法院提出撤销权诉讼：（1）债务人放弃其债权。（2）债务人放弃债权担保。（3）债务人无偿转让财产。（4）债务人恶意延长到期债权的履行期。（5）债务人以明显不合理的低价转让财产、以明显不合理的高价受让他人财产，影响债权人的债权实现，债务人的相对人知道或者应当知道该情形的。（6）债务人为他人的债务提供担保，影响债权人的债权实现，债务人的相对人知道或者应当知道该情形的。由此可见，在上述6种情形之下，如果债务人的行为具有恶意，并损害债权人的债权，此时，债权人便可以向法院提出撤销权诉讼。在本案中，正是由于时美服装公司恶意延长百货商场的债务履行期，才导致其不能按时归还布料公司的货款，该行为危及布料公司债权的实现，所以，布料公司可以向法院提起撤销权诉讼。

实务指南

在实践中，债权人在提起撤销权诉讼时，不仅要符合法律规定的情形，还需要满足债务人具有恶意的条件，并且此种情形的出现必须要危及债权人债权的实现。所谓危及债权的实现，是指债务人的行为使其责任财产减少而导致债权人的债权不能完全实现。反之，如果没有影响债务人的清偿能力，则债权人是不能行使撤销权的。本案中，布料公司之所以可以提起撤销权诉讼，不仅是由于具备法定的情形，同时，时美服装公司的行为还侵害到了布料公司债权的实现。所以，债权人在提起撤销权诉讼时要注意其是否同时具备法律规定的要件。

关联法规

《中华人民共和国民法典》

第五百三十八条 债务人以放弃其债权、放弃债权担保、无偿转让财产等方式无偿处分财产权益，或者恶意延长其到期债权的履行期限，影响债权人的债权实现的，债权人可以请求人民法院撤销债务人的行为。

第五百三十九条　债务人以明显不合理的低价转让财产、以明显不合理的高价受让他人财产或者为他人的债务提供担保，影响债权人的债权实现，债务人的相对人知道或者应当知道该情形的，债权人可以请求人民法院撤销债务人的行为。

第五百四十条　撤销权的行使范围以债权人的债权为限。债权人行使撤销权的必要费用，由债务人负担。

第五章

合同的变更、转让与终止

一般情况下，合同依法成立之后，双方当事人应该按照合同的规定履行自己的义务，受该合同的约束，但是因为合同是双方当事人之间的一种合意，所以双方达成合意之后也是能够对已经签订的合同进行变更、转让和终止的。合同的变更和转让都是发生在合同尚未履行结束之前，合同的终止是因为发生了约定的事由或者法定的事由而使合同关系归于消灭。合同的变更、转让和终止是合同中非常常见的三种状态。

第一节　合同变更的一般规定

合同的变更是指合同成立之后，双方当事人就合同的内容进行更改，按照更改后的合同履行。合同变更可以分为广义的合同变更和狭义的合同变更，广义的合同变更指的是合同内容和合同主体的变更，而狭义的合同变更仅仅指的是合同内容的变更。我们通常所说的合同变更都是指狭义的合同变更，即对合同的内容进行更改，但是合同的性质并不发生改变，例如对合同之中约定的标的物的数量或者履行地点等进行变更。一般情况下，合同变更都是基于当事人之间的合意，如果没有经过另一方的同意，一方不能擅自更改合同的内容，但是也存在依照法律规定进行合同更改的情况。合同变更的方式分为合意变更和依照法院判决或仲裁机构裁决变更两种。合同变更需要具备以下三个条件。

第一，已经签订的合同必须是真实有效的。合同生效需要符合的要件有：（1）主体条件要适格，需要是完全行为能力人；（2）双方的意思表示必须是真实的，不得是因为欺诈或者胁迫而签订的；（3）合同的内容必须是符合法律规定的。

第二，合同变更必须在履行终结前进行。对合同进行变更应该是在合同已经成立后但尚未履行结束前，如果合同的所有内容已经履行完毕，合同是终止状态，则不可能再进行合同的变更。对于已经履行一部分的合同进行变更的，变更仅仅对尚未履行部分有效，不能追溯到已经履行的部分。

第三，变更之后应当履行法定程序的必须履行。一般情况下，合同变更仅需要当事人之间就变更的内容达成合意即可，但是法律规定需要履行一定程序才能使变更生效的，变更之后必须履行法定程序，否则变更不生效。例如，变更的合同内容需要到市场监督管理部门或者税务登记部门进行登记，双方当事人合意对合同进行变更后，应当到相关部门办理变更登记。简而言之，对于需要履行法定程序的事项，如果双方当事人仅仅达成合意而没有履行法定程序，变更之后的合同不发生效力。

一、协商一致变更

协商一致变更合同在司法实践之中是经常发生的，除了极少数情况是按照法律规定进行合同变更，绝大多数情况下，合同变更都需要当事人协商一致，这是合同变更最重要的条件。合同变更制度的目的是，很多时候双方当事人在订立合同时并不能对合同的内容考虑周全或者在合同履行一部分之后出现了新的情况，此时就需要对合同的内容进行变更，归根结底，合同变更是对原来合同的修改或者补充。原来合同是双方当事人合意的产物，变更之后的合同就更需要当事人之间协商一致，所以我国法律规定，没有经过一方允许，另一方当事人不得擅自变更合同内容，这也间接证明了协商一致是合同变更的前提。

案例：合同签订后就不能变更了吗?

小李是一家粮食商贸公司的负责人，平日里除了向顾客出售粮食之外，还需要根据客户的需要购进粮食。大米是粮食商贸公司里需求量最大的产品，一次小李以商贸公司的名义和东北的一家大米生产厂签订了一单大米合同，合同的主要内容是粮食商贸公司以每斤 3 元的价格在该家大米生产厂购买大米 10 吨，由该大米生产厂分 4 次将大米运到指定地点 A 地，小李先交纳一半的货款，在大米全部运送完毕之后再交纳另外一半货款。在大米生产厂第一次运到 A 地 2 吨大米之后，小李发现 A 地不利于销售，于是便要求大米生产厂将剩余的 8 吨大米都运到粮食商贸公司的仓库所在地 B 地，而大米生产厂此时却以合同签订之后就不能变更为由拒绝履行小李的要求。那么，合同签订之后，还能不能进行变更呢?

专家分析

一般来说，合同生效之后，在当事人双方之间就形成了一种约束关系，双方都需要按照合同的规定履行自己的义务，如果不履行则可能会被追究违约责任，但是如果合同生效之后不能更改、只能履行就显得过于死板，不利于市场经济的活跃发展。合同虽然是对双方的一种约束，但是这种约束是基于当事人之间的合意产生的，根据我国《民法典》第五百四十三条的规定，当事人之间协商一致是可以对合同内容进行变更的。因此，本案中，小李所代表的粮食商贸公司可以和该大米生产厂进行协商，双方如果能够就变更履行地点达成合意，则合同可以变更，剩下的8吨大米是可以按照协商更改之后的地点进行履行的，但是如果达不成协议，小李单方面要求更改合同履行地点的行为是无效的。

实务指南

在现代生活中，对于很多企业来说，经常需要签订合同，合同对于双方来说既是一种约束，同时也是一种保护。合同生效之后，双方应该严格按照合同内容履行义务，行使权利和履行义务，当一方不履行义务时，则应当承担违约责任。然而，在很多时候，当事人在签订合同时可能并不能预知合同履行的过程之中会发生什么，如果因为发生了新情况而使得合同履行的意义丧失，则强硬地继续履行合同不仅不能达到促进交易的目的，还可能会造成社会资源的闲置，因此，在这种情况下，应当允许当事人对合同作出变更。但是当事人对合同变更的前提是，双方必须对更改的内容达成一致的意见，双方如果没有就更改的内容达成合意，是不构成合同的更改的，更改行为是无效的。

关联法规

《中华人民共和国民法典》

第五百四十三条　当事人协商一致，可以变更合同。

二、推定为未变更的情形

合同签订之后尚未履行完毕之前，双方当事人在达成一致的前提下，可以对合同的内容进行更改。变更合同，双方当事人必须对变更的内容约定得十分明确，如果变更内容约定不明确或者双方当事人没有对变更的内容达成一致的意见，则推定为该合同没有变更，继续按照原来的合同履行即可。

案例：变更后的合同价格约定不明，有效吗？

张某是一家商场空调专柜的负责人，平时主要负责和各大空调厂家签订订货合同，帮助商场采购空调。一次，张某和A空调厂家签订了一单合同，合同的内容是，商场购买A空调100台，每台的价格是3000元，空调厂家在5月30日之前交货。但是5月15日，张某接到了A空调厂的电话，要求张某前去就合同的内容进行商谈。张某去了之后，A空调厂的负责人告诉他，原先制造空调的一个零件涨价了，造成空调生产成本提高，想和张某商量一下，能否适当提高一下合同中空调的单价。张某说自己做不了决定，需要回去和领导商量。之后张某也一直没有再就空调的价格通知A空调厂，转眼间就到了5月30日，A空调厂将100台空调送到了商场的仓库中，并且按照每台3200元的价格要求张某支付空调的总价款320000元。张某认为自己并没有同意变更空调价格，A空调厂不能擅自更改合同中标的的价款。那么，这种合同变更行为是否有效呢？

专家分析

合同变更的前提是双方协商一致，就变更的内容需要进行确定，如果原来合同是有书面形式的，更改之后的合同也应该有书面形式。当事人对变更内容约定不明确的，推定为该合同未变更，如果在约定不明确的情况下，依然保护更改后合同的效力肯定是会损害一方当事人的权利的，不符合交易公平这一基本原则。所以，如果想要合同更改之后具有效力，则双方必须都明确知道更改的内容，并且就更改的内容协商一致。本案中，双方协商变更的内容是空调的价款，在协商的时候，A空调厂没有明确空调的价格上涨200元，而商场负责人张某也没有对改变空调价款作出明确表态，对此可以得出两个结论：首先，合同变更时，双方当事人没有达成合意；其次，双方就空调变更之后的价款没有明确的约定。综上可以得出，这属于变更内容约定不明确的情形，按照法律的规定，推定该合同未变更，应该继续履行原来的合同。A空调厂应该在5月30日交付100台空调，而张某应该按照原来合同约定的每台3000元的价款支付A空调厂货款。

实务指南

日常生活之中，出现合同更改的情形比比皆是，但是合同更改并不是简单的告知行为，而是需要双方就更改内容协商一致。合同更改是对原来合同的修改或者补充，和第一次签订合同一样，需要具有明确的合同内容。如果更改内容不明确，就好像一个合同没有内容，是不能履行的。法律上将更改内容不明确的行为推定为合同没有更改，应该继续履行原来签订的合同，任何一方都不能要求另一方按照更改后的合同履行。所以，各企业在变更合同的时候应该注意，一定要将自己想要变更的合同内容告知对方，对方如果同意更改，之后的合同才能生效。

关联法规

《中华人民共和国民法典》

第五百四十四条　当事人对合同变更的内容约定不明确的，推定为未变更。

第二节　合同全部或部分转让

合同权利的转让是指在不改变合同内容的前提下，将合同中的债权全部或者部分转让给第三人的情况。合同的全部转让是指债权人将自己在合同中享有的权利全部转让给第三人，自己退出合同关系，形成的是关于第三人的新合同关系。合同的部分转让是指债权人将自己在合同中享有的权利部分转让给第三人，自己仍然是合同关系的主体，并且此时第三人加入原来的合同关系之中，和原债权人共同享有债权。

合同转让制度的创设在一定程度上能够起到鼓励交易、促进市场经济发展的作用。当合同的当事人因为客观原因不能继续履行合同时，如果不允许合同转让，那么必然出现合同终止的法律后果，合同确立的权利义务关系也就随之消灭了，原本已经履行的合同义务也就失去了法律基础关系，无法实现合同目的，造成社会资源的浪费。可以说，这对市场经济的发展起到的是阻碍作用。而允许合同转让，其机动灵活性有利于保障合同的全面履行，最大限度实现合同当事人的经济利益，也相应减少社会资源的浪费。合同编最为基本的原则就是当事人意思自治原则，因此，一般只要双方当事人达成合意，就可以进行合同的转让。但是在司法实践之中，为了维护交易秩序，保证交易公平，我国《民法典》对合同的转让作出了明确的限制性规定，当事人的意思自治须排除此类限制性规定，合同转让才具有法律效力。

一、不得转让的情形

我国《民法典》明确规定了债权不得转让的情形：（1）根据债权的性质不得转让的。主要是指基于特定主体身份的情况，如果将权利转让给第三人就会丧失债权履行的意义。（2）按照当事人的约定，不得转让的情形。主要是指合同在签订时，已经明确约定合同不得转让。这是基于当事人的合意订立的合同，法律充分尊重并保护当事人的合意，除第三人善意取得了转让权的法定例外情形，转让行为为无效行为。（3）依照法律规定不得转让的权利，主要是指我国的法律对某些权利转让作出了明确的禁止性规定，当事人对于这些法定禁止转让的权利是不能自行进行转让的。例如，我国的《文物保护法》中规定，不得将国家禁止出境的文物私自卖给外国人。合法有效的合同转让行为需以上述三种情形为前提，与其中任何一种情形相抵触的转让行为都不具有法律效力。此外，当事人约定非金钱债权不得转让的，不得对抗善意第三人。当事人约定金钱债权不得转让的，不得对抗第三人。

案例：企业之间在签订合同之后，能否对部分权利进行转让？

A瓷砖厂和B商场签订了一份购销合同，B商场以每块10元的价格订购A瓷砖厂的瓷砖10000块。双方约定，A瓷砖厂于11月底交付全部订购瓷砖，B商场在签订合同时一次性支付货款100000元。在11月中旬的时候，A瓷砖厂已经向B商场交付了瓷砖5000块。后C商场由于瓷砖货源吃紧，遂与B商场达成购销合同转让的合意，约定B商场对A瓷砖厂享有的剩余瓷砖的收货权转让给C商场。B商场在转让合同签订完后，向A瓷砖厂发出通知，将合同转让的消息告知A瓷砖厂。但是，A瓷砖厂对此转让行为存有异议，以合同签订时的双方当事人是A和B为由，否认了该合同转让的效力。本案中，A瓷砖厂和B商场之间签订的合同是否能够进行权利的转让？

专家分析

一般来讲，基于合同的相对性，履行合同义务的一方和享受合同权利的一方都是签订合同时的当事人。但是为了鼓励交易，我国《民法典》也允许合同权利的部分或者全部转让。当然，合同权利转让也不是毫无限制的，合同不能是“按照性质不能转让的”“约定不能转让的”和“法律禁止转让的”。排除这三种可能，合同就是可以进行转让的。本案中，A瓷砖厂和B商场签订合同时并没有约定本合同是禁止转让的合同，并且合同的标的物是瓷砖，不是特定物，就其物品性质而言，也不具有不宜转让的属性，我国法律也没有禁止转让瓷砖类商品的规定。因此，本案中，购买协议中的瓷砖收货权是可以转让的，B商场将自己在合同中的权利部分转让给了C商场，并且履行了通知A瓷砖厂的义务，从法律上来讲，这种转让行为是有效的。

实务指南

企业之间在签订合同之后，进行合同权利转让的情况经常发生。从法律角度而言，权利转让行为只要不违反法律规定，即可在当事人之间进行自由协商、转让。但是在权利转让过后，因合同当事人的变更，可能对义务履行人产生不同程度的影响，因此许多当事人在签订合同时，即在合同中明确约定合同权利不可转让，这是对于基于相互了解以及信赖基础订立的合同的一种保障，在这样的情形下，合同当事人是不得进行权利转让的。

关联法规

《中华人民共和国民法典》

第五百四十五条 债权人可以将债权的全部或者部分转让给第三人，但是有下列情形之一的除外：

（一）根据债权性质不得转让；

（二）按照当事人约定不得转让；

（三）依照法律规定不得转让。

当事人约定非金钱债权不得转让的，不得对抗善意第三人。当事人约定金钱债权不得转让的，不得对抗第三人。

二、通知义务及其效力

合同的债权人享有合同转让的权利，这种权利是受到法律保护的，但是合同转让之后，在一定程度上可能会加重义务人的负担，如果合同权利可以任意转让，无疑对合同的义务方来说是不公平的。我国《民法典》规定，合同权利转让的，应该通知债务人，如果没有通知债务人，则视为合同没有进行转让。当通知到达债务人时，转让即发生效力，不需要经过合同义务方的同意。所以，我国合同转让生效的条件是通知，这样既能够保护债务人的权利，又能够促进交易。

对于受让人来说，合同权利转让的，附属于该权利的其他权利也发生转让，例如抵押权、担保权或者质权。但是原合同约定从权利是专属于债权人自身的、不能随着主权利的转让而转让的除外。义务人在接到了权利转让的通知后，权利转让发生效力，义务人应该对权利受让人履行合同的义务，但是义务人对原合同当事人的抗辩权利，同样可以对权利受让人进行。

案例：订立合同之后进行权利转让，没有通知义务人的，能否发生效力？

A饭店和某蔬菜水果超市签订了长期购货合同，该超市每天都向A饭店提供饭店指定的水果和蔬菜，A饭店每半年向该超市支付货款。10月，因为A饭店在装修，所以来吃饭的人比较少，饭店每天从该超市购买的水果蔬菜都用不完。某日，A饭店与附近的B饭店协商一致，将自己在超市定的水果蔬菜低价转让给B饭店。在B饭店向A饭店支付货款后，A饭店的负责人告知B饭店负责人每天可直接去超市领取蔬菜水果。次日，B饭店的采购员就来到了蔬菜水果超市准备采购食材，并声称超市在之后的两个月需将A饭店订购的水果蔬菜向B饭店提供。不料，B饭店采购员的此项要求遭到了该超市的拒绝，超市以A饭店未将订购合同转让一事告知自己为由，拒绝向B饭店履行义务。那么，A饭店转让权利的行为没有通知义务方，转让行为是否有效？

专家分析

我国《民法典》的立法宗旨是保护公民、法人和非法人组织的自主权，法无禁止即可为是贯穿该法律整个体系的原则。因此，一般情况下，只要不属于法律明确规定的禁止行为，当事人达成合意之后都是受法律保护的，合同权利的转让也是如此。我国《民法典》保护合同转让的权利，合同中的权利人可以将自己的权利全部或者部分转让给第三人，但是务必以通知债务人为前提，当义务人知道权利转让的事实时，合同转让对债务人发生法律效力，如果没有通知债务人，则转让行为对债务人不发生法律效力，债务人仍然对合同的原权利人履行义务。本案中，A饭店将自己在合同之中的权利转让给了B饭店，超市作为债务人，A饭店并没有将转让这一事实通知蔬菜水果超市，所以该转让行为对超市并没有产生法律效力，该超市以此为由拒绝向B饭店履行义务是符合法律规定的。

实务指南

在现实生活中，很多时候我们都会遇到合同权利的转让问题，为了促进交易，我国对合同权利转让是持保护态度的。但是，权利的转让在一定程度上会加重义务人的履行负担，如果不对权利转让加以规范，很可能会损害债务人的合法权益，长远来讲，也是不利于保障市场交易健康运行的。为了保护债务人的权利，我国《民法典》明确规定，合同权利转让采取的是通知主义，即权利转让必须通知债务人，债权人未履行告知义务的话，则转让行为对债务人不发生法律效力。对于合同中的债务方，如没有收到权利转让通知，则可以以没有通知为由拒绝向转让关系中的权利受让方履行合同。

关联法规

《中华人民共和国民法典》

第五百四十六条 债权人转让债权，未通知债务人的，该转让对债务人不发生效力。

债权转让的通知不得撤销，但是经受让人同意的除外。

三、债务人转移义务

我国法律保护合同权利的转移，同样，也保护债务人对债务的转移。债务转移是指合同当中的债务人将自己在合同中需要履行的义务，全部或者部分转移给第三人。义务全部转移给第三人是指原来的合同义务人退出了合同关系，转移之后形成的是新债务人和原权利人的合同关系。义务部分转移给第三人是指原来的合同义务人仍然存在，第三人加入合同关系，和原义务人共同履行合同义务。合同义务的转移虽然也能促进交易，对经济发展起到积极的作用，但是合同订立时，双方当事人是在互相了解的前提下签订的合同，很多时候，权利人在签订合同之前往往会调查了解义务人的资信状况，以了解其是否有能力履行义务。但是合同权利人并不知道义务受让人的资信状况如何，这可能会出现损害权利人利益的情况，因此我国法律对合同义务的转移进行了严格的规定。

我国法律规定，合同义务的转移并不像权利转移一样采用通知主义，而是需要获得债权人的同意。债务转移无论是全部转移还是部分转移，都必须经过债权人的同意，债权人不同意的，转移不发生效力，债权人有权拒绝第三人向其履行义务，并且如果因为转移而导致合同履行延误的，债权人有权要求原债务人承担违约责任，只有当债权人同意了义务的转让，该转让行为才发生法律上的效力。此外，债务人或者第三人可以催告债权人在合理期限内予以同意，债权人未作表示的，视为不同意。

当合同义务转移之后，义务接受方需要履行原义务方的义务，同时享有原义务方的抗辩权，例如，先履行抗辩权、同时履行抗辩权或者诉讼时效已过抗辩权等权利，具有与原合同当事人同样的法律地位。一般情况下，除专属的义务之外，主义务转移之后，与之相关的从义务也随之而转移，义务受让人同样应该履行这些从义务。对于某些应该办理登记手续的事项，在义务转移时应当进行登记，否则也是不能生效的。

案例：合同签订之后，一方在没有经过另一方同意的情况下，能否将自己的义务进行转移？

甲公司是一家大型的家纺厂，需要大量的布料作为生产原料进行家纺生产加工。今年5月的时候，甲公司和乙布料制造厂签订了一份货物买卖合同，合同约定甲公司在乙布料制造厂购买不同种类的布料200匹，合同金额共计20万元。关于交付日期，合同中约定7月底乙布料制造厂需将该批布料交付完毕。6月底，乙布料制造厂先行向甲公司交付了150匹布料，但是当继续生产的时候，乙布料制造厂的机器却发生了损坏，如果等到维修完毕之后再生产，肯定会超过交货日期交付。无奈之下，乙布料制造厂便向丙厂求助，二者约定，剩余的50匹布料由丙厂生产并完成交付，由乙布料制造厂支付该笔费用。到了7月底的时候，丙厂将自己生产的50匹布料直接交付给甲公司。甲公司在查看之后发现，丙厂生产的布料的质量并不能达到自己和乙布料制造厂原合同中约定的水平。于是甲公司以乙布料制造厂并没有将义务转移的事实告知自己为由，拒绝接受丙厂的履行，并且要求乙布料制造厂承担相应的违约责任。请问，本案中，乙布料制造厂在没有告知甲公司的情况下，能否将自己的义务进行转移？

专家分析

根据我国《民法典》的规定，合同义务转移的，必须经过债权人的同意才能生效。债务人或者第三人可以催告债权人在合理期限内予以同意，债权人未作表示的，视为不同意。如果没有经过债权人同意，转移并不发生效力，债权人可以拒绝义务受让人对其履行义务，可以要求原债务人对其履行义务，如果因为义务转移而导致合同履行延迟的，债权人可以追究原债务人的违约责任。

本案中，乙布料制造厂在未告知甲方并且未获得甲方同意的情况下，径行将自己交付布料的义务转让给了丙厂。此种做法严重违反了我国法律上关于义务转移生效的规定，因此，该案件中乙布料制造厂转让义务的行为不具有法律效力。甲公司有权拒绝丙厂的履行，可以要求乙布料制造厂继续履行，同时对于交付日期的延迟，甲公司可以就此追究乙布料制造厂的违约责任。

实务指南

在现实生活之中，很多企业可能会遇到类似的情况，即合同签订之后，一个陌生的企业找到了自己要求代替原合同的签订人履行合同义务，基于对义务受让方不了解，许多企业往往不愿意接受，但是迫于许多现实原因而又不得不接受。义务的转移可能会导致债权人的权利受到损害，对于这种情况，我国法律明确规定，债权人同意是合同义务转移的生效要件，无论是合同义务的部分转移还是全部转移，都必须经过债权人的同意。如果合同义务没有经过债权人同意而私自进行转移，这样的行为不具有法律效力，债权人可以以此为理由拒绝义务受让人对自己履行义务，可以要求原义务承担人继续履行义务，因债务转移而发生的损失，债权人可以要求原债务人承担违约责任。

关联法规

《中华人民共和国民法典》

第五百五十一条　债务人将债务的全部或者部分转移给第三人的，应当经债权人同意。

债务人或者第三人可以催告债权人在合理期限内予以同意，债权人未作表示的，视为不同意。

四、合同订立后遇当事人合并、分立的情形

在现实生活中，很多合同签订之后都需要一个漫长的履行过程，在这个过程之中，可能会发生很多影响合同履行的事情，例如合同一方主体发生了合并或者分立，此时合同的另一方当事人可能并不知道自己应该去要求谁或者向谁继续履行合同的义务。对此，我国《民法典》进行了明确的规定，合同签订之后，合同主体发生合并的，由合并之后的主体继续履行合同义务，同时享受合同权利；合同签订之后，合同主体发生分立的，分立之后的各个主体对合同的债权享有连带权利，同时应该履行连带义务。

当事人的合并一般分为两种情况，第一种情况是新设合并，指两个以上的法人或者非法人组织合并成为一个新的法人或者非法人组织，由新的法人或者非法人组织承担合并法人或者非法人组织的权利和义务。第二种情况是吸收合并，指一个法人或非法人组织被另一法人或非法人组织合并后，将其债权债务一并转让给另一法人或非法人组织。当事人的分立是指原来的合同当事人分立成为两个或者两个以上的主体。

在一定程度上，当事人的合并、分立也是一种合同权利义务的转让，但是因为这种情况在实践中经常发生，所以我国法律对此类行为作出单独的规定。我国《民法典》规定，当事人订立合同后合并的，由合并后的法人或者非法人组织行使合同权利，履行合同义务。当事人订立合同后分立的，除债权人和债务人另有约定的以外，由分立的法人或者非法人组织对合同的权利和义务享有连带债权，承担连带债务。企业法人在合并、分立的时候，应当到有关部门进行登记，将自己合并分立的事实告知社会大众，让合同的另一方能够找到合并、分立之后的义务方，全面保护合同双方的权利。

案例：合同签订之后，一方主体分立为两个主体，此时应该找谁履行合同义务？

华昌公司是一个综合的汽车制造公司，在生产汽车的过程之中，需要大量的钢材，因而和三角钢铁厂签订了一份为期5年的购货合同。合同约定在这5年期间，三角钢铁厂向华昌公司提供钢材，华昌公司每半年结算一次钢材费用。2020年7月，三角钢铁厂因为生产经营的需要，分立为A和B两个钢铁厂，同时到相关部门进行了登记备案。当华昌公司按照合同约定于8月初到原三角钢铁厂地址进行装货时才发现，原来的三角钢铁厂已经不复存在，现在在这里生产经营的是因分立而产生的A钢铁厂。鉴于此种情况，华昌公司先后分别找到了A钢铁厂和B钢铁厂，要求两家钢铁厂继续履行关于钢材供货的合同，但二者都以合同不是本公司签订为由，拒绝履行。请问，本案中，华昌公司应当找谁履行合同义务？

专家分析

我国《民法典》第六十七条规定："法人合并的，其权利和义务由合并后的法人享有和承担。法人分立的，其权利和义务由分立后的法人享有连带债权，承担连带债务，但是债权人和债务人另有约定的除外。"分立之后的各个主体，因为承继了分立前主体的一切权利和财产，所以应该对分立前主体订立的合同进行履行，不能以原主体不存在为由拒绝履行合同。因此，在本案中，三角钢铁厂分立为A钢铁厂和B钢铁厂，两者应该对分立前签订的合同中的义务承担连带责任，华昌公司可以要求这两方中的任意一方或者二方同时向自己履行合同中规定的交付钢材义务，同时自己对钢材货款也应该交付给履行义务方，A钢铁厂和B钢铁厂不能拒绝华昌公司关于合同履行的请求，否则将因此而承担违约责任。

实务指南

合同订立之后，一方主体因市场经营或者其他原因而发生合并、分立的情况比比皆是。法律为了保护合同双方的利益，对此种情况下合同的履行作出了具体规定，即原主体合并、分立之后的义务由合并、分立后的新主体承担。所以，当企业发现自己合同的相对方出现合并或者分立之后，该企业可以找合并或者分立后的新的主体要求履行合同，这是受法律保护的，如果分立或者合并后的新主体拒绝履行合同义务的，该企业可以通过诉讼的方式维护自己的权利。

关联法规

《中华人民共和国民法典》

第六十七条 法人合并的，其权利和义务由合并后的法人享有和承担。

法人分立的，其权利和义务由分立后的法人享有连带债权，承担连带债务，但是债权人和债务人另有约定的除外。

第三节 合同中权利义务的终止

合同是平等主体之间订立的债权债务关系，合同的性质决定了合同不可能永久存在，当出现了合同约定的情形或者法律规定的情形时，合同的权利义务关系就会归于消灭，债权人不再拥有合同之中约定的权利，债务人不再需要履行合同之中约定的义务。

根据我国《民法典》的规定，合同的权利义务终止的情形分为两种：合同的绝对终止和合同的相对终止。合同的绝对终止指的是合同因为履行、抵销、提存、免除和混同，而使合同的权利义务归于消灭的情形，这属于合同权利义务的消灭。合同的相对终止指的是合同因为解除和期限届至，而使权利义务归于消灭的情形，这属于合同履行效力的消灭。

合同终止后的法律效果：合同的终止包括合同履行的终止和合同法律关系消灭的终止。合同履行的终止所带来的法律效果是，合同中的权利义务消灭，当事人仍然需要承担赔偿损失或者违约赔偿的责任。合同法律关系消灭的终止所带来的法律效果是，因合同产生的权利义务关系不存在，债务人不需要履行合同，由此产生的一切关系都消灭。

合同终止后，当事人仍应当履行的一些义务，称为后合同义务。后合同义务的目的主要是使合同的权利义务关系能够更好地终止，避免双方当事人之间发生矛盾，影响市场经济的发展。这并不是由当事人约定的义务，而是一种法定的义务。一般表现为，一方当事人应该遵守诚信原则，对另一方当事人履行告知、保密等义务，如果因为没有履行这些义务而导致另一方当事人的权益受到损害时，一方当事人应该承担赔偿责任。

一、合同权利义务终止的情形

合同权利义务终止是指合同生效后，因为发生了法定的事由或者约定的事由，而使得合同的债权债务关系归于消灭，债权人不再享受合同中的权利，债务人也不再履行合同中的义务。具体来讲，合同权利义务终止的情形包括以下7种：

（1）债务已经履行。债务的履行是合同的第一目的，债务履行之后，债权人的权利得以享有，债务人的义务得到消灭。债务已经按照约定履行是指义务人按照合同约定的内容，包括标的物的数量、质量、种类、价款、履行期限、履行地点等，对合同进行全面的履行。

（2）债务相互抵销。债务互相抵销是指双方当事人互享债权，同时也互负义务，使自己的债务和对方的债务在同等的数额内归于消灭。债务在合同之中就代表着义务，双方互付债务抵销之后，在抵销的范围之内，合同的权利义务关系终止。

（3）债务人依法将标的物提存。提存是指由于债权人的原因，导致债务人无法向债权人履行合同义务，而将合同的标的物交给提存机关使得合同关系归于消灭的制度。此制度是为了保护债务人的利益，当债权人恶意不配合合同的履行时，债务人可以采取这种方法保护自己的权利。提存之后，就代表着义务人已经履行了义务，合同的权利义务关系终止。

（4）债权人免除债务。债权人主动免除债务人的债务，而使得债权债务关系归于消灭的行为，包括债务的全部履行和部分履行，债权债务关系免除的部分归于消灭。

（5）债权债务同归于一人。债权债务同归于一人指的是，由于特定事实发生，而导致本来由一方享有的债权，另一方履行的义务，全部归于一方当事人，即权利和义务都由一人承担，此时合同的权利义务关系终止，这也是我们经常说的混同。

（6）合同解除。合同解除是指合同有效成立之后，当出现法律规定或约定的解除条件时，一方当事人向另一方作出了解除合同的意思表示，合同关系归于消灭的行为。当合同解除之后，双方自然不能继续享受权利，无须履行义务，合同的权利义务关系终止。

（7）法律规定或者当事人约定终止的其他情形。除了上述几种情形外，还有一些法律单独规定了合同权利义务终止的情形，例如，《民法典》第一百七十三条规定："有下列情形之一的，委托代理终止：（一）代理期限届满或者代理事务完成；（二）被代理人取消委托或者代理人辞去委托；（三）代理人丧失民事行为能力；（四）代理人或者被代理人死亡；（五）作为代理人或者被代理人的法人、非法人组织终止。"

案例：B 公司欠了 A 公司的钱，A 公司能否以此为由主张抵销其在合同中所欠 B 公司的钱？

A 公司是一家海产品养殖公司，和 B 公司有着长期的合作，鱼类饲料都是从 B 公司购买。双方签订的合同中约定，每月底，A 公司向 B 公司支付饲料货款。5 月底，A 公司并没有支付当月的货款 10000 元，于是 B 公司便找到了 A 公司，要求支付货款。谁知 A 公司的负责人说，4 月 B 公司向 A 公司购买了 20000 元的海产品，用来作为五一福利发给员工，当时约定 5 月底偿还，但是 B 公司至今还没有给钱，故 A 公司欠的饲料钱应该用这笔钱抵销，并且 B 公司还应该继续支付剩余的 10000 元钱给 A 公司。而 B 公司主张，自己和 A 公司签订的饲料合同与海产品购销合同是两个完全不同的合同，不能混同。请问，本案中，A 公司主张抵销的请求能否成立？

专家分析

根据我国《民法典》第五百六十八条的规定，当事人互负债务，该债务的标的物种类、品质相同的，任何一方可以将自己的债务与对方的到期债务抵销；但是，根据债务性质、按照当事人约定或者依照法律规定不得抵销的除外。当事人主张抵销的，应当通知对方。通知自到达对方时生效。抵销不得附条件或者附期限。当事人主张合同抵销还需要满足以下条件：第一，双方需要互负债务、互享债权，并且主张抵销的债务必须都是到期债务，如果不到期则不能主张抵销，因为可能涉及期限利益。第二，双方互负的债务必须都是合法债务，如果一方是违法的，则不能主张抵销，只有同时满足了以上条件，才能主张债务的抵销。本案中，A 公司欠 B 公司 10000 元钱，B 公司欠 A 公司 20000 元钱，并且二者都到期了，所以可以在 10000 元钱的范围内主张抵销，A 公司的做法是正确的，B 公司的理由是不能成立的。抵销之后，双方关于饲料的买卖合同关系归于消灭，并且因为是到期债务，所以 B 公司应该支付给 A 公司 10000 元钱。

实务指南

很多企业认为，合同签订之后，义务的履行是权利义务关系终止的唯一途径，但其实除了债务履行之外，还有以下四种情况，能够使合同的权利义务终止：（1）当出现法定或者约定的事由之后，合同的一方当事人可以提出解除合同，合同的权利义务归于消灭；（2）当债权人不配合债务的履行，延期履行会被追究违约责任时，债务人可以将合同的标的物送到有关机构进行提存，提存之后意味着合同的权利义务关系终止；（3）当合同双方互负到期债务时，可以在等额的范围内主张抵销，抵销之后，抵销部分的权利义务关系归于消灭；（4）当双方的债权和债务归于同一人的时候，权利义务关系消灭。当出现以上四种情况时，合同的权利义务关系消灭，企业不再享有权利，也不再承担义务。

关联法规

《中华人民共和国民法典》

第五百五十七条 有下列情形之一的，债权债务终止：

（一）债务已经履行；

（二）债务相互抵销；

（三）债务人依法将标的物提存；

（四）债权人免除债务；

（五）债权债务同归于一人；

（六）法律规定或者当事人约定终止的其他情形。

合同解除的，该合同的权利义务关系终止。

第五百六十八条 当事人互负债务，该债务的标的物种类、品质相同的，任何一方可以将自己的债务与对方的到期债务抵销；但是，根据债务性质、按照当事人约定或者依照法律规定不得抵销的除外。

当事人主张抵销的，应当通知对方。通知自到达对方时生效。抵销不得附条件或者附期限。

二、合同权利义务终止后的附随义务

合同权利义务终止后的附随义务，又称后合同义务，是指在合同权利义务关系终止之后，当事人按照法律的规定，应该遵循诚信原则，根据交易习惯履行的义务。附随义务具有以下四个特点：第一，附随义务是合同权利义务终止之后需要履行的义务；第二，附随义务是一种法定义务而不是一种约定义务；第三，附随义务并不是固定的义务，而是根据交易习惯确定的，不同性质的合同可能有不同的附随义务；第四，附随义务是诚信原则的产物，在交易的过程之中必须遵守诚信原则。

实践中，常见的附随义务主要有以下三种：（1）通知。在合同权利义务关系终止之后，为了合同能够更好地履行，应该将自己的行为告知另一方的义务，例如，如果债务人在提存之后没有告知债权人，债权人的权益就会受到一定的损害，此时通知义务就是附随义务。（2）协助。在合同权利义务终止之后，可能仍然需要当事人协助另一方当事人处理有关合同的事务，例如，合同解除之后，有需要恢复原状的情况的，就需要当事人进行协助。（3）保密。在合同权利义务关系终止之后，仍然需要对国家秘密、商业秘密和合同之中约定的秘密进行保密。例如，合同签订之后一方知道了另一方产品的保密配方，在合同权利义务关系终止之后，一方仍然需要保守该秘密。

案例：一方主张债务抵销的，有必要通知另一方吗？

甲公司是一家服装厂，乙公司是一家专门生产衣服拉链的工厂，两者之间长期有合同关系。甲公司每个月从乙公司购买拉链500条，每条2元，货款每年支付。2019年，乙公司曾经因为资金周转问题，向甲公司借款20000元，约定2021年2月偿还。2021年3月，乙公司去找甲公司要求收取上一年度的货款12000元时，甲公司没有支付货款，也没有作任何表示，只是说这笔钱我们不该还，让乙公司自己想原因。甲公司的意思是乙公司欠自己20000元钱，到期也没还，就用这笔钱抵销自己上一年的货款，但是乙公司丝毫没有想到这一层面，甲公司想要抵销债务而让乙公司自己想原因的做法正确吗？一方企业主张抵销，应该履行什么附随义务呢？

专家分析

根据我国《民法典》第五百五十八条的规定，合同权利义务关系终止之后，当事人应该根据诚信原则，履行附随义务。该法第五百六十八条第二款规定，双方互负到期债务，当事人主张抵销的，应当通知对方。通知自到达对方时生效。抵销不得附条件或者附期限。所以，一方当事人主张抵销债务的，应当通知对方当事人，如果没有通知对方当事人，则不能构成抵销。本案中，甲公司并没有将自己主张抵销债务的意思表示告知乙公司，所以不能构成抵销。实际上，双方的债务都已经到期，并且还都是可以抵销的债务，符合抵销的构成要件，正确的做法是，甲公司应该明确告知乙公司要抵销债务，并不需要得到乙公司的同意，即可生效。本案给我们的启示是，想要主张债务抵销一定要告知对方当事人，切不可不作声。

实务指南

附随义务并不是合同的内容，如果是合同之中约定的义务，就肯定不是附随义务。附随义务是一种为了合同关系更和谐的法定义务，是各个当事人必须履行的义务，如果不履行给对方当事人造成了损失，则对方当事人可以主张赔偿，所以各合同主体应该在合同权利义务关系终止之后，自觉履行附随义务。常见的附随义务主要有保密义务、协助义务和通知义务，根据合同的性质不同，可能也会有其他的附随义务，但是无论是哪种，当事人都应该自觉履行，否则可能给自己带来麻烦。

关联法规

《中华人民共和国民法典》

第五百五十八条　债权债务终止后，当事人应当遵循诚信等原则，根据交易习惯履行通知、协助、保密、旧物回收等义务。

第五百六十八条　当事人互负债务，该债务的标的物种类、品质相同的，任何一方可以将自己的债务与对方的到期债务抵销；但是，根据债务性质、按照当事人约定或者依照法律规定不得抵销的除外。

当事人主张抵销的，应当通知对方。通知自到达对方时生效。抵销不得附条件或者附期限。

第四节　合同的解除

合同解除是指合同成立后，在当事人没有完全履行或者没有履行之前，通过双方的协商、约定的合同解除的条件出现或者根据法律的规定，由拥有解除权的当事人行使权利，使合同关系消灭的一种行为。合同解除是合同终止的原因之一，主要包括单方解除、协商解除、约定解除和法定解除。合同解除主要有以下特征：

第一，合同解除的前提条件必须是合同成立并且生效。合同没有成立或者只成立而没有生效时，则无所谓合同的解除。

第二，合同解除必须有法定或者约定的事由出现。合同成立并且生效后对合同当事人产生约束力，任何一方当事人不能随随便便就要求解除合同。

第三，合同解除必须有当事人的解除行为。合同解除的条件成立后，合同并不当然解除，还需要有合同当事人的解除行为。

第四，在一般情况下，合同解除即当事人之间的权利义务关系终止。合同解除后，合同当事人之间的合同关系消灭，合同当事人不能再依据此合同享有权利、履行义务。

合同解除与合同无效、附解除条件的合同是不同的概念，不能混为一谈。区别在于：第一，合同无效是指因合同欠缺法定的生效要件而不能在当事人之间产生期待的法律效果。合同无效是基于法律的规定，必须由法院或仲裁机构确认其无效。而合同解除是基于双方的约定，当事人自己就享有合同的解除权，无须司法机关确认。第二，附解除条件的合同，在条件成就时，合同自动失去效力。而合同的解除必须基于当事人的解除行为，没有当事人的解除行为是不能产生合同解除的法律效力的。

一、协商解除与约定解除

协商解除是指在合同成立生效之后，当事人还未履行或者没有完全履行合同约定的义务之前，经过双方的协商，使合同的效力消灭的一种解除方式。

约定解除是指当事人在订立合同的过程中或者是专门订立保留解除权的合同中约定合同解除的条件，一旦合同解除的条件出现，享有解除权的一方通过行使解除权使得合同消灭的一种解除方式。

案例：合同的协商解除与约定解除相同吗？

王女士原来是企业职工。2021年1月，该企业由于经营不善而倒闭，王女士在下岗之后找了几份工作都不合适。后来，她在朋友的建议之下，决定和另一个下岗的同事李某在县城开一家服装店。两人在经过详细的计划之后，便开始在商场附近找店面。经过仔细挑选，王女士和李某找到了一家店面，觉得不管是房子的面积还是地理位置、租金等各个方面都很合适，于是，便和房东宋某签订了房屋租赁合同。合同约定：租期两年，每月租金5000元，租金按季支付，如果王女士和李某欠付租金超过6个月，则无须宋某催告，合同即可解除。在签订合同之前，房东宋某特意告诉王女士和李某他们已经约定了合同解除的条件，如果到时候他们欠付租金的期限满足合同解除的条件，就立即解除合同。在经营了半年后，由于两人缺乏经验，服装店不仅没有赚钱，反而还赔了不少钱。此时，两人准备将店面转租出去，但是，宋某又不同意。因为当时签了两年的合同，也没有办法解除。两人非常为难，不知道该怎么办。此时，王女士的一个朋友告诉她，说他们可以找宋某协商解除合同。可是，王女士不明白协商解除合同与他们当时在合同中约定的解除条件有何区别。

专家分析

合同解除中的协商解除与约定解除都是合同解除的方式，这两种方式都是双方当事人意思自治的结果。只是约定解除是双方在订立合同的过程中或者是在后来当事人订立的约定解除权的合同中约定了解除条件，并且一旦合同的解除条件成就，享有解除权的一方可以通过自己的行为解除合同。而协商解除合同则是在合同订立之后，双方协商一致的情况之下解除合同，并未在合同的文本中作出约定。在本案中，王女士和李某与宋某在订立合同时所约定的，如果王女士和李某欠交房租超过 6 个月，合同即可解除，就属于双方约定的合同解除的条件，一旦王女士和李某欠交房租达到 6 个月，宋某在行使解除权之后即可解除合同。而他们双方协商解除合同，即我们平时所说的双方在经过商量之后，都同意终止合同的履行。表现在本案中，即王女士在与宋某协商之后，宋某如果同意他们不再承租房屋，王女士就可以和宋某解除房屋租赁合同。

实务指南

协商解除与约定解除虽然都属于合同解除的方式，但二者其实有很大的差别。在实践中，协商解除是合同成立生效之后双方协商一致终止合同的行为。约定解除的方式更多的是为了约束双方按照约定履行义务，如果在合同中约定了合同的解除条件，则需要衡量该条件是否有利于保护自己的权利。如在上述案例中，合同约定的解除条件对于承租人来说是不利的，但是，这样约定有利于承租人及时缴纳房租。此外，约定解除的一个弊端就是，合同一方当事人为了解除合同，故意制造满足合同解除的条件，使得解除合同的事由发生，这种行为可能会损害对方的利益，所以，在约定合同解除的条件时要特别注意。

关联法规

《中华人民共和国民法典》

第五百六十二条 当事人协商一致，可以解除合同。

当事人可以约定一方解除合同的事由。解除合同的事由发生时，解除权人可以解除合同。

二、法定解除

法定解除是指在合同成立之后，双方还未履行或者未完全履行合同之前，一方当事人通过行使法律所赋予的解除权而使合同归于消灭的解除方式。法定解除分为一般法定解除和特别法定解除两种。其中，一般法定解除适用于所有的合同，而特别法定解除则仅适用于法律规定的几种合同。根据《民法典》第五百六十三条的规定，因不可抗力致使合同目的不能实现、预期违约、一方当事人逾期履行主要债务致使合同目的不能实现等因素都有可能导致合同的一方当事人行使法定解除权，这是一般法定解除权的内容。而特别法定解除权存在于《民法典》合同编关于典型合同的规定中。

案例：一方当事人迟延履行债务的情形一旦出现，对方当事人就享有合同的法定解除权吗？

家家食品公司是某市的一家专门生产糕点的公司，其凭借着优质的食品质量赢得了广大消费者的喜爱，家家食品公司的食品不仅销往本地很多超市，同时也销往外地。2021 年 8 月，A 市的一家商场准备在中秋节前购买一批月饼，遂与家家食品公司签订了买卖合同，要求家家食品公司在中秋节前三天的时候将月饼送到该商场。家家食品公司在中秋节之前接到了很多订单，优先运送位置距其比较远的商场。而因为A市商场比较近，当天就可以送到，所以家家食品公司就没有优先给其送货。但是，后来由于出货量太大，原料不够，家家食品公司无法在中秋节前向A市商场送达月饼。在家家食品公司将该信息通知A市商场之后，该商场认为家家食品公司在中秋节后才交付月饼，自己在中秋节前没有月饼可卖，必定会给自己造成重大损失，便以合同目的不能实现为由想与家家食品公司解除合同。家家食品公司认为自己的迟延履行并未导致合同目的不能实现，该商场不能因自己迟延履行就解除合同。

专家分析

为了约束双方依法履行合同，促进交易的实现，有必要对合同的法定解除予以严格的限制。如果把法定解除条件规定得过于宽泛，则很可能会经常出现解除合同的现象，损害市场交易的秩序与安全。所以，在合同中并不是一方只要迟延履行合同约定的义务，对方就会因此而当然享有法定解除权。根据《民法典》第五百六十三条的规定，只有在当事人一方迟延履行主要债务，并且经对方催告之后在合理的期限之内仍然没有履行时，对方才能够行使合同解除权。此外，如果履行期限对合同目的的实现具有重要的意义，如果一方迟延履行会构成根本违约，那么此时非违约方就享有法定解除权。其主要包括两种情形：一是合同的履行期限是必要因素，如春联、圣诞礼物、生日蛋糕等季节性非常强的货物或者用于特定场合的用品等。二是如果一方迟延履行之后，对方能够证明继续履行合同对其已经没有任何意义，此时，非违约方也享有法定解除权。在本案中，月饼属于时效性非常强的商品，一般人们都是在中秋节之前就已经开始购买，而家家食品公司迟延履行合同的行为已经导致合同目的无法实现，所以，A市商场享有法定解除权，可以与家家食品公司解除合同。

实务指南

法律对一般法定解除权的行使要求比较严格，需要具备规定的条件才能够行使。在现实生活中，合同义务履行期限对合同当事人有重要意义的，如果一方当事人迟延履行合同主要义务，则可能给对方当事人造成重大损失或者使该义务的履行没有任何意义，在此种情况下，对方当事人可以不经催告就行使法定解除权。但是如果合同履行期限对合同当事人无关紧要，一方当事人迟延履行，对方当事人并不因此享有法定解除权，此时该方当事人要做的事情就是催告对方在合理期限内履行合同义务，违约方如果在合理期限内仍然没有履行合同义务时，非违约方才享有法定解除权。因此，我们在日常的交易过程中也需要加以注意，对违约行为作出谨慎判断，避免因对方违约而损害自己的合法权利。

关联法规

《中华人民共和国民法典》

第五百六十三条　有下列情形之一的，当事人可以解除合同：

（一）因不可抗力致使不能实现合同目的；

（二）在履行期限届满前，当事人一方明确表示或者以自己的行为表明不履行主要债务；

（三）当事人一方迟延履行主要债务，经催告后在合理期限内仍未履行；

（四）当事人一方迟延履行债务或者有其他违约行为致使不能实现合同目的；

（五）法律规定的其他情形。

以持续履行的债务为内容的不定期合同，当事人可以随时解除合同，但是应当在合理期限之前通知对方。

三、合同解除后相关问题的善后处理

合同解除会导致合同关系的终止，双方的权利义务消灭，尚未履行合同约定的内容的，不再履行。另外，合同的解除并不影响合同中约定的结算、清理条款及解决争议条款的效力。合同因为一方违约而解除的，违约方在合同解除之后要承担违约责任。如果合同因不可抗力导致合同目的无法实现而解除的，未履行义务的一方在满足下列条件时，不承担损害赔偿责任：（1）并不是在合同履行迟延之后不可抗力才发生的；（2）不能履行义务一方已经将不可抗力的发生及时通知了对方；（3）其在合理的期限内对不可抗力的发生提供了证明。否则，即便发生不可抗力，导致合同无法履行，未履行义务一方还是要承担相应的损害赔偿责任。

案例：合同解除之后，当事人还可以要求对方承担损害赔偿责任吗？

集美公司是某市一家生产冷鲜肉的企业。2021 年 1 月，其与当地的一家百货商场签订了一份买卖合同，由集美公司在 2021 年 2 月 1 日之前出售给该商场 1000 斤冷鲜肉，如果一方违约要支付违约金 6000 元。该商场为了保证春节期间的货物充足，同时又和另一家冷鲜肉公司订立了合同。在 1 月 31 日，集美公司将准备好的冷鲜肉送往该商场时，该商场说自己的仓库装不下这么多的货物，要求集美公司过几天再送货。集美公司在一个星期后再次送货，但是该商场依然没有接货。于是，集美公司便以该商场不履行主要债务为由向其发出解除合同的通知，该商场同意解除合同。此时，集美公司要求该商场承担 6000 元违约金，以及未及时履行合同给自己带来的损失。而该商场认为，既然已经解除了合同，原来的合同已经消灭，那么，集美公司没有理由再主张违约金及损害赔偿。

专家分析

虽然合同的解除方式有多种，但是，不管当事人采用哪一种方式解除合同，如果一方违约，其都是要承担违约责任的。违约责任并不会因合同效力归于消灭而免除。同时，双方当事人在合同中约定的结算、清理条款及解决争议条款依然有效，并不会因为合同的解除而失去效力。依据《民法典》第五百六十六条和第五百六十七条的规定，即便合同解除，权利义务终止，但是当事人依然可以根据合同的履行情况要求另一方恢复原状或者采取其他的补救措施，如果造成损害的，还有权要求对方赔偿损失。因此，在本案中，虽然双方当事人解除了合同，但是，商场仍然要根据当时合同的约定承担违约责任，支付违约金。同时，由于该商场对合同的解除存在过错，应该对集美公司造成的损失承担赔偿责任。

实务指南

在现实生活中，可能很多人都误以为合同一旦解除，有关合同的所有内容都会终止。实际上并非如此，合同解除，合同当事人约定的解决争议的条款依然有效，法律之所以作出这样的规定，就是要求违约的一方承担相关责任。否则，如果一方违约之后，解除了合同，就不再承担任何违约责任，那么会导致很多人只要出现不利于自己的情况就会想方设法地解除合同，使得市场交易处于一种不安全的状态。因此，在实践中，我们不仅要按照约定履行合同的义务，尽量避免解除合同，同时，在合同解除之后仍然可以要求违约方承担相应的违约责任。

关联法规

《中华人民共和国民法典》

第五百六十六条 合同解除后，尚未履行的，终止履行；已经履行的，根据履行情况和合同性质，当事人可以请求恢复原状或者采取其他补救措施，并有权请求赔偿损失。

合同因违约解除的，解除权人可以请求违约方承担违约责任，但是当事人另有约定的除外。

主合同解除后，担保人对债务人应当承担的民事责任仍应当承担担保责任，但是担保合同另有约定的除外。

第五百六十七条 合同的权利义务关系终止，不影响合同中结算和清理条款的效力。

第五节　债务抵销

债务抵销是指债权人与债务人各自以他们的债权来清偿对方的债务，从而使得双方的债务在对等的范围内消灭的一种制度。抵销分为法定抵销与合意抵销。债务的法定抵销需要具备以下四个条件：（1）债权人与债务人双方互相享有债权；（2）双方债务标的种类相同；（3）双方的债权都是有效的，即都在诉讼时效之内，没有成为自然债务；（4）债权已经到期。

而合意抵销不受上述条件的限制，只要不违背法律的禁止性规定，一般情况下都是有效的。但是，合意抵销在这三种情况之下无效：（1）按照债务的性质不能抵销的债务，如抚恤金、抚养费等债务。（2）法律规定不能抵销的债务，主要包括禁止强制执行的债务、因故意侵权所产生的债务及约定应向第三人给付的债务。（3）双方当事人约定的不得抵销的到期债权。

一、标的物种类、品质相同的抵销

标的物种类相同、品质相同的债务一般情况下是可以进行抵销的，其符合法定抵销的必备要件之一。虽然要求标的物是同种类的，但是，并不要求双方履行的地点相同。因此，此时，主张抵销债权的一方应该承担另一方因无法在原地点受领所造成的损失。但是，合意抵销对标的物的种类、品质并没有要求。

案例：当事人可以在合同中作出标的物种类相同、品质相同的债务不能抵销的约定吗？

美天公司是某市的一家装修公司。该市的一家建材商场在创建时就是由美天公司装修的，现在该建材商场准备重新装修，仍想与美天公司合作。该建材商场在完成货物清理之前，便与美天公司签订了合同，要求美天公司按要求进行装修，在完成装修之后一个月内支付装修费 10 万元。在美天公司完成装修之后，建材商场经过检验认为其装修合格，美天公司便要求建材商场支付装修费用10万元，建材商场说债务还有一个月才到期。后来，建材商场重新开业，美天公司准备从该商场购买一批货物。此时，在双方签订合同时，美天公司要求在合同中写明双方不能够进行债务的抵销，即建材商场不能用货款来抵销装修费。而此时建材商场认为双方的债务的种类本来就是相同的，在合同中作出这种约定，能发生法律效力吗？

专家分析

虽然法律明确规定了法定抵销的构成要件，即要求双方当事人互享债权、互负债务；当事人双方的债权债务到期；债权、债务种类、品质相同。但是，法律尊重当事人双方的意愿，允许双方约定符合法定抵销条件的债权可以不予抵销。对此，我国《民法典》第五百六十八条的除外条款规定，根据债务性质、按照当事人约定或者依照法律规定不得抵销的除外，即如果双方当事人在合同中约定符合法定抵销条件的债权不得抵销，该约定是有效的。法律规定抵销是为了减少双方交易的成本，保护双方的合法权益，避免一方的债务失去法律保护而变成自然债务。但是合同中最重要的是双方的意思自治，法律也会尊重双方的意愿，允许双方不予抵销债权的约定。因此，在本案中，美天公司与建材商场在订立买卖货物的合同中约定的债权不能抵销的条款是有效的。

实务指南

实践中，如果双方当事人互有债权债务，只要其符合法律规定的抵销条件，则一般先到期的债权一方的债权人为了保护自己的期限利益可能会主张抵销双方的债权。如果双方在合同中作出不能抵销债权的约定，可能就会使其中的一方因此而丧失债权的期限利益。如上述案例中，本来美天公司可以主张用装修费来抵销建材商场的货款，但是，如果其在合同中作出不能抵销债权的约定，则双方当事人就不能依照法律的规定将债权予以抵销。实际上，这种约定对于美天公司来说可能不利，因为一旦以后建材商场不支付装修费，其债权到期之后很可能会变成自然债务。所以，在现实生活中，在约定不能抵销债权的条款时要进行利益的衡量，以判断该条款的约定是否会使自己产生损失。

关联法规

《中华人民共和国民法典》

第五百六十八条　当事人互负债务，该债务的标的物种类、品质相同的，任何一方可以将自己的债务与对方的到期债务抵销；但是，根据债务性质、按照当事人约定或者依照法律规定不得抵销的除外。

当事人主张抵销的，应当通知对方。通知自到达对方时生效。抵销不得附条件或者附期限。

二、标的物种类、品质不相同的抵销

在债务的抵销中，标的物种类、品质不相同是不能够进行法定抵销的，其只能发生在双方当事人的合意抵销中。合意抵销是双方当事人协商一致，以抵销合同的方式进行债权债务的抵销，即使是标的物的种类不同、品质不同，甚至是价值不一样的，只要双方达成一致，符合法律的相关规定，就可以发生抵销的效力。

案例：在合意抵销中，标的物种类、品质不相同的债权可以进行抵销吗？

张某原来在某市打工，后来因为自己结婚有了家庭，便不想再到处奔波。2019 年 3 月，张某与妻子商量准备在县城开一家超市。但是，在经过计划之后，张某发现自己的积蓄根本不够，还差 5 万元钱。现在自己已经成家，又不好意思再找父母要钱。张某找到自己开公司的好朋友李某，请他借给自己 5 万元钱，在一年之后归还。李某很爽快地答应了张某的要求。此后，张某与妻子开始为超市开业做准备，经过三个月的忙碌，超市终于开业了。在经营了一年之后，超市开始盈利。但是，此时张某的母亲得了重病，本来用于还债的钱都为母亲治病了。2021 年 1 月 5 日，张某和李某签订了一份买卖合同，李某向张某订购一批电水壶。后来，张某向李某提议，以自己对该批电水壶的债权抵销自己对李某所负的 5 万元债务，李某欣然接受。

专家分析

根据《民法典》第五百六十九条的规定，互负债务的双方当事人即便债务的标的物种类、品质不相同，只要双方达成合意就可以进行抵销。但是在合同领域中，法律依然是以当事人双方的意思自治为中心，在双方达成合意之后，如果不违反法律的强制性规定和禁止性规定，那么法律就会允许此种行为发生法律效力。我国法律同时规定了法定抵销和合意抵销的情形，当事人双方所负债务即使是种类不同、品质不同，只要经过双方当事人的合意，仍然可以使所负债务抵销。因此，在本案中，虽然李某和张某互负债务种类不同，但是，如果李某同意抵销双方所负债务，那么双方就可以根据约定抵销债务。由此可知，张某和李某是可以约定债务的抵销的。

实务指南

在现实生活中，双方当事人债权债务的抵销不仅可以节省交易的费用，也保护了当事人的权益。虽然法律对债务的法定抵销进行了严格的限制，规定了各种要件，并且只要其中一个要件不具备就无法进行抵销。但是，合意抵销却是不同的，只要在实践中，双方达成合意，即使双方所负债务种类不同、性质不同，都可以经过约定进行抵销。因为抵销是一种形成权，在抵销中权利的行使依据的是双方债务是否有效并且是否适于抵销的事实。虽然双方所负债务种类或性质不同，但是在双方当事人心目中这两种债务的经济利益或价值对等就可以，无关于形式的问题，这取决于双方当事人的主观判断，在私法自治的合同领域，法律并没有对合意抵销作太多限制性规定。

关联法规

《中华人民共和国民法典》

第五百六十九条　当事人互负债务，标的物种类、品质不相同的，经协商一致，也可以抵销。

第六节　标的物提存

标的物的提存是指在合同履行的过程中，因为债权人没有正当理由拒绝接受债务人履行债务，或者由于其他原因导致债权人履行债务十分困难时，债务人将标的物交给提存机关，从而使债务消灭的制度。

在提存之后，债务人对债权人的债务在提存的范围内消灭。此时，提存标的物的债务人为提存人，债权人为提存受领人，在提存机关与提存人之间就成立了一个保管合同。在合同成立之后，提存物的所有权便转移给债权人，债权人在收到通知之后可以随时领取标的物。但是，其必须要支付相关的提存费用。

一、债务人可以将标的物提存的情形

提存是债务人在特定情形下消灭自己债务的一种形式。债务人并不是在任何情况下都可以随随便便将标的物提存的，因为债务人提存后，提存费用由债权人承担，标的物毁损灭失的风险也由债权人承担，这对债权人来说是不利的。《民法典》第五百七十条明确规定，有下列情形之一，难以履行债务的，债务人可以将标的物提存：（1）债权人无正当理由拒绝受领；（2）债权人下落不明；（3）债权人死亡未确定继承人、遗产管理人或者丧失民事行为能力未确定监护人；（4）法律规定的其他情形。出现上述情况时，债务人可以将

标的物交由提存机关，从而使自己的债务得以消灭。此外，如果标的物不适于提存或者提存费用过高的，债务人依法可以拍卖或者变卖标的物，提存所得价款。

案例：债权人变更住所没有通知债务人，使债务人难以履行债务的，债务人可以将标的物提存吗？

赵某在某市的一个小区开了一家超市，由于赵某超市商品的价格相对比较便宜，而且服务态度好，生意非常红火。2021 年 1 月，赵某向外地某公司订购了一批电饭锅，双方约定赵某提前付款，该公司在 2021 年 3 月 31 日交货，由该公司负责委托物流公司将该批电饭锅运送到赵某的超市。但是 2021 年 2 月，赵某的房屋租赁合同到期，赵某以为能够继续与房东李某签订合同，可是，李某看赵某的超市生意很好，便想自己在这儿开超市，不想再继续将房子租给赵某。赵某无奈之下，不得不另找新的地方。在经过一个星期的寻找之后，赵某在另一小区找到了一个门面房，便开始搬家。由于每天都在忙着新店的开业与搬家的事，赵某已经忘记了自己和电饭锅公司签订的买卖合同，在赵某找到新的地方之后，也没有将新地址告诉该公司，并且安装了新的座机电话。3 月 31 日，在该公司委托的物流公司来送货时，却发现超市已经不是赵某的了。送货人员经打听也没有找到赵某的新地址，打预留的原座机电话也联系不上赵某。物流公司将这一情形告知电饭锅公司。考虑到来回运输的成本问题，电饭锅公司想把该批电饭锅提存，但是不知道自己这样做可不可行？

专家分析

因债权人的原因或者非因债务人的过失而无法获知债权人的相关信息，导致债务人无法履行债务或履行债务有困难的，如债权人下落不明、债权人死亡未确定继承人或者丧失民事行为能力未确定监护人以及债权人合并、分立或者变更住所没有通知债务人等情况时，债务人为了免除自己的违约责任，可以将货物进行提存，从而消灭自己的债务，免除自己的义务。在本案中，由于债权人赵某变更超市的地址而没有通知电饭锅公司，导致电饭锅公司无法按照约定履行义务，在这种情况下，电饭锅公司为了保护自己的合法权益，可以将该批电饭锅交由提存机关提存。

实务指南

在现实生活中，由于债权人的原因导致债务人不能按时履行债务的情况时有发生，此时，如果不设立提存制度，可能会严重损害债务人的利益，对债务人来说是不公平的。所以，当非因债务人的原因不能履行债务时，债务人可以将货物提存。但是，并不是所有的标的都适合提存，像鲜活易坏的产品、成套的大型设备等无法提存或者提存费用比较高的，债务人可以将标的物进行拍卖或者变卖，从而将价款提存。此外，作为债权人，在履行合同时，要注意依法履行自己的附随义务，例如，在自己的住址等信息发生变更时要及时通知债务人，避免因提存而承担不必要的提存费用。

关联法规

《中华人民共和国民法典》

第五百七十条 有下列情形之一，难以履行债务的，债务人可以将标的物提存：

（一）债权人无正当理由拒绝受领；

（二）债权人下落不明；

（三）债权人死亡未确定继承人、遗产管理人，或者丧失民事行为能力未确定监护人；

（四）法律规定的其他情形。

标的物不适于提存或者提存费用过高的，债务人依法可以拍卖或者变卖标的物，提存所得的价款。

二、提存后债务人的通知义务与风险转移

在债务人向提存机关完成提存之后，此时，就在提存机关与提存人之间成立了一个保管合同，该合同的性质为向第三人履行的合同。在合同中，提存人是寄存人，保管人是提存机关，利益第三人为债权人，即提存受领人。此时，债务人虽然已经在提存的范围内免除了债务，但是，其仍然负有通知义务，即将提存标的物的事实通知债权人或债权人的继承人、遗产管理人、监护人、财产代管人。如果债权人怠于履行通知义务，则应该承担由此给债权人造成的损失。

债务人完成提存之后，对债权人主要发生以下几方面的效力：（1）提存物的所有权已经发生转移，归债权人所有。（2）提存物的孳息归债权人所有。（3）承担提存所产生的费用。（4）债权人自提存之日起5年内有权向提存机关领取标的物，如果其在5年内未领取的，在扣除相关费用之后提存物归国家所有。

案例：标的物提存之后风险从何时起转移？

杜某在高中毕业之后，就一个人从老家来到北京打工。工作几年之后，杜某有了一定的存款，就自己开了一家手机店。由于杜某的服务态度好，产品质量有保障，生意很红火。为了迎接五一劳动节，杜某准备购进一批货物，便与绿翔公司签订了一份买卖合同，合同约定杜某提前支付货款，绿翔公司在5月1日之前将杜某所订购的各种型号的手机送货上门。在杜某签订合同不久之后，其母亲病重，杜某便匆匆忙忙赶回海南老家。4月20日，绿翔公司前来送货，看到杜某的店已经关门，在向周围的邻居打听之后，都不知道他去哪儿了。等了几天后，绿翔公司还是没有杜某的消息，而此时距离交货的最后时间只剩下一天，无奈之下，在4月30日，绿翔公司不得不将该批手机交由提存机关。但是由于提存机关储存不当，致使许多手机受潮，功能受损。半个月后，杜某回来了，绿翔公司将提存货物的地点告诉杜某，在杜某将订购的手机取回来之后，发现很多手机都已经无法使用。杜某便要求绿翔公司

承担损害赔偿责任。绿翔公司认为自己已经履行了债务，不需要再为此承担责任。双方为此发生争执。那么，绿翔公司把该批手机提存后，该批手机毁损灭失的风险是否已经转移给杜某？

专家分析

根据《民法典》第五百七十三条的规定，在债务人将标的物交由提存机关之后，提存物的所有权就已经转移给债权人，毁损、灭失的风险都由债权人来承担。也就是说，提存物毁损灭失的风险自提存之日起就已经开始由债权人承担。在本案中，由于绿翔公司在4月30日已经将该批手机交给提存机关进行提存，此时，该批手机的所有权就移转给了债权人，手机毁损、灭失的风险也随之进行了转移，此时绿翔公司就不需要再为手机的毁损、灭失承担责任。此外，债务人将标的物提存之后，提存机关有妥善保管提存物的义务，由于提存机关的过失导致手机毁损，杜某可以向提存机关请求损害赔偿。

实务指南

法律为了保护债务人的相关权利，规定了将标的物进行提存从而使债务得以消灭的制度。而一旦债务人将标的物交由提存机关，标的物毁损、灭失的风险也随之进行了转移，债权人要承担标的物毁损、灭失的风险。如果标的物毁损，只有在提存机关有过错的情况下，提存机关才会承担损害赔偿责任。另外，债权人还要承担自提存之日起的提存费用。由此可见，一旦标的物被提存，对于债权人而言是非常不利的。因此，在实践中，债权人应该及时受领标的物。

关联法规

《中华人民共和国民法典》

第五百七十二条 标的物提存后，债务人应当及时通知债权人或者债权人的继承人、遗产管理人、监护人、财产代管人。

第五百七十三条 标的物提存后，毁损、灭失的风险由债权人承担。提存期间，标的物的孳息归债权人所有。提存费用由债权人负担。

三、债权人领取提存物

在债务人将标的物提存之后，债权人要领取提存物必须提供相关的身份证明、提存通知书或者公告，以及相关的债权凭证，支付相应的提存费用。如果债权人对债务人负有到期债务的，必须在履行债务或者提供担保后才可领取提存物，否则，提存部门可以根据债务人的要求拒绝债权人领取提存物。如果债权人自标的物提存之日起 5 年内不领取提存物，在提存机关扣除提存费用之后，剩余的财产归国家所有。但是，债权人未履行对债务人的到期债务，或者债权人向提存部门书面表示放弃领取提存物权利的，债务人负担提存费用后有权取回提存物。

案例：债权人在领取标的物时，需要履行哪些义务?

小风和小明合伙开了一家叫作明月楼的餐厅。餐厅开业之后生意很好，经营了几个月，便开始盈利。可是，在过了一年后，小风便迷上了赌博，经常把餐厅扔给小明一个人管理。2021 年 2 月，餐厅又到了进货的时候，小明和洋洋食品公司签订了印制有“明月楼”专用字样的特殊塑料包装的酱油买卖合同，合同约定洋洋食品公司在 2 月 17 日把酱油运到明月楼餐厅，货到付款。可是，就在小明签订合同不久，小风就偷偷把餐厅的钱拿去赌博。2 月 17 日，洋洋食品公司打电话通知小明送货的时间，小明只好以仓库货满为由，请洋洋食品公司晚几天再把酱油送过来。洋洋食品公司在经过几次的催告后，明月楼餐厅仍然不接收酱油，由于酱油使用了明月楼定制包装，无法再另作他用，于是洋洋食品公司便将这些酱油进行了提存。同时，洋洋食品公司还要求提存机关在明月楼付款之后再向其交付。在提存之后，洋洋食品公司便通知明月楼餐厅货物已提存。小明知道后，不得不赶快借钱，准备去提存机关提取货物。小明想知道自己如果去提存机关取出货物，除了要支付货款之外，还需要做些什么。

专家分析

债权人在领取提存物时，需要履行以下三方面的义务：（1）若有未履行的债务，则必须履行债务或者为债务提供担保；（2）支付提存费用，否则，提存机关有权拒绝其领取提存物；（3）提供相关的身份证明及债权凭证。由此可见，只有债权人在履行了相应的义务之后，其才能够去提存机关领取提存物。如果其不履行其中的任何一项义务，可能就无法领取提存物或者只能领取一部分。在本案中，小明要去提存机关领取自己所订购的酱油，需要向提存机关提供能够证明自己身份的证件，支付相应的货款和提存费用。

实务指南

在实践中，因为债权人的原因导致债务人将标的物进行提存的现象可能会时有发生。需要我们注意的是，债权人在领取标的物时要尽到合理的履行义务，否则，可能无法领取或者不能全部领取标的物。如果债权人不马上行使权利，领取标的物，不仅要承担提存物毁损灭失的风险，还会支付更多的提存费用。此外，像上述案例中不易保存的食品，在经过一定的期限之后，为了防止食品过期，提存机关会对其进行变卖。同时，提存机关并不会永远为债权人保存标的物，一旦经过 5 年，债权人未领取提存物，标的物的所有权就会归国家所有。

关联法规

《中华人民共和国民法典》

第五百七十四条　债权人可以随时领取提存物。但是，债权人对债务人负有到期债务的，在债权人未履行债务或者提供担保之前，提存部门根据债务人的要求应当拒绝其领取提存物。

债权人领取提存物的权利，自提存之日起五年内不行使而消灭，提存物扣除提存费用后归国家所有。但是，债权人未履行对债务人的到期债务，或者债权人向提存部门书面表示放弃领取提存物权利的，债务人负担提存费用后有权取回提存物。

第六章

违约责任

违约责任是指合同当事人一方不履行合同义务或履行合同义务不符合合同约定所应承担的民事责任。一份完善的合同，违约责任条款是不可或缺的。中国人有句老话“丑话说在前头”，违约责任的约定大致就是这个意思，其不仅是未雨绸缪，更是对合同双方当事人的一种有效的震慑。此外，合同明确了违约责任，一旦出现纠纷或者一方不履行合同的情形，那事后处理起问题来，就有了相应的书面依据，从而能够省时省力。

第一节　违约责任的形式

违约责任的形式是指在合同履行的过程中，一方违约之后所承担的违约责任的具体方式。我国《民法典》中规定了违约责任的形式，其主要包括：（1）继续履行，也称为实际履行；（2）采取补救措施；（3）支付违约金；（4）定金罚则；（5）赔偿损失，又称为违约损害赔偿；（6）减少价款或者报酬。

在一方违反合同的约定之后，另一方当事人可以要求违约方承担上述六种责任中的一种或者多种。法律允许在违约之后，一方当事人要求违约方承担多种责任，如一方违约之后，对方除了可以要求其继续履行合同之外，还可以同时要求支付违约金。

但是，有两种违约责任的形式是不可以同时主张的：一是不能同时主张违约金与定金，即如果当事人在合同中既约定了违约金又约定了定金，在一方违约时，另一方只能选择其中的一种方式主张违约责任。二是不能同时主张补偿性违约金与违约损害赔偿。由于违约金分为补偿性违约金和惩罚性违约金，如果当事人一方在诉讼过程中，由于认为违约金过少而要求增加之后，就不能再要求另一方承担违约的损害赔偿责任。因此，我们在主张违约责任时需要注意，不能同时主张上述两种责任形式，即便主张，法院也是不予支持的。

另外需要注意的是，承担违约责任是有一定条件的，除了要有违约行为之外，必须没有免责事由，这是一般的违约责任的构成要件。此外，特殊情况下，还要具备其他的一些要件，如继续履行必须是可能继续履行合同义务才可以，否则也是没有意义的。损害赔偿不仅要求有损失，还要求违约行为与损失之间具有因果关系。这些都是适用违约责任形式的条件。下面我们将对几种经常适用的违约责任形式进行介绍。

一、继续履行、采取补救措施与赔偿损失

继续履行是指在合同订立之后，如果一方当事人没有履行合同中约定的义务或者履行的义务有瑕疵、不符合合同的约定，另一方有权请求违约方继续按照合同约定的内容履行其应该承担的义务。继续履行包括金钱债务的履行与非金钱债务的履行。

采取补救措施是指在合同的履行过程中，一方当事人在履行义务时不符合合同的约定，其应当对瑕疵履行所造成的后果承担责任，如采取修理、更换、重作等措施。

赔偿损失，即违约损害赔偿，是指合同中的债务人没有履行合同的义务或者未按照双方的约定履行义务时，违约方应该承担的因其违约给对方造成损失的责任。根据损害赔偿的性质不同，其主要分为补偿性损害赔偿与惩罚性损害赔偿。

案例一：非金钱债务已经没有履行的条件，还可以要求继续履行吗？

肖某是某市一家电脑软件开发公司的职员，因为他业务能力突出，且开发的软件很受欢迎，为公司带来了很多顾客，很受领导青睐。2021 年 2 月，该公司与一家大型酒店合作，双方签订了合同，要求此软件开发公司在三个月内为酒店开发出一套程序，用于酒店管理。一旦合作成功，软件开发公司将会赚取巨额利润。由于该酒店早就听说肖某软件开发技术很高，因此，在合同中指明要肖某亲自为他们设计这一套应用程序。

在合同签订之后，肖某便带领着其他同事紧张地工作，争取在三个月内把程序开发出来。然而一天，在下班回家的路上，由于过度劳累，肖某驾车时不慎与一辆面包车相撞。在送往医院之后，经过抢救，其虽脱离了生命危险，但

是一直昏迷不醒。而此时，距离酒店要求的期限只剩一个月了。而整个程序最关键的部分还未完成，此时，该公司的经理钱某不得不找到酒店的负责人，告诉他们因肖某昏迷不醒，其已经无法完成他们要求开发设计的程序。但是，该酒店说他们不履行合同的行为会给自己造成巨大的损失，要求他们继续履行义务，否则就要承担巨额的赔偿金。可是，肖某已经昏迷不醒，要如何来继续履行合同，这让钱某感到很为难。

专家分析

合同的实际履行包括金钱债务的实际履行与非金钱债务的实际履行。在实际生活中，当一方违约后，对方要求违约方继续履行合同义务时，原则上违约方应该依法承担违约责任，按照对方的要求继续履行合同。如果是金钱债务，其应当继续履行支付金钱的债务，基本上不存在履行不能的情况。但是，如果是非金钱债务，有些情况下违约方是无法继续履行的。那么此时，其就无须再继续履行合同的义务了，而对方也只能要求违约方通过其他方式承担违约责任。如合同中特定的标的物不复存在；履行的费用过高，已经超过了合同的标的额；一些基于人身信赖关系而产生的委托合同，像一些指定某位演员演出的演出合同等。

在本案中，该酒店与软件公司所订立的合同，就是酒店基于对肖某的信赖，要求由肖某亲自为其设计程序。但是，由于意外事故的发生，使得在规定的期限内按时完成合同已经不可能。此时，依据《民法典》第五百八十条的规定，该软件公司已经失去了履行合同的条件，因此，其可以不继续履行合同。酒店不能再要求其继续履行合同，而可以选择其他方式追究软件公司的违约责任。

实务指南

在现实生活中，虽然订立合同是双方当事人协商一致的结果，但是，总会有各种我们所无法预料的事情发生，很可能就会导致合同履行的条件丧失，此时，就会出现履行不能。法律不强人所难，一旦失去合同履行的条件，非违约方就不能再要求违约方继续履行合同。但为了保护非违约方的权利，可以要求其承担其他形式的违约责任，如主张损害赔偿、支付违约金等方式来弥补所遭受的损失。

关联法规

《中华人民共和国民法典》

第五百八十条　当事人一方不履行非金钱债务或者履行非金钱债务不符合约定的，对方可以请求履行，但是有下列情形之一的除外：

（一）法律上或者事实上不能履行；

（二）债务的标的不适于强制履行或者履行费用过高；

（三）债权人在合理期限内未请求履行。

有前款规定的除外情形之一，致使不能实现合同目的的，人民法院或者仲裁机构可以根据当事人的请求终止合同权利义务关系，但是不影响违约责任的承担。

案例二：赔偿的损失是“无限制”的吗?

品佳公司是某市的一家服装公司。2021 年 2 月，某物流公司与品佳公司签订了一份合同，要求品佳公司按照该物流公司的要求为其职员定做制服 1000 套，于 2021 年 5 月 31 日前交货。并约定如果一方违约则要向对方承担违约责任，支付对方违约金 10 万元。在签订合同之后，品佳公司开始进行生产。在将生产服装的所有布料都准备好之后，品佳公司接到了对方的通知，称他们的计划有变，不能再继续履行合同，要与品佳公司解除合同。由于物流公司解除合同，使得品佳公司原来的一切准备都落空了，而且公司为此投入了十几万元的成本，其所购买的原材料无法再继续使用，将会给公司造成巨大的损失。

此时，物流公司也提出他们会承担相应的违约责任。但是，品佳公司要求该公司赔偿他们的一切损失，认为违约金的数额远远小于他们所遭受的损失，品佳公司提出在支付10万元的违约金之外还要赔偿总计30万元的损失。该物流公司在收到通知之后，认为品佳公司提出的要求不合理，已经超过了他们可预见的范围。双方经过多次协商都未达成一致，品佳公司坚持自己所提出的赔偿数额不肯减少。于是，物流公司便向法院提起诉讼，要求法院对双方之间的违约责任承担问题作出判决。

专家分析

在合同的履行过程中，虽然法律尊重双方协商一致，即便在违约之后，双方仍然可以协商解决责任的承担问题。但是，一方违约之后，即使其要承担违约责任，赔偿对方损失，损失的赔偿也并不是“漫天要价”，毫无限制的。依据《民法典》的规定，一方在违约之后，如果给对方造成损失，其损失的赔偿额应该是相当于因违约所造成的损失，包括合同履行之后可以获得的利益，但是其不得超过违反合同一方订立合同时预见到或者应当预见到的因违反合同可能造成的损失。也就是说，赔偿损失的范围包括实际损失和可得利益的损失。因此，赔偿损失也是在一定的范围之内的，其并不是“无限”的。在本案中，品佳公司即便因物流公司的违约遭受了损失，但是，其要求物流公司赔偿损失时也不可以超过损失的范围主张。即便是起诉到法院，如果品佳公司所主张的损失赔偿是不合理的，法院也不会支持。

实务指南

在实际生活中，合同违约的现象到处可见。一旦违约，承担违约责任是理所当然的。但是，非违约方在主张损失赔偿时也不是没有限制的，其也要根据自己的损失情况提出合理的要求。虽然在实践中，损失赔偿坚持完全赔偿的原则，但法律也主张可预见规则、减损规则、损益相抵、过错相抵等原则。因此，在实践中，我们要了解相关的法律，不要错误地认为赔偿损失是没有任何界限的。另外，如果出现上述案例中的这种情况，可以向法院提起诉讼，请求法院给出一个合理的判决。

关联法规

《中华人民共和国民法典》

第五百八十三条　当事人一方不履行合同义务或者履行合同义务不符合约定的，在履行义务或者采取补救措施后，对方还有其他损失的，应当赔偿损失。

第五百八十四条　当事人一方不履行合同义务或者履行合同义务不符合约定，造成对方损失的，损失赔偿额应当相当于因违约所造成的损失，包括合同履行后可以获得的利益；但是，不得超过违约一方订立合同时预见到或者应当预见到的因违约可能造成的损失。

二、违约金

违约金是指在违约行为发生之后，未按照合同履行债务的当事人所作出的除履行行为以外的金钱给付。按照适用的依据，违约金可以分为法定违约金与约定违约金。一般在合同中，大部分都是当事人在合同条款中直接约定了违约金。违约金是合同中较为常见的一种违约责任承担方式，一般都会体现在合同的条款中。但是，需要我们注意的是，违约金并不是以违约所造成的损失为条件，而是以当事人的约定或法律的规定为前提。违约所造成的损失只是支付违约金的一个参考因素。

案例：违约金过高，可以要求法院减少吗？

盛源百货公司是某市的一家商场。2021 年 1 月，该百货公司与和泰灯具有限公司签订了买卖合同。合同约定盛源百货公司购买和泰灯具有限公司 400 盏台灯，每台进价 50 元，并且将型号与样式作了说明，要求对方在 2 月 20 日之前交货。同时约定，如果一方违约，则要支付违约金 20 万元。和泰灯具有限公司按时交货，盛源百货公司当即支付了货款。但是，在交货之后验货时，盛源百货公司发现对方提交的台灯根本不是合同中所约定的型号与样式。为此，盛源百货公司要求和泰灯具有限公司承担违约责任，按照合同的约定支付违约金 20 万元。但是，和泰灯具有限公司认为，虽然合同中约定了违约金，可是盛源百货公司的损失并没有如此之大，其不同意按照约定支付违约金。因此，盛源百货公司向法院提起诉讼，要求和泰灯具有限公司按照合同约定支付违约金。和泰灯具有限公司认为违约金过高，如果按此承担违约责任，自己将受到较大损失。那么，和泰灯具有限公司是否可以向法院提出减少违约金呢？

专家分析

在实践中，我们经常会在合同条款中见到有关违约金的条款。一般情况下，在发生违约时，合同双方都会以约定的违约金来承担违约责任。但是，即便是双方约定了违约金，违约金的数额并不是一成不变的，当事人也可以根据具体的情况作出相应的调整。对此，我国《民法典》第五百八十五条作出了明确的规定，约定的违约金过分高于或者过分低于造成的损失的，当事人可以根据损失的大小要求法院适当地减少或者增加违约金。应该减少或增加到何种程度，通常由法官根据双方的过错程度、实际损失等情况自由裁量。而在违约金过分低于损失时，增加后的违约金则不应超过实际损失，因为违约金的作用是填平损失。因此，在本案中，在违约金过高的情况下，和泰灯具有限公司可以要求法院适当调整违约金的数额，法院也会根据盛源百货公司的实际损失和双方的过错程度，依法作出判决。

实务指南

在订立合同的过程中，当事人可以自由约定违约金，不受法律的限制。但是，违约金的多少也应符合“公平”的原则，并且，当事人要注意违约金和损害赔偿金的冲突问题。如果一方当事人在诉讼中因违约金过低而要求对方增加，那么就不能再要求违约损害赔偿。因为此时增加之后的违约金是带有补偿性的，所以其不能再主张赔偿损失。不过，如果合同中约定了较高的违约金，仍然可以要求违约损害赔偿，但是，对方很可能会向法院主张减少违约金。在实际签订合同时，在合同中约定较高的违约金，即惩罚性违约金，可以约束双方当事人尽量遵守合同，保障双方当事人的合同利益。另外，如果违约金过高或过低，当事人也可以请求法院或仲裁机构作出调整。因为法院或仲裁机构是不可以依职权来调整违约金的数额的，其必须在当事人提出请求时才会根据案情依法作出调整。

关联法规

《中华人民共和国民法典》

第五百八十五条　当事人可以约定一方违约时应当根据违约情况向对方支付一定数额的违约金，也可以约定因违约产生的损失赔偿额的计算方法。

约定的违约金低于造成的损失的，人民法院或者仲裁机构可以根据当事人的请求予以增加；约定的违约金过分高于造成的损失的，人民法院或者仲裁机构可以根据当事人的请求予以适当减少。

当事人就迟延履行约定违约金的，违约方支付违约金后，还应当履行债务。

第二节　定金问题

定金，也称为保证金。即以确保合同的履行为目的，由当事人一方交付于另一方的金钱或者其他代替物。定金具有以下特征：

（1）从属性。定金合同或者定金条款是附属于主合同的，只要主合同（如买卖合同）存在，定金合同或条款才有意义。主合同消失时，定金合同也一同消失。

（2）需要实际支付。仅仅有当事人关于定金的约定，而无定金的实际交付行为，定金担保是不能成立的。也就是说，只有合同当事人将定金实际交付给对方，定金担保才能成立。

（3）具体预先支付性与担保性。根据《民法典》规定的“债务人履行债务的，定金应当抵作价款或者收回”，单就“抵作价款”来讲，定金具有预先支付性，即可看作一种预付款；而根据《民法典》中“给付定金的一方不履行债务或者履行债务不符合约定，致使不能实现合同目的的，无权请求返还定金；收受定金的一方不履行债务或者履行债务不符合约定，致使不能实现合同目的的，应当双倍返还定金”的规定，定金还具有担保性质。

实践中，定金被广泛运用于各种合同中，尤其在买卖合同、委托合同、仓储合同中较为常见。下面，我们一起来具体了解一下定金的相关法律知识。

一、定金的适用

缴纳定金总的来说是对履行合同的一种保证。根据《民法典》第五百八十七条的规定，给付定金方不履行合同义务的，无权请求返还定金；收受定金方不履行合同义务的，双倍返还定金。这就是所谓的定金罚则。

案例：“定金”与“订金”是一回事吗？

陈先生夫妇打算自己创业开一家中介服务公司。最近，他们租好了门面房，准备装修事宜。为了买到性价比高的装修材料与办公家具等，陈先生和妻子开始奔走于各大建材市场。但是，陈先生和妻子的眼光不一致，妻子对他看中的办公家具一直不满意，总说再看一看。而陈先生是急性子的人，就怕好货不多，再拖一拖就被别人买走了。于是，陈先生瞒着妻子，把自己看中的一套办公家具给定了下来，营业员表示陈先生看中的这套办公家具需要一个半月后交货，但是要先付5000元“定金”。陈先生当即就同意了。随后，营业员在合同上写下了“陈先生支付定金5000元”，陈先生也没在意，拿了收据就回家了。

果不其然，当陈先生将看中的那套办公家具告诉妻子之后，妻子是一百个不同意，不是说样式不好看，就是说颜色不协调。无奈之下，陈先生向商家提出了退还“订金”。但是商家表示，这笔钱属于“定金”，是客户交的保证金，不能予以退还。双方发生争执，而营业员坚持称：“肯定不能退，合同上写得清清楚楚，是‘定金’！”这个时候，陈先生茫然了，不知道能不能要回这5000元钱。

专家分析

一般人对“定金”和“订金”这两个词比较熟悉，但在买卖交易中，却常常将二者混用。有时候也会出现一些商家以错误的理解诱导消费者签约的恶意行为，尽管是为了保护自己的利益，实际结果却是对消费者利益的损害。对于这种鱼目混珠的行为，我们一定要看清楚，两个词虽然只有一字之差，但是产生的法律效果却大相径庭。如果是“定金”，给付定金的一方不履行合同的，无权要求返还定金。收受定金的一方不履行合同的，应当双倍返还定金。本案中，陈先生支付的5000元是“定金”，如果其不履行合同，那么商家是可以不予返还的。而对于“订金”来讲，法律上则没有相应的硬性规定，通常可以看作一种预付款，或者是一种达成合约的诚意，较为弹性。本案中的陈先生正是没有区分开“定金”与“订金”而吃了亏。

实务指南

在日常的经济活动中，常看到合同中将“定金”写为“订金”甚至“押金”等词。其实“定金”与“订金”虽一字之差，法律后果却大不一样。订金只是一个习惯用语，在法律上是不明确的，也是不规范的，订金只能看作一种预付款，当双方或一方当事人不能履行合同约定时，订金应予以返还，但不适用“定金双倍返还原则”，给付订金的一方主张订金权利的，人民法院不予支持。实践中，我们在签订合同的时候，一定要注意书写的是“定金”还是“订金”，避免不必要的纠纷与麻烦。

关联法规

《中华人民共和国民法典》

第五百八十七条 债务人履行债务的，定金应当抵作价款或者收回。给付定金的一方不履行债务或者履行债务不符合约定，致使不能实现合同目的的，无权请求返还定金；收受定金的一方不履行债务或者履行债务不符合约定，致使不能实现合同目的的，应当双倍返还定金。

二、定金与违约金的竞合

现实生活中，可能会出现定金与违约金竞合的情形。如合同签订后，一方交付了定金，同时合同中又有关于违约金的约定。那么，一旦违约，就出现了定金与违约金竞合的问题。为了平等保障双方当事人的合法权益，定金条款和违约金条款不可同时适用。《民法典》第五百八十八条规定，当事人既约定违约金，又约定定金的，一方违约时，对方可以选择适用违约金或者定金条款。也就是说，非违约方可以选择违约金条款要求对方支付违约金，也可以选择定金条款要求对方双倍归还定金或者按原数额返还定金。

案例：定金与违约金可以并用吗？

严某从宋某处购得一处二手门市房，准备开一家小超市。双方订立了二手房买卖合同，因严某最近手头较紧，双方约定：严某向宋某支付定金20万元，其余钱款80万元在三个月内付清，宋某不得再将房屋卖给他人，如任何一方违约应支付违约金10万元，等房款全部到位后去办理过户手续。次月，宋某遇到另一家买主出价更高，因贪图钱财，便全款将门市房卖给此人。那么，面对违约的宋某，严某可以要求其双倍返还定金并支付违约金吗？

专家分析

根据我国《民法典》第五百八十八条的规定，在合同中既约定定金又约定违约金的情况下，如果一方当事人违约，非违约方只能在定金与违约金中选择一种适用。即如果是违约方交付的定金，非违约方可以选择不归还定金或者接受违约金，按原数归还定金；如果是非违约方交付的定金，则非违约方可以选择对方双倍归还定金或者对方按原数额返还定金，并支付违约金。本案中，既然宋某已经违约，那么，严某作为非违约方，可以选择适用定金罚则或违约金罚则，即可以让宋某退还自己定金20万元，同时支付违约金10万元；或者让宋某直接双倍返还定金40万元。

实务指南

我们在签订合同的时候，要尽量避免出现定金与违约金竞合的问题，即如果约定了定金条款，那么就不必再写具体的违约金条款了，这样可以为日后减少不必要的麻烦。但是，一旦出现定金与违约金竞合的问题，选择权就掌握在了非违约一方手中，该方可结合实际情况来衡量使用哪种方式“惩罚”违约一方。

关联法规

《中华人民共和国民法典》

第五百八十八条　当事人既约定违约金，又约定定金的，一方违约时，对方可以选择适用违约金或者定金条款。

定金不足以弥补一方违约造成的损失的，对方可以请求赔偿超过定金数额的损失。

第三节　不可抗力问题

不可抗力作为合同违约的法定免责事由之一，是指不能预见、无法避免并且不能克服的客观情况。即只有在出现的情况符合法律规定的构成要件时，才可以成为不可抗力，缺少其中的任何一个要件都不能构成不可抗力。对此，我国《民法典》第五百九十条作出了明确的规定。而不可抗力的构成要件主要有以下四个方面：

（1）不能预见。不能预见是指在合同订立时对于不可抗力的事件是否会发生，根据现在的科技水平以及人们现有的知识和经验是不能够判断出来的，像地震、泥石流、海啸等自然灾害都属于不可抗力事件。

（2）无法避免。无法避免是指即使当事人尽到了一般理性人的注意义务，及时采取了合理的措施，仍然无法避免这一事件的发生。反之，则不能构成不可抗力。

（3）不能克服。不能克服是指当事人尽了最大的努力，仍然无法抵制损害结果的出现。

（4）客观性。客观性是指不可抗力必须是合同当事人自身原因之外的情况，如果是由于当事人本身的原因则不是不可抗力。

由此可见，只有满足上述四个条件才能够构成不可抗力。这里需要注意，虽然不可抗力是免责事由，但并不是一旦发生不可抗力就会免除违约方的全部责任。关于免责的范围和结果，还要根据不同的实际情况来处理。依据我国法律的规定，关于不可抗力发生之后的解决方法主要包括以下三种：

（1）全部免责。只有在不可抗力事件发生之后，全部的合同义务不能履行时，才能够通知另一方解除合同，从而免除全部的责任。

（2）部分免责。如果不可抗力只是导致部分合同义务不能履行，此时，只有那部分不能履行的义务才可以免责。对于其他部分的合同义务还要按照合同约定继续履行。

（3）延长合同的履行期限。在不可抗力发生之后，如果延长合同的履行期限能够使合同中的义务按照约定完成，此时就要用延长期限来替代免除责任。

一、什么是不可抗力

不可抗力是指在合同订立之后，当事人依据现有的知识与经验，没有办法提前预见其发生的可能性，而且即使尽了最大努力仍然无法避免损害结果出现的一种客观情况。由此可知，不可抗力具有客观性、偶然性、不可控制性、不可预见性等特征。

案例：因国家政策调整导致合同无法履行的，属于不可抗力吗？

2021 年 1 月，上海 A 汽车销售公司（以下简称 A 公司）与国外 B 汽车生产公司（以下简称 B 公司）签订合同，合同约定 A 公司购买 B 公司某型号的汽车 200 辆，B 公司在 2021 年 3 月 30 日之前交货。同时，合同约定了违约金。A 公司在签订合同之后，便开始准备履行合同。但是，在 2021 年 2 月，国家为了保护环境，出台相关政策，禁止生产与进口该型号的汽车。因为该型号的汽车污染环境严重，汽车尾气的排放严重超标。A 公司在国家出台该项政策之后，便马上通知了 B 公司，称因为国家现在已经明令禁止进口此种汽车，他们不能再按照约定继续履行合同。随后A公司便收到B公司的通知，要求A公司按照合同约定支付违约金。A公司认为，自己之所以没有履行合同是由于国家出台政策所致，这种因素是其无法预见并且不可避免的，应该属于不可抗力，自己不需要承担违约责任。但是，B公司认为国家政策的调整不符合不可抗力的构成要件，应该属于正常的风险。因此，A公司不能因此而免除违约责任的承担。双方经过多次协商无法达成协议。于是，A公司便向仲裁委员会申请仲裁。

专家分析

如上所述，不可抗力具有客观性、偶然性、不可控制性等特点。在实际生活中，不可抗力的范围不仅包括自然灾害，如地震、海啸、台风等，还包括社会异常事件，如罢工、骚乱、武装冲突、暴动、战争、特定的政府行为等。在判断什么样的政府行为属于不可抗力时，需要根据具体的案件情况进行分析，主要是以不可抗力的构成要件作为判断标准。在本案中，国家政策的调整属于不可抗力事件。因为本案中，国家政策的出台是当事人一方利用自己的经验与知识等所无法预测的，而且在政策出台之后，不管当事人一方如何努力都是不可能作出改变的。这符合不可抗力的不可预见、不可避免、不能克服的构成要件，且是当事人意志之外的原因所致。因此，本案中，A公司是无须承担赔偿责任的，不可抗力能够成为其不履行合同的免责事由。

实务指南

在司法实践中，不可抗力的判断标准是比较严格的，需要当事人进行专业的判断，避免自己的合法权利遭受损失。这里需要注意以下两点：第一，并不是一旦出现自然灾害、社会异常事件等现象就是不可抗力，还要根据实际情况判断其是否对履行合同造成重大的影响。如果没有影响或影响较小，也不能将其作为免责的事由。第二，如果是当事人迟延履行之后发生不可抗力导致合同无法履行时，是不能够免责的。

关联法规

《中华人民共和国民法典》

第一百八十条 因不可抗力不能履行民事义务的，不承担民事责任。法律另有规定的，依照其规定。

不可抗力是不能预见、不能避免且不能克服的客观情况。

二、不可抗力发生之后的通知与证明责任

发生不可抗力之后，不能履行合同一方可以不可抗力为由免除承担合同责任，但需要及时履行通知义务，避免对方因不知情而导致损失的扩大。此外，当事人对自己主张的不可抗力事由应该承担证明责任，否则，对另一方当事人也不公平。

案例：不可抗力发生后，不能履行合同的一方必须要通知另一方并提供证明吗？

某年6月，北京某商场与某市的一家服装厂签订了一份采购合同，合同约定某商场向服装厂订购服装2000套，服装厂在当年8月1日之前交货，运输由商场负责；商场在签订合同时向服装厂支付定金5万元，如有违约，定金概不退还，如果服装厂违约，则双倍返还定金。合同签订后，服装厂便开始进行生产。然而，天有不测风云，服装厂所在的市由于暴雨出现，导致严重山体滑坡，该厂设备及厂房全部被掩埋，无法再进行生产。发生灾害之后，该厂忙于救灾，没有将因发生灾害无法按时交货的事情及时通知某商场，直到20天后，该商场才收到服装公司无法履行合同的通知。而此时距离合同约定的履行期限只剩3天，北京某商场已和运输公司签订了合同，准备前往提货。由此导致商场不仅要承担运输合同的违约责任，还要蒙受由于服装厂无法交货引起的货源短缺的损失。于是，商场要求服装公司为此承担责任，并且要求其尽快提供发生不可抗力的证明。但是，服装厂却认为山体滑坡属于明显的不可抗力，自己无须提供证明，且已经履行了通知义务，所以不应该承担责任。

专家分析

虽然不可抗力可能会成为一方无法履行合同的免责事由，但是，不能履行合同的一方应该及时通知对方以减少对方的损失，并在合理的期限内提供证明。不可抗力可以说是在合同违约之中的一种强有力的法定的免责事由，而且我国《民法典》第五百九十条也明确规定了不能履行合同一方要在合理的时间内提供证据证明发生不可抗力的责任。因此，服装厂应该对不可抗力的发生提供相应的证明，某商场不能凭借服装厂的一面之词就认为发生了不可抗力事件，从而免除责任。此外，依据民法中的诚信原则，在不可抗力发生之后，违约方也应该及时通知对方，以降低对方损失。本案中，在发生不可抗力事由后，因服装厂没有及时履行通知义务给商场造成了很大的损失。如果其及时通知北京某商场，可能商场就不会和运输公司签订运输合同，并且可能会及时寻找新的货源。因此，服装厂应当承担相应的责任。

实务指南

不可抗力的发生是无法避免的，但是，并不是说不能履行合同的一方在不可抗力发生之后就免除了所有的责任。不能履行合同的一方不能对损失的发生听之任之，而应及时通知对方，并且在合理的期间内提供证明。可见，不能履行合同的一方负有通知义务与证明责任，因其不依法履行相应的通知义务，导致对方损失扩大的，是不能就该部分损失免责的。

关联法规

《中华人民共和国民法典》

第五百九十条 当事人一方因不可抗力不能履行合同的，根据不可抗力的影响，部分或者全部免除责任，但是法律另有规定的除外。因不可抗力不能履行合同的，应当及时通知对方，以减轻可能给对方造成的损失，并应当在合理期限内提供证明。

当事人迟延履行后发生不可抗力的，不免除其违约责任。

三、发生不可抗力后，非违约方避免损失扩大的义务

不可抗力发生之后，不仅违约方要依法履行通知义务及在合理的时间内提供证明，合同的对方当事人也应该及时采取适当措施来减少损失的发生，如果非违约方没有及时采取措施，导致损失扩大，那么对于扩大的损失，其只能自己承担由此造成的损害，而不能向违约方主张赔偿责任。

案例：不可抗力发生后，非违约方因为自己的过失而导致损失扩大，其可以就扩大的损失主张赔偿责任吗？

某年5月，某果汁生产公司和当地的一个果农吴某签订了一份苹果供销合同。合同约定：吴某在苹果长熟后，向果汁生产公司供应2万斤苹果；果汁生产公司在签订合同时向吴某支付定金1万元；双方约定果汁生产公司在8月初上门提货。后该果汁生产公司与一家超市订立了一份果汁买卖合同，合同约定：由果汁生产公司在9月1日将生产的果汁交给超市，货到付款。可是，天有不测风云，7月中旬，该地发生了百年不遇的冰雹灾害，果树上的苹果都被冰雹打落。在灾害发生之后，吴某马上通知了果汁生产公司，说明了受灾情况，并表示自己已经无法按照约定履行合同了。但是，果汁生产公司在收到通知后，并没有及时采取措施，而是继续准备果汁的生产，也没有寻找其他货源。不久之后，该果汁生产公司与超市签订的果汁买卖合同到了履行期限，果汁生产公司因没有货源无法按时向超市供货，因此不得不向超市支付违约金。在支付违约金之后，该果汁生产公司找到吴某，让吴某承担因为不履行合同而造成的损失，包括他们向超市支付的违约金。吴某认为自己不履行合同，是因为自然灾害的出现，而且自己已经履行了及时通知义务，所以无须承担责任。那么，果汁生产公司是否能要求吴某承担其向超市支付的违约金？

专家分析

在合同履行的过程中，如果不可抗力事件出现，导致一方不能履行合同时，不仅违约方有通知对方及时采取措施减少损失的义务，对方当事人也应该在收到违约方的通知之后积极寻找解决方法，以使自己的损失降到最小。如果在违约方依法履行通知义务之后，对方没有采取任何措施，因此导致损失的扩大，那么依据我国《民法典》第五百九十一条的规定，对方不能就扩大的损失向违约方主张赔偿。在本案中，自然灾害发生之后，吴某已经无法履行合同，但他及时通知了果汁生产公司，如果当时果汁生产公司采取措施，寻找新的货源生产果汁，可能就不会出现无法按时履行与超市的合同的情况。因此，果汁生产公司对超市的违约是由于果汁生产公司没有及时采取补救措施导致的，吴某是没有责任的。

实务指南

在不可抗力出现之后，违约方应当积极采取措施并及时通知另一方，以减少对方的损失。另一方当事人在接到违约方的通知后，也应该积极采取措施避免损失进一步扩大。如果另一方当事人没有履行此种义务，那么，对于因此而扩大的损失，其是不能向违约方主张损害赔偿责任的，违约方也是没有义务承担这部分责任的。因此，在实践中，非违约方应该依法履行自己的义务，主动采取措施，积极配合违约方，以便减少损失。对于非违约方在采取措施避免扩大损失的过程中所发生的合理费用应由违约方承担。

关联法规

《中华人民共和国民法典》

第五百九十一条　当事人一方违约后，对方应当采取适当措施防止损失的扩大；没有采取适当措施致使损失扩大的，不得就扩大的损失请求赔偿。

当事人因防止损失扩大而支出的合理费用，由违约方负担。

第七章

买卖合同

随着社会主义市场经济秩序的确立以及市场经济的不断繁荣发展，订立合同已经成为企业之间经济贸易往来的一种重要形式。在市场经济条件下，企业之间的相互交往多以契约的形式呈现，此时，合同就成为企业自主签订、相互交易、彼此规范、互相约束、互相制约的法律保障。而在企业之间，订立最多的就是买卖合同，因此对于企业来讲，迅速掌握签订、履行买卖合同的技巧，避免合同纠纷和减少经济损失就成为至关重要的问题。

第一节　买卖合同基本知识

买卖合同是最常见的一种合同形式，它是指合同的一方当事人将标的物的所有权交付给合同的另一方当事人，另一方当事人向交付标的物的一方当事人支付相应价款的合同。交付标的物所有权的一方为出卖人（或卖方），支付价款后取得所有权的一方为买受人（或买方）。基于买卖合同的含义，我们可以将买卖合同的特征总结为以下四点：

第一，买卖合同是有偿合同。买卖合同通过等价有偿的方式，将标的物的所有权由一方当事人转移到对方当事人，并由对方当事人支付价款。因此，买卖合同属于有偿合同，是有偿民事法律行为，与赠与合同不同。

第二，买卖合同是双务合同。在买卖合同中，出卖方承担转移标的物所有权的义务，而买受方承担支付价款的义务。与此同时，出卖方获得了标的物的价款，买受方获得了标的物的所有权。在买卖的过程中，买方和卖方在承担义务的同时，也享有一定权利。可见，买卖合同是一种双务合同。

第三，买卖合同是诺成合同。签订买卖合同时，双方当事人平等协商，意思表示达成一致即可使合同成立，不需要支付标的物。从这一方面看，买卖合同属于诺成合同。

第四，买卖合同是非要式合同。买卖合同从成立到生效，有时只需当事人口头完成，不需具备固定的形式，除非法律对合同形式要件有特殊规定。所以，买卖合同是一种非要式合同，书面合同和口头合同均有效。

从风生水起的上市公司到巴掌大小的街头店铺，它们的日常运营活动都离不开各种各样的买卖合同。下面，我们首先了解一下买卖合同的基本内涵。

一、买卖合同的概念和特征

我们在前面已经讲到，买卖合同是由一方当事人交付标的物给对方当事人，然后由对方当事人交付价款的行为。买卖合同是一种有偿、双务、诺成、非要式的合同。买卖合同的内容由双方当事人约定，主要内容包括标的、数量、质量、价款、履行期限、履行地点、履行方式、违约责任以及解决争端的方法等。如果双方当事人有其他需要在合同中履行的内容，还可以根据具体情况就相关内容在合同中进行约定。只要符合法律的规定，双方当事人都可以协商确定合同的具体内容，合同一经生效即对双方当事人都具有法律约束力。

案例：房屋买卖合同中，卖方未按合同要求完全履行合同义务，买方应支付价款吗？

2021 年 1 月，皇家假日酒店与青圣房地产公司签订了一份房屋买卖合同。在合同中双方约定，由青圣房地产公司于 2021 年 9 月 10 日向皇家假日酒店交付房屋 50 套，同时办理房屋登记手续。皇家假日酒店在合同中承诺向青圣房地产公司分两次付款，第一期支付 2000 万元，第二期在 9 月 10 日青圣房地产公司全部交付房屋时支付 9000 万元。

2021 年 3 月，皇家假日酒店按合同的规定，向青圣房地产公司按期支付了第一期款项共 2000 万元。9 月 10 日，青圣房地产公司将 50 套房屋的钥匙移交皇家假日酒店，但并未立即办理房产所有权转移登记手续。因此，皇家假日酒店表示剩余款项在房屋登记手续办理完毕后再付。但是，青圣房地产公司一直未到房管局办理房屋登记手续，而皇家假日酒店也就一直没有支付剩余款项。9 月底，青圣房地产公司以皇家假日酒店违约为由诉至法院，请求皇家假日酒店支付价款并承担违约责任。请问，皇家假日酒店应该支付价款吗？

专家分析

买卖合同中当事人要想达到合同的目的，必须以合同的完全履行为前提条件，在合同未履行或者履行不全面的情况下，买受方是否能获得标的物的所有权、是否应就约定的标的物支付相应价款就成为双方当事人需要解决的关键问题。对此，我国《民法典》第五百零九条第一款规定，当事人应当按照约定全面履行自己的义务。第五百九十五条规定，买卖合同是出卖人转移标的物的所有权于买受人，买受人支付价款的合同。从这一条文规定来看，买卖合同的实现需以当事人一方完成标的物所有权转移为前提，而该方当事人应当按照买卖合同的约定全面履行自己转移标的物所有权的义务。

具体到上述案例，皇家假日酒店与青圣房地产公司签订了房屋买卖合同，按照合同约定，青圣房地产公司负有交付房屋并办理房屋所有权转移登记的义务，只有当青圣房地产公司全面履行了该义务，皇家假日酒店作为买受方才应当全部付清价款。但是在青圣房地产公司交付房屋时，皇家假日酒店却没有交付剩余价款，理由是青圣房地产公司没有完成房屋的登记手续，对合同中约定的义务没有完全履行。此处需要注意的是，按照我国法律的规定，在没有进行登记的情况下，房屋所有权并不会因交付而直接转移给皇家假日酒店。也就是说，青圣房地产公司没有做到履行办理房屋所有权转移手续的义务，不仅没有完成合同约定的己方义务，实际上也没有完全完成房屋所有权转移的任务，皇家假日酒店与其订立合同的目的最终并没有实现。因此，为保证自己的合法权益，皇家假日酒店可以要求在青圣房地产公司完成登记后再支付剩余价款，而不必承担违约的不利后果。

实务指南

买卖合同中有些标的物所有权的转移并不是仅交付就可以完成，就如案例中的房屋，需要在交付并办理房屋登记手续后，房屋的所有权才最终发生转移，买受人才算是完全取得了房屋的所有权，买卖合同才能真正完成。在出卖方完全转移了标的物所有权后，方可要求买受人支付相应价款。如果出卖方尚未按合同的约定，完全转移标的物的所有权，买受人可以拒绝支付全部价款而不必承担违约的不利后果。

关联法规

《中华人民共和国民法典》

第五百零九条第一款 当事人应当按照约定全面履行自己的义务。

第五百九十五条 买卖合同是出卖人转移标的物的所有权于买受人，买受人支付价款的合同。

二、买卖合同的条款

合同条款是指当事人经协商达成一致，以文字的方式将订立的合同内容在书面上进行展示，使合同内容规范具体、条理清晰、体系完整，并对合同中的权利义务予以确定。我国法律将合同条款分为必要条款和一般条款。必要条款也称主要条款，是合同必须具备的内容，如果欠缺必要条款，会导致合同不成立。一般条款也称为普通条款，法律未对此作具体规定，在合同中没有此条款，也不会产生合同不成立的后果。

案例：发现买卖合同中的“货物数量”估算错误，可以退货吗？买卖合同中应该约定哪些条款？

2021年8月15日，妍艺公司与元正公司就购买涂料的事宜进行协商，达成一致意见后，两家公司签订了买卖合同。在买卖合同中双方就涂料的数量、货款、交货时间、交货地点以及违约方式等问题进行了约定。但是由于疏忽，妍艺公司对货物的使用量没有估算准确，导致妍艺公司购买的涂料比实际要用的多出了一倍。妍艺公司要求将多余的涂料退货，但是元正公司主张他们是按合同内容履行的义务，数量上双方已经约定好，所以不同意妍艺公司的退货主张。在协商无果的情况下，妍艺公司将元正公司告上法庭。那么，发现买卖合同中的“货物数量”估算错误，可以退货吗？买卖合同中应该约定哪些条款？

专家分析

买卖合同的内容是合同双方当事人享有权利、履行义务的依据，它关系到合同当事人订立合同的目的是否能够实现、如何实现以及在无法实现的情况下如何解决纠纷等重大问题。我国《民法典》第四百七十条及第五百九十六条对合同涉及的条款作出了明确规定，这些条款分为必要条款和一般条款。必要条款包括合同的标的、数量、质量等必不可少的内容，如果在合同中没有这些条款，那么合同目的无法实现，合同也就不能成立。一般条款是根据当事人的意思表示，在合同中约定的其他条款，如选用的运输工具、交付方式等，这些条款的改变或缺失不会影响合同的履行或合同目的的实现。双方当事人在订立合同时，对于必备的合同条款必须在合同中进行明示，而对于其他一般条款，当事人可以根据合同的实际需要自行选择是否写入合同。

在上述案例中，妍艺公司与元正公司签订涂料买卖合同，但是妍艺公司对涂料使用量估计错误，导致多购买了部分涂料，所以要求退货。但对于这份买卖合同，涂料的数量是必须明确写入合同的条款，而双方在订立合同时也明确对此进行了约定，因此，该合同中关于数量的约定条款对妍艺公司和元正公司均具有法律约束力。事实上，元正公司也正是以合同中明确约定的货物数量为依据，主张自己是按合同的规定履行义务，并拒绝了妍艺公司的退货请求。元正公司的做法是符合法律规定的，其有权拒绝妍艺公司的退货请求。

实务指南

合同纠纷是生活中最常见的纠纷类型，这类纠纷主要因在合同中对条款约定不合理、约定不明确甚至没有约定，导致双方当事人对合同内容的理解出现分歧，事后又无法达成一致。为了实现自己的利益，合同当事人在协商不能的情况下，通常会选择诉诸法院解决纠纷。无论选择何种纠纷解决方式，都会给双方当事人带来一定的损失。因此，为了能使买卖合同顺利履行，在订立合同时，双方当事人一定要按《民法典》的规定，对合同的条款进行反复推敲，避免遗漏必要条款或因对条款约定不明确而产生分歧。

关联法规

《中华人民共和国民法典》

第四百七十条 合同的内容由当事人约定，一般包括下列条款：

（一）当事人的姓名或者名称和住所；

（二）标的；

（三）数量；

（四）质量；

（五）价款或者报酬；

（六）履行期限、地点和方式；

（七）违约责任；

（八）解决争议的方法。

当事人可以参照各类合同的示范文本订立合同。

第五百九十六条 买卖合同的内容一般包括标的物的名称、数量、质量、价款、履行期限、履行地点和方式、包装方式、检验标准和方法、结算方式、合同使用的文字及其效力等条款。

三、买卖合同标的物

买卖合同中，我们将合同法律关系的客体称为标的物，它指的是合同双方当事人权利义务所指向的对象。在我国，通常将物、行为与智力成果看作合同的标的物。物即民法意义上的物（包括一般等价的货币），存在于人身之外，能满足人们的某种需求并且能为人所支配和控制；行为指合同中双方当事人承诺的作为或不作为；智力成果则主要指知识产权中的财产权利。

案例：在设计大赛中获奖的服装设计能成为买卖合同的标的物吗？

2021年6月，某市举行“设计之星”青年女性服装设计大赛。这次比赛由该市衣之真服装公司赞助、地方电视台“我的女神”栏目组举办，目的是培养青年人的设计兴趣，紧跟时尚潮流。衣之真服装公司的负责人刘某在活动通知中声明，获得大赛设计冠军的服装，可以作为衣之真服装公司下一季度销售的服装样式，在商场中进行出售。

“我的女神”栏目组的工作人员李某，从小就非常喜欢玩芭比娃娃，经常自己动手设计一些小裙子等给芭比娃娃换装，她对这次“设计之星”服装设计比赛非常感兴趣，所以报名参加，“我的女神”栏目组负责人同意了李某的申请。

李某只是抱着重在参与的心态参加了这次比赛，并没有想获得任何奖项。出乎意料的是，李某设计的服装在所有参赛作品中脱颖而出，获得本次服装设计大赛的冠军。衣之真服装公司的负责人刘某按照在活动通知中的声明，要与李某签订买卖合同，购买她在本次比赛中获奖的设计作品，用于衣之真服装公司下一季度销售的服装样式，并在合同中约定支付相应的报酬。那么，李某参加比赛获得冠军的作品能成为买卖合同的标的物吗？

专家分析

买卖合同是围绕着合同标的物订立的，出卖人交付标的物的所有权给买受人，买受人获得标的物后向出卖人支付相应价款，完成这一过程后，一个完整的买卖合同才算完成。因此，在买卖合同中，标的物是必不可少的要件。在《民法典》中，我们将标的物称为合同双方当事人权利义务所指向的对象，它的范围非常广泛，包括物、行为与智力成果，生活中最常见的就是物的买卖。我国《民法典》第五百九十七条规定：“因出卖人未取得处分权致使标的物所有权不能转移的，买受人可以解除合同并请求出卖人承担违约责任。法律、行政法规禁止或者限制转让的标的物，依照其规定。”因此，除了法律禁止或者限制转让的标的物，其他的物、行为与智力成果，只要出卖人享有合法的所有权或处分权，就可以作为买卖合同的标的。

上述案例中，衣之真服装公司想要购买李某的服装设计，在这个买卖合同中的标的物应当是李某的智力成果。根据“设计之星”服装设计大赛的活动规则，获得冠军的作品可以成为衣之真服装公司下一季度销售的服装样式，因此，该服装设计的成果是可以作为买卖合同的标的物的。但是，李某是该服装设计作品的设计者，在没有特别约定的情况下，只有李某才享有该服装设计的处分权。因此，衣之真服装公司只有获得李某的许可，在李某答应将该服装设计出卖给衣之真服装公司时，该公司才能制造并出售，如果李某因价款等原因没有将作品出卖，那么衣之真服装公司就不能出售同样款式的服装。

实务指南

我们知道买卖合同的标的物非常广泛，既可以是物、智力成果，也可以是行为（作为或不作为）。在将标的物出卖之前，出卖人必须对标的物享有合法的所有权，有权对标的物进行处分，否则，买卖合同即使订立也会因出卖人无合法的处分权而归于无效。值得注意的是，对生活中的有些特殊物品，我国法律作出了禁止或限制转让的规定。比如，专属国家或集体所有的财产，包括国家所有的矿藏、集体所有的土地所有权等。对于这些物，合同当事人不得进行买卖。因此，我们在签订买卖合同时，要特别注意哪些标的物是可以进行买卖的，哪些标的物是不能进行买卖的，如果从事法律禁止的标的物买卖，当事人要承担相应的法律后果。

关联法规

《中华人民共和国民法典》

第五百九十七条　因出卖人未取得处分权致使标的物所有权不能转移的，

买受人可以解除合同并请求出卖人承担违约责任。

法律、行政法规禁止或者限制转让的标的物，依照其规定。

第二节　标的物所有权的归属

标的物所有权的归属是指标的物在进行买卖时，所有权最终归谁所有的问题。它涉及标的物所有权的转移、标的物所有权的保留以及孳息的归属等。标的物所有权转移指出卖人将标的物交付给买受人，买受人获得标的物所有权的行为。买受人在这一行为中主要以支付价款的方式取得标的物的所有权，而出卖人则是通过让与标的物的所有权以取得相应价款。标的物的所有权转移是买卖合同的基本问题，关系着双方当事人的合同目的是否能够实现。

而在标的物所有权保留的合同中，出卖人为了避免造成不能取得标的物价款的后果，在买受人未履行支付价款或合同中约定的其他义务时，出卖人仍然享有标的物的所有权。这样就可以避免在出卖人已交付标的物但买受人不履行合同约定的义务时，出卖人不会因所有权已转移而承担财物两失的不利后果。

孳息是标的物所有权归属的另一个问题，我国法律之所以将原物与孳息进行区分，就是为了确定孳息应归谁所有。现实生活中因孳息归属的问题产生的纠纷数不胜数，为了对这个问题进行规范，减少纠纷的出现，我国法律对此进行了明确的规定。

一、交付转移

买卖合同得以完成的一个重要内容就是标的物的所有权转移，它是指出卖人将标的物的所有权转让于买受人的行为。买卖合同中动产买卖居多，而动产买卖以占有为取得所有权的公示方式，只要出卖方将标的物交付转移给买受人，买受人不必再作出其他行为即可获得物的所有权，但是法律有特殊规定或当事人另有约定的除外。

案例：已经答应出售给一方当事人的货物，在完成交付前可以转卖给他人吗？

赵某是科达电子科技产品制造公司（以下简称科达公司）的总经理。2021年8月，赵某带领他们公司的创新团队研制开发出了一种新的数码相机，这种数码相机拍出来的照片可以记录拍摄时被照人物或物体5秒内呈现的全部动作。拍摄完成后，点开照片，画面即可动起来。万芳电子商场的老板看到这款相机后，预计在商场出售这一新型产品，一定能够为商场赚取高额利润，于是多次与科达公司进行商谈，最终与科达公司签订了买卖该款相机的合同。因这款相机刚刚研发出来，在制造环节还有一些问题没有解决，暂时还不能无限量供应，所以双方当事人在合同中约定：2021年9月20日前，由科达公司将其生产出来的第一批相机500部交付给万芳电子商场。

创优电子品牌店是万芳电子商场的竞争对手，该品牌店的老板卓某为了打压竞争对手，抢占市场先机，在得知科达公司正在与万芳电子商场就该相机进行磋商后，也多次与科达公司老板赵某进行洽谈，请求科达公司将第一批相机出售给创优电子品牌店，并承诺每部相机多支付100元的价款。同时卓某还向赵某承诺，如果科达公司同意他们的请求，就与科达公司签订长期的买卖合同，在利润上一定不会亏待科达公司。在利益的诱使下，科达公司老板赵某便答应了卓某的请求，承诺在2021年9月15日，将生产出来的第一批相机500部交付给创优电子品牌店。2021年9月20日，万芳电子商场向科达公司催要相机时，才得知科达公司已经将500部相机全部交付给了创优电子品牌店。万芳电子商场以签订合同在先为由，向科达公司和创优电子品牌店主张该批相机的所有权，但是遭到了两家公司的拒绝。万芳电子商场可以主张相机的所有权吗？

专家分析

在买卖合同中，出卖人将标的物交付给买受人是买卖合同实现的必经程序。其中，标的物的交付转移是买卖合同实现的最基本形式。按照《民法典》第五百九十八条的规定，出卖人应当履行向买受人交付标的物或者交付提取标的物的单证，并转移标的物所有权的义务。也就是说，在交付转移的过程中，出卖人将标的物交付给买受人，买受人因此获得标的物的所有权，然后支付价款，出卖人获得标的物的相应价款，买卖合同最终得以完成。生活中，大部分买卖合同都是以交付转移的形式完成所有权转移的。一旦完成标的物所有权的转移，买受方即获得标的物的所有权，对标的物享有排他的权利。

在上述案例中，万芳电子商场与科达公司签订了商品买卖合同，合同的主要内容是科达公司将本公司新研制的相机出售给万芳电子商场。双方当事人订立的合同虽然合法有效，但是由于相机尚未交付，万芳电子商场还没有取得相机的所有权。后科达公司私下与创优电子品牌店订立了买卖合同，并将生产出来的相机全部交付给了创优电子品牌店，已经完成了标的物的交付和所有权的转移。按照我国《民法典》第五百九十八条的规定，创优电子品牌店已经获得了相机的所有权。此时，万芳电子商场不可以主张相机归其所有，但是可以要求科达公司承担违约责任。

实务指南

本案中，虽然万芳电子商场与科达公司订立合同在先，但是相机还未交付，按照法律规定，万芳电子商场尚未取得相机的所有权。而创优电子品牌店由于抢先一步收到相机，获得了相机的所有权。对于像万芳电子商场这样的买受方，为了避免出现上述不利的后果，在签订买卖合同时，应尽可能地在合同中约定出卖方违约需要承担的后果，让出卖方不敢轻易违反合同约定。

关联法规

《中华人民共和国民法典》

第五百九十八条 出卖人应当履行向买受人交付标的物或者交付提取标的物的单证，并转移标的物所有权的义务。

二、所有权保留的约定

所有权保留是指在转移标的物所有权的买卖合同中，依当事人的约定或法律的规定，出卖人转移标的物的占有权给合同的另一方当事人，但出卖人仍保留其对该标的物的所有权。当对方当事人支付全部价款或合同约定的条件成立时，该标的物的所有权才发生转移的一种行为。我国《民法典》第六百四十一条规定："当事人可以在买卖合同中约定买受人未履行支付价款或者其他义务的，标的物的所有权属于出卖人。出卖人对标的物保留的所有权，未经登记，不得对抗善意第三人。"也就是说，我国法律承认当事人通过约定所有权保留条款来确定标的物所有权转移的时间。实际上，这种合同在国际贸易中也非常常见。

案例：所有权保留的买卖中，出卖人可以收回标的物吗？

2020年1月，艾某托朋友从某商城买回一台冰箱。购买时，由于是熟人关系，该商城承诺，让艾某先付1000元押金，如果半个月内没有质量问题，再支付余款。当然，在此期间内，该冰箱所有权仍归商城。艾某及其朋友都同意了商城的提议。艾某用了两周后，冰箱没有出现任何问题。商城要求艾某付清余款，但此时，艾某因为父母反对，一直拒绝付款。商城在进行合理催告之后，艾某仍然没有支付剩余货款。此时商城可以收回冰箱吗？

专家分析

本案中，艾某在实施购买行为前，已和卖方达成协议，支付押金，半个月内没有出现问题，支付剩余价款，取得冰箱所有权，但是后来艾某却拒绝支付余款。根据《民法典》第六百四十二条的规定，当事人约定出卖人保留合同标的物的所有权，在标的物所有权转移前，买受人未按照约定支付价款，经催告后在合理期限内仍未支付，造成出卖人损害的，除当事人另有约定外，出卖人有权取回标的物。本案中，商城索要冰箱是合法的。艾某未按约定支付款项，在经过商城合理催告之后仍未履行支付货款的义务，对两周内给冰箱造成的损耗，艾某应予以相应的价值赔偿。

实务指南

所有权保留买卖中，在所有权转移之前，买受人因不按约定支付价款，不按约定完成特定条件，将标的物出卖、出质或者作出其他不当处分等行为损害出卖人权益的，出卖人可以要求取回标的物，标的物的价值因买受人的行为明显减少的，出卖人还可以要求损害赔偿。

关联法规

《中华人民共和国民法典》

第六百四十二条 当事人约定出卖人保留合同标的物的所有权，在标的物所有权转移前，买受人有下列情形之一，造成出卖人损害的，除当事人另有约定外，出卖人有权取回标的物：

（一）未按照约定支付价款，经催告后在合理期限内仍未支付；

（二）未按照约定完成特定条件；

（三）将标的物出卖、出质或者作出其他不当处分。

出卖人可以与买受人协商取回标的物；协商不成的，可以参照适用担保物权的实现程序。

三、孳息的归属

孳息的原意是繁殖生息，从法律的意义上讲，孳息是指从原物中脱离出来的额外的收益，它分为天然孳息和法定孳息。天然孳息是指通过自然性能或变化规律，由物的自身取得的收益。例如鸡生的蛋、树长的果等。法定孳息是指物主将具有法律从属关系的所属物交付他人使用，在使用期间该物产生的收益，比如存款所获利息、出租物品所获租金等。对孳息进行设定的最重要的目的，就是对标的物所有权转移时孳息的归属问题进行确定，《民法典》第六百三十条对此作出了明确规定。

案例：养牛场将牛出售给饭店后，饭店在宰杀时发现牛黄，牛黄应该归谁所有?

锦江之星饭店是一家西式餐厅，特色菜是该饭店高级大厨做的惠灵顿牛排。为了保证菜品的质量，锦江之星饭店对牛肉的质量要求特别高。经过筛选之后，锦江之星饭店采购部门负责人周某决定与欣欣养殖场合作，从欣欣养殖场购买牛作为他们饭店的食材。为此，锦江之星饭店与该养殖场签订了购买合同，在合同中约定，自2021年1月起至2022年1月，由欣欣养殖场向锦江之星饭店供应其养殖的牛，锦江之星饭店支付相应货款。欣欣养殖场的工人余某，是老板宋某的表哥，负责将牛送到饭店，并协助饭店进行屠宰工作。2021年3月，余某按合同中的约定将牛送到锦江之星饭店，在协助饭店的工作人员宰杀时，竟然在被宰杀的两头牛中发现了牛黄，且都是天然牛黄，价格不菲。余某声称牛是他们欣欣养殖场喂养的，所得牛黄应归欣欣养殖场所有。但是锦江之星饭店采购部门的负责人周某却说，牛已经由本饭店购买，从牛体内取得的一切东西当然由锦江之星饭店获得，所以牛黄应当归锦江之星饭店所有。双方当事人相持不下。在协商无果的情况下，欣欣养殖场的老板宋某将锦江之星饭店告上法院，要求该饭店将牛黄交给养殖场。牛黄到底应当归谁所有?

专家分析

孳息的归属历来是民法研究的一个重要问题。孳息是相对于原物而言的，它是原物产生出来的物，有天然孳息与法定孳息之分。天然孳息的取得者无须履行义务就可取得孳息物，而法定孳息与天然孳息的区别就在于，法定孳息须依一定的法律关系取得，取得者须履行相应的义务。我国《民法典》第六百三十条对孳息的归属问题作出了规定："标的物在交付之前产生的孳息，归出卖人所有；交付之后产生的孳息，归买受人所有。但是，当事人另有约定的除外。"由此可见，一般情况下，我国法律是以标的物的所有权转移时间来确定孳息的归属的。在交付标的物之前，孳息归出卖人；一旦标的物交付，孳息的所有权归买受人所有。

具体到上述案例，锦江之星饭店与欣欣养殖场签订了牛的买卖合同，养殖场的运输人员余某将牛送到锦江之星饭店之后，负责帮饭店将牛宰杀。而在该合同中，欣欣养殖场将牛运送到锦江之星饭店时，牛的所有权已经发生转移，归属于锦江之星饭店所有。根据合同约定，余某仍负有协助锦江之星饭店宰杀牛的义务。在宰杀过程中发现了牛黄，双方在牛黄的归属问题上产生了争议。但是，根据法律规定，由于欣欣养殖场已经将牛交付给锦江之星饭店，所以牛黄作为孳息，其所有权也一并发生转移。因此，发现的牛黄应当由锦江之星饭店所有。

实务指南

现实生活中，孳息的归属问题一直受到人们的广泛关注，获得孳息能够让当事人取得一定的经济利益，因此人们都会争取孳息的所有权，纠纷也就随之发生。我国《民法典》对孳息的归属问题作出了相关规定。一般情况下，以标的物的交付时间来确定孳息的归属，交付之前由出卖人取得孳息的所有权；而在交付之后，就由买受人取得所有权。

关联法规

《中华人民共和国民法典》

第六百三十条 标的物在交付之前产生的孳息，归出卖人所有；交付之后产生的孳息，归买受人所有。但是，当事人另有约定的除外。

第三节 出卖人的义务

在买卖合同中，出卖人和受让人都有自己的义务。出卖人的义务主要体现在以下五个方面：

（1）交付标的物，转移标的物所有权。交付标的物是出卖人的首要义务，也是买卖合同最重要的合同目的。同时，买卖合同以转移标的物的所有权为目的，因此出卖人负有转移标的物所有权归买受人的义务。交付又分为现实交付、指示交付、简易交付和占有改定。这四种方式在风险转移上的功能完全相同。

（2）按照约定的时间、地点、方式交付。出卖人应当按照约定的期限、约定的地点以及方式交付标的物，约定不明的，按照相关法律规定进行。

（3）交付辅助单证的义务。出卖人应当按照约定或者交易习惯向买受人交付提取标的物单证以外的有关单证和资料。

（4）权利瑕疵担保义务。出卖人就标的物有担保第三人不向买受人追索或者主张其他权利的义务。权利瑕疵担保责任存在于合同订立时或者履行前，并且买受人不知权利瑕疵的存在。

（5）物的瑕疵担保义务。出卖人就其所交付的标的物具备约定或法定品质所负的担保义务。即出卖人须保证标的物移转于买受人之后，不存在品质或使用价值降低、效用减弱的瑕疵。

一、出卖人基本义务

出卖人即买卖合同中的卖方，其主要义务是交付标的物、转移标的物的所有权。除此以外，根据《民法典》的相关规定，出卖人还应当按照约定或者交易习惯向买受人交付提取标的物单证以外的有关单证和资料。这里的有关单证和资料包括保险单、保修单、普通发票、增值税专用发票、产品合格证、质量保证书、质量鉴定书、品质检验证书、产品进出口检疫书、原产地证明书、使用说明书、装箱单等。

案例：交付标的物是出卖人的义务吗？

2020年12月9日，大华公司和合家商贸公司签订了一份关于某类商品的买卖合同。合同约定，大华公司为合家商贸公司生产某产品3000件，并于2021年1月25日至1月30日期间将货物运送至合家商贸公司。并约定先付款后交货。2021年1月20日，合家商贸公司向大华公司支付了产品的全部价款。2021年1月30日，大华公司未向合家商贸公司交付货物。合家商贸公司催促大华公司交货，大华公司却置之不理。之后，合家商贸公司多次催促大华公司交货，大华公司均以各种理由拒绝。合家商贸公司针对此事咨询了律师，律师认为，在这份买卖合同中，合家商贸公司已经尽到了买方支付货款的义务。作为卖方的大华公司，应该交付标的物。如果其不交付，合家商贸公司可以向法院提起诉讼。那么就此看来，交付标的物是否是作为卖方的大华公司的义务呢？

专家分析

在买卖合同中，交付标的物是卖方的一个首要任务，不仅要交付标的物，还要转移标的物的所有权。当然，与之对应的是买方已经尽到了支付合理价款的义务，如果买方未支付价款，则卖方可以行使自己的同时履行抗辩权。在本案中，大华公司与合家商贸公司签订了商品买卖合同，合家商贸公司作为买方，其义务是向大华公司支付相应的货款，并接收货物。大华公司作为卖方，其在收到合家商贸公司的货款以后，就应该履行约定期限内的交货义务。大华公司无理由拒绝交付货物的行为是违反法定义务的。合家商贸公司可以催促其交付货物，如其仍不履行，合家商贸公司可以向法院提起民事诉讼，要求大华公司承担违约责任。

实务指南

在我们的生活中，买卖合同随处可见，大到企业之间签订大批量的货物买卖合同，小到平日里去菜市场买菜，这些都属于法律调整的买卖合同的范畴。其实，不管是企业之间，还是百姓和菜市场之间，都属于买卖合同中的买方和卖方。其都有着相同的权利和义务，即“买方给钱，卖方交货”。我们每个人都应该遵守这样一个规则，及时履行自己的义务，尤其是作为卖方，不要试图逃避自己的法定义务，不然最后不仅要按规定交付标的物，还要支付额外的违约金，可谓“赔了夫人又折兵”，实在不值当。

关联法规

《中华人民共和国民法典》

第五百九十八条 出卖人应当履行向买受人交付标的物或者交付提取标的物的单证，并转移标的物所有权的义务。

第五百九十九条 出卖人应当按照约定或者交易习惯向买受人交付提取标的物单证以外的有关单证和资料。

二、何时交付标的物

交付标的物是买卖合同中卖方的基本义务。那么，标的物到底应该何时交付，法律对此也有明确的规定。一般而言，应当按照约定的期限，在该期限的任何时间点交付均可。如果约定不明或者没有约定，双方可以协议补充，不能达成补充协议的，按照合同有关条款或者交易习惯确定。如果仍然不能确定，买方可以要求卖方随时交付。

案例：买方可以要求卖方提前交付标的物吗？

海林服装厂是一家专门从事服装生产的公司。2021年1月，大同某机械设备有限公司（以下简称大同公司）想给公司全体员工购置统一的工作服，于是邀请海林服装厂的工作人员为大同公司员工测量衣服尺码。测量完毕以后，大同公司与海林服装厂约定，大同公司向海林服装厂订购300套工作服，要求海林服装厂于2021年4月交货。但是海林服装厂认为此期限过短，其只能保证在2021年5月20日前交货。大同公司遂与海林服装厂签订了买卖合同，约定2021年5月20日之前完成服装的设计和制作，并由海林服装厂将服装送至大同公司。

2021年3月30日，大同公司致电海林服装厂，要求在5日内交货。海林服装厂称还未到约定的交货日期，但是大同公司却称几日后有集体活动需要穿统一的服装，如果海林服装厂不交货就取消订单。对于大同公司的要求，海林服装厂十分气愤。那么，在买卖合同中，买方可以要求卖方提前交付标的物吗？

专家分析

根据我国《民法典》第六百零一条的规定，出卖人应当按照约定的时间交付标的物。在本案中，大同公司和海林服装厂约定，海林服装厂在2021年5月20日之前交付货物。所以，海林服装厂在5月20日之前的任何时候交付标的物均可。如果非因不可抗力等其他正当理由，海林服装厂在5月20日之前未交付货物，则大同公司可以主张海林服装厂违约。但是在3月30日，大同公司就要求海林服装厂在5日内交付货物，这显然违反合同约定的内容，该行为不受法律的保护。当然，如果大同公司和海林服装厂对交付标的物的期限没有约定或者约定不明，则根据《民法典》的规定，双方当事人可以协议补充交货期限。但是本案双方当事人明确规定了期限，且签订合同时双方均同意，所以不存在约定不明确的问题。

实务指南

签订买卖合同时，一定要注意交付标的物的期限。作为卖方，必须根据自己的实际情况来确定交货日期，否则，一旦不能如期交货，就需要承担违约责任。作为买方，也要了解双方所约定的交货日期是否合适，因为该期限一旦约定，没有法定理由，买方就不能提前要求卖方交付标的物。如果在合同的履行过程中发现未约定交货日期或者约定不明确的，则可以及时协议补充。不能协议补充的，可以按照合同的相关条款或者交易习惯确定。

关联法规

《中华人民共和国民法典》

第五百一十条 合同生效后，当事人就质量、价款或者报酬、履行地点等内容没有约定或者约定不明确的，可以协议补充；不能达成补充协议的，按照合同相关条款或者交易习惯确定。

第五百一十一条 当事人就有关合同内容约定不明确，依据前条规定仍不能确定的，适用下列规定：

……

（四）履行期限不明确的，债务人可以随时履行，债权人也可以随时请求履行，但是应当给对方必要的准备时间。

……

第六百零一条 出卖人应当按照约定的时间交付标的物。约定交付期限的，出卖人可以在该交付期限内的任何时间交付。

第六百零二条 当事人没有约定标的物的交付期限或者约定不明确的，适用本法第五百一十条、第五百一十一条第四项的规定。

三、何地交付标的物

买卖合同成立以后，出卖人应该按照约定的地点交付标的物。如果买卖双方之间没有约定交付地点或者约定不明确，可以协议补充约定；不能达成补充协议的，按照合同有关条款或交易习惯确定；仍不能确定的，则考虑标的物是否需要运输，需要运输的，则出卖人应当将标的物交付给第一承运人以运交给买受人，如果不需要运输，则要考虑双方是否知道标的物的所在地等情况确定。

案例：买卖合同中，应该在何地交付标的物呢？

凯乐公司为了扩大生产，准备引进国内最先进的生产设备，以提高生产效率。遂决定将本公司名下的一套旧生产设备出售。但是由于短时间内没有将该设备售出，为了不影响新购置的设备投入使用，凯乐公司就把这套旧生产设备放在了城郊的某个废弃的仓库内。后来，永通公司得知凯乐公司要卖设备，打算买入。于是，永通公司工作人员到凯乐公司商量购买事宜。最终，双方以30万元的价款成交，签订了买卖合同，但是没约定交货地点。合同签订以后，永通公司当即通过网上银行向凯乐公司的账户支付了货款。但是，这套设备此时并不在凯乐公司，对这一情况凯乐公司也告知了永通公司。永通公司虽然知道设备在哪儿，但是认为既然是在凯乐公司签订的买卖合同，那就应该在凯乐公司交货。那么，永通公司这一想法正确吗？到底应该在哪里交货呢？

专家分析

永通公司的想法是错误的。因为，并非买卖合同在哪里签订，就一定会在哪里交付标的物。如果当事人之间约定了交货地点，那毋庸置疑，就是在约定地点交付标的物。但是如果没有约定交付地点或者约定不明，可以协议补充；如果不能协议补充，则要分情况进行讨论。要看这个标的物是否需要运输，如果需要运输，那么卖方应该将货物交给承运人，需要多次转手承运的，则交给第一承运人即可；如果这个标的物不需要运输，即出现本案中的情形，要看双方是否知道标的物所在地点。显然，本案中，永通公司和凯乐公司均知道标的物在城郊的一个废弃仓库里。所以，按照法律规定，应该在这个废弃的仓库里交付标的物。当然，如果双方后来又决定另行约定交付地点，也是可以的。

实务指南

在买卖合同中，当事人一般都会按照方便双方的原则约定交付标的物的地点。但是如果没有约定交付地点，双方还是可以再次协商的，毕竟合同体现的是一种契约自由的精神。当然，很多情况下双方都不愿意让步，所以未能达成一致，在这种情况下，就要按照法律的规定来确定交付标的物的地点。但是，为了不给双方引起后续的麻烦，我们在签订合同时最好明确约定交货地点等事项。

关联法规

《中华人民共和国民法典》

第五百一十条　合同生效后，当事人就质量、价款或者报酬、履行地点等内容没有约定或者约定不明确的，可以协议补充；不能达成补充协议的，按照合同相关条款或者交易习惯确定。

第六百零三条　出卖人应当按照约定的地点交付标的物。

当事人没有约定交付地点或者约定不明确，依据本法第五百一十条的规定仍不能确定的，适用下列规定：

（一）标的物需要运输的，出卖人应当将标的物交付给第一承运人以运交给买受人；

（二）标的物不需要运输，出卖人和买受人订立合同时知道标的物在某一地点的，出卖人应当在该地点交付标的物；不知道标的物在某一地点的，应当在出卖人订立合同时的营业地交付标的物。

四、按质量交付标的物

买卖合同中，当事人交付的标的物要符合约定的质量。对于约定不明确的，可以协议补充。如果卖方交付的标的物不符合合同约定的质量，那么卖方应该对此承担违约责任。如果当事人约定减轻或者免除出卖人对标的物瑕疵承担的责任，因出卖人故意或者重大过失不告知买受人标的物瑕疵的，出卖人无权主张减轻或者免除责任。对标的物的包装问题，也是根据合同的约定确定，未约定的可以协议补充，否则可以按照通用的包装标准进行包装。

案例：卖方交付的标的物不符合约定的质量标准，需要承担责任吗?

丽人公司是一家专业生产内衣、袜子等个人物品的公司。华联商贸是一家大型卖场。2021 年 1 月，华联商贸向丽人公司订购了一批羊毛袜子，在买卖合同中，双方约定订购的每只袜子的羊毛含量不得少于 30%。此外，双方还约定了交货的时间、地点、方式等。确认无误后，双方代表人均在合同上签了字。2021 年 3 月，丽人公司按期向华联商贸交付了袜子。但是，在华联商贸抽样检测时，发现部分袜子的羊毛含量并未达到 30%。华联商贸认为丽人公司交付的标的物不符合合同约定的质量标准，遂要求丽人公司对此承担责任。但是丽人公司认为已经交货，而且顾客在购买袜子时并不会知道羊毛的实际含量，羊毛含量的问题对华联商贸的影响并不大。但是华联商贸仍坚持让丽人公司承担责任。那么，丽人公司到底需不需要承担责任呢?

专家分析

丽人公司应该承担责任，这是毋庸置疑的。标的物的质量是一个非常重要的问题，买方提出的标的物质量和数量要求，是整个买卖合同中的核心部分。而卖方在签订合同时，也默认了自己要提供的标的物就是符合对方要求的标准的，如果达不到，就是根本违约。在本案中，既然买卖合同约定了标的物的质量，丽人公司在签订合同时也没有提出异议，那么，丽人公司就应该严格按照合同约定的质量标准生产。如果其交付的标的物没有达到约定的质量标准，那么就应该承担违约责任。当然，承担违约责任并不意味着将标的物全部退回，双方也可以根据标的物的性质，合理地选择要求对方承担修理、更换、退货、减少价款或者报酬等违约责任。

实务指南

我们签订买卖合同，是为了买到自己想要的商品。而对商品的质量要求是满足我们需求的一个关键。一旦质量问题没有达到要求的标准，对买方来说是非常难以接受的。随之而来的问题也是非常麻烦的，比如，商品已经生产出来，买方又不需要不符合质量要求的商品，那这个商品该怎么处理呢？为了避免这些问题，我们在签订买卖合同时一定要把握好质量要求。

关联法规

《中华人民共和国民法典》

第六百一十五条 出卖人应当按照约定的质量要求交付标的物。出卖人提供有关标的物质量说明的，交付的标的物应当符合该说明的质量要求。

第六百一十六条 当事人对标的物的质量要求没有约定或者约定不明确，依据本法第五百一十条的规定仍不能确定的，适用本法第五百一十一条第一项的规定。

第六百一十七条 出卖人交付的标的物不符合质量要求的，买受人可以依据本法第五百八十二条至第五百八十四条的规定请求承担违约责任。

第六百一十八条 当事人约定减轻或者免除出卖人对标的物瑕疵承担的责任，因出卖人故意或者重大过失不告知买受人标的物瑕疵的，出卖人无权主张减轻或者免除责任。

第六百一十九条 出卖人应当按照约定的包装方式交付标的物。对包装方式没有约定或者约定不明确，依据本法第五百一十条的规定仍不能确定的，应当按照通用的方式包装；没有通用方式的，应当采取足以保护标的物且有利于节约资源、保护生态环境的包装方式。

五、权利担保义务

出卖人的基本义务是交付标的物，同时转移标的物的所有权。除此以外，出卖人还负有保证第三人不能向买受人主张任何权利的义务，即受让人应该合法取得该标的物，他人不得对标的物的所有权有异议。但是如果在订立合同时，买受人就知道他人对这个标的物享有权利，则出卖人可以不承担该义务。

案例：出卖人在任何时候都负有权利担保义务吗?

2021 年 2 月，程顺公司因业务需要欲购买一辆二手货车，后来听说繁星公司有多辆二手车欲出售，遂找到了繁星公司商量买车事宜。繁星公司让程顺公司的工作人员到停车场挑选中意的货车，经过挑选，最终程顺公司有意购买 A 货车。繁星公司告知 A 货车已经为他人提供了担保，所以建议程顺公司购买其他货车。但是程顺公司一眼看中了 A 货车，认为 A 货车比其他的车更新、更好，所以执意购买 A 货车。在劝说无果的情况下，最终双方签订了购买合同，并约定了关于交付的各个事项。

事后，程顺公司听说在买卖合同中出卖方负有权利担保的义务，也就是说，繁星公司有义务保证其他人不得向自己购买的 A 货车主张任何权利。那么，程顺公司的想法对吗？出卖人在任何时候都负有权利担保的义务吗?

专家分析

程顺公司的想法是错误的。出卖人确实有权利担保的义务，即出卖人就交付的标的物，负有保证第三人不得向买受人主张任何权利的义务。但是并非在任何情况下，出卖人都负有这样的义务。根据《民法典》第六百一十三条的规定，买受人订立合同时知道或者应当知道第三人对买卖的标的物享有权利的，出卖人不承担权利担保的义务。在本案中，程顺公司购买A货车时，繁星公司告知该车已经为他人提供担保。但是程顺公司执意要购买A货车，所以程顺公司对于第三人对A货车享有权利这件事是知情的。这就符合上述法律规定的例外情形，在这种情况下，出卖人繁星公司就不再负有权利担保义务。

实务指南

在签订买卖合同时，买受人首先要明确买卖的标的物上是否存在其他人的权利，如果买受人在订立合同时对此不知情，那么出卖方确实负有权利担保的义务。但是，如果买受人明知他人对标的物享有权利却仍然购买，那么一旦发生权利归属的纠纷，法律对买受人的保护力度就会大大削弱。此时的出卖人就不再负有担保权利的义务，出现的不利后果可能都要由买受人自己承担。

关联法规

《中华人民共和国民法典》

第六百一十二条　出卖人就交付的标的物，负有保证第三人对该标的物不享有任何权利的义务，但是法律另有规定的除外。

第六百一十三条　买受人订立合同时知道或者应当知道第三人对买卖的标的物享有权利的，出卖人不承担前条规定的义务。

第六百一十四条　买受人有确切证据证明第三人对标的物享有权利的，可以中止支付相应的价款，但是出卖人提供适当担保的除外。

第四节　标的物风险负担

买卖合同中的风险负担是指买卖合同生效后、履行完毕前，因不可归责于双方当事人的事由致使标的物毁损或灭失时，应由哪一方当事人承担风险。一般而言，标的物毁损、灭失的风险在交付之前由出卖人承担，在交付之后由买受人承担。但是也有以下特殊规定：

（1）因买受人的原因致使标的物不能按照约定的期限交付的，买受人应当自违反约定之日起承担标的物毁损、灭失的风险。

（2）出卖人将标的物交由承运人运输的，在途标的物毁损、灭失的风险自合同成立之日起由买受人承担。

（3）当事人没有约定交付地点或者约定不明确，标的物需要运输的，出卖人将标的物交付给第一承运人后，标的物毁损、灭失的风险由买受人承担。

（4）出卖人按照约定将标的物置于交付地点，但是买受人违反约定没有收取的，标的物毁损、灭失的风险自违反约定时起由买受人承担。

（5）出卖人未按照约定交付有关标的物的单证和资料的，不影响标的物毁损、灭失风险的转移。

（6）因标的物不符合质量要求致使不能实现合同目的的，买受人可以拒绝接受标的物或者解除合同。买受人拒绝接受标的物或者解除合同的，标的物毁损、灭失的风险由出卖人承担。

（7）标的物毁损、灭失的风险由买受人承担的，不影响因出卖人履行债务不符合约定、买受人要求其承担违约责任的权利。

一、风险交付转移原则

我国风险转移采取交付转移原则。所谓交付转移，是指标的物毁损或灭失的风险由占有人负担，以标的物实际占有转移于买受人之时作为风险转移的界限，而标的物的所有权在何时转移对此界限并无影响。具体而言，标的物毁损、灭失的风险，在标的物交付之前由出卖人承担，交付之后由买受人承担，但法律另有规定或者当事人另有约定的除外。

案例：在标的物交付之前，其毁损、灭失的风险应该由谁承担？

易购公司是一家专门从事日用品销售的企业，其从2015年开始就与海天公司建立了长期的合作关系，即海天公司是易购公司某类商品的长期供货商。2021年2月，易购公司与海天公司签订合同，订购了一批纸巾类的商品，按照之前的交易习惯，由海天公司通过船运将货物送至易购公司所在城市的码头，没有约定风险转移问题。2021年3月，在海天公司将货物运送至易购公司的过程中，遭遇暴雨，部分货物被淋湿。由于是纸巾类的商品，所以被淋湿的货物几乎全部毁损。

易购公司要求海天公司将货物运回，并在指定时间内再次生产并送达。海天公司则认为，自己公司已经如期生产出货物，货物毁损的原因又不能归结于自己，所以该风险不能仅由自己公司承担，易购公司也应该适当承担一部分。但是易购公司认为在货物没有交付之前，一切风险都应该由海天公司承担，跟自己无关。那么，哪家公司的说法是对的呢？在标的物交付之前，其毁损、灭失的风险应该由谁承担呢？

专家分析

在上述案例中，易购公司的主张是正确的。根据我国法律规定，标的物毁损、灭失的风险，在标的物交付之前由出卖人承担，交付之后由买受人承担，但是如果因买受人的原因致使标的物不能按照约定的期限交付的，由买受人承担，当然另有约定的除外。但是本案中没有对此进行约定，所以按照法律规定来确定风险的转移。在本案中，由海天公司负责将货物运送至易购公司所在城市的码头，在运送途中，货物毁损，即该毁损是在标的物交付之前，同时本案不存在因买受人过错而承担风险的问题。所以，对于货物损失的风险应该由海天公司承担。当然，海天公司可以向承运人索赔，如果海天公司购买了保险，其也可以向保险公司索赔。

实务指南

买卖合同中，买卖合同标的物的毁损、灭失“不可归责”于双方当事人的情形，一般是指因不可抗力、意外事件和第三人的原因等。所以千万不要把承担过错责任与风险转移混为一谈。如果当事人对标的物的毁损、灭失具有过错，则不再属于风险负担问题，应该按照违约责任或者侵权责任来处理。

关联法规

《中华人民共和国民法典》

第六百零四条 标的物毁损、灭失的风险，在标的物交付之前由出卖人承担，交付之后由买受人承担，但是法律另有规定或者当事人另有约定的除外。

第六百零五条 因买受人的原因致使标的物未按照约定的期限交付的，买受人应当自违反约定时起承担标的物毁损、灭失的风险。

二、在途货物买卖的风险转移

如果买卖合同签订之时，标的物正在运输途中，即出卖人出卖交由承运人运输的在途标的物，其买卖风险的承担可以由双方约定。如果没有约定，则货物毁损、灭失的风险自合同订立时起由买受人承担。如果买卖合同无效或者不成立，按照《民法典》的其他规定处理，不再是买卖合同的风险负担问题。

案例：货物在途中灭失的风险，应当由谁来承担？

小乔超市向某食品加工厂订购了一批糕点，合同约定三日内交货，货到验收后付款。食品加工厂称其已有一批同样的糕点正在途中，小乔超市就同意了购买该批在途货物，但是，就在货物即将被运输到小乔超市时，该批货物却不幸遭遇洪水而全部灭失。对此造成的损失应当由谁承担？

专家分析

本案涉及在途货物买卖的风险承担问题，该损失应当由买方承担。我国《民法典》第六百零六条明确规定：出卖人出卖交由承运人运输的在途标的物，除当事人另有约定外，毁损、灭失的风险自合同成立时起由买受人承担。本案中，小乔超市与食品加工厂就该批在途糕点签订了买卖合同，在货物即将送达时遭遇洪水而全部灭失，双方在合同中对此未有其他约定，因此，根据上述法律规定，因洪水导致货物灭失的损失应该由买方即小乔超市承担。

实务指南

一般情况下，标的物的毁损、灭失风险自交付时发生转移。但是对于在途货物的买卖，由于双方都不直接占有该标的物，无法具体确定风险责任的归属，法律对此进行了明确规定，双方当事人可以对在途货物的风险转移时间进行约定，如果没有特别约定，在途货物的风险自合同成立时起由买受人承担。

关联法规

《中华人民共和国民法典》

第六百零六条　出卖人出卖交由承运人运输的在途标的物，除当事人另有约定外，毁损、灭失的风险自合同成立时起由买受人承担。

三、其他风险转移情形

买受人有接收货物的义务，如果其拒绝接收，标的物毁损、灭失的风险自买方违反约定之日起由买受人承担。但因质量问题，致使合同目的不能实现，买受人拒绝接收的，该风险仍由出卖人承担。标的物毁损、灭失的风险由买受人承担的，并不影响因出卖人履行债务不符合约定、买受人要求其承担违约责任的权利。

案例一：因逾期提货致货物受损，责任谁负？

某饭店向某家具厂定制了一批桌椅，双方约定于2021年3月24日，饭店派车到家具厂提货。但是，饭店的后勤司机因故请假，饭店经理决定推迟一周取货，但并未告知家具厂。3月25日，家具厂的仓库因遭电击失火，导致部分桌椅被烧毁。饭店得知消息后，要求家具厂赔偿损失，但家具厂坚持认为饭店因逾期提货才造成了货物毁损，应自己承担损失。家具厂应当承担损失吗？

专家分析

某饭店应自行承担损失。根据《民法典》第六百零八条的规定，买受人自提标的物的，出卖人将标的物置于约定或法定地点时起，风险由买受人承担。本案中，卖方根据双方的约定履行了自己的职责，其本身不存在过错。而饭店因司机请假而未按期提货，违反了约定，导致货物被大火烧掉，并因此造成了损失，责任在己，损失理应由饭店自行承担。

实务指南

标的物的风险转移一般采用交付主义，即标的物由卖方交付买方后，标的物毁损、灭失的风险也一并转移给买受人。买卖双方当事人约定标的物在指定地点交付的，出卖人将标的物放置于指定地点后即完成了交付，标的物的风险也转移给了买受人，因买受人违反约定提取货物，造成相应风险的，应当由买受人承担。因此，在实际的买卖过程中，收货方也一定要注意承担自己一方责任，不要怠于收货。

关联法规

《中华人民共和国民法典》

第六百零八条 出卖人按照约定或者依据本法第六百零三条第二款第二项的规定将标的物置于交付地点，买受人违反约定没有收取的，标的物毁损、灭失的风险自违反约定时起由买受人承担。

案例二：货物交付前已经受损，卖方应当提前告知买方吗？

鑫正粮油店与宏运面粉加工厂签订了一份面粉买卖合同，约定：由宏运面粉加工厂供给鑫正粮油店10吨白面，宏运面粉加工厂负责运输，货到验收后，鑫正粮油店立即付款。就在宏运面粉加工厂备货的时候，当地突降一场暴雨，致使部分面粉淋雨受潮。但是，几天后，由于鑫正粮油店催货，宏运面粉加工厂紧急办理托运装货时，忘记了这一情况。面粉运到后，鑫正粮油店验货时发现部分面粉质量不合格，拒绝签收。货物交付前已经受损，卖方应当提前告知买方吗？

专家分析

受损面粉的经济损失应当由宏运面粉加工厂自己承担。根据我国《民法典》第六百一十五条的规定，出卖人应当按照约定的质量要求交付标的物。如果出卖人交付的标的物质量不合格，买受人可以要求其承担违约责任。此外，该法第六百一十八条也规定，当事人约定减轻或者免除出卖人对标的物瑕疵承担的责任，因出卖人故意或者重大过失不告知买受人标的物瑕疵的，出卖人无权主张减轻或者免除责任。由此可知，在标的物有瑕疵时，出卖人知道的，其应当履行告知义务。否则，即使在合同中约定了减轻或者免除责任，出卖人也无权主张。也就是说，本案中所交付的面粉在运送至买方以前淋雨受潮，卖方应该告知买方，否则，卖方就应该承担货物损失的风险。

实务指南

基于诚信原则和保护交易原则，出卖人对标的物的质量、数量等基本信息负有告知义务。尤其是在合同成立时，出卖人知道或者应当知道标的物已经毁损、灭失的，更应当提前告知买受人，而不能将风险转嫁给承运人或者买受人，否则将会面临不利的法律后果。实践中，应该履行告知义务的一方，一定要履行相应的义务，这也是日后可能减轻或者免除责任的重要一环。

关联法规

《中华人民共和国民法典》

第六百一十五条　出卖人应当按照约定的质量要求交付标的物。出卖人提供有关标的物质量说明的，交付的标的物应当符合该说明的质量要求。

第六百一十七条　出卖人交付的标的物不符合质量要求的，买受人可以依据本法第五百八十二条至第五百八十四条的规定请求承担违约责任。

第六百一十八条　当事人约定减轻或者免除出卖人对标的物瑕疵承担的责任，因出卖人故意或者重大过失不告知买受人标的物瑕疵的，出卖人无权主张减轻或者免除责任。

第五节　买受人义务

买卖合同是一种双务合同、有偿合同，买卖双方当事人在合同关系中，都享有一定的权利，但也都负有一定的义务。在买卖合同中，出卖人的义务主要是交付标的物，而买受人的主要义务则是支付相应价款。另外，出卖人要保证其交付的标的物符合合同的约定，否则要承担相应的违约责任。而买受人则要保证按期支付相应价款，否则也需要承担一定的违约责任。此外，为了避免出卖人的责任过重，法律要求买受人除了支付价金之外，还要承担及时检验货物并通知出卖人的义务。因为只有买受人及时履行检验的义务，才能够确认出卖人是否按照合同约定交付了货物。如果货物出现数量、质量等问题，也便于明确买卖双方的责任。所以，在买卖合同中，买受人的两项最主要的义务便是检验标的物、支付价款。

然而，在一些特定的情况之下，买受人可能会依法行使拒绝接收标的物的权利，尤其是异地买卖，此时，出卖人交付的标的物便在法律上处于无人管理的状态，买受人依法还需要履行保管义务及处置标的物的义务。当然，这种保管义务是暂时性的，而且如果标的物是不易保存的、容易变质的货物，如水果、蔬菜、海鲜等，或者保管费用过高，买受人应当履行变卖标的物的义务。

一、检验标的物

检验即检查与验收。在买卖合同中，买受人收到出卖人交付的标的物之后应当及时进行检验，这不仅是买受人的一项权利，也是买受人应该履行的一项法定义务。如果买受人发现标的物存在数量、质量、品种、型号、规格等方面的瑕疵，有权及时通知出卖人，并要求出卖人承担相应的退换货责任。如果买受人没有在法律规定的期限内检验标的物并告知出卖人，法律即认可出卖人全面履行了交付标的物的义务，之后买受人便无权再要求出卖人承担违约责任。

案例：没有实际验货就直接在送货单上签字，可以视为已经验货吗？

齐某与某食品加工厂之间建立了长期的合作伙伴关系，双方的业务往来一直很好。2021 年 1 月，齐某向该食品加工厂订购了一批食品，共计 2000 件。一周后，食品加工厂将货物送至齐某的仓库时，齐某象征性地查看了两箱货物，就在送货单上签字了。库管人员在整理货物时，发现少了 5 件食品。齐某立即联系食品加工厂，但对方称齐某已经验货了，加工厂对此没有责任。那么，齐某没有实际验货就直接在送货单上签字能算已经检验了吗？

专家分析

本案中，齐某在食品加工厂送到货时，并没有实际检验货物，就直接在送货单上签了字，但事后发现货少了，如果没有充足的证据证明，齐某应当自己承担损失。《民法典》第六百二十三条规定："当事人对检验期限未作约定，买受人签收的送货单、确认单等载明标的物数量、型号、规格的，推定买受人已经对数量和外观瑕疵进行检验，但是有相关证据足以推翻的除外。"所以，齐某在送货单上签字，就表示其认为货物没有问题，表示其已对货物数量进行了检验，如此后出现问题，在齐某没有明确的证据推翻的情况下，责任应由齐某承担，食品加工厂不负责任。

实务指南

实践中，买方应当对自己所购买的货物进行全面、及时的检验，以保护自己的合法权益。买方签收货物即表明其对货物的数量、型号、规格等予以确认，事后如果没有充足的证据，货物的数量和外观瑕疵责任应由买方自己承担。

关联法规

《中华人民共和国民法典》

第六百二十三条　当事人对检验期限未作约定，买受人签收的送货单、确认单等载明标的物数量、型号、规格的，推定买受人已经对数量和外观瑕疵进行检验，但是有相关证据足以推翻的除外。

二、支付价款

在买卖合同中，既然出卖人交付了标的物，那么根据等价交换的原则，买受人要取得标的物的所有权就要支付相应的价款。出卖人需要按照合同约定的方式、地点交付标的物，买受人也需要按照合同约定的支付方式、数额、地点等来支付价款。一般情况下，买卖双方当事人对于上述事项都会在合同中进行明确的约定，但是，在实际生活中，合同对价款的数额、支付方式、地点等情况没有约定或者约定不明的情况也屡见不鲜。对此，双方当事人可以协议补充，无法达成补充协议的，按照法律规定或者市场交易惯例确定。

案例：买卖双方没有在合同中约定支付价款的时间，买受人应该何时支付价款？

心心超市是某市的一家大型连锁超市，张某是该超市的采购部经理。2021年元旦前，张某从北京的某食品公司订购了一批糕点。双方在合同中约定，食品公司在1月20日前向该超市交付其订购的300箱糕点，每箱200元，共计60000元。该食品公司负责将货物运输到心心超市。但是，在2021年1月19日，食品公司要求心心超市支付货款，否则就不能将货物发给心心超市。由于张某在与食品公司签订该合同时，没有在合同中约定付款的时间，面对食品公司的付款要求，心心超市只能以合同没有约定为由要求先收货后付款。但食品公司认为，既然合同没有约定，那么其就有权要求心心超市随时支付货款。为此，双方发生争议，且无法达成一致。那么，在合同中，如果买卖双方没有约定支付价款的时间，应该如何确定付款时间？

专家分析

合同一般以双方当事人的意思自治为原则，只要双方当事人协商一致且不违反法律规定，合同就应当按照约定履行。如果合同没有约定或者约定不明确，《民法典》也详细规定了具体的履行原则。即对于合同的部分内容没有约定或者约定不明确的，双方可以协议补充，无法达成补充协议的，按照法律规定或者市场交易惯例确定。

合同价款的支付时间、地点、方式、数额等对于合同的订立和履行非常重要，在一般情况下，买卖双方都会在合同中进行明确约定。但是，由于各种原因，双方当事人对此也可能没有约定或者约定不明确。此时，根据《民法典》第五百一十条、第六百二十八条的规定，买受人应当按照约定的时间支付价款。对支付时间没有约定或者约定不明确，依照本法第五百一十条的规定仍不能确定的，买受人应当在收到标的物或者提取标的物单证的同时支付。由此可知，如果合同对支付价款作出了明确约定，那么买受人就应当按照合同约定的时间支付价款。当双方没有约定或者约定不明确时，可以就价款的支付时间重新进行协商并达成一致。如果此时仍无法确定价款支付时间的，应当以买受人收到标的物或者收到提取标的物的凭证为限，确定合同价款支付时间。

在本案中，由于张某与食品公司在签订合同时，并未明确约定货款的支付时间，且双方未就支付时间达成一致意见，那就需要依据《民法典》的相关规定来确定支付价款的时间，即以心心超市在收到货物或者收到提取货物的凭证时为支付时间，心心超市可以在收到货物或提货凭证时再支付价款。因此，本案中，食品公司要求心心超市提前支付价款的做法是不正确的。

实务指南

虽然在合同领域，双方当事人的意思自治优先，但并不是所有当事人都能够完整地约定合同所有内容。在出现当事人没有约定或者约定不明确的情况下，就需要法律对合同的漏洞进行填补。而在买卖合同中，双方当事人未约定支付价款时间的现象也比较常见。对此，法律明确规定，双方当事人可以就此协议补充，如果无法达成合意，而依据合同漏洞的填补方法又不能确定时，那么此时买受人应该在收到标的物或者提取标的物的凭证时履行支付价款的义务。

关联法规

《中华人民共和国民法典》

第五百一十条 合同生效后，当事人就质量、价款或者报酬、履行地点等内容没有约定或者约定不明确的，可以协议补充；不能达成补充协议的，按照合同相关条款或者交易习惯确定。

第五百一十一条 当事人就有关合同内容约定不明确，依据前条规定仍不能确定的，适用下列规定：

……

（四）履行期限不明确的，债务人可以随时履行，债权人也可以随时请求履行，但是应当给对方必要的准备时间。

……

第六百二十八条 买受人应当按照约定的时间支付价款。对支付时间没有约定或者约定不明确，依据本法第五百一十条的规定仍不能确定的，买受人应当在收到标的物或者提取标的物单证的同时支付。

第六节　特殊情形

在实践中，买卖合同是最为普遍和常见的合同形式。在一般情况下，买卖合同都是一手交钱，一手交货。但是，随着现代社会经济的不断发展，为了促成市场交易，提高交易效率，买卖合同的形式越来越多，出现了特种买卖。

特种买卖具有特殊的形态、特殊的要件，其主要包括凭样品买卖、试用买卖、所有权保留买卖、分期付款买卖等形式。虽然特种买卖合同可能在成立要件上与一般合同有所不同，但是，二者在本质上是没有任何差别的，均为等价有偿交易。在履行合同的过程中，买卖双方依然要同时享有权利，同时承担义务。不过，由于这些特种买卖合同的成立有特殊的要件，在履行合同的过程中，买卖双方当事人还需要对其特殊部分予以注意。如对于样品买卖，买受人就需要注意样品的质量和规格问题，而出卖人则要严格以样品为标准来提供货物。对于试用买卖，买受人要注意在试用期内认可的方式，及时作出是否订立买卖合同的意思表示。在所有权保留买卖中就需要注意合同标的物的风险负担问题。在分期付款买卖中，买受人应注意自己分期支付价款的数额。下面我们就对生活中常用的几种特种买卖合同逐一进行介绍。

一、凭样品买卖

凭样品买卖是指在订立买卖合同的过程中，根据双方当事人选定的样品的质量作为衡量出卖人交付的标的物是否符合合同约定的标准。根据《民法典》第六百三十五条的规定，当事人应当将样品封存，并对样品质量予以说明，以确保出卖人所交付的标的物与样品的品质相同。如果标的物的质量不符合样品的品质，则出卖人要承担标的物的瑕疵担保责任。

案例：买方实际收到的商品与样品有出入应该怎么办？

陈某在一家电脑商城看中了一款电脑，但是店员称店内都是样品，如需购买应提前预订。陈某仔细询问了店员该款电脑的情况，得知实际交付的电脑在颜色、材质、配置等方面与样品一致。随后，双方就该款电脑签订了买卖合同，合同约定，陈某购买该款电脑一台，价格9000元，一周后交货，预付定金3000元。一周后，陈某收到了电脑，可是该款电脑的材质、颜色都与陈某之前在店内看到的样品有很大出入。因此，陈某拒付余款6000元。陈某可以这样做吗？

专家分析

陈某可以拒绝接受该款电脑。我国《民法典》第六百三十五条明确规定，凭样品买卖的当事人应当封存样品，并可以对样品质量予以说明。出卖人交付的标的物应当与样品及其说明的质量相同。本案中，陈某与电脑商城就该款电脑的颜色、材质、配置等内容作了合同约定，双方均应履行合同义务。由于电脑商城交付的电脑在多方面与样品有出入，不符合双方合同约定的质量要求，其行为已经构成了违约。陈某可以拒收该款电脑，并要求电脑商城按合同的约定履行义务。

实务指南

凭样品买卖合同关系中，买受人基于对样品的质量、款式、颜色等情况的认可才予以购买，因此，买卖双方就此达成协议后应当封存样品，出卖人应当严格按照样品提供标的物。如果实际商品与样品存在差异，那么买受人在订立合同时的预期利益就受到了损失，出卖人也就违反了合同约定，因此出卖人应当承担相应的法律责任。实践中，企业作为出卖人在提供货物时，一定要注意与样品的一致性，否则可能招致不必要的纠纷，并且还会承担相应的法律责任。

关联法规

《中华人民共和国民法典》

第五百七十七条　当事人一方不履行合同义务或者履行合同义务不符合约定的，应当承担继续履行、采取补救措施或者赔偿损失等违约责任。

第六百三十五条　凭样品买卖的当事人应当封存样品，并可以对样品质量予以说明。出卖人交付的标的物应当与样品及其说明的质量相同。

二、试用买卖

试用买卖是指在订立合同之前，出卖人将标的物交给买受人试验或者检验，双方约定在试用一定的期限之后，由试用人来决定是否购买标的物并与之订立买卖合同。在试用买卖关系中，如果试用人承认，则买卖合同成立；反之，则买卖合同不成立。试用期的长度由双方约定，如果双方未约定，则按照漏洞填补的规则，由出卖人来确定。在试用期内，买受人认可的方式主要有三种：（1）明示认可。即买受人通过书面或者口头的方式表示认可。（2）以推定的方式认可。即买受人通过实施特定的行为表示认可，如在试用期内，买受人将标的物实施了出租、出卖、设定担保物权等行为，都可以构成认可。（3）以单纯沉默的方式认可。即在试用期届满之后，如果买受人对是否购买未作表示，则视为购买。

案例：试用买卖中没有预先说明使用费的，买方还需要支付该费用吗?

赵某的母亲最近一段时间身体很不适，赵某决定给母亲买一台按摩床。得知某品牌按摩床推出“先试用后付费”的活动，赵某就购买了该款按摩床。购买时，售货员称可以先试用一周，如果没有质量问题，再交付全款；如果因质量问题要求退货，无须承担任何费用。试用前几天，赵某的母亲感觉效果很好，但是，又过了两天，赵某发现按摩床的振动频率不稳定，而且遥控器也不太好使，因此决定退货。商场得知后，要求赵某支付使用费。赵某认为，活动规则并没有关于使用费用的规定，不应该支付。商城则称，赵某不买按摩床，试用一周已对商品造成磨损，应为其承担使用费用。那么，事先没有说明要支付使用费的试用买卖，事后买方需要支付该项费用吗？

专家分析

本案中，赵某的母亲在试用按摩床时，赵某发现了按摩床的质量问题，因此赵某决定退货。商城要求赵某对按摩床造成的价值损失进行赔偿，即支付使用费，但是，活动规则并无此规定，根据《民法典》第六百三十九条的规定，试用买卖的当事人对标的物使用费没有约定或者约定不明确的，出卖人无权请求买受人支付。本案中，商城并未对试用期间是否支付使用费用作出相关规定，所以赵某因对按摩床的质量不满意而决定不购买，商城没有权利向赵某索要使用费。

实务指南

实践中，对于试用买卖是否需要支付使用费，可以由买卖双方自由协商。而如果双方对此没有约定或者约定不明的，法律认定为免费试用，出卖人无权在事后要求买受人支付使用费。因此，关于是否有使用费的问题，企业作为商家，应该事先明示。

关联法规

《中华人民共和国民法典》

第六百三十九条 试用买卖的当事人对标的物使用费没有约定或者约定不明确的，出卖人无权请求买受人支付。

第七节　合同的解除

合同的解除是指在合同成立之后，在当事人没有履行或者未完全履行合同义务之前，经过协议，或者在具备合同解除条件时，由享有解除权的一方当事人行使权利而使得合同关系消灭的一种行为。依据我国《民法典》的规定，合同的解除包括两种，即法定解除与意定解除。

法定解除是指在合同成立以后，没有履行或履行完毕之前，当具备法定解除的情况时，当事人通过行使法定的解除权而使合同的效力得以消灭。法定解除又可分为一般法定解除与特别法定解除。我国《民法典》第五百六十三条第一款规定了五种一般解除的情形，合同编其他分编的相关法律规定了特别法定解除。

一般法定解除具有两个特点：（1）适用范围极其广泛，适用于所有的合同；（2）只要满足“合同的目的不能实现”这个要件，就可以行使一般的法定解除权。而特别法定解除权则要求得相对比较低，其产生的条件更为“宽松”，有时甚至无须以合同违约为条件，我们称为任意的解除权。如在委托合同、不定期租赁合同中，双方当事人均享有任意解除权。当然，特别法定解除权的适用范围也是比较窄的，其仅限于法律规定的合同类型。

一、一般情形下解除合同

在一般情况下，行使合同解除权的要求比较高。即只有在合同的目的无法实现时，当事人一方或者双方才可以行使合同的解除权。对此，我国《民法典》第五百六十三条第一款规定了五种法定解除事由。其中包括不可抗力、预期违约、一方当事人迟延履行债务等情况。

案例：出卖人违反合同，交付的货物中部分不符合约定的，买受人可以行使合同的法定解除权吗？

12月1日，某市一百货商场与家家公司签订了一份买卖合同。双方约定，由家家公司在12月20日之前向该百货商场提供200棵塑料圣诞树、500个圣诞老人毛绒玩具，货款总计5万元，百货商场预先支付定金1万元，收到货物后付清余款。在合同签订之后，家家公司便开始投入生产。由于正处于圣诞节前夕，家家公司的订单非常多。但是，家家公司认为只要加班，就能够在规定的日期内完成全部订单。12月20日，家家公司将全部货物运送到了百货商场仓库。百货商场的工作人员在检验货物时发现，家家公司生产的圣诞老人毛绒玩具符合约定，但是其生产的圣诞树并不符合合同中所要求的规格，而且质量非常差。此时，由于临近圣诞节，百货商场已经来不及寻找其他货源，因此产生了巨大的损失。百货商场要求与家家公司解除合同，并要求其承担违约责任。在此种情况之下，百货商场可以要求解除全部合同吗？

专家分析

在本案中，百货商场是可以行使合同解除权的，但是只能针对圣诞树部分解除。本案属于一般情况下的法定解除。我国《民法典》第五百六十三条第一款规定了5种当事人可以行使法定解除权的情形，而这5种情形的要求都是“合同的目的不能实现”。其中，第四项明确规定，当事人一方迟延履行债务或者有其他违约行为致使不能实现合同目的，当事人可以解除合同。同时，该法第六百三十二条规定，标的物为数物，其中一物不符合约定的，买受人可以就该物解除。但是，该物与他物分离使标的物的价值显受损害的，买受人可以就数物解除合同。据此可知，如果出卖人交付的标的物不符合双方在合同中的约定，那么买受人可以根据其不符合约定的情况行使法定解除权。但是，该解除权仅仅针对不符合约定的部分，对于出卖人交付的符合约定的标的物，买受人应当按照合同约定支付相应的价款。在本案中，家家公司交付的200棵塑料圣诞树、500个圣诞老人毛绒玩具中，圣诞树的质量不符合合同的约定，属于法律规定的数物中部分货物不符合约定的情形，但家家公司交付的圣诞老人毛绒玩具完全符合合同约定。对此，百货商场可以就200棵圣诞树行使法定解除权，但对于500个圣诞老人毛绒玩具的价款，必须如约支付。

实务指南

在实践中，买卖双方当事人因一方违约解除合同的情形并不少见。虽然法律明确规定了，在具备法定情形时，合同当事人可以享有法定解除权。但是，当事人不能滥用自己的解除权。而为了促进交易，当事人在解除合同时，法律对其权限也予以限制，一般情况下，只有合同目的无法实现时，当事人才有权行使合同解除权。如本案中，百货商场只能够就对方违反合同约定的部分货物行使解除权。

关联法规

《中华人民共和国民法典》

第五百六十三条第一款　有下列情形之一的，当事人可以解除合同：

……

（四）当事人一方迟延履行债务或者有其他违约行为致使不能实现合同目的；

……

第六百三十二条　标的物为数物，其中一物不符合约定的，买受人可以就该物解除。但是，该物与他物分离使标的物的价值显受损害的，买受人可以就数物解除合同。

二、分批交付标的物的情况下解除合同

在买卖合同中，双方交付标的物的方式多种多样，其中包括一次性交付、分批交付。对于分批交付标的物的，我们要注意此种情况下行使合同解除权的问题。当事人有权在法定情形下行使解除权，但是，解除权的行使也不是一概而论的，合同的内容不同，可以行使解除权的内容也是不同的。在分批交付标的物时，买受人行使解除权要根据各批货物之间的关系来决定。

案例：分批购进货物，其中一批有质量问题，应该怎么办？

万某向某标准件厂订购了500件六号螺母。合同约定，该批货物由标准件厂分三次交付，前两次均为150件，第三次为200件，每次货到验收合格后立即付款。合同生效后，标准件厂如约送来第一批、第二批货物，均没有质量问题，万某验货后也支付了价款。第三批货物送来后，经检验大量螺母不合格，万某因此拒绝接收货物，要求标准件厂重新供货才付款。分批交付的货物，其中一批货物不合格，应该怎么办？

专家分析

交货是指在买卖合同中，货物在交易双方之间的转移，即由卖方将货物转交给买方。合同双方要就交货地点、方式和时间等进行协商。在大宗货物交易中，买卖双方根据交货数量、运输条件和市场销售需要等因素，可在合同中规定分批交货条款。对于分批交货所涉及的合同责任问题，我国《民法典》第六百三十三条规定：“出卖人分批交付标的物的，出卖人对其中一批标的物不交付或者交付不符合约定，致使该批标的物不能实现合同目的的，买受人可以就该批标的物解除。出卖人不交付其中一批标的物或者交付不符合约定，致使之后其他各批标的物的交付不能实现合同目的的，买受人可以就该批以及之后其他各批标的物解除。买受人如果就其中一批标的物解除，该批标的物与其他各批标的物相互依存的，可以就已经交付和未交付的各批

标的物解除。”万某订购的各批标准件之间不存在互相依存关系，万某认为第三批货物有质量问题，可以就该批货物与标准件厂进行协商，也可以解除该批标准件的购买合同。

实务指南

在分批交货的买卖中，卖方应该保障各批次的货物符合合同的约定，否则，买方可以凭借依法具有的解除权拒收货物。如果各批次货物关联性较大，还可能导致整个合同的解除或终止。

关联法规

《中华人民共和国民法典》

第六百三十三条　出卖人分批交付标的物的，出卖人对其中一批标的物不交付或者交付不符合约定，致使该批标的物不能实现合同目的的，买受人可以就该批标的物解除。

出卖人不交付其中一批标的物或者交付不符合约定，致使之后其他各批标的物的交付不能实现合同目的的，买受人可以就该批以及之后其他各批标的物解除。

买受人如果就其中一批标的物解除，该批标的物与其他各批标的物相互依存的，可以就已经交付和未交付的各批标的物解除。

三、分期付款情形下解除合同

分期付款的买卖是指出卖人将标的物的所有权转移给买受人，买受人通过分期付款的方式来支付价款的买卖合同。分期付款合同实际上是出卖人向买受人提供信贷，鼓励买受人消费。这种买卖形式虽然具有刺激消费的功能，但很可能出现因为买受人过于高估自己的购买能力，导致其不能按期支付价款的现象。这对于出卖人来说是存在一定的风险的，所以，法律便赋予了出卖人在符合法定情形时的法定解除权。

案例：在分期付款的买卖合同中，出卖人在买受人未支付的价款达到多少百分比时才能行使法定解除权？

2021年2月，某运输公司为扩大规模，准备购买4辆货车。但是，由于公司规模尚小，资金有限，该公司的现有资金只能购买3辆，所以，有一辆货车必须采用分期付款的方式。后该运输公司与某汽车销售公司签订了买卖合同。合同约定，运输公司购买4辆货车，每辆8万元。其中一辆分4次付清，每月支付2万元。然而，在支付第三期的价款时，该公司资金周转非常困难，没有按期支付这一期的价款。于是，汽车销售公司便对运输公司进行催告，要求其在一定期限内支付到期价款。但是，运输公司仍未按期支付。于是，汽车销售公司要求解除与运输公司该辆汽车的买卖合同，并要求将货车返还给自己。但是，运输公司认为自己只有一期的价款没有支付，并非拒不支付价款，汽车销售公司不能与自己解除合同。那么，在此种情况下，汽车销售公司是否可以与运输公司解除分期付款的买卖合同？

专家分析

在分期付款买卖合同中，为保证出卖人债权的安全，法律赋予其一项特别的法定解除权。根据《民法典》第六百三十四条的规定，分期付款的买受人未支付到期价款的数额达到全部价款的五分之一，经催告后在合理期限内仍未支付到期价款的，出卖人可以请求买受人支付全部价款或者解除合同。出卖人解除合同的，可以向买受人请求支付该标的物的使用费。据此可知，在买受人未支付的到期价款达到全部价款的五分之一时，在经过催告后，买受人在合理期限内没有支付到期价款的，出卖人就可以选择解除合同。在本案中，运输公司未支付的价款为第三期的两万元，而总价款的五分之一为1.6万元，所以，运输公司未支付的价款已经达到了法定的要求。此时，汽车销售公司在经过催告之后，运输公司仍未支付到期价款，则汽车销售公司是可以行使法定解除权的。一旦出卖人行使法定解除权，双方之间的买卖合同关系就自始消灭，互负返还义务，汽车销售公司可以要求运输公司将货车返还，并要求其支付使用费，而其应该将价款返还给运输公司。

实务指南

在实践中，双方当事人在签订分期付款买卖合同时需要注意，《民法典》第六百三十四条属于任意性规范，当事人可以对解除合同的条件另行约定。另外，在符合法定解除条件时，出卖人完全可以继续保留合同，要求买受人提前支付全部价款。但是，当事人在约定时，买受人到期不能支付的价款数额只能比五分之一高，如果低于五分之一则是违反规定的。

关联法规

《中华人民共和国民法典》

第六百三十四条　分期付款的买受人未支付到期价款的数额达到全部价款的五分之一，经催告后在合理期限内仍未支付到期价款的，出卖人可以请求买受人支付全部价款或者解除合同。

出卖人解除合同的，可以向买受人请求支付该标的物的使用费。

第八章

借款合同

借款合同是指借款人向出借人借款，借款人到期归还本金并支付利息的一种合同。其中交付借款的一方称为贷款人，接受借款并支付利息的一方称为借款人。在企业的日常经济往来之中，借款合同经常出现，因此，了解相关知识对企业至关重要。

第一节　借款合同基本知识

对于借款合同，首先，我们需要明确的是，在过去较长的时间里，我国法律都规定，能够提供借款的法人只能是经过中国人民银行批准，并有经营资格的商业银行、信托投资公司等金融机构，严格禁止企业之间的借贷业务。但是，2015 年出台的《最高人民法院关于审理民间借贷案件适用法律若干问题的规定》将借贷的主体放宽，允许法人与非法人组织之间进行借贷，但仅限于因生产经营性事务而订立借款合同。所以，企业之间可以签订借款合同。

其次，需要熟悉借款合同的以下四个特征：

（1）借款合同的标的物是货币。在借款合同中，贷款人可以向借款人提供现金，也可通过网上转账。

（2）借款合同转让的是货币的所有权。在借款合同中，贷款人一旦将借款交付给借款人，则该款项为借款人所有，而贷款人对借款的所有权则转化为在合同到期时请求借款人还本付息的权利。因此，借款合同是转让货币所有权的合同。

（3）在一般情况下，借款合同是有偿合同。银行等金融机构向企业等发放贷款时，除法律另有规定外，都是要收取利息的。利息是借款人使用借款要付出的代价，因此，借款合同一般情况下是有偿合同。

（4）借款合同一般是诺成合同、双务合同。之所以说借款合同是诺成合同，是因为除了自然人之间以口头方式订立的合同要求以交付借款为合同的成立要件外，其他的借款合同只需要双方达成一致的书面协议即可成立。借款合同是双务合同，因为在借款合同中，贷款人负有按照合同约定交付借款的义务，借款人有按照约定返还借款并支付利息的义务，所以借款合同是双务合同。

下面我们就来具体了解一下借款合同中的相关法律知识。

一、借款合同的概念、形式和内容

借款合同是指贷款人向借款人提供借款，借款人到期返还借款并支付利息的一种协议。对于借款合同的形式，其主要分为两种，即书面形式和口头形式。在借款合同中，除自然人之间的借款可以进行口头约定外，其他的都采用书面形式。

依据法律的规定，借款合同主要包括以下几方面内容：（1）借款的种类。如根据借款的用途可以分为长期借款和短期借款。（2）借款的用途。如在企业之间的借款合同中规定借款的使用情况。（3）借款的金额及支付方式。（4）借款的利率。（5）借款的期限。即借款人使用借款的时间。（6）还款方式。（7）保证条款。（8）违约责任等。

案例：企业之间的借款合同可以采用口头约定的方式吗？

董某是某市天美酒店的老板，他的酒店自成立以来，生意一直非常好。2021 年 3 月，董某准备将自己酒店的规模扩大。但是，由于扩建酒店需要很大一笔资金，而且酒店运营也需要钱，董某准备以酒店的名义向一直与该酒店合作的某合伙企业借一笔钱。在董某提出借款要求之后，该合伙企业的合伙人经商量之后，决定将资金借给董某。3 天后，该合伙企业便通知董某，他们已经将借款打到了天美酒店的账户上。董某认为，他们之间还是应该签订一份借款合同，约定借款利息及还款期限等内容。但该合伙企业的负责人吴某说，凭借他们多年的合作，不用签订书面合同了，他们之间有一个口头约定就可以了。那么，企业之间的借款合同可以采用口头约定的方式吗？

专家分析

企业之间的借款合同不能采用口头形式。根据我国《民法典》第六百六十八条第一款的规定，借款合同应当采用书面形式，但自然人之间借款另有约定的除外。由此可知，虽然借款合同有书面形式与口头形式，但除了自然人之间的借款合同可以采用口头形式外，其他主体之间的借款合同都应该采用书面方式订立。因此，在本案中，天美酒店与该合伙企业在订立借款合同时，应该按照董某的说法采用书面形式订立，而不可以仅仅是作出口头上的约定。因为企业之间的借款数额可能比较大，为了维护交易的安全，法律规定企业之间的借款合同应当采用书面形式。

实务指南

在实践中，口头合同与书面合同都是比较常见的。然而，企业之间在订立借款合同时，应当采用书面的形式。实际生活中，可能会出现有的企业之间关系比较好，从而在借款时就只是作出口头的允诺，这是为法律所禁止的。因为一旦双方当事人出现纠纷，而且企业之间的借款数额又是非常大的，没有一份书面合同，无论哪一方违约，对方都是无法维护自己的合法权利的。为了避免不必要的纠纷，企业之间订立借款合同时，要采用书面形式约定好借款的相关事宜。

关联法规

《中华人民共和国民法典》

第六百六十七条 借款合同是借款人向贷款人借款，到期返还借款并支付利息的合同。

第六百六十八条 借款合同应当采用书面形式，但是自然人之间借款另有约定的除外。

借款合同的内容一般包括借款种类、币种、用途、数额、利率、期限和还款方式等条款。

二、借款合同担保

借款合同担保是指在订立借款合同时，贷款人为了能够保障借款人按时归还借款并支付利息，要求借款人或者第三人提供担保的情形。借款合同的担保，一般都是在借款合同中订立担保条款，当然，也可能单独订立担保合同。此时，借款合同为主合同，担保合同为从合同。需要注意的是，借款合同所提供的担保必须符合《民法典》中关于担保的规定，否则是无效的。

案例：企业向银行借款必须提供担保吗？

天时公司是某市一家开发游戏的软件公司。2021 年 4 月，由于该公司准备开发一款新的游戏，而此款游戏的开发需要一笔资金。天时公司现有的资金无法满足需要，因此，该公司准备向某商业银行贷款 50 万元来支持游戏的开发。在该公司向商业银行申请贷款之后，该商业银行便按照法定的程序对天时公司的相关信息进行审查。银行经审查发现，天时公司的信用非常好，具有偿还贷款的能力，而且此公司曾经与该银行多次合作，每次都是按时归还贷款。所以，该商业银行就没有要求天时公司为银行提供任何的担保。那么，商业银行不要求天时公司提供担保的行为是否符合法律的规定？企业向银行贷款时是否必须提供担保？

专家分析

企业在向银行借款时原则上应该提供担保。我国《商业银行法》第三十六条规定，商业银行贷款，借款人应当提供担保。商业银行应当对保证人的偿还能力，抵押物、质物的权属和价值以及实现抵押权、质权的可行性进行严格审查。经商业银行审查、评估，确认借款人资信良好，确能偿还贷款的，可以不提供担保。由此可见，在企业向银行借款时，要求企业提供担保是银行的义务。但是，在银行对企业的信用情况、还债能力进行审查之后，认为企业能够偿还债务的，可以不提供担保。因此，在本案中，商业银行在对天时公司的相关信息进行审查之后，认为其信用良好，具备还款能力，此时，银行可以不要求其提供担保。

实务指南

在实践中，银行向企业发放贷款时，为了保证信贷资金的安全，对企业的信用、资产等要求都是非常严格的，大部分情况下，都是会要求企业提供一定的担保的。本案中的银行不要求企业提供担保的情形还是比较少见的。但需要我们注意的是，银行在企业信用良好时，是可以不要求企业提供担保的，银行的此行为是合法的。

关联法规

《中华人民共和国商业银行法》

第三十六条 商业银行贷款，借款人应当提供担保。商业银行应当对保证人的偿还能力，抵押物、质物的权属和价值以及实现抵押权、质权的可行性进行严格审查。

经商业银行审查、评估，确认借款人资信良好，确能偿还贷款的，可以不提供担保。

第二节 借款人义务

在借款合同中，借款人主要有以下四个方面的义务：

（1）按时收取借款的义务。借款人应该按照合同约定的日期、数额收取借款，如果借款人未按照约定收取借款，其仍有义务按照约定来向贷款人支付利息。

（2）提供真实情况，并配合贷款人进行检查、监督的义务。借款人应该就借款的使用情况接受贷款人的检查和监督，并按照约定向贷款人定期提供有关的财务会计报表等资料。

（3）按照合同约定的用途使用借款的义务。在借款合同中约定了借款的用途时，其应该按照合同的约定使用借款。如果借款人没有按照约定使用借款，贷款人可以停止发放贷款，并提前收回贷款或者解除借款合同。

（4）按时返还借款并支付利息的义务。首先，借款人应该按照约定的期限归还借款。若双方没有在合同中约定还款期限，则按照《民法典》第五百一十条的规定，可以协议补充，在无法达成补充协议时，按照合同条款或交易习惯确定。如果仍无法确定的，借款人可以随时向贷款人返还借款；贷款人也可以随时向借款人请求返还，但是，贷款人应该为借款人保留合理的准备期限。在合理的期限之后，若借款人仍不能归还借款的，则要承担违约责任。

其次，借款人要按照合同的约定支付利息。如借款人应该按照合同中约定的数额、支付期限、方式等内容支付利息。在双方没有约定利息的支付期限时，仍然按照《民法典》第五百一十条的规定进行确定，如果仍然无法确定，借款人则要根据《民法典》第六百七十四条的规定支付利息。对于企业之间的借款合同，借贷双方对利息约定不明的，根据《最高人民法院关于审理民间借贷案件适用法律若干问题的规定》第二十四条第二款的规定，如果贷款人主张利息，双方可以根据借款合同的内容，以及当地或者当事人的交易方式、交易习惯、市场报价利率等因素确定利息。

一、提供真实情况

借款人提供真实情况的义务是指在订立借款合同时，借款人应当按照贷款人的要求提供与借款有关的业务活动和财务状况的真实情况。诚信原则是民法的基本原则，借款人在订立借款合同时，应该将自己的真实信息提供给贷款人，不得为了获得借款而弄虚作假。同时，借款人应该配合贷款人的检查、监督活动。在订立借款合同时，借款人应该按照贷款人的要求向贷款人提供相应的企业财务报表等数据材料。在借款合同履行的过程中，配合贷款人对贷款的使用情况进行检查。

案例：个体户向银行贷款，应当配合银行的审查吗?

宋某大学毕业后，向当地市场监督管理局申请了一份个体工商户营业执照，独自经营一家五金门市。为扩大经营，宋某急需一笔资金，听说当地一家银行有面向高校毕业生的贷款优惠政策，宋某就想向该银行贷款。宋某按照规定向该银行提出了贷款申请，并准备签订借款合同。可是，银行让宋某提供大量的书面材料、经营状况证明、开户行及账号等。宋某对此很有异议，认为银行在调查自己的隐私，可银行却说这是必要的贷款程序。宋某应当配合银行的审查吗?

专家分析

宋某应积极配合银行进行的审查。我国《民法典》第六百六十九条规定，订立借款合同，借款人应当按照贷款人的要求提供与借款有关的业务活动和财务状况的真实情况。因此，在宋某与银行订立借款合同时，应完整提供银行要求提供的与贷款有关的所有资料，这是借款人应尽的义务。所以，当银行依照法定程序要求宋某出示相关证明材料时，宋某应积极配合。

实务指南

贷款人只有在认真审查清楚借款人与借款有关的业务活动和财务状况的真实情况的基础上，才能对借款人能否按期返还本息作出合理判断，进而确定能否贷款给借款人。而借款人为了实现借贷目的，也应当积极配合贷款人的审查行为，以确保自己可以筹措到所需款项。

关联法规

《中华人民共和国民法典》

第六百六十九条 订立借款合同，借款人应当按照贷款人的要求提供与借款有关的业务活动和财务状况的真实情况。

二、支付利息

所谓支付利息，是指借款人应当按照约定的期限支付利息。在借款人支付利息时，应该首先按照合同约定，在没有约定时，根据法律的规定来确定支付的期限和方式。另外，对于利息的数额，为了保护借款人的合法权益，避免贷款人高利放贷，法律进行了限制性的规定。即在双方的借款合同中，约定的利息标准最高不得超过合同成立时一年期贷款市场报价利率的 4 倍。

案例：在借款合同中，双方当事人没有对支付利息的期限作出约定的，应该怎么办?

乐信超市设在某市的温馨小区里。2015 年年底，因为快要过春节，乐信超市需要购进大量的货物。但是，该超市刚刚开了两家分店，现有的资金不足，乐信超市的老板于某便准备向自己开服装店的好朋友贺某借一笔钱。在于某提出借款要求之后，贺某答应了。双方签订借款合同约定，乐信超市向服装店借款 20 万元，用于超市购进货物，利息为每年 3%，借款期限为一年。后来，在乐信超市准备归还该服装店借款时，于某发现当时双方并未在合同中约定支付利息的期限。因此，他并不清楚该如何支付服装店的利息。那么，在借款合同中，双方当事人没有对支付利息的期限作出约定的，应该怎么办?

专家分析

我国《民法典》第六百七十四条规定，借款人应当按照约定的期限支付利息。对支付利息的期限没有约定或者约定不明确，依照本法第五百一十条的规定仍不能确定，借款期间不满一年的，应当在返还借款时一并支付；借款期间一年以上的，应当在每届满一年时支付，剩余期间不满一年的，应当在返还借款时一并支付。由此可知，在双方当事人没有约定利息的支付期限时，确定支付期限的主要方法是：（1）协议补充；（2）若无法达成协议进行补充，双方可以按照合同的相关条款或者交易习惯进行确定；（3）如果仍然无法确定的，此时，借款人应该根据借款的期限来决定支付利息的期限。

因此，在本案中，乐信超市应该根据上述方法来确定利息的支付期限。其借款期限为一年，在其无法达成补充协议，或者按照合同条款、交易习惯都无法确定时，应该在返还借款时一并支付。

实务指南

日常生活中，并不是所有的借款合同都对借款期限进行了明确的规定。虽然在合同没有约定借款期限时，可以根据法律的规定进行补充或者推定，但这不仅会导致交易效率降低，也会使双方发生纠纷。因此，在实践中，企业在签订借款合同时，无论作为哪一方当事人，都应该注意要对借款合同的主要内容作出明确的约定。在借款合同中，利息的支付期限作为一项重要的内容，当事人应该进行约定。这样不仅可以预防纠纷的产生，也能够在发生纠纷时有据可循，方便当事人进行举证。

关联法规

《中华人民共和国民法典》

第五百一十条　合同生效后，当事人就质量、价款或者报酬、履行地点等内容没有约定或者约定不明确的，可以协议补充；不能达成补充协议的，按照合同相关条款或者交易习惯确定。

第六百七十四条　借款人应当按照约定的期限支付利息。对支付利息的期限没有约定或者约定不明确，依据本法第五百一十条的规定仍不能确定，借款期间不满一年的，应当在返还借款时一并支付；借款期间一年以上的，应当在每届满一年时支付，剩余期间不满一年的，应当在返还借款时一并支付。

三、按约定使用借款

按约定使用借款是指如果在合同中，双方对借款的用途进行了规定，那么借款人必须按照规定的用途使用借款。如果借款人违反约定使用借款，那么贷款人就可以停止发放贷款、提前收回借款或者解除合同。

案例：借款人能随意改变借款用途吗？

马某是某市一位房地产集团老总，为了扩大规模，马某向银行申请了抵押贷款。在经过相关审查后，双方很快签订了借款合同。合同约定借款金额为300万元人民币，借款期限为两年，利息以银行同期贷款利率计算，合同中还注明该笔贷款只能用于复兴小区建设。后来，马某又看中了一块地皮，认为在这里建造别墅区有利可图，于是，马某又想将建设复兴小区的贷款用来建造别墅区。马某可以将建设复兴小区的钱投资到别墅区建设上吗？

专家分析

马某只能按合同的约定将借款用于复兴小区的建设上。借款用途是借款合同中最重要的内容之一，直接关系到借款人是否能按期偿还，如果借款人擅自变更借款用途，这无疑会增加贷款人的借款风险。根据我国《民法典》第六百七十三条的规定，借款人应按合同约定的用途使用借款。具体到本案中，马某只能将贷款用于复兴小区的建设，即使建造别墅区的利润再高，也不能擅自变更借款用途，否则将构成违约，要承担相应责任。

实务指南

借款用途关系到借款人能否按期归还借款，也是贷款人同意借款的前提。一旦借款人擅自更改借款用途，其就改变了借款合同的内容，增加了贷款人的借款风险。因此，法律规定面临此种情况时，贷款人可以通过停止发放借款、提前收回借款甚至与借款人解除借款合同等方式维护自己的合法权益。实践中，借款人一定要认真遵守合同约定的借款用途，否则，可能导致贷款失败。

关联法规

《中华人民共和国民法典》

第六百七十三条 借款人未按照约定的借款用途使用借款的，贷款人可以停止发放借款、提前收回借款或者解除合同。

四、返还借款

返还借款是指借款人应该按照合同约定的期限，在借款到期之后，及时将款项返还给贷款人。在实践中，如果借款人未按照约定的期限返还借款的，应当按照约定或者国家有关规定支付逾期利息。如果借款人提前偿还借款，除当事人另有约定的以外，则应当按照实际借款的期间计算利息。

案例：借款合同没有还款时间条款，贷款人催款有期限吗?

胡某在当地的服装集贸市场开了一家童装店，生意一直很红火，于是打算扩大店面。但是，胡某手中的资金有限，如果用来扩大店面，资金就无法周转。就在此时，胡某的一个朋友李某称自己手头有闲置的资金，可以借给他。于是，双方签订了一份借款合同。由于二人关系要好，借款合同也就没有严格书写，仅写明了借款数额和借款时间，并没有约定还款期限。合同签订后，虽然拿到了借款，但胡某心中很不安，不知哪一天李某就会来催款。胡某应怎么办呢?

专家分析

在此种情况下，胡某可以与李某签订补充协议或随时履行还款义务。根据《民法典》第六百七十五条的规定，如果借款合同中没有约定借款期限或者借款期限约定不明确，双方协议不成或者通过交易习惯仍无法确定的，借款人可以随时返还，贷款人可以催告借款人在合理期限内返还。本案中，胡某与李某的借款过程、内容、形式等符合法律对借款程序的规定，因此其借款合同合法有效，双方应当受到合同的制约。但由于双方未就还款时间作出约定，所以，胡某可以与李某在合同中补充还款期限的条款，也可以随时返还借款；李某也可以随时要求胡某在合理期限内还款。

实务指南

一般情况下，借贷双方签订了借款合同，借款人就应当按照合同约定的还款期限返还借款。而民间借贷中，有时会出现借款合同对还款期限没有约定或者约定不明的情况，此时，双方可以就还款期限达成补充协议，如果没有协议，借款人可以随时返还借款；而贷款人也可以要求借款人随时返还借款，但应当提前给借款人确定合理的返还期限。

关联法规

《中华人民共和国民法典》

第六百七十五条 借款人应当按照约定的期限返还借款。对借款期限没有约定或者约定不明确，依据本法第五百一十条的规定仍不能确定的，借款人可以随时返还；贷款人可以催告借款人在合理期限内返还。

第三节　贷款人义务

在借款合同中，贷款人的义务主要体现在以下四个方面：

（1）按照合同约定提供借款。在双方当事人签订借款合同之后，贷款人应该按照合同约定的借款数额、时间等内容来提供借款。

（2）允许借款人在借款期间内使用借款的义务。也就是说，贷款人不得在期限届满之前要求收回贷款，否则，其就是对借款人的合法权益的侵害。

（3）贷款人不得将借款的利息在本金中扣除。法律之所以将其规定为贷款人的义务，是因为如果贷款人提前在本金中扣除利息，则意味着借款人所得到的款项要比实际的本金少，但是，借款人却要支付与此并不等价的利息，此种行为有违等价交换的原则。另外，借款人要运用资金进行生产经营，如果预先扣除利息，那么借款人所得的运作的资金及生产经营后的利润都会相应减少，可是，借款人却付出了较高的利息，这对借款人来说是不公平的，有违公平的原则。

（4）保密义务。贷款人在订立借款合同的过程中，其对借款人的相关财务状况进行审查时所掌握的商业秘密应当予以保密。

一、不得预先在本金中扣除利息

法律禁止贷款人将利息从本金中预先扣除，如果其预先扣除利息，借款人应当按照贷款人实际提供借款的数额返还借款并计算利息。因此，在实践中，贷款人应该依法履行此项义务。

案例：贷款人可以从借款本金中直接扣除利息吗？

张某准备建立一个水产养殖基地，但一直苦于没有资金来源。朋友朱某听说后，非常支持张某的想法，还说愿意借款50万元给张某。双方达成了借款协议，就在准备签订合同时，朱某提出自己虽然借款 50 万元给张某，但是为了确保自己的利益，要求先从本金中扣除利息。请问，朱某的做法有法律依据吗？

专家分析

朱某无权预先扣除借给张某的借款利息。我国《民法典》第六百七十条明确规定，借款的利息不得预先在本金中扣除。利息预先在本金中扣除的，应当按照实际借款数额返还借款并计算利息。由此可知，作为贷款人的朱某，应按合同约定的内容向张某支付其借款的总额，而不能预先扣除借款总额所产生的利息，否则就会使张某的借款本金无形中减少，使其预期的经济收益受到影响。

实务指南

现实生活中，无论是银行等金融机构还是自然人贷款人，在贷款给他人时都非常担心借贷的风险，为了确保能够收回本金和利息，经常会有提前扣除利息的做法。但是，这种“砍头息”的行为严重损害了借款人的财产权益，为法律所禁止。贷款人在本金中预先扣除利息的，借款人可以要求按实际收到的借款数额返还借款并计算利息。

关联法规

《中华人民共和国民法典》

第六百七十条 借款的利息不得预先在本金中扣除。利息预先在本金中扣除的，应当按照实际借款数额返还借款并计算利息。

二、发放贷款

发放贷款是贷款人最基本的一项义务。在借款合同中，贷款人应该严格按照合同约定的期限、数额为借款人提供款项。无论是没有按期提供，还是没有按量提供，都是违约的行为，如果因此而导致借款人损失的，贷款人应该承担赔偿责任。

案例：贷款人没有按照约定的日期提供贷款，需要承担赔偿责任吗？

静丰公司是某市的一家服装公司。2021 年 6 月，由于该公司需要从国外进口一批布料，但当时公司的周转资金不足，有几批大的订单需要投入大量的资金进行生产。此时，静丰公司便准备向银行贷款。在静丰公司向某商业银行提出借款申请之后，银行经过审批程序，同意借款给静丰公司。6 月 12 日，双方签订了借款合同，约定商业银行借款 100 万元给静丰公司，在 6 月 20 日前将借款转到静丰公司的账户上。在签订合同之后，静丰公司认为资金问题解决了，便马上与国外的企业订立了布料买卖合同。可是，由于当时银行没有及时将资金转入该公司的账户，导致静丰公司不能按时进口布料投入生产，造成巨大损失。静丰公司要求该商业银行承担其给自己造成的损失。那么，贷款人没有按照约定的日期提供贷款，需要承担赔偿责任吗？

专家分析

贷款人在未按照约定提供贷款时，需要承担赔偿责任。我国《民法典》第六百七十一条第一款规定，贷款人未按照约定的日期、数额提供借款，造成借款人损失的，应当赔偿损失。由此可见，按时提供贷款是贷款人的义务，如果贷款人未按照合同的约定及时提供贷款，在给借款人造成损失时，应该对借款人的损失进行赔偿。在本案中，因为银行未按照约定的期限提供给静丰公司借款，导致静丰公司无法按时投入生产，给静丰公司造成损失，应当承担赔偿责任。在借款合同中，双方当事人是互负权利义务的，不管是哪一方，在达成协议之后，就应该严格按照合同来依法履行自己的义务，否则，就要为自己的违约行为承担不利的后果。

实务指南

企业在日常经济往来中，为了正常运行，会经常与银行发生资金上的往来。借款合同本来就是一个有偿、双务合同，银行作为金融机构，在与企业签订借款合同之后，应该依法履行自己的义务。如果因为银行没有及时履行义务而导致企业遭受损失时，企业有权要求银行承担赔偿责任。当然，企业在依法维护自己的权利的同时，也应该注意履行义务。

关联法规

《中华人民共和国民法典》

第六百七十一条 贷款人未按照约定的日期、数额提供借款，造成借款人损失的，应当赔偿损失。

借款人未按照约定的日期、数额收取借款的，应当按照约定的日期、数额支付利息。

第九章

租赁合同、融资租赁合同与赠与合同

在企业的创办和经营中，租赁行为很常见，比如租赁设备、租赁办公场地等。此外，赠与合同也有一定的使用空间，如企业进行一些公益性的捐助等。这就需要我们了解相关的合同法律常识，本章主要对租赁合同、融资租赁合同与赠与合同的知识进行介绍。

第一节　租赁合同

租赁合同，是指出租人将租赁物交付给承租人使用、收益，承租人支付租金，并在租赁合同终止时归还租赁物的合同。其中交付租赁物的一方为出租人，使用租赁物并支付租金的一方为承租人。

租赁合同具有以下六个特点：

（1）租赁合同是转移财产使用权的合同。租赁合同是出租人将租赁物在一定的期限内交给承租人使用，承租人按照合同约定使用租赁物并取得收益。在租赁的有效期内，承租人可以对租赁物占有、使用、收益，但是不能任意处分租赁物。此外，在合同期满时，承租人要返还租赁物。因此，租赁合同是转移财产使用权的合同。

（2）租赁合同的标的物是有体物、非消耗物。租赁物不管是动产还是不动产，都是有形的，其都能够以一定的物质形式表现出来。而无形的财产是不能作为租赁合同的标的物的。另外，租赁物必须是耐消耗的特定物。因为在合同期满之后，承租人要将租赁物返还给出租人，所以，租赁合同的标的物必须是有体物、非消耗物。这使得租赁合同与消费借贷合同有区别。

（3）租赁合同是诺成性合同。租赁合同在双方当事人意思表示一致时成立，因此，其是诺成性合同。

（4）租赁合同是双务合同。在租赁合同中，出租人负有交付租赁物，并将租赁物的使用权、收益权转移给承租人的义务。而承租人要承担支付租金并到期返还租赁物的义务。

（5）租赁合同是有偿合同。承租人支付租金是租赁合同的本质特征。在租赁合同中，承租人要取得租赁物，必须以支付租金为代价。这一特征使得其与借用合同相区别。

（6）租赁合同是有期限的合同。在租赁合同中，在一定期限内出租人转让的是标的物的使用权，而物的使用价值也是有一定期限的，因此，承租人不可能对租赁物永久地进行使用。

在实践中，租赁合同被广泛地运用，尤其是房屋租赁合同更为普遍。下面我们就详细介绍一下租赁合同的相关法律知识。

一、租赁合同的概念与内容

租赁合同是出租人将租赁物的使用权让渡给承租人，承租人支付租金而进行使用的合同。在租赁合同中，一般包括租赁物的名称、数量、用途、租赁期限、租金及其支付方式、支付期限等内容。

案例：房屋租赁合同中应该包括哪些内容？

王某原来是某私营企业的一名职工，由于企业倒闭，王某不得不下岗。由于年龄问题，王某很难再找到好工作。于是，他在与妻子商量之后准备开一个饭店。后来，王某在一个街道附近发现一家超市准备关门，要将房子出租。于是，王某便找到超市的老板，商量租赁房子的事情。经过协商，王某与该超市达成协议，超市将房子出租给王某，每月 3000 元租金，租期为两年。王某先付 3 个月的租金，以后按月支付租金。双方准备在 3 天之后签订房屋租赁合同。可是，王某觉得自己没有经验，不知道对于房屋租赁合同，自己应该注意些什么。那么，房屋租赁合同中应该包括哪些内容？

专家分析

在日常生活中，租赁合同非常普遍。尤其是在现代社会，不管是企业还是个人之间，经常会签订房屋租赁合同。而根据我国《民法典》第七百零四条的规定，租赁合同的内容包括租赁物的名称、数量、用途、租赁期限、租金及其支付期限和方式、租赁物维修等条款。

由此可见，租赁合同中的内容主要包括租赁物的名称、用途、租赁期限、租金等。而在房屋租赁合同中，其合同的主要内容包括房屋的位置，室内设计的情况，租金的数额及支付方式，租期、房屋的用途，维护及维修，物业服务、水、电、燃气等相关费用的缴纳，合同的争议解决方式及违约责任等情况。在房屋租赁合同中，这些都是必备的条款。因此，王某作为承租人应该注意租赁合同中具备这些条款，以避免发生纠纷。

实务指南

实践中，房屋租赁合同被广泛应用，由其引发的纠纷也是比较多的。其中很多都是双方在签订租赁合同时因为缺乏法律知识而没有作出较为全面的规定，因此，作为租赁合同的当事人，不管是承租人还是出租人，在与对方签订合同时，应该明确约定《民法典》第七百零四条中的内容。这不仅能够保护双方的合法权利，也可以避免因为没有约定而发生纠纷。

关联法规

《中华人民共和国民法典》

第七百零三条　租赁合同是出租人将租赁物交付承租人使用、收益，承租人支付租金的合同。

第七百零四条　租赁合同的内容一般包括租赁物的名称、数量、用途、租赁期限、租金及其支付期限和方式、租赁物维修等条款。

《商品房屋租赁管理办法》

第七条　房屋租赁当事人应当依法订立租赁合同。房屋租赁合同的内容由当事人双方约定，一般应当包括以下内容：

（一）房屋租赁当事人的姓名（名称）和住所；

（二）房屋的坐落、面积、结构、附属设施，家具和家电等室内设施状况；

（三）租金和押金数额、支付方式；

（四）租赁用途和房屋使用要求；

（五）房屋和室内设施的安全性能；

（六）租赁期限；

（七）房屋维修责任；

（八）物业服务、水、电、燃气等相关费用的缴纳；

（九）争议解决办法和违约责任；

（十）其他约定。

房屋租赁当事人应当在房屋租赁合同中约定房屋被征收或者拆迁时的处理办法。

建设（房地产）管理部门可以会同工商行政管理部门制定房屋租赁合同示范文本，供当事人选用。

二、租赁合同的期限

租赁合同是有期限的合同，承租人不可能对租赁物永久地进行使用。因此，法律规定租赁合同的期限不得超过20年。同时，法律允许在租赁期限届满之后，双方当事人续订租赁合同。但是，租期为6个月以上的租赁合同，必须采用书面形式订立。

案例：租赁合同的最长期限是多少年？

某踢脚线加工厂位于某县农村的一个马路边上。因为该加工厂生意一直非常好，现准备扩大生产规模。但是，由于生产设备所占空间比较大，现有的厂房无法满足需要。此时，该踢脚线加工厂的老板董某不得不另寻场地。后来，他听邻居说，有一家塑料加工厂的厂房要出租。于是，董某找到了该塑料加工厂的老板，董某在看到房子之后，认为这家厂房完全可以满足自己的需要。因此，在与其协商之后，便准备签订合同。因为双方当时约定的是10年的租赁期限，而董某曾经听说，基本上租赁合同都是一两年，不知道自己签订这么长时间是否合法。那么，租赁合同的最长期限是多少年？

专家分析

租赁合同确实是有时间限制的，因为在租赁合同中，出租人转让的是租赁物的使用价值，并非所有权，因此，需要有时间限制。根据我国《民法典》第七百零五条的规定，租赁期限不得超过20年。超过20年的，超过部分无效。租赁期限届满，当事人可以续订租赁合同，但约定的租赁期限自续订之日起不得超过20年。由此可知，租赁合同的最长期限是20年，在租赁合同期满之后，双方当事人可以续期，但每次签订的租赁合同都不得超过20年，否则，超过的部分无效。在本案中，踢脚线加工厂与塑料加工厂签订的房屋租赁合同是10年，其并未超过法律规定的最长期限20年，因此租赁合同的期限是合法的。

实务指南

在实践中，租赁合同尤其是房屋租赁合同，由于其使用期限比较长，很多人为了省事，在签订租赁合同时，约定的租赁期限比较长。需要注意的是，租赁合同的期限是不能够超过20年的，一旦超过，超过的部分会归于无效。如果承租人在期限届满之后，想要续租，其完全可以续订租赁合同。另外，如果租赁合同的当事人双方约定的合同期限在6个月以上，那么合同必须要采用书面形式。如果期限在6个月以上的租赁合同没有采用书面形式，无法确定租赁期限的，转变为不定期租赁合同，此时，双方都可以任意解除。

关联法规

《中华人民共和国民法典》

第七百零五条　租赁期限不得超过二十年。超过二十年的，超过部分无效。

租赁期限届满，当事人可以续订租赁合同；但是，约定的租赁期限自续订之日起不得超过二十年。

第七百零七条 租赁期限六个月以上的，应当采用书面形式。当事人未采用书面形式，无法确定租赁期限的，视为不定期租赁。

三、不定期租赁问题

不定期租赁合同是指没有租赁期限，双方可以随时解除租赁关系的合同。根据相关法律的规定，不定期租赁合同的产生有三种情形：（1）当事人在合同中没有约定租赁期限的，推定为不定期租赁合同。（2）当事人在租赁合同中将租赁期限约定为6个月以上，但是没有采用书面形式的，视为不定期租赁合同。（3）在租赁期限届满之后，承租人继续使用租赁物，出租人没有提出异议的，此时，租赁合同并未终止，原租赁合同继续有效，但是，租赁期限转变为不定期租赁。

案例：原租赁合同期限届满，出租人对承租人继续租用房屋没有提出异议的，原租赁合同还有效吗？

林某和李某签订了一份房屋租赁合同，合同约定林某将其所有的一间商铺租给李某从事服装批发生意，租期2年。2021年2月底，双方签订的租赁合同期限届满，李某正常经营商铺，林某对李某继续租用商铺的行为也没有提出异议。9月底，林某突然以双方的租赁合同到期为由要求李某立即退出商铺。李某认为双方的租赁合同应继续有效，自己仍可以继续使用该房屋。那么，双方原来签订的租赁合同的效力如何？

专家分析

双方的原租赁合同继续有效。根据《民法典》第七百三十四条的规定，租赁期间届满，如果承租人继续使用租赁物，而出租人也没有提出异议，原租赁合同继续有效，只不过租赁期限改为不定期，双方可以随时提出解除合同，出租人要解除合同的，需要在合理期限之前通知承租人。具体到本案中，林某和李某的租赁期限虽然已经届满，但林某未对李某继续租用其商铺的行为提出异议，所以应依法认定为原租赁合同继续有效，只不过双方的租赁期限此时已转变为不定期。如果林某要解除合同，根据该法第七百三十条的规定，须在合理期限之前通知李某，而不能要其立即搬出。

实务指南

当事人续订合同有两种方式，约定更新和法定更新。约定更新是指合同当事人于租赁期间届满后另订一合同，约定延长租赁期限。法定更新是指租赁期间届满后，合同当事人的行为表明租赁关系继续存在。《民法典》第七百三十四条就是关于法定更新的规定。因此，实践中，租赁合同的双方当事人一定要搞清楚自己的情形是否属于法定更新，如果属于法定更新，就要依法继续履行相应的合同义务。

关联法规

《中华人民共和国民法典》

第七百三十条 当事人对租赁期限没有约定或者约定不明确，依据本法第五百一十条的规定仍不能确定的，视为不定期租赁；当事人可以随时解除合同，但是应当在合理期限之前通知对方。

第七百三十四条 租赁期限届满，承租人继续使用租赁物，出租人没有提出异议的，原租赁合同继续有效，但是租赁期限为不定期。

租赁期限届满，房屋承租人享有以同等条件优先承租的权利。

四、承租人的义务

在租赁合同中，承租人的义务主要有以下九个方面：（1）支付租金的义务；（2）按照合同的约定使用租赁物；（3）保管租赁物；（4）容忍出租人维修租赁物；（5）在租赁合同终止时返还租赁物；（6）在租赁合同终止后，承租人未返还租赁物时，根据继续使用的期限支付租金；（7）除承租人使用租赁物所必需的之外，未经出租人的同意，不得对租赁物进行改善或者增添他物；（8）在第三人主张租赁物的权利时，及时通知出租人；（9）不得擅自转租。

案例：承租人造成租赁物损坏的，是否需要承担赔偿责任？

某钢材厂因为订单比较多，要去外地给客户送货。但是该厂的两辆车都在维修，因此，钢材厂就准备从汽车租赁公司租两辆货车。双方签订了一份汽车租赁合同，约定租期为一个月，每天300元，钢材厂用货车运输钢材。但是，在一个月后，钢材厂返还货车时，汽车租赁公司发现，其中一辆货车的车身有很多划痕，并且有磕碰的地方。为此，汽车租赁公司要求钢材厂进行赔偿。而钢材厂认为自己是按照约定的用途使用货车，当时已经在合同中明确约定要租赁货车运输钢材，造成的划痕等都是正常损耗，没有赔偿的义务。双方因此而发生纠纷，诉至法院。那么，承租人造成租赁物损坏的，是否需要承担赔偿责任？

专家分析

根据《民法典》第七百零九条、第七百一十条、第七百一十一条的规定，承租人应当按照合同的约定使用租赁物，如果承租人按照约定的方法或者性质使用租赁物，致使租赁物受到损耗的，无须承担损害赔偿责任。反之，如果承租人没有按照约定的方法、性质使用租赁物，导致租赁物受到损失的，出租人可以解除租赁合同，并要求承租人赔偿损失。由此可见，承租人在租赁期内负有按照约定使用租赁物的义务。在本案中，虽然钢材厂给汽车租赁公司造成了损失，但是，其运输钢材是按照合同的约定进行使用，属于在正常的使用范围之内的磨损。因此，钢材厂是不需要对汽车租赁公司承担损害赔偿责任的。

实务指南

在实践中，租赁合同非常普遍。在租赁合同中，虽然承租人负有一定的义务，如保管义务、按照合同约定使用租赁物的义务等，但是，并不是说承租人负有义务，在造成了损害之后就必须要承担责任。确定承租人是否要承担赔偿责任，还要根据其履行合同的情况而定。因为租赁合同中，出租人转让的本来就是租赁物的使用价值，如果租赁物的损耗是按照约定的方法或者根据租赁物的性质使用而导致的，那么此时，承租人属于正常使用，是不需要承担责任的。因此，在履行租赁合同的过程中，在对方要求承担赔偿责任时，要看造成损害一方是否是正常使用租赁物。如本案中，即便诉至法院，汽车租赁公司提出的请求也是不会得到支持的。

关联法规

《中华人民共和国民法典》

第七百零八条 出租人应当按照约定将租赁物交付承租人，并在租赁期限内保持租赁物符合约定的用途。

第七百零九条 承租人应当按照约定的方法使用租赁物。对租赁物的使用方法没有约定或者约定不明确，依据本法第五百一十条的规定仍不能确定的，应当根据租赁物的性质使用。

第七百一十条 承租人按照约定的方法或者根据租赁物的性质使用租赁物，致使租赁物受到损耗的，不承担赔偿责任。

第七百一十一条 承租人未按照约定的方法或者未根据租赁物的性质使用租赁物，致使租赁物受到损失的，出租人可以解除合同并请求赔偿损失。

五、出租人的义务

租赁合同是一个双务合同，在租赁合同中，出租人的义务主要有以下五个方面：（1）将租赁物交给承租人，并确保承租人在租赁期间能够按照合同约定的用途使用租赁物。（2）维修义务，在租赁物的毁损影响其正常使用时，出租人负有维修的义务。（3）瑕疵担保义务，包括物的瑕疵担保义务与权利的瑕疵担保义务。物的瑕疵担保义务是指出租人应该确保自己交付的租赁物能够正常使用。权利的瑕疵担保义务是指出租人应该对承租人进行担保，不能因第三人对租赁物主张权利而影响承租人按照合同约定对物的使用权利。（4）费用返还义务，即承租人为了维持租赁物的适用状态，在出租人未履行维修义务而自行维修时，对于维修费用，以及承租人为租赁物支出的其他费用，出租人应该负有偿还义务。（5）在合同终止时接受租赁物和返还押金、担保物的义务。

案例：出租人未尽到交付义务，由此造成的损失谁来承担？

张某长期经营收割机租赁生意。村民陈某家里种了15亩麦地，为了节省劳动力，尽快完成收割工作，他想在农忙时租赁一台农用收割机割麦子。后来经朋友介绍，陈某认识了张某，他俩经协商达成租赁协议。协议约定，陈某租用张某的农用收割机一辆，租期为5天，租金1500元，另外双方还约定了违约责任，即如果一方违约，向对方支付500元违约金。后因张某将收割机租给别人，未能按时提供收割机给陈某，陈某只好雇人收割小麦，支付雇工费2000元。陈某根据协议要求张某支付违约金并赔偿损失，张某拒绝。那么，张某应当承担陈某的损失吗？

专家分析

张某应当支付违约金及承担给陈某造成的损失。首先，双方签订的租赁合同合法、有效，双方应按合同约定履行自己的义务，而张某却在签订租赁合同后，单方面反悔，其行为已经构成违约。根据《民法典》第五百七十八条的规定，当事人一方明确表示或者以自己的行为表明不履行合同义务的，对方可以在履行期限届满之前请求其承担违约责任。由于张某将收割机租给别人使用，未能按时提供收割机给陈某，其行为构成违约。因此，陈某可要求张某支付违约金。另外，陈某雇人收割小麦，支付了大量的劳务费，张某应为因自己的违约行为给陈某造成的损失承担赔偿责任。

实务指南

出租人不能按照约定交付租赁物或者交付的租赁物不适合约定的使用、收益用途的，应负违约责任，同时承租人可拒绝向出租人支付租金。这是法律的规定，是出租人在签订租赁合同后应该履行的义务。一旦签订租赁合同，出租人要注意交付租赁物，不能因为眼前小利而失信，从而招致不必要的法律纠纷。

关联法规

《中华人民共和国民法典》

第五百七十八条　当事人一方明确表示或者以自己的行为表明不履行合同义务的，对方可以在履行期限届满前请求其承担违约责任。

第七百零八条　出租人应当按照约定将租赁物交付承租人，并在租赁期限内保持租赁物符合约定的用途。

六、承租人须经出租人同意的事项

在租赁合同中，虽然承租人享有一定的权利，但在处理一些事项时，承租人必须经过出租人的同意，否则就是违法行为。需要经过出租人同意的事项主要包括：（1）承租人对租赁物进行修缮或者增设他物；（2）将租赁物进行转租。对于此事项，如果承租人没有经过出租人的同意，则是需要承担相应的赔偿责任的。未经出租人同意增设他物的，出租人可以要求承租人恢复原状或者赔偿损失；未经同意进行转租的，出租人可以要求解除租赁合同。

案例：承租人未经出租人同意将房屋进行转租，出租人可以要求解除租赁合同吗？

新美服装店是某市中心的一家小店。至2021年3月，该服装店已经开业一年多，但是一直没有盈利。因此，该服装店的老板何女士打算不再继续经营。可是，由于服装店的租赁合同还有一年才到期，如果此时解除租赁合同，何女士就要支付违约金。何女士想将店面转租给其他人。正好此时，某个鞋店准备承租。于是，何女士便与该鞋店签订了房屋租赁合同，并且觉得自己这样是一举两得。可是，在他们签订合同之后，何女士转租房屋的行为被房东吴某知道，吴某要求解除租赁合同。但是，何女士认为，既然还在租赁期限内，那么她就可以将房屋转租给其他人，这是她的权利。那么，承租人未经出租人同意将房屋进行转租，出租人可以要求解除租赁合同吗？

专家分析

承租人在将房屋转租给第三人时，必须经过出租人的同意。所谓转租，是指承租人并不退出租赁合同关系，而将租赁物出租给其他的人使用、收益。我国《民法典》第七百一十六条规定，承租人经出租人同意，可以将租赁物转租给第三人。承租人转租的，承租人与出租人之间的租赁合同继续有效；第三人对租赁物造成损失的，承租人应当赔偿损失。承租人未经出租人同意转租的，出租人可以解除合同。据此可知，承租人在转租租赁物时，必须经过出租人的同意，否则就是非法转租，出租人可以要求解除租赁合同。因此，在本案中，虽然何女士与房东的合同还未到期，但是，何女士在转租服装店时，必须要经房东吴某的同意。如果未经吴某同意，吴某是有权解除与何女士的租赁合同的。

实务指南

在日常生活中，房屋租赁合同比较常见。在房屋租赁合同中，对房屋进行转租的情况也比较多。而大部分承租人都认为既然已经签订了租赁合同，只要合同没有到期，那么其就享有将房屋转租给第三人的权利。然而，这种做法是不符合法律规定的。在租赁合同中，承租人如果要转租，就必须要经过出租人的同意，这是承租人的义务。反之，就要承担相应的法律后果。所以，在上述案例中，承租人的做法是错误的。出租人在此种情况下，完全可以享有合同解除权。

关联法规

《中华人民共和国民法典》

第七百一十六条 承租人经出租人同意，可以将租赁物转租给第三人。承租人转租的，承租人与出租人之间的租赁合同继续有效；第三人造成租赁物损失的，承租人应当赔偿损失。

承租人未经出租人同意转租的，出租人可以解除合同。

七、租金与收益问题

在租赁合同中，支付租金是承租人的主要义务。对于租金，需要从以下三个方面了解：（1）租金的形态。在实践中，租金的形态一般是金钱，在当事人约定的情况下，也可以用租赁物的孳息或者其他物品来抵充。（2）租金的支付方式。根据当事人之间的约定，租金既可以一次性支付，也可以分期支付。（3）租金的支付期限。在合同中，双方当事人应该对租金的支付期限进行约定。如果没有约定支付期限的，根据《民法典》第七百二十一条的规定，可以由双方当事人先进行协议补充。在无法达成补充协议时，可以按照合同的相关条款或者交易习惯来确定。如果仍然无法确定的，则根据租赁期限的长短来确定。租赁期限不满一年的，应当在租赁期限届满时支付；租赁期限一年以上的，应当在每届满一年时支付，剩余期限不满一年的，应当在租赁期限届满时支付。

对于租金的收益，可以从以下两个方面理解：（1）收益的范围。收益不仅包括孳息，还包括其他形式的收益。如承租人承租店面获取的收益、租赁机器生产的产品等都属于收益。（2）收益的所有权者。除了当事人在合同中另有约定外，在租赁期间产生的收益，一般由承租人所有。

案例：承租人没有正当理由不支付租金的，出租人可以要求解除合同吗？

某百货商场是某市一家新营业的公司。2021 年 1 月 10 日，该商场刚刚开始营业，将一层一个店面出租给了该市某品牌服装的一个连锁店，双方签订了租赁合同，合同约定：每年租金 5 万元，租期 3 年，支付时间为每年的 1 月 10 日。在签订租赁合同之后，按照合同约定，该服装连锁店应该将 2021 年的租金马上支付给百货商场。可是，该服装连锁店称最近公司的资金周转出了问题，等到问题解决之后马上支付租金。后来，百货商场要求其在一个月内支付当年的租金。但是，在一个月之后，该服装连锁店仍然没有将租金支付给商场。于是，百货商场准备与其解除合同。那么，承租人没有正当理由不支付租金的，出租人可以要求解除合同吗？

专家分析

支付租金是承租人的主要义务，我国《民法典》第七百二十二条规定，承租人无正当理由未支付或者迟延支付租金的，出租人可以请求承租人在合理期限内支付；承租人逾期不支付的，出租人可以解除合同。据此可知，在没有正当理由的情况下，如果承租人拒绝履行支付租金的义务，或者履行义务有瑕疵，出租人有权要求承租人在合理的期限之内支付。承租人在合理的期限内仍然不支付的，此时出租人享有法定的合同解除权。本案中，服装连锁店在宽限的一个月的期限内仍然没有支付租金，此时出租人可以解除合同。

实务指南

在实际生活中，租赁合同很普遍，不支付租金的现象也屡见不鲜。需要注意的是，作为出租人，在承租人违反履行支付租金的义务时，其可以解除合同。但是，行使合同的解除权是有条件的，即只有承租人在出租人给予的宽限期到期后仍然不支付租金的，出租人才可以解除合同。也就是说，法律赋予了出租人相应的权利，但权利的行使是有条件的。在本案中，因为百货商场已经给了服装连锁店一个月的合理期间，但服装连锁店仍然没有支付租金，因此，百货商场可以行使解除权。

关联法规

《中华人民共和国民法典》

第七百二十二条 承租人无正当理由未支付或者迟延支付租金的，出租人可以请求承租人在合理期限内支付；承租人逾期不支付的，出租人可以解除合同。

八、买卖不破租赁原则

买卖不破租赁原则，是指承租人在承租租赁物之后，在租赁期间，租赁物的所有权发生变化的，原来的租赁合同并不因此而失效。也就是说，承租人对租赁物的占有、使用权在租赁关系存续期间是能够对抗第三人的。但是，买卖不破租赁原则是有条件的：（1）原房屋租赁合同仍然有效。（2）出租人将租赁物的所有权让与第三人。（3）让与所有权的生效时间在租赁期间内。只有在满足上述条件时，才能够发生买卖不破租赁的法律效力。此外，该原则并不是绝对的，具有下列情形的则不适用此原则：（1）房屋在出租之前已经设立抵押权，因为抵押权的实现而发生所有权变动的。（2）房屋在出租之前已经被人民法院依法查封的。

案例：出租人在租赁期间将房屋出卖的，承租人与出租人之间的租赁合同是否还会继续有效？

2020年3月，吴某和他的妻子方某承租了某超市的房屋开饭店，双方签订了房屋租赁合同，合同约定租期为2年，每年租金1万元。可是，在2021年4月，该超市通知吴某，称他们要将房子卖掉。不久之后，超市就找到了房子的买受人。此时，吴某和妻子特别担心，因为他们的饭店刚刚开业，投入了不少成本。如果超市将房子卖掉，他们就不能再继续租这里的房子，会影响饭店的生意。后来，吴某的一个朋友告诉他，即使房子被卖掉，只要还在租赁期限内，那么他们的租赁合同的效力就不会受到影响。但吴某还是非常担心。那么，吴某朋友的说法是否正确？出租人在租赁期间将房屋出卖的，承租人与出租人之间的租赁合同是否还会继续有效？

专家分析

出租人在租赁期限内，将出租的房屋出卖的，其与承租人的租赁合同继续有效。我国《民法典》第七百二十五条规定，租赁物在承租人按照租赁合同占有期限内发生所有权变动的，不影响租赁合同的效力。这就是买卖不破租赁原则，将债权的效力物权化，使其拥有了对抗第三人的效力。因此，只要在租赁期限内，出租人将租赁物的所有权让与第三人，那么他与出租人的租赁合同并不会因此而失去效力。在本案中，因为吴某租赁房屋在先，在他们履行租赁合同的过程中，超市将房子卖掉，此时，符合买卖不破租赁原则的条件。所以，吴某朋友的说法是正确的。他们仍然可以继续在这里开饭店，直到原来租赁合同的期限届满为止。

实务指南

在我们的日常生活中，买卖不破租赁原则主要适用于房屋租赁合同。在实践中，这种现象很多见。可是，在发生此种情况时，很多承租人因为不懂法律知识，认为自己与出租人的租赁合同不能再继续履行。所以，这就需要我们对此原则有所了解。另外，也需要我们注意此原则适用的条件，即必须是租赁合同签订在先，租赁物的买卖发生在后。在本案中，因为超市是与吴某签订租赁合同之后又将房屋出卖的，此时，就可以适用买卖不破租赁原则，发生对抗第三人的效力。

关联法规

《中华人民共和国民法典》

第七百二十五条　租赁物在承租人按照租赁合同占有期限内发生所有权变动的，不影响租赁合同的效力。

九、合同解除问题

租赁合同的解除包括两种方式：一种是《民法典》第五百六十三条第一款规定的一般法定解除权。一般法定解除权适用的范围较广，除了可以适用于租赁合同外，还可以用于其他合同的解除，但行使的条件比较严格，其主要包括五种情况：（1）因不可抗力导致合同的目的无法实现；（2）在合同履行期限届满之前，当事人一方明确表示或者以自己的行为表明不履行主要债务；（3）当事人一方迟延履行主要债务，经催告后在合理期限内仍不履行；（4）当事人一方迟延履行债务或者有其他违约行为致使合同目的无法实现；（5）法律规定的其他情形。另一种是特别法定解除权。相对于一般法定解除权而言，特别法定解除权只适用于法律规定的典型合同中，其适用的条件也相对比较宽松。租赁合同的特别法定解除权，只要满足法律规定的条件，当事人一方就可以行使解除权，并不要求合同的目的无法实现。

基于租赁合同的性质，租赁合同中的特别法定解除权又可以分为三种情形：

（1）出租人的特别法定解除权。出租人的特别法定解除权主要在 3 种情形下发生：第一，承租人违反合同的约定不当使用租赁物；第二，承租人擅自行使转租权；第三，承租人没有依法履行支付租金的义务。

（2）承租人的法定解除权。在以下两种情形下，承租人享有法定解除权：第一，因不能归责于承租人的事由，租赁物毁损、灭失，致使合同目的无法实现；第二，租赁物危及承租人的人身安全的，即便在订立合同时，承租人明知租赁物的质量不合格。

（3）当事人双方的任意解除权。在不定期租赁合同中，出租人和承租人可以随时解除合同。

案例：承租人在订立合同时，明知房屋具有安全隐患，其是否还可以行使法定解除权？

2021 年 3 月，某装修公司承租了某企业的五间平房作为工人的宿舍。由于双方在签订房屋租赁合同时，装修公司就知道这五间平房的房顶漏雨，房屋中的墙皮经常脱落。但因为租金非常便宜，为了能够减少成本，装修公司承租了这五间房子。可是，因为房屋存在安全隐患，工人在住进去之后，不仅经常漏雨，更严重的是，有部分房顶都快要掉下来了。为此，装修工人便向该公司反映，要求为他们更换宿舍。装修公司无奈之下，不得不为工人重新租赁房屋。因此，装修公司便以房屋存在安全隐患为由，要求与该企业解除租赁合同。但是，该企业认为装修公司在签订合同时就已经知道房屋存在问题，因此，不同意解除合同。那么，承租人在订立合同时，明知房屋具有安全隐患，其是否还可以行使法定解除权？

专家分析

我国《民法典》第七百二十九条规定，因不可归责于承租人的事由，致使租赁物部分或者全部毁损、灭失的，承租人可以请求减少租金或者不支付租金；因租赁物部分或者全部毁损、灭失，致使不能实现合同目的的，承租人可以解除合同。同时，该法第七百三十一条规定，租赁物危及承租人的安全或者健康的，即使承租人订立合同时明知该租赁物质量不合格，承租人仍然可以随时解除合同。据此可知，一般情况下，如果租赁物毁损、灭失，承租人有权要求出租人减少租金，甚至可以不支付租金。但是，在租赁物的毁损、灭失导致合同目的不能实现时，其可以享有法定解除权。这些情况适用的前提是承租人事先并不知情。此外，如果租赁物存在危害人体健康或安全的隐患，即使承租人事先对此知情，其依然可以享有法定解除权。在本案中，虽然装修公司在订立合同时就已经知道房子存在质量问题，但是，因为房子的质量会危及工人的人身安全，因此，其仍然可以依法解除合同。

实务指南

在实践中，法律为了保护公民的生命安全，规定了即便是承租人知道租赁物存在问题，承租人依然享有法定解除权。因此，作为出租人，如果租赁物存在危及人身安全或者健康的隐患时，不能够将租赁物出租。因为这不仅会危及他人的生命，也不利于保护自己的合法权益。因为无论承租人是否事先知情，其都可以随时行使合同的解除权。就承租人而言，要注意自己在行使法定解除权时的相关条件。而本案中，就是因为租赁物存在安全隐患，使得承租人可以随时行使法定解除权，即便其事先知道租赁物的质量问题。

关联法规

《中华人民共和国民法典》

第七百二十九条　因不可归责于承租人的事由，致使租赁物部分或者全部毁损、灭失的，承租人可以请求减少租金或者不支付租金；因租赁物部分或者全部毁损、灭失，致使不能实现合同目的的，承租人可以解除合同。

第七百三十一条　租赁物危及承租人的安全或者健康的，即使承租人订立合同时明知该租赁物质量不合格，承租人仍然可以随时解除合同。

第二节　融资租赁合同

融资租赁合同是出租人根据承租人对出卖人、租赁物的选择，向出卖人购买租赁物，提供给承租人使用，承租人支付租金的合同。融资租赁合同并非买卖合同与租赁合同的简单相加，其是一种独立类型的合同。与传统租赁合同不同，融资租赁合同中，租赁物和供货方是出租人遵照承租人的要求选定的，而传统租赁合同中，出租人所出租的财产一般是依照自己的意愿购买或者控制的。

融资租赁合同有以下四点特征：

（1）融资租赁合同中的出租方在租赁期间内对租赁物保留所有权，承租人享有使用权。在财产所有权没有正式转让的情况下，出租人可以要求承租人支付租金以外的其他费用。

（2）融资租赁合同的任何一方当事人一般不得在合同期限内以任何理由解除合同，仅在法律规定的少数情况下允许解除。这是由融资租赁合同的性质所决定的，充分保障承租人和出租人的权益。

（3）出租人一般不承担租赁物瑕疵的担保责任。关于租赁物的瑕疵担保责任通常都是在购买合同中规定由出卖方承担。

（4）融资租赁合同的租赁期限一般都是长期的。租赁期满后，承租人有廉价购买租赁物的选择权。

一、融资租赁合同的概念、内容及形式

融资租赁合同是出租人根据承租人对出卖人、租赁物的选择，向出卖人购买租赁物，提供给承租人使用，承租人支付租金的合同。融资租赁合同中存在三方当事人，即出租人（买受人）、承租人和出卖人。融资租赁合同应当采取书面形式签订。

案例：什么是融资租赁合同?

好孩子玩具厂是一家专门从事儿童玩具生产的公司。从2019年开始重点开发儿童益智玩具，并从美国邀请了知名的玩具设计师Tom给公司做设计顾问。从2021年开始，玩具厂引进了多个玩具生产设备，4月，公司设计部门在Tom的带领和启发下设计出一款益智玩具。这款益智玩具非常符合现代孩子的需要，公司预期有非常好的销量。于是，公司打算引进新的生产设备，但是因流动资金不足，决定向银行贷款，但由于各种原因，贷款未能成功。后来公司有人提出并非只有贷款这条路，公司可以与租赁公司签订融资租赁合同，由租赁公司购买公司需要的设备，然后公司按期向租赁公司支付租金，其生产设备也能正常投入生产，这样也可以解决公司的问题。那么，什么是融资租赁合同呢?

专家分析

我们前面已经讲到，所谓融资租赁合同，就是指由承租人选定出卖人和租赁物，出租人买得该物并交付承租人，承租人支付价金并根据约定享有返还租赁物或取得租赁物所有权之选择权的合同。这里涉及两个合同，一个是出卖人与买受人（融资租赁合同的出租人）之间的买卖合同，另一个是出租人与承租人之间的租赁合同。融资租赁合同的内容则包括租赁物的名称、数量、规格、技术性能、检验方法、租赁期限、租金构成及其支付期限和方式、币种、租赁期间届满租赁物的归属等条款。在本案中，好孩子玩具厂因流动资金不足，却又迫于生产的需要，所以打算与租赁公司签订融资租赁合同，约定由租赁公司按照好孩子玩具厂的要求向其他出卖人购买设备，租赁公司将购买的设备租给好孩子玩具厂，好孩子玩具厂按期向租赁公司支付租金。融资租赁合同具有融资、融物的双重职能。融资租赁合同既不同于单纯融资的信贷合同，也不同于一般租赁合同。融资租赁的过程实质上体现的是货币资金与商品资金之间对等转移的一个过程。

实务指南

企业在运行时经常出现资金周转不开的情况，但是又急于生产，急需设备。在这种情况下，除了向银行贷款，许多企业都会选择融资租赁。这无疑是一种缓解企业困境的方式。但是，融资租赁合同是有许多的规则和法律强制性规定的。在签订融资租赁合同前，一定要了解相关的法律知识。

关联法规

《中华人民共和国民法典》

第七百三十五条　融资租赁合同是出租人根据承租人对出卖人、租赁物的选择，向出卖人购买租赁物，提供给承租人使用，承租人支付租金的合同。

第七百三十六条　融资租赁合同的内容一般包括租赁物的名称、数量、规格、技术性能、检验方法，租赁期限，租金构成及其支付期限和方式、币种，租赁期限届满租赁物的归属等条款。

融资租赁合同应当采用书面形式。

二、融资租赁中的标的物交付

融资租赁合同的出租人一般是不直接向承租人交付标的物的，而是按照合同的约定，由出卖人向承租人交付标的物，承租人在受领出卖人交付的标的物后，将受领的事实通知出租人。当然，这并不是排除了出租人的交付义务，只是不同于普通租赁合同中出租人的交付义务。

案例：融资租赁合同生效后，承租方可以直接要求出售方交付货物吗？

某建筑工程公司需建筑设备一套，此种设备价格不菲。因资金有限，某建筑工程公司就找了一家建筑设备出租公司，想承租此种设备。双方就设备的具体条件达成一致，建筑设备出租公司向设备的出售方购买了该设备。但出售建筑设备的公司一直没有交付设备，使得建筑工程公司的工程无法按时完工。某建筑工程公司可以直接要求设备的出售方交付该设备吗？

专家分析

某建筑工程公司可以直接要求出售建筑设备的公司交付设备。融资租赁合同是指出租人根据承租人对租赁物件的特定要求和对供货人的选择，出资向供货人购买租赁物件，并租给承租人使用，承租人则分期向出租人支付租金，在租赁期内租赁物件的所有权属于出租人所有，承租人拥有租赁物的使用权。建筑工程公司需建筑设备一套，但其价格昂贵，在建筑设备出租公司购买后从其处租用，属于融资租赁。合同签订后，出售建筑设备的公司一直没有交付标的物，此时承租方建筑工程公司可以要求建筑设备出售方交付标的物，根据《民法典》第七百三十九条的规定，承租人享有与受领标的物有关的买受人的权利，即案例中的承租方有与建筑设备出租公司同样的权利，可以直接要求出售建筑设备的公司交付标的物。

实务指南

在融资租赁合同中，正是由于出卖人直接交付给承租人的这一特征，承租人承受了买卖合同中买受人即租赁合同中出租人的部分权利。这种权利主要是与受领标的物密切相关的权利，如标的物质量或权利瑕疵担保请求权，全面履行合同请求权等。因此，实践中，承租人要特别注意把握自己的一些法定权利，不要将自己等同于一般租赁合同中的承租人。

关联法规

《中华人民共和国民法典》

第七百三十五条　融资租赁合同是出租人根据承租人对出卖人、租赁物的选择，向出卖人购买租赁物，提供给承租人使用，承租人支付租金的合同。

第七百三十九条　出租人根据承租人对出卖人、租赁物的选择订立的买卖合同，出卖人应当按照约定向承租人交付标的物，承租人享有与受领标的物有关的买受人的权利。

三、索赔权利的行使

出租人、出卖人、承租人可以约定，出卖人不履行买卖合同义务的，由承租人行使索赔的权利。承租人行使索赔权利的，出租人应当协助。如果没有约定，那么当出租人根据承租人的委托出资向出卖人购买租赁物后，租赁物的所有权即转移给出租人，出租人同时享有因出卖人违反合同的规定而造成损失时向出卖人索赔的权利。但是承租人对出卖人行使索赔权，并不影响其履行融资租赁合同项下支付租金的义务。

案例：承租人是否有索赔权？

康德公司因业务需要准备购进一条生产线及附属设备。但因其资金能力有限，遂与某租赁公司签订融资租赁合同，约定由康德公司每个月向租赁公司支付租金，每月租金20万元，租期为12个月。合同还约定，当出卖人不履行买卖合同义务时，由康德公司行使索赔权。合同签订以后，出卖人成美集团将生产线及附属设备送至康德公司。康德公司收到设备以后，开始计算起租日期。

在正常运行一个月以后，生产线突然出现了故障，康德公司不得不停产进行设备检测。在多次检测后，康德公司发现是机器本身的质量问题所致。康德公司要求成美集团继续履行合同义务，为自己换一套新的机器设备，并且赔偿因设备质量问题停产而带来的损失。成美集团认为康德公司是没有索赔权的，因此拒绝赔付。那么，作为承租人的康德公司是否有索赔权呢？

专家分析

在融资租赁合同中，出卖人、出租人以及承租人是可以约定索赔权的归属的。在本案中，租赁公司将索赔权转让给了承租人康德公司，如果出卖人成美集团不履行合同义务，给康德公司造成损失时，康德公司是有权利索赔的。当然，这种索赔权是针对出卖人成美集团的，是否索赔并不影响康德公司向租赁公司支付租金的义务。但是如果承租人以依赖出租人的技能确定租赁物或者出租人干预选择租赁物为由，主张减轻或者免除相应租金支付义务的除外。当然，本案不存在这种情况，如果确系成美集团的质量问题而出现了故障并给康德公司带来了损失，康德公司可以直接要求成美集团进行赔偿，成美集团应予配合。

实务指南

融资租赁合同中，三方可以协商约定索赔权的归属，出租人可以将索赔权转让给承租人。如果未约定索赔权的转让，则根据合同相对性，出租人有权向出卖人行使索赔权。所以，在签订融资租赁合同时，要注意关于索赔权的合同条款的约定，以免在遇到纠纷时没有合同依据。

关联法规

《中华人民共和国民法典》

第七百四十一条　出租人、出卖人、承租人可以约定，出卖人不履行买卖合同义务的，由承租人行使索赔的权利。承租人行使索赔权利的，出租人应当协助。

第七百四十二条　承租人对出卖人行使索赔权利，不影响其履行支付租金的义务。但是，承租人依赖出租人的技能确定租赁物或者出租人干预选择租赁物的，承租人可以请求减免相应租金。

四、出租人不得擅自变更买卖合同

出租人根据承租人对出卖人、租赁物的选择订立的买卖合同，未经承租人同意，出租人不得变更与承租人有关的合同内容。这里的与承租人有关的合同内容主要包括三个方面：

（1）主体的变更。出卖人是承租人预先选择、指定的，所以不能随意更换。

（2）标的物的变更。标的物必须符合承租人的要求，若想变更必须征得承租人的同意。

（3）标的物的交付。买卖合同的标的物直接交付于承租人，所以交付方式的变更也必须经过承租人的同意。

案例：出租人可以擅自变更买卖合同吗?

东津塑料有限公司（以下简称东津公司）为了扩大生产规模，决定引进大海技术有限公司（以下简称大海公司）的一套生产设备。于是，东津公司与如风租赁有限公司（以下简称如风公司）签订了一份融资租赁合同。合同约定，由如风公司向大海公司购买H-C型号的设备一套，租给东津公司，租期为5年，每年租金40万元。但是在如风公司与大海公司签订买卖合同时，大海公司称H-B型号的设备要比H-C型号设备更加先进，而且价格更加优惠，性价比更高。大海公司建议如风公司购买H-B型号的设备。如风公司觉得既然都能满足东津公司的需求，为什么不买更好的呢？于是，如风公司就按照大海公司的建议进行了购买，在没有经过东津公司同意的情况下，擅自变更了买卖合同的内容，购买设备型号由约定的H-C型号变成了H-B型号。东津公司知道后，对此事非常不满，其认为自己需要的就是H-C型号设备，如风公司不能擅自变更买卖合同。那么，如风公司到底能否擅自变更买卖合同呢?

专家分析

在融资租赁合同中，对于出租人来说，其购买标的物的目的就是满足承租人的需要，至于标的物的性能、质量等问题对于出租人而言不具有价值，其必须要能满足承租人的需要。所以，出租人在购买标的物时必须严格按照承租人的要求，在没有经过承租人同意的情况下，是不能随便变更买卖合同内容的，也不能凭借自己的判断更换标的物。本案中，东津公司指定的设备型号为 H–C 型，那么如风公司就应该严格按照东津公司的要求购买 H–C 型号的设备。若如风公司认为 H–B 型号的设备更能满足东津公司，其可以与东津公司协商，在东津公司同意的情况下，可以改变合同，更换标的物。但是在本案中，如风公司并没有与东津公司商议，更没有取得其同意，如风公司擅自变更买卖合同的行为是不合法的。东津公司可以主张如风公司违约，并要求其承担违约责任。

实务指南

出租人购买标的物的目的是出租给承租人获得收益，而标的物的性能方面的问题是承租人非常关心的内容，因为承租人才是最终的标的物使用人。所以，标的物是由承租人选择的，出租人的义务是按照承租人的要求购买标的物。如果出租人擅自变更了标的物，就违背了承租人的初衷，标的物不能达到承租人的要求，那么这份合同就毫无意义。所以，在没有征得承租人同意的情况下，出租人不可以擅自变更买卖合同内容。

关联法规

《中华人民共和国民法典》

第七百四十四条　出租人根据承租人对出卖人、租赁物的选择订立的买卖合同，未经承租人同意，出租人不得变更与承租人有关的合同内容。

五、租赁物所有权的归属

融资租赁期间，出租人享有租赁物的所有权。因此，承租人破产时，租赁物不属于破产财产。当然，出租人与承租人可以约定租赁期间届满后租赁物的归属。对租赁物的归属没有约定或者约定不明确，可以补充协商；协商不成的且按照其他条件仍然不能确定的，租赁物的所有权归出租人。

案例：没有约定所有权归属的融资租赁合同，租赁物归谁所有?

某印刷公司从融资租赁公司租用印刷机一台。双方签订了融资租赁合同，约定了较高的租金，但没有约定到期后印刷机的所有权归谁。融资租赁合同结束后，租赁公司要收回印刷机器，遭到印刷公司的拒绝。某印刷公司认为，自己交的租金总额比租赁物实际价值还高，租赁合同到期后，印刷机器理应归自己所有。某印刷公司的做法正确吗?

专家分析

我国《民法典》第七百四十五条规定："出租人对租赁物享有的所有权，未经登记，不得对抗善意第三人。"该法第七百五十七条还规定："出租人和承租人可以约定租赁期限届满租赁物的归属；对租赁物的归属没有约定或者约定不明确，依据本法第五百一十条的规定仍不能确定的，租赁物的所有权归出租人。"某印刷公司与融资租赁公司租用印刷机器合同到期后，在双方没有约定的前提下，印刷机器的所有权归租赁公司，印刷公司不能主张自己是印刷机器的所有权人。

实务指南

在融资租赁中，出租人和承租人对租赁物的归属没有约定或约定不明时，法律规定租赁物的所有权归出租人。在实践中，出租人会出于取得交换价值的利益而约定租赁物所有权归承租方所有，双方也可以在合同中约定租赁期满后租赁物的续租或退租。

关联法规

《中华人民共和国民法典》

第七百四十五条 出租人对租赁物享有的所有权，未经登记，不得对抗善意第三人。

第七百五十七条　出租人和承租人可以约定租赁期限届满租赁物的归属；对租赁物的归属没有约定或者约定不明确，依据本法第五百一十条的规定仍不能确定的，租赁物的所有权归出租人。

六、融资租赁合同的租金

承租人应该按照合同约定的期限、数额、方式或币种支付租金。支付租金的前提是融资租赁合同成立并生效，并不要求承租人已经实际使用标的物。在租赁期间，承租人承担标的物毁损、灭失的风险，即使标的物因不可归责于双方的事由发生毁损、灭失时，承租人也应支付租金。如果因为承租人违约，出租人收回租赁物，承租人也不能因此拒绝支付租金。

案例：承租人不支付租金，出租人可以收回租赁物吗?

山海租赁公司与顺义服装公司签订了一份融资租赁合同。合同约定，由山海租赁公司向某个大型服装设备集团购进一批进口服装生产设备，租赁给顺义服装公司。山海租赁公司购进该批设备以后，自出卖人将设备送至顺义服装公司之日起算承租日期。租金总额为 400 万元，顺义服装公司共分 10 次付清，每次支付 40 万元，每个月支付一次。同时，合同约定，如果顺义服装公司逾期不支付租金，则应按延期时间支付利息，除此以外，山海租赁公司还有权终止合同，收回租赁物。

从 4 月开始，顺义服装公司每个月都未能支付足额的租金，即每个月支付的租金都在 40 万元以下。山海租赁公司多次催促顺义服装公司补齐租金，并给顺义服装公司限定了支付的期限，但是顺义服装公司均未如期支付。后来，山海租赁公司强行收回了租赁物。顺义服装公司认为，山海租赁公司收回租赁物的行为严重影响了自己公司的生产经营，是不合法的。那么，山海租赁公司到底能否收回租赁物呢?

专家分析

在融资租赁合同中，租金条款是一项非常重要的合同条款。因为，在出租人看来，租金就是一种融资的对价，出租人就是依靠承租人支付的租金来获得利润的。所以，支付租金是承租人的基本义务。当然，租金的确定，可以由双方当事人约定，也可以根据其他因素确定。但是如果承租人未能按照约定支付租金，出租人该如何救济呢？根据我国《民法典》的有关规定，如果承租人未按照约定支付租金，出租人可以催告承租人支付。如果经催告承租人仍然不支付，那么，出租人可以请求承租人支付包括已到期和未到期的全部租金，或者可以解除合同，收回租赁物。在本案中，顺义服装公司未能按期支付租金，山海租赁公司在多次催告无果的情况下收回租赁物是合法的。除此以外，无论是要求支付租金还是解除合同，这都是出租人的权利，承租人不能阻碍其行使。

实务指南

在租赁合同中，如果承租人未能按照约定支付租金，租赁公司经催告后既可以要求支付全部租金，也可以解除合同，收回租赁物。所以，如果公司或者企业不能保证支付得起租金，在签订租赁合同时就一定要谨慎，对租金的数额和期限都要进行充分的思考，在自己的能力范围内进行约定。不然，当不能如期支付租金时，如果出租人选择收回租赁物，因此造成的损失还是由承租人自己承担。

关联法规

《中华人民共和国民法典》

第七百四十六条　融资租赁合同的租金，除当事人另有约定外，应当根据购买租赁物的大部分或者全部成本以及出租人的合理利润确定。

第七百五十二条　承租人应当按照约定支付租金。承租人经催告后在合理期限内仍不支付租金的，出租人可以请求支付全部租金；也可以解除合同，收回租赁物。

七、租赁物质量瑕疵担保责任

租赁物的质量瑕疵担保责任是指当租赁物交付后，租赁者发现所交付的租赁物不符合合同约定或不符合使用目的时，有权利要求相应的责任主体就该质量瑕疵承担赔偿责任。也就是说，在融资租赁合同当中，租赁物的出卖者或特定情况下的出租人要对租赁物的质量承担担保责任，担保该租赁物的质量符合合同约定并能够正常使用。

案例：租赁物质量瑕疵担保责任的责任主体该如何确定?

甲公司是一家小型生产公司，乙公司是一家融资租赁公司。甲公司由于资金有限，但又急于想要引进一条先进的生产线来提高生产效率、改善经营状况，于是甲公司找到了乙公司，想让乙公司去购买一条国外的先进生产线来租给自己使用。乙公司是一家成立已久的公司，经验丰富，甲公司出于对乙公司的信任，在说明自己的需求后，由乙公司负责选择合适的出卖者。后乙公司同国外的丙公司签订买卖合同，并由丙公司将甲公司所需要的生产线按时交付给甲公司。交付后，甲公司对生产线进行了检验并通知了丙公司。但一年后，甲公司发现这条生产线存在严重的隐性缺陷，现已严重影响了生产，要求乙公司对此缺陷承担质量瑕疵担保责任并减少租金。得知这一情况后，乙公司认为自己只是依据甲公司的需求而进行选择，质量问题应该由出卖者丙公司承担，与自己无关。那么此案中，租赁物的质量瑕疵担保责任该由谁承担?

专家分析

在此案件中，乙公司的说法是错误的，乙公司应当承担相应的质量瑕疵担保责任。根据我国《民法典》第七百四十七条的规定，租赁物不符合约定或不符合使用目的的，出租人不承担责任，但承租人依赖出租人的技能确定租赁物或出租人干预选择租赁物的除外。可见，在一般情况下，出租人是不承担质量瑕疵担保责任的，但在此案中可以发现，甲公司出于对乙公司的信任，在告知乙公司自己相应的需求后，由乙公司选择合适的出卖者，并最终选择了丙公司，属于承租人依赖出租人的技能确定租赁物的情况。这种情况下，乙公司应当承担责任，而不得以自己不是出卖者为由拒绝承担。

实务指南

融资租赁合同当中，既有出租者与出卖者的买卖合同关系，又有出租人与承租人之间的租赁关系。一般来说，出租人应承租人的要求购买一定的租赁物，交给承租人使用，出租人只承担中间的买入及出租义务，并获取相应的租金。原则上来说，对于租赁物的质量瑕疵，应当由租赁物的出卖者承担，出租者不承担，而租赁者也不能因此来要求出租者减少其租金。但是，法律也作了相应的例外规定，即承租人依赖出租人的技能确定租赁物或出租人干预选择租赁物的。在这种情况下，是出租人完成对租赁物的选择的，一旦租赁物发生质量问题，出租人应该对自己的选择承担相应的责任。

关联法规

《中华人民共和国民法典》

第七百四十七条 租赁物不符合约定或者不符合使用目的的，出租人不承担责任。但是，承租人依赖出租人的技能确定租赁物或者出租人干预选择租赁物的除外。

八、承租人对租赁物的占有

占有、使用、收益、处分是行使物权的主要表现方式。只有当对一个物进行占有时，才能对该物更好地使用。在融资租赁合同中，承租者进行融资租赁的主要目的是对租赁物进行使用，而进行使用的前提则是占有该租赁物，即该租赁物处于承租人的支配控制范围之内。当然，承租者除了对租赁物进行占有、使用外，还应对租赁物进行维修，当租赁物造成第三人人身或财产损害时，承担相应责任。

案例：承租人在占有租赁物期间应承担哪些义务?

东风建筑有限责任公司为使工程顺利完工，便同武顺融资租赁公司签订了融资租赁合同，由武顺融资租赁公司向西风挖掘机制造厂购买5台挖掘机，租赁给东风建筑有限责任公司使用。合同签订后，西风挖掘机制造厂按时将5台挖掘机送到东风建筑有限责任公司，验收合格后，东风建筑有限责任公司正式将5台挖掘机投入使用。之后，东风建筑有限责任公司工程的进度有了显著提高，但是由于每天的工程量很大，这5台挖掘机在长期的运作中逐渐出现各种故障，不但不能满足日常的工作量需求，甚至出现了“罢工”的情况。对于这种情况，东风建筑有限责任公司要求武顺融资租赁公司对这5台挖掘机进行维修，否则将不支付租金。面对东风建筑有限责任公司的无理要求，武顺融资租赁公司认为，这5台挖掘机并不存在质量问题，是由于东风建筑有限责任公司在日常使用中不注意维护才使这5台挖掘机严重受损而不能正常使用。那么，当租赁物在承租人的占有期间，承租人是否具有维修义务及其他相应义务?

专家分析

本案中，东风建筑有限责任公司的主张没有法律依据。根据我国《民法典》第七百五十条的规定，承租人应当妥善保管、使用租赁物。承租人应当履行占有租赁物期间的维修义务。

可见，当租赁物处于承租人的占有支配下，承租人对租赁物要尽到相应的保管、维护义务，不得主张由出租人承担相应的维修义务，也不能因此而拒绝支付租金。在合同期间，承租人对租赁物有占有、使用的权利，但也要承担相应的义务，不仅要正确、妥善地使用、保管租赁物，做好日常维护工作，而且当租赁物给第三人造成人身或财产损害时，还应当承担一定的赔偿责任，而不是由出租人承担。

实务指南

在融资租赁合同中，承租人的目的在于对租赁物的占有、使用，以满足自己的需求，对租赁物的占有也是承租人的主要权利。但是，有权利则有义务，承租人在享有权利的同时还必须承担一定的义务，当承租人在使用租赁物时，也要尽到善良管理人的义务，注意对租赁物的日常维护，使得租赁物能够长期使用，为承租人创造更大的价值。所以，在实际生活中，虽然租赁物的实际所有人为出租人，但作为承租人也要注意对租赁物的保护，在对租赁物的占有期间发生损害，承租人也会成为责任主体。

关联法规

《中华人民共和国民法典》

第七百四十八条 出租人应当保证承租人对租赁物的占有和使用。

出租人有下列情形之一的，承租人有权请求其赔偿损失：

（一）无正当理由收回租赁物；

（二）无正当理由妨碍、干扰承租人对租赁物的占有和使用；

（三）因出租人的原因致使第三人对租赁物主张权利；

（四）不当影响承租人对租赁物占有和使用的其他情形。

第七百四十九条 承租人占有租赁物期间，租赁物造成第三人人身损害或者财产损失的，出租人不承担责任。

第七百五十条 承租人应当妥善保管、使用租赁物。

承租人应当履行占有租赁物期间的维修义务。

九、承租人请求部分返还租赁物价值的规定

承租人应当按照约定支付租金。承租人经催告后在合理期限内仍不支付租金的，出租人可以要求支付全部租金；也可以解除合同，收回租赁物。但是，如果当事人约定租赁期间届满租赁物归承租人所有，承租人已经支付大部分租

金，但无力支付剩余租金，出租人因此解除合同收回租赁物的，收回的租赁物的价值超过承租人欠付的租金以及其他费用的，承租人可以要求部分返还。

案例：承租人有请求部分返还租赁物价值的权利吗?

渤海公司因生产需要引进一批生产设备，但因资金能力有限，遂与和平租赁公司签订融资租赁合同。合同约定，由和平租赁公司向某经销商购买一批设备，租给渤海公司。并约定租赁期间届满租赁物归承租人所有，渤海公司每个月向和平租赁公司支付租金 30 万元，租期为 12 个月。在渤海公司租用了该套设备 9 个月后，即支付了 270 万元的租金以及其他费用以后，无力再支付剩余的租金。于是，出租人和平租赁公司要求解除合同，并收回该套生产设备。但是，此时的租赁物价值超过渤海公司欠付的租金以及其他费用。此时，渤海公司要求部分返还。但是和平公司不同意，和平公司认为，只要渤海公司不能如期支付租金，自己就有权利解除合同，收回租赁物。那么，渤海公司能否要求部分返还呢?

专家分析

本案中，渤海公司是可以要求部分返还的。民法典合同编虽然规定，承租人不支付租金时，出租人有权解除合同，收回租赁物。这是因为出租人享有租赁物的所有权。但有时候，出租人中途解约取得的利益，比合同全部履行本应得到的利益还要多。这对于承租人而言是非常不公平的，为了解决这一问题，我国法律同时规定租赁期间届满租赁物归承租人所有，承租人已经支付大部分租金，但无力支付剩余租金，出租人因此解除合同收回租赁物的，收回的租赁物的价值超过承租人欠付的租金以及其他费用的，承租人可以请求相应返还。也就是说，只有出租人收回租赁物的所得等于出租人的租金债权的部分时，才归出租人所有，超出租金债权部分，是出租人多得的利益，应返还给承租人，或者充抵承租人支付的租金，不足部分仍应由承租人清偿。据此，本案中，渤海公司还是可以依法要求部分返还的。

实务指南

在融资租赁合同中，经常存在承租人不能继续支付租金的情况。但是如果约定租赁期间届满租赁物归承租人所有，且承租人已经支付了大部分租金，出租人中途解约，其取得的利益比本应得到的利益还要多。这不仅不公平，而且由于利益驱动，会促使出租人解除合同，不利于融资租赁合同关系的稳定。所以，在这种情况下，承租人可以要求部分返还租赁物的价值。

关联法规

《中华人民共和国民法典》

第七百五十二条 承租人应当按照约定支付租金。承租人经催告后在合理期限内仍不支付租金的，出租人可以请求支付全部租金；也可以解除合同，收回租赁物。

第七百五十八条 当事人约定租赁期限届满租赁物归承租人所有，承租人已经支付大部分租金，但是无力支付剩余租金，出租人因此解除合同收回租赁物，收回的租赁物的价值超过承租人欠付的租金以及其他费用的，承租人可以请求相应返还。

当事人约定租赁期限届满租赁物归出租人所有，因租赁物毁损、灭失或者附合、混合于他物致使承租人不能返还的，出租人有权请求承租人给予合理补偿。

第三节　赠与合同

赠与合同是指一方当事人将标的物赠与另一方当事人，受赠人接受赠与，但是不必支付报酬的合同。根据赠与合同的含义，可以总结出赠与合同有以下五个特征：

（1）赠与合同是双方行为。赠与合同的履行，需要双方意思表示一致，即赠与人有赠与的意思表示，同时受赠人有接受赠与的表示。如果受赠人不接受赠与，那么，赠与合同就不能成立。

（2）赠与合同是诺成行为。在当事人双方意思表示一致时，赠与合同即可成立，不需要交付赠与物给受赠人。

（3）赠与合同是无偿行为。赠与合同中，赠与人是在自愿的情况下将标的物赠给受赠人，受赠人不必支付报酬或承担任何义务（但合同中双方约定附条件义务的除外），因此，赠与合同是单务合同。

（4）赠与合同可以撤销。赠与人在与受赠人订立合同时，有权在合同中约定受赠人如果违反合同中的约定，赠与人在赠与财产的权利转移之前可以撤销对受赠人的赠与。

（5）赠与合同可以约定附随义务。在赠与合同中，赠与人也可以依据自己的意志，在合同中约定受赠人履行完某项义务时，赠与合同才能生效，受赠人方可获得赠与物。

一、赠与的概念和特征

赠与是指赠与人无偿地将自己的财物赠送给受赠人，受赠人只需表示接受就可以获得赠与物的一种行为。赠与的实质是财产所有权在赠与人与受赠人之间的转移。一般情况下，赠与行为都通过法律程序来完成，方式就是签订赠与合同，包括口头、书面等形式。赠与合同是一种单务、无偿、诺成合同，在法定或约定条件下可以撤销。当然，当事人也可以在合同中约定特定附随义务，当条件成就时，赠与合同再生效。

案例：企业赠与房屋时需要办理登记手续吗?

某省政府下发了“扶贫助教——青山沟义务捐助”活动的通知。通知的大概内容是号召有能力的自然人、企业或组织奉献爱心，向青山沟小学捐赠钱款、学习用品、生活用品等，帮助青山沟地区的少年儿童创建学校，给予当地儿童学习的机会。如果在这次献爱心活动中，所作贡献较大，政府会给予一定奖励。青山沟的念念纺织厂是当地为数不多的大型企业之一，该纺织厂的老板何某是位非常有爱心的人，早就想为家乡的人们作一点儿贡献。当何某知道这个通知后，就向政府申请，将纺织厂所拥有的五间库房赠与青山沟小学，并答应帮忙装修，供该小学作为教室使用。政府的工作人员收到念念纺织厂的申请后，对纺织厂的赠与行为予以表彰，颁发证书并承诺在税收方面给予优惠条件。政府的工作人员告诉纺织厂的老板何某，在纺织厂将房屋装修好并办理登记手续后，即可享受政府的优惠政策。何某觉得自己是自愿将房屋赠与学校的，也没有收回的打算，就不用办理登记手续了。何某的想法正确吗？在赠与房屋时需要办理登记手续吗？

专家分析

上述案例涉及的是赠与合同中，赠与人将房屋等不动产赠与他人时是否应办理登记手续的问题。我国《民法典》第六百五十九条规定：“赠与的财产依法需要办理登记或者其他手续的，应当办理有关手续。”而该法第二百零九条第一款规定：“不动产物权的设立、变更、转让和消灭，经依法登记，发生效力；未经登记，不发生效力，但是法律另有规定的除外。”由此可以看出，对房屋等不动产的所有权进行变更的，需要登记才能发生效力。而赠与合同又要求对赠与物需要办理登记手续的，办理登记手续后才有效。也就是说，赠与人即使是无偿赠与他人房屋等不动产的，也需要按照法律规定办理登记手续。上述案例中，念念纺织厂与青山沟小学订立赠与合同，将纺织厂所有的5间库房赠与青山沟小学，需要办理登记手续才发生所有权转移的效力。根据《民法典》的规定，虽然纺织厂答应将房屋赠与青山沟小学，且没有要回去的打算，那也应当按规定办理登记手续。案例中纺织厂负责人认为不用办理登记手续的想法是错误的。

实务指南

实际生活中，赠与人将标的物赠给受赠人，一般情况下不必办理登记，如赠与人赠送的是衣物、首饰、电子产品等物品，只要赠与人直接将赠与物交付给受赠人，受赠人接受了赠与物，赠与合同即履行完成。但是，我国法律规定赠与物为按照《民法典》规定需要办理登记手续的，比如房屋等不动产时，应当在赠与时办理登记手续。只有当这些不动产办理了登记手续，才能产生物权变动的效果，实现赠与的最终目的。

关联法规

《中华人民共和国民法典》

第二百零九条 不动产物权的设立、变更、转让和消灭，经依法登记，发生效力；未经登记，不发生效力，但是法律另有规定的除外。

依法属于国家所有的自然资源，所有权可以不登记。

第六百五十七条 赠与合同是赠与人将自己的财产无偿给予受赠人，受赠人表示接受赠与的合同。

第六百五十九条 赠与的财产依法需要办理登记或者其他手续的，应当办理有关手续。

二、赠与是否可撤销

赠与合同在赠与物的所有权转移之前是可以撤销的，不过根据具体情况，只有满足某些条件时，赠与人才能行使撤销权。比如受赠人严重侵害赠与人或者赠与人近亲属的权利的，赠与人为维护自身的合法权益，可以撤销对受赠人的赠与。但是，这种情况只是相对于自然人而言的。在企业的赠与合同中，一般比较常见的是公益性质的赠与，对于这些赠与合同，我国法律一般不赋予赠与人撤销权。

案例：企业有权撤销向灾区的捐款吗?

某地发生多年未遇的特大降水，集中降水导致当地出现了大范围的山体滑坡和泥石流，当地道路交通、房屋等受到严重破坏。为了尽快进行灾后重建，某企业公开宣布捐赠200万元用于学校建设，尽快恢复学校授课，并与当地教育部门签订了捐赠合同。但是，该企业始终没有将承诺的资金拿出来修复学校。其负责人称，公司运营出现了问题，自身难保，没有能力出资兴建校舍。那么，企业有权撤销向灾区的捐款吗?

专家分析

从法律上说，捐赠人答应捐赠，接受捐赠人作出了接受捐赠的意思表示，即在捐赠人与接受捐赠人之间成立了合法有效的赠与合同，双方就应当按照法律及赠与合同的规定依法行使各自的权利、履行各自的义务。捐赠人不能随意解除已依法成立的合同。《民法典》第六百五十八条规定：“赠与人在赠与财产的权利转移之前可以撤销赠与。经过公证的赠与合同或者依法不得撤销的具有救灾、扶贫、助残等公益、道德义务性质的赠与合同，不适用前款规定。”依法抗震救灾的捐赠合同明显具有救灾的社会公益、道德义务性质，是不允许撤销的。该企业在灾后支持灾区重建，与灾区达成捐赠合同，该合同是不可以撤销的，并不能因为该公司出现经营不利情况而放弃捐赠，而应该在经济形势好转后继续履行。如该公司不履行合同，受赠方可以要求该公司合理履行。

实务指南

具有社会公益性质的赠与是为了公共目的，是给社会造福，赠与的公益性质，决定了赠与人不得任意撤销赠与，赠与人应按照捐赠合同的约定履行赠与义务。实践中，企业一旦进行了公益性质的捐赠，就要注意兑现承诺，否则可能招致不必要的纠纷。

关联法规

《中华人民共和国民法典》

第六百五十八条 赠与人在赠与财产的权利转移之前可以撤销赠与。

经过公证的赠与合同或者依法不得撤销的具有救灾、扶贫、助残等公益、道德义务性质的赠与合同，不适用前款规定。

第六百六十条 经过公证的赠与合同或者依法不得撤销的具有救灾、扶贫、助残等公益、道德义务性质的赠与合同，赠与人不交付赠与财产的，受赠人可以请求交付。

依据前款规定应当交付的赠与财产因赠与人故意或者重大过失致使毁损、灭失的，赠与人应当承担赔偿责任。

三、附条件赠与

附条件赠与，也被称为附义务赠与，是指赠与人可以在合同中约定特定的义务，受赠人只有按照合同约定履行相应义务时，才能获得赠与物。首先，附义务赠与属于双方法律行为，要求双方当事人达成合意；其次，附义务赠与是双务行为，既可以有偿，也可以无偿，赠与人要履行将赠与物交付给受赠人的义务，受赠人则要履行赠与合同中约定的特定义务；最后，附义务赠与中约定的义务不得违反法律规定和公序良俗。

案例：企业赠与员工的汽车出现故障，导致员工受伤，该企业应当承担赔偿责任吗？

骋运汽车制造公司董事长霍某受邀参加该市某汽车销售协会举办的一场名为“平安相伴”的汽车展销活动。在活动中，霍某注意到一款运用新式发动机的汽车，他觉得这款汽车非常有发展前景。回到公司后，霍某通知公司的员工将这款新式发动机运用到本公司的汽车制造中。霍某为激励销售部的负责人彭某提高销售业绩，与其订立了赠与合同，约定如果彭某能领导员工完成月销售

20辆的目标，就能获得本公司制造的C品牌汽车一辆。

当年6月，骋运公司装有新式发动机的汽车生产完成。在销售部负责人彭某的努力下，7月，该公司共售出这款汽车32辆，完成了老板霍某制定的销售目标。霍某也按约定，将该公司C品牌汽车一辆赠与彭某。但是两个星期后，彭某在驾驶这辆车外出游玩时，因刹车失灵撞到一建筑物上，导致彭某头部被撞伤，住院期间包括医药费在内共花费2.6万元。事后得知，骋运汽车制造公司老板霍某在答应赠送这辆车时，就知道这辆车的刹车可能存在问题。于是，彭某将公司告上法庭，要求公司承担赔偿义务。请问，彭某有权要求骋运汽车制造公司承担赔偿义务吗？

专家分析

我国《民法典》规定，赠与人可以在赠与合同中规定某项附随义务。受赠人在义务履行完后，可以获得赠与物。同时，根据我国《民法典》第六百六十二条的规定，赠与的财产存在瑕疵的，赠与人不承担责任。由此可见，由于赠与一般是受赠人无偿获得了赠与物，赠与人是不承担瑕疵赔偿义务的。但是，在附义务的赠与中，受赠人在获得赠与物时履行了特定的义务，因此，赠与人应在附义务的限度内承担与出卖人相同的责任。而且如果是赠与人故意不将赠与物存在瑕疵的状况告诉受赠人，导致受赠人受损害的，赠与人也要对受赠人的损失承担赔偿责任。上述案例中，骋运汽车制造公司老板以完成月销售目标为附随条件，与公司销售部负责人彭某订立赠与合同。彭某履行完义务后，霍某应当按约定将C品牌的汽车赠与彭某，但是，其故意隐瞒了车辆刹车可能存在问题的事实，导致彭某在驾驶时发生车祸，头部受伤。彭某有权要求公司承担赔偿责任。此外，车辆的刹车装置关乎生命财产安全，老板霍某在明知车辆有安全隐患的情形下将之赠与彭某，致使彭某遭受健康和财产损失，还可能构成刑事犯罪。

实务指南

受赠人接受赠与本来是一件值得高兴的事，但是因赠与存在瑕疵导致自己受伤，就得不偿失了。现实中这种情况偶尔会发生，如果是无条件赠与，那么赠与人一般是无须承担瑕疵赔偿责任的。但是，如果受赠人接受赠与物时还履行了特定的义务，按照公平原则，赠与人应当承担受赠人的损失。实际生活中，在接受赠与的条件下，受赠人碍于面子，往往选择不了了之，其实这种想法是错误的，受赠人应当学会运用法律武器维护自己的合法权益。

关联法规

《中华人民共和国民法典》

第六百六十一条　赠与可以附义务。

赠与附义务的，受赠人应当按照约定履行义务。

第六百六十二条　赠与的财产有瑕疵的，赠与人不承担责任。附义务的赠与，赠与的财产有瑕疵的，赠与人在附义务的限度内承担与出卖人相同的责任。

赠与人故意不告知瑕疵或者保证无瑕疵，造成受赠人损失的，应当承担赔偿责任。

第十章

承揽合同、建设工程合同与委托合同

承揽合同、建设工程合同与委托合同都是企业经营中比较常见的合同。其中，承揽合同是指定作人将工作要求告知承揽人，当承揽人按要求完成任务并交付工作成果时，定作人支付其相应报酬的合同。建设工程合同又称建设工程承发包合同，是指发包人将建设工程发放给承包人，在承包人完成工程建设后按约定支付价款的合同。委托合同又称为委任合同，是指委托人和受托人约定，由受托人处理委托人事务的合同。本章主要对这三种合同进行介绍。

第一节 承揽合同

承揽合同为定作人将工作要求告知承揽人，承揽人按要求完成任务并交付工作成果，定作人向承揽人支付其报酬的合同。承揽合同具有以下4个特征：

（1）承揽合同是诺成、有偿、双务、非要式合同。

（2）承揽合同以承揽人完成定作人的工作要求为内容，目的是获得工作成果，这一成果既包括体力劳动成果，也包括脑力劳动成果。

（3）承揽合同对工作标的有特殊要求，定作人为获得自己需要的标的物，通常会在工作质量、数量、规格、形状等方面对定作人提出特殊要求，使承揽的标的物特定化，以区别于市场上的其他物品。

（4）承揽合同具有相对性，在履行合同时没有经过定作人的许可，承揽人不得擅自将承揽的工作交给第三人完成，而且承揽人一般必须以自己的设备、技术、劳力等完成工作，对工作成果负责。

一、承揽合同的概念和内容

承揽合同是指定作人将定制的标的物的要求等告知承揽人，在承揽人按要求完成工作任务并交付给定作人时，如约支付报酬的合同。而关于承揽合同的内容我们主要从以下方面理解：（1）合同的主体方面。承揽人既可以是具有相应资质的法人，也可以是其他单位或者个人，定作人可以是自然人、法人和非法人组织。（2）合同的标的方面。承揽合同的标的一般为动产。（3）在合同的订立方式上，承揽合同比较灵活，在双方协商达成一致的前提下，既可以以书面形式订立，也可以以口头形式订立。（4）关于合同的解除和救济。定作人享有合同的解除权，可以随时解除合同，在定作人解除合同后，承揽人不能要求定作人继续履行合同，但可以要求其赔偿损失。

案例：承揽人的工作成果不符合合同约定，定作人可以要求赔偿吗？

安泰公司因扩大生产规模，需要修建一个大的车间。经过慎重考虑，该公司决定与赵某签订承揽合同，将修建工作交由赵某负责。2021 年 1 月，安泰公司与赵某签订了合同，约定由赵某在安泰公司选定的地点修建车间，对修建车间所需材料、车间的大小规模以及完工期限等，双方都在合同中作了详细约定。除此之外，双方还就合同如果产生纠纷如何解决等事宜作出约定。合同签订后，赵某便组织人员开始施工，经过半年多的时间，车间的修建工作完成。安泰公司验收后，向赵某支付工程款 12 万余元。但是 2021 年 5 月，车间的部分墙体开始变形开裂，安泰公司与赵某联系，要求赵某对车间进行修复。赵某接到消息后，组织人员对车间进行了简单的修复工作，应付了事。没过多久，一场雨过后，车间的墙体大面积坍塌。安泰公司请专业人员对坍塌部分进行分析，结果显示坍塌是由施工不合格造成的。对此，安泰公司以工程不符合合同的规定为由要求赵某等人进行赔偿。请问，安泰公司提出赔偿的请求合理吗？

专家分析

在承揽合同中承揽人完成的工作成果，应当达到定作人的要求，在定作人满意之后方可取得报酬。也就是说，承揽人的工作成果在验收时出现问题，或在完工后不久出现瑕疵，承揽人应当对此承担责任。就像案例中出现的情形，赵某等人的修建工作成果不合格，致使新建的车间墙体坍塌。安泰公司要求赵某等人对损失承担赔偿责任的请求是合理合法的。

实务指南

承揽合同中承揽人在完成工作任务后，就其所完成的工作成果应当接受定作人的验收，如果获得定作人的认可即可获得劳动报酬，如果工作成果有瑕疵或没有达到定作人在合同中提出的要求，承揽人应当继续对工作成果进行修缮，直到符合合同中的约定。此外，承揽人还应当严格遵守合同的约定，在数量、质量、履行期限等方面符合合同中的约定，如果出现违约的情况，需承担违约赔偿的不利后果。

关联法规

《中华人民共和国民法典》

第七百七十条　承揽合同是承揽人按照定作人的要求完成工作，交付工作成果，定作人支付报酬的合同。

承揽包括加工、定作、修理、复制、测试、检验等工作。

第七百七十一条　承揽合同的内容一般包括承揽的标的、数量、质量、报酬，承揽方式，材料的提供，履行期限，验收标准和方法等条款。

二、承揽人完成工作的规定

承揽合同中，有些工作必须由承揽人独自完成，有些工作承揽人可以交由第三人来完成。根据相关法律的规定，对于合同中的主要工作应当由承揽人完成，合同另有规定的除外。这里所说的“主要工作”，是指对定作物的质量有决定性作用的工作，如果质量在工作中不起决定性作用，那么“主要工作”就应是指完成数量上的大部分工作。承揽人可以将辅助工作交给第三人完成，这样就会产生两个法律关系：一是定作人同承揽人之间的承揽合同关系；二是承揽人同承担辅助工作的第三人之间的“次承揽”关系，即我们所说的“转包”，承揽人需对第三人交付的成果向定作人负责。

案例：擅自将加工任务转交给他人，承揽方的行为合法吗？

蓝天小学与某服装加工厂签订了一份校服加工承揽合同。双方约定，由蓝天小学提供原材料，服装加工厂负责加工女生校服350套，男生校服500套，合同期限为一个月。合同生效后，由于服装加工厂一台机器发生故障，无法在预定的时间内交货，于是服装加工厂就擅自将200套男生校服转交给另一加工厂制作。合同期满后，蓝天小学付款验货时发现，其中有一部分校服的做工明显较次，经查这200套校服为另一加工厂所做，遂要求服装加工厂承担违约责任。服装加工厂可以擅自将任务转交给他人吗？

专家分析

服装加工厂应当承担违约责任。服装加工厂既然与蓝天小学签订了承揽合同，作为承揽人就应该按照合同约定，利用自己的设备、技术和劳动能力完成所承揽的工作。但是服装加工厂因自身机器故障，未经合同另一方当事人同意，擅自将其中200套转给另外一家加工厂，违背了双方的约定，因此，根据《民法典》第七百七十二条的规定，蓝天小学不但可以与服装加工厂解除承揽合同，还可以要求服装加工厂承担因此给自己造成的损失。

实务指南

定作人与承揽人订立承揽合同，是基于对承揽人本人的设备、技术和劳力的信任，因此，如合同没有特别约定，承揽人应当以自己的设备、技术和劳力完成承揽工作。承揽人如果未经定作人同意将其承揽的主要工作交由第三人完成的，定作人可以解除承揽合同，并要求承揽人承担违约责任，定作人因此受到损失的，还可以请求损失赔偿。

关联法规

《中华人民共和国民法典》

第七百七十二条 承揽人应当以自己的设备、技术和劳力，完成主要工作，但是当事人另有约定的除外。

承揽人将其承揽的主要工作交由第三人完成的，应当就该第三人完成的工作成果向定作人负责；未经定作人同意的，定作人也可以解除合同。

三、关于材料及图纸等事项的规定

承揽合同是定作人要求承揽人交付工作成果的合同，目的是获得符合要求的定制物，因此承揽人的劳动成果应当满足定作人的要求。比如在选用材料方面，承揽人用于制作的材料应当符合合同中的约定，并通过定作人的检验。如果在检验时没有达到定作人的要求，定作人有权要求承揽人更换或采取其他补救措施。

案例：承揽人擅自更换材料给定作人造成损失的，是否应当承担赔偿责任？

3月，天天影视的老板孙某与著名的编剧刘某达成合作，组建话剧团并修建话剧演出厅。孙某负责安排演出厅的修建工作。编剧刘某对自己编导的话剧要求特别高，第一是注重演员的人选，第二是注重舞台场景的布置。为了能达到刘某的要求，孙某特意找到了评价较高的腾达公司来完成这项建设工程。8月，演出厅的建设工程完成，孙某向腾达公司支付了工程款。10月，该话剧团举办了第一场演出，因演出需要，女主角周某需要使用舞台的升降台设备。在排练的过程中，表演进行得很顺利，但是在演出当天，因升降台出现故障导致女主角从高处摔落，腰部受到严重损伤。话剧演出因突发事故而不得不暂停。事后，工作人员对事故的发生原因进行调查，结果是腾达公司的负责人为在工程中获得不当利益，擅自将天天影视选用的高级材料换成假冒伪劣的材料，使升降台没有达到质量要求而导致事故的发生。孙某在气愤之余，将腾达公司告上法庭，要求腾达公司承担赔偿责任，支付演员的治疗费以及因话剧不能正常演出而造成的损失。承揽人擅自更换材料给定作人造成损失的，是否应当承担赔偿责任?

专家分析

诚信在合同履行过程中始终是当事人必须遵守的准则，承揽合同更是如此。承揽人应当按合同的约定，使用定作人选择的材料，达到定作人提出的要求；定作人应当按合同的约定支付相应的报酬。我国《民法典》第七百七十五条第二款规定：“承揽人不得擅自更换定作人提供的材料，不得更换不需要修理的零部件。”按照这一法律规定，承揽人擅自更换定作人提供的材料的行为是违法的。而上述案例中，腾达公司为获取不正当利益，将天天影视要求的舞台制作材料换成了假冒伪劣材料，导致话剧演出时出现事故，造成演员负伤、演出中止的后果。因此，腾达公司违反合同约定，应当就天天影视的损失承担赔偿责任。

实务指南

承揽人履行合同时应当按照定作人的要求完成工作任务，特别是材料的选择和图纸的选用方面，因为材料和图纸等关乎合同是否能顺利履行以及合同的履行能否达到定作人的要求。如果确有更换材料或图纸的必要，承揽人应当及时履行告知义务，让定作人知晓更换的理由以及替换材料等，在定作人同意时方可更换。

关联法规

《中华人民共和国民法典》

第七百七十四条　承揽人提供材料的，应当按照约定选用材料，并接受定作人检验。

第七百七十五条　定作人提供材料的，应当按照约定提供材料。承揽人对定作人提供的材料应当及时检验，发现不符合约定时，应当及时通知定作人更换、补齐或者采取其他补救措施。

承揽人不得擅自更换定作人提供的材料，不得更换不需要修理的零部件。

四、定作人中途变更工作要求的法律责任

定作人中途变更工作要求属于对合同内容的变更，一般情况下合同的变更需要双方当事人协商一致，但承揽合同不同于其他合同，如果定作人提出变更要求，如修改设计图纸、提出新的质量要求，承揽人应当按照定作人的新要求进行工作；如果承揽人认为定作人提出的要求不合理，应当向定作人提出修改意见。

案例：因定作人变更工作要求给承揽人造成损失的，承揽人可以要求赔偿吗?

艾瑞地毯厂与幸福之家家居商场是生意上的合作伙伴，双方已经合作过数次。2021 年 6 月，幸福之家家居商场需要订制一批地毯，艾瑞地毯厂是其首选的合作伙伴。双方像之前一样签订了承揽合同，约定由艾瑞地毯厂按幸福之家家居商场的要求制作地毯，然后由幸福之家家居商场支付价款。7 月，艾瑞地毯厂开始进行地毯的制作，但是突然接到了幸福之家家居商场变更工作要求的通知。原来，幸福之家家居商场的负责人李某偶然得到了国外一种地毯的制作材料，该材料比国内所用的材料要硬一些，比较耐用，而且成本较低。所以幸福之家家居商场要求艾瑞地毯厂更换地毯的制作材料。艾瑞地毯厂对材料进行了检测，发现这种材料质地比较硬，担心用这种材料生产地毯会把机器弄坏，所以提出不宜更改材料的建议。但是幸福之家家居商场坚持用这种材料生产，艾瑞地毯厂只能照做。结果在地毯的制作过程中，艾瑞地毯厂很多台机器因材料质地较硬而出现故障，甚至有些机器完全损坏，不能修理。艾瑞地毯厂对此要求幸福之家家居商场承担赔偿责任，理由是幸福之家家居商场中途变更工作

要求，改变制作材料，并对该厂的建议置之不理，因此给艾瑞地毯厂造成了严重损失。艾瑞地毯厂的请求有法律依据吗?

专家分析

定作人与承揽人签订承揽合同的目的是获得特定的定作物，因此为使定作物符合自己的要求，定作人可以在合同的履行过程中提出变更合同内容。一旦对合同的内容进行变更，就会对合同当事人的利益造成影响，为实现双方的利益平衡，我国《民法典》第七百七十七条规定："定作人中途变更承揽工作的要求，造成承揽人损失的，应当赔偿损失。"案例中，幸福之家家居商场提出更换地毯的制作材料以降低成本，但是艾瑞地毯厂明确提出更换材料会对机器造成损害，因此不建议更换，但这一建议没有得到幸福之家家居商场的认可，从而导致艾瑞地毯厂遭受机器损坏的后果。根据法律的规定，艾瑞地毯厂可以要求幸福之家家居商场承担赔偿责任。

实务指南

在履行合同时，因当事人的要求变更合同内容的情况时有发生。一般情况下合同的变更对当事人来说不会造成大的损失。但是在承揽合同中，因合同内容变更会对合同的完成产生重大影响，承揽人也会因此承受不必要的损失。为避免给承揽人造成损失，在订立合同时，定作人应当尽量避免对合同内容进行更改，如果确有必要更改，应就变更合同给承揽人造成的损失承担赔偿责任。

关联法规

《中华人民共和国民法典》

第七百七十七条 定作人中途变更承揽工作的要求，造成承揽人损失的，应当赔偿损失。

五、定作人的协助义务

承揽合同中定作人有协助的义务，定作人应当协助承揽人完成工作。定作人的协助是指承揽合同的履行需要定作人提供适当的保障，如果定作人不协助承揽人，承揽合同将不能顺利履行，甚至无法履行，双方当事人订立合同的目的难以实现，此时，承揽人可以解除合同。因此，如果承揽合同需要定作人协助的，即使合同未明确规定定作人协助的，定作人也应当履行协助义务。

案例：因定作人不履行协助义务导致承揽人延期完工，承揽人构成违约吗？

久源钢厂兴建的时间不长，因厂里没有食堂，员工经常要到外面的小吃店买饭或是从家里带饭，非常不方便。为了解决这一问题，该厂的厂长唐某应员工的要求兴建食堂。食堂建好后要对食堂进行装修，久源钢厂与幕德装修公司签订了装修合同，在合同中双方就交工时间、装修费用等内容进行了约定。合同订立后，幕德装修公司就着手装修的事宜。在给食堂安装玻璃时，幕德装修公司要求唐某对玻璃的质量、规格提出要求，但是唐某以正在与某公司谈论合作的事宜为由，迟迟不提出要求。因久源钢厂不提出具体要求，幕德装修公司就无法展开工作，为此幕德装修公司催告久源钢厂10日内告知对玻璃的要求，否则，幕德装修公司将解除合同。唐某听到这个消息后，向幕德装修公司表示了歉意，并立即提供了关于玻璃质量和规格方面的要求。幕德装修公司在合同期满的10日后完成了装修工作，要求久源钢厂支付费用。但是久源钢厂却以幕德装修公司没有按时完成为由，要求幕德装修公司承担违约责任。幕德装修公司反驳延期完工是因久源钢厂没有及时说明对玻璃的要求导致的，不应由幕德装修公司承担违约责任。因定作人不履行协助义务导致承揽人延期完工，承揽人构成违约吗？

专家分析

承揽合同是承揽人完成定作人特定工作任务的合同，依据承揽合同的特有性质，我国《民法典》第七百七十八条规定：承揽工作需要定作人协助的，定作人有协助的义务。定作人不履行协助义务致使承揽工作不能完成的，承揽人可以催告定作人在合理期限内履行义务，并可以顺延履行期限；定作人逾期不履行的，承揽人可以解除合同。具体到上述案例，幕德装修公司在为食堂安装玻璃时，需要久源钢厂告知所用玻璃的质量和规格要求，否则工作不能继续进行，但是久源钢厂却迟迟不予答复，在幕德公司催告后，才就相关问题进行答复，导致合同延期完成。依据法条的规定，幕德装修公司是因久源钢厂不履行协助义务才导致合同延期完成，这一行为不构成违约。久源钢厂要求幕德装修公司承担违约责任并无法律依据。

实务指南

承揽合同中定作人为获得特定标的物才与承揽人订立合同，因此定作人应当在承揽人履行合同的过程中协助承揽人完成工作任务。一般地，当事人会在承揽合同中对定作人的协助义务进行规定，但是也会出现当事人遗漏这部分内容的情况。依据承揽合同特有的性质，即使合同中没有明文规定定作人的协助义务，在合同的履行过程中，定作人也应当为承揽人提供协助。

关联法规

《中华人民共和国民法典》

第七百七十八条 承揽工作需要定作人协助的，定作人有协助的义务。定作人不履行协助义务致使承揽工作不能完成的，承揽人可以催告定作人在合理期限内履行义务，并可以顺延履行期限；定作人逾期不履行的，承揽人可以解除合同。

第七百七十九条 承揽人在工作期间，应当接受定作人必要的监督检验。定作人不得因监督检验妨碍承揽人的正常工作。

六、工作成果的交付与报酬的支付

在承揽合同中，承揽人对定作人的义务可以总结为两个：一是按照定作人的要求完成定制工作；二是承揽人在工作完成后将工作成果交给定作人。事实上工作成果的所有权应当属于定作人，但在工作完成时，承揽人一般都占有工作成果，只有承揽人将工作成果转移给定作人占有，定作人对工作成果的所有权才能得到保障。定作人取得合同工作成果之后，应当按约定支付承揽人相应的劳动报酬。如果定作人不履行支付报酬的义务，那么承揽人可以依法律规定对工作成果进行留置，以维护自己的合法权益。

案例：完成工作成果后，定作人拒付报酬的，应该怎么办？

2021 年 1 月，某宾馆与某服装加工厂签订了一份加工承揽合同。合同约定，由宾馆提供布匹，服装厂负责在两个月内制作 500 套床单、被罩，预付人民币 3000 元，成品分两次交付，加工费在验货后支付。一个月后，服装厂按照约定，将第一批成品运送至宾馆仓库，库管人员验货后称，财务人员外出学习，无法支付加工费。第二个月，当服装厂将剩余的成品送至宾馆仓库时，宾馆负责人仍以各种理由拒绝支付加工费。该服装厂应该怎么办？

专家分析

该宾馆应当按照合同约定支付加工费，否则服装厂可以对剩余的成品留置，直至宾馆支付加工费。根据《民法典》第七百八十二条的规定，定作人应当按照约定的期限支付报酬。定作人未向承揽人支付报酬或者材料费等价款的，承揽人对完成的工作成果享有留置权。本案中，宾馆与服装厂约定在验货后支付加工费，那么，当服装厂第一次将货物运送至宾馆仓库，库管人员验货入库后，宾馆就应当立即支付加工费。而当服装厂将第二批成品运送至宾馆仓库时，宾馆依然不支付费用，此时服装厂可以对第二批成品行使留置权，然后通知宾馆在合理的期限内支付报酬及其他应付费用，否则，服装厂可以处置该批货物，将所得价款用来支付自己的报酬及其他管理费用。

实务指南

定作人未向承揽人支付价款时，承揽人可以采取救济措施，即对其工作成果有留置权，承揽人可以处置该成品以支付自己的报酬，也可以在定作人支付相应报酬时交付该成品。实践中，定作人在承揽人完成任务后，应该及时履行付款义务，否则，一旦承揽人行使了留置权，可能对合同双方当事人都没有什么益处，并且，还可能招致不必要的法律纠纷。

关联法规

《中华人民共和国民法典》

第七百八十二条 定作人应当按照约定的期限支付报酬。对支付报酬的期限没有约定或者约定不明确，依据本法第五百一十条的规定仍不能确定的，定作人应当在承揽人交付工作成果时支付；工作成果部分交付的，定作人应当相应支付。

第七百八十三条 定作人未向承揽人支付报酬或者材料费等价款的，承揽人对完成的工作成果享有留置权或者有权拒绝交付，但是当事人另有约定的除外。

七、定作人的随时解除权

《民法典》赋予定作人随时解除合同的权利，但定作人行使权利时应当符合以下几个要求：第一，在合同有效期内提出。随时解除权并不是指在任何时间定作人都可以提出解除合同，而是有一定的时间限制，即合同成立生效后至合同履行完毕前的这段时间。第二，定作人应当履行通知义务，提前将解除合同的决定通知承揽人。第三，因合同的解除给承揽人造成损失的，定作人负赔偿责任。如承揽人已经完成的工作部分的相应报酬、为完成工作支付的材料费等。

案例：因定作人解除承揽合同而给承揽人造成损失，定作人应当承担赔偿责任吗？

迪耐服装店于2020年10月做了一次市场调查，调查结果显示皮草非常受消费者的追捧。因此，迪耐服装店想在下一季度推出以皮草产品为主的销售活动。于是迪耐服装店与暖暖制造厂订立了合同，约定由暖暖制造厂按迪耐服装店的要求制作一批皮草类服装，并就交货时间、报酬等内容作了约定。合同订立后，暖暖制造厂便开始了皮草的制作工作。但是在10月中旬，该市某动物爱护者协会进行了“关爱动物，拒绝杀害”的宣讲会，号召人们拒绝买卖皮草等动物皮毛制品。迪耐服装店担心下一季度皮草的销售会受到影响，所以决定改变销售策略，并通知暖暖制造厂停止皮草的制作，解除合同。暖暖制造厂收到通知后表示，制造厂已经购进大批制作服装所用的材料，如果此时解除合同将给暖暖制造厂带来非常大的损失，因此要求迪耐服装店承担相应的损失赔偿。但是迪耐服装店的老板却说，做生意都是要承担一定风险的，他们也没有预料到会出现这种情况，而且法律规定了定作人拥有随时解除权，所以拒绝承担赔偿责任。迪耐服装店老板的说法正确吗？定作人解除合同给承揽人造成损失的，应当承担赔偿责任吗？

专家分析

我国《民法典》赋予了定作人随时解除合同的权利，但在解除合同时应当满足一定条件，其中之一就是因合同的解除给承揽人造成损失的，定作人应当赔偿。《民法典》第七百八十七条规定，定作人在承揽人完成工作前可以随时解除合同，造成承揽人损失的，应当赔偿损失。这里所说的赔偿范围应当包括承揽人已经完成的工作部分的相应报酬或为完成工作支付的材料费等。案例中，暖暖制造厂为完成合同的约定，已经购买了大批制作服装的材料，而迪耐服装店突然提出解除合同，将会使暖暖制造厂承担高额的经济损失。按照相关法律的规定，迪耐服装厂应当就暖暖制造厂的损失承担赔偿责任。

实务指南

在合同履行的过程中，时常会因政府出台的政策、经济形势的转变等原因导致合同不能正常履行。如案例中，迪耐服装店本来打算以皮革作为下一季度的主打商品，却因该市某动物爱护者协会的宣讲致使产品销售受影响而不得不改变策略，使暖暖制造厂蒙受了经济损失。根据诚信和公平公正的原则，在承揽合同中因定作人解除合同而使承揽人遭受损失的，定作人应当对承揽人的损失承担赔偿责任。

关联法规

《中华人民共和国民法典》

第七百八十七条 定作人在承揽人完成工作前可以随时解除合同，造成承揽人损失的，应当赔偿损失。

第二节　建设工程合同

建设工程合同属于承揽合同的一种，是承包人进行工程建设，发包人支付价款的合同。建设工程合同分为工程勘察合同、工程设计合同、施工合同。

建设工程合同一般有以下四个特征：

（1）承包人只能是经过批准的具有相应资质的法人，不能是自然人。建设工程合同的标的是建设工程，具有投资大、周期长、质量要求高、技术力量全面等特点，自然人是不能够独立完成的。所以，自然人不能作为承包人，承包人必须是有一定资质的法人。

（2）建设工程合同的标的只能是完成基本建设工程的行为而不能是其他事物，建设工程本身在属性上具有不可移动、长期存在的特点。一般指不动产的建设，比如房产的建设，公园商场的扩建等。

（3）建设工程合同为要式合同，必须采用书面形式。这不仅是国家对建设工程进行监督管理的需要，也是由建设工程合同履行的特点所决定的。

（4）与其他合同比起来，建设工程合同的订立和履行的其他环节都体现了国家较强的干预。这是因为许多时候建设工程都关系到国计民生，所以国家的限制性条件较多。

一、建设工程合同的概念、种类

建设工程合同是承包人进行工程建设，发包人支付价款，二者签订的一种书面形式的合同。建设工程合同具体包括工程勘察合同、工程设计合同、施工合同。工程勘察合同是指根据建设工程的要求，查明、分析、评价建设场地的地质地理环境特征和岩土工程条件，编制建设工程勘察文件的合同。工程设计合同是指根据建设工程的要求，对建设工程所需的技术、经济、资源、环境等条件进行综合分析、论证，编制建设工程设计文件的合同。施工合同是指发包人和承包人为完成商定的建筑安装工程，明确相互权利、义务关系的合同。

案例：什么是建设工程合同?

鹏远集团在某市修建了一个非常高档的商场。商场运营两年以后，鹏远集团决定对整个商场的外墙进行装饰和扩建。经过鹏远集团股东会决议，最终选定了海德公司为商场进行装修扩建，并签订了建设工程施工合同。合同约定，鹏远集团为发包方，海德公司为承包方，双方还约定了价款、结算方式以及合同工期等。工程竣工以后，鹏远集团进行了验收，验收合格，按照合同约定给海德公司结算了工程款。鹏远集团和海德公司之间签订的是建设工程合同吗?什么是建设工程合同呢?

专家分析

鹏远集团与海德公司之间签订的是建设工程施工合同，属于建设工程合同的一种。建设工程施工合同是指建设单位与施工人商定，由施工人完成某个施工工程的协议。这里的建设单位就是指发包方，施工人就是指承包方。具体到本案中，建设单位鹏远集团就是发包方，而施工单位海德公司就是承包方。这两个单位就是施工合同的当事人，是平等的民事主体。按照施工合同约定，施工单位海德公司应该完成鹏远公司交给的施工任务，鹏远公司则应该按照约定的方式支付工程价款。建设工程施工合同具有非常重要的意义，是工程建设的质量控制、进度控制的依据，也是双方当事人发生纠纷时的重要证据材料。

建设工程施工合同的内容主要包括施工范围、建设工期、竣工时间、质量标准、工程造价、技术资料交付时间、材料和设备的供应责任、拨款和结算、验收、质量保修范围和质量保证期、相互协作条款等。

实务指南

建设工程合同在实践中是很常见的一种合同，尤其是建设工程施工合同。签订这样的合同是为了更顺利地进行施工和建设。施工合同的内容包括许多条款，在签订合同时一定要注意这些条款是否都已经协商和约定完善，以避免在后续的施工过程中或者竣工以后产生麻烦。

关联法规

《中华人民共和国民法典》

第七百八十八条 建设工程合同是承包人进行工程建设，发包人支付价款的合同。

建设工程合同包括工程勘察、设计、施工合同。

第七百八十九条 建设工程合同应当采用书面形式。

第七百九十四条 勘察、设计合同的内容一般包括提交有关基础资料和概预算等文件的期限、质量要求、费用以及其他协作条件等条款。

第七百九十五条 施工合同的内容一般包括工程范围、建设工期、中间交工工程的开工和竣工时间、工程质量、工程造价、技术资料交付时间、材料和设备供应责任、拨款和结算、竣工验收、质量保修范围和质量保证期、相互协作等条款。

二、关于发包、承包和分包

在建设工程合同中，发包人不得将应当由一个承包人完成的建设工程支解成若干部分发包给几个承包人。当然，承包人经过发包人的同意，在保证主体结构的施工由自己完成的情况下可以将部分工作交由第三人完成，但是承包人不能将其承包的全部建设工程转包给第三人或者将其承包的全部建设工程支解以后以分包的名义分别转包给第三人。同时，也禁止承包人将工程分包给不具备相应资质条件的单位。禁止分包单位将其承包的工程再分包。

案例：承包人可以将建设工程转包给第三人吗?

远洋建设集团承包了大海股份有限公司华北分公司销售基地的扩建工程。双方签订了建设工程施工合同，约定了工期、合同价款等事项，同时约定该工程由远洋建设集团独立完成，不得再对外分包或者转包。在签订合同以后，远洋建设集团经营管理出现了一些问题，导致施工人手不够，预计不能在约定的期限内完工。于是，远洋建设集团决定将该工程转包给月明公司。月明公司是一家刚成立的建筑公司，远洋建设集团深知其资质不够，所以并未争取大海股份有限公司的同意就擅自将该工程全部转包给了月明公司。后来，大海股份有限公司得知此事后，十分生气，一纸诉状将远洋建设集团告上法庭。那么，在建设施工合同中，承包人可以将建设工程转包给第三人吗?

专家分析

在建设施工合同中经常会出现发包、承包、分包和转包等行为。发包是指在建设工程的订立合同中，发包人将勘察、设计、施工中的某项或者全部项目交给一个承包人完成的行为。承包则是指与发包人订立承包合同，约定部分或全部项目由承包人完成。分包是指从事工程总承包的单位将所承包的建设工程的一部分依法发包给具有相应资质的承包单位的行为。转包是指承包人将其承包的项目再转包给第三人完成。在我们国家，关于发包、分包和承包是有着严格规定的。就分包和转包而言，我国《民法典》合同编明确规定，总承包人或者勘察、设计、施工承包人经发包人同意，可以将自己承包的部分工作交由第三人完成。承包人不得将其承包的全部建设工程转包给第三人或者将其承包的全部建设工程支解以后以分包的名义分别转包给第三人。同时禁止承包人将工程分包给不具备相应资质条件的单位。而本案中，远洋建设集团将全部工程项目转包给没有资质的月明公司，显然是违反上述法律规定的。

实务指南

发包人与承包人签订建设工程合同，一定是因为承包人具备发包人要求的条件才与之合作。如果承包人随意将承包的项目分包或者转包给别人，这对发包人的利益是很难保障的，也容易引发纠纷。所以，国家对分包和转包有着较为严格的规定。承包人必须严格按照法律的规定进行项目的建设，否则很可能会承担法律责任。

关联法规

《中华人民共和国民法典》

第七百九十一条　发包人可以与总承包人订立建设工程合同，也可以分别与勘察人、设计人、施工人订立勘察、设计、施工承包合同。发包人不得将应当由一个承包人完成的建设工程支解成若干部分发包给数个承包人。

总承包人或者勘察、设计、施工承包人经发包人同意，可以将自己承包的部分工作交由第三人完成。第三人就其完成的工作成果与总承包人或者勘察、设计、施工承包人向发包人承担连带责任。承包人不得将其承包的全部建设工程转包给第三人或者将其承包的全部建设工程支解以后以分包的名义分别转包给第三人。

禁止承包人将工程分包给不具备相应资质条件的单位。禁止分包单位将其承包的工程再分包。建设工程主体结构的施工必须由承包人自行完成。

三、发包人的检查权

为了保障建设工程承包合同的实施，保护发包人的利益，发包人在不妨碍承包人正常作业的情况下，可以随时对作业进度、质量进行检查。隐蔽工程在隐蔽以前，承包人应当通知发包人检查。发包人没有及时检查的，承包人可以顺延工程日期，并有权要求赔偿停工、窝工等损失。

案例：发包人可以随时对工程进行检查吗？

A 公司因生产需要，准备扩建厂房，遂与 B 公司签订了一份建设工程施工合同，约定由 B 公司为 A 公司建厂房 20 间。合同约定，当年 5 月 10 日开工，8 月 10 日前全部工程竣工。在 B 公司开工建设以后，A 公司的订单量激增，产品供不应求。许多客户的产品都只能延期交货。为了尽早扩大生产，A 公司多次催促 B 公司缩短工期，以使厂房早日投入使用。但是 B 公司称合同约定了竣工日期，一定会在竣工日期到来之前完成全部工程，最迟会在 8 月 10 日让厂房投入使用。但是 A 公司还是信不过 B 公司，于是，A 公司派员工到工地检查进度，但是这一行为却被 B 公司工地负责人制止。理由是在工程竣工之前，A 公司不能随便到工地检查，只能等交工时验收。那么，B 公司工地负责人的这一说法是正确的吗？作为发包人的 A 公司可不可以随时对工程进行检查呢？

专家分析

B 公司工地负责人的说法是错误的。在建设工程合同中，发包人可以随时对工程作业的进度和质量进行监督和检查。如果在检查过程中发现工程的施工不符合发包人的要求或者违反了合同约定，检查人员有权要求承包人进行改正。发包人对工程作业的检查一般有两种方式：一种是委派具体管理人员作为工地代表。发包人委派工地代表后，应当及时通知承包人。另一种是发包人委托监理人实施对工程建设过程中的检查。对于一些国家规定强制监理的工程，发包人应当委托监理人对工程实施监理。发包人在检查时，承包人应该接受检查，并给予必要的协助和方便。如果发包人要求，承包人还应该及时向发包人提供月份作业计划、月份施工统计报表、施工进度报告表、工程事故报告等文件。本案中，不管 A 公司是出于怎样的目的想检查工程施工状况，其监督和检查的权利是法律赋予的，B 公司不能随意剥夺。所以，A 公司可以随时进行检查，B 公司应该配合。

实务指南

发包人固然有权对承包人的工程作业进行检查，但发包人的检查行为要谨慎合理，不能因此妨碍承包人的正常作业。法律作出这样合理的限制，也是从承包人的合法权益出发，平等对待双方当事人。如果因为不合理的检查行为导致承包人无法进行正常作业，承包人有权要求顺延工期，造成承包人停工、返工、窝工等损失的，有权要求发包人承担损害赔偿责任。

关联法规

《中华人民共和国民法典》

第七百九十七条 发包人在不妨碍承包人正常作业的情况下，可以随时对作业进度、质量进行检查。

第七百九十八条 隐蔽工程在隐蔽以前，承包人应当通知发包人检查。发包人没有及时检查的，承包人可以顺延工程日期，并有权请求赔偿停工、窝工等损失。

四、竣工验收

在建设工程竣工后，发包人应当根据施工图纸及说明书、国家颁发的施工验收规范和质量检验标准及时进行验收。验收合格的，发包人应当按照约定支付价款，并接收该建设工程。建设工程竣工经验收合格后，方可交付使用；未经验收或者验收不合格的，不得交付使用。

案例：工程竣工后可以不经验收直接交付使用吗?

某地要修建一个工业园，因此对工业园区内的部分工程进行招标。最终，祥云集团中标，承包了相关施工项目。当年4月，工业园与祥云集团签订了建设工程合同，约定将工业园内服务中心和生产中心工程以包工包料的形式承包给祥云集团。并约定了竣工日期为次年8月底，工业园验收合格以后支付剩余工程款。除此以外，合同还约定了质量标准、工程款的分期付款方式以及验收方式等问题。次年4月，主体工程基本完工，工业园按照约定支付了祥云集团60%的工程款。次年8月，工程全部竣工。祥云集团工地负责人通知工业园组织有关单位来验收，但是工业园负责此项目的张经理因出差不在，所以迟迟未能操办验收事宜。但是祥云集团急于得到剩下的工程款，于是主张先将施工项目交付使用，等张经理回来以后再组织验收事宜。这个想法正确吗？工程竣工后不经验收可以直接交付使用吗？

专家分析

建设工程在竣工以后必须经过验收才能交付使用。因任何原因导致未验收的建设工程，均不能交付使用。本案中，祥云集团急于拿到剩下的工程款，主张先将施工项目交付使用，等负责人回来以后再组织验收事宜，这一想法是严重违背法律的。当然，建设工程的竣工验收也需要满足一定的条件，即完成建设工程设计和合同约定的各项内容；有完整的技术档案和施工管理资料；有工程使用的主要建筑材料、建筑构配件和设备的进场试验报告；有勘察、设计、施工、工程监理等单位分别签署的质量合格文件；有施工单位签署的工程保修书。在满足这些条件，且由建设单位验收合格以后，才能交付使用。

实务指南

法律对工程的验收和交付使用作出了许多的限制，这是因为建设工程较为特殊，其质量能否达标很多时候都关系到许多方面的问题，甚至是人们的生命安全。所以，对待建设工程要十分谨慎。在没有交付使用前，任何人都不能主张投入使用，不然一旦出现问题，建设单位和施工单位都要承担民事甚至是刑事责任。

关联法规

《中华人民共和国民法典》

第七百九十九条　建设工程竣工后，发包人应当根据施工图纸及说明书、国家颁发的施工验收规范和质量检验标准及时进行验收。验收合格的，发包人应当按照约定支付价款，并接收该建设工程。

建设工程竣工经验收合格后，方可交付使用；未经验收或者验收不合格的，不得交付使用。

《建设工程质量管理条例》

第十六条　建设单位收到建设工程竣工报告后，应当组织设计、施工、工程监理等有关单位进行竣工验收。

建设工程竣工验收应当具备下列条件：

（一）完成建设工程设计和合同约定的各项内容；

（二）有完整的技术档案和施工管理资料；

（三）有工程使用的主要建筑材料、建筑构配件和设备的进场试验报告；

（四）有勘察、设计、施工、工程监理等单位分别签署的质量合格文件；

（五）有施工单位签署的工程保修书。

建设工程经验收合格的，方可交付使用。

五、勘察人、设计人、施工人、承包人的质量保证责任

在建设工程合同中，勘察人、设计人、施工人和承包人都有自己的质量保证责任。如果是勘察、设计的质量不符合要求或者未按照期限提交勘察、设计文件拖延工期，造成发包人损失的，勘察人、设计人应当继续完善勘察、设计，减收或者免收勘察、设计费并赔偿损失。因施工人的原因致使建设工程质量不符合约定的，发包人有权要求施工人在合理期限内无偿修理或者返工、改建，因此造成逾期交付的，施工人应当承担违约责任。如果是因承包人的原因致使建设工程在合理使用期限内造成人身和财产损害的，承包人应当承担损害赔偿责任。

案例：因施工人过错导致工程迟延交付怎么办？

尼派私立学校欲扩大学校规模，决定在初中部和高中部的基础上增设小学部，并准备建设一个风格独特的小学部教学楼。经过招标，尼派私立学校选中了兴盛公司的方案，并最终与兴盛公司签订了建设施工合同。合同约定，由兴盛公司承包尼派私立学校小学部的教学楼工程，主体工程于2021年5月完工，全部工程于2021年7月竣工。在整个勘察、设计和施工的过程中，尼派私立学校相关负责人一直与兴盛公司保持沟通和联系。但是在主体工程进展到一半的时候，尼派私立学校发现兴盛公司所使用的某种建筑材料没有达到约定的质量标准，一旦继续使用该材料，可能会对学生们的身体健康造成影响。于是，尼派私立学校要求兴盛公司将所用材料全部拆掉重建。兴盛公司只好重新按照合同的约定返工。

但是，由于此次返工，一直到7月底，教学楼全部工程未能竣工。这意味着即将在9月入学的学生们没有地方可以上课，尼派私立学校只能拖到明年再招生。尼派私立学校要求兴盛公司承担违约责任，赔偿由此带来的损失。那么，因施工人的过错导致工程迟延交付，施工人应该承担违约责任吗？

专家分析

本案中，兴盛公司未按照合同约定使用符合标准的建筑材料，即兴盛公司因为自己的原因导致建设工程质量不符合约定，在这种情况下，发包人尼派私立学校有权要求其返工重建。但是因为返工重建导致承包人兴盛公司不能让教学楼如期使用，给尼派私立学校带来了损失，在此情况下，尼派私立学校可以请求兴盛公司承担违约责任。因为，承包人应当对整个工程质量负责，也应当对工程合理使用期间的质量安全承担责任。对于因承包人的原因引起的建设工程对人身、财产的损害，承包人均应该进行损害赔偿。兴盛公司给尼派私立学校带来财产损失，对此进行赔偿无可厚非。

实务指南

在建设施工合同中，勘察人、设计人、施工人，抑或是承包人，都应该时时刻刻记住自己的义务和责任。绝对不能存在投机和侥幸心理，也不能贪图一时利益而违背合同约定。在一份合同中，每个人的分工都很明确，不违约的前提就是做好合同约定的自己分内的事情。否则，最后遭受损失的还是自己。

关联法规

《中华人民共和国民法典》

第八百条 勘察、设计的质量不符合要求或者未按照期限提交勘察、设计文件拖延工期，造成发包人损失的，勘察人、设计人应当继续完善勘察、设计，减收或者免收勘察、设计费并赔偿损失。

第八百零一条　因施工人的原因致使建设工程质量不符合约定的，发包人有权请求施工人在合理期限内无偿修理或者返工、改建。经过修理或者返工、改建后，造成逾期交付的，施工人应当承担违约责任。

第八百零二条　因承包人的原因致使建设工程在合理使用期限内造成人身损害和财产损失的，承包人应当承担赔偿责任。

六、发包人违约责任

在建设工程合同中，发包人承担违约责任有以下三种情形：（1）发包人未按照约定的时间和要求提供原材料、设备、场地、资金、技术资料的，承包人可以顺延工程日期，并有权要求赔偿停工、窝工等损失。（2）因发包人的原因致使工程中途停建、缓建的，发包人应当采取措施弥补或者减少损失，赔偿承包人因此造成的损失和实际费用。（3）因发包人变更计划，提供的资料不准确，或者未按照期限提供必需的勘察、设计工作条件而造成勘察、设计的返工、停工或者修改设计，发包人应当按照勘察人、设计人实际消耗的工作量增付费用。

案例：发包人迟迟不提供建设场地，应承担怎样的责任？

星海公司打算修建一个职工休闲中心，正好公司内有一闲置仓库，遂打算把仓库改造成休闲中心。马氏公司最终中标，与星海公司签订了建设工程施工合同。合同约定，发包人星海公司在2月1日之前将仓库内的物品清理干净，并于2月15日前将仓库交付给马氏公司。马氏公司拿到场地以后开始动工，全部工程竣工日期为6月1日。然而，到3月15日时，仓库内的物品仍然没有清理干净，马氏公司无法进入仓库内动工。

后经过马氏公司多次催促，星海公司终于在4月30日将仓库交由马氏公司。马氏公司拿到场地以后，称星海公司违反合同约定延期交付场地，导致工程不可能按照原来的约定竣工。同时，马氏公司早在2月就已经安排好了工人和建筑材料，因星海公司的原因导致停工给本公司造成了一定的损失。马氏公司要求星海公司赔偿因停工造成的损失，并主张顺延工程日期。但是星海公司对此拒不同意。那么，星海公司对于迟迟未提供建设场地的行为，应该承担怎样的责任呢?

专家分析

本案中，星海公司与马氏公司约定在 2 月 15 日前将建设场地（仓库）交由马氏公司动工，但是星海公司因自己的原因一直拖到了 4 月底才交付。此时，星海公司已经构成了违约，应该按照合同约定承担违约责任。马氏公司因此而停工，必然造成了一定的损失，这部分损失也应该由星海公司承担。除此以外，根据我国法律规定，如果发包人未按照约定的时间和要求提供原材料、设备、场地、资金、技术资料的，承包人可以顺延工程日期。也就是说，星海公司迟延了一个半月交付场地，其不可能再要求马氏公司按照原先的合同约定的日期竣工，所以马氏公司有权根据星海公司迟延交付场地的情况而顺延工程的竣工日期。此外，马氏公司也可以依据《民法典》第八百零六条第二款的规定要求解除合同。

实务指南

在一个建设工程项目中，承包人虽然是按照发包人的要求为发包人进行建设，但是发包人也要履行一定的义务。如果发包人没有履行相应的义务，那必然要承担违约责任。

关联法规

《中华人民共和国民法典》

第八百零三条　发包人未按照约定的时间和要求提供原材料、设备、场地、资金、技术资料的，承包人可以顺延工程日期，并有权请求赔偿停工、窝工等损失。

第八百零四条　因发包人的原因致使工程中途停建、缓建的，发包人应当采取措施弥补或者减少损失，赔偿承包人因此造成的停工、窝工、倒运、机械设备调迁、材料和构件积压等损失和实际费用。

第八百零五条　因发包人变更计划，提供的资料不准确，或者未按照期限提供必需的勘察、设计工作条件而造成勘察、设计的返工、停工或者修改设计，发包人应当按照勘察人、设计人实际消耗的工作量增付费用。

第八百零六条　承包人将建设工程转包、违法分包的，发包人可以解除合同。

发包人提供的主要建筑材料、建筑构配件和设备不符合强制性标准或者不履行协助义务，致使承包人无法施工，经催告后在合理期限内仍未履行相应义务的，承包人可以解除合同。

合同解除后，已经完成的建设工程质量合格的，发包人应当按照约定支付相应的工程价款；已经完成的建设工程质量不合格的，参照本法第七百九十三条的规定处理。

第三节　委托合同

委托合同又称为委任合同，是指委托人和受托人约定，由受托人处理委托人事务的合同。在委托合同中，委托他人处理事务的一方称为委托人，接受委托为他人处理事务的一方称为受托人。委托合同的目的是受托人替代委托人处理或者管理某项事务，受托人为了委托方的利益，在合同规定的权利范围内采取一些必要的措施对事务进行处置。委托合同有如下特征：

第一，委托合同是诺成、不要式合同。委托合同为诺成合同，合同双方当事人在意思表示达成一致时，委托合同宣告成立，不需要再以物的交付或当事人义务的履行作为合同成立要件，除非法律有特别规定。法律并未要求合同具备特定形式，所以属于不要式合同。

第二，委托合同可以是无偿单务合同，也可以是有偿双务合同。这点法律并未作限制性规定，要根据合同双方当事人的约定来决定。

第三，委托合同的标的是处理事务的行为。委托合同并不以完成某件事情或者得到某种结果为成立要件，其强调的是受托人处理事务的这一行为。

一、委托人的权利与义务

在委托合同中，委托人有自由选择特别委托或者概括委托的权利。特别委托是指委托人将特定的一项或数项事务特别地委托受托人处理；概括委托是指委托人将一切事务概括地委托给受托人处理。在有偿委托的情况下，委托人在享有委托权利的同时，还承担着向受托人支付费用、报酬的义务。

案例：受托人有权要求委托人支付垫付费用的利息吗?

天良公司为了扩大公司的影响力，决定大规模发布广告。广告制作出来以后，天良公司委托大于文化传播公司为自己公司进行宣传。在天良公司和大于文化传播公司的委托合同中，明确约定了各项费用以及报酬的支付方式。大于文化传播公司在履行合同的过程中，为天良公司垫付了各项费用达 10 万元。在最后计算报酬时，大于文化传播公司要求天良公司在给付 10 万元垫付费用的同时，额外支付垫付费用的利息。但是天良公司却拒绝支付这部分利息。为此，双方争执不下，大于文化传播公司最终向当地的仲裁机构申请仲裁。那么，如果受托人为处理委托事务垫付了必要的费用，其有权要求委托人支付利息吗?

专家分析

在有偿委托合同中，委托人有自己的权利和相应的义务。权利主要体现在自主决定委托事项，即可以特别委托或者概括委托受托人处理其要求的事项。义务有两个方面：第一，受托人完成委托事务的，委托人应当向其支付报酬。第二，委托人应当预付处理委托事务的费用，如果受托人为处理委托事务垫付了必要的费用，那么委托人应当偿还该费用及其利息。本案中，天良公司委托大于文化传播公司为自己进行宣传，在履行委托合同的过程中，大于文化传播公司为天良公司垫付了一定的费用。那么根据法律规定，大于文化传播公司有权要求天良公司支付垫付的费用以及利息。

实务指南

委托人委托受托人处理事务时，如果在履行合同过程中产生费用，那么委托人应该预付处理事务的费用。如果受托人垫付了处理委托事务的必要费用，那么委托人应该及时偿还费用和利息。法律作出这样的规定，不仅能规范委托合同的有序履行，还能在督促委托人履行义务的同时保障受托人的利益。

关联法规

《中华人民共和国民法典》

第九百二十条　委托人可以特别委托受托人处理一项或者数项事务，也可以概括委托受托人处理一切事务。

第九百二十一条　委托人应当预付处理委托事务的费用。受托人为处理委托事务垫付的必要费用，委托人应当偿还该费用并支付利息。

第九百二十八条　受托人完成委托事务的，委托人应当按照约定向其支付报酬。

因不可归责于受托人的事由，委托合同解除或者委托事务不能完成的，委托人应当向受托人支付相应的报酬。当事人另有约定的，按照其约定。

二、受托人的义务

委托合同中，受托人的义务有：第一，要按照委托人的指示办理委托的事务。第二，受托人应当亲自处理委托事务。当然，如果经委托人同意，受托人也可以转委托，即委托给第三人处理。如果转委托未经委托人同意，则受托人应当对转委托的第三人的行为承担责任，但在紧急情况下受托人为维护委托人的利益需要转委托的除外。第三，受托人处理委托事务取得的财产，应当转交给委托人。

案例：受托人有哪些义务？

广海集团与厚德公司签订了一份委托销售合同。合同约定，由厚德公司为广海集团销售一批货物，销售费用由广海集团承担，同时将总销售额的15%作为厚德公司的销售报酬。除此以外，合同还约定，厚德公司应该按照广海集团的指示进行销售，广海集团有权随时要求厚德公司更换销售模式。厚德公司必须亲自进行销售，不能再转委托其他人销售。合同签订以后，厚德公司开始按照广海集团的意愿进行销售。但是在合同履行过程中，厚德公司觉得力不从心，想转委托给另外一个公司销售。经过与广海集团商议，广海集团拒绝了厚德公司的请求。无奈之下，厚德公司只好继续履行合同义务。那么，亲自销售是厚德公司的义务吗？除此以外，受托人还有哪些义务呢？

专家分析

本案中，亲自销售确系受托人厚德公司的义务。根据我国《民法典》的有关规定，受托人应该亲自处理委托事务。当然，如果经过委托人的同意，可以转委托。但是本案的委托人和受托人在委托合同中明确约定了不能转委托，并且在受托人厚德公司打算转委托时征求了广海集团的意见，但是广海集团当即表示不同意。在这种情况下，厚德公司必须亲自处理委托事务，否则会违反合同约定。同时，如果未经广海公司的同意，厚德公司就擅自转委托给第三人，那么厚德公司要为第三人的行为负责。当然，除了这项义务以外，厚德公司还有按照广海集团的指示处理委托事务、向广海集团报告委托事务的处理情况、将处理委托事务取得的财产转交给广海集团等义务。

实务指南

委托合同中，受托人应该积极履行自己的合同义务，为委托人办理委托事务，随时报告处理情况并及时交付处理事务取得的财物。委托合同的实质就是受托人为委托人办理事务，所以受托人的一切行为都应该在不违反法律法规的情况下，符合委托人的意愿。

关联法规

《中华人民共和国民法典》

第九百二十二条 受托人应当按照委托人的指示处理委托事务。需要变更委托人指示的，应当经委托人同意；因情况紧急，难以和委托人取得联系的，受托人应当妥善处理委托事务，但是事后应当将该情况及时报告委托人。

第九百二十三条 受托人应当亲自处理委托事务。经委托人同意，受托人可以转委托。转委托经同意或者追认的，委托人可以就委托事务直接指示转委托的第三人，受托人仅就第三人的选任及其对第三人的指示承担责任。转委托未经同意或者追认的，受托人应当对转委托的第三人的行为承担责任；但是，在紧急情况下受托人为了维护委托人的利益需要转委托第三人的除外。

第九百二十四条 受托人应当按照委托人的要求，报告委托事务的处理情况。委托合同终止时，受托人应当报告委托事务的结果。

第九百二十七条 受托人处理委托事务取得的财产，应当转交给委托人。

三、受托人以自己的名义和第三人订立合同

如果受托人在授权范围内以自己的名义与第三人订立合同，第三人在订立合同时知道受托人与委托人之间的代理关系的，该合同可以直接约束委托人和第三人。但是如果第三人确实不知道受托人与委托人之间的代理关系，且受托人因第三人的原因对委托人不履行义务的，受托人应当向委托人披露第三人，委托人可以行使受托人对第三人的权利。当然，如果受托人因委托人的原因对第三人不履行义务，受托人应当向第三人披露委托人，第三人也可以选择受托人或者委托人作为相对人主张其权利。

案例：委托人可以向与受托人订立合同的第三人行使权利吗？

A公司与B公司签订了一份委托经营合同。后来，为了顺利进行经营，B公司需要向C公司购买某个设备。遂在A公司的委托授权范围之内，B公司以自己的名义与C公司签订了一份买卖合同，B公司为买方，C公司为卖方，且C公司与A公司素不相识。C公司并不知道A公司与B公司的委托代理关系，仅以为自己是与B公司签订的买卖合同。后来，C公司在收到B公司支付的设备价款以后，拒绝向B公司交付设备。因此，B公司不能继续按照与A公司的合同约定进行经营。无奈之下，B公司只好向A公司告知了C公司的违约事实。在这种情况下，A公司可以直接向C公司主张权利吗？

专家分析

A公司是可以直接向C公司主张权利的。本案中，B公司以自己的名义与C公司签订了买卖合同，但是C公司并不知道A公司和B公司的委托关系，而且C公司与A公司也素不相识，不存在任何纠纷。在这种情况下，C公司因拒绝交付标的物导致B公司不能履行与A公司的合同义务，此时B公司应该向委托人A公司披露第三人C公司，委托人A公司就可以行使受托人B公司对第三人的权利。但是C公司可以向委托人A公司主张其对受托人B公司

的抗辩。如果第三人C公司选定委托人作为其相对人，委托人A公司可以向C公司主张其对B公司的抗辩以及受托人B公司对第三人C公司的抗辩。

实务指南

受托人以自己的名义和第三人订立合同的情形较为复杂，法律也根据不同的情况作出了详细的规定，据此来约束委托人、受托人和第三人的行为。在履行合同义务时，要时刻记住合同相对性，同时根据具体情况进行具体分析，并善于用法律的规定解决现实中遇到的问题。当委托合同中出现第三人时，更应该谨慎对待，保护好自己权益的同时，保障合同的顺利履行。

关联法规

《中华人民共和国民法典》

第九百二十五条　受托人以自己的名义，在委托人的授权范围内与第三人订立的合同，第三人在订立合同时知道受托人与委托人之间的代理关系的，该合同直接约束委托人和第三人；但是，有确切证据证明该合同只约束受托人和第三人的除外。

第九百二十六条　受托人以自己的名义与第三人订立合同时，第三人不知道受托人与委托人之间的代理关系的，受托人因第三人的原因对委托人不履行义务，受托人应当向委托人披露第三人，委托人因此可以行使受托人对第三人的权利。但是，第三人与受托人订立合同时如果知道该委托人就不会订立合同的除外。

受托人因委托人的原因对第三人不履行义务，受托人应当向第三人披露委托人，第三人因此可以选择受托人或者委托人作为相对人主张其权利，但是第三人不得变更选定的相对人。

委托人行使受托人对第三人的权利的，第三人可以向委托人主张其对受托人的抗辩。第三人选定委托人作为其相对人的，委托人可以向第三人主张其对受托人的抗辩以及受托人对第三人的抗辩。

四、损害赔偿责任

有偿的委托合同，因受托人的过错或者超越权限给委托人造成损失的，委托人可以要求赔偿损失。无偿的委托合同，必须是因受托人的故意或者重大过失给委托人造成损失，委托人才可以要求赔偿损失。反过来，若受托人处理委托事务时，因不可归责于自己的事由受到损失的，也可以向委托人要求赔偿损失。如果受托人经委托人同意，委托第三人处理委托事务，并因此给受托人造成损失，受托人同样也可以向委托人要求赔偿损失。

案例：因受托人的过错给委托人造成损失的，谁来承担损害赔偿责任？

2021 年，渤海集团投资建设了环美酒店。为了有效采用现代化的酒店管理模式，渤海集团委托集成酒店管理公司来经营管理环美酒店。双方于 2022 年 1 月签订了委托合同，合同约定渤海集团委托集成酒店管理公司管理、经营环美酒店，本着有利于酒店盈利的原则，集成酒店管理公司有权采取任何经营方式和保障措施，但不能违反法律法规的相关规定。合同还约定了集成酒店管理公司的报酬和管理标准等问题，即渤海集团每年向集成酒店管理公司支付酒店经营额 30% 的报酬。2022 年 1 月，由于集成酒店管理公司检查不到位，某个酒店房间发生火灾，火势蔓延了整个楼层，酒店损失重大。渤海集团得知以后，查明了具体原因，遂要求集成酒店管理公司赔偿损失。那么，集成酒店管理公司是否应承担损害赔偿责任呢？

专家分析

集成酒店管理公司应该承担损害赔偿责任。根据《民法典》第九百二十九条的规定，有偿的委托合同，因受托人的过错给委托人造成损失的，委托人可以请求赔偿损失。本案中，渤海集团委托集成酒店管理公司管理经营环美酒店，合同中约定了报酬，很明显地可以得知这是一份有偿的委托合同。而且火灾的发生是因为集成酒店管理公司检查不到位即集成酒店管理公司的过错导致的，给渤海集团造成了损失，所以，集成酒店管理公司应该承担损害赔偿责任。

实务指南

在委托合同中，损害赔偿责任有着明确的划分，基本是以过错责任为原则，但是也要注意是有偿合同还是无偿合同。有偿合同中，受托人过错造成的损失，应该由受托人赔偿，但是无偿合同中受托人必须是因故意或者重大过失给委托人造成损失才赔偿。当然，法律也作出了保护受托人权益的相关规定，即如果受托人是因为不可归责于自己的事由受到损失的，也可以向委托人要求赔偿损失。

关联法规

《中华人民共和国民法典》

第九百二十九条　有偿的委托合同，因受托人的过错造成委托人损失的，委托人可以请求赔偿损失。无偿的委托合同，因受托人的故意或者重大过失造成委托人损失的，委托人可以请求赔偿损失。

受托人超越权限造成委托人损失的，应当赔偿损失。

第九百三十条　受托人处理委托事务时，因不可归责于自己的事由受到损失的，可以向委托人请求赔偿损失。

第九百三十一条　委托人经受托人同意，可以在受托人之外委托第三人处理委托事务。因此造成受托人损失的，受托人可以向委托人请求赔偿损失。

第九百三十二条　两个以上的受托人共同处理委托事务的，对委托人承担连带责任。

五、合同的解除与终止

在委托合同中，委托人或者受托人可以随时解除委托合同。委托合同因当事人一方死亡、丧失民事行为能力或破产而终止，这是一般的原则规定，但是在特殊情况下，委托合同也可以不终止。这些特殊情况主要包括两种：（1）合同另有约定；（2）委托事务的性质不宜终止。如果因为委托人破产导致合同终止，并且会因此损害委托人利益时，那么受托人应该在清算组织承受委托事务之前，继续处理委托事务。如果是受托人破产导致合同终止，并且会因此损害委托人利益时，那么，在委托人作出善后处理之前，受托人的清算组织应该采取必要的措施。

案例：委托人破产后，委托合同如何处理呢？

大唐公司与河源商贸签订了委托销售合同。合同约定，自当年10月1日至次年8月1日，河源商贸为大唐公司销售某批次的日用品。但由于经营不善，大唐公司于次年1月被法院宣告破产。破产以后，河源商贸不知该如何处理为大唐公司代销的这批货物。河源商贸相关负责人认为大唐公司破产以后，双方签订的委托合同就自然终止，但是也有人称要看合同是如何约定的，如果约定了不宜终止，则应该按照合同约定处理。但是河源商贸查阅合同时发现合同并未就此问题作出约定。那么，在这种情况下，委托合同应该如何处理呢？是终止还是应该继续履行？

专家分析

根据本案的情形，大唐公司和河源商贸的委托合同终止。根据我国《民法典》第九百三十四条的规定，委托人死亡、终止或者受托人死亡、丧失民事行为能力、终止的，委托合同终止；但当事人另有约定或者根据委托事务的性质不宜终止的除外。本案中，委托人大唐公司被法院宣告破产，同时大唐公司和河源商贸之间也没有另行约定，该事务性质也不存在不宜终止这一情况，所以双方的合同终止。如果因合同的终止损害到大唐公司的利益，那么大唐公司的继承人、法定代理人或者清算组织承受委托事务之前，受托人应当继续处理委托事务。

实务指南

合同的订立要求双方当事人自愿，委托合同的解除也是双方在合法的范围内自愿而为的。当然，如果因此给对方造成了损失，也要付出相应的代价，即进行赔偿。除此以外，也经常存在受托人或者委托人破产的情况，此时可以终止合同，但如果涉及双方的利益，则不能盲目终止，应该妥善处理。

关联法规

《中华人民共和国民法典》

第九百三十三条　委托人或者受托人可以随时解除委托合同。因解除合同造成对方损失的，除不可归责于该当事人的事由外，无偿委托合同的解除方应当赔偿因解除时间不当造成的直接损失，有偿委托合同的解除方应当赔偿对方的直接损失和合同履行后可以获得的利益。

第九百三十四条　委托人死亡、终止或者受托人死亡、丧失民事行为能力、终止的，委托合同终止；但是，当事人另有约定或者根据委托事务的性质不宜终止的除外。

第九百三十五条　因委托人死亡或者被宣告破产、解散，致使委托合同终止将损害委托人利益的，在委托人的继承人、遗产管理人或者清算人承受委托事务之前，受托人应当继续处理委托事务。

第九百三十六条　因受托人死亡、丧失民事行为能力或者被宣告破产、解散，致使委托合同终止的，受托人的继承人、遗产管理人、法定代理人或者清算人应当及时通知委托人。因委托合同终止将损害委托人利益的，在委托人作出善后处理之前，受托人的继承人、遗产管理人、法定代理人或者清算人应当采取必要措施。

第十一章

货运合同、仓储合同与技术合同

在现代社会的市场交易中，买卖合同虽然最为常见，但一些服务合同在经济生活中也起着非常重要的作用。其中，货运合同、仓储合同都是提供服务的典型合同，如大部分买卖合同在签订之后，其标的物都是需要运输并存储的。于是，就需要签订另一份货运合同、仓储合同。因此，我们在了解买卖合同的同时，还需要对货运合同和仓储合同有所了解。另外，在科技日益发展的今天，企业若想取得更好的发展，获取更多的效益，技术问题应该是不容回避的，因此对于相关的技术合同，也有必要进行了解。

第一节　货运合同

货运合同也称为货物运输合同，是运输合同的一种，是指承运人依据合同约定的时间、方式等将托运人托运的货物送到约定的地点，托运人或者收货人支付运费的协议。在货运合同中，按照约定运输货物的人叫承运人，将货物委托给他人运送的人叫托运人。

货运合同具有以下两个特征：（1）货运合同通常会涉及第三人。在货运合同中，虽然签订合同的主体是托运人和承运人，但是，当托运人与收货人不是同一个人时，就会涉及第三人。此时，收货人虽然不是合同的当事人，但是，其独立享有合同的权利并承担相应的义务。（2）货运合同以承运人将货物交付给收货人始告完成。在货运合同中，虽然合同的标的是运输行为，但是，承运人将货物运输到目的地，其给付义务并未完成。只有承运人将货物交付给收货人，承运人的义务才履行完毕。

在货运合同中，托运人具有以下权利和义务：

（1）托运人的权利：第一，请求承运人按照约定的时间、方式运输货物，并送到目的地。第二，请求变更运输合同。在承运人将货物交付给收货人之前，托运人有权要求承运人中止运输、返还货物、变更目的地或者收货人，但是应当赔偿承运人因此而受到的损失。

（2）托运人的义务：第一，交付托运货物。第二，包装。托运人应当按照约定的方式包装货物。第三，说明。托运人办理货物运输，应当准确表明收货人的名称或姓名，以及货物的名称、重量、数量、性质，收货地点等有关货物运输的必要情况；托运的货物按照其性质有可能导致他人的人身或财产受到损害的，托运人在办理货物运输时需要依据规定如实告知承运人有关的必要情况，便于其准确、安全地将货物运送到目的地。第四，办理行政审批手续。货物运输需要办理审批、检验等手续的，托运人应当将办理完有关手续的文件交给承运人。第五，支付运费。

在货运合同中，承运人具有以下权利和义务：

（1）承运人的权利：第一，收取运费。第二，留置权与提存权。在托运人或者收货人不支付运费等相关费用时，除法律另有规定外，承运人对相应的运输货物可留置、提存。

（2）承运人的义务：第一，运送。承运人应当按照约定的时间、方式将货物运送至约定地点。第二，按照托运人的指示处理承运货物。第三，保管运输货物。第四，通知收货人提货与交付货物。

另外，在货运合同中，当收货人与托运人不一致时，就会涉及收货人的义务。收货人主要具有按时收取、检验货物的义务。

一、托运人如实申报货物的情况及提交相关文件的义务

在货物运输合同中，如实申报货物的情况及提交相关文件是托运人的一项义务。托运人的该项义务主要包括如实申报法律规定的申报事项、提交相关的文件。

（1）如实申报的事项包括收货人的名称、姓名或者凭指示的收货人，货物的名称、性质、重量、数量，收货地点等有关货物运输的必要情况。此外，还包括双方在合同中约定的申报事项。在货运合同中，即便合同没有明确规定，承运人没有要求，托运人也有义务主动向承运人说明货物的有关情况，从而保证货物运输合同的顺利履行。

（2）托运人提交相关文件的义务是指在货物运输中，根据运输货物的种类、性质及国家的相关政策等，有些货物在运输之前需要得到有关部门的批准或者经过有关部门的检验之后才能进行运输。此时，托运人需要为货物的运输办理审批、检验手续，同时，应将办完有关手续的文件提交给承运人，从而保

证货物顺利、安全地运输到目的地。

案例：托运人没有及时提供货物的相关情况，给承运人造成损失的，应该怎么办？

某种子有限公司是某市的一家专门生产植物种子的企业。2021年2月，该种子公司与当地的菲达物流公司签订了一份货运合同，合同约定，由菲达物流公司将两吨马铃薯的种子运往邻市的某农产品公司，采用公路运输的方式，在货到后付款。当时，种子公司因疏忽没有向菲达物流公司提供运输货物马铃薯的种子需要5摄氏度至10摄氏度的温度储藏这一信息。后运输时，由于天气炎热，在收货人收货后，大部分货物已经腐烂。为此，该农产品公司要求菲达物流公司承担赔偿责任。而菲达物流公司认为，当时是种子公司没有及时提供货物的储藏信息，才导致货物毁损。因此，应该由种子公司来承担损害赔偿责任。由于无法达成一致意见，双方诉至法院。那么，托运人没有及时提供货物的相关情况给承运人造成损失的，应该怎么办？

专家分析

根据我国《民法典》第八百二十五条的规定，如实申报托运货物的相关情况是托运人的义务。在托运人将货物交给承运人时，其应该将货物的名称、性质等必要情况告知承运人。如果因为托运人没有履行如实申报义务而导致货物受损，那么托运人应该为此承担责任。本案中，托运人种子公司因为疏忽并没有将马铃薯种子所需要的储存温度如实告知承运人菲达物流公司，才导致大部分货物腐烂。因此，应该由托运人种子公司来承担损害赔偿责任。

实务指南

实践中，货物运输合同在企业之间是非常普遍的。而在货运合同中，托运人所负担的义务不仅仅是将货物交给承运人，其还必须将货物的相关信息告诉承运人，以便承运人将货物安全地运送到目的地。如本案中，种子公司作为托运人不能只是简单地把货物交付给承运人菲达物流公司，依据法律的规定，其应该将马铃薯种子所需要的储藏温度告知菲达物流公司。而正是因为种子公司将重要的信息遗漏，使得收货人在收到货物时，大部分种子已经腐烂，此时，种子公司就要为此而承担责任。

关联法规

《中华人民共和国民法典》

第八百二十五条 托运人办理货物运输，应当向承运人准确表明收货人的姓名、名称或者凭指示的收货人，货物的名称、性质、重量、数量，收货地点等有关货物运输的必要情况。

因托运人申报不实或者遗漏重要情况，造成承运人损失的，托运人应当承担赔偿责任。

第八百二十六条 货物运输需要办理审批、检验等手续的，托运人应当将办理完有关手续的文件提交承运人。

二、对包装的要求

托运人应当依据合同的约定包装货物。如果双方对包装方式没有约定或者约定不明确，依据法律的规定，双方当事人可以进行补充协议。未达成补充协议并且按照合同的有关条款或者交易习惯无法确定包装方式的，就应当按照通用的方式进行包装。如果没有通用方式，则采用足以保护标的物的包装方式。尤其是对于一些易燃、易爆、有毒、有腐蚀性、有放射性的危险物品，托运人必须按照国家规定的方式进行包装，否则，承运人有权拒绝运输货物。

案例：托运人没有按照约定的方式履行包装义务，承运人可以拒绝运输吗？

雅风物流公司是某市的一家企业。2021年3月，该物流公司与当地一家电器销售公司签订了一份货物运输合同。合同约定，由雅风物流公司负责为该电器销售公司采用公路运输的方式，将50台液晶电视运送到北京某商场。同时，双方约定，电器销售公司要采用木板托架整体包装方式包装货物，以避免运输过程中货物损坏。在双方签订合同后，雅风物流公司按照约定接收货物并准备运往北京某商场。可是，雅风物流公司在检查货物过程中发现，货物使用的是纸箱而不是木板托架整体包装方式。一旦采用纸箱的包装方式，就很可能会导致货物毁损。因此，雅风物流公司要求电器销售公司更换包装，否则拒绝运输。那么，承运人有权拒绝运输货物吗？

专家分析

在托运人未按照约定履行包装义务时，承运人是可以拒绝运输货物的。我国《民法典》第八百二十七条明确规定，托运人应当按照约定的方式包装货物。对包装方式没有约定或者约定不明确的，适用本法第六百一十九条的规定。托运人违反前款规定的，承运人可以拒绝运输。据此可知，托运人应当依照约定的方式包装货物，如果双方对于货物的包装没有约定，则按照法律的相关规定确定货物的包装方式。在托运人违反此项法定义务时，承运人有权拒绝运输货物。同时，法律也对易燃、易爆等危险物品作出了特别规定，要求托运人必须严格依照规定履行包装义务。如果托运人没有依据国家规定对危险物品进行包装，此时，承运人可以拒绝运输，也可以采取相应的措施，但由此产生的费用由托运人来负担。本案中，虽然电视不是危险物品，但电器销售公司没有按照约定的方式包装，很可能会导致货物的毁损，增加运输风险，因此，雅风物流公司有权拒绝运输该批货物。

实务指南

对货物的包装关系到承运人能否将货物安全、顺利地送到目的地。一旦托运人没有按照约定的方式履行包装义务，很可能导致货物的毁损。对于危险物品而言，甚至可能会造成更严重的损害。因此，法律规定如果托运人不履行包装义务，承运人就可以拒绝运输货物。实践中，企业作为托运人，应当依照约定对运输的货物进行包装。作为承运人，在履行合同时，如果托运人没有履行此项义务，其完全可以拒绝履行合同。

关联法规

《中华人民共和国民法典》

第八百二十七条 托运人应当按照约定的方式包装货物。对包装方式没有约定或者约定不明确的，适用本法第六百一十九条的规定。

托运人违反前款规定的，承运人可以拒绝运输。

第八百二十八条 托运人托运易燃、易爆、有毒、有腐蚀性、有放射性等危险物品的，应当按照国家有关危险物品运输的规定对危险物品妥善包装，做出危险物品标志和标签，并将有关危险物品的名称、性质和防范措施的书面材料提交承运人。

托运人违反前款规定的，承运人可以拒绝运输，也可以采取相应措施以避免损失的发生，因此产生的费用由托运人负担。

三、托运人变更或者解除运输合同权利

在货运合同中，托运人享有一项比较特殊的权利，即其可以变更或者解除货运合同。因为现代社会信息的发达，以及市场交易效率的不断提高，很可能在托运人与承运人签订运输合同之后，收货人又将货物转手出卖给第三人，或者因为在履行合同中出现的矛盾而解除买卖合同。此时，托运人可能就需要将货物取回或者转送给其他客户。如果不赋予托运人此项权利，很可能就会出现

托运人经常违约的现象。因此，法律应该允许托运人享有此项权利，但是，其应当承担由此给承运人造成的损失。

案例：因托运人变更合同而导致的承运人损失，应该由谁来承担？

恒通物流公司与某市的一家食品公司签订了一份货物运输合同。双方在合同中约定，由恒通物流公司将500箱真空包装的食品运往某市的一个超市。在签订合同之后，恒通物流公司便依照合同的规定，将货物运送到某市的一个超市。可是，在恒通物流公司到达目的地时，该食品公司通知恒通物流公司，称因为该超市没有按照合同约定支付货款，已与超市解除了合同。因此，要将货物运往另一个城市。恒通物流公司在收到通知以后，答应将货物转运到食品公司指定的地点。但是，食品公司必须要承担恒通物流公司因此而受到的损失。而食品公司认为，自己有变更合同的权利，无须承担因此造成的损失。那么，因托运人变更合同而导致的承运人损失，应该由谁来承担？

专家分析

我国《民法典》第八百二十九条规定，在承运人将货物交付收货人之前，托运人可以要求承运人中止运输、返还货物、变更到达地或者将货物交给其他收货人，但是应当赔偿承运人因此受到的损失。可见，在货物运输合同中，法律允许托运人变更合同或者解除合同。但是，如果因此而导致承运人受到损失，托运人也必须进行赔偿。本案中，依据法律的规定，食品公司作为托运人可以变更合同中的到达地，请求承运人将货物转交给其他收货人，但是，食品公司必须承担承运人因此而受到的损失。食品公司的说法是不正确的，因托运人变更合同而给承运人造成的损失，应当由托运人来承担赔偿责任。

实务指南

实践中，因为买卖双方合同的变化，运输合同也会随之变更。需要注意的是，在货物运输合同中，托运人确实享有变更或解除运输合同的权利。但是，其也必须承担因自己变更或者解除合同而给承运人带来的损失。本案中，食品公司变更了运输的目的地，而此时恒通物流公司已经到达目的地，再将货物运往另一个城市的过程中需要支出各项费用，食品公司要承担因此给恒通物流公司造成的损失。

关联法规

《中华人民共和国民法典》

第八百二十九条 在承运人将货物交付收货人之前，托运人可以要求承运人中止运输、返还货物、变更到达地或者将货物交给其他收货人，但是应当赔偿承运人因此受到的损失。

四、提货及货物检验

在货物运输合同中，收货人主要负有两项义务：

（1）按时收取货物的义务。在货运合同中，收货人应当按时提取货物，如果逾期收取货物的，需要向承运人支付保管费等费用。

（2）及时验货的义务。收货人应当按照约定的期限检验货物，如果合同没有约定检验货物的期限，在依据法律的规定既不能达成补充协议，也无法按照交易习惯确定时，应当在合理的期限内检验货物。如果收货人在约定的期限或者合理的期限内对货物的数量、毁损等未提出异议的，视为承运人已经按照运输单证的记载交付货物，承运人免去赔偿责任。

案例：收货人没有按照规定的期限提取货物的，承运人有权向收货人收取保管费吗？

乐乐玩具制造厂是某市一家生产玩具的企业。2021 年 2 月，乐乐玩具制造厂接到北京某百货商场的一批订单。该玩具制造厂在按照合同约定完成订单之后，便准备将玩具运送到北京。于是，其在 2021 年 3 月与通畅物流公司签订了货物运输合同。合同约定，由通畅物流公司采用公路运输的方式将货物运送到北京的商场。合同签订之后，通畅物流公司将货物按照约定运送到北京。可是，3 月 22 日，通畅物流公司通知该商场接货后，百货商场于 7 日后才收取货物。而在这 7 日之中，货物由通畅物流公司寄存在某仓库中，为此花去相关费用 3000 元。在百货商场接收货物时，该物流公司便要求百货商场支付逾期收货造成的保管费。那么，收货人没有按照规定的期限提取货物的，承运人有权向收货人收取保管费吗？

专家分析

《民法典》第八百三十条规定："货物运输到达后，承运人知道收货人的，应当及时通知收货人，收货人应当及时提货。收货人逾期提货的，应当向承运人支付保管费等费用。"也就是说，在货运合同中，收货人负有按时收取货物，并及时检验货物的义务。如果在承运人通知收货人收货之后，其仍然逾期收货的，收货人要支付因为逾期收货而产生的保管费用。本案中，通畅物流公司将货物运送到目的地之后，已经及时通知了北京某百货商场收取货物，但是，该商场在 7 天之后才收取。在此期间，承运人通畅物流公司为保管货物支付的费用，应该由收货人百货商场来承担。所以，本案中通畅物流公司的做法是正确的。

实务指南

在货运合同中，不仅涉及承运人与托运人的权利义务关系，而且在托运人与收货人不一致时，收货人也要负担一定的义务。依据相关法律的规定，企业如果作为收货人，其必须按照通知的时间提取货物，并及时验收货物。如果企业不及时提取货物，需要承担因此而产生的保管费用。本案中，正是由于百货商场没有及时收取货物，所以，其应该向承运人支付这7天的保管费用。

关联法规

《中华人民共和国民法典》

第八百三十条 货物运输到达后，承运人知道收货人的，应当及时通知收货人，收货人应当及时提货。收货人逾期提货的，应当向承运人支付保管费等费用。

五、货损责任的承担

安全将货物运送到目的地是承运人的责任，同时，承运人需要对运输过程中货物的毁损、灭失承担损害赔偿责任。也就是说，承运人在履行合同义务的过程中如果违反了该项义务，承担的是无过错责任，即承运人不得以证明自己没有过错而免责。但是，《民法典》仍然规定了承运人的三项免责事由：

（1）不可抗力。不可抗力是指不能预见、不能避免且无法克服的客观情况。因此，在不可抗力发生时，即使承运人尽了自己的义务也无法阻止的，承运人无须承担责任。

（2）货物本身的自然性质或者合理的损耗。货物本身的自然性质是指货物本身的物理或者化学变化，如变质、生锈、破裂等。合理的损耗是指在货物运送的过程中，损耗在有关部门规定范围内的尾差或者自然减量的标准。由于货物本身的自然性质或者合理的损耗属于正常的现象，因此这些让承运人来承担，就会加重承运人的责任，有违法律的公平、公正原则，所以，此时法律免除承运人的责任。

（3）托运人、收货人的过错。托运人、收货人的过错是指对于货物在运输过程中所造成的损失，托运人、收货人在主观上存在故意或者过失。因此，托运人、收货人的过错，不能让承运人来为他们买单。否则，同样会加重承运人的责任。

在承运人需要对货物的损失承担赔偿责任时，对于货物损害赔偿数额的计算，当事人之间有约定的，按照约定；没有约定或者约定不明确的，双方可以依据《民法典》第五百一十条的规定达成补充协议。不能达成协议的，可以按照合同的交易习惯进行确定；仍然无法确定的，按照交付或者应当交付时货物到达地的市场价格计算。法律、行政法规对赔偿额的计算方法和赔偿限额另有规定的，依照其规定。

另外，在货运合同中，还可能会存在由两个以上的承运人以同一运输方式运输货物的情况。此时，如果两个以上的承运人以同一运输方式联运，与托运人订立合同的承运人应当对全程运输承担责任。损失发生在某一运输区段的，与托运人订立合同的承运人和该区段的承运人承担连带责任。

案例：对因货物本身的自然性质所导致的货物毁损，承运人是否需要承担损害赔偿责任?

某钢材制造厂要将2吨钢材运往外地的建筑公司，于是，其与当地的一家物流公司签订了货物运输合同。合同约定，由该物流公司负责将货物运送到目的地，运费2万元。在运输过程中，货物的毁损责任由承运人承担。如果货物有毁损，则按照当时的市场价进行赔偿。合同签订之后，物流公司便按照合同的约定，将钢材运送到目的地。可是，在建筑公司收到货物之后，发现部分货物已经生锈。钢材制造厂在得知后，便要求物流公司承担货物的损害赔偿责任。后经调查，钢材生锈是其本身的自然性质导致的，与承运人并没有关系。对因货物本身的自然性质所导致的货物毁损，承运人是否需要承担损害赔偿责任?

专家分析

根据我国《民法典》第八百三十二条的规定，承运人对运输过程中货物的毁损、灭失承担赔偿责任。但是，如果承运人证明货物的毁损、灭失是因不可抗力、货物本身的自然性质或者合理损耗以及托运人、收货人的过错造成的，则不承担赔偿责任。据此可知，在货物运输合同中，承运人承担的是无过错责任。除了法定免责事由之外，承运人要对货物的毁损、灭失承担赔偿责任。本案中，钢材生锈是因为其自然性质所导致的，在承运人免责范围内。所以，承运人无须为此承担责任。

实务指南

在货运合同中，当事人因货物的损害赔偿责任发生纠纷的情况非常多见。一般情况下，承运人需要对运输货物的损害承担赔偿责任，但也有例外情况。法律将因不可抗力、货物本身的自然性质或者合理损耗以及托运人、收货人的过错造成的货物的毁损、灭失规定为承运人的免责条件。本案中，钢材的生锈是其自然性质导致的，不属于承运人承担责任的事由。在日常的经济往来中，企业作为承运人，需要注意免责事由，避免因不了解法律的规定而承担过重的责任。

关联法规

《中华人民共和国民法典》

第八百三十二条　承运人对运输过程中货物的毁损、灭失承担赔偿责任。但是，承运人证明货物的毁损、灭失是因不可抗力、货物本身的自然性质或者合理损耗以及托运人、收货人的过错造成的，不承担赔偿责任。

六、承运人的留置权与提存权

承运人的留置权是指除当事人另有约定的情况外，托运人或者收货人不支付运费、保管费以及其他运输费用的，承运人对相应的运输货物享有留置权。承运人留置权的成立需要具备以下三个条件：（1）承运人合法占有货物；（2）托运人或者收货人不支付运费、保管费等费用；（3）当事人之间没有在合同中约定不得留置货物。

此外，对于留置权的实现，法律也规定了相应的条件。首先，承运人应该给予托运人或者收货人履行义务的宽限期。宽限期可以由双方在合同中约定，如果合同未约定，承运人也可以自行确定。其次，承运人行使留置权应该及时通知托运人或收货人。最后，承运人行使留置权时，应该依据法律规定的方式将货物变价受偿。

承运人的提存权是指收货人不明或者收货人无正当理由拒绝受领货物的，承运人可以依法将货物进行提存。承运人行使提存权需要具备的条件是：（1）收货人不明或者其拒绝受领货物；（2）收货人拒绝受领货物没有正当理由。

案例：在收货人拒绝受领货物时，承运人应该怎么办？

万喜服装公司是某市一家生产服装的企业。2021 年 4 月，该公司接到一个订单，北京的人合公司向其定做 600 件服装。在完成订单之后，万喜服装公司便与天丰物流公司签订了一份货物运输合同，准备将货物运送到北京。合同约定，由天丰物流公司采用公路运输的方式运送 600 件服装到人合公司。之后，天丰物流公司按照合同的约定，按时将服装运送到目的地。可是，在天丰物流公司通知人合公司前来收取货物时，人合公司的工作人员称公司的仓库最近没有地方放，要 3 天之后才能来提货。但 3 天之后，依然没有收货人来收取货物，并且，人合公司的电话也一直没有人接。在此种情况下，承运人应该怎么办？

专家分析

在货运合同中，当收货人无正当理由拒绝收取货物时，承运人可以依法将货物进行提存。对此，我国《民法典》第八百三十七条明确规定："收货人不明或者收货人无正当理由拒绝受领货物的，承运人依法可以提存货物。"可见，在两种情况下，承运人享有提存权：（1）收货人不明；（2）收货人无正当理由拒绝受领货物。也就是说，有这两种情况之一的，承运人就可以按照法律的规定将货物进行提存。如果货物不适合提存或者提存费用过高的，承运人依法可以拍卖或者变卖标的物。本案中，人合公司在没有正当理由的情况下，一直不提取货物，而服装又不属于无法提存的标的物，此时，承运人在联系不上人合公司，且与托运人协商或协商无果的情况下，可以将货物进行提存。

实务指南

日常经济往来中，当事人双方在签订货运合同后，收货人有时会因各种原因，不依法履行提取货物的义务。在遇到此种情况时，确定承运人是否享有提存权，还要看收货人不收取货物是否具有正当的理由。如果收货人是因货物有瑕疵等理由拒绝收取的，则承运人就不可以将货物提存。本案中，收货人人合公司以仓库没有地方存放货物为理由而拒绝收货并不是正当的理由，所以，承运人天丰物流公司可以将货物进行提存。实践中，企业在作为收货人时，应该按时提取货物；在作为承运人时，如果遇有收货人没有正当理由不提取货物的情况时，可以将货物提存。

关联法规

《中华人民共和国民法典》

第八百三十六条　托运人或者收货人不支付运费、保管费或者其他费用的，承运人对相应的运输货物享有留置权，但是当事人另有约定的除外。

第八百三十七条　收货人不明或者收货人无正当理由拒绝受领货物的，承运人依法可以提存货物。

第二节　仓储合同

仓储合同就其性质而言，是一种特殊的保管合同。在仓储合同中，提供储存保管服务的一方为保管人，接受储存保管服务并支付报酬的一方为存货人，交付保管的标的物为仓储物。仓储合同的法律特征如下：

第一，仓储合同的保管人需具有特定的资格，必须有仓储设备并专门从事保管业务。一般是指仓库营业人，其可以是法人，也可以是个体工商户、合伙企业或者非法人组织，但必须具备一定的资格，即必须具备仓储设备和专门从事仓储保管业务的资格。

第二，仓储合同的标的物为动产。也就是说仓储合同的标的物不能是不动产。

第三，仓储合同是双务、有偿、不要式合同。保管人对储存物进行保管，而存货人支付相应报酬的合同。由此可见其双务、有偿的性质，但是法律并未要求合同的特定形式，因此其属于不要式合同。

第四，仓储合同中以仓单为存货人存取货物的凭证。

第五，仓储的货物所有权并不因合同的成立发生转移，只是货物的占有权的暂时转移，而货物的所有权或其他权利仍属于存货人所有。

一、仓储合同的概念及生效时间

仓储合同是保管人储存存货人交付的仓储物，存货人支付仓储费的合同。仓储合同是一种特殊的保管合同，但是其又与保管合同存在许多不同，保管合同为实践合同，合同自保管物交付时成立，而仓储合同为诺成合同，合同自双方意思表示达成一致时成立。

案例：仓储合同是在成立时生效吗？

2020年年底，凡光公司生产出一批货物，由于公司仓库容量小，新生产的货物无处存放。于是，在2021年1月3日，凡光公司与大德公司签订了一份合同。合同约定，由大德公司为凡光公司储存保管某批次货物，保管期限自2021年1月20日至12月8日。储存费用为30000元，同时还规定了违约条款等内容。合同签订以后，大德公司就开始为凡光公司清理仓库，在2021年1月18日，仓库清理完毕。1月20日，凡光公司便陆续把货物运送到了大德公司。对于凡光公司和大德公司的合同，有人主张是在2021年1月3日签订后立即生效，有人主张是在2021年1月18日开始生效，也有人主张是在2021年1月20日储存货物时开始生效。那么，这份合同到底是在何时生效呢？

专家分析

上述案件中，凡光公司和大德公司之间签订的是仓储合同。仓储合同是保管人储存存货人交付的仓储物，存货人支付仓储费的合同。提供储存保管服务的一方为保管人，接受储存保管服务并支付报酬的一方为存货人。具体到本案中，凡光公司就是存货人，大德公司就是保管人，交付保管的货物为仓储物。

根据我国《民法典》的有关规定，仓储合同自合同成立时生效，仓储合同自保管人和存货人意思表示一致时成立。本案中，仓储合同在2021年1月3日签订，也就是在2021年1月3日生效。尽管凡光公司在1月20日才将货物运送至大德公司储存，但是合同的生效并非以此为依据。仓储合同的生效满足一般合同的生效规定，应该按照一般合同的生效要件进行判断，即应该在合同成立时生效。

实务指南

许多企业经常因自己仓库有限或者其他原因而与仓储公司签订仓储合同。仓储合同是保管合同的一种特殊类型，但其又与保管合同存在许多不同之处。例如，仓储合同是在自保管人和存货人意思表示一致时生效，但保管合同不是。同时，法律对仓储合同也作出了许多规定，因此在签订合同之前应该进行一定的了解。

关联法规

《中华人民共和国民法典》

第五百零二条第一款　依法成立的合同，自成立时生效，但是法律另有规定或者当事人另有约定的除外。

第九百零四条　仓储合同是保管人储存存货人交付的仓储物，存货人支付仓储费的合同。

第九百零五条　仓储合同自保管人和存货人意思表示一致时成立。

二、危险物品和易变质物品的储存

在仓储合同中，如果储存易燃、易爆、有毒、有腐蚀性、有放射性等危险物品或者易变质物品，存货人应当说明该物品的性质，提供有关资料。存货人如果拒不提供，保管人可以拒收仓储物，也可以采取相应措施以避免损失的发生，因此产生的费用由存货人承担。除此以外，保管人储存易燃、易爆、有毒、有腐蚀性、有放射性等危险物品的，应当具备相应的保管条件。

案例：存货人拒不提供易燃易爆物品的有关资料，保管人可以拒收仓储物吗？

海林公司是经过国家有关部门批准成立的生产烟花爆竹的公司。为了迎接春节的到来，海林公司生产了一批烟花爆竹。但是由于自己公司仓库有限，遂与具备相关资质的信誉公司签订了仓储合同。合同约定，由信誉公司为海林公司存储一批烟花爆竹，储存期限为一个月，并约定了一些其他的事项。在海林公司将烟花爆竹运至信誉公司时，信誉公司要求海林公司提供这批烟花爆竹的性质、数量等各种资料。但是海林公司称与信誉公司在签订合同时并未约定要提供这些资料，因此拒不提供。信誉公司称这属于易燃易爆物品，必须提供相关资料，否则不能入库，并拒收仓储物。海林公司十分不满，认为信誉公司违约，打算一纸诉状将其告至法院。那么，如果存货人拒不提供易燃易爆物品的有关资料，保管人是否可以拒收仓储物呢?

专家分析

危险物品和易变质物品属于比较特殊的物品，对于该物品的存储，应该符合国家的规定。首先，保管人要具备一定的资质，才可以进行仓储，本案中的信誉公司是具备这一条件的。其次，在本案中，海林公司储存的烟花爆竹属于易燃易爆物品，根据法律的规定，海林公司在存货时应该说明该批烟花爆竹的性质，并应该提供有关资料。但信誉公司要求海林公司提供资料时，海林公司以合同未作约定为由拒不提供，这一行为是不符合法律规定的。尽管双方的合同未对此作出约定，但是根据储存物易燃易爆的这一性质，国家作出了明文规定，即要求存货人提供资料。当然，如果海林公司拒不提供，保管人信誉公司可以拒收仓储物，海林公司不能主张其违约。除此以外，如果由此产生费用，应该由海林公司承担。

实务指南

如果存货人要存储易燃、易爆、有毒、有腐蚀性、有放射性等危险物品或者易变质物品，必须向保管人说明物品的性质，并提供资料。如果拒绝提供资料，就意味着一切不利的后果可能都要由存货人一方承担。当然，保管人也必须具备一定的资质，如果不具备资质就随意保管，也会面临法律的惩罚。

关联法规

《中华人民共和国民法典》

第九百零六条 储存易燃、易爆、有毒、有腐蚀性、有放射性等危险物品或者易变质物品的，存货人应当说明该物品的性质，提供有关资料。

存货人违反前款规定的，保管人可以拒收仓储物，也可以采取相应措施以避免损失的发生，因此产生的费用由存货人负担。

保管人储存易燃、易爆、有毒、有腐蚀性、有放射性等危险物品的，应当具备相应的保管条件。

三、仓储物的验收

签订仓储合同以后，标的物在入库时，保管人应当按照约定对入库仓储物进行验收。保管人验收时发现入库仓储物与约定不符合的，应当及时通知存货人。如果在保管人验收后，发生仓储物的品种、数量、质量不符合约定的，保管人应当承担损害赔偿责任。

案例：验收后仓储物出现问题，谁来担责？

昌盛公司承包了某地的冷库，该冷库主要为本地的一些果农和果品公司储存水果。某年，昌盛公司与维达公司签订仓储合同，约定由昌盛公司为维达公司储存雪花梨100吨，并约定每吨的价格为150元。6月5日，这批雪花梨开始入库。入库时，昌盛公司进行了验收，不仅称了重，也对雪花梨的质量、品种进行了检验。验收后，雪花梨入库，昌盛公司出具了验收证明。6月10日，昌盛公司的工作人员发现这批雪花梨有一部分开始腐烂，遂赶紧告知了维达公司。维达公司认为这是由于昌盛公司保管不善导致的，要求其赔偿。但是昌盛公司则认为这批雪花梨在入库时就有问题，否则储存在自己的冷库内不可能腐烂。维达公司遂拿出了昌盛公司当时出具的验收证明，对此证明，维达公司称之前只是个形式验收，并未进行细致的检查。双方争执不下，维达公司将昌盛公司诉至法院。那么，在验收以后，仓储物出现问题，应该由谁来承担责任呢?

专家分析

在仓储合同中，双方当事人签订完仓储合同以后，要进行标的物的入库验收。实质上，这里的验收是非常重要的一个环节，因为保管人在验收以后，如果仓储物的品种、数量、质量不符合约定，保管人应当承担赔偿责任。但是如果在验收时发现了这些问题，则不存在保管人担责的问题。本案中，昌盛公司与维达公司签订了仓储合同，在标的物入库时昌盛公司进行了数量、质量以及品种等各项内容的验收。在验收入库以后，出现任何问题，都应该由昌盛公司来承担责任。昌盛公司形式验收的说法是不能成立的。维达公司可以根据双方的仓储合同和验收证明将昌盛公司诉至法院，通过法律维护自己的合法权益。

实务指南

仓储物的入库验收并非仅是形式检查，这也是责任划分的一个界限。所以在进行入库验收时必须谨慎，仔细检查仓储物的数量、质量以及品种等各个事项。发现存在问题要与存货人协商或者拒绝入库。否则入库以后出现问题，只能由保管人担责，并赔偿损失。

关联法规

《中华人民共和国民法典》

第九百零七条 保管人应当按照约定对入库仓储物进行验收。保管人验收时发现入库仓储物与约定不符合的，应当及时通知存货人。保管人验收后，发生仓储物的品种、数量、质量不符合约定的，保管人应当承担赔偿责任。

四、仓单的给付与记载事项

仓单是保管人收到仓储物后给存货人开付的提取仓储物的凭证。存货人交付仓储物的，保管人应当给付仓单。保管人应当在仓单上签字或者盖章。仓单的内容应该包括存货人的名称或者姓名和住所，仓储物的品种、数量、质量、包装、件数和标记，仓储物的损耗标准，储存场所，储存期限，仓储费等。如果仓储物已经办理保险的，还应包括其保险金额、期间、保险人的名称以及仓单的填发人、填发地和填发日期。

案例：仓单应该记载哪些事项呢？

2021 年，美丽园公司与沧海公司签订了一份仓储合同。合同约定，由沧海公司为美丽园公司储存一批日用品。自 2021 年 3 月 1 日开始入库，一直到 2021 年 9 月 1 日。储存期限为 6 个月，储存费用为每吨 300 元。在约定好各项条款以后，美丽园公司于 3 月 1 日将货物运送至沧海公司的仓库。经过清点和验收以后，沧海公司给美丽园公司一份仓单。仓单上记载了存货人美丽园公司的信息，以及储存的货物的数量、质量、件数和期间费用等信息。沧海公司在该仓单上签字并盖章。但是美丽园公司发现，这份仓单上没有记载储存的期限和费用，遂告知沧海公司这份仓单不全面。但是沧海公司称在仓储合同上已经约定了储存期限和费用，所以在仓单上就不用再填写了。那么，沧海公司说得对吗？仓单上到底应该记载哪些事项呢？

专家分析

沧海公司所言错误，仓单是一种凭证，其不能因为合同已经有记载而不在仓单上体现。那么仓单上具体应该记载什么呢？

第一，仓单是记名证券，应当记载存货人的名称或姓名和住所。

第二，对于仓储物的品种、数量、质量、包装、件数和标记，这些事项与当事人的权利义务直接相关，所以也应当记载准确、详细，以防止发生争议。

第三，对于仓储物的损耗标准，仓储物在储存过程中，可能会发生损耗，为了避免在返还仓储物时发生纠纷，在仓单中应当明确规定仓储物的损耗标准。

第四，仓单上应当明确载明储存场所，这是为了便于存货人或仓单持有人能够及时、准确地提取仓储物。

第五，储存期限是保管人为存货人储存货物的起止时间。储存期限在仓储合同中十分重要，仓单上也应当明确储存期限。

第六，仓储费是保管人为存货人提供仓储保管服务而获得的有偿报酬，应该注明。

第七，对于仓储物已经办理保险的，其保险金额、期间以及保险人的名称也应当记载。

第八，注明仓单的填发人、填发地点和填发时间。

实务指南

在填发仓单时，要根据法律的规定将需要记载的事项记载全面。不能因在仓储合同中已经注明而忽视了仓单的内容。仓单作为仓储物的提取凭证，实质上是一种有价证券。如果仓单记载不明，则很可能会发生不必要的纠纷。

关联法规

《中华人民共和国民法典》

第九百零八条 存货人交付仓储物的，保管人应当出具仓单、入库单等凭证。

第九百零九条 保管人应当在仓单上签名或者盖章。仓单包括下列事项：

（一）存货人的姓名或者名称和住所；

（二）仓储物的品种、数量、质量、包装及其件数和标记；

（三）仓储物的损耗标准；

（四）储存场所；

（五）储存期限；

（六）仓储费；

（七）仓储物已经办理保险的，其保险金额、期间以及保险人的名称；

（八）填发人、填发地和填发日期。

五、仓单的转让和出质

仓单是从保管人处提取货物的凭证。一般情况下，仓单的持有人为存货人，但由于仓单仅是代表了一定物权的书面凭证，在实际生活中，存货人可以将自己的仓单进行背书转让或者将其出质来担保一定债权的实现。

案例：仓单可以转让吗？

精装家具制造公司于2020年购进一批木材，并于2020年8月4日同凤桐仓储公司签订仓储合同，将该批木材由其保管，保管期限为两年。在2021年2月，精装家具制造公司同联美超市签订家具买卖合同。但是在合同履行期限内，精装家具制造公司由于管理上缺陷及资金紧缺，无法按时履行合同义务，双方产生纠纷。为了承担对联美超市的违约赔偿责任，精装家具制造公司将在凤桐仓储公司存储木材的仓单背书转让给联美超市，用来抵偿部分债务。在保管期间内，联美超市拿着该仓单到凤桐仓储公司要求将此批木材取走，却遭到了凤桐仓储公司的拒绝。凤桐仓储公司认为，该仓单的转让没有经过保管人的确认，自己并不知情，因此不能让联美超市将木材提走。但是，联美超市认为，自己的仓单是经过木材的所有者精装家具制造公司背书转让的，与保管人无关，不需要经过保管人的同意，保管人也无须知晓，该仓单的转让是合法有效的。那么，对于仓单，是否可以转让？其转让是否必须经过保管人的同意？

专家分析

仓单是可以转让的，且仓单的转让应当经过保管人签字或者盖章。根据我国《民法典》的有关规定可知，仓单是提取仓储物的凭证。存货人或者仓单持有人在仓单上背书并经保管人签字或者盖章的，可以转让提取仓储物的权利。因此，存货人或仓单持有人转让仓单除了需要背书之外，还需要经保管人的确认。本案中，精装家具制造公司为了对联美超市进行赔偿而将在凤桐仓储公司储存的木材仓单进行转让，但是未告知凤桐仓储公司，凤桐仓储公司也未在该仓单上签字或者盖章，所以该仓单的转让无效。凤桐仓储公司有权利拒绝联美超市对该批木材的提取，联美超市的主张没有法律依据。仓单可以转让但应当依据法律规定的形式和条件进行，否则，其转让无效。

实务指南

仓单是提取仓储物的凭证，在没有仓单的情况下，任何人都无权将仓储物提走。但提取货物的主体并不仅限于存货人，仓单的持有人也可以提取，也就是说，仓单是可以转让的。但是，仓单的转让要符合一定的条件，除了需要存货人或仓单持有人背书外，还需要有保管人的签字或者盖章，即仓储物的保管人应当知晓。这样做的主要目的在于维护交易安全，确保保管人将储存物交给正确的权利主体，以避免他人利用捡拾或偷窃来的仓单进行冒名提取，扰乱市场秩序。所以，在实际生活中，当存货人或仓单的持有人要对仓单进行转让时，应当经过保管人的签字或盖章，对于仓单的受转让人也要提高警惕，否则可能造成该提单的转让无效，使自己的利益受损。

关联法规

《中华人民共和国民法典》

第九百一十条 仓单是提取仓储物的凭证。存货人或者仓单持有人在仓单上背书并经保管人签名或者盖章的，可以转让提取仓储物的权利。

六、仓储物的提取

签订仓储合同后，存货人将仓储物交与保管人保管。由于仓储物处于保管人的管理控制下，根据有无储存期间的约定以及储存期间届满后存货人是否逾期提取而存在不同的提取规则。储存期间届满，存货人或者仓单持有人应当凭仓单提取仓储物。如果存货人或者仓单持有人逾期提取的，应当加收仓储费；提前提取的，不减收仓储费。如果不提取仓储物，保管人可以催告其在合理期限内提取，逾期不提取的，保管人可以提存仓储物。

案例：储存期间届满后，存货人逾期不取的，保管人可以采取什么措施？

华联超市同海州公司签订了一份仓储合同，仓储期限为一年。华联超市按照合同约定将购进的一批货物运至海州公司，海州公司也按照合同约定的条件对该批货物进行储存。但是，一年后，华联超市迟迟不来提取该批货物，导致海州公司的储存空间紧张，无法签订新的仓储合同。迫于无奈，海州公司开始催促华联超市来提货，先是对华联超市进行催告，让其在三个月内将货物提走，但是华联超市那边始终无动于衷。于是，海州公司又派相关负责人亲自去华联超市进行协商，但华联超市的负责人总是推托不愿相见，最终，海州公司打算运用法律武器来维护自己的合法权益，要求华联超市限期提取由海州公司储存的货物并加收仓储费。但华联超市认为自己可以尽快将货物提走，但拒绝支付加收的仓储费。那么，海州公司的请求会得到支持吗？当存货人逾期不提取货物时，保管人可以采取什么措施？

专家分析

海州公司的请求应当得到支持。本案中，双方约定了一年的仓储期限，当期限届满时，华联超市逾期不提取货物，占用海州公司的储存空间，影响了海州公司的经营。针对这种情况，海州公司可以催告华联超市在合理期限内将储存物提走，如果在该期限内华联超市还不提取货物，海州公司可以将该批货物提存。对于华联超市逾期提取货物的，保管人应当加收仓储费，所以，华联超市应当加付仓储费。

实务指南

合同是规范当事人双方权利义务的协议，双方应当按照合同履行各自的职责。仓储合同也不例外，当双方约定了储存物的储存期限时，存货人应当在期限届满时按时将货物取走，否则，可能造成保管人的保管空间被占用，影响保管人的日常经营。因此，法律对这一情况进行了明确规定，当储存期限届满，存货人逾期不提取货物时，保管人应当加收仓储费，以用来弥补储存空间被不合理占用而造成的损失。除此之外，保管人也可以催告存货人在合理的期间内提取仓储物或者将仓储物提存。所以，存货人应当严格遵守约定的期限，在期限届满时将货物提走。对于保管人来说，当存货人逾期不提取货物时，应当采取相应的措施，以使自己的损失降到最小。

关联法规

《中华人民共和国民法典》

第九百一十四条 当事人对储存期限没有约定或者约定不明确的，存货人或者仓单持有人可以随时提取仓储物，保管人也可以随时请求存货人或者仓单持有人提取仓储物，但是应当给予必要的准备时间。

第九百一十五条 储存期限届满，存货人或者仓单持有人应当凭仓单、入库单等提取仓储物。存货人或者仓单持有人逾期提取的，应当加收仓储费；提前提取的，不减收仓储费。

第九百一十六条 储存期限届满，存货人或者仓单持有人不提取仓储物的，保管人可以催告其在合理期限内提取；逾期不提取的，保管人可以提存仓储物。

七、损害赔偿责任

损害赔偿责任是指在仓储合同中，当仓储物在保管人保管期间毁损、灭失，对于此毁损、灭失应当由谁承担相应的责任。一般情况下，损害赔偿责任是由保管人承担的，但如果是由于非保管人的过错造成的损害，则由存货人自行承担。

案例：仓储合同中损害赔偿责任一定由保管人承担吗？

三泉公司是一家茶叶加工公司，为了保证茶叶的质量，该公司主要从武夷山的茶叶生产基地采购货物。因为质量佳、声誉好，三泉公司对茶叶的需求量也不断增加。为了保障日常经营需要，同时弥补储存空间有限的缺陷，三泉公司在 2021 年 1 月 9 日同四封公司签订仓储合同，仓储期限为 2 年，由四封公司为三泉公司进行茶叶的储存。仓储合同签订后，三泉公司就按照合同约定将采购来的茶叶送到四封公司，四封公司也按照约定进行了储存。但是 6 个月后，四封公司发现为三泉公司储存的茶叶有一部分发生了变质、腐烂，便立即通知了三泉公司。后查明，发生变质、腐烂的原因是三泉公司将茶叶送到四封公司时，茶叶过于潮湿，跟四封公司的储存没有关系。但三泉公司认为，茶叶已经交给四封公司保管了，四封公司就应当承担责任。那么，对于茶叶的损失，是否一定由保管人四封公司承担？

专家分析

仓储合同中的损害赔偿责任不一定都由保管人承担。根据我国《民法典》第九百一十七条的规定，储存期间，因保管不善造成仓储物毁损、灭失的，保管人应当承担损害赔偿责任，但是，因仓储物的性质、包装不符合约定或者超过有效储存期造成仓储物变质、损坏的，保管人不承担损害赔偿责任。本案中，存货人三泉公司将茶叶送至四封公司储存时，茶叶过于潮湿且未向四封公司说明情况，导致该批茶叶在保管期间内发生变质、腐烂，属于因仓储物的性质、包装不符合合同约定的情况，保管人不承担损害赔偿责任。可见，并非任何情况下仓储物的损害都是由保管人承担责任，只有因保管人的保管不善造成仓储物毁损、灭失的，保管人才承担责任。

实务指南

在仓储合同中，当仓储物在保管期间发生了毁损、灭失，只有保管人存在过错时，保管人才承担损害赔偿责任。实践中，对保管人是否存在过错的认定成为如何归责的关键，保管人在保管期间内应当按照仓储物的性质、类型等进行区分保管，以保证仓储物质量不因仓储条件的不适合而发生变质，除了保证适合的仓储条件外，保管人也应当尽到善良管理人的义务，以保证仓储物不会因管理不善而造成毁损、灭失。

关联法规

《中华人民共和国民法典》

第九百一十七条 储存期内，因保管不善造成仓储物毁损、灭失的，保管人应当承担赔偿责任。因仓储物本身的自然性质、包装不符合约定或者超过有效储存期造成仓储物变质、损坏的，保管人不承担赔偿责任。

第三节 技术合同

根据技术合同标的不同，可以将技术合同分为技术开发合同、技术转让合同、技术服务合同和技术咨询合同。技术开发合同是指当事人之间就新技术、新产品、新工艺或者新材料及其系统的研究开发所订立的合同。技术开发合同包括委托开发合同和合作开发合同，应当采用书面形式。技术转让合同包括专利权转让合同、专利申请权转让合同、技术秘密转让合同、专利实施许可合同，也应当采用书面形式。技术服务合同是指当事人一方以技术知识为另一方解决特定技术问题所订立的合同。技术咨询合同包括就特定技术项目提供可行性论证、技术预测、专题技术调查、分析评价报告等的合同。

技术合同有以下几个特点：第一，合同当事人可以是自然人、法人或者非法人组织。第二，合同的标的是一种无形的资产，其可以满足当事人的需要，也可以促进科技的进步。第三，技术合同经常涉及知识产权的内容，与知识产权的使用和享有有许多的关联。

一、技术合同的概念、种类及订立原则

技术合同是当事人就技术开发、转让、咨询或者服务订立的确立相互之间权利和义务的合同。技术合同的种类分为四种，即技术开发合同、技术转让合同、技术咨询合同和技术服务合同。技术合同的订立有其自己的原则，即订立技术合同，应当有利于科学技术的进步，加速科学技术成果的转化、应用和推广。

案例：什么是技术合同？

明远公司与凯德公司签订了一份技术转让合同。合同约定：凯德公司将自己公司发明的 SH–P 型号的机械设备的整套技术转让给明远公司。技术转让给明远公司以后，明远公司可以利用该技术进行 SH–P 型号机械设备的生产。同时，明远公司向凯德公司支付 20 万元的技术转让费，并采取分期付款的方式，即合同签订后 5 日内明远公司支付 5 万元，剩余 15 万元等合同公证后支付。合同在双方签字后即成立。合同还约定，不管 SH–P 型号的机械设备是否能够给明远公司带来效益，凯德公司均不承担任何责任，一切风险由明远公司承担。那么，本案中的转让合同，是技术合同吗？哪些合同是技术合同呢？

专家分析

本案中，明远公司与凯德公司签订的合同是技术转让合同，属于技术合同的一种。凯德公司将其技术转让给明远公司，明远公司即为受让人，凯德公司为转让人。除此以外，技术合同还包括技术开发合同、技术咨询合同、技术服务合同。技术合同是一种双务合同，当事人一方以技术的开发、转让、咨询、服务作为对价，另一方以支付价款或者报酬作为对价。技术合同的产生是随着我们国家市场经济的发展，产生的一种新的商品交换的法律形式，是我国合同制度的重要组成部分。《民法典》合同编规定，订立技术合同，应当有利于科学技术的进步，加速科学技术成果的转化、应用和推广。这是技术合同订立的目的和基本原则，技术合同是在科技发展的背景下兴起并发展的，其存在也应该给科技带来进步。

实务指南

现实生活中，一定要注意将技术合同与其他类别的合同区分开来，在法律适用上也是如此。技术合同在许多情况下并不是一个单一的合同，其经常与其他的合同或者法律的规定混合，判断起来并不是那么容易。一旦发生纠纷，要根据具体情形和当事人的诉求进行重点分析，从而确定合同的性质并决定适用怎样的法律。如果当事人认定其签订的合同具备技术合同的特征，应该是技术合同的范畴，那就由技术合同的法律规定来解决问题。

关联法规

《中华人民共和国民法典》

第八百四十三条 技术合同是当事人就技术开发、转让、许可、咨询或者服务订立的确立相互之间权利和义务的合同。

第八百四十四条 订立技术合同，应当有利于知识产权的保护和科学技术的进步，促进科学技术成果的研发、转化、应用和推广。

二、技术合同条款内容

技术合同的内容由当事人约定，一般包括：（1）项目的名称；（2）标的的内容、范围和要求；（3）履行的计划、地点和方式；（4）技术信息和资料的保密；（5）技术成果的归属和收益的分配办法；（6）验收标准和方法；（7）名词和术语的解释等。

案例：技术合同条款应该包括哪些内容？

大高公司与玛丽公司签订了一份技术转让合同。合同约定，由大高公司向玛丽公司转让某机器的生产技术，并由大高公司的技术人员负责向玛丽公司的技术人员传授，学会为止。在玛丽公司技术人员学会以后，玛丽公司向大高公司支付技术转让费两万元整，一次性付清。如果玛丽公司在生产过程中遇到了技术问题，可以随时咨询大高公司，大高公司会随时派人到玛丽公司协助解决问题。双方还约定，如果玛丽公司将该项技术投产以后未能成功，大高公司会全额退还技术转让费两万元。双方在履行合同过程中如果有一方违约，则需要向对方支付合同违约金5000元。在这样一份技术合同中，大高公司和玛丽公司约定了许多合同条款，那么，技术合同应该包括哪些内容呢？

专家分析

本案中，大高公司和玛丽公司签订了一份技术合同，并约定了许多的合同条款。技术合同的内容包括：项目的名称，标的的内容、范围和要求，履行的计划、地点和方式，技术信息和资料的保密，技术成果的归属和收益的分配办法，验收标准和方法，名词和术语的解释等。

合同是一种体现双方当事人意思表示的一种协议，合同条款的内容是由当事人双方来确定的，技术合同的条款也是如此。而技术合同有其特殊性，所以其合同条款更强调技术要素的内容。例如，技术合同的标的、要求以及技术成果的归属和保密措施等。除此以外，还有技术的检测报告、图纸、资料等内容也属于合同的一部分，一般作为合同附件。

实务指南

技术合同的内容是由当事人约定的。约定了怎样的内容，就意味着当事人履行怎样的合同义务。技术合同的内容规定得越明确，合同双方当事人的权利和义务关系也就越明确，从而避免矛盾和纠纷的产生。就算是出现了纠纷，有合同的内容作为依据，对于违约行为的认定或者存在不同理解时的判断也就有了一个标准。当然，如果双方当事人在技术合同中没有明确约定某项内容或者约定不明确，可以依照合同编的一般规定进行处理。

关联法规

《中华人民共和国民法典》

第八百四十五条 技术合同的内容一般包括项目的名称，标的的内容、范围和要求，履行的计划、地点和方式，技术信息和资料的保密，技术成果的归属和收益的分配办法，验收标准和方法，名词和术语的解释等条款。

与履行合同有关的技术背景资料、可行性论证和技术评价报告、项目任务书和计划书、技术标准、技术规范、原始设计和工艺文件，以及其他技术文档，按照当事人的约定可以作为合同的组成部分。

技术合同涉及专利的，应当注明发明创造的名称、专利申请人和专利权人、申请日期、申请号、专利号以及专利权的有效期限。

三、价款、报酬和使用费支付方式

在技术合同中，技术合同价款、报酬或者使用费的支付方式由当事人自主约定，可以采取一次总算、一次总付或者一次总算、分期支付，也可以采取提成支付或者提成支付附加预付入门费的方式。如果约定提成支付，可以按照产品价格、实施专利和使用技术秘密后新增的产值、利润或者产品销售额的一定比例提成，也可以按照约定的其他方式计算。提成支付的比例可以采取固定比例、逐年递增比例或者逐年递减比例。提成支付附加预付入门费是指接受技术的技术合同一方当事人在合同成立后或者在取得技术成果后，先向另一方当事人支付部分价款、报酬或者使用费（称为入门费或初付费），其余部分按照合同约定的比例提成，并按照合同约定的时间支付。

案例：我国法律对技术合同的价款、报酬和使用费的支付方式有哪些规定？

2021 年，海洋公司与立德公司签订了一份新型空气清新机技术转让合同。合同约定：由立德公司向海洋公司提供全部的技术图纸资料，并派技术人员对海洋公司进行技术培训和机器的调试。海洋公司向立德公司支付技术转让费 20000 元，支付方式为分期付款。合同签订以后，先交付 5000 元，等调试和培训结束以后，再支付剩余的 15000 元。如果调试失败或者海洋公司的技术人员无法掌握该技术，则海洋公司有权收回支付的 5000 元。自合同生效之日起，如果海洋公司或者立德公司有一方违约，则需要向对方支付违约金 2000 元。同时，合同还约定了双方利润提成、商标使用、技术人员报酬和双方均不得向第三方扩散技术等条款。那么，在这份技术转让合同中，海洋公司和立德公司签订的有关价款报酬的条款是否合法呢？我国法律对技术合同的价款、报酬和使用费的支付方式有什么规定吗？

专家分析

本案中，海洋公司和立德公司签订的有关价款报酬的条款是合法的，双方采取的是一次总算、分期支付的方式。技术合同中关于价款、报酬和使用费的支付方式由合同双方当事人自主约定，法律给予当事人充分的自主权。但是在实际生活中，由于技术合同的特殊性，合同的价款、报酬和使用费问题是较为复杂的。当事人在约定时要考虑到许多的因素，比如技术成果的经济效益、开发成本、风险和国家政策导向等。

同时根据我国《民法典》第八百四十六条第一款的规定，技术合同价款、报酬或者使用费的支付方式由当事人约定，可以采取一次总算、一次总付或者一次总算、分期支付，也可以采取提成支付或者提成支付附加预付入门费的方式。从本条法律规定可以看出，技术合同的价款、报酬和使用费的支付方式有定额支付和提成支付两种，定额支付是指在订立合同时就明确约定合同的总价款，其具体支付又可以采取一次付清或者分期付清的方式，这种方式运用于技术合同标的额不大、风险较小的技术合同。提成支付是指根据技术合同履行后产生的经济效益状况，按照约定比例支付费用作为技术合同的价款、报酬和使用费的支付方式。约定提成支付的，为了防止一方弄虚作假，当事人应当在合同中约定查阅有关会计账目的办法。

实务指南

技术合同价款、报酬或者使用费的支付方式的约定在实践中较为复杂，尤其是双方约定提成支付的方式。单纯的提成支付指的是在技术合同履行并产生经济效益以后再向对方支付，而提成支付附加预付入门费是指在约定技术合同的提成支付的同时，当事人还可以约定另外一部分费用在合同生效后一段时间内付清。这是实践中使用比较普遍的一种支付方式，有利于技术合同的履行。

关联法规

《中华人民共和国民法典》

第八百四十六条　技术合同价款、报酬或者使用费的支付方式由当事人约定，可以采取一次总算、一次总付或者一次总算、分期支付，也可以采取提成支付或者提成支付附加预付入门费的方式。

约定提成支付的，可以按照产品价格、实施专利和使用技术秘密后新增的产值、利润或者产品销售额的一定比例提成，也可以按照约定的其他方式计算。提成支付的比例可以采取固定比例、逐年递增比例或者逐年递减比例。

约定提成支付的，当事人可以约定查阅有关会计账目的办法。

四、职务及非职务技术成果财产权的归属

财产权是人身权的对称，是指具有经济利益的权利。职务技术成果是执行法人或者非法人组织的工作任务或者主要利用法人或者非法人组织的物质技术条件所完成的技术成果。因此，一般情况下，职务技术成果的财产权是属于法人或者非法人组织的。职务技术成果的使用权、转让权属于法人或者非法人组织，法人或者非法人组织可以就该项职务技术成果订立技术合同。但是法人或者非法人组织应当对完成该项职务技术成果的个人给予奖励或者报酬。而对于非职务技术成果的财产权，即非职务技术成果的使用权、转让权，则属于完成技术成果的个人。

案例：职务技术成果财产权归属于谁?

小张在某公司担任机械工程师，负责机械设计工作。某年，公司决定研制一款机械设备，由小张和其余两个同事共同负责该项目。研发设备的一切物质条件由公司提供，而且在上班时间进行研制。次年，这款机械设备研制完成。完成以后，公司申请了技术专利。后来，小张欲跳槽到另外一家公司担任工程师，临走时向公司索要自己的专利权。但是公司称这属于小张的职务技术成果，小张之所以能发明创造出来，完全是因为公司提供了足够的资金和技术支持。小张一纸诉状将公司告到法院。那么，这个技术成果的财产权到底应该归属于小张还是公司呢?

专家分析

职务技术成果包括职务发明。判断一项发明创造是否是职务发明创造，应以其是否是执行本单位的任务或是否主要利用本单位的物质条件为标准。作为公司的机械工程师，技术研发是小张在公司的本职工作，也是公司下发给小

张和其他同事的工作任务。同时，小张利用公司的物质条件完成了这项技术的发明，所以，本案的专利技术应是职务发明创造，专利权应该属于公司。如果小张做这项发明不是执行公司的任务，也不是主要利用公司的物质条件而完成的，那么，就应认定为非职务发明创造，专利权应归小张和其两名同事。

根据我国《民法典》第八百四十七条的规定，职务技术成果的使用权、转让权属于法人或者非法人组织的，法人或者非法人组织可以就该项职务技术成果订立技术合同。也就是说，职务技术成果的使用权、转让权由单位行使的，即使是完成该职务技术成果的小张也无权进行使用或者转让，否则构成侵权。当然，小张有权从单位行使该项技术成果取得的收益中获得奖励或者报酬。如果职务技术成果权利人要转让技术成果，小张享有以同等条件优先受让的权利。

实务指南

在处理职务技术成果的使用和转让事项时，最基本的事情就是要弄清楚其是否属于职务技术成果以及单位是否具有使用权、转让权。在判断职务或者非职务技术成果时，最重要的依据就是看其是否是在执行单位的任务或者是否是利用单位的物质技术条件完成的。如果确定是职务技术成果，单位才有权进行转让或者使用等。当然，职务技术成果并不意味着与完成这项成果的个人没有关系，个人还是有获得奖励、报酬和同等条件优先受让的权利的。

关联法规

《中华人民共和国民法典》

第八百四十七条 职务技术成果的使用权、转让权属于法人或者非法人组织的，法人或者非法人组织可以就该项职务技术成果订立技术合同。法人或者非法人组织订立技术合同转让职务技术成果时，职务技术成果的完成人享有以同等条件优先受让的权利。

职务技术成果是执行法人或者非法人组织的工作任务，或者主要是利用法人或者非法人组织的物质技术条件所完成的技术成果。

第八百四十八条　非职务技术成果的使用权、转让权属于完成技术成果的个人，完成技术成果的个人可以就该项非职务技术成果订立技术合同。

五、技术成果中的人身权

完成技术成果的个人有在有关技术成果文件上写明自己是技术成果完成者的权利和取得荣誉证书、奖励的权利。技术成果的荣誉权属于人身权，完成者有署名的权利。除此以外，任何人所享有的人身性的荣誉都不能为他人占有，也不能转让。

案例：技术成果的完成者有权在技术成果上注明是自己完成的吗？

王某在某技术研发公司担任项目经理。某年，公司计划研发一款新型电子产品，并给王某及其团队拨款20万元作为研发资金。除此以外，由于这个研发项目是公司近几年的核心项目，十分重要，公司要求其他部门无条件配合王某及其团队的工作。次年，王某及其团队顺利完成了发明创造，公司对该项发明申请了专利。后来，公司在向外宣传技术成果时，在技术完成者一栏写的是公司总经理“张某”，并没有填上王某的名字。王某对此十分不满，其认为自己是技术成果的完成者，就算这属于职务技术成果，自己也是有署名权的，遂要求公司将自己的名字署上。但是公司拒绝了王某的要求，公司认为这是职务发明，公司可以随意处置。那么，这项技术成果，王某有权要求写明是自己完成的吗？

专家分析

本案中，王某有权要求写明自己是该项技术成果的完成者，这属于王某的荣誉权。技术成果的荣誉权属于人身权，既然是人身权就有人身性，不能转让，也不能随意被他人所占有。我国《民法典》第八百四十九条也规定，完成技术成果的个人享有在有关技术成果文件上写明自己是技术成果完成者的权利和取得荣誉证书、奖励的权利。本案中，王某带领其团队完成了技术成果的开发，属于完成技术成果的个人，有权在技术成果文件上注明自己是技术成果的完成者。当然，由于王某是依靠公司的物质基础完成的发明，并且是在完成公司的任务，所以该项技术成果应该归属于公司所有，王某没有处分权。但是，公司不能因此剥夺了王某对这项发明的荣誉权。

实务指南

我国鼓励创新和发明创造，并规定对所有为技术成果作出贡献的完成者应该给予一定的精神鼓励或者物质奖励。作为技术成果的完成者，其有权利在成果上注明自己的名字，即享受署名权和荣誉权，这是我国《民法典》和《专利法》赋予他们的权利。而这项权利作为与技术成果完成者的人身和创造性劳动不可分离的权利，专属于技术成果完成者，他人不得随意侵犯和剥夺，也不得通过合同的方式进行变更或者转让。

关联法规

《中华人民共和国民法典》

第八百四十九条　完成技术成果的个人享有在有关技术成果文件上写明自己是技术成果完成者的权利和取得荣誉证书、奖励的权利。

第十二章

保证合同、保理合同与合伙合同

随着《民法典》的问世，合同法律法规也有相当规模的调整，其中，保证合同、保理合同与合伙合同均为《民法典》中新增的典型合同。《民法典》是历史发展的产物，是经济社会发展的需要，其就以前的合同法所增加的新内容，必定也是适应时代需求的。为此，我们专门单列此章来讲解保证合同、保理合同与合伙合同相关的法律知识。

第一节　保证合同

保证合同是为了保障债权人债权的实现，保证人和债权人约定当债务人不履行到期债务或者发生当事人约定的情形时，保证人履行债务或者承担责任的合同。保证合同具有如下法律特征：

第一，保证合同是从合同。由于保证关系从属于主债权关系而存在，因此保证合同也具有从属性，从属于主合同而存在。主债权合同无效的，保证合同也将因此无效。保证合同被确认无效后，债务人、保证人、债权人有过错的，应当根据其过错各自承担相应的民事责任。

第二，保证合同是典型的单务合同。在保证合同中，债权人在债务人不履行到期债务或者发生当事人约定的情形时，对保证人享有代为履行债务的请求权，而无须承担任何义务，保证人需要承担保证义务，但不享有任何实体上的权利。

第三，保证合同是诺成合同。保证合同作为诺成合同，是一种担保之债，保证合同成立无须保证人交付财产或以其义务的履行作为成立的条件，只要双方当事人意思表示一致，合同就成立。

第四，保证合同是典型合同。我国《民法典》合同编第十三章对保证合同的概念、内容、性质、保证责任等规则作了明确的规定，保证合同属于典型合同，在发生纠纷时，保证合同的纠纷应按法律的直接规定来处理。

第五，保证合同是一种附停止条件的合同。当债务人不履行到期债务，或者发生当事人约定的情形时，条件成就，保证合同开始发生效力，债权人才能对保证人行使保证请求权。在条件未发生时，虽然保证人和债权人已经签订了保证合同，但是债权人无权请求保证人代为履行债务。因此，保证合同是一种附停止条件的合同。

一、保证合同的形式、内容

在实务中，保证合同通常通过以下三种形式签订：一是保证人和债权人单独签订书面保证合同；二是主债权债务合同中存在保证条款，保证人在主债权债务合同中签字；三是保证人单方以书面形式向债权人作出保证，债权人接收且未提出异议的，保证合同也成立。无论采取何种形式，保证合同一般都需要包括被保证的主债权的种类、数额，债务人履行债务的期限，保证的方式、范围和期间等条款。

案例：第三人单方出具保证书的，债权人接收且未提出异议的，保证合同成立了吗?

2021年，A公司由于之前的经营决策失误，资金链出现重大问题，急需一笔资金周转。为了顺利经营下去，A公司拟向经常合作的B公司借款20万元。B公司知道A公司的情况后，经评估认为A公司市场信誉良好，借款偿还的可能性较高，准备借款给A公司，但是以防万一，需要A公司提供担保。由于A公司的设备、厂房之前已经进行了抵押，A公司提出由股东周先生作为保证人进行担保，B公司接受了这个提议。A、B公司签订了借款合同后，周先生以书面形式向B公司出具了保证书，B公司接收且未提出异议。那么，这个时候，保证合同成立了吗?

专家分析

周先生和B公司的保证合同已经成立了。根据《民法典》第六百八十五条第二款的规定，第三人单方以书面形式向债权人作出保证，债权人接收且未提出异议的，保证合同成立。具体到本案中，周先生作为A公司的股东，自愿为A公司的债务作出保证，向债权人B公司出具书面的保证书，B公司接收且未提出异议，周先生和B公司的保证合同已经成立。但是，需要注意的是，周先生出具的保证书中应当具备保证合同的一般条款，如被保证的主债权的种类、数额，债务人履行债务的期限，保证的方式、范围和期间等条款。

实务指南

除了保证人单方面向债权人出具保证书以外，保证合同还可以由保证人和债权人单独签订，或者通过保证人直接在存在保证条款的主债权债务合同中签字等方式订立。但是，无论采用什么形式订立的保证合同，都需要包括保证合同的一般条款，保证合同才完整。

关联法规

《中华人民共和国民法典》

第六百八十四条　保证合同的内容一般包括被保证的主债权的种类、数额，债务人履行债务的期限，保证的方式、范围和期间等条款。

第六百八十五条　保证合同可以是单独订立的书面合同，也可以是主债权债务合同中的保证条款。

第三人单方以书面形式向债权人作出保证，债权人接收且未提出异议的，保证合同成立。

二、保证人资格

保证人资格就是作为保证人的条件，如果保证人不具有保证人的资格，将直接导致保证合同无效。因此，保证人的资格是在订立保证合同时首先应考虑的一个问题。我国《民法典》中明确了以下两种组织不能作为保证人：一是机关法人不得为保证人，但是经国务院批准为使用外国政府或者国际经济组织贷款进行转贷的除外；二是以公益为目的的非营利法人、非法人组织，不得为保证人。

案例：哪些人不能作为保证人?

阳光公司为了扩大公司的影响力，抢占市场份额，决定在线上大规模推广公司的产品。然而，在推广的过程中，资金出现了问题。如果要继续进行线上推广，就需要继续投入资金。无奈之下，阳光公司找到大海金融公司，准备借款 30 万元，作为后续的推广费用。大海金融公司经过评估后，要求阳光公司提供保证人，以保证阳光公司能顺利偿债。同时，大海金融公司还要求阳光公司的保证人具有保证人资格。那么，哪些人不能作为保证人呢？

专家分析

保证合同的主体通常就是主债权人和保证人，而保证人在债务人到期不偿还债务或者发生当事人约定的情形时，需要承担责任，因此，保证人的主体资格格外重要。根据《民法典》第六百八十三条的规定，机关法人（经国务院批准为使用外国政府或者国际经济组织贷款进行转贷的除外）和以公益为目的的非营利法人、非法人组织不得为保证人。同时，除了上述主体不能作为保证人提供保证外，保证人还应当具备相应的民事行为能力，否则，保证合同将无效。

实务指南

在签订保证合同时，主债权人除了要审查保证人是否能够作为保证人的主体外，还应当重点审查保证人代为清偿债务的能力。如果保证人不具备代为清偿债务的能力，保证合同成立后，债务人不履行到期债务时，主债权人的债权还是很难实现。

关联法规

《中华人民共和国民法典》

第六百八十三条 机关法人不得为保证人，但是经国务院批准为使用外国政府或者国际经济组织贷款进行转贷的除外。

以公益为目的的非营利法人、非法人组织不得为保证人。

三、一般保证

根据保证人承担的责任不同，可以把保证的方式分为一般保证和连带责任保证。

一般保证就是保证人仅在债务人不履行债务时负补充责任的保证，主要存在于以下两种情况中：（1）保证人和债权人在保证合同中明确约定保证形式为一般保证；（2）当事人在保证合同中对保证方式没有约定或者约定不明确，或者约定债务人不能履行债务时，由保证人承担保证责任的，债务人承担的保证责任为一般保证。

案例：一般保证的保证人在什么情况下才需要承担保证责任?

某年，A公司的资金链出现问题。为了保证公司顺利运营，A公司和自己的客户B公司商量，借款40万元进行周转，两年后还款。同时，B公司要求A公司提供保证人，对这笔债务进行担保。于是，A公司找到杨先生作为保证人，并在写有保证条款的主债权合同上签字。两年后，A公司因为经营不善，无力偿还B公司的借款。B公司找到杨先生，要求杨先生承担保证责任。杨先生向律师咨询得知，自己所签合同保证条款中没有约定保证形式，作出的是一般保证，因此现在有权不向B公司承担保证责任。那么，一般保证的保证人在什么情况下才需要承担保证责任?

专家分析

《民法典》第六百八十七条第二款规定：“一般保证的保证人在主合同纠纷未经审判或者仲裁，并就债务人财产依法强制执行仍不能履行债务前，有权拒绝向债权人承担保证责任，但是有下列情形之一的除外：（一）债务人下落不明，且无财产可供执行；（二）人民法院已经受理债务人破产案件；（三）债权人有证据证明债务人的财产不足以履行全部债务或者丧失履行债务能力；（四）保证人书面表示放弃本款规定的权利。”也就是说，保证人承担的保证责任是一般保证时，只有债权人使用诉讼手段确定债务人确无财产可供执行时，才可以请求保证人履行保证责任。同时，根据该法第六百九十三条第一款的规定，债权人应当在保证期间内对债务人提起诉讼或者申请仲裁。本案中，由于杨先生、A公司、B公司签订的主债权债务合同的保证条款中没有约定保证形式，因此杨先生承担的保证责任为一般保证。B公司需要在保证期间内通过仲裁或者诉讼的方式向A公司主张债务，在就A公司的财产依法强制执行仍不能履行债务时，才有权请求杨先生承担保证责任。

实务指南

为了保障债权人债权的实现，债权人和保证人应当在保证合同中明确约定保证的方式和保证期间。如果未约定保证期间或者约定不明确的，保证人承担一般保证责任，保证期间则为主债务履行期限届满之日起6个月。在一般保证的情形下，债权人在债务人到期不偿还债务时，无法直接要求保证人承担保证责任。

关联法规

《中华人民共和国民法典》

第六百八十六条 保证的方式包括一般保证和连带责任保证。

当事人在保证合同中对保证方式没有约定或者约定不明确的，按照一般保证承担保证责任。

第六百八十七条 当事人在保证合同中约定，债务人不能履行债务时，由保证人承担保证责任的，为一般保证。

一般保证的保证人在主合同纠纷未经审判或者仲裁，并就债务人财产依法强制执行仍不能履行债务前，有权拒绝向债权人承担保证责任，但是有下列情形之一的除外：

（一）债务人下落不明，且无财产可供执行；

（二）人民法院已经受理债务人破产案件；

（三）债权人有证据证明债务人的财产不足以履行全部债务或者丧失履行债务能力；

（四）保证人书面表示放弃本款规定的权利。

第六百九十二条　保证期间是确定保证人承担保证责任的期间，不发生中止、中断和延长。

债权人与保证人可以约定保证期间，但是约定的保证期间早于主债务履行期限或者与主债务履行期限同时届满的，视为没有约定；没有约定或者约定不明确的，保证期间为主债务履行期限届满之日起六个月。

债权人与债务人对主债务履行期限没有约定或者约定不明确的，保证期间自债权人请求债务人履行债务的宽限期届满之日起计算。

第六百九十三条第一款　一般保证的债权人未在保证期间对债务人提起诉讼或者申请仲裁的，保证人不再承担保证责任。

四、连带责任保证

当事人在保证合同中约定保证人和债务人对债务承担连带责任的，为连带责任保证。当债务人不履行到期债务或者发生当事人约定的情形时，债权人可以请求债务人履行债务，也可以请求承担连带保证责任的保证人在其保证范围内承担保证责任。和一般保证相比，连带责任保证这种方式降低了债权人债权实现的风险，对于债权人更为有利。

案例：债务人到期不履行债务的，债权人可以直接要求连带责任保证人承担保证责任吗？

小吴大学毕业后开始创业，需要一笔启动资金，就向自己的叔叔朱先生借了 5 万元。借款时，朱先生为了保障自己的债权能够实现，和小吴的妈妈李女士签订了保证合同，两人约定，如果债务人小吴 3 年后不偿还借款，保证人李女士愿意承担连带保证责任。3年后，朱先生看小吴的生意也没什么起色，觉得小吴可能也无法偿还5万元，就直接找到李女士，要李女士承担连带保证责任，偿还借款5万元。那么，债务人到期不履行债务的，债权人可以直接要求连带责任保证人承担保证责任吗？

专家分析

在保证合同中，如果保证人和债权人约定采用连带责任保证形式的，根据《民法典》第六百八十八条的规定，债权人可以请求债务人履行债务，也可以请求保证人在其保证范围内承担保证责任。本案中，李女士和朱先生在保证合同中约定，李女士承担的保证责任形式为连带责任保证，当债务人小吴到期不履行债务时，朱先生可以直接找到李女士，要求李女士在保证范围内承担保证责任。同时，在本案中，保证合同中没有明确约定保证的范围，那么，根据该法第六百九十一条的规定，保证的范围应当包括主债权及其利息、违约金、损害赔偿金和实现债权的费用。

实务指南

当保证合同约定保证人承担的保证责任为连带责任保证时，债权人虽然有权在债务人到期不履行债务或者发生当事人约定的情形时，直接要求保证人偿还债务，但是债权人在行使权利时，应当注意要在保证期间内，及时要求保证人承担保证责任。

关联法规

《中华人民共和国民法典》

第六百八十八条 当事人在保证合同中约定保证人和债务人对债务承担连带责任的，为连带责任保证。

连带责任保证的债务人不履行到期债务或者发生当事人约定的情形时，

债权人可以请求债务人履行债务，也可以请求保证人在其保证范围内承担保证责任。

第六百九十一条　保证的范围包括主债权及其利息、违约金、损害赔偿金和实现债权的费用。当事人另有约定的，按照其约定。

第六百九十三条第二款　连带责任保证的债权人未在保证期间请求保证人承担保证责任的，保证人不再承担保证责任。

第六百九十四条第二款　连带责任保证的债权人在保证期间届满前请求保证人承担保证责任的，从债权人请求保证人承担保证责任之日起，开始计算保证债务的诉讼时效。

第二节　保理合同

保理合同是应收账款债权人将现有的或者将有的应收账款转让给保理人，保理人提供资金融通、应收账款管理或者催收、应收账款债务人付款担保等服务的合同。

在商业贸易中，当采用赊账、托收等方式结算账款时，卖方为了强化应收账款管理、增强流动性，就会选择采用保理，来委托第三者（保理商）管理应收账款，从而签订保理合同。其中，保理商是指提供保理服务的机构，为银行、非银行机构。债权人将应收账款转让给保理商的，无论是否融资，保理商均应当向债权人提供下列服务中的至少一项：

（1）应收账款催收。保理商在应收账款到期后，主动或应债权人要求，采取电话、函件或者法律手段等对债务人进行催收。

（2）应收账款管理。保理商按照债权人的要求，需要定期或不定期向债权人提供关于应收账款的回收情况、逾期账款情况、对账单等各种财务和统计报表，协助债权人对应收账款进行管理。

（3）坏账担保。债权人与保理商签订保理协议后，由保理商为债务人核定信用额度，并在核准额度内，对债务人无商业纠纷的应收账款，提供约定的付款担保。

一、保理合同的内容

保理合同应当采用书面形式订立。一份完整的保理合同通常应当包括业务类型、服务范围、服务期限、基础交易合同情况、应收账款信息、保理融资款或者服务报酬及其支付方式等条款。在保理关系中，应收账款的真实性十分重要。如果应收账款债权人与债务人虚构应收账款作为转让标的，与保理人订立保理合同的，除保理人明知虚构的外，应收账款债务人不得以应收账款不存在为由对抗保理人。

案例：债权人与债务人虚构应收账款签订保理合同的，债务人可否以应收账款不存在为由对抗保理人？

大海公司需要投资建设新的办公楼，但是缺乏资金。大海公司的实际控股人张先生和小溪公司的股东朱小姐是多年好友，两人商量着大海公司与小溪公司签订一份虚假的产品购销合同，大海公司作为债权人，向当地某银行进行保理，获得一笔钱建设办公楼。朱小姐认为既然合同是虚构的，小溪公司肯定不用承担责任，就答应帮这个忙。岂料，当两公司虚构的产品购销合同的应收账款到期后，该银行找到小溪公司，要求其偿还货款。小溪公司以“该应收账款是虚构的”进行抗辩。那么，债权人与债务人虚构应收账款签订保理合同的，债务人可否以应收账款不存在为由对抗保理人？

专家分析

保理关系实质上是一种特殊的应收账款的债权转让，因此，在保理法律关系中，保理合同交易的真实性十分重要。《民法典》第七百六十三条规定："应收账款债权人与债务人虚构应收账款作为转让标的，与保理人订立保理合同的，应收账款债务人不得以应收账款不存在为由对抗保理人，但是保理人明知虚构的除外。"由此可见，在应收账款债权人与债务人虚构应收账款时，应收账款债务人是不能以应收账款不存在为由对抗保理人的。本案中，大海公司和小溪公司虚构购销合同，应收账款不存在，如果银行没有明知虚构的事实，小溪公司是不能以应收账款不存在为由对抗银行的。

实务指南

保理关系中，保理商提供的服务都是建立在存在真实的基础交易合同，债权人的应收账款真实的基础之上。因此，在签订保理合同时，保理人应当格外注重审查债权人应收账款信息，确保其真实。

关联法规

《中华人民共和国民法典》

第七百六十二条　保理合同的内容一般包括业务类型、服务范围、服务期限、基础交易合同情况、应收账款信息、保理融资款或者服务报酬及其支付方式等条款。

保理合同应当采用书面形式。

第七百六十三条　应收账款债权人与债务人虚构应收账款作为转让标的，与保理人订立保理合同的，应收账款债务人不得以应收账款不存在为由对抗保理人，但是保理人明知虚构的除外。

二、关于追索权

根据是否具有追索权，可以把保理分为有追索权的保理和无追索权的保理。在有追索权的保理合同中，保理人可以向应收账款债权人主张返还保理融资款本息或者回购应收账款债权，也可以向应收账款债务人主张应收账款债权。保理人向应收账款债务人主张应收账款债权，在扣除保理融资款本息和相关费用后有剩余的，剩余部分应当返还给应收账款债权人。在无追索权的保理合同中，保理人只能向应收账款债务人主张应收账款债权，保理人取得超过保理融资款本息和相关费用的部分，无须向应收账款债权人返还。

案例：有无追索权的保理有何不同？

A公司为了提高公司的知名度，决定大规模发布广告，但是缺少相应的宣传费用。在该公司法务的建议下，A公司打算把自己对B公司的应收账款转让给银行，以此来获得融资。在和C银行签订合同的时候，C银行提供了两种选择，一种是银行有追索权的保理，另一种是银行无追索权的保理。那么，有无追索权的保理究竟有何不同？

专家分析

以保理人是否对债务人的信用承担风险分类，保理可以分为有追索权保理（又称回购保理）和无追索权保理（又称买断保理）。根据《民法典》第七百六十六条和第七百六十七条的规定，在有追索权的保理中，保理人不对债务人的信用进行担保，如果应收账款不能回收的，保理人有权要求债权人返还已经支付的融资款项。但是，在无追索权的保理中，如果债务人不能按约支付应收账款的，保理人不仅不能要求债权人返还已经发放的融资款项，还需要继续履行剩余的付款义务。本案中，A公司可以根据公司的实际情况，选择适合公司发展的保理形式。

实务指南

对于企业而言，采取无追索权保理不仅能提前获得融资，缓解资金压力，还能避免坏账损失，降低应收账款的机会成本，但是无追索权保理的缺点也非常明显，无追索权的保理人必然会收取较高的保理费用。企业应当权衡风险和利益，谨慎地选择保理业务种类。

关联法规

《中华人民共和国民法典》

第七百六十六条　当事人约定有追索权保理的，保理人可以向应收账款债权人主张返还保理融资款本息或者回购应收账款债权，也可以向应收账款债务人主张应收账款债权。保理人向应收账款债务人主张应收账款债权，在扣除保理融资款本息和相关费用后有剩余的，剩余部分应当返还给应收账款债权人。

第七百六十七条　当事人约定无追索权保理的，保理人应当向应收账款债务人主张应收账款债权，保理人取得超过保理融资款本息和相关费用的部分，无需向应收账款债权人返还。

第三节　合伙合同

合伙合同是在合伙组织中广泛应用的一种合同。合伙组织作为一种独立的组织，其人格、财产、利益和民事责任均具有一定的独立性。与公司的组织形式相比，合伙组织的出资方式更为灵活，需要合伙人共同经营，并且，合伙组织需要合伙人以个人财产对合伙组织的债务承担无限连带责任。

根据合伙人承担的责任形式不同，合伙组织可以分为普通合伙组织和有限合伙组织。其中，普通合伙组织又包括特殊的普通合伙组织。在普通合伙组织中，合伙人需要对合伙组织的债务承担无限连带责任。特殊的普通合伙组织中，某合伙人或数个合伙人在工作中因故意或者重大过失造成合伙企业债务的，应当对此合伙债务承担无限连带责任，其他合伙人则仅以其在合伙企业中的财产份额为限承担有限责任。有限合伙组织则是由有限合伙人和普通合伙人组成，有限合伙人仅以出资额为限对合伙债务承担有限责任，普通合伙人对合伙债务仍需承担无限责任。

合伙合同是指两个以上合伙人为了共同的经营目的，签订的利益共享、风险共担的协议。

合伙合同是合伙人进行合伙的法律基础。合伙人之外的其他人如想入伙，不仅需要征得所有合伙人的同意，还需要签订新的合伙合同或者在原合伙合同上签字。合伙合同可以通过书面方式订立，也可以通过口头订立，但是合伙企业的合伙合同需要采用书面形式，在合同中明确合伙人之间的权利与义务。

一、合伙事务的执行

合伙组织中[1]，合伙事务的执行有三种方式：（1）合伙人共同执行。如果合伙合同没有特殊约定，合伙事务应当经全体合伙人一致同意才能决定，且应当由全体合伙人共同执行。（2）委托部分合伙人执行合伙事务。按照合伙合同的约定或者全体合伙人的决定，合伙组织可以委托一个或者数个合伙人执行合伙事务，其他合伙人虽然不再执行合伙事务，但是有权监督执行情况。（3）合伙人分别执行合伙事务。采用此种方式的，执行事务合伙人可以对其他合伙人执行的事务提出异议；提出异议后，其他合伙人应当暂停该项事务的执行。同时，如果合伙合同没有约定，合伙人不得因执行合伙事务而请求支付报酬。

1 此处指普通合伙组织，如无特别说明，以下案例与分析均以普通合伙组织为例。

案例：不执行合伙事务的合伙人有权提出异议吗？

周先生和汪先生是多年的好友，两人都在餐饮行业干了很多年，积累了丰富的经验。周先生和汪先生商量一起开一家中餐厅，但是两人的启动资金还是不够。于是，周先生介绍资金实力雄厚的李先生给汪先生认识，三人决定以合伙企业的形式开餐厅。三人在合伙合同中约定，李先生主要提供资金，不参与中餐厅的日常管理；周先生和汪先生则以劳务的形式出资，负责合伙事务的执行，对中餐厅进行管理。一天，李先生在查阅合伙企业的账目时发现，周先生和汪先生已经付定金预订了一批新的餐厅装饰物，拟换一个装修风格。李先生认为现在餐厅的装修风格比较合适，与其花钱在装饰物上，不如花钱在食物上。周先生认为，既然李先生已经委托给自己和汪先生执行合伙事务了，就应当尊重他们的决定，不能提出异议。那么，不执行合伙事务的合伙人有权提出异议吗？

专家分析

在合伙组织中，如果合伙人选择将合伙事务委托给部分合伙人执行，根据《民法典》第九百七十条的规定，不执行合伙事务的其他合伙人是有权对合伙事务的执行情况进行监督的。本案中，合伙合同约定由周先生和汪先生执行合伙事务，李先生不执行合伙事务，但根据法律的规定，李先生有权对合伙事务的执行情况进行监督。因此，李先生在查阅账目时发现周先生和汪先生在管理中有不妥之处，是可以提出异议的，三人可以进行进一步沟通，协商解决问题，不能协商解决的，可以表决决定是否换装修风格。

实务指南

基于合伙组织的特殊性，全体合伙人都可以参与合伙事务的运营。但是，并非全部的合伙人都有时间和精力参与合伙事务的管理，因此，法律赋予合伙人权利，可以在合伙合同中约定委托部分合伙人执行合伙事务，或者合伙人分别执行合伙事务。同时，其他合伙人也有权监督执行合伙人的执行情况，对自己认为不妥的事项提出异议，行使自己作为合伙人的权利。

关联法规

《中华人民共和国民法典》

第九百七十条 合伙人就合伙事务作出决定的，除合伙合同另有约定外，应当经全体合伙人一致同意。

合伙事务由全体合伙人共同执行。按照合伙合同的约定或者全体合伙人的决定，可以委托一个或者数个合伙人执行合伙事务；其他合伙人不再执行合伙事务，但是有权监督执行情况。

合伙人分别执行合伙事务的，执行事务合伙人可以对其他合伙人执行的事务提出异议；提出异议后，其他合伙人应当暂停该项事务的执行。

第九百七十一条 合伙人不得因执行合伙事务而请求支付报酬，但是合伙合同另有约定的除外。

二、利润分配、债务承担与财产份额的转让

合伙的利润分配和亏损分担，应当按照合伙合同的约定处理；合伙合同没有约定或者约定不明确的，由合伙人协商决定；协商不成的，由合伙人按照实缴出资比例分配、分担；无法确定出资比例的，由合伙人平均分配、分担。但是，合伙人对于合伙债务的约定，并不具有对外效力，合伙人应当对合伙债务承担连带责任。清偿合伙债务超过自己应当承担份额的合伙人，有权向其他合伙人追偿。此外，合伙人向合伙人以外的人转让其全部或者部分财产份额的，须经其他合伙人一致同意，除非合伙合同中另有约定。

案例：债权人有权要求其中一位合伙人对全部合伙债务承担赔偿责任吗?

小孙、小李、小王都是某医科大学的学生，也是室友，他们商量着一起创业，就合伙做了一个介绍医学常识的微信公众号。由于三人缺乏经验，微信公众号运营得并不成功，还对外欠了 6 万元。无奈之下，三人决定停止运营公众号。债权人张先生知道后，要求小孙偿还 6 万元。但是，小孙对张先生说，自己和小李、小王三人签订了合同，在合伙合同中约定了利润共享，风险共担，三人平均分担亏损。因此，小孙只需要偿还张先生 2 万元，张先生需要找小李、小王索要剩下的 4 万元。那么，小孙的说法正确吗？债权人有权要求其中一位合伙人对全部合伙债务承担赔偿责任吗?

专家分析

小孙的说法是错误的，张先生可以向小孙要求偿还 6 万元。根据我国《民法典》第九百七十二条的规定，合伙人可以在合伙合同中约定利润分配和亏损分担比例。但是，这仅具有内部效力，仅在合伙人内部生效。根据该法第九百七十三条的规定，合伙人对合伙债务承担连带责任。也就是说，无论小孙、小李、小王作出怎样的约定，张先生作为债权人，可以要求小孙全额归还自己 6 万元。小孙赔付张先生 6 万元后，可以根据合伙合同的约定向小李和小王追偿。

实务指南

合伙人最好在合伙合同中明确约定利润分配和亏损分担的方式和比例，以免以后发生争执。同时，合伙人应当谨慎地选择具有信用的同伴和经营的事业，因为发生亏损时，合伙人对合伙债务，要以个人财产承担无限连带责任。

关联法规

《中华人民共和国民法典》

第九百七十二条 合伙的利润分配和亏损分担，按照合伙合同的约定办理；合伙合同没有约定或者约定不明确的，由合伙人协商决定；协商不成的，由合伙人按照实缴出资比例分配、分担；无法确定出资比例的，由合伙人平均分配、分担。

第九百七十三条 合伙人对合伙债务承担连带责任。清偿合伙债务超过自己应当承担份额的合伙人，有权向其他合伙人追偿。

三、合伙期限

合伙可以分为定期合伙和不定期合伙。其中，合伙人在合伙合同中明确约定了合伙期限的，为定期合伙，其他为不定期合伙。

不定期合伙在两种情况下存在：一是合伙合同中未约定合伙期限，或者合伙期限约定不明确的，不能通过补充协议确定，也无法通过合同的其他条款和交易习惯确定合伙期限的，合伙就将被视为不定期合伙；二是合伙期限届满，合伙人继续执行合伙事务，其他合伙人没有提出异议的，原合伙合同继续有效，但是合伙期限为不定期。在不定期合伙中，合伙人可以随时解除不定期合伙合同，但是应当在合理期限之前通知其他合伙人。

案例：合伙期限到期后，继续履行合伙合同的，是不定期合伙吗？

小慧和小阳是某理工大学大二的学生。两人家境都比较困难，经常在学习之余，做各种兼职，赚生活费。在做兼职的过程中，小慧发现学校里快递基本上都需要去快递点取，但是现在的学生一般都不想专门为了取快递而出趟门，代取快递在学校还是比较有市场的。小慧就和小阳商量，两人合伙买一个三轮车，在学校为学生代取快递。两人在合伙合同中约定合伙期限为一年。一年之后，合伙期限虽然到了，但是代取快递的生意如火如荼，两人还是在继续为学生代取快递。在大三下学期的时候，小阳准备考研，没有那么多精力再来代取快递了，他认为自己和小慧签订的合伙合同早已经到期了，自己可以随时退伙。是这样吗?

专家分析

本案中，小慧和小阳签订的合伙合同中约定合伙期限是一年，一年期满后，两人未对此重新进行约定，但是两人继续在一起做代取快递的业务，且都没有提出异议，根据《民法典》第九百七十六条的规定，两人原来签订的合伙合同继续有效，但是合伙期限为不定期。也就是说，在此种情况下，两人的合伙是不定期合伙，小阳可以随时解除不定期合伙合同、退伙，但是小阳应当在合理期限之前通知小慧。

实务指南

在不定期合伙中，合伙人在合理期限内通知其他合伙人之后，有权随时解除不定期合伙合同，因此合伙合同多处于不稳定的状态。对此，建议在合伙合同中明确约定合伙的期限，在期限届满之后，也要及时签订新的合同，明确新的合伙期限。

关联法规

《中华人民共和国民法典》

第五百一十条　合同生效后，当事人就质量、价款或者报酬、履行地点等内容没有约定或者约定不明确的，可以协议补充；不能达成补充协议的，按照合同相关条款或者交易习惯确定。

第九百七十六条　合伙人对合伙期限没有约定或者约定不明确，依据本法第五百一十条的规定仍不能确定的，视为不定期合伙。

合伙期限届满，合伙人继续执行合伙事务，其他合伙人没有提出异议的，原合伙合同继续有效，但是合伙期限为不定期。

合伙人可以随时解除不定期合伙合同，但是应当在合理期限之前通知其他合伙人。

四、合伙合同的终止

现实中，合伙合同的终止主要涉及合伙人主体资格的丧失。合伙人是自然人的，合伙人死亡或者丧失民事行为能力后，合伙合同终止；合伙人是公司或者其他组织形式的，组织终止，合伙合同终止；但是，合伙合同另有约定或者根据合伙事务的性质不宜终止的除外。

合伙合同终止之后，合伙财产在支付因终止而产生的费用以及清偿合伙债务后有剩余的，依据合伙合同的约定进行分配；合伙合同没有约定或者约定不明确的，由合伙人协商决定；协商不成的，由合伙人按照实缴出资比例分配、分担；无法确定出资比例的，由合伙人平均分配、分担。

案例：合伙人丧失行为能力后，合伙就终止了吗?

吴先生是一位经验丰富的货运司机，一天，吴先生找到自己的朋友朱先生，两人商量合伙买一辆货车，拖运货物。为此，两人还专门签订了合伙合同，合同明确约定了利润的分配方式和合伙的期限。没想到，货车才买不久，吴先生在家里发生煤气中毒，虽然救回了性命，但从此成了植物人，需要一直躺在床上。朱先生认为，吴先生现在这个样子，明显不能继续开车了，两个人的合伙也应该终止。朱先生找到吴先生的妻子，向其告知想要散伙的想法，并且提出进行合伙清算，分配合伙财产。那么，朱先生的做法对吗?合伙人丧失行为能力后，合伙就终止了吗?

专家分析

我国《民法典》第九百七十七条明确规定，合伙人死亡、丧失民事行为能力或者终止的，合伙合同终止；但是，合伙合同另有约定或者根据合伙事务的性质不宜终止的除外。本案中，吴先生因为意外事故，已经变成了植物人，丧失了行为能力，无法再继续执行合伙事务，在这样的情况下，吴先生和朱先生的合伙合同终止。在合伙终止之后，根据该法第九百七十八条的规定，朱先生需要对合伙财产进行清算，有剩余的，需要按照签订的合伙合同约定的利润分配方式进行处理。

实务指南

合伙终止之后，需要合伙人对合伙财产进行清算，如果合伙财产在支付因终止而产生的费用以及清偿合伙债务后有剩余的，剩余的合伙财产将按照合伙人约定的利润分配的比例来处理；没有约定的，依据《民法典》第九百七十二条的顺序处理即可。合伙财产不足以支付合伙债务的，合伙人虽然对外承担无限连带责任，但是也需要按照在内部确定的各自偿还合伙债务的比例。由此可见，在合伙合同中，事先约好各种分配比例还是十分必要的。

关联法规

《中华人民共和国民法典》

第九百七十二条 合伙的利润分配和亏损分担，按照合伙合同的约定办理；合伙合同没有约定或者约定不明确的，由合伙人协商决定；协商不成的，由合伙人按照实缴出资比例分配、分担；无法确定出资比例的，由合伙人平均分配、分担。

第九百七十七条 合伙人死亡、丧失民事行为能力或者终止的，合伙合同终止；但是，合伙合同另有约定或者根据合伙事务的性质不宜终止的除外。

第九百七十八条 合伙合同终止后，合伙财产在支付因终止而产生的费用以及清偿合伙债务后有剩余的，依据本法第九百七十二条的规定进行分配。

第十三章

中介合同、行纪合同与物业服务合同

中介合同、行纪合同虽然不像买卖合同等在生活中那么常见，但也是比较重要的合同类型。中介合同是中介人向委托人报告订立合同的机会或者提供订立合同的媒介服务，委托人支付报酬的合同。在中介合同中，中介人不参与委托人与第三人之间合同的订立。行纪合同是行纪人以自己的名义为委托人从事贸易活动并获得报酬的合同，在行纪合同中，行纪人实际参与合同的订立过程。物业服务合同是《民法典》新增的典型合同，是物业服务人与业主之间就物业服务事项签订的合同。

第一节　中介合同

中介合同是指中介人将订立合同的机会告知委托人或者直接向委托人提供订立合同的媒介服务，委托人支付报酬的合同。简单来说，中介合同即中介人向委托人提供中介服务以获取报酬的合同。中介合同具有如下特征：

第一，中介人只是向委托人提供订立合同的机会或提供媒介服务，至于委托人是否能成功与第三人订立合同，与中介人无关。因为中介人也不是委托人与第三人之间的合同的当事人。

第二，中介人无权介入委托人与第三人订立的合同。中介人只是起到牵线搭桥的作用，向委托人报告订立合同的机会，或在委托人与第三人之间传达对方意思，促进合同的订立，中介人没有实际参与到合同中。

第三，中介合同是双务合同、有偿合同、诺成合同。中介人向委托人报告订立合同的机会，或提供订立合同的媒介服务，委托人向中介人支付相应报酬，所以说中介合同是双务、有偿合同。中介合同的订立在双方当事人意思表示一致的情况下即可生效，不需要当事人的现实交付，所以中介合同为诺成合同。

第四，中介合同的报酬有不确定性。中介人的中介活动达到目的，委托人才会支付劳动报酬。如果中介活动没有达到目的，委托人不负支付报酬的义务。中介人的中介合同是否能达到目的，具有不确定性，不由中介人的意志决定。

一、中介合同的概念与双方的权利义务

中介合同是中介人向委托人提供中介服务的合同。在中介合同中，中介人和委托人有着不同的权利义务。

中介人的权利和义务。中介人提供中介服务的目的是获取报酬，因此，向

委托人请求支付报酬和偿还相关费用是中介人的重要权利。同时，中介人还应履行以下义务：（1）向委托人报告订立合同的机会或为委托人和第三人提供媒介服务；（2）对报告的订立合同信息的真实性承担责任；（3）负担中介期间的相关费用；（4）为当事人保密。

委托人的权利和义务。委托人有获得订立合同信息或媒介服务的权利。委托人的义务主要有两个：（1）支付中介人劳动报酬；（2）按约定偿付中介人在提供中介服务中所花费的费用。

案例：中介人未兑现承诺应退还中介费吗？

郑某与妻子向某结婚后，想在市里买套房子，但是两人手里积蓄不多，这个想法一直没能实现。2021 年 6 月，中介陈某得知郑某想要买房的事情，于是找到郑某告诉他，本市的安江集团向员工提供福利，只要是安江集团的员工，即可在安江集团秀兰家园小区买一套房，首付由安江集团替员工支付，并且员工可以享受免缴 10 年物业费、子女上幼儿园免学费的优惠待遇。员工买完后，依然还有很多房屋没有卖出去，所以安江集团便放开政策，让安江集团员工的亲属也可以在该小区买房，同样可以享受上述优惠待遇，只是时间截至 2021 年 9 月 30 日。郑某觉得不错，就让陈某帮忙联系，陈某也承诺会在 9 月 30 日前完成房屋过户手续，并将这一承诺写进了中介合同。几天后，在陈某的联系下，郑某就与安江集团签订了房屋买卖合同并交付了中介费以及定金。但是因种种原因，9 月 30 日前，郑某没能办理房屋过户手续，没有在安江集团卖房的优惠期间买到房，只能按原来的政策支付首付并偿还贷款。但是郑某表示无力承担，于是提出解除合同，并要求中介退还中介费。中介人未兑现承诺应退还中介费吗？

专家分析

在上述案例中，陈某作为中介在中介活动中为促成双方成交，承诺在2021年9月30日前，即安江集团卖房的优惠政策结束前，完成房屋过户手续。但陈某没有兑现这一承诺，致使郑某因不能享受优惠条件而不得不放弃买房，从而解除合同。《民法典》第九百六十四条规定："中介人未促成合同成立的，不得请求支付报酬；但是，可以按照约定请求委托人支付从事中介活动支出的必要费用。"由此可知，陈某没有促成房屋买卖合同的成立，不得要求支付报酬。郑某已经支付给陈某的中介费，可以要求陈某退还。

实务指南

中介合同要求中介人为委托人报告订立合同的机会或为合同的订立提供媒介服务，这是中介人获得劳动报酬的依据。如果经过中介人的努力，委托人与第三人成功订立合同，那么中介可获得劳动报酬；如果合同没有成立或虽然成立但是无效，中介人不得请求报酬。我国《民法典》作出这样的规定，是为督促中介人依据诚信原则，为促成合同的订立而努力，避免中介人假借提供订立合同的机会，骗取委托人的中介费用。

关联法规

《中华人民共和国民法典》

第九百六十四条　中介人未促成合同成立的，不得请求支付报酬；但是，可以按照约定请求委托人支付从事中介活动支出的必要费用。

二、中介报酬的支付与费用的承担

中介人的报酬因提供服务内容的不同而不同，如果中介人仅向委托人提供订立合同的机会，只需委托人给付报酬；如果中介人在委托人与第三人之间"斡旋"，向双方提供媒介服务，则由双方共同负担支付报酬的义务，但当事人之间有约定的除外。

关于提供中介服务期间的费用，如果合同成立，我国法律规定一般由中介人负担，除非有特别约定，否则中介人不得请求偿还费用。如果合同不成立，中介人没有获得报酬，对于必要的费用可以要求委托人承担。

案例：中介人成功促成合同，可以要求委托人支付在此期间花费的费用吗？

盛大公司成立后，经过4年的时间，公司经营的业务范围不断扩大，招聘的员工也越来越多，但公司规模较小，需要换一处办公楼。公司负责人李某找到中介，要求中介人闫某帮忙找一处合适的大楼用作办公楼。闫某经过寻找终于找到一处合适的大楼，便带着李某到卖房方的赵某那里看房。李某对大楼的各方面都比较满意，随后，赵某提出了600万元的出卖价格。李某没有马上和赵某签订买卖合同，只是说再考虑考虑。回到公司后，李某对闫某说，自己对大楼的价格等方面都非常满意，只是对赵某是否享有该大楼所有权表示怀疑，毕竟600万元不是一个小数目，所以李某要求闫某对此进行调查。一是调查大楼的所有权，包括房屋权利的来源、现状、是否存在抵押以及有无权利限制；二是调查房屋的使用情况，包括房屋的使用年限，是否隐瞒缺陷，房屋内的顶、墙、地、门、窗及设备等是否需要检测、修复，设备转让价格及有关费用结清情况等。在调查过程中，闫某共花去费用3000元。最终，李某与赵某成功签订合同。在合同订立后，闫某主张李某承担调查期间所花费的费用。闫某的要求能得到满足吗？

专家分析

上述案例涉及中介人成功促成合同的订立时，中介活动所花费的费用应当由谁承担的问题。我国《民法典》第九百六十三条第二款规定：“中介人促成合同成立的，中介活动的费用，由中介人负担。”本案中，李某对大楼的所有权存在怀疑，为了确定大楼的权属情况，要求闫某对大楼进行调查。闫某对大楼进行调查是为消除李某的疑虑，促使合同能最终确立，对于这一部分花费，按照法律的规定，应当由闫某承担。所以闫某要求李某承担相关费用的主张不能得到满足。

实务指南

让中介人承担订立合同期间所花费的费用主要是由中介合同的性质决定的。委托人与中介人订立中介合同是想通过中介人找到符合条件的标的物，中介人应对标的物能否满足委托人的要求而承担相应责任。如果合同成功订立，中介人就可以获得报酬，可以抵销提供中介服务期间的花费。如果合同没能成功订立，不能获得报酬，但我国《民法典》作出了中介人可以要求委托人支付必要费用的规定。

关联法规

《中华人民共和国民法典》

第九百六十三条　中介人促成合同成立的，委托人应当按照约定支付报酬。对中介人的报酬没有约定或者约定不明确，依据本法第五百一十条的规定仍不能确定的，根据中介人的劳务合理确定。因中介人提供订立合同的媒介服务而促成合同成立的，由该合同的当事人平均负担中介人的报酬。

中介人促成合同成立的，中介活动的费用，由中介人负担。

第九百六十四条　中介人未促成合同成立的，不得请求支付报酬；但是，可以按照约定请求委托人支付从事中介活动支出的必要费用。

三、委托人私下与第二人订立合同的后果

现实生活中，有些人为了节省中介费，往往在通过中介联系上另一方当事人后，与其自行协商，抛弃中介，最终签订合同。对于这种让中介跟着“白忙活一场”、有失公平的“跳单”行为，《民法典》特别规定了中介有要求报酬的权利。

案例：通过中介认识房主后，与房主私下签订房屋买卖协议的，还需要支付中介费吗?

小李想开一家美甲店，经打听得知其所在地区的临街店铺租金都很高，但是门面房本身的价格却还算公道。于是，小李打算使用手头积蓄买下一个小面积的二手门面房。小李来到某中介公司，在刘业务员的带领下，看了几处门面房，最终选定一处。刘业务员跟小李和门面房房主约好周六下午见面详谈。周六下午，三方如约而至。其间，刘业务员由于接电话离开了一会儿，就在这时，小李偷偷对房主说，能不能与其私下签约，并称自己创业艰难，中介费很高。房主见小李也不容易，便答应了。等刘业务员回来后，小李谎称没有谈拢，不想买了。几天后，刘业务员发现该门面房已经在租赁平台下线，经打听，原来是小李与房主已经私下成交。那么，刘业务员可以向小李追回中介费吗?

专家分析

中介合同是以中介人提供中介服务为基础，委托人支付相应报酬，即中介费的合同。中介费是中介合同的重要组成部分，也是中介人进行中介活动的主要目标。中介人为委托人提供服务的时候，也会耗费一定的人力、物力，也会消耗费用，其获得的中介费，一部分可以抵作成本，另一部分才为利润。如果很多人像小李和门面房房主一样私下成交，那么势必会给中介公司带来损失。为了公平起见，也为了维护有序的市场交易秩序，我国《民法典》第九百六十五条专门规定了委托人利用中介，私下与他人签订合同后，也应该支付中介费。也就是说，本案中刘业务员完全有权利向小李追回中介费。

实务指南

委托人绕开中介与第三方签订合同，就是在违背良心办事，终究不会逃过法律的规制，在中介要求支付中介费的情况下，也不得不支付。广大企业在买房、租房的过程中，一定要实实在在地办事，切不可投机取巧，最终赔了面子，还照常买单。

关联法规

《中华人民共和国民法典》

第九百六十五条　委托人在接受中介人的服务后，利用中介人提供的交易机会或者媒介服务，绕开中介人直接订立合同的，应当向中介人支付报酬。

第二节　行纪合同

行纪合同是指行纪人接受委托人的委托，以自己的名义，为委托人从事贸易活动，委托人支付报酬的合同。其中接受委托的一方为行纪人，而另一方为委托人。

行纪合同具有以下四个特征：

（1）行纪合同是受他人委托处理他人事务的合同，其标的具有特定性，仅限定于行纪人为委托人从事贸易活动。

（2）在行纪合同中，行纪人是以自己的名义为委托人办理事务，但是其处理事务的结果最终归于委托人承受。

（3）行纪合同中的行纪人是专门从事贸易活动的，其以行纪为自己的营业，具有限定性。在我国，依据法律的规定，行纪人只能是经过批准经营行纪业务的法人、自然人或者非法人组织，未经批准，不得成为行纪人。

（4）行纪合同是双务合同、有偿合同。在行纪合同中，行纪人完成委托事务的，委托人应该支付报酬。

行纪合同与委托合同非常相似，但是，两者是有区别的，主要表现为以下五个方面：

（1）合同中当事人的法律地位不同。在行纪合同中，行纪人是以自己的名义为委托人的利益直接与第三人从事贸易活动；而在委托合同中，受托人则可以委托人的名义或者自己的名义代委托人处理事务。

（2）合同当事人的范围是不同的。在行纪合同中，我国法律只允许取得行纪业务营业执照的自然人、法人或者其他主体来从事行纪业务；而在委托合同中，受托人的主体是不受法律限制的，任何自然人或者是法人、非法人组织都可以接受他人的委托，为他人处理事务。

（3）合同的标的不同。在行纪合同中，双方订立合同的标的只能够是行纪人为委托人从事特定的法律行为，如代销、代购，期货经纪等业务；而在委托合同中，则是没有此种限制的，受托人可以为委托人处理任何法律规定范围内的事务，其所包含的范围比较广。

（4）合同的性质有所不同。行纪合同一定是有偿合同；而委托合同可能是有偿的，也可能是无偿的。

（5）承担权利和义务的主体不同。在行纪合同中，行纪人与第三人直接进行贸易活动，其直接对行纪人发生法律效力，行纪人直接承担与第三人签订的合同中的权利和义务；而在委托合同中，如果受托人以委托人的名义处理委托事务，则需要由委托人来承担合同中的权利与义务，合同产生的法律后果由委托人来承担。

一、行纪合同的概念、费用

行纪合同是行纪人以自己的名义为委托人从事贸易活动，委托人支付报酬的协议。在行纪合同中，行纪人在受委托进行贸易活动的过程中，会产生各种各样的交易费用。在一般情况下，如果当事人没有特别约定，那么所产生的交易费用是由行纪人自己来负担的。这也是行纪合同与委托合同的区别之一。

案例：在行纪合同中，应该由哪一方来负担贸易活动中所产生的费用？

阿美餐厅是某市的一家有名的西餐厅，该餐厅的规模非常大，生意也很红火。由于该餐厅所面向的是高消费人群，因此，餐厅的很多食品都是从国外进口的。2021 年 1 月，阿美餐厅与该市的一家进出口公司签订了一份行纪合同，合同约定，由该进出口公司为阿美餐厅进口牛肉 1000 斤，每斤 100 元，并且双方约定了牛肉的质量标准。后来，该进出口公司按照餐厅的要求履行了合同。但是，进出口公司在交货时，要求阿美餐厅支付其在购买牛肉的过程中所支出的税费、运输费、保鲜费等费用。阿美餐厅认为，双方已经签订了合同，在交易过程中支付相关费用是该公司的义务，与自己无关，因此，自己无须支付相关费用。为此，进出口公司诉至法院。那么，在行纪合同中，应该由哪一方来负担贸易活动中所产生的费用？

专家分析

行纪人负担贸易活动中所产生的费用是其应履行的一项义务。我国《民法典》第九百五十二条规定，行纪人处理委托事务支出的费用，由行纪人负担，但是当事人另有约定的除外。据此可知，除非当事人在合同中作出约定，否则贸易活动中支出的费用就应当由行纪人来负担。因为行纪合同是有偿合同，行纪人在其所收取的报酬中一般已经包括行纪人处理委托事务支出的费用。在本案中，双方签订的是一份行纪合同，餐厅是委托人，进出口公司是行纪人。双方在签订的合同中并没有明确约定贸易活动中费用的支付由谁负担，此时，依照法律的规定，就需要由行纪人来支付。所以，餐厅的做法是正确的，其没有义务支付此项费用。即便诉至法院，进出口公司的请求也不会得到法院的支持。

实务指南

在实践中，对于行纪合同很多人可能并不是非常熟悉，甚至很多人将其误认为是委托合同。而行纪人在一般情况下支付贸易活动费用就是行纪合同区别于委托合同的一项重要特征。因此，企业在平时的交易中签订行纪合同时，如果作为委托人，需要注意在没有约定的情况下，支付贸易活动的必要费用就是行纪人的义务；如果作为行纪人，不想履行此项义务，那么在签订合同时，就需要在合同中作出特别的约定。而在本案中，正是因为合同中没有约定，所以进出口公司作为行纪人需要承担此项义务。

关联法规

《中华人民共和国民法典》

第九百五十一条 行纪合同是行纪人以自己的名义为委托人从事贸易活动，委托人支付报酬的合同。

第九百五十二条 行纪人处理委托事务支出的费用，由行纪人负担，但是当事人另有约定的除外。

二、行纪人的义务

在行纪合同中，行纪人的义务主要包括以下六个方面：

（1）行纪人从事贸易活动的义务。在行纪合同中，行纪人是为委托人的利益而从事贸易活动，其应该依据委托人的指示进行交易。首先，如果委托人对价格有特别指示，行纪人应当依照委托人指定的价格进行贸易活动，不得违背委托人的意愿。如果行纪人违反委托人的指示进行交易，委托人拒绝的，由行纪人承担损害赔偿责任。其次，行纪人低于委托人指定的价格卖出或者高于委托人指定的价格买入的，应当经委托人同意。未经委托人同意，行纪人补偿其差额的，该买卖对委托人发生效力。最后，行纪人高于委托人指定的价格卖出或者低于委托人指定的价格买入的，可以按照约定增加报酬；没有约定或者约定不明确，依照法律的规定仍不能确定的，该利益属于委托人。

（2）行纪人负担交易费用的义务。在行纪合同中，如果双方没有特别约定，那么在交易活动中所支出的各项交易费用应该由行纪人负担。

（3）行纪人的保管义务。在行纪合同中，行纪人占有委托物的，应当妥善保管委托物。

（4）行纪人适当处分委托物的义务。在行纪合同中，委托物交付给行纪人时有瑕疵或者容易腐烂、变质的，经委托人同意，行纪人可以处分该物；和委托人不能及时取得联系的，行纪人可以合理处分。

（5）行纪人在交易中与第三人订立合同的，行纪人对该合同直接享有权利、承担义务。在行纪合同中，行纪人直接负有向第三人履行合同的义务，以及接受第三人履行合同的义务。

（6）报告和移交交易所得的义务。在行纪合同中，行纪人应依照合同的约定向委托人报告贸易活动的相关情况，并将处理委托事务所得的财产交给委托人。

案例：在行纪合同中如果第三人不履行义务，致使委托人受到损害的，应该由谁来承担赔偿责任？

成美服装公司是某市一家生产服装的企业。2021年1月，该公司接到一个订单，要求生产一批高档服装。由于服装所需的布料需要从国外进口，为了方便，该服装公司便与当地的启丰进出口有限公司签订了一份行纪合同，委托启丰进出口有限公司按照自己的要求进口布料，双方在合同中约定了进口布料的质量及价格标准。同时，合同规定，要求启丰进出口有限公司在一个月内完成委托事项。后来，启丰进出口有限公司按照成美服装公司的要求与某国外的一个公司签订了布料的买卖合同，该公司承诺启丰进出口有限公司在一个月内交货。可是在一个月之后，由于该公司的原材料出现问题，导致无法按时交货，这使得成美服装公司无法按时生产，造成重大损失。于是，成美服装公司要求启丰进出口有限公司承担责任。启丰进出口有限公司认为，自己只是行纪人，应该由外国的公司承担责任。那么，此种情形下，应该由谁来承担损害赔偿责任?

专家分析

我国《民法典》第九百五十八条规定，行纪人与第三人订立合同的，行纪人对该合同直接享有权利、承担义务。第三人不履行义务致使委托人受到损害的，行纪人应当承担赔偿责任，但是行纪人与委托人另有约定的除外。据此可知，在行纪合同中，行纪人与第三人所签订的合同直接对行纪人发生法律效力。如果委托人与行纪人没有在合同中明确约定第三人违约时的责任承担方式，则在第三人没有履行义务给委托人造成损失时，行纪人有义务承担损害赔偿责任。因此，在本案中，虽然成美服装公司的损失是因为国外的公司未及时提供布料导致的，但是，双方在行纪合同中并没有作出特别约定，启丰进出口有限公司作为行纪人应该承担损害赔偿责任。在启丰进出口有限公司承担损害赔偿责任后，其可以向该国外的公司提出赔偿请求。

实务指南

在日常的交易活动中，行纪合同不同于委托合同，基于合同的相对性，在第三人违约给委托人造成损失时，应该由行纪人来承担损害赔偿责任。除非双方在行纪合同中另有约定，否则，委托人是不能直接向第三人追究违约责任的。所以，本案中，成美服装公司的损失应该由启丰进出口有限公司来承担。一般情况下，委托人应该向行纪人请求承担损害赔偿责任。而行纪人如果想要免除自己承担违约责任的义务，其可以在签订行纪合同时，与委托人在合同中作出明确的约定。

关联法规

《中华人民共和国民法典》

第九百五十八条　行纪人与第三人订立合同的，行纪人对该合同直接享有权利、承担义务。

第三人不履行义务致使委托人受到损害的，行纪人应当承担赔偿责任，但是行纪人与委托人另有约定的除外。

三、行纪人的权利

在行纪合同中，行纪人负担一定义务的同时，也享有相应的权利，其享有的权利主要包括：

（1）行纪人的介入权。根据《民法典》第九百五十六条的规定，行纪人卖出或者买入具有市场定价的商品，除委托人有相反的意思表示以外，行纪人自己可以作为买受人或者出卖人。

（2）行纪人的提存权。行纪人按照约定买入委托物，委托人应当及时受领。经行纪人催告，委托人无正当理由拒绝受领的，行纪人可以提存委托物。

（3）行纪人请求支付报酬的权利。行纪人完成或者部分完成委托事务的，委托人应当向其支付相应的报酬。

（4）行纪人的留置权。除当事人另有约定外，委托人逾期不支付报酬的，行纪人对委托物享有留置权。

案例：在委托人不支付报酬时，行纪人应该怎么办?

真一科技有限公司是某市的一家生产电脑的企业。2021 年 1 月，该企业与某市的速达公司签订合同，双方约定，由速达公司为自己经销电脑。速达公司要每月至少为真一科技有限公司销售电脑两万台，真一科技有限公司按月支付报酬。2021 年 3 月，速达公司已经连续两个月按照约定为真一科技有限公司销售了规定数量的电脑，但是，真一科技有限公司一直没有支付给速达公司报酬。速达公司进行两次催告，每次真一科技有限公司都是以资金运转出现问题进行推托。一个月之后，速达公司再次要求真一科技有限公司支付报酬，其依旧没有按时支付。此时，速达公司还占有真一科技有限公司的两万台电脑。速达公司应该怎么办?

专家分析

行纪合同是一种有偿合同、双务合同。在合同中，既然行纪人依法履行了义务，那么委托人应该依法支付报酬。在委托人没有按时支付报酬时，根据我国《民法典》第九百五十九条的规定，行纪人完成或者部分完成委托事务的，委托人应当向其支付相应的报酬。委托人逾期不支付报酬的，行纪人对委托物享有留置权，但是当事人另有约定的除外。由此可知，如果当事人没有在合同中特别约定，在委托人没有按时支付报酬时，行纪人享有留置权。本案中，真一科技有限公司作为委托人，在速达公司完成任务时，没有依法支付报酬，并且在合同中双方没有约定不得留置委托物，此时速达公司完全可以依法留置真一科技有限公司的电脑。

实务指南

实践中，当委托人不按时支付报酬时，法律赋予了行纪人留置权。但是，行纪人行使留置权是有条件的，即只有在满足以下三个条件时，其才可以行使留置权：（1）行纪人依法占有委托物；（2）委托人没有正当理由迟延支付报酬；（3）委托合同中，没有特别约定不得留置。本案中，由于已经满足了上述条件，因此，速达公司是可以行使留置权的。另外需要注意的是，如果留置物在经过折价、拍卖之后，价款超过了委托人应支付的报酬，行纪人应该将剩余的价款归还给委托人。如果价款不足，在折价、拍卖之后，行纪人依然有权继续请求委托人支付剩余报酬。

关联法规

《中华人民共和国民法典》

第九百五十九条　行纪人完成或者部分完成委托事务的，委托人应当向其支付相应的报酬。委托人逾期不支付报酬的，行纪人对委托物享有留置权，但是当事人另有约定的除外。

第三节　物业服务合同

根据《民法典》第九百三十七条的规定，物业服务合同是物业服务人在物业服务区域内，为业主提供建筑物及其附属设施的维修养护、环境卫生和相关秩序的管理维护等物业服务，业主支付物业费的合同。其中，物业服务人不仅包括物业服务企业，还包括其他管理人。日常生活中，物业服务合同常被称为物业管理合同。

根据提供物业服务的时间阶段不同，物业服务合同可以分为前期物业服务合同和物业服务合同。前期物业服务合同是指在房屋销售前，开发商与物业服务人签订的合同。物业服务合同则是指在开发商销售房屋并交付达到一定数量时，业主委员会成立后，业主委员会或者业主大会和选聘的物业公司签订的合同。前期物业服务合同在业主委员会与物业公司签订的物业服务合同生效时终止。

一、物业服务合同的形式、内容

物业服务合同是要式合同，应当采用书面的形式订立。物业服务合同的内容一般包括服务事项、服务质量、服务费用的标准和收取办法、维修资金的使用、服务用房的管理和使用、服务期限、服务交接等条款。此外，物业服务人公开作出的有利于业主的服务承诺，也是物业服务合同的组成部分，业主有权要求其履行。

案例：物业公司对业主作出的公开承诺，是物业服务合同的一部分吗？

张小姐家位于某小区。两天前，她回家时楼道里的路灯坏了，需要维修。正巧，她在电梯门口看到了物业服务公司张贴的告示牌，内容为“物业维修电话：××××××××，24 小时内上门维修”。张小姐按照电话号码拨打了电话。两天过去了，张小姐回家时发现路灯还没有修好，很气愤，就找到小区的物业服务办公室。但是，物业服务人员说，这个告示只是物业服务公司表达服务态度的一种承诺，具有宣示性的作用，物业公司和小区业主签订的物业服务合同没有约定此项内容，物业服务公司就算没有做到也没什么责任。那么，工作人员的说法正确吗？这种服务承诺对物业服务公司究竟有没有约束力呢？

专家分析

根据《民法典》第九百三十八条第二款的规定可知，物业服务人公开作出的对业主有利的服务承诺应当看作物业服务合同的一部分。其中，需要注意的是，承诺应是公开且有利于业主的，否则不视为合同内容。本案中，物业服务公司在电梯外张贴了告示牌，承诺 24 小时内上门维修，这个承诺是公开的，且对业主是有好处的，应该成为物业服务合同的一部分，物业公司应当履行。如果物业公司不履行的，则为违约，张小姐可以要求其承担违约责任。

实务指南

业主委员会在签订物业服务合同时，应当注意其是否完整，是否包括服务事项、服务质量、服务费用的标准和收取办法、维修资金的使用、服务用房的管理和使用、服务期限、服务交接等条款，同时，还应着重考察违约条款，严格约束物业服务人，按约履行物业服务合同。此外还应特别注意，物业公司的一些承诺，是否可视为物业服务合同的内容。

关联法规

《中华人民共和国民法典》

第九百三十八条　物业服务合同的内容一般包括服务事项、服务质量、服务费用的标准和收取办法、维修资金的使用、服务用房的管理和使用、服务期限、服务交接等条款。

物业服务人公开作出的有利于业主的服务承诺，为物业服务合同的组成部分。

物业服务合同应当采用书面形式。

二、物业业务的委托

作为一种特殊的委托合同，物业服务合同与一般的委托合同不同，物业服务合同产生的基础在于业主大会、业主委员会的委托。作为受托方，物业服务人可以将物业服务区域内的部分专项服务事项委托给专业性服务组织或者其他第三人，但是应当就该部分专项服务事项向业主负责。同时，物业服务人不得将其应当提供的全部物业服务转委托给第三人，或者将全部物业服务支解后分别转委托给第三人。

案例：物业公司可以将部分业务委托给第三方吗？

江小姐是某小区的业主。某天，江小姐早上出门散步，看到物业服务人员正在打扫小区的卫生，就和工作人员闲聊了起来。在交谈过程中，江小姐才知道，这个工作人员不是与业主委员会签订的物业公司的工作人员，而是某保洁公司的工作人员。据这个工作人员介绍，物业公司将小区垃圾清理、保洁的服务委托给了其他公司。江小姐很疑惑，物业公司可以将部分业务委托给第三方吗？

专家分析

根据《民法典》第九百四十一条的规定，在物业服务工作中，物业服务人可以将物业服务区域内的部分专项服务事项委托给专业性服务组织或者其他第三人，有权聘请专业的服务公司来进行具体项目的工作。比如聘请保安公司提供安保服务，聘请保洁公司进行保洁、垃圾清理工作，聘请电梯公司维修养护电梯设备等。但是，应当就该部分专项服务事项向业主负责。本案中，江小姐所在小区的物业服务公司是可以将保洁服务委托给第三方公司承担的，但是，物业公司应当就保洁公司提供的服务，对业主负责。如果受委托的专业性服务组织的服务达不到原物业服务合同规定的标准和要求，则物业服务公司应当对业主承担违约责任。

实务指南

随着社会的发展，社会分工不断细化，物业服务人不可能做得很全面，其将物业服务区内的专项服务业务委托给第三方专业性服务企业是必要的。但值得注意的是，物业服务人不得将其应当提供的全部物业服务转委托给第三人，或者将全部物业服务支解后分别转委托给第三人。

关联法规

《中华人民共和国民法典》

第九百四十一条　物业服务人将物业服务区域内的部分专项服务事项委托给专业性服务组织或者其他第三人的，应当就该部分专项服务事项向业主负责。

物业服务人不得将其应当提供的全部物业服务转委托给第三人，或者将全部物业服务支解后分别转委托给第三人。

三、物业费的支付

物业服务人按照约定和有关规定提供服务，业主也应当按照约定向物业服务人支付物业费，业主不得以未接受或者无须接受相关物业服务为由拒绝支付物业费。业主违反约定逾期不支付物业费的，物业服务人可以催告其在合理期限内支付；合理期限届满仍不支付的，物业服务人可以提起诉讼或者申请仲裁。但是，物业服务人不得采取停止供电、供水、供热、供燃气等方式催交物业费。

案例：物业公司可以通过断电的方式催交物业费吗？

2021年12月，小杨被公司派去外地出差。由于在外地，小杨就一直没交自己房子的物业费。没想到，3个月后，小杨回家发现自己家里已经停电了。小杨在手机上查看了电卡的使用情况，发现电卡上还有钱。于是，小杨找到物业公司，询问具体的情况，才知道由于自己这几个月没交物业费，物业公司就通过断电的方式来进行催交。小杨很是气愤，觉得物业公司太过分。那么，物业公司可以通过断电的方式催交物业费吗？

专家分析

物业服务合同与供用电合同是两个独立的合同，涉及不同的合同当事人，对业主而言，供用电合同的相对人是电力供应公司。而物业服务合同的相对人是物业服务公司。根据权利义务相一致的原则，用电人有义务交纳电费，供电公司有义务按照约定供电。享有停电权利的权利人是电力供应公司而非物业服务企业。根据《民法典》第九百四十九条第二款的规定，基于小区公共利益保护的考虑，物业公司不得因业主欠费而擅自断电。本案中，物业公司因为小杨拖欠物业费就以断电的形式进行催交，是没有法律依据的。

实务指南

物业公司无权以停水停电的形式催交物业费，即使物业服务合同中有此约定，也是无效的。物业公司擅自停水停电造成业主损害的，应当承担侵权损害赔偿责任。

关联法规

《中华人民共和国民法典》

第九百四十四条 业主应当按照约定向物业服务人支付物业费。物业服务人已经按照约定和有关规定提供服务的，业主不得以未接受或者无需接受相关物业服务为由拒绝支付物业费。

业主违反约定逾期不支付物业费的，物业服务人可以催告其在合理期限内支付；合理期限届满仍不支付的，物业服务人可以提起诉讼或者申请仲裁。

物业服务人不得采取停止供电、供水、供热、供燃气等方式催交物业费。

四、物业公司的解聘与续聘

根据物业公司的服务情况，业主们可以提出解聘和续聘。业主决定解聘的，除了合同对通知期限另有约定，应当提前60日书面通知物业服务人；业主依法共同决定续聘的，应当与原物业公司在合同期限届满前续订物业服务合同。但是，在物业服务期限届满前，物业公司可以拒绝续聘，并应当在合同期限届满前90日书面通知业主或者业主委员会。

案例：业主不满意物业公司的服务，可以解聘物业公司吗?

2021年6月，某小区开发商与某物业公司签订物业服务合同，约定合同期限为2021年6月至2023年6月。随着业主们的不断入住，2022年以后物业公司服务质量越来越差，楼道卫生无人打扫、小区内安保措施不到位，经常发生业主电动车、自行车被盗事件。小区的业主多次向物业公司反映，但物业公司的置之不理。很多业主便产生了更换物业公司的想法。那么，小区的业主可以解聘物业公司吗？需要履行什么样的程序呢？

专家分析

根据《民法典》第二百七十八条、第二百八十四条、第九百四十六条之规定，选聘和解聘物业服务企业或者其他管理人是业主共同决定的事项，只有经过业主的共同决定，才可以解除物业服务合同。但是，需要履行法定的程序。本案中，小区的业主想要解聘物业公司的，应当由专有部分面积占比三分之二以上的业主且人数占比三分之二以上的业主参与表决，并且有参与表决专有部分面积过半数的业主且参与表决人数过半数的业主同意解除物业服务合同的，小区的业主才能解聘物业公司。同时，除物业服务合同对通知期限另有约定的，小区业主决定解聘后，应当提前60日书面通知物业服务人。因解除合同造成物业服务人损失的，除不可归责于业主的事由外，业主们应当赔偿其损失。

实务指南

对物业公司的服务不满意，业主可以提前解聘物业公司。在物业服务期限届满前，业主还需要依法共同决定是否续聘物业公司，决定续聘的，应当与物业公司在合同期限届满前重新签订物业服务合同。同时，物业公司有拒绝的权利，物业公司不同意续聘的，除物业服务合同对通知期限另有约定的，物业公司应当在合同期限届满前90日书面通知业主或者业主委员会。

关联法规

《中华人民共和国民法典》

第二百七十八条　下列事项由业主共同决定：

……

（四）选聘和解聘物业服务企业或者其他管理人；

……

业主共同决定事项，应当由专有部分面积占比三分之二以上的业主且人数占比三分之二以上的业主参与表决。决定前款第六项至第八项规定的事项，应当经参与表决专有部分面积四分之三以上的业主且参与表决人数四分之三以上的业主同意。决定前款其他事项，应当经参与表决专有部分面积过半数的业主且参与表决人数过半数的业主同意。

第二百八十四条 业主可以自行管理建筑物及其附属设施，也可以委托物业服务企业或者其他管理人管理。

对建设单位聘请的物业服务企业或者其他管理人，业主有权依法更换。

第九百四十六条 业主依照法定程序共同决定解聘物业服务人的，可以解除物业服务合同。决定解聘的，应当提前六十日书面通知物业服务人，但是合同对通知期限另有约定的除外。

依据前款规定解除合同造成物业服务人损失的，除不可归责于业主的事由外，业主应当赔偿损失。

第九百四十七条 物业服务期限届满前，业主依法共同决定续聘的，应当与原物业服务人在合同期限届满前续订物业服务合同。

物业服务期限届满前，物业服务人不同意续聘的，应当在合同期限届满前九十日书面通知业主或者业主委员会，但是合同对通知期限另有约定的除外。

五、物业合同终止后物业服务人的义务

物业公司与业主的物业服务合同终止后，其还应当履行一定的义务，如配合新物业公司办理交接手续；在新物业公司接管之前继续处理物业服务事项等。当然，如果原物业公司在合同终止后继续提供服务，则有权要求业主缴纳物业费。

案例：物业服务合同终止后，新物业公司接手前，旧物业公司还要继续提供物业服务吗？

2022年1月，阳光小区的业主共同投票决定不再与现在的物业公司续签物业服务合同，打算和另一家服务质量更好的物业公司签订物业合同。但是，阳光小区业主委员会与旧物业公司签订的合同3月到期，而与新物业公司签订的合同是在5月开始履行。在这中间的两个月，旧物业公司还要继续为小区提供物业服务吗？

专家分析

根据我国《民法典》第九百五十条的规定，物业服务合同终止后，在业主或者业主大会选聘的新物业服务人或者决定自行管理的业主接管之前，原物业服务人应当继续处理物业服务事项，并可以请求业主支付该期间的物业费。本案中，在新的物业公司接管物业服务前的两个月的空档期，原物业公司仍需要继续提供物业服务，但是，原物业公司可以要求业主支付这两个月的物业费。

实务指南

新旧物业公司交接时，原物业公司不仅需要在约定期限或者合理期限内退出物业服务区域，配合新物业公司做好交接工作，还需要如实告知新物业公司设备的使用和小区管理状况。原物业公司不履行上述义务的，不但不能请求业主支付物业服务合同终止后的物业费，造成业主损失的，还应当赔偿损失。

关联法规

《中华人民共和国民法典》

第九百四十九条　物业服务合同终止的，原物业服务人应当在约定期限或者合理期限内退出物业服务区域，将物业服务用房、相关设施、物业服务所必需的相关资料等交还给业主委员会、决定自行管理的业主或者其指定的人，配合新物业服务人做好交接工作，并如实告知物业的使用和管理状况。

原物业服务人违反前款规定的，不得请求业主支付物业服务合同终止后的物业费；造成业主损失的，应当赔偿损失。

第九百五十条 物业服务合同终止后，在业主或者业主大会选聘的新物业服务人或者决定自行管理的业主接管之前，原物业服务人应当继续处理物业服务事项，并可以请求业主支付该期间的物业费。